Ernst Ludwig von Beling

DIE LEHRE VOM VERBRECHEN

Elibron Classics
www.elibron.com

Elibron Classics series.

ISBN 1-4212-4162-5 (paperback)
ISBN 1-4212-4161-7 (hardcover)

This Elibron Classics Replica Edition is an unabridged facsimile
of the edition published in 1906 by J. C. B. Mohr (Paul Siebeck), Tübingen.

Die

Lehre vom Verbrechen.

Von

Dr. Ernst Beling,
Professor in Tübingen.

Tübingen
Verlag von J. C. B. Mohr (Paul Siebeck)
1906.

Druck der Union Deutsche Verlagsgesellschaft in Stuttgart.

Meinem verehrten Kollegen

Reinhard Frank

freundschaftlichst zugeeignet.

Vorwort.

Die nachfolgenden Erörterungen werden, so viele Gebiete des Strafrechts sie auch berühren, durch ein gemeinsames Band zusammengehalten. Sie wollen den Verbrechenstatbestand (Typus) als strafrechtlichen Grundbegriff erweisen in besonderer Anwendung auf die Lehren von der Handlungenzusammengehörigkeit (sog. Handlungseinheit) und der Täterzusammengehörigkeit (sog. Teilnahme). Der Begriff des „Tatbestandes" im technischen Sinne ist nicht neu. Mit ihm arbeitet auch schon die heutige Juristengeneration vieler Orten. Aber zu seinem vollen Rechte ist er bisher nicht gekommen: es wird seiner, weil man ihn unterschätzt, immer nur stellenweise und gelegentlich gedacht, ex professo ist er nirgends im Zusammenhange behandelt, keines der wissenschaftlichen Systeme des Strafrechts gönnt ihm einen eigenen, die volle Bedeutung des Tatbestands aufzeigenden Abschnitt. Und doch durchdringt die Lehre vom Tatbestande fast das ganze Strafrecht — fast keine der allgemeinen Lehren des Strafrechts bleibt von ihr unberührt —, und es geht nicht an, sie nebenher abzutun. Im folgenden soll erwiesen werden, daß der Tatbestand ein Grund- und Eckstein des heutigen Strafrechts ist, auf dem eine sehr erhebliche Zahl von strafrechtlichen Lehren ruhen, die derzeit unzutreffend auf anderen Fundamenten aufgebaut werden, und daß diese Lehren so eine viel schlüssigere und einfachere Erledigung finden.

Gewicht lege ich besonders auf die Erkenntnis, daß die Tatbestandsmäßigkeit der Handlung keineswegs nur den Besonderen Teil des Strafrechts angeht — dorthin gehören nur die einzelnen Tatbestände (Plural) —, daß sie vielmehr ein allgemeines Merkmal des Verbrechens ist, daß sich der Allgemeine Teil des Strafrechts an den Tatbestand als singularischen Begriff ankristallisieren muß, daß der Tatbestand geradezu Ziel und Richtung der strafrechtlichen Untersuchung bestimmt (wenn auch nicht er allein es ist, der Ziel und Richtung bestimmt). Diese Erkenntnis bedeutet eine Durchführung der Positivierung der strafrechtlichen Lehren auf der Grundlage namentlich des bisher noch nicht recht ausgeschöpften § 2 des StGB. Zahlreiche Lehren werden so auf festes Land verlegt; das gilt z. B. für die Konkurrenzlehre, die bisher in dem Meere der Lehre von der „Handlung" oder in dem der Lehre von der Rechtswidrigkeit umherschwamm.

Die Verlegung des strafrechtlichen Schwerpunktes in den Tatbestand wird gleichzeitig, wie ich hoffe, zu einer Verständigung über die Normentheorie führen können. Die Normentheorie gibt für das Strafrecht den imposanten Hintergrund ab. An den Normen und nur an ihnen kann der rechtliche Wert einer Handlung gemessen werden; und so bleibt bestehen, daß das Wesen des Verbrechens formal Ungehorsam ist. Nur münden nicht alle strafrechtlichen Probleme in die Normenlehre ein. Man hat Binding zum Vorwurf gemacht, daß er die materielle Bedeutung des Verbrechens vernachlässige. Mit Unrecht, wenn man diese materielle Bedeutung in der Sozialschädlichkeit oder -gefährlichkeit der Handlung sucht. Wohl aber kommt heute ganz regelmäßig, und nicht bloß bei den Anhängern der Normentheorie, das Materielle am Verbrechen, seine Körperhaftigkeit sozusagen, insofern zu kurz, als die Sonderbedeutung der Tatbestandlichkeit neben der Normwidrigkeit keine volle Beachtung gefunden hat. Ich habe mir angelegen sein lassen, jenes materielle Element gegen das formale der Normwidrigkeit abzugrenzen. Es wird sich zeigen, daß manche Partieen der Umklammerung durch die Normentheorie entzogen werden müssen, die nicht ihr Eigentum sind (z. B. die Konkurrenzlehre), daß aber die von tatbestandlichen Momenten gereinigte Normentheorie umso fester gegründet ist, weil den Gegnern damit der Wind aus den Segeln genommen ist.

Eine „neue Theorie" im eigentlichen Sinne — die man dann etwa geneigt sein könnte als „Typentheorie" zu bezeichnen — meine ich mit der Klarstellung der Tragweite des Tatbestandsbegriffs nicht aufgestellt zu haben. Ich meine hier nicht neue Konstruktionen geboten zu haben, sondern nur der Wortführer für Auffassungen zu sein, die längst in der Luft schweben. Auf die Durchführung des Grundgedankens in alle Einzelheiten hinein habe ich vorerst Verzicht geleistet. Es kam mir zunächst auf die Grundlegung an. Für die Lösung der in großer Zahl begegnenden Einzelprobleme wollte ich nur Weg und Richtung weisen, und ich weiß wohl, daß die Auseinandersetzung mit der vorhandenen Literatur und Rechtsprechung keine durchaus umfassende ist. Größere Vollständigkeit würde vielleicht die Übersichtlichkeit gefährdet haben, und das Buch würde sich zu einem vollen „System des Strafrechts" ausgewachsen haben. Es muß fürs erste genügen, das Prinzip herauszustellen, die Folgerungen ergeben sich dann von selbst.

Die Fruchtbarkeit des Tatbestandsbegriffs ist meines Dafürhaltens schon für das geltende Recht unverkennbar. Der größte Teil des Buches gilt deshalb der lex lata, und mir scheint, daß die hierbei gefundenen Ergebnisse auch fast durchweg für die lex ferenda festzuhalten sein werden. Nur gesetzgebungspolitisch kommen die Erörterungen über sachliche Begünstigung und Hehlerei in Betracht. Das geltende Recht hat sachliche Begünstigung und Hehlerei zu selbständigen Verbrechenstypen ausgestaltet; das ist de lege lata natürlich hinzunehmen. Das kommende Recht aber sollte sie, ohne damit zu der überwundenen Theorie von der Teilnahme post delictum zurückzukehren, als bloße Erscheinungsformen des Vortattypus behandeln — dies meine „Theorie der Nachtäterschaft" —; warum und wie, ist unten gezeigt. Ein Paragraph des Buches ist der legislatorischen Behandlung der Teilnahme gewidmet. Einige weitere gesetzgebungspolitische Ausblicke eröffnet das Schlußwort.

Bei dem innigen Kontakt zwischen Strafrecht und Strafprozeß ist ein Hinüberwirken der Berichtigung strafrechtlicher Lehren auf den Prozeß unausbleiblich (Hinweis auf die Veränderung des rechtlichen Gesichtspunkts, schwurgerichtliche Fragestellung u. s. w.). Indessen ist diesem Problem, das für sich selbständig ist, hier nicht ex professo nachgegangen worden; gelegentliche Hinweise auf strafprozessuale Konsequenzen sind andererseits nicht vermieden worden.

Wie sich unter dem Einflusse der Erkenntnis von der Eigen=

bedeutung des „Tatbestands" das Strafrechtssystem umzugestalten hätte, zeigt die gleichzeitig erscheinende dritte Auflage meiner „Grundzüge des Strafrechts". Auch ich selbst habe mich in der ersten und der zweiten Auflage der Grundzüge der hergebrachten Vernachlässigung des Tatbestands schuldig gemacht; die dritte Auflage zieht dagegen die Konsequenzen der Erörterungen des vorliegenden Buches. Auf der anderen Seite dient aber die „Lehre vom Verbrechen" zur Ergänzung der „Grundzüge", indem vieles, was in diesen nur gestreift werden konnte, hier ausführlicher behandelt ist.

Ich hoffe, daß sich das Werk auch als ein Lehrmittel für die strafrechtliche Fortbildung brauchbar erweisen wird. Der junge Jurist, der sich an der Hand eines Lehrbuchs den ersten großen Überblick über das Strafrecht verschafft hat, wird allzuleicht dem wissenschaftlichen Fortarbeiten entfremdet. Der eine oder andere nimmt vielleicht einmal eine Monographie zur Hand. Aber das wird, soweit es überhaupt geschieht, meist nur aus Veranlassung eines besonderen Falles geschehen. Von allgemeinerem Interesse werden solche Werke sein, die möglichst viele strafrechtliche Lehren des Strafrechts umfassen; und das gilt in besonderem Maße von einem Werke, das den Tatbestand des Verbrechens zum Ausgangspunkte nimmt. So hoffe ich, durch die nachfolgenden Untersuchungen die Brücke geschlagen zu haben zwischen der mehr rezeptiven Tätigkeit des Anfängers und dem wissenschaftlichen Studium des gereiften Juristen. Daß das Buch in den Streit der Meinungen hineinführt, spricht nicht gegen, sondern für seine Brauchbarkeit zu dem bezeichneten Zweck. Der Kampf der Geister kann dem Juristen nach den ersten Anfängerschritten nicht erspart bleiben.

Eine besondere Freude ist es mir, das Buch meinem Kollegen **Reinhard Frank** widmen zu dürfen. Auf den nachfolgenden Seiten trete ich wiederholt wissenschaftlich in Kampfstellung gegen ihn. Aber daß mit wissenschaftlicher Fehde aufrichtige freundschaftliche Verehrung vereinbar ist, davon soll die Widmung dieses Buches Zeugnis ablegen.

Tübingen, im Oktober 1905.

Ernst Beling.

Inhalt.

Sechster Abschnitt.

Die Täterzusammengehörigkeit (Mittäterschaft; akzessorische Teilnahme; Nachtäterschaft).

§ 1.

Einleitung.

Die nachfolgenden Erörterungen haben sich zum Ziele gesetzt, den Tatbestand des Verbrechens als strafrechtlichen Grundbegriff zu erweisen und auf ihm die Lehre vom Verbrechen mit allen ihren Verzweigungen aufzubauen. Die Sprache der heutigen Wissenschaft behandelt freilich den „Tatbestand des Verbrechens" mehr oder weniger als bloßes Synonymum des Verbrechens selber. Demgegenüber soll hier von einem Tatbestandsbegriff die Rede sein, der, dem Gesetz wohl bekannt, heute auch oft genug schon in der Wissenschaft und der Praxis im Vorübergehen benützt, nur ein Moment im Verbrechensbegriff, aber ein gerade in seiner Eigenbedeutung überaus wichtiges Moment ist, und es soll mit scharfem Seziermesser dieses Moment in seiner Verschiedenheit von den übrigen Faktoren des Verbrechensbegriffs bloßgelegt werden.

Diesem juristischen Begriffe, der im folgenden mit der Bezeichnung „Tatbestand" belegt wird, ist bisher eine Monographie nicht gewidmet worden, ja er ist noch nirgends ex professo in seiner Besonderheit erfaßt. Wohl hat Stübel 1805 „Über den Tatbestand des Verbrechens" u. s. w. geschrieben, hat Luden 1840 dem zweiten Bande seiner Abhandlungen den Untertitel „Über den Tatbestand des Verbrechens nach gemeinem deutschen Recht" auf den Weg gegeben, und hat Kärcher 1873 eine Schrift unter dem Titel „Der allgemeine Tatbestand des Verbrechens" veröffentlicht.

Aber Schütze hatte nicht so unrecht, wenn er in seiner „Notwendigen Teilnahme" S. 10 ff. und in seinem Lehrbuch 2. Aufl.,

S. 86, 87, Anm. 8, mit wahrem Ingrimm das Wort „Tatbestand" so, wie es damals gebraucht wurde und wie es namentlich auch in den oben genannten Schriften Stübels u. s. w. gebraucht war, befehdete. Denn was man damals mit dem Tatbestande oder „allgemeinen Tatbestande" [1]) meinte, war einfach das Verbrechen selber in der Gesamtheit seiner Elemente [2]). Zum Tatbestande in diesem Sinne gehörte z. B. der Vorsatz, das Nichtvorliegen von Notwehr, die Strafmündigkeit des Täters u. s. w., kurz alles, was in den allgemeinen Teil des Strafrechts hineinfiel. Es ist Schütze ohne weiteres zuzugeben, daß der Ausdruck „Tatbestand" so angewendet ein überflüssiges „Unkraut" war, denn was sollte dieses Synonymum für „Verbrechen"? Und wenn man sich nicht einmal darüber klar war, daß Synonymität vorlag, so waren Verwirrungen zu befürchten.

Jener ältere, das Verbrechen als Ganzes umspannende Tatbestandsbegriff ist auch heute noch ein Repertoirestück der Darstellungen des Strafrechts [3]). Aber daß er eigentlich lebendig

---

[1]) Hrehorowicz, Das Verbrechen (1880) S. 6 spricht von „Bestand" des Verbrechens, „Verbrechensbestand".

[2]) Ältere haben bisweilen die Zurechnungsfähigkeit und die Strafbarkeit als nicht dazu gehörig ausgeschieden. — Noch andere Terminologien, die heute nicht mehr in Betracht kommen (realer und personaler Tatbestand u. s. w.), s. bei Stübel S. 4 ff.

[3]) Vgl. z. B. Berner, Lehrbuch [18], § 36, 1, S. 69; Merkel, Lehrbuch S. 34; v. Liszt, Lehrbuch [14/15], § 26; auch bei Frank, Kommentar [3/4], S. 9, 82 ff., bezeichnet Tatbestand den Inbegriff aller für den Verbrechensbegriff konstitutiven Merkmale, also das Verbrechen als Ganzes. Technisch verschieden, aber inhaltlich kongruent ist das, was Binding, Normen 1[2], 188, vgl. 232, unter Tatbestand versteht; nach seiner Terminologie ist Tatbestand der ganze erste Teil des Strafgesetzes = die Gesamtheit der Bedingungen, unter denen die Strafdrohung wirkt, also das „Delikt" im Bindingschen Sinne (die „Normwidrigkeit"), + die anderweiten Bedingungen der Strafbarkeit. Die Eigenart dieser Terminologie besteht darin, daß sie nicht sowohl den Inbegriff der Verbrechensmerkmale selber, als vielmehr den sie fixierenden Teil des Strafgesetzes „Tatbestand" nennt, also ein Element des Strafrechts im objektiven Sinne, nicht das Verbrechen selber als Voraussetzung für das Bestehen des Strafrechts im subjektiven Sinne. Aber dem Umfange nach ist der Bindingsche „Tatbestand" gerade so umfassend wie der „Tatbestand" als Voraussetzung des Strafanspruchs gefaßt; er begreift eben auch die Gesamtheit der Bedingungen für das Wirken der Strafdrohung. Wenn endlich neuerdings vielfach im Anschluß an zivilrechtliche Ausdrucksweise (Tatbestand eines Vertrages u. s. w.)

wäre, läßt sich kaum behaupten. Man könnte ihn getrost streichen, ohne daß eine Lücke entstünde.

Dagegen ist heute das, was die Älteren unter dem „besonderen Tatbestande" der einzelnen Verbrechensarten (dem Tatbestand des Diebstahls, des Landesverrats u. s. w.) verstanden [1]), zu steigender Anwendung unter der Bezeichnung „Tatbestand" gelangt. Und diesem Tatbestand können Schützes Angriffe nichts anhaben, denn es fehlt sonst an einem Worte, das die typischen Einzelmerkmale der Verbrechensarten in allgemein üblicher Weise zusammenfassend bezeichnete. Der Ausdruck „Reat", reatus, der noch in Frage kommen könnte, verdient jedenfalls schon als Fremdwort sicher nicht den Vorzug. Dem heutigen Sprachgebrauche folgend versteht also die vorliegende Abhandlung unter „Tatbestand" ausschließlich den Inbegriff der Merkmale, die ergeben, um welches Verbrechen es sich typisch handelt; also für § 303 StGB. die „Beschädigung oder Zerstörung einer fremden Sache", für § 211 StGB. die „Tötung eines Menschen" u. s. w. — nähere Abgrenzung wird unten zu geben sein [2]).

---

die Gesamtheit der in einem konkreten Falle vorliegenden, das Verbrechen bildenden Tatsachen als „Tatbestand" bezeichnet wird, so liegt darin nur ein Heruntersteigen aus der Begriffswelt in die unter den Verbrechensbegriff zu subsumierende Welt des realen Geschehens und Daseins. Der Umfang ändert sich auch dann nicht; es heißt dann eben der Verbrechensfall als Ganzes der (juristisch zu würdigende) „Tatbestand".

[1]) Vgl. Luden, Abhandlungen 2, 2—3: „Der besondere Tatbestand des einzelnen Verbrechens wird gebildet und hergestellt durch eine Handlung, welche sämtliche Merkmale an sich trägt, die von den Gesetzen erfordert werden, damit dieses bestimmte Verbrechen in ihr gefunden werden könne; ... den Tatbestand dieses Verbrechens macht folglich der Inbegriff dieser Merkmale aus." Luden bemerkt dazu, daß diese Definition wohl allseitig anerkannt sei, und die Kontroversen über den Tatbestand nur den allgemeinen Tatbestand beträfen.

[2]) Auch bei diesem engeren Tatbestandsbegriff ist eine dreifache Relation denkbar, gerade so wie bei dem älteren (oben S. 2, Anm. 3): man kann sich unter „Tatbestand" entweder das betreffende Stück des Strafgesetzes denken, oder das betreffende Stück des Verbrechensbegriffs oder endlich die Summe der Tatsachen, die dieses Stück des Verbrechensbegriffs ausmachen (des Verbrechensfalls). Da der Umfang aber nicht variiert, in welchem Verstande man auch das Wort anwendet, so ist solche quaternio terminorum erträglich; der Zusammenhang wird stets das Nähere ergeben. Der Tatbestand im letzten Sinne sollte freilich möglichst immer als Tatbestandsverwirklichung bezeichnet werden; vgl. unten § 13.

Daß im Gesetz dieser engere Tatbestandsbegriff besonders für § 59 StGB. eine bedeutende Rolle spielt, wird unten aufzuzeigen sein [1]). Seine Bedeutung reicht aber weit über § 59 hinaus.

Selbstverständlich ist, und nur der Vollständigkeit halber sei hier bemerkt, daß der strafprozessuale Sinn des Wortes „Tatbestand" — bei Älteren = corpus delicti — außer Betracht bleibt. Darunter ist lediglich das jeweils zu beweisende oder bewiesene (nichtbewiesene) Stück des menschlichen Lebens zu verstehen, das durch die Entscheidung unter einen Rechtssatz genommen werden soll oder genommen ist, also je nach Lage des Falles der ganze Verbrechensfall, oder irgend ein einzelnes Stück davon (Tatbestand einer Tötung — Tatbestand der Notwehr — Tatbestand der tätigen Reue) oder endlich ein Komplex nur prozessualrelevanter Fakta (Tatbestand einer Fristversäumung infolge höherer Gewalt, Tatbestand der korrekten Rechtsmitteleinlegung, Tatbestand für Haftbefehlserlaß 2c.). Bei der völligen Unbestimmtheit des Objekts kommt dieser Sprachgebrauch für das materielle Strafrecht natürlich nicht in Betracht und kann für das Verständnis unserer Erörterungen nicht gefährlich werden. Übrigens kennt die moderne Prozeßsprache das Wort „Tatbestand" kaum noch. Wir sind längst gewöhnt, als Objekt des Beweises „die beweiserheblichen Tatsachen" und als Objekt des Quasibeweises die „prozessual erheblichen Tatsachen" — nicht „den Tatbestand" — zu nennen, und „corpus delicti" hat vollends heute einen anderen Sinn gewonnen; man denkt dabei an die als Überführungsstücke dienenden sächlichen Beweismittel.

[1]) Vgl. § 19.

Erster Abschnitt.

Verbrechen, Verbrecher, Strafbefreiungsgründe.

§ 2.

A. Verbrechen im allgemeinen.

Zwei Pole sind es, um die sich das ganze Strafrecht dreht. Der eine ist der Begriff der Strafe als des Inhalts des Strafanspruchs, der andere der Begriff des „Verbrechens im weiteren Sinne", der „strafbaren Handlung", der „Straftat" als der Voraussetzung des Strafanspruchs. Beide Begriffe bedürfen, soll anders nicht der wissenschaftlichen Darstellung von Anfang an Verschwommenheit anhaften, dringend der exakten Feststellung. Während nun die Definition der Strafe, weil abhängig von der Grundauffassung des Zweckes und demgemäß des Wesens der Strafe, verschieden gefaßt wird, aber doch — so oder so — deutlich ist und jedenfalls Folgerungen zu ziehen gestattet, liegt die Begriffsbestimmung des Verbrechensbegriffs heute noch derart im Nebel, daß hier der Streit der Meinungen geradezu die Frage betrifft, ob sich überhaupt eine Definition von sachlichem Werte geben lasse. Wohl ist alle Welt darüber einig, daß strafbare Handlung „jedes mit Strafe bedrohte menschliche Verhalten" ist. Aber das ist natürlich nur eine Umschreibung, keine echte, sondern nur eine Nominaldefinition — sie bringt uns keinen Schritt weiter, sie definiert idem per idem. Eine wahre Begriffsbestimmung ist nach vielen[1]) de lege lata unmöglich. Daß die übliche Definition des Verbrechens als einer „mit Strafe bedrohten schuldhaften rechtswidrigen Handlung"[2]) unzulänglich ist, ist ihnen ohne

---

[1]) So besonders Frank, I vor § 1.

[2]) Vgl. z. B. v. Liszt, Lehrb., § 26, I, 1. Auch meine Grundzüge, 1. u. 2. Aufl.

weiteres zuzugeben. Nicht daß sie falsch wäre, indem sie die Rechtswidrigkeit und die Schuldhaftigkeit der Tat als Begriffsmerkmale des Verbrechens nennt [1]). Aber sie ist logisch unsauber. Denn Rechtswidrigkeit und Schuld sind lediglich einige der Bedingungen, unter denen die Strafdrohung Platz greift; sie stecken also bereits in dem „mit Strafe bedroht" drin. Man verstößt also gegen die Denkgesetze, die uns lehren, daß man nicht zwei Merkmale, von denen das eine schon in dem anderen enthalten ist, als gleichberechtigt kumulieren darf. Es verhält sich damit so, als wollte man ein Wohnhaus als „ein mit Schlafzimmer und Eßzimmer ausgestattetes, zum Wohnen eingerichtetes Haus" definieren. Nun ließe sich ja diese wie jene Begriffsbestimmung durch eine kleine Korrektur logisch annehmbar machen: wenn man das Wohnhaus definiert als „ein mit Schlafzimmer und Eßzimmer ausgestattetes und auch sonst zum Wohnen eingerichtetes Haus", das Verbrechen demgemäß als „eine rechtswidrige, schuldhafte und auch sonst den Bedingungen, unter denen eine Strafdrohung Platz greift, genügende Handlung", so ist logisch alles in Ordnung. Aber dann haben wir wiederum nur eine Nominaldefinition in der Hand; denn die Definition sagt uns dann eben nur, daß ein Wohnhaus ein zum Wohnen eingerichtetes Haus, eine strafbare Handlung eine mit Strafe bedrohte Handlung ist; auf die Frage aber, wann man von einem „zum Wohnen eingerichteten" Hause, einer „mit Strafe bedrohten" Handlung sprechen könne, erhalten wir keine umfassende Antwort, sondern nur zwei Merkmale genannt mit einem angehängten „et cetera". Auch so bleibt also das Wesen des Verbrechens im Dunklen.

Aber es wäre doch beschämend für die Strafrechtswissenschaft, wenn sie sich wirklich außer stande erklären müßte, einen ihrer Grundbegriffe zu fixieren. Und in der Tat ist kein Grund vorhanden, sich solchem Pessimismus in die Arme zu werfen.

Demjenigen, der das Verbrechen innerlich bestimmen will, ist sein Weg klar vorgezeichnet. Es gilt, das tautologische „mit Strafe bedroht" aus der Definition zu entfernen. Statt der

---

[1]) Dies ist wohl die Meinung von Frank a. a. O.; vgl. dagegen unten S. 36 ff., 42 ff.

bloßen Konstatierung, daß das Verbrechen „mit Strafe bedroht" = von einer Strafdrohung ergriffen sei, müssen wir eine Zusammenstellung der Voraussetzungen geben, unter denen die Strafdrohung in Wirksamkeit tritt; statt der Folge die Bedingungen, unter denen die Folge eintritt. Es gilt, den Denkprozeß zu zergliedern, vermittels dessen man zu dem Schlusse gelangt: folglich liegt „eine mit Strafe bedrohte Handlung" vor. Gelingt uns das so, daß kein Begriffsmerkmal in das andere übergreift, so, daß bei Fehlen auch nur eines der Begriffsmerkmale es auch an dem Verbrechen fehlt, so, daß umgekehrt bei Zusammentreffen der Begriffsmerkmale stets ein Verbrechen vorliegt, so haben wir eine exakte Definition des Verbrechens gewonnen, deren einzelne Elemente dann natürlich auch in den zu Lehrzwecken bestimmten systematischen Darstellungen des Strafrechts scharf auseinandergehalten werden müssen.

Diese gesuchte Begriffsbestimmung kann aber, wie im folgenden zu erweisen sein wird, für unser positives Strafrecht nur lauten:

> Verbrechen ist die tatbestandsmäßige[1]), rechtswidrige, schuldhafte, einer auf sie passenden Strafdrohung unterstellbare und den Strafdrohungsbedingungen genügende Handlung.

Sie reiht das Verbrechen dem Oberbegriff „Handlung" ein und charakterisiert es diesem gegenüber durch fünf Spezialmerkmale: Tatbestandsmäßigkeit — Rechtswidrigkeit — Schuld — Passen einer bestimmten Strafdrohung — Vorliegen der Strafdrohungsbedingungen. Das erste, das vorletzte und das letzte dieser Spezialmerkmale sind es, die als nova gegenüber der traditionellen Begriffsbestimmung auftreten.

Wohl begegnen uns in ihnen alte Bekannte, mit denen auch bisher schon gearbeitet worden ist. Aber schon jetzt darf betont werden, daß uns die Aufnahme dieser bisher namenlosen und als quantité négligeable behandelten Merkmale in die Verbrechensdefinition nicht nur formell fördert, insofern sie diese abrundet, sondern die Erkenntnis ihrer Selbständigkeit befähigt uns auch,

---

[1]) Es sei direkt tatbestandsmäßig, oder modifiziert (Erscheinungsform)! tatbestandsmäßig. Vgl. unten §§ 25 ff.

die Elemente der Handlung, der Rechtswidrigkeit und der Schuld von Schlacken, die der wissenschaftlichen Auffassung von ihnen bislang anhafteten, zu befreien. Daraus ergeben sich dann bedeutsame Konsequenzen, besonders für die sog. Konkurrenz- und die sog. Teilnahmelehre.

Das vorletzte der Merkmale in der obigen Definition — Passen einer bestimmten Strafdrohung — scheint auf das traditionelle „mit Strafe bedroht" hinauszulaufen und damit alle Errungenschaften in Frage zu stellen, so, daß auch unsere Definition logisch unsauber wäre und sich reduzieren ließe auf die Formel: Verbrechen ist das Vorkommnis, auf das eine Strafdrohung paßt. Daß das nicht der Fall ist, wird unten[1]) zu zeigen sein.

B. Die einzelnen Verbrechensmerkmale.

§ 3.

I. Das Verbrechen als Handlung.

I. Auf der Suche nach dem Oberbegriff des Verbrechens werden wir von dem heutigen Strafrecht mit absoluter Sicherheit zu dem menschlichen Verhalten geführt. Das Tier als Verbrecher ist ein glücklich überwundener Standpunkt. Und daß auch juristische Personen nach geltendem Recht strafrechtlich nicht delinquieren können, ist allseitig anerkannt[2]). Das „Sichverhalten"

---

[1]) § 7.

[2]) Und dabei wird es hoffentlich für alle Zukunft bleiben! Mag die germanistische Doktrin noch so anschaulich das „eigene organische Leben" der Personenverbände demonstrieren — wir werden doch nie darüber hinauskommen, daß sie seelenlose Gebilde sind, und solche weder Verbrechen begehen noch gestraft werden können. Werden aus einer Körperschaft heraus Verbrechen geboren, so sind die wahrhaft Schuldigen immer nur die einzelnen Menschen; und fügt man der Körperschaft ein Strafübel zu, so trifft dieses in Wahrheit nur die einzelnen. Die Bestrafung der juristischen Person wäre nicht nur eine bodenlose Ungerechtigkeit — sie ließe die unschuldige Minorität bewußtermaßen mitleiden —; sondern auch zwecklos, man lege welche Strafrechtstheorie immer zu Grunde: die Vergeltung fühlt die juristische Person nicht; und auch abschreckbar, besserbar, psychologisch zwingbar u. s. w. ist nur der Einzelmensch. Diese Wahrheiten wollen nicht

eines Menschen kann aber nur entweder positiv sein (Körperbewegung, Tätigkeit) oder negativ (Regungslosigkeit, Untätigkeit). Den gesuchten Oberbegriff stellt nun das menschliche Verhalten an sich noch nicht dar. Denn alles ungewollte Verhalten hat mit dem Verbrechen gar nichts zu tun. Die Armbewegung des Schlafenden, das Taumeln des Volltrunkenen können — bei den actiones liberae in causa — strafrechtlich bedeutsam sein, nur kann der Verbrechensbegriff nicht auf sie fundiert werden; nicht in ihnen kann das Verbrechen bestehen. Nur einem gewollten menschlichen Verhalten kann der Ausspruch gelten, daß es Verbrechenscharakter habe. Nennt man, wie hergebracht[1]), das gewollte Verhalten, die Willensbetätigung, „Handlung" — im weiteren Sinne, in sich schließend die „Handlung im engeren Sinne" = die gewollte Körperbewegung und die „Unterlassung" = die gewollte Regungslosigkeit —, so steht damit fest: das Verbrechen ist „Handlung"[2]). Bis hierher wird von einer Meinungsverschiedenheit der Sache nach kaum die Rede sein. Zwar ist neuerdings von Radbruch[3]) die Ansicht verfochten worden, daß man die positive Handlung und die Unterlassung nicht monistisch zu einer höheren Einheit der Handlung in weiterem Sinne erheben dürfe, sondern den Verbrechensbegriff dualistisch konstruieren müsse. Aber selbst wenn das zuzugeben wäre, würde doch soviel bestehen bleiben, daß im Verbrechen ein menschlicher Wille leben muß, und daß man den Verbrechensbegriff nur an ein willent-

---

verschleiert sein. Es fehlt auch gänzlich an einem „praktischen" Bedürfnisse der Bestrafung von Körperschaften. Die Mitglieder der schuldigen Majorität straft schon das geltende Recht (oder kann es wenigstens strafen) nach dem vollen Maße ihrer Schuld; was soll noch mehr geschehen? Diese Einwendungen zu widerlegen ist auch Hafter, Die Delikts- und Straffähigkeit der Personenverbände (1903), nicht gelungen. Vgl. Zürcher, Schweizer. Zeitschrift f. Strafrecht 16 311; Kleinfeller, Krit. Vierteljahrsschrift 45 595.

[1]) Vgl. Liepmann, Einleitung S. 24; Radbruch, Handlungsbegriff S. 73 ff.; Köhler, Grenzlinien S. 12.

[2]) Wie sich der Wille mit seiner Äußerung verknüpft, ob durch psychophysische Kausalität oder psychophysischen Parallelismus u. s. w., kann für die Jurisprudenz auf sich beruhen bleiben. Vgl. übrigens Landsberg, Kommissivdelikte durch Unterlassung S. 26, Anm. 1; Radbruch S. 130, Anm. 1.

[3]) Der Handlungsbegriff (1903) S. 131 ff..

liches menschliches Verhalten, es bestehe in Tätigkeit oder Untätigkeit, knüpfen kann [1]).

Hat also insoweit die traditionelle Begriffsbestimmung des Verbrechens recht, so muß doch behauptet werden, daß die heutige Theorie in der Handhabung des Handlungsbegriffs fehl geht, weil sie zuviel in ihn hineinlegt und unter der Kapitelsüberschrift „Das Verbrechen als Handlung" zahlreiche Punkte abhandelt, die mit der „Handlung" nichts gemein haben, sondern bereits zu den Merkmalen gehören, durch die sich die verbrecherische Handlung gegen ihren Oberbegriff, die „Handlung" im allgemeinen, abhebt. Sie begeht damit einen schweren logischen Fehler. Definieren wir — um ein schon oben herangezogenes Beispiel zu wiederholen — ein Wohnhaus als ein Haus mit bestimmten, näher angeführten Merkmalen (Schlafgelegenheit, Eßraum u. s. w.), so ist selbstverständlich, daß wir unrettbar zu Unklarheiten kommen, wenn wir uns den Oberbegriff des „Hauses" schon mit Merkmalen ausgestattet denken, die erst das Wohnhaus als solches charakterisieren. Das Gesetz der logischen Reinlichkeit verlangt also, daß der Handlungsbegriff freigehalten wird von allen Beimengungen, die erst den Verbrechenscharakter bedingen.

1. In dem Handlungsbegriff darf zunächst kein Körnchen Schuld enthalten sein. Gibt es doch so gut schuldlose, wie schuldhafte Handlungen! Nun besteht die Schuld bei allem Streit um ihr Wesen jedenfalls in der psychischen Beziehung zu der Tat in ihrer objektiven Bedeutung, in dem seelischen Spiegelbilde von der Wirklichkeit. Vorstellungs- und Willenstheorie kommen darin überein, daß sich die Schuld nach dem Inhalt dessen richte, was in der Seele des Täters vorgeht, und differieren nur darin, daß jene lediglich auf den Vorstellungsinhalt abstellt, diese dagegen auf den Willensinhalt. Nur das also ist streitig, in welches der Schubfächer der Seele man die Schuld einbezieht; das Objekt, auf das die seelische Beziehung sich richtet, wird als Regulator des Schuldbegriffs allseitig aufgefaßt. Anders ausgedrückt: ob der Täter „schuldig" war, ob er speziell vorsätzlich oder fahrlässig gehandelt hat, und wie schwer sein dolus oder

---

[1]) Die nähere Auseinandersetzung mit Radbruch folgt unten S. 15 f.

seine culpa wog, hängt davon ab, was er sich vorgestellt bezw. was er gewollt hat oder nicht hat. Ist also die Frage nach dem Vorstellungs- bezw. Willensinhalt ein Element der Schuldfrage, so ist damit klargelegt, daß die Vorstellungs- bezw. Willensinhalte nicht schon für die Feststellung, ob der Täter überhaupt „gehandelt" hat, in Betracht kommen können. Die „Zurechnung zur Schuld" hat mit der Handlungsfrage nichts zu tun [1]). Gehandelt hat der Täter allemal, wenn seine Körperregung oder Regungslosigkeit „willentlich" war, wenn er dabei irgend etwas gewollt bezw. sich vorgestellt hat [2]). Sprechen wir den unglücklichen Schützen, dem unvorhersehbarerweise ein Mensch in die Schußlinie gelaufen ist, frei, so sprechen wir ihn nicht frei, weil er nicht gehandelt habe: er hat gehandelt, denn in ihm lebte „ein" Wille; sondern wir sprechen ihn frei, weil der Inhalt seines Willens bezw. seiner Vorstellung, sowohl der, den er hatte (daß sein Schuß eine Scheibe treffen würde), wie der, den er nicht hatte (daß sein Schuß einen Menschen treffen werde), uns zu einer Bemängelung seiner seelischen Verfassung keinen Anlaß geben.

So muß also der Wille als Element des Handlungsbegriffs durchaus farblos gefaßt werden. Für die Feststellung, daß eine Handlung vorliegt, muß also die Konstatierung im einzelnen Falle genügen, daß im Täter eine vom Willen überhaupt getragene Körperbewegung oder Regungslosigkeit vorlag. Man würde auch sonst in heillose Unklarheiten in der Fahrlässigkeitslehre kommen [3]). Kein fahrlässig Handelnder will den rechtlich relevanten Erfolg. Wäre also die konkrete Richtung des Willens, die Aus-

---

[1]) Das hat — gegen Binding, Normen 2 41 ff. — m. E. schlagend Radbruch S. 85 ff., 95 ff. nachgewiesen. Er betont sehr richtig, daß sonst „schuldhafte Handlung" ein Pleonasmus, „schuldlose Handlung" eine contradictio in adjecto wäre.

[2]) Es trifft nicht zu, wenn v. Liszt, Lehrb. [14], § 28, S. 123, Anm. 2, die von mir in den „Grundzügen" skizzierte, oben näher ausgeführte Auffassung dahin deutet, als leugnete ich die Beziehung des Willens auf die Willensbetätigung, als sei die Willensbetätigung nicht „gewollt". Vgl. schon Grundzüge § 36, V. Ich habe nur behauptet und behaupte, daß die Frage, was gewollt sei, außerhalb des Handlungsbegriffs fällt, daß eine Handlung allemal vorliegt, wenn der Täter irgend etwas, gleichviel was, wollend betätigt hat.

[3]) Vgl. Radbruch a. a. O. S. 84.

füllung des Willens mit einem bestimmten Inhalt, ein Element des Handlungsbegriffs, so müßte man in der fahrlässigen Tat überhaupt die Handlung leugnen. Indem man sagte: X hat den Tod des N. N. nicht gewollt, müßte man weiter folgern: folglich liegt kein Wille vor, folglich ist nicht gehandelt. Das fahrlässige Delikt bestünde also gar nicht in menschlichem Handeln! Demgegenüber bedarf es doch keines Beweises, daß auch der Fahrlässige handelt; und daß das Urteil, er habe nur fahrlässig gehandelt, lediglich die rechtliche Erheblichkeit des bei seinem Handeln vorhandenen Willensinhalts, nicht diesen selbst, negiert [1]).

Ich habe damit einen von mir in meinen Grundzügen des Strafrechts [2]) aufgestellten Satz näher ausgeführt. Inzwischen ist diese Auffassung von Radbruch [3]) aufgenommen und in längerer überzeugender Darlegung noch eingehender gestützt worden. Radbruch hat insbesondere auch nachgewiesen, daß der Begriff der Zurechnungsfähigkeit in der Lehre von der Handlung schlechterdings keine Stätte finden kann, sondern in die Schuldlehre gehört.

2. Aber es ist noch ein Schritt weiter zu tun. Nicht nur die Willensseite, sondern auch die äußere Seite der Handlung muß,

---

[1]) Damit fallen auch die Schwierigkeiten hinweg, die als Problem des „unbewußten Wollens" bekannt sind. Wenn man, wie hergebracht, in den Begriff der Handlung bereits das Wollen strafrechtlich relevanter Inhalte hineinnimmt, so wird man mit Notwendigkeit auf die Bahn gedrängt, daß man auch in der unbewußt fahrlässigen Handlung einen auf das Handlungsergebnis gerichteten, also unbewußten Willen — genauer bewußten Willen mit unbewußtem Willensinhalt, Liepmann, Einleitung S. 35 ff. — anzunehmen hat. Vgl. Binding, Normen 2, 107 ff. Aber die Sache liegt viel einfacher. Bei der fahrlässigen Handlung sind festzustellen:

1. Hat der Täter überhaupt „gehandelt"? Die Antwort auf diese Frage ist nur abhängig davon, ob er bewußt irgend etwas gewollt hat.

2. War der Täter fahrlässig? d. h. war sein Wollen fehlerhaft? Und die Antwort auf diese Frage ist keineswegs davon abhängig, daß man ihm Vorstellungsinhalte, die bei ihm nicht vorhanden waren, als gewollt in die Schuhe schiebt, sondern kann umgekehrt gerade darin wurzeln, daß man das Fehlen des Vorstellungsinhalts und damit die Mangelhaftigkeit des Willens rügt.

[2]) 2. Aufl., S. 38, § 25, III.

[3]) Der Handlungsbegriff S. 68—131.

wenn anders volle Klarheit erzielt werden soll, farblos gefaßt werden, was bisher, soviel ich sehe, noch nirgends bemerkt worden ist [1]). Der Beweis ist leicht geführt. Es ist ja doch unbestreitbar, daß es Handlungen gibt, die einen strafrechtlich relevanten Tatbestand ausmachen — strafrechtlich charakterisierte Handlungen —, und solche, die das nicht tun. Folglich rührt die Feststellung, daß eine „Handlung" vorliege, noch gar nicht an die Eigenschaften der Handlung. Noch bevor man die Frage aufwirft, ob die Tat ein „Diebstahl", ein „Mord" u. s. w. sei, mit anderen Worten bevor man ihre Bedeutung prüft, ist die Frage selbständig zu erledigen, ob überhaupt eine „Handlung" vorliege. Damit ist bewiesen, daß diese Feststellung getroffen werden muß ohne Berücksichtigung der Frage, ob die Handlung unter einen der strafgesetzlichen Tatbestände fällt, geschweige denn der Frage, unter welchen von ihnen sie fällt.

Soll eine selbständige Feststellung, daß jemand überhaupt gehandelt habe, der Feststellung, was für eine Handlung, insbesondere ob eine rechtswidrige Handlung bestimmter Art, vorliege, vorangehen — und das ist eben unumgänglich nötig, weil

---

[1]) Doch hat bereits Luden, Abhandlungen 2 214, das Richtige herausgefühlt. „Die menschliche Handlung kann," sagt er, „im Strafrecht überhaupt nur insoweit in Betracht kommen, als sie zu einer verbrecherischen Erscheinung (wir würden sagen: einem deliktischen Tatbestand) geführt hatte. Man pflegt zwar im Sprachgebrauche nicht immer zwischen der Handlung für sich genommen und der durch dieselbe bewirkten Erscheinung zu unterscheiden, sondern beide zusammen unter einer Benennung zu begreifen, wie z. B. durch die Ausdrücke Tötung, Diebstahl, Raub, Brandstiftung, Ehebruch, Stuprum u. s. w. die Handlung zugleich mit der Erscheinung, welche aus ihr hervorgegangen, bezeichnet wird. Allein juristisch muß man zwischen beiden unterscheiden. Wenn daher überhaupt soll gesagt werden können, daß eine bestimmte Erscheinung durch die Handlung eines Menschen hervorgebracht worden sei, so wird unter Handlung nichts anderes verstanden werden können als die Tätigkeit des Menschen, oder die Bewegung seiner körperlichen oder intellektuellen Kräfte, durch welche Ursachen in Wirksamkeit gesetzt wurden, aus denen die verbrecherische Erscheinung als Folge hervorgehen mußte."

Der Gedanke wird aber von Luden leider nicht weiter verfolgt. Zudem ist die Errungenschaft durch die irrige Vorstellung stark in Frage gestellt, als sei die „Handlung" mit ihrer Tatbestandlichkeit durch ein kausales Band verknüpft, während es sich lediglich um Subsumtion jener unter diese handelt (vgl. unten § 4).

sonst zwei grundverschiedene Fragen, die Frage nach dem „Ob" und die Frage nach der Bedeutung der Handlung, zusammengeworfen werden —, so muß die Handlung so definiert werden, daß von allem Handelnsinhalt auch nach der äußeren Seite hin abstrahiert wird, mit anderen Worten, von alle dem, was eine Handlung zur strafrechtlich bedeutsamen Handlung macht. Demnach ist es unrichtig, wenn in den Systemen des Strafrechts die „äußere Tatseite des Verbrechens", die „imputatio facti", der Kausalzusammenhang, Objekt und Mittel, sowie Modalitäten der Begehung in der dem Begriff der Handlung gewidmeten Rubrik erörtert werden[1]). Alles das setzt vielmehr die Vorfeststellung, daß eine Handlung vorliege, als abgeschlossen voraus und bringt etwas Neues: Spezialmerkmale der verbrecherischen Handlung. Daß die Handlung einen Erfolg, ein Objekt, ein Mittel hat, daß sie in bestimmter Art und Weise begangen ist, hat mit der Handlung begrifflich nicht das Mindeste zu tun. Leugnung der Kausalität, Leugnung des tauglichen Objekts u. s. w. sind wahrlich nicht Leugnung des Vorliegens einer „Handlung", sondern nur Leugnung bestimmter erforderlicher Eigenschaften der Handlung. Wohin die Kausalitätslehre, die Lehre vom Objekt und Mittel des Verbrechens objektiv gehören, wird unten zu zeigen sein. Augenblicklich genügt die negative Feststellung: innerhalb der Lehre vom Handlungsbegriff finden sie keine Stätte, namentlich ist die Hineinnahme des Erfolgs in den Handlungsbegriff ganz unmöglich.

Abstrahiert man solchergerstalt von der Bedeutung des Handelns, so schrumpft die Feststellung, jemand habe „gehandelt", nach der äußeren Seite hin zu der einfachen Feststellung zusammen, daß er irgend eine Körperbewegung oder Nichtbewegung vorgenommen habe (wozu natürlich, um die „Handlung" voll bejahen zu können, die Feststellung subjekten Charakters treten muß, daß in dieser Körperregung oder Nichtregung ein Wille lebte).

Nunmehr wird auch klar, weshalb es kein Fehler ist, die „Unterlassung" dem Begriff der Handlung im weiteren Sinn zu

---

[1]) Deshalb geht namentlich Liepmann S. 26 fehl, wenn er in die „Handlung" dasjenige einbezieht, was sie wirkt; ebenso auch v. Liszt, Lehrb. § 28.

unterstellen, nämlich die absolute Unterlassung, die volle Regungslosigkeit des Menschen[1]. Denn genau so, wie die Körperbewegung, stellt die Körperruhe ein Verhalten des Menschen dar, und zwar, solange der Wille im Menschen lebt, ein gewolltes Verhalten. Das Unterlassen ist Zurückhaltung der motorischen Nerven; der Wille beherrscht die Nerven hier gerade so wie bei der Körperregung: er strebt der Innervation und der Muskelkonzentration entgegen. Wer sich ins Gras gestreckt hat und nun sinnend oder nicht sinnend daliegt, ohne ein Glied zu rühren, ist eben auch ein willenverwirklichender Mensch, und es besteht psychologisch kein Unterschied von dem Menschen, der wollend die Muskeln bewegt[2]. Wie man wollend die Muskeln regen kann, so kann man sie auch wollend zurückhalten. Das eine ist so gut ein spontaner Lebensakt wie das andere.

Wenn dies neuerdings von Radbruch[3] bestritten worden ist, so ist das verschuldet durch die unzulässige Hineinziehung des Handlungs- oder Unterlassungs**inhalts** in den Handlungs- oder Unterlassungs**begriff**, in der Konfundierung des „Nichtstun" mit „etwas nicht tun"[4]. Daß das Unterlassungs**delikt** darin besteht, daß man „etwas Bestimmtes nicht tut", ist selbstverständlich. Aber **was** unterlassen ist, das liegt eben schon jenseits des Unterlassungsbegriffs, das füllt ihn bereits mit einem bestimmten Inhalt, nicht anders, wie wenn man für die positive Handlung fragt, „was gehandelt worden ist", was sie bedeutet. Es ist aber ein Fehlschluß, wenn man um deswillen das reine Unterlassen, die gewollte Regungslosigkeit leugnet, ein Fehlschluß auch, wenn man glaubt, daß man damit sprachwidrig zu einem intransitiven Unterlassen gelange. Das reine Unterlassen ist sogar das Allertransitivste, was es gibt: die Unterlassung **jeder** Muskelregung. Und daß dieses absolute Untätigsein gerade so geeignet ist, als

---

[1] So auch die ganz allgemeine Auffassung; vgl. z. B. v. **Liszt**, Lehrbuch [14], § 28, S. 122, Anm. 1; P. **Merkel**, Begehung durch Unterlassung 10, 40; **Landsberg**, Kommissivdelikte durch Unterlassung 156.

[2] Vgl. **Sigwart**, Kleine Schriften 2, 190.

[3] Handlungsbegriff S. 131 ff.

[4] Vgl. insbesondere bei **Radbruch** S. 135, wo der Fehler deutlich hervortritt.

einen bestimmten strafrechtlichen Inhalt aufweisend zum Verbrechen gestempelt zu werden, wie das Handeln im engeren Sinne, bedarf keiner Ausführung.

Die Frage, was unterlassen ist, taucht also erst auf, nachdem festgestellt ist, daß ein gewolltes Verhalten eines Menschen vorliegt, auf das sie bezogen werden kann. Sie wäre sinnlos, wenn sie absolut gestellt würde, sie gewinnt nur Sinn, wenn der Lebensvorgang fixiert ist, für den es sich fragt, ob dabei etwas unterlassen ist. Sie mißt einen Lebensvorgang an einem rechtlichen Maßstabe. Und damit wird gleichzeitig klar, daß der rechtliche Maßstab, ob „etwas" unterlassen sei, nicht bloß an die reine Unterlassung, sondern ebenso sehr an die gewollte Körperbewegung angelegt werden kann. Auch die Handlung im eigentlichen Sinne kann als Unterlassung bestimmten Inhalts erscheinen, auch in ihr kann ein Unterlassen von „etwas" liegen; so das Strümpfestricken der Mutter als Unterlassung des Verabreichens von Nahrung an das Kind [1]).

Ein Unterlassungsdelikt braucht also nicht reine Untätigkeit zu sein. Damit ist die wichtige, heute regelmäßig verkannte Erkenntnis gewonnen, daß die Lehre von den Unterlassungsdelikten überhaupt nichts mit der Lehre von der Handlung zu tun hat. Sie gehört in einen anderen Zusammenhang — wohin, wird sich später zeigen. Um festzustellen, daß „gehandelt" worden ist, genügt es, aufzuzeigen, daß das Vorkommnis, um das es sich handelt, eine positive oder negative Willensverwirklichung war — beides, das Positive wie das Negative, gilt hier gleich. Die Einteilung der Delikte in Kommissiv- und Omissivdelikte hat nichts zu tun mit der Frage, ob ein positives Handeln oder Untätigkeit

---

[1]) Daß damit nichts für die Frage der Kausalität der Unterlassung abfällt, bedarf wohl kaum der Bemerkung. Ludens Kausalitätskonstruktion wird dadurch nicht zu neuem Leben erweckt. Aber unverkennbar ist, daß die Fixierung des Verbrechens des Verhungernlassens des Kindes genau so gut auf einen durch Tätigkeit, wie auf einen durch Untätigkeit ausgefüllten Lebensabschnitt im Leben der Mutter fallen kann, und daß erst nach solcher Fixierung die Frage erwächst, ob der Inhalt der Tätigkeit oder Untätigkeit rechtliche Relevanz hat. In dem in Rede stehenden Beispielsfalle ist es die positive Handlung, die zum Verbrechen gestempelt wird, nur wird sie es nicht um ihres positiven Inhalts willen, sondern weil sie ein „etwas anderes unterlassen" darstellt.

vorlag. Im Punkte der „Handlung“ geben Tätigkeit und Untätigkeit gar keine scharfen Einteilungsprinzipien ab, sondern stehen sich gleich.

II. Damit steht fest: Die Handlung ist allemal zu bejahen, wenn ein vom Willen getragenes menschliches Verhalten vorliegt, einerlei, worin es besteht, einerlei, wohin der es meisternde Wille zielte. Daß auf diese Weise der Begriff der Handlung zum blutleeren Gespenst wird, darf nicht befremden. Die Hauptprobleme des Strafrechts liegen eben nicht in der Handlungslehre beschlossen, sondern heben erst da an, wo es gilt, die Qualitäten der Handlung zu erörtern. Kommt es doch auch sonst nicht selten vor, daß bei Eingliederung eines Dinges unter einen Begriff die Schwierigkeiten nicht in der Unterstellung unter den Oberbegriff, sondern in der Feststellung liegen, ob die Merkmale, die den Unterbegriff gegen den Oberbegriff abheben, gegeben sind. Die Feststellung des Vorliegens einer „Urkunde“ z. B. macht nicht um deswillen Schwierigkeiten, weil die Urkunde dem Oberbegriff „Gegenstand der Erscheinungswelt“ zu unterstellen ist, sondern, weil es sich fragt, was für ein Gegenstand der Erscheinungswelt die Urkunde ist.

Und gerade wegen seiner Blutleere ist der Begriff der Handlung befähigt, ein Begriff der allgemeinen Rechtslehre zu sein. Ein Handlungsbegriff, der schon Schuldbestandteile oder Elemente, die der Verbrechensobjektsfixierung u. s. w. dienen, in sich schlösse, wäre wahrlich nicht geeignet, auch zivilrechtlich, prozessual, staatsrechtlich u. s. w. als identischer Begriff verwertet zu werden!

Und trotz seiner Farblosigkeit hat der Handlungsbegriff seine grundlegende Bedeutung. Was er uns leisten kann, das können wir nicht entbehren, so wenig wir für die „Urkunde“ der Feststellung entbehren können, daß ein sinnlich wahrnehmbarer Gegenstand gegeben ist. Die Bedeutung des Handlungsbegriffs liegt kurz gesagt in der Negative: in der Ausschaltung aller Vorkommnisse, die nicht Handlung sind, als für das Strafrecht von vornherein nicht in Betracht kommend, in der Überflüssigmachung jeder weiteren strafrechtlichen Betrachtung. Finden wir, daß das Vorkommnis, um dessen strafrechtliche Bewertung es sich handelt, durchaus ohne irgendwelchen Willen zu stande gekommen ist (Bewegungen im Schlafe u. s. w.), oder daß es ein rein psychischer Vorgang ohne jedes Hinaustreten in die äußere Welt gewesen ist (nuda cogitatio), so ist das Urteil fertig: dieses Vorkommnis kann unter keinen Umständen zur strafbaren Handlung gestempelt werden[1]), die Fragen nach Gestaltung der Tat als Körperverletzung u. s. w., als rechtswidrig, schuldhaft u. s. w. tauchen dann überhaupt nicht auf.

Das Werturteil, ein Vorkommnis sei Handlung oder sei es nicht, läuft danach hinaus auf eine Gruppierung der Lebensabschnitte des Individuums, um das es sich handelt. Zwischen Wiege und Grab, solange er lebt, handelt der Mensch entweder oder er handelt nicht. Von dem Augenblick an, wo man überhaupt von Wollen sprechen kann, bildet das menschliche Leben eine beständige Abwechslung von Handlungen und Nichthandeln, ein drittes gibt es nicht. Und so bedeutet denn „das Verbrechen als Handlung" lediglich:

> Das Vorkommnis, an das wir die Feststellung, daß ein Verbrechen vorliege, anknüpfen wollen, muß in einen der Lebensabschnitte hineinfallen, in denen der Mensch Herr seines Körpers war. Alle anderen Lebensabschnitte (Schlafzustände u. s. w.) geben keinen geeigneten Anknüpfungspunkt ab und sind von vornherein auszuschalten[2]).

Es bezeichnet sonach der Handlungsbegriff in seiner praktischen Anwendung für das Strafrecht nur die Heraushebung derjenigen Strecken im menschlichen Lebenslauf, die geeignet sind, unter strafrechtliche Gesichtspunkte gestellt zu werden, mit gleicher Gültig-

---

[1]) Hierher gehört also insbesondere der Satz, daß cogitationis poenam nemo patitur, daß an rein innerlich gebliebenes Vorstellen und Wollen keine Kriminaluntersuchung angeknüpft werden kann.

[2]) Daß die Begebnisse eines solchen Lebensabschnitts gleichwohl in anderen Stücken des Verbrechensbegriffs, als in der Verbrechenshandlung strafrechtlich relevant sein können (actio libera in causa!), ist selbstverständlich; nur muß dann allemal ein Lebensabschnitt des Handelns den Punkt in sich schließen, bei dem die strafrechtliche Betrachtung einsetzt. Hat die Mutter das Kind im Schlafe erdrückt, so besteht das Verbrechen nicht in diesem Vorkommnis, sondern es besteht im Zusammenhalt mit ihm in der vorausgegangenen Handlung.

keit für den Verbrecher, wie für den, der nie den Pfad des Rechts verlassen hat. Er erfüllt nur zeitliche Lokalisierungszwecke, indem er die Zeitpunkte fixiert, auf die ein Verbrechen bezogen werden kann. Innerhalb der Strecken, die der Mensch als Herr seines Körpers durchlief, ist jeder Einzelpunkt gleich geeignet. Daraus ergibt sich eine Feststellung, die noch weiter unten fruchtbar gemacht werden wird: daß nämlich die Abgrenzung der einzelnen Körperregungen oder Regungslosigkeiten voneinander nur von untergeordneter Bedeutung sein kann. Denn auf der Strecke, die der Mensch willenäußernd durchläuft, ist ein ungeteilt zusammenhängendes Handeln (im weiteren Sinne) gegeben. Ob er währenddem schreitet oder sitzt oder still ausruht, gilt gleich: eins folgt unmittelbar dem anderen; und wieviel von diesem Handeln wir für strafrechtliche Zwecke herausheben, ob das Handeln von 9 Uhr bis 9.05 Uhr, oder von 9 bis 11 Uhr, oder von 9 Uhr früh bis Abends 8 Uhr, das hängt von Erwägungen ab, die schon nicht mehr auf dem Felde des Handlungsbegriffs liegen. Darin liegt das Geheimnis beschlossen, weshalb wir anstandslos von „einer" Handlung reden, wenn etwa der Gefährder eines Eisenbahntransports einen schweren Felsblock in stundenlangem, durch Ruhepausen unterbrochenem Dahinwälzen auf die Schienen gebracht hat. Die Lehre von der sog. „Handlungseinheit" entnimmt ihre Ausgangspunkte nicht dem Begriff der Handlung, sondern anderswoher [1]).

In diesem Zusammenhang wird auch deutlich, wie sich die Auffassung entwickeln konnte, das StGB. habe eine ganze Reihe disparater Handlungsbegriffe [2]). Diese angeblich verschiedenen Handlungsbegriffe sind in Wahrheit nur weitere oder engere Anwendungen eines identischen — des oben entwickelten „physiologischen" — Handlungsbegriffs. Wo immer das StGB. von „Handlung" spricht, da kann von der Willensbetätigung nicht abstrahiert werden. Nur ist möglicherweise der Ausdruck „Handlung" für einen oder den an-

---

[1]) Darüber unten §§ 34 ff.

[2]) Vgl. v. Lilienthal, Ort der Handlung S. 3, Anm. 1; Binding, Handb. 1 565, Anm. 3; Köhler, Grenzlinien S. 12 ff.; Radbruch a. a. O. S. 73.

deren Unterbegriff — für „schuldhafte Handlung" oder für „Handlung in positivem Sinne" u. s. w. — abkürzend gebraucht, so, daß also auch noch bestimmte Artung der Willensbetätigung festgestellt werden muß. Das kann nicht befremden. Sprechen wir doch auch im täglichen Leben gar oft so, daß wir den den Oberbegriff bezeichnenden Ausdruck nennen, weil wir meinen, daß der Zusammenhang erkennen läßt, daß stillschweigend bestimmte Artmerkmale hinzuzudenken sind. Sagt etwa der Besteller eines Paars Bergschuhe zu dem Schuhmacher: „Ein Schuh taugt nur dann etwas, wenn er dicke Doppelsohlen hat," so meint er mit dem Gattungsbegriff „Schuh" natürlich die Spezies „Bergschuh". Der Besteller von Tanzschuhen wird vielleicht umgekehrt sagen: „Ein Schuh mit dicken Doppelsohlen ist unbrauchbar." Es wird aber doch gewiß niemand daraus den Schluß ziehen, es gebe im Sprachgebrauche des täglichen Lebens verschiedene Schuhbegriffe. Der Begriff ist einheitlich und stets derselbe. Man legt immer das oberbegriffliche Substantiv zu Grunde unter Weglassung bestimmter — für selbstverständlich erachteter — Eigenschaften, die für den gemeinten Unterbegriff in Betracht kommen. Zu ermitteln bleibt immer nur aus den Umständen, ob der Begriff in seiner Reinheit als Oberbegriff oder mit gewissen Artmerkmalen als einer der Unterbegriffe gemeint ist.

§ 4.

II. Das Verbrechen als tatbestandsmäßige Handlung.

I. Mittels der Feststellung, der präsumtive Verbrecher habe „gehandelt", ist also noch gar nichts über die Bedeutung der Handlung, über ihren Willens- und Tatinhalt gesagt. Es ist damit vielmehr nur ein Abschnitt aus seinem Leben herausgegriffen, der geeignet ist, auf die Merkmale hin untersucht zu werden, die diese Lebensregung als eine verbrecherische erscheinen lassen. Diesen Merkmalen allen kommt demnach lediglich die Bedeutung von Eigenschaften der Handlung zu; sie haben den Charakter von Adjektiven, die zu dem Substantivum „Handlung" hinzutreten müssen, um den Verbrechensbegriff zu ergeben. Die „Handlung" ist das Substantivum, die weiteren Merkmale lediglich auf dieses bezügliche Attribute[1]).

Unter diesen Eigenschaften steht nun nach geltendem Strafrecht eine obenan, die merkwürdigerweise noch niemals prinzipiell als Verbrechensmerkmal erfaßt worden ist, wiewohl sich in ihr alle strafrechtliche Untersuchung konzentriert: die Tatbestandsmäßigkeit der Handlung.

Denn die Zeiten sind vorüber, in denen jede rechtswidrige schuldhafte Handlung ohne weiteres die Strafdrohung entfesselte. Das verschwommene Epitheton, das man gewöhnlich zu „rechtswidrige schuldhafte Handlung" hinzusetzt, um den Verbrechensbegriff zu vervollständigen, das Epitheton „mit Strafe bedroht" gewinnt feste Gestalt erst, wenn wir uns darüber klar werden, daß heute nur fest umrissene Verbrechenstypen unter die Strafdrohungen fallen können. Den Umriß des Verbrechenstypus aber geben enumerativ erschöpfend die positivrechtlich angegebenen Tatbestände. Es gibt keine „delicta juris naturalis" u. dergl. mehr. Eine in diesem Sinne nicht tatbestandsmäßige Handlung (ein furtum usus u. s. w.) kann heute niemals als Verbrechen bezeichnet werden, mag sie auch noch so sehr Handlung, rechtswidrig und schuldhaft sein; sie ist nicht geeignet, der Strafdrohung als Angriffspunkt zu dienen. „Strafbare Handlung" ist heute nicht identisch mit „strafwürdiger Handlung". Daran zweifelt ja wohl auch niemand. Und ein Blick auf StGB. § 2 schließt auch jeden Zweifel aus. Aber seltsam, so sehr die grundlegende Wichtigkeit des § 2 in der Literatur betont wird, seine Hauptbedeutung: die Ausschließung aller nicht positivrechtlich anerkannten Verbrechenstypen — erscheint nirgends ins rechte Licht gestellt. Vier Grundsätze pflegt man in § 2 zu finden:

1. Strafdrohungen dürfen nicht dem Gewohnheitsrecht entnommen werden.
2. Strafdrohungen dürfen nicht aus Analogieschluß gewonnen werden.
3. Absolut unbestimmte Strafdrohungen sind unstatthaft.
4. Nur die vor der Tat vorhanden gewesene Strafdrohung

[1]) Zutreffend dargelegt von Radbruch, Handlungsbegriff S. 71.

ist auf die Tat anwendbar (Nulla poena sine praevia lege poenali) — mit der in § 2 Abs. 2 bezeichneten Ausnahme.

Alles ganz richtig. Nur fehlt die Hauptsache: daß nämlich nur fest umrissene Tatbestände für die Stempelung einer Tat zum Verbrechen in Betracht kommen. Man wende nicht ein, das liege ja schon in den Sätzen zu 1 und 2. Gewiß bedeuten diese Sätze, richtig verstanden, daß nicht bloß die Strafdrohung selber, sondern auch der sie auslösende Tatbestand nicht dem Gewohnheitsrecht und nicht analogischer Denktätigkeit entnommen werden können. Aber der Satz:

Verbrechen kann nur die Handlung sein, die einem fest formulierten Tatbestande entspricht,

hat seine selbständige Bedeutung und ist von der Frage nach Gewohnheitsrecht und Analogie ganz unabhängig. Denn auch durch Gewohnheitsrecht kann ein Verbrechenstypus geschaffen werden, waren doch alle gemeinstrafrechtlichen Tatbestände, soweit sie nicht auf der Carolina beruhten, gewohnheitsrechtlich formulierte. Und ebenso ist die Analogie in der Lage, fest umrissene Verbrechenstypen anderen, im Gesetz direkt formulierten Tatbeständen gleichzustellen. Das Gewohnheitsrechts- und das Analogieproblem berühren also nicht die Frage, ob sich die Strafbarkeit nur auf fest umrissene Verbrechenstypen beziehen könne, sondern nur die Frage, ob es auch genügt, wenn consuetudo oder Analogieschluß den Verbrechenstypus scharf umrissen ergeben. Und umgekehrt: auch wenn das Gesetz unter Ausschluß von Gewohnheitsrecht und Analogie als alleinige Quelle von Strafansprüchen bezeichnet wird, ist damit noch nicht ausgesprochen, daß nur typische Verbrechen anerkannt seien. Ein Gesetz, das den — von manchen Seiten ja sehnlichst herbeigewünschten — Schurkenparagraphen enthielte:

„Jeder Schurke wird . . . bestraft“ —

würde, wiewohl es von der Ausschließung von Gewohnheitsrecht und Analogie nicht betroffen wäre, keine Beschränkung auf bestimmte Verbrechenstypen in sich schließen und deshalb dem § 2 widerstreiten. Somit muß, soll anders der Sinn des § 2 voll ausgeschöpft werden, jenen oben erwähnten vier Sätzen vorangehen der Satz:

Unter eine Strafdrohung fallen nur die positivrechtlich fest formulierten Verbrechenstypen,

oder:

Kein Verbrechen ohne Tatbestand,

woran sich dann — zu näherer Bestimmung des „positivrechtlich" — anschließen: der Satz, daß „positivrechtlich" nur im Sinne von „gesetzesrechtlich", und der Satz, daß es auch nur im Sinne von „expressis verbis legis" zu verstehen sei[1]. Daß das Erfordernis der Typizität im Willen des StGB. liegt, ist ja sicher. „Eine" Handlung kann nur dann u. s. w., sagt das Gesetz und meint damit eine bestimmt geartete Handlung. War doch gerade der Grund, der die Ausschließung von Gewohnheitsrecht und Analogie gesetzgeberisch bedingte, der, daß man einen besonders hohen Grad von Typizität anstrebte, um aller Rechtsunsicherheit vorzubeugen.

Universalrechtshistorisch betrachtet treten Zivilrecht und Strafrecht in einen gewissen Gegensatz. Bei jenem bildet die typische Ausprägung der Rechtsgeschäfte den historischen Ausgangspunkt[2], und erst auf späteren Stufen der Rechtsentwicklung wird die Typizität überwunden: der starre Schematismus wird abgeschüttelt zu Gunsten der „Privatautonomie". Beim Strafrecht ist es umgekehrt: von Hause aus keine feste Umreißung der Tatbestände (man erinnere sich noch der poenae extraordinariae des gemeinen Rechts) und erst als neuzeitliche Errungenschaft die Beseitigung der Typenlosigkeit.

Die Bedeutung des Requisits positiver Formulierung der Tatbestände tritt ins helle Licht, sobald man sich das Gegenteil: Lebensvorgänge, die keine positive Formulierung empfangen haben, vergegenwärtigt. Sie alle, mögen sie durch freies Walten der Phantasie oder durch Wünsche de lege ferenda oder durch andere

[1]) Und zwar kann der Ausschluß von Gewohnheitsrecht und Analogie eben nur auf die Aufstellung von Tatbeständen (und die Strafdrohungen) bezogen werden. Strafrechtliche Sätze, die nicht an den Tatbestand rühren, und vollends Sätze über die Rechtswidrigkeit (Normen und Normdurchbrechungen) können sehr wohl durch consuetudo geschaffen wie durch Analogieschluß als existent aufgezeigt werden. Die richtige Ansicht vertritt insbesondere Binding, Grundriß 1 66, Handb. 1 §§ 40—47.

[2]) Man denke an die römischen Realkontrakte u. s. w.

Rechtsordnungen tatbestandlich formuliert sein, wie etwa (in der Regel) das furtum usus oder der Zweikampf mit nicht tödlichen Waffen, sind unfähig, vom Richter zu Verbrechen de lege lata gestempelt zu werden, und zwar ohne Unterschied, ob sie irgendwo im Gesetz als — sozusagen — Straflosigkeits- oder Nichtverbrechenstatbestände genannt sind, oder ob das Gesetz über sie schweigt [1]).

So kann also Verbrechen heute nur die Handlung genannt werden, die einem der in geschlossener erweiterungsunfähiger Zahl im besonderen Teil des Strafrechts aufmarschierenden Tatbestände entspricht, die typische, tatbestandsmäßige Handlung.

Die Typizität oder Tatbestandsmäßigkeit als Eigenschaft der Handlung ist damit zum begrifflichen Merkmal des Verbrechens geworden; sie ist conditio sine qua non der Verbrechenseigenschaft.

Es kann befremdlich erscheinen, daß die Zugehörigkeit zu einer der anerkannten Verbrechensarten in dieser Definition als ein Merkmal des Verbrechensbegriffs auftritt. Gleicht unsere Verbrechensdefinition z. B. nicht der Definition eines Baumes als eines solchen pflanzlichen Gebildes mit festem Stamm und Zweigen, das unter eine der vorhandenen Baumarten (Eiche, Linde u. s. w.) fällt? Und ist damit nicht der doppelte logische Fehler begangen, daß 1. die Artbegriffe als das prius gesetzt sind und von ihnen der Gattungsbegriff in Abhängigkeit gesetzt ist; und 2. die Existenz der begriffenen Gegenstände zum Merkmal des Begriffs erhoben wird? Sicher ist dieser Doppelvorwurf der obigen Baumdefinition zu machen; sie muß, um logisch korrekt zu werden, sowohl von jeder Hereinziehung der vorhandenen Baumarten, wie überhaupt der Baumarten gereinigt werden: Baum ist ein pflanzliches Gebilde mit festem Stamm und Zweigen — weiter gehört nichts in die Definition.

Aber mit der Definition des Verbrechens steht es eben ganz

---

[1]) Eine durchaus andere Frage ist natürlich die, aus welchem Recht wir die Verbrechenstatbestände zu entnehmen haben, ob insbesondere landesrechtlich aufgestellte Tatbestände gegenüber dem Schweigen des Reichsrechts beachtlich sind.

anders. Wer einen Baum definieren will, den gehen die Baumarten nur insofern etwas an, als er das ihnen allen Gemeinsame zusammenstellt; der Baumbegriff steht und fällt nicht mit den uns bekannten Baumarten: es kann auch jenseits ihres Kreises noch andere Baumarten geben, der Baum ist nicht deshalb Baum, weil er die Artmerkmale einer der uns bekannten Baumarten an sich trägt. Bei den auf Gegenstände der Sinnenwelt gemünzten Begriffen bleibt eben immer die Möglichkeit offen, daß neue Arten entdeckt werden, die dem Begriffe unterfallen. Dagegen das Verbrechen ist durch gesetzgeberischen Machtspruch begrifflich gebannt in den festgeschlossenen Kreis der positivrechtlichen Verbrechenstypen. Neue Typen können sich bei aller Erweiterung des juristischen Wissens nicht herausstellen. Um überhaupt „Verbrechen" zu sein, muß die Handlung die Artmerkmale irgend einer der typischen Verbrechensarten an sich tragen. Der Begriff kann sich nicht über die gegebenen Arten erheben. Trägt die Handlung die Artmerkmale keiner Verbrechensart an sich, ist sie eine atypische Handlung in diesem Sinne (wie nach geltendem Recht etwa das Lesen fremder Bücher u. s. w.), so könnte sie wohl Verbrechen sein (scil. wenn der Gesetzgeber einen entsprechenden Typus fixiert hätte), aber sie ist es nicht nach geltendem Recht. Das „atypische Verbrechen" ist ein bloßes Phantasiegebilde. So erklärt sich, weshalb die Typizität der Tat in den Verbrechensbegriff Aufnahme finden muß.

Demgegenüber den Vorwurf zu erheben: solchergestalt flössen der Verbrechensbegriff und der Begriff der einzelnen Verbrechensarten ineinander — würde fehlsam sein. Denn es gehört natürlich nicht zum Begriff der strafbaren Handlung, daß dieser oder jener Tatbestand, etwa der Diebstahlstatbestand, erfüllt sei. Der Verbrechensbegriff fordert vielmehr nur Subsumierbarkeit der Handlung unter irgend einen der Tatbestände, unangesehen welchen; es stehen sich die Tatbestände in ihrer Summe auf der einen Seite und die imaginäre Größe der „Nichttatbestände" als zwei große Gruppen gegenüber, und die Feststellung, ob ein Verbrechen vorliegt, hängt nur davon ab, ob wir die Handlung dieser oder jener Gruppe zuweisen, nicht davon, wohin wir sie innerhalb der Gruppe stellen. Die Anweisung des Platzes innerhalb der Gruppe der typischen Handlungen betrifft natürlich nur die Frage nach der Verbrechens*art*.

Das richtige Gefühl, daß ohne Tatbestandsmäßigkeit kein Verbrechen konstruierbar ist, liegt wohl auch der gelegentlich erhobenen Forderung zu Grunde, daß systematisch die Darstellung des „Besonderen Teils" des Strafrechts der Darstellung des „Allgemeinen Teils" vorausgeschickt werden solle. Man argumentiert damit, daß der Allgemeine Teil sich doch nur an die Tatbestände des Besonderen Teils ankristallisiere — eine gewiß nicht unrichtige Beobachtung! Nur geht die Forderung zu weit, wenn sie die tatbestandlichen Einzelheiten an die Spitze stellen will. Geschieht das, so rückt das die Verbrechen Trennende in den Vordergrund, während es pädagogisch richtig ist, das sie Einigende voranzustellen.

Aber gehört auch die Aufzeigung des Inhalts der *einzelnen* Tatbestände nicht vor den Allgemeinen Teil, so ist doch die *Tatbestandsmäßigkeit selber* allgemeinen Charakters und somit dem ersten, dem „Allgemeinen Teile" des Strafrechts einzuverleiben [1]). Es sei ein drastischer Vergleich erlaubt: In eine anthropologisch-anatomische „Antlitzlehre" würde in den allgemeinen, das menschliche Antlitz schildernden Teil gewiß nicht die Aufzeigung der verschiedenen Nasenarten — der griechischen und der römischen, der Adler- und der Habichtsnase u. s. w. — gehören; das wäre erst Sache des besonderen Teils, einer besonderen „Nasenlehre". Aber *daß* überhaupt eine Nase da ist und welche Stellung im Antlitz sie hat, das will bereits beim Begriff des Antlitzes als Ganzen erörtert sein.

De lege ferenda wird die Vertypung des Strafrechts gewiß zu billigen sein. Denn ein unhörbar auf Filzschuhen herumschleichendes Strafrecht verträgt der moderne Mensch nicht mehr. Auch dabei wird es bleiben müssen, daß die Tatbestände der Schaffung durch Gewohnheitsrecht und der analogischen Konstruktion unzugänglich sind. Total davon getrennt zu halten ist

---

[1]) Die Allgemeinheit der Tatbestandsmäßigkeit wird meist verkannt, z. B. von *Graf Dohna*, Rechtswidrigkeit S. 38, der zwar die Rechtswidrigkeit als *generelle*, die Tatbestandlichkeit dagegen nur als *spezielle* Verbrechenseigenschaft aufgefaßt wissen will.

die Frage, ob es auch fürderhin heißen soll: Nulla poena sine praevia lege poenali. Dieses Dogma hat in der Tat keine Berechtigung. Zahlreich genug sind die bedauerlichen Fälle, in denen jemand schuldhaft rechtswidrig gehandelt hat und doch dem Strafrichter entgeht, bloß weil zur Zeit des Handelns ein entsprechender Typus noch ungeboren war. Der Laie, zumal der Verletzte, wird es nie verstehen, weshalb solch ein Glücksfall — die Unaufmerksamkeit des Gesetzgebers — definitiv Straflosigkeit bewirken soll. Gälte der Satz von der praevia lex poenalis nicht, so wäre Bestrafung möglich. Und sie ist ein geradezu brennendes Bedürfnis in den Fällen, wo die schuldhafte rechtswidrige Tat in einer Weise ausländische Interessen verletzt hat, daß dem Auslande gerechter Grund zur Beschwerde wird [1]). Wie kläglich, wenn unser Staat hier erklären muß, er sei nach Lage seiner Gesetzgebung zur Bestrafung außer stande! Und wird hier nicht der fremde Staat dem unsrigen einen Vorwurf daraus machen können, daß er sich so unklug der Strafmöglichkeit begeben hat? Wird nicht völkerrechtlich unter Umständen das Reich dafür büßen müssen? Alles, was man zu Gunsten des Erfordernisses der praevia lex vorgebracht hat, gipfelt in dem angeblichen „Unrecht", das man dem Täter durch nachherigen Strafgesetzerlaß zufüge. Aber dabei läuft immer die handgreifliche Verwechslung unter, als ermögliche man mit dem Fallenlassen des Satzes Nulla poena sine praevia lege die nachmalige Bestrafung einer zur Zeit der Begehung gar nicht rechtswidrigen Handlung. Das würde allerdings ein Unrecht sein, aber davon ist hier ja gar nicht die Rede, sondern nur davon, daß für rechtswidrige schuldhafte, also strafwürdige, Handlungen durch nachträgliche Aufstellung eines neuen Verbrechenstypus die Sühne ermöglicht werde.

Verschleiert steckte das Begriffsmerkmal der Tatbestandsmäßigkeit schon in den bisherigen Definitionen des Verbrechens als einer „mit Strafe bedrohten" Handlung; denn „mit Strafe bedroht" sind eben die Tatbestände. Aber der Passus „mit Strafe bedroht" ist, wie schon oben betont, nichtssagend und wertlos, weil er nur auf die — von vornherein bekannte —

[1]) Vgl. hierzu Beling, Zeitschr. f. StrRW. 17 325.

Folgeerscheinung hinweist, ohne das Wesen des Verbrechens erkenntlich zu machen. Es bedarf der Zersetzung dieses Requisits des „mit Strafe Bedrohtseins"; und zu den Voraussetzungen des Strafbarseins gehört eben nächst der Handlung in erster Linie die — bislang so gut wie ganz verkümmerte — Tatbestandsmäßigkeit.

II. Mit der Erkenntnis, daß die Tatbestandsmäßigkeit ein Begriffsmerkmal des Verbrechens ist, ist reicher Gewinn erzielt. War der Begriff der „Handlung" ein objektiv wie subjektiv inhaltloser, so grenzt gerade die Typizität die Handlungsinhalte derart ab, daß Handlungen ohne tatbestandlichen Inhalt aus dem Verbrechensbegriff ausscheiden; erst jetzt entwickelt sich aus dem farblosen Handlungsbegriff der Begriff des Verbrechens als der „Tat".

Hatten die Lehren vom Erfolg der Handlung, von der Kausalität, vom Objekt der Tat, vom Inhalt der Unterlassungsdelikte u. s. w. in der Lehre von der Handlung nicht ihre Stätte gefunden, so ist nunmehr geklärt, wohin diese herumirrenden Elemente gehören: in die Lehre von der Tatbestandsmäßigkeit. Denn der Erfolg wie das Objekt der Tat, die kausale Verbindung zwischen Handlung und Erfolg, die Inhaltlichkeit des Handelns wie des Unterlassens sind eben nur Elemente der Bedeutung der Handlung, und für diese Bedeutung maßgebend sind eben die typisch ausgemeißelten Tatbestände [1]).

Das Requisit der Tatbestandlichkeit bietet sodann auch die Erklärung dafür, weshalb das Enthüllen verbrecherischer Vorsätze durch den, der den Vorsatz gefaßt hat, nicht ohne weiteres strafbare Handlung ist, es aber doch auch sein kann. Der Satz „Cogitationis poenam nemo patitur" erklärt das nicht restlos. Denn er besagt ja nur, daß die cogitatio selber kein Verbrechen sein kann, daß in ihr ein Verbrechen nicht bestehen kann, weil sie keine „Handlung" ist [2]). In dem Enthüllen eines

---

[1]) Natürlich außerdem die „Rechtswidrigkeit" der Tat. Über das logische Verhältnis zwischen Tatbestandsmäßigkeit und Rechtswidrigkeit s. unten § 17.

[2]) Oben S. 18.

Verbrechensvorsatzes aber haben wir eine „Handlung" vor uns: das Aussprechen oder Niederschreiben u. s. w. der den Vorsatz enthüllenden Worte. Weshalb solche Handlungen keine Verbrechen sind, das erklärt sich sehr einfach daraus, daß sie regelmäßig der Tatbestandlichkeit entbehren, weil sich das „Enthüllen" in unserer Gesetzgebung nicht als Delikttypus findet. Und das erklärt gleichzeitig, weshalb es eben doch — ohne Bruch mit dem Satze „Cogitationis poenam nemo patitur" — vorkommen kann, daß solche Enthüllungen wirklich Verbrechen sind. Was wollte man sonst mit dem „Sicherbieten" in § 49a StGB. anfangen?

Daß die Verbrechen tatbestandliche schablonenhafte Handlungen sind, bietet weiter den Schlüssel dafür, weshalb das Handeln „in fraudem legis" im Strafrecht keine Sühne findet. Der in fraudem legis Handelnde begeht regelmäßig als vollendeter Lump eine rechtswidrige Handlung potenziert schuldhaft. Er wäre vielleicht ganz besonders strafwürdig. Aber das Strafgesetz ist ohnmächtig: das Handeln umgeht gerade die Verbrechenstypen und fällt deshalb außerhalb krimineller Ahndung.

Die Tatbestandsmäßigkeit des Verbrechens erleuchtet ferner das Wesen des sog. strafbaren Unrechts gegenüber dem „Zivilunrecht": strafloses Unrecht ist alles nicht vertatbestandlichte, strafbares Unrecht das in Typen gegossene.

Und endlich tritt auch ins rechte Licht, wie sehr B i n d i n g recht hat, wenn er [1]) betont, daß zwischen dem Verbrechen und der Bedingung in den Strafgesetzen nicht das Verhältnis der Gegensätzlichkeit, sondern das des E i n k l a n g s besteht.

Erst bei voller Klarheit über die Typizität unserer heutigen Verbrechen wird auch verständlich, weshalb strafprozessual eine Verurteilung de incerto, eine gegenständlich unbestimmte Verurteilung, unzulässig ist. Aus der Verschiedenheit der Strafrahmen bei den einzelnen Verbrechensarten erklärt sich diese Unzulässigkeit nur zum Teil. Denn nicht nur da, wo die Strafrahmen verschieden sind, sondern auch bei ihrer völligen Kongruenz kann eine alternative Verurteilung nicht erfolgen — etwa aus § 133 o d e r aus § 242 StGB. Hat man aber erfaßt, daß das Ver-

---

[1]) Normen 1 ² 3 ff.

brechen mit seinem Typus steht und fällt, so ist es nicht verwunderlich, daß der Typus auch die Möglichkeit des Urteilserlasses beeinflußt.

III. Das logische Verhältnis zwischen dem Begriff der „Handlung" und dem des Tatbestandes ist selbstverständlich das der Subsumtion. Mit der Feststellung: die Handlung x trägt die Tatbestandsmerkmale z. B. des Wuchers an sich — wird ausgesagt, daß die Handlung x dem Tatbestand des Wuchers entspreche: die Handlung ist Wucher. Nicht etwa handelt es sich um ein Kausalitätsverhältnis zwischen „Handlung" und „Wucher" [1]): die Handlung hat nicht Wucher „bewirkt" oder zur Folge gehabt.

Wohl kann der Tatbestand selber eine kausale Beziehung in sich schließen (Verursachung z. B. des Todes eines Menschen), aber der Tatbestand besteht dann keineswegs nur in dem Erfolge, sondern in Handlung + Erfolg; unter den Tatbestand fällt die Handlung in ihrer Eigenschaft als Ursache des Erfolges, nur innerhalb des Tatbestandes kommt die Kausalität zu Worte. Die irrige Vorstellung, als ob der „Tatbestand" bloß die kausale Folge der Handlung sei, hat den anderen schweren Irrtum verschuldet, als sei die Kausalität ein das ganze Strafrecht beherrschendes Verhältnis, als gebe es keine unkausalen Tatbestände, während in Wahrheit die Tatbestandlichkeit auch in gegenwärtigen Beziehungen der Handlung ohne Rücksicht auf das, was später erfolgt, liegen kann [2]).

Die Feststellung, daß alles, was den Tatbestand angeht, nur darauf hinausläuft, ob wir dem Substantivum „Handlung" eine bestimmte Eigenschaft beilegen können, entscheidet insbesondere auch die Frage, wonach sich Zeit und Ort der Tat richten. Es

[1]) Diese falsche Auffassung läuft auch heute noch oft unter. So auch schon Luden, Abhandlungen 2 214 f., der immer wieder davon spricht, daß die verbrecherische Erscheinung, wie er unseren Tatbestand nennt, „durch die Handlung hervorgebracht werde", als „Folge" aus ihr hervorgehe; besonders deutlich tritt sein Irrtum in der Überschrift S. 262: „Von dem Kausalzusammenhang zwischen der Handlung und der verbrecherischen Erscheinung" zu Tage.

[2]) Das Nähere hierüber s. unten § 21 I.

ist ja von vornherein klar, daß die Kategorieen des Raums und der Zeit nur auf das Ding selbst, nicht auf seine Eigenschaften beziehbar sind. Eigenschaften als solche sind nie und nirgends, es wäre denn eben da, wo das Ding ist. Der schöne oder geistreiche Mensch ist nicht da, wo seine Schönheit oder sein Geist „ist" oder „wirkt", etwa im Spiegelbild, in der Photographie, in dem gedruckten Buche, sondern der Mensch ist da — wo er selber ist. Genau so kann die verbrecherische Handlung nicht dahin lokalisiert werden, wo ihre Eigenschaften zum Vorschein kommen, sondern nur dahin, wo sie substantivisch ist, d. h. nach Ort und Zeit der Handlung selber [1]).

§ 5.

III. Das Verbrechen als rechtswidrige Handlung.

I. Nach dem Vorausgeführten rechtfertigt die Feststellung, daß eine Handlung unter keinem der gesetzlichen Tatbestände unterzubringen ist (daß sie atypisch ist), ohne weiteres das Urteil, daß ein Verbrechen nicht vorliege. Nicht aber umgekehrt: eine tatbestandsmäßige Handlung ist nicht ohne weiteres ein Verbrechen. Es kann jemand sehr wohl durch eine Handlung „einen Menschen getötet", „eine fremde Sache beschädigt oder zerstört", „eine Tätlichkeit gegen einen Bundesfürsten verübt" haben u. s. w., ohne doch damit ein Verbrechen begangen zu haben. Denn die tatbestandsmäßige Handlung kann möglicherweise nicht rechtswidrig gewesen sein. Dann hilft ihre Typizität gar nichts: trotz des Vorliegens der letzteren Eigenschaft fehlt es am Verbrechen: ohne Rechtswidrigkeit kein Verbrechen.

Das ist ja heute gemeine Meinung. Und es kann nicht wohl bestritten werden. Erklärt der Staat eine Handlung für strafbar, so ist das der allerstärkste Ausdruck dafür, daß er sie nicht billigt, sondern sie der Rechtsordnung widerspricht [2]). Der Gesetzgeber müßte schon nicht recht bei Troste sein, wollte er ein der Rechtsordnung gar nicht zuwiderlaufendes Handeln strafen. Im Rechts-

---

[1]) Darüber noch unten § 9, 23.

[2]) Vgl. Lammasch, GS. 44 170; Finger, Lehrb. 1 § 18.

sinne nicht inkorrekt handeln und doch gestraft werden, wäre doch recht erbaulich. Rubo hat sich bekanntlich durch seine Behauptung, daß z. B. auch der nicht rechtswidrig handelnde Scharfrichter unter § 211 StGB. falle[1]), um allen wissenschaftlichen Kredit gebracht[2]). Deshalb müssen auch alle Versuche scheitern, die dem Rechtswidrigkeitsmerkmal andere, außerrechtliche, Merkmale substituieren wollen[3]). So kann namentlich gar keine Rede davon sein, daß das Verbrechen „sozialschädliche oder -gefährliche Handlung" sei. Sie ist das glücklicherweise gewöhnlich; begrifflich notwendig ist sie es nicht, und ebensowenig genügt umgekehrt Sozialgefährlichkeit an Stelle der Rechtswidrigkeit. Wer wollte leugnen, daß unser heutiges Strafrecht, so gut wie frühere Strafrechte, manches Tun unter Strafe stellt, das kein Gran Sozialgefährlichkeit aufweist? Und umgekehrt, daß heute so manche sozialgefährliche Handlung straflos ist? Die Definition des Verbrechens als „sozialgefährlicher Handlung" könnte demnach höchstens in der Fassung auftreten, daß das Verbrechen „eine vom Gesetz für sozialgefährlich erklärte Handlung" sei. Aber auch so wäre sie schief. Denn dann enthielte sie die Fiktion, daß das Gesetz alles Strafbare für sozialgefährlich betrachtete, alles Straflose für sozialungefährlich. Nun bedarf es zunächst gar keines Beweises, daß das wirklich Sozialgefährliche und -ungefährliche nicht mit dem vom Gesetz dazu Gestempelten zusammenzufallen braucht: auch das Gesetz kann hier dem Irrtum unterworfen sein. Und wie, wenn das Gesetz bewußt eine sozialgefährliche Handlung straflos läßt oder eine ungefährliche straft? Die Rücksicht auf den gesellschaftlichen Organismus soll dem Gesetzgeber voranleuchten, aber faktisch leuchtet sie ihm nicht immer voran. Geht aus der Werkstatt des Gesetzgebers ein Strafgesetz hervor, so haben wir keine Legitimation, die Sozialgefährlichkeit oder -ungefährlichkeit nachzuprüfen. Wer die Sozialgefährlichkeit in die konstitutiven Merkmale des Verbrechens aufnimmt, verwechselt handgreiflich das Ideal der Gesetzgebung mit dem

---

[1]) Komm. S. 738 ff.

[2]) Vgl. auch Kohler, Jur.LBl. 16 221.

[3]) Vgl. Binding, Normen 1 ² 56; v. Rohland, Die Willensfreiheit und ihre Gegner (1905) 88 ff.

Wesen der gesetzgeberischen Produkte. Das Produkt ist nun einmal da, und niemand hat danach zu fragen (de lege lata natürlich), ob es dem Ideal entspricht, ob das Ideal bei seiner Schaffung überhaupt ins Auge gefaßt worden ist.

Nicht anders steht es mit dem Verbrechen als „kulturwidriger Tat"[1]). Soll der Kulturbegriff überrechtliche, selbständige Bedeutung haben, so muß er ohne Rücksicht auf die Stellungnahme des positiven Rechts zum Kulturproblem festgelegt werden. Und in diesem Sinne ist zweifellos, daß das Verbrechen nicht mit der kulturwidrigen Tat, das Nichtverbrechen nicht mit der nicht kulturwidrigen Tat zusammenfällt. Das ist schon deshalb klar, weil die Kultur rastlos vorwärts- oder rückwärtsschreitet, ohne das Gesetz von selbst mit sich zu reißen. Ein 30 Jahre altes Strafgesetz kann heute kulturell veraltet sein, es kann umgekehrt einer höheren Kulturstufe entsprochen haben und heute als kulturell zu weit vorgeschritten erscheinen, ohne daß damit im mindesten seine Geltung berührt wird. Und wollte man die Kulturwidrigkeit oder ihr Gegenteil lediglich an der Strafbarkeit oder Straflosigkeit messen, also das Strafbare als das nach Auffassung des Gesetzes Kulturwidrige, das nicht Strafbare als das nach Auffassung des Gesetzes nicht Kulturwidrige definieren, so käme man wiederum in Konflikt mit der Möglichkeit, daß sich das Gesetz überhaupt keine Gedanken über die „Kultur" gemacht hat. Zudem wäre dann die „Kulturwidrigkeit" eine bloße Verbrämung der Rechtswidrigkeit, sie würde eben einfach mit der Rechtswidrigkeit zusammenfallen, und dieser nur das — übrigens oft unwahre — Epitheton beigelegt werden, daß sie auch Kulturwidrigkeit bedeute[2]). Wiederum erhellt auch hier das quid pro quo: die Vertauschung des gesetzgeberischen Ideals mit dem Wesen des gesetzgeberischen Produkts.

Und bei alledem ist noch nicht einmal berücksichtigt, daß jene Begriffe der Sozialgefährlichkeit, der Kulturwidrigkeit und insonderheit der Unmoralität überaus verschiedener Beurteilung unterliegen. Wenn ihnen der Verbrechensbegriff ausgeantwortet

[1]) M. E. Mayer, Rechtsnormen und Kulturnormen (1903). Vgl. dazu Gerland in der Krit. Vierteljahrsschr. 3. F. 10 417.

[2]) Gerland a. a. O. 434 ff., 447.

wird, dann schwindet jede Sicherheit der Beurteilung, ob etwas Verbrechen ist. Das Recht als heteronome Lebensmacht ist subjektivistischen Auffassungen entzogen und darum verläßlicher Boden — und soll es sein!

Wenn schließlich ein moderner Autor (J. Goldschmidt) die Rechtswidrigkeit lediglich für das „Verwaltungs-", insbesondere „Polizeistrafrecht" in Anspruch nimmt, für das „Justizstrafrecht" ablehnt[1]), so weiß man nicht, worüber man mehr staunen soll: über die These selbst oder über die daraus gezogenen Schlüsse. Allen Ernstes wird also behauptet: es sei zwar rechtswidrig, von einer im Fahren befindlichen elektrischen Bahn abzuspringen, oder als Radfahrer auf der falschen Straßenseite zu fahren, es sei aber nicht rechtswidrig, einem anderen eine Ohrfeige zu geben oder ihn umzubringen! Sieht man denn nicht, daß, wenn schon solche Kleinigkeiten, wie das Abspringen von der elektrischen Bahn u. s. w., rechtswidrig sind, es umsomehr rechtswidrig sein muß, einen Menschen zu töten[2])? Der Hinweis darauf, daß sich

[1]) J. Goldschmidt in der Festgabe für Richard Koch S. 425 ff.; vgl. auch denselben, Deliktsobligationen des Verwaltungsrechts (1905); G.A. 51 340 ff.

[2]) Die neueste Publikation Goldschmidts — Materielles Justizrecht (Rechtsschutzanspruch und Strafrecht), Berlin 1905 — zeigt übrigens, daß die Leugnung der Rechtswidrigkeit in Verbrechen bei Goldschmidt nur ein einzelner Programmpunkt ist. Er will nämlich nichts Geringeres als das Fallenlassen unseres ganzen materiellen Strafrechts. Es gibt nach ihm gar keinen Strafanspruch als Anspruch des Staates auf die Strafe, und folglich keine diesen Anspruch regelnden Sätze; sondern es gibt nur ein Recht des Gerichts auf Strafverhängung und Strafvollzug, vergleichbar dem Wachschen zivilprozessualen Rechtsschutzanspruch; ein Recht, das zwar auch „materiellen" Gehalts ist, aber eben nicht auf einer Stufe steht mit den durch das Zivilrecht begründeten Ansprüchen, sondern zwischen dem „materiellen Recht" im eigentlichen Sinne und dem Prozeßrecht mitten inne steht (Justizrecht); ein Recht, das natürlich mitbedingt wird durch die Parteifähigkeit, die Zulässigkeit des Strafrechtsweges, das Unterfallen des Beschuldigten unter die Gerichtsbarkeit u. a. m. So enthält ihm das Strafgesetz in seinem ersten Teile gar nichts anderes als die Zusammenfassung von Bedingungen, die der Staat aufstellt, um dem Richter die Direktive zu geben — mehr nicht. Kühl bis ans Herz hinan steht der gesetzgebende Staat dem Verbrechen gegenüber. Wird es begangen, so hat der Richter das Recht zu strafen; daß es nicht hätte begangen werden sollen, davon ist keine Rede. Das Strafgesetz ist also gleichen Schlages wie das Gesetz, das den mit Grundbesitz Ausgestatteten der Grundsteuer unterwirft. Ich hoffe, an anderer Stelle die ganze Theorie Goldschmidts von Strafrecht

das Nichttötendürfen „von selbst verstehe“, sich aus Moral oder Kultur u. s. w. ergebe, während im Verwaltungsstrafrecht „lediglich“ die moral- und kulturlose „Willkür“ des positiven Rechts herrsche, ist in doppeltem Sinne konfus: wenn der Gesetzgeber das wirklich Kultur- oder Moralwidrige unter Strafe zieht, so ist es eben in seinen Augen „rechtswidrig“, sonst würde er es lediglich der kulturellen oder moralischen Reaktion überlassen; und wenn er angeblich akulturelle u. s. w. Handlungen angeblich „willkürlich“ unter Strafe zieht, so wird er schon seine guten Gründe gehabt haben, d. h. er wird eben auch die „kleine Kultur“ neben den großen brennenden Kulturfragen ins Auge gefaßt haben. Den Punkt endlich zu bestimmen, wo die „reine Willkür“ des Gesetzgebers aufhört und der Anschluß an die Kultur anfängt, wird wohl niemand im stande sein. So ist denn auch der Bankerutt der Theorie vom Verwaltungsstrafrecht sicher vorauszusehen. Innere Kriterien, die uns befähigen, gewisse Sätze dem „Justizstrafrecht“ und den Rest dem „Verwaltungsstrafrecht“ zuzuweisen, kann es nicht geben. Die Scheidung läuft nur auf eine gefühlsmäßige Abwägung der Schwere der Taten hinaus. Zwei verschiedene Strafrechte grundverschiedenen Charakters können so niemals herausdestilliert werden[1]. Es muß dabei bleiben: ob

und Strafklagerecht ex professo kritisch behandeln zu können. Für jetzt mag nur bemerkt sein, daß sich der Autor gewaltig täuscht, wenn er glaubt, daß die reine Strafbarkeit als solche (als die den Strafanspruch ausmachende gedankliche Beziehung zwischen Verbrechen und Strafe) außerhalb des auf Urteilserlaß und Strafvollstreckung abzielenden Strafprozesses keine Bedeutung habe; es sei nur daran erinnert, daß das Bestehen eines Strafanspruchs gegen X ohne jede Rücksicht auf die Verfolgbarkeit des X und die wirkliche Strafverfolgung gegen ihn, z. B. in einem Strafprozeß gegen Y, der die Straffälligkeit des X behauptet hat, wegen Beleidigung oder falscher Anschuldigung eine Rolle spielen kann, daß sogar oft genug im Zivilprozeß das Vorliegen einer Strafbarkeit auf seiten einer Prozeßpartei ohne Rücksicht auf die Strafverfolgungsfrage festgestellt werden muß. Wer nur ein Recht des Richters auf Bestrafung kennt, abhängig vom Verbrechen und „prozessualen Strafrechtsbedingungen“ (so Goldschmidt selber, insbesondere 66 ff.), der kann mit der Strafbarkeit als solcher eben nicht operieren (sondern nur mit der Strafverfolgbarkeit) und kommt jenen Erscheinungen gegenüber in hilflose Lage. Es wird also schon dabei bleiben müssen, daß es ein materielles Strafrecht als rein gedanklich Verbrechen und Strafe verknüpfend gibt!

[1]) Wenn ältere Strafrechte, z. B. die württembergische Gesetzgebung von

kulturwidrig oder nicht, ob moralwidrig oder nicht, das gilt im Bereiche des Rechts alles gleich. Was dem Recht nicht entspricht, ist rechtswidrig, es mag noch so sehr abseiten aller Kulturwidrigkeit u. s. w. stehen; und was kulturwidrig u. s. w. ist, ist darum noch nicht rechtswidrig oder strafbar. Nur am Recht kann die Bedeutung des Tuns gemessen werden, nicht an den überdies subjektiver Auffassung völlig preisgegebenen Maßstäben der Kultur u. s. w.

Die Verwirrung steigt, wenn man endlich[1]) das „Verwaltungsdelikt" als „Verwaltungswidrigkeit" zum Verbrechen als einer „Pflichtwidrigkeit" in Gegensatz stellen will. Was heißt denn „Verwaltungswidrigkeit" anders als Widerstreit mit der Verwaltung? Alle Verwaltung ruht doch auf rechtlicher Grundlage. Soweit sie dieser ermangelt, kommt sie juristisch nicht in Betracht; ein Widerstreit des menschlichen Handelns ist natürlich dann rechtmäßig, mindestens aber rechtlich irrelevant und kann nicht mit irgendwelchen Nachteilen, wären sie auch nur „Verwaltungsstrafen", geahndet werden. Insoweit umgekehrt die Verwaltung rechtlich *statthaft* ist, ist ein Handeln gegen sie eben rechtswidrig und folgeweise auch pflichtwidrig = rechtspflichtwidrig. Die Antithese „pflichtwidrig — verwaltungswidrig" ist verkehrt.

II. Ist sonach daran festzuhalten, daß die Rechtswidrigkeit ein Begriffsmerkmal des Verbrechens ist, so bleibt noch die Frage zu erledigen, ob sie als positives Merkmal, oder ihr Fehlen als negatives Merkmal zu fassen ist. Bevor dieser Frage nähergetreten werden kann, muß aber das logische Verhältnis von Rechtswidrigkeit und Strafbarkeit klargelegt werden. Nicht selten

---

1839, die Landstreicherei als Polizeidelikt, die Landstreicherei im zweiten Rückfalle als Kriminaldelikt, kleine Diebstähle, Betrügereien und Unterschlagungen als Polizeidelikte, große als Kriminaldelikte auffaßten, so lächelt man heute darüber. Aber diese Scheidung läßt eben deutlich erkennen, daß es an inneren Merkmalen fehlte; und an denen fehlt es noch heute. Daß Bagatellstrafsachen eine gesonderte prozessuale Behandlung verdienen, ist sicher, vgl. *Frank*, JKVM. 12 200 ff.; nur verschone man uns mit der Behauptung eines materiellen Wesensunterschiedes zwischen ihnen und den Kapitalsachen.

[1]) Wie dies *Goldschmidt*, Deliktsobligationen des Verwaltungsrechts 27, tut.

findet sich die Formulierung, die Rechtswidrigkeit sei „aus dem Strafgesetz herzuleiten“. Das ist richtig, sofern man darunter versteht: die Strafbarkeit der Tat zeige, daß diese auch rechtswidrig sei. Steht also fest, daß eine Tat strafbar ist, so wissen wir auch, daß sie rechtswidrig ist. Aber — kann denn überhaupt feststehen, daß eine Tat strafbar ist, ohne daß wir zuvor ihre Rechtswidrigkeit festgestellt haben?! Soll denn der Richter in der Lage sein, Strafe zu verhängen, solange noch im Dunkel ist, ob die Tat überhaupt rechtswidrig ist?! Das würde bedeuten, daß er darauf los zu strafen hat und möglicherweise sein Richterspruch eine überhaupt nicht rechtswidrige Tat trifft! Natürlich kann davon keine Rede sein. Die Rechtswidrigkeit ist logisch das prius, die Strafbarkeit das posterius. An der Strafbarkeit erkennen wir induktiv die Rechtswidrigkeit, nicht aber kann man aus jener diese deduktiv „ableiten“. Die Strafbarkeit ist ein Symptom für die Rechtswidrigkeit — aber ein Symptom, das wir erst bejahen können, nachdem wir die Rechtswidrigkeit vorab festgestellt haben, also ein recht nutzloses Symptom!

Damit ist der Boden geebnet für die Frage nach der Positivität oder Negativität der Rolle, die die Rechtswidrigkeit spielt. Entgegen der gewöhnlichen Auffassung[1]) vertritt Frank[2]) die Meinung, nicht gehöre die Rechtswidrigkeit zum Begriff des Delikts, sondern ihr Fehlen beseitige nur das Vorliegen eines Delikts; sie sei ein „negativer Tatumstand“. Diese Lehre gibt zunächst zu dem Bedenken Anlaß, daß die Rechtswidrigkeit überhaupt kein Tatbestandsmerkmal, kein Tatumstand, sondern eine anderweitige Eigenschaft ist: der Tatbestand kann ja eben vorliegen, ohne daß Rechtswidrigkeit gegeben ist, und umgekehrt kann eine Handlung rechtswidrig sein, ohne einen Verbrechenstypus darzustellen[3]). Es bedarf also zunächst einer Ersetzung der Formel „negativer Tatumstand“ durch die andere „negatives Verbrechensmerkmal“. Aber ist die Rechtswidrigkeit wirklich nur negatives Verbrechensmerkmal? Die Antwort geben uns die Gesetze der Logik. Ist

[1]) Vgl. z. B. v. Liszt, Lehrbuch [14] 117, Anm. 2; Binding, Grdr. 1[6] 114, Normen 1[2] 215; Kohlrausch, Irrtum u. Schuldbegriff 59 ff.

[2]) II vor § 1. Vgl. auch Löffler, Grünhuts Zeitschr. 20 775.

[3]) S. oben S. 31.

eine Eigenschaft des Oberbegriffs ein positives Begriffsmerkmal des Unterbegriffs, so ist das kontradiktorische Gegenteil jener Eigenschaft ein negatives Begriffsmerkmal des Unterbegriffs, und umgekehrt. Die positive und die negative Formulierung sind also lediglich Ausdrücke eines und desselben logischen Gedankens, sie bedeuten keine inhaltliche Verschiedenheit[1]). Definiert man den Stein als ein lebloses Naturgebilde, so ist die Leblosigkeit positives, das Lebenhaben negatives Begriffsmerkmal des Steins. Das logische Urteil: ein Stein ist nicht vorhanden, wenn das Ding, um das es sich handelt, Leben hat (negatives Begriffsmerkmal), ist schlechterdings identisch mit dem Urteil: ein Stein ist nur vorhanden, wenn das betreffende Ding leblos ist (positives Begriffsmerkmal). Dies verkennt Frank. Rechtswidrigkeit und Nichtrechtswidrigkeit sind kontradiktorische Gegensätze. Das Urteil: eine strafbare Handlung liegt nicht vor, wenn die Tat nicht rechtswidrig ist, ist logisch identisch mit dem Urteil: eine strafbare Handlung ist nur vorhanden, wenn die Tat rechtswidrig ist. Von einem sachlichen Unterschied ist keine Rede; das eine Urteil bedingt gleichzeitig das andere. Gibt Frank also zu, daß das Fehlen der Rechtswidrigkeit negatives Verbrechensmerkmal ist, so ist das logisch gleichbedeutend damit, daß die Rechtswidrigkeit positives Verbrechensmerkmal ist. Dieses leugnen und jenes behaupten ist ein Ding der Unmöglichkeit. Gegenüber der Frankschen Auffassung darf auch die Frage aufgeworfen werden: Welche Konsequenzen sollen denn daraus folgen, daß der Mangel an Rechtswidrigkeit „nur negatives“ Merkmal sein soll? Materiellrechtlich doch sicher gar keine. Das Resultat bleibt ganz das gleiche, ob man nun sagt: straflos ist, wer nicht rechtswidrig gehandelt hat, oder: strafbar ist nur, wer rechtswidrig gehandelt hat. Die beiden Sätze bilden eben nur Avers und Revers eines und desselben Gedankens. Soll sich irgendwo ein Unterschied zeigen, so könnte dies nur auf prozessualem Gebiete sein. Und nun erhellt, weshalb das Zivilrecht mit positiver und negativer Formulierung als verschiedenwertig operieren kann, weshalb es z. B. einen Unterschied ausmacht, ob es heißt: „Wer eine beweg-

[1]) Vgl. die zutreffenden Ausführungen von Finger, Goltd. Arch. 50 36.

liche Sache zehn Jahre gutgläubig im Eigenbesitze gehabt hat, erwirbt das Eigentum" — oder aber (wie in § 937 BGB.): „Wer eine bewegliche Sache zehn Jahre im Eigenbesitze gehabt hat, erwirbt das Eigentum; die Ersitzung ist ausgeschlossen, wenn der Erwerber bei dem Erwerbe des Eigenbesitzes nicht in gutem Glauben ist, oder wenn er später erfährt, daß ihm das Eigentum nicht zusteht." Davon hängt eben zivilprozessual die Beweislast ab, so daß sich bei Zweifelhaftigkeit über das Vorliegen oder Nichtvorliegen des bedingenden Umstandes je nach der Fassung des Gesetzes verschiedene Resultate ergeben. Aber der Strafprozeß kennt eben keine Beweislastverteilung! Mag es sich um „positive" oder „negative" konstitutive Verbrechensmerkmale handeln, immer muß der dem Angeklagten ungünstige Sachverhalt positiv erwiesen sein, wenn anders er verurteilt werden soll. Die Franksche Formel legt die irrige Auffassung nahe, als müsse bei Zweifel über die Rechtswidrigkeit verurteilt werden, — worüber wir doch heute glücklich hinaus sind. Und zieht man diese Konsequenz nicht, so unterscheidet sich die Auffassung des Rechtswidrigkeitsmoments als negativer Bedingung in nichts von der Auffassung dieses Moments als eines positiven.

Im Grunde genommen ist aber Franks Formulierung nur der inadäquate Ausdruck eines durchaus zutreffenden Grundgedankens. Er fußt nämlich darauf, daß überall da, wo das Strafgesetz das Moment der Rechtswidrigkeit nicht expressis verbis hervorhebt (wie z. B. bei den Tötungsdelikten), sich die Strafbarkeit prinzipiell von selbst versteht, und die Handlung nur dann nicht strafbar sei, wenn besondere Umstände vorliegen, die die Rechtswidrigkeit ausschließen. Eine gewiß richtige Beobachtung, die unten noch nähere Beleuchtung erfahren soll. Aber der Satz:

> die Tötung ist strafbar, es wäre denn, daß sie nicht rechtswidrig ist,

ist keineswegs identisch mit den Sätzen:

> die Strafbarkeit der Tötung ist unabhängig von ihrer Rechtswidrigkeit;
>
> nur wird die nicht rechtswidrige Tötung nicht bestraft.

Vielmehr sind die letztgenannten zwei Sätze in Widerspruch miteinander. Wird die nicht rechtswidrige Tötung nicht bestraft, so ist eben die Strafbarkeit von dem Rechtswidrigkeitsmoment logisch abhängig, wie oben dargetan. Der erste, richtige Satz aber ergibt nur den anderen:

> die Tötung ist *regelmäßig* rechtswidrig (und darum strafbar), es wäre denn, daß besondere Umstände die Rechtswidrigkeit beseitigen.

Frank verwechselt also, kurz gesagt, die *Entbehrlichkeit des Rechtswidrigkeitsmoments selber* mit der *Entbehrlichkeit besonderer* (außerhalb des Tatbestands liegender) *Voraussetzungen der Rechtswidrigkeit*. Er bezieht Regel und Ausnahme auf das Begriffsmerkmal selbst, statt auf die Erkennung der Bedingungen seines Gegebenseins. Statt zu sagen: die Rechtswidrigkeit ist bei *Tötung u. s. w. regelmäßig gegeben*, sagt er: der Rechtswidrigkeit *bedarf* es bei Tötung u. s. w. *nicht*.

Sagen wir — um ein unjuristisches Seitenstück zu geben —:

> der See X ist das ganze Jahr hindurch mit Schiffen befahrbar,
>
> es wäre denn, daß ein abnorm kalter Winter eintritt, so daß er einfriert,

so meinen wir gewiß nicht: die Schiffbarkeit des Sees N. N. ist unabhängig davon, ob er zugefroren ist oder nicht; sondern: der See N. N. ist wie andere Seen nur schiffbar, wenn er unzugefroren ist; aber er *ist* gewöhnlich unzugefroren, es wäre denn, daß ein abnorm kalter Winter eintritt.

Somit führt der *Frank*sche Grundgedanke nur zu der Formel:

> Gewisse Tatbestände sind ohne weiteres — Ausnahmen vorbehalten — rechtswidrig;

aber keineswegs zu der Formel:

> Gewisse Tatbestände (oder gar alle) sind ohne weiteres = ohne Feststellung ihrer Rechtswidrigkeit strafbar und nur dann straflos, wenn das Nichtvorliegen der Rechtswidrigkeit erhellt.

III. Steht hiernach fest, daß das Verbrechen positiv als „rechtswidrige Handlung" gefaßt werden muß, so kann man das Verbrechen auch „Unrecht" nennen und also sagen: „Das Verbrechen ist Unrecht." Nur darf bei solcher Ausdrucksweise nicht vergessen werden, daß das nur eine gekürzte Wendung ist für: das Verbrechen ist eine unrechte Handlung. Substantivisch ist das Wesen des Verbrechens nicht „Unrecht". Die sprachliche Substantivierung darf nicht darüber hinwegtäuschen, daß „Unrecht" nichts anderes ist als eine substantivisch gedachte Eigenschaft der verbrecherischen Handlung: ihre Unrechtmäßigkeit[1]). Es verhält sich damit nicht anders, als wenn etwa eine Frau „eine Schönheit" genannt wird.

Die Verkennung der bloßen Adjektivität des im Verbrechen liegenden Unrechts hat oft genug schon zu falscher Grundlegung der Theorie des Strafrechts geführt. Man hat als den untersten Begriff des Strafrechts den des Unrechts gefaßt und dann secundo loco untersucht, ob das Unrecht durch „Handlung" herbeigeführt sei. So erscheint das Strafrecht dann als ein Ausschnitt aus einem großen „Unrechtsrecht", wenn diese Bezeichnung gestattet ist; die Folge war die, daß die Strafrechtslehre mit einem ganz unnötigen Ballast beschwert wurde: mit der Vorfrage, was alles „Unrecht" sein könne. Nun ist ja gewiß auch für das Strafrecht die Frage nicht zu umgehen, ob nur menschliche Handlungen oder auch Zustände und nicht in Handlungen bestehende Ereignisse „unrecht" sein können. Nur an die Schwelle der Erörterungen gehört sie nicht. Ob ein Zustand u. s. w. per se als rechtswidrig bezeichnet werden kann, ist für die Konstruktion des Verbrechensbegriffs gleichgültig. Wir fragen nur: Wann kann eine Handlung als rechtswidrig bezeichnet werden? Und erst in diesem Rahmen fragt sich, ob eine Handlung immer nur per se als rechtswidrig bezeichnet werden kann, oder ob es auch angängig ist, eine Handlung im Hinblick auf einen „rechtswidrigen Zustand", auf den sie lossteuert, als rechtswidrig zu bezeichnen[2]).

Auch ein anderer Irrtum wäre, wenn man sich die Adjektivität des „Unrechts" vergegenwärtigt hätte, vermieden worden: die Vorstellung, als ob zwischen der Handlung und dem Unrecht „Kausalzusammenhang" bestehen müsse[3]). Ein „durch eine Handlung herbeigeführtes" Unrecht erscheint eben fälschlich als Sub-

---

[1]) Vgl. Höpfner, Einh. u. Mehrh. der Verbrechen, bes. S. 101 ff.

[2]) Hierüber unten § 18.

[3]) So außer Binding z. B. Liepmann, Einleitung S. 81, Ziff. 3. Dagegen mit Recht v. Liszt, § 32, Anm. 1, § 28, Anm. 4, § 29, Anm. 3; Landsberg, Kommissivdelikte durch Unterlassung 28.

stantivum, verbunden mit dem Substantivum „Handlung" durch realen Kausalzusammenhang. Wer sich dagegen die bloße subsumptive Bedeutung des „Unrechtsbegriffs" gegenüber der begrifflichen Welt, die die „Rechtsordnung" heißt, vergegenwärtigt, erkennt alsbald, daß nicht Kausalität, sondern ein juristisches Werturteil den Charakter der Tat als eines „Unrechts" bestimmt. Die Kausalität liegt auf tatbestandlichem Gebiet, die „Rechtswidrigkeit" kann von dem Kausalzusammenhang abhängen, ist aber selber niemals durch die Handlung kausiert.

Endlich hat die Substantivierung des „Unrechts" auch verschuldet, daß man die Lehre von Einheit und Mehrheit der Verbrechen auf eine angebliche Einheit und Mehrheit von Unrecht hat gründen wollen[1]). Aber der Faltenwurf des Unrechts, seine Ein-, Zwei-, Drei- oder Mehrfältigkeit könnten doch, wenn solche Zählung wirklich möglich wäre, doch nur attributäre Dinge sein, nicht aber den Ausgangspunkt für die Zählung der Verbrechen selber bilden. Genauer ist unten §§ 15, 34 hierüber zu handeln.

§ 6.

IV. Das Verbrechen als schuldhafte Handlung.

I. Ein Strafrecht, das, primitiv und roh, der Erfolghaftung huldigt, kann natürlich niemals das Verbrechen als „schuldhafte" Handlung definieren. Für ein Strafrecht dagegen, das nur an die Schuld die Strafe knüpft, kann darüber kein Streit herrschen, daß die Schuldhaftigkeit der Handlung ein Begriffsmerkmal des Verbrechens ist. So kann für das geltende deutsche Strafrecht das Definitionsproblem nur dahin gefaßt werden: ob wir heute schon so weit sind, daß wir vom Schuldhaftungsprinzip reden können. Wenn man es ablehnt, die Schuld als allgemeines Verbrechensmerkmal aufzufassen[2]), so kann dies nur darin seinen Grund haben, daß man das Recht unserer Zeit noch nicht für soweit fortgeschritten erachtet, weil in ihm die Erfolg-

[1]) So neuerdings besonders Höpfner, Einh. u. Mehrh. S. 101 ff.

[2]) So wohl Frank I vor § 1 (indem er die gewöhnliche Definition des Verbrechens als positivrechtlich unmöglich ablehnt).

haftung noch eine erhebliche Rolle spielt. So wenig nun letzteres zu leugnen ist, so ist doch unschwer nachweisbar, daß sich glücklich der Verbrechens**begriff** soweit geläutert hat, um die Hineinnahme der Schuld in die Definition zu rechtfertigen.

Denn die Zugeständnisse, die das heutige Recht der Erfolghaftung macht, bedeuten überwiegend nur eine Kombination von Schuld- und Erfolghaftung, nicht einen Verzicht auf Schuldhaftung. In zwei Hauptformen tritt die Berücksichtigung des unverschuldeten Erfolgs als strafrechtlich relevant auf:

a) Entweder begründet er die Strafbarkeit einer schuldhaften Tat derart, daß ohne ihn trotz der Schuld ein strafloses (es sei ein überhaupt strafloses oder ein im Sinne des betreffenden Paragraphen strafloses) Handeln vorliegt. So bei dem Raufhandel des § 227 StGB.

b) Oder er entscheidet lediglich über die Höhe des Strafrahmens, so, daß die Tat auch ohne den Erfolg strafbar, aber mit ihm höher strafbar ist, als ohne ihn. So bei den durch eine Folge qualifizierten Delikten, z. B. § 178 StGB.[1]).

In beiden Fällen ist der unverschuldete Erfolg nur **mit**bedingend für die Strafbarkeit. Die völlig unverschuldete Tat ist auch hier straflos; nur die betreffenden Erfolge brauchen nicht selber von der Schuld mitumfaßt zu sein. So bleibt hier der Begriff des Verbrechens als einer schuldhaften Handlung durchaus unberührt[2]).

---

[1]) Für denjenigen, der in den Fällen a und b Fahrlässigkeit bezüglich des Erfolgs verlangt, wie **Binding**, Hdb. 1 366, Lehrb. 1 19, 28; **Hälschner** 1 325, 2 28, 620, 634; **Berner**[18] 135, Anm. 3, 518, taucht natürlich das im Text erörterte Problem überhaupt nicht auf, da die betreffenden Delikte, so aufgefaßt, überhaupt keinen Beisatz an Erfolghaftung enthalten. Daß das geltende Recht dieser Auffassung widerstrebt, ergibt sich übrigens schon daraus, daß sonst die zahlreichen Delikte, bei denen der Tod einer Person für die Strafbarkeit oder für die Höhe des Strafrahmens bedingend ist, sämtlich nur Unterfälle der fahrlässigen Tötung wären und mithin bei § 230 StGB. ihre Stelle hätten finden müssen. Vgl. auch **Löffler**, Schuldformen des Strafrechts 268 ff.

[2]) Noch viel mehr gilt dies natürlich von den Fällen, wo der **verschuldete** Erfolg strafrechtlich bedeutsam ist, wie bei dem Versuche eines Verbrechens. Läßt hier das Recht die Tat ohne den Erfolg straflos (wie bei den Übertretungen und der einen Klasse von Vergehen), oder straft es sie milder, als die Tat mit Erfolg (wie bei der anderen Klasse von Ver-

Nur die Fälle reiner Erfolghaftung, nicht die einer gemischten Schuld- und Erfolghaftung, könnten der Definition des Verbrechens als einer „schuldhaften" Handlung gefährlich werden. Nun ist bekanntlich streitig, ob es solche im heutigen deutschen Rechte gibt. Wer das verneint[1]), weil es sich da, wo heute schuldloses Verhalten von Strafe getroffen werde, um bloße „Ordnungsstrafen" handle, der kommt natürlich ohne weiteres zur Aufnahme der Schuld in die Begriffsbestimmung für die echte strafbare Handlung (im Gegensatz zur „Ordnungswidrigkeit"). Man wird freilich für zahlreiche Finanzdelikte[2]) das Gegenteil behaupten müssen[3]). Entzöge man doch auch, wenn man nur „Ordnungsstrafe" als gegeben annähme, den ohnehin schon durch die unverständige gesetzliche Bestimmung schwer genug getroffenen schuldlosen Personen den Weg der Anrufung des Gerichts gegen den Strafbescheid der Finanzbehörde! Aber dennoch wäre es irrig, wenn man um dieser Sondererscheinungen willen die Schuld als Requisit des Verbrechensbegriffs streichen wollte. Die Definition eines Dinges ist nimmermehr auf Abnormitäten berechnet. Daß gelegentlich ein Kalb mit sechs Beinen geboren wird, wird niemanden veranlassen, dem Rinde die Zugehörigkeit zu den Vierfüßlern zu bestreiten; daß das moderne Kunstgewerbe Stühle produziert, die nicht zum Daraufsitzen taugen, wird niemanden veranlassen, die Definition des Stuhls als eines Sitzmöbels aufzugeben. Das Mißratene, das Monstrum muß sich gefallen lassen, als solches die Rolle eines bloßen Mitläufers zu spielen. Sonst käme man leicht zu einem Bankerutt der Definitionstätigkeit. Monstra aber, irrationelle Bildungen, sind nach heutiger Rechtsauffassung die schuldlosen Delikte sicher. Sie, die bloße Quasidelikte oder fingierte Delikte sind, verdienen es wahrlich

---

gehen und bei Verbrechen), so liegt darin eine Mitverwertung des Erfolghaftungsgedankens, aber ohne jede Verkürzung des Requisits der Schuld für den Verbrechensbegriff.

[1]) Wie z. B. v. Liszt, Lehrb. [14] § 36, III, 2.

[2]) Nicht für alle; zuweilen handelt es sich wirklich nur um Ordnungsstrafe, wobei aber andererseits nicht zu übersehen ist, daß bei der herrschenden Sprachverwirrung mitunter auch „Ordnungsstrafe" im Sinne von „kleiner Kriminalstrafe" gebraucht wird.

[3]) So wohl Frank VIII 1 zu § 59.

nicht, daß man um ihretwillen dem Schuldrequisit seine grundsätzliche Bedeutung raubt. Wohin käme man, wollte man das Strafrecht so auffassen, daß dieses Requisit „nur" bei bestimmten Delikten, Mord, Raub u. s. w., erforderlich sei! Man gäbe den normalen Verbrechensbegriff jenen Abnormitäten zuliebe preis!

II. So bedeutsam nun aber auch das Schuldrequisit ist, so wird doch nur der es in die rechte Beziehung zu dem Verbrechensbegriff zu setzen wissen, der sich darüber klar bleibt, daß die Schuld kein substantivischer Begriff, sondern — wie das „Unrecht" — nur die Substantivierung einer Eigenschaft ist, die der Handlung zukommen muß, damit sie Verbrechen sein kann: der Schuldhaftigkeit. Daß das nicht immer erkannt worden ist, hat bereits bedenkliche Fehlauffassungen gezeitigt, besonders in der Vorsatzlehre.

Wie die Schuld, so ist natürlich auch ihr Unterbegriff, der Vorsatz, adjektivisch zu fassen: „Vorsatz" ist sprachlich substituiert für „Vorsätzlichkeit". Der Vorsatz ist kein wirklich substantivisches Ding, er ist eine bloße Eigenschaft. Schon daraus erhellt, daß es nicht korrekt sein kann, wenn man den Vorsatz als „Vorstellung", oder wenn man ihn umgekehrt als „Willen, Entschluß" u. s. w. definiert, wie dies heute — so oder so — wohl immer geschieht. Willenstheorie und Vorstellungstheorie sind hierbei in gleicher Verdammnis, wenigstens insofern, als sie nicht korrekt formulieren. Gerade die inkorrekte Formulierung aber ist die Ursache des unglücklichen Streits zwischen den beiden Theorien. Nur weil man den „Vorsatz" als einen substantivischen Begriff faßte, konnte überhaupt der Streit darüber ausbrechen, ob er ein Vorgang des Wollens oder ein Vorgang oder Zustand des Wissens oder Denkens sei. Statt dessen gilt es, zu betonen, daß die Vorsätzlichkeit eine bloße Relation ist, die Beziehung der Innerlichkeit des Täters auf die Tat[1]), eine psychische Eigenschaft der Handlung. Und da die Handlung selber Willensbetätigung ist, so erhellt, daß ihre psychischen Eigenschaften, die die Schuld ausmachen, eben auch Willenseigenschaften sein müssen: Wie Tatbestandsmäßigkeit und Rechtswidrigkeit Spezialisierungen der Willensbetätigung auf objektivem Ge-

[1]) So richtig Löffler, Schuldformen 5.

biete sind, so ist die Schuld eine Spezialisierung der Willensbetätigung auf subjektivem Gebiet. Vorsatz und Fahrlässigkeit sind nur an den Willenskern der Handlung anknüpfbar [1]. Es ist in dieser Beziehung sehr charakteristisch, daß Frank [2] den Vorsatz als die „die Willensbetätigung begleitende Vorstellung" definiert. Darin liegt das Zugeständnis, daß man von Vorsatz eben nur bei einer Willensbetätigung sprechen kann. Nur verschiebt diese Definition den Schwerpunkt des Vorsatzbegriffs und stellt ihn als ein bloßes Akzedens des Willens hin, statt eine organische Verbindung zwischen Willen und Schuld herzustellen. Vor solcher Verschiebung ist man bewahrt, wenn man sich vergegenwärtigt, daß es sich darum handelt, die Vorsätzlichkeit der Handlung zu bestimmen. Vorsätzlichkeit (und ebenso Fahrlässigkeit) sind gar nichts anderes als ein bestimmt Geartetsein des Willens. Nicht die Vorstellung ist die Vorsätzlichkeit — Vorstellungen per se sind nichts Schuldhaftes — sondern wegen einer Vorstellung kann man eine Handlung vorsätzlich nennen. Das Vorhandensein oder Nichtvorhandensein von Vorstellungen im Handelnden lehrt uns nur die Eigenschaften des Handlungswillens kennen, verleiht oder nimmt diesem nur den Charakter der Vorsätzlichkeit.

Damit steht fest, daß die reine Vorstellungstheorie, die „Nur-Vorstellungstheorie", jedenfalls unhaltbar ist. Die Vorstellungen allein berechtigen niemals zu dem Schluß: die Tat sei vorsätzlich begangen. Sie kommen nur in Betracht, um den Inhalt des Willens zu bestimmen. Der tadelhafte Inhalt des Willens ist die Schuld (bezw. das tadelhafte Fehlen eines bestimmten Willensinhalts). Wie Tatbestand und Rechtswidrigkeit das äußere Verhalten mit bestimmten Inhalten ausfüllen, so füllt die Schuld den Willen mit bestimmten Inhalten aus.

Daß auch die Fahrlässigkeit nichts wahrhaft Substantivisches ist, versteht sich hiernach von selbst. Das liegt ja auch schon in ihrem deutschen Namen angezeigt, während freilich die lateinische Bezeichnung culpa dem gleichen Mißverständnis, dem der „Vorsatz", dolus, zum Opfer gefallen ist, Vorschub leistet.

---

[1] Vgl. dazu Beling, Krit. Vierteljahrsschrift 3. Folge 5 93.
[2] I zu § 59.

Wie sich die Inhalte der Schuld, des Vorsatzes und der Fahrlässigkeit im einzelnen bestimmen, wird unten zu zeigen sein [1]. Hier kam es nur darauf an zu betonen, daß die Schuld nur als Eigenschaft des menschlichen Willens und damit als Eigenschaft der Handlung aufgefaßt werden kann.

§ 7.

V. Das Verbrechen als eine einer passenden Strafdrohung unterstellbare Handlung.

Mit der Herausstellung des Verbrechens als einer tatbestandsmäßigen, rechtswidrigen, schuldhaften Handlung ist das Wesen des Verbrechens in großen Zügen umrissen. Abgeschlossen ist damit aber die Verbrechensdefinition keineswegs. Sie könnte es sein; und sie wäre es, wenn das Recht sich entweder einzelner Strafdrohungen ganz enthielte und lediglich gewisse Typen bezeichnete, die, durch rechtswidrige, schuldhafte Handlung realisiert, jedenfalls strafbar sein sollten, oder neben eine größere oder geringere Zahl von Einzelstrafdrohungen eine clausula generalis des Inhalts stellte: jede andere tatbestandsmäßige, rechtswidrige, schuldhafte Handlung solle so und so strafbar sein. Ein Strafrecht, das sich keinen Übeltäter entgehen lassen wollte, würde sich, um eine Handlung als Verbrechen erscheinen zu lassen, daran genügen lassen können, daß die Handlung tatbestandsmäßig, rechtswidrig und schuldhaft ist: denn eine Handlung, die diese Eigenschaften an sich trägt, ist ohne weiteres bestrafungsfähig oder strafwürdig. Aber unser positives Strafrecht tut das gerade nicht. Nach ihm kann man den Verbrechenscharakter einer Tat nur ausschließlich an der Hand der einzelnen Strafdrohungen feststellen, und diese decken keineswegs alle tatbestandsmäßigen, rechtswidrigen, schuldhaften Handlungen. Es gibt vielmehr so geeigenschaftete Handlungen, die einfach deshalb nicht Verbrechen sind, weil sich im Gesetz nirgends eine auf sie passende Strafdrohung findet. So ist beispielsweise die fahrlässige Sachbeschädigung kein Verbrechen. Sie trägt alle bisher (I—IV) erörterten Begriffs-

---

[1] § 19.

merkmale des Verbrechens an sich (insbesondere ist sie eine typische Handlung, vgl. StGB. § 303), und dennoch entbehrt sie des Verbrechenscharakters, weil das Strafgesetz § 303 sie nicht ergreift und ein anderweites, auf sie gemünztes Strafgesetz nicht existiert. Das gleiche gilt für fahrlässige Anstiftung und Beihilfe, für Beihilfe zu Übertretungen, für den Versuch von Übertretungen und zahlreichen Vergehen u. s. w.

Folglich muß man, um den positivrechtlichen Verbrechensbegriff zu bekommen, in die Begriffsbestimmung das Requisit aufnehmen, daß eine auf die tatbestandsmäßige, rechtswidrige, schuldhafte Handlung passende Strafdrohung vorhanden sei. Fehlen einer passenden Strafdrohung bedeutet Unstrafbarkeit, also Nichtvorhandensein eines Verbrechens, mag das Vorkommnis, auf das keine Strafdrohung paßt, sonst noch so wesensgleich mit dem Verbrechen sein.

Das Gegenteil behaupten hieße a priori konstruieren. Das ohne Korrespektivität mit einer der vorhandenen Strafdrohungen gefundene „Verbrechen" würde in Iherings juristischen Begriffshimmel gehören.

Ohne den Zusammenhalt mit einer der Strafdrohungen des positiven Rechts kann nun einmal keinem Vorkommnis Verbrechensqualität beigelegt werden. Es gibt Verbrechen nur im Sinne der oder der Strafdrohung. Man kommt um die Strafdrohung niemals herum; es gibt keinen anderen Weg, zur Bejahung eines Verbrechens zu gelangen, als durch die einzelne positive Strafdrohung hindurch. Folglich kann das Verbrechen niemals in Abstraktion von den positiven Einzelstrafdrohungen definiert werden. Es gibt keinen absoluten, sondern nur einen relativen Verbrechensbegriff. Und das bedeutet, daß es einen primären Verbrechensbegriff überhaupt nicht gibt: er ist sekundär, er springt erst aus der Auffindung der einen oder anderen bestimmten Verbrechensart bezw. Verbrechenserscheinungsform heraus. Es ist schlechterdings unmöglich, sich die strafrechtliche Denkoperation so vorzustellen, als ließe sich die Frage, ob ein Verbrechen vorliege, vorab erledigen, so daß damit feststünde, daß jedenfalls eine Strafdrohung eingreife, und nur noch die passende Strafdrohung aufzusuchen wäre. Die Sache ist vielmehr gerade umgekehrt: das prius ist die Feststellung, welches Verbrechen vorliege, und damit ist sofort auch gesagt, daß ein Verbrechen vorliege. Der Kreis der Verbrechen ist nun einmal ein fest geschlossener. Nicht nur der Kreis der Typen[1], sondern auch der der Strafdrohungen ist der Erweiterung unfähig. Eine Feststellung, daß ein Verbrechen jedenfalls vorliege, vorbehaltlich der Feststellung, welche Strafdrohung Platz greife, ist unmöglich. Die Frage nach dem „Ob" geht der Frage nach dem „Was für ein" nicht voraus. Das zeigt sich schlagend im Strafprozeß: Es kann nicht vorab darüber abgestimmt werden, ob der Angeklagte „überhaupt" zu verurteilen sei; es ist unzulässig, daß sich der Angeklagte bei der Verurteilung „an sich" beruhigt und nur den titulus, auf den hin er verurteilt ist, anficht; es ist unzulässig, daß die höhere Instanz die „Verurteilung" an sich bestehen läßt und in die untere Instanz nur die Frage, weswegen zu verurteilen sei, zurückverweist. Auch im Strafprozeß kann man vielmehr nur auf dem Umwege über eine bestimmt ins Auge gefaßte Strafdrohung zur Verbrechensbejahung und zur Verurteilung gelangen, eine Verurteilung in Abstraktion von jeder Strafdrohung würde in der Luft schweben.

Bei solcher Sachlage ist also im Grunde das Verbrechen nur etwa so wie die „prozeßhindernde Einrede" nach § 274 ZPO. durch Angabe der einzelnen Arten definierbar. Der Verbrechensbegriff ist streng relativ: es gibt kein Verbrechen an sich, sondern nur Verbrechen im Sinne der Strafdrohung § 211, Verbrechen im Sinne der Strafdrohung § 263, Verbrechen im Sinne der Strafdrohung § 48 StGB. u. s. w.

Damit scheint das mühsame Werk der Gewinnung einer nicht die Straffolge, sondern deren Voraussetzungen zum Ausgang nehmenden Definition des Verbrechens[2] preisgegeben zu sein. Es scheint, als lande man nun doch einfach an bei der Definition „strafbare Handlung ist — strafbare Handlung". Allein dieser Schein trügt. Das „Vorhandensein einer passenden Strafdrohung" besagt keineswegs, daß die Tat wirklich strafbar sei, daß sie

[1]) Oben S. 21 ff.
[2]) Oben S. 7.

der Strafdrohung wirklich unterfalle. „Passen" ist vielmehr lediglich eine logische Beziehung, in die Kategorie der Möglichkeit gehörig: die aus dem Gesetz gewonnene Zusammengehörigkeit. Diese Zusammengehörigkeit eröffnet Subsumtionsmöglichkeit; es läßt sich auf Grund ihrer aussagen: diese und jene tatbestandsmäßige u. s. w. Handlung sei im Sinne dieser Strafdrohung fähig, ein Verbrechen zu sein. Aber ob sie es wirklich ist, ob die Strafdrohung wirklich die Tat ergreift, ist eine andere Frage, abhängig von den Grenzen, die sich die Strafdrohung für ihr Wirken setzt. Ob mir ein Anzug paßt, ist eine Frage, die nicht identisch ist mit der anderen, ob ich ihn am Leibe trage. So paßt die Strafdrohung des § 360[11] StGB. unbedingt auf denjenigen, der groben Unfug verübt hat. Aber dessenungeachtet ist der Täter nicht ohne weiteres strafbar. Er kann ja z. B. im Auslande gehandelt haben, so, daß die auf ihn passende Strafdrohung des § 360[11] trotz ihres Passens unanwendbar ist (§ 6 StGB.). Es hängt eben das wirkliche Eingreifen der Strafdrohung noch von weiteren, im nächsten Abschnitt genauer zu erörternden Bedingungen ab.

Das Requisit des Passens einer Strafdrohung besagt also nur, daß das Verbrechen auf eine einzelne Strafdrohung bezogen werden muß. Es tritt in der Begriffsbestimmung nur in der Funktion eines Anknüpfungspunkts, nicht in der Funktion der Bejahung der Strafbarkeit, auf.

Und nun erscheinen die Requisite „Handlung", „Tatbestandlichkeit", „Rechtswidrigkeit", „Schuld" in einem neuen Lichte: sie liegen derart vor dem Requisit des Passens einer Strafdrohung, daß ohne sie eine Strafdrohung, welche immer es wäre, nicht passen kann. Die Ermittlung der passenden Strafdrohung setzt voraus, daß nicht von vornherein das Vorkommnis als ein solches erscheint, das jeder Strafdrohung entrückt ist. Ein Vorkommnis, das jeder Strafdrohung entrückt ist, ist schlechthin kein Verbrechen und kann keines sein; ein Suchen nach der „passenden" Strafdrohung kann man bei ihm sich ersparen. Man kann die tatbestandsmäßige, schuldhafte, rechtswidrige Handlung somit wenn auch nicht als Verbrechen, so doch als sozusagen potentielles Verbrechen fassen. Sie gibt den Umkreis an, in dem es überhaupt passende Strafdrohungen geben kann; ihr Gegensatz ist das absolute Nichtverbrechen. Die Stärke und praktische Bedeutung einer Definition in diesem Sinne liegt natürlich in der Negative. Die Bejahung der vier ersten Requisite bedeutet noch nicht, daß ein Verbrechen vorliege; dagegen bedeutet die Verneinung auch nur eines von ihnen, daß ein Verbrechen nicht vorliegt. Aber schon diese Negative ist wertvoll. Mittels ihrer erspart man die Untersuchung über die einschlägige Strafdrohung; jede weitere Erörterung ist müßig: das Vorkommnis ist nun einmal kein (wie immer geartetes) Verbrechen — das genügt.

§ 8.

VI. Das Verbrechen als eine den Strafdrohungsbedingungen genügende Handlung.

I. Wer für eine tatbestandsmäßige rechtswidrige schuldhafte Handlung eine passende Strafdrohung gefunden hat, steht nahe vor dem Urteil: die Handlung sei ein Verbrechen. Aber fertig ist dieses Urteil damit doch keineswegs. Denn das bloße Zusammenstimmen von Strafdrohung und Tat sagt nur, daß es möglich ist, diese jener zu unterstellen; es sagt nicht, daß die Strafdrohung wirklich eingreift. Gewiß wäre es denkbar, daß ein Recht die Strafdrohungen überall da ungeschränkt walten ließe, wo die Subsumtionsmöglichkeit besteht. Aber das ist nicht der Standpunkt unseres heutigen deutschen Rechts. Hier treten die Strafdrohungen vielmehr mit Vorbehalten auf: sie ergreifen die Taten, auf die sie passen, nur bei Gegebensein einer nicht unerheblichen Zahl von weiteren Bedingungen[1]). Fehlt es an einer solchen Bedingung, so ist die Strafdrohung unanwendbar, ungeachtet des Charakters der Tat als einer tatbestandsmäßigen

[1]) Vgl. hierzu Kohler, Goltd. Arch. 49 1 ff., der mit Recht die Notwendigkeit einer scharfen Scheidung zwischen dem Falle mangelnden Tatbestands und dem Falle des vollkommenen Tatbestands mit mangelnden Strafbarkeitsbedingungen betont, aber m. E. die Grenze zwischen Tatbestandlichem und Außertatbestandlichem im einzelnen nicht immer zutreffend zieht; namentlich ist z. B. nicht zuzugeben, daß das Ärgernis bei Gotteslästerung oder die Verschiedenheit der Personen von Täter und Tötungsobjekt bei Tötung nur Strafdrohungsbedingungen seien.

rechtswidrigen schuldhaften Handlung und ungeachtet ihres Zusammenstimmens mit der Strafdrohung, und folglich ist die Tat kein Verbrechen: jene Bedingungen sind somit begrifflich wesentliche Verbrechensmerkmale. Ein vorläufiges Beispiel: Wer im Auslande groben Unfug verübt, begeht kein Verbrechen, weil die Strafdrohung gegen groben Unfug wie jede Übertretungsstrafdrohung Inlandsbegehung voraussetzt (StGB. § 6).

Diese Bedingungen kann man Strafdrohungsbedingungen nennen. Sie heben sich scharf ab von den Bedingungen der Handlung, der Tatbestandlichkeit, der Rechtswidrigkeit, der Schuld und des Passens einer Strafdrohung: sie setzen, um ihre eigene Bedeutung entfalten zu können, gerade voraus, daß jene anderen Bedingungen erfüllt waren. Insbesondere ist der Gegensatz gegen die Tatbestandlichkeit ein tief einschneidender: sie haben mit dem Verbrechenstypus nicht das geringste zu tun, sind vielmehr tatbestandsfremde Bedingungen; so ist z. B. „grober Unfug" typisch nicht bloß der Inlandsunfug, sondern der grobe Unfug schlechthin; daß die Tat im Auslande verübt wurde, ändert das typische Bild nicht. Ebensowenig bedingen sie die Rechtswidrigkeit: auch ohne sie ist die Handlung rechtswidrig, die Normen sind von ihnen nicht abhängig. Träte ein Umstand bereits als Bedingung der Rechtswidrigkeit auf, so wäre es ja sinnlos, wenn er auch noch zur Strafdrohungsbedingung erhoben wäre: sein Fehlen oder Vorhandensein zöge ja schon auf dem Gebiete der Rechtswidrigkeit die Straflosigkeit oder Strafbarkeit nach sich[1]).

[1]) Das Wesen der „objektiven Bedingung" als gegensätzlich zu den Normwidrigkeitsmerkmalen wird von Binding, Normen 1 [2] 232 scharf erfaßt. Aber bei den durch einen Erfolg qualifizierten Delikten erhebt er zu Normwidrigkeitsmerkmalen, was doch nur Strafdrohungsbedingnng ist — den außertatbestandlichen Erfolg. So soll nach ihm — Normen 1 [2] 220 — bei der Körperverletzung mit Todesausgang eine Verbindung der Körperverletzungsnorm mit der Tötungsnorm gegeben sein (damit steht dann in Zusammenhang seine Auffassung, daß der Tod fahrlässig verursacht sein müsse). Aber de lege lata liegt die Sache so, daß für § 226 StGB. eine rechtswidrige Körperverletzung Voraussetzung ist und nur für die Anwendung der Strafdrohung ex § 226, nicht für die — bereits voll erledigte — Rechtswidrigkeitsfrage der Todesausgang in Betracht kommt. § 226 ist tatbestandlich keine „Tötung", sondern „Körperverletzung"; der Tod des Opfers ist ein apartes, tatbestandsfremdes Element. Vgl. dazu

Diese Verschiedenheit ist namentlich für die Vorsatzfrage von eminentester Bedeutung: während sich Tatbestand und Rechtswidrigkeit, wenn dolus vorliegen soll, psychisch widergespiegelt haben müssen[1]), bedarf es für die bloßen Strafdrohungsbedingungen schlechterdings keiner psychischen Beziehung, es genügt ihr faktisches Vorliegen, sie sind „objektive" = nicht notwendig schuldverkettete Umstände.

II. Zwei Arten solcher Strafdrohungsbedingungen lassen sich unterscheiden:

1. Die einen sind von derartiger Kraft, daß ohne sie keine der positiv gegebenen Strafdrohungen eingreifen kann: sie lassen sich füglich als absolute Strafdrohungsbedingungen bezeichnen und treten als Anhängsel jeder Strafdrohung auf, kehren bei jeder stereotyp wieder[2]).

So ist das Nichtvorhandensein eines Notstandes nach § 54 StGB. allgemeine Bedingung für das Walten jeder wie immer gearteten Strafdrohung[3]).

2. Die zweite Klasse von Strafdrohungsbedingungen ist nur

---

noch unten § 15. Übrigens müßte nach Bindings Auffassung der § 226 notwendig als Absatz 3 dem § 222 eingegliedert sein (etwa so: „War die fahrlässige Tötung mittels vorsätzlicher Körperverletzung begangen, so —") — was ja nicht zutrifft. Oben S. 43, Anm. 1.

[1]) S. darüber unten § 19.

[2]) Diese Gruppe von Strafdrohungsbedingungen rangiert logisch streng genommen eigentlich vor dem Requisit des „Passens einer Strafdrohung". Denn liegt ein Umstand vor, der die Heranziehung aller Strafdrohungen vereitelt, so ist die Wahl der Strafdrohung, die sich als passend erweist, von vornherein überflüssig. Die Umstellung ist jedoch unschädlich, weil natürlich auch die als passend erfundene Strafdrohung an den absoluten Strafdrohungsbedingungen partizipiert; und sie ist empfehlenswert, weil damit die Formel, mittels deren das Verbrechen zu definieren ist, bequemer wird. Denn sonst müßte man definieren: „Verbrechen ist die tatbestandsmäßige u. s. w. Handlung, die den absoluten Strafdrohungsbedingungen genügt, mit einer auf sie passenden Strafdrohung ausgerüstet ist und den relativen Strafdrohungsbedingungen genügt."

[3]) Es wird dabei vorausgesetzt, daß die Notstandslage des § 54 als solche nicht die Rechtswidrigkeit beseitigt, vgl. meine „Grundzüge"[3] §§ 37 I, 95. Von dem aus allgemeinen Rechtsprinzipien oder aus BGB. §§ 229, 904 u. s. w. herzuleitenden und nicht nach § 54 zu beurteilenden Notrecht ist hier natürlich nicht die Rede; dieses gehört selbstverständlich in das Kapitel von der Rechtswidrigkeit.

vorhanden für bestimmte Gruppen von Strafdrohungen oder sogar nur für ganz spezielle Strafdrohungen: relative Strafdrohungsbedingungen[1]). So ist nach § 6 StGB. die inländische Begehung Bedingung für das Eingreifen aller der Strafdrohungen, die der Tat nur Übertretungscharakter verleihen.

Diese zweite Klasse umfaßt namentlich die Erfolge, hinsichtlich deren bloße Kausalität ohne Schuldrequisit genügt (z. B. den Tod eines Menschen bei Raufhandel), ferner z. B. die Konkurseröffnung bei den Bankeruttdelikten u. s. w. Diejenigen Verbrechen, die einen solchen speziellen tatbestandsfremden Umstand begrifflich erfordern, kann man „besonders bedingte Verbrechen" nennen, wobei natürlich unter der Sonderbedingung eine Strafdrohungssonderbedingung zu denken ist; vollständig müßte die Bezeichnung lauten: „Verbrechen mit Strafdrohungssonderbedingung".

Fehlt es an einer absoluten Strafdrohungsbedingung, so ist ohne weiteres der Schluß gerechtfertigt: es ist überhaupt kein Verbrechen vorhanden. Fehlt es nur an einer relativen Strafdrohungsbedingung, so steht nur fest: dieses Verbrechen ist nicht vorhanden, und die Frage bleibt offen, ob etwa eine andere Strafdrohung, die da paßt, eingreift.

Deshalb können Strafdrohungsbedingungen namentlich auch als bloß straferhöhende oder -vermindernde Momente auftreten, so daß ihr Fehlen nur die Anwendbarkeit einer erhöhten oder verminderten Strafdrohung ausschließt.

III. Inhaltlich scheiden sich die Strafdrohungsbedingungen so, daß sie entweder in Ereignissen u. s. w. bestehen können, die keinerlei Beziehung zu der Person des Täters (oder seiner Handlung) haben (wie z. B. ein ausgebrochener Krieg, eine verlorene Schlacht als Bedingungen der Strafbarkeit denkbar sind), oder in Ereignissen u. s. w. mit persönlicher Beziehung (Konkurseröffnung über den Täter, Handeln im Inlande, Rückfälligkeit u. s. w.). Die letztgenannte Art von Strafdrohungsbedingungen will be-

---

[1]) Weniger gut spräche man von „speziellen" Strafdrohungsbedingungen (so, daß die Klasse 1 dann die „allgemeinen, generellen" Strafdrohungsbedingungen umfaßte); weniger gut: denn „speziell" paßt nicht recht für die gruppenweise erheblichen Strafdrohungsbedingungen.

sonders scharf erfaßt werden in ihrem Gegensatz zu den rein persönlichen Strafbarkeitsbedingungen [1]).

IV. Ihrer Fassung nach treten die Strafdrohungsbedingungen in zweifacher Gestalt auf:

1. Entweder lauten sie dahin, daß positiv ein weiterer Umstand gegeben sein müsse, damit die Strafdrohung wirke. Schema: „Wer das und das tut (tatbestandsmäßige rechtswidrige schuldhafte Handlung), wird so und so bestraft, wenn der und der Umstand gegeben ist". Beispiel: Konkurseröffnung bei Bankerutt.

2. Oder sie lauten dahin, daß die Strafdrohung nicht wirke, wenn ein gewisser Umstand vorliege — negative Strafdrohungsbedingungen. Schema: „Wer u. s. w., wird . . . bestraft. Eine strafbare Handlung ist nicht vorhanden, wenn —". Beispiel: der Notstand nach § 54 StGB.

Im letzteren Falle ist man gewöhnt, von „Strafausschließungsgründen" [2]) zu sprechen. Indessen ist offensichtlich das logische Verhältnis genau dasselbe, wenn eine positiv gefaßte Bedingung fehlt, wie wenn eine negativ gefaßte vorhanden ist. Positive und negative Fassung bringen, wie schon bei der Rechtswidrigkeit gezeigt ist [3]), innerlich keinen Gegensatz mit sich, sondern beleuchten nur ein und dasselbe Sachverhältnis von verschiedenen Seiten; jede positive Bedingung ist gleichzeitig negative Bedingung für das Gegenteil und umgekehrt. Und deshalb steht logisch dem nichts im Wege, daß man auch das Fehlen einer positiven Bedingung als Strafausschließungsgrund bezeichnet (z. B. das Nichtvorliegen der Konkurseröffnung bei Bankerutt). Jedenfalls ist es durchaus untunlich, weil verständniserschwerend, in der systematischen Behandlung des Strafrechts die „objektiven (positiven) Bedingungen" und die „Strafausschließungsgründe" auseinanderzureißen. Materiellstrafrechtlich ist das eine lediglich das Widerspiel des anderen; die Lehren müssen deshalb miteinander verschmolzen werden.

Nur in prozessualer Hinsicht wird zwischen der positiven und

---

[1]) Darüber unten § 10, I.

[2]) Und zwar sachlichen im Gegensatz zu den persönlichen, s. unten § 10.

[3]) Oben S. 37.

der negativen Fassung ein Unterschied zu behaupten sein. Zwar nicht im Punkte der Beweislast: muß ja doch zur Verurteilung der Beweis erbracht sein, daß die Strafdrohung Platz greift, d. h. daß die positiv gefaßten Bedingungen vorliegen und die negativ gefaßten nicht vorliegen; Zweifel führen hinsichtlich dieser wie hinsichtlich jener — z. B. Zweifel darüber, ob Notstand vorlag — zur Freisprechung; die Formulierung eines Umstandes als Ausnahme genießt im Strafprozeß die gleiche Behandlung wie die Formulierung als Regel.

Wohl aber werden die positiv gefaßten Bedingungen stets ausdrücklicher Erwähnung in Anklage, Eröffnungsbeschluß, Schwurgerichtsfragen, Urteilsbegründung u. s. w. bedürfen (so die Konkurseröffnung bei Bankerutt), während die negativ gefaßten grundsätzlich nicht der Hineinnahme in die Formel bedürfen, ihr Fehlen vielmehr ein subintelligendum ist (z. B. brauchen Anklage u. s. w. nicht zu betonen, daß kein Notstand vorgelegen habe). Nur darf man sich nicht dem trügerischen Wahn hingeben, als berühre der Unterschied das Wesen der Sache: auch wo das Strafprozeßrecht die ausdrückliche Erwähnung des subintelligendum nicht verlangt, versteht sich, daß das letztere geprüft und als vorhanden angenommen worden sein muß. Der Richter kann z. B. verurteilen, ohne zu sagen, daß Notstand nicht vorliegt; aber nicht ohne überzeugt zu sein, daß Notstand nicht vorliegt[1].

V. Das Wesen der Strafdrohungsbedingungen wird am besten dahin charakterisiert, daß ihr Fehlen eine tatbestandsmäßige rechtswidrige schuldhafte Handlung nicht in den Bereich der sonst auf sie niederfallenden Strafdrohung fallen läßt. Die tatbestandsmäßige rechtswidrige schuldhafte Handlung liegt ungeachtet dieser ihrer Eigenschaften jenseit der Grenzen der Strafdrohung, wenn es an der erforderlichen Strafdrohungsbedingung fehlt[2].

Gehört also die Strafdrohungsbedingung mit zu den Ele-

---

[1]) Vgl. Beling, Zeitschr. f. StrRW. 20 658; Kroschel, Abfassung des Strafurteils [4], 37, 56.

[2]) Man könnte auch von „reinen Strafbarkeitsbedingungen" oder „Strafbarkeitsbedingungen" schlechthin sprechen. Doch würde dann der Gegensatz gegen Tatbestand, Rechtswidrigkeit und Schuld nicht so scharf hervortreten.

menten des Verbrechensbegriffs, so liegt sie doch nicht, wie die übrigen Elemente des Begriffs, im Zentrum, sondern an der Peripherie der Betrachtung. Für einen Teil von ihnen ist bislang die Bezeichnung „zweite Bedingungen der Strafbarkeit“ und zwar „objektive Bedingungen“ üblich gewesen. Gegen letztere Bezeichnung ist insofern nichts einzuwenden, als das rein objektive Vorliegen der Strafdrohungsbedingungen genügt, Schuld bezüglich ihrer nicht vorzuliegen braucht. Nur ist diese Bezeichnung deshalb unratsam, weil sie einen fälschlichen Gegensatz gegen die persönlichen Strafbarkeitsbedingungen zu involvieren scheint, während doch auch diese „objektive“, d. h. nicht notwendig psychisch reflektierte Bedingungen der Strafbarkeit sind[1]; dieser Gegensatz besteht vielmehr darin, daß die Strafdrohungsbedingungen dem Verbrechenscharakter der Tat, die persönlichen Strafbarkeitsbedingungen nur der Verbrechereigenschaft des Täters gelten; deshalb sollte man die Strafdrohungsbedingungen lieber „sachliche Strafbarkeitsbedingungen“ nennen. Dagegen ist die Bezeichnung „zweite Bedingungen der Strafbarkeit“ nur cum grano salis zu verstehen. „Bedingungen der Strafbarkeit“ im weitesten Sinne sind sämtliche Verbrechensmerkmale: die Handlung, ihre Tatbestandsmäßigkeit, ihre Rechtswidrigkeit, ihre Schuldhaftigkeit, ihre Zusammengehörigkeit mit einer Strafdrohung und die Strafdrohungsbedingungen, also sechs an Zahl. Die Strafdrohungsbedingungen sind also dann „sechste“ Bedingung der Strafbarkeit. Von „zweiten“ Bedingungen kann man nur dann reden, wenn man sich die tatbestandsmäßige rechtswidrige schuldhafte, zu einer Strafdrohung zugehörige Handlung als ein geschlossenes Ganze, ihr Vorliegen als die „erste“ Bedingung der Strafbarkeit vorstellt. Diese Vorstellung ist natürlich möglich. Aber solche Zusammenfassung ist immerhin willkürlich; und namentlich muß es auffallen, daß die fünfte der Bedingungen (Passen einer Strafdrohung), die doch innerlich sicher den sechsten Bedingungen (Grenzen der Strafdrohung) näher steht als den vier ersten Elementen, aus diesem ihrem Zusammenhange durch jenen Sprachgebrauch herausgerissen wird. Es läge doch viel näher, die Elemente

[1]) S. unten § 10.

gruppenweise so zusammenzufassen, daß man die tatbestandsmäßige rechtswidrige schuldhafte Handlung (das potentielle Verbrechen, oben S. 50) als die erste, das Passen und das Anwendbarsein einer Strafdrohung zusammen als die zweite Bedingung der Strafbarkeit auffaßte; aber ein Bedürfnis zu solcher gruppenweisen Zusammenfassung ist überhaupt zu leugnen. Stellen wir vielmehr die Strafdrohungsbedingungen auf ihre eigenen Füße!

Die bisher im Text eingestreuten Beispiele zeigen, in welcher Richtung die trotz Vorhandenseins einer tatbestandsmäßigen rechtswidrigen schuldhaften, mit einer Strafdrohung ausgerüsteten Handlung gewährte Straflosigkeit läuft: sie beruht auf Erwägungen, die auf ein mangelndes Interesse des Staates an der Bestrafung oder auf ein Interesse an der Nichtbestrafung hinauslaufen. Ob dabei nicht zum Teil das Interesse an der Verfolgung der Tat mit dem Interesse an dem Vorhandensein der materiellrechtlichen Strafbarkeit konfundiert worden ist, ob es also nicht zum Teil de lege ferenda angezeigt wäre, die in Rede stehenden Bedingungen zu bloßen Prozeßbedingungen zu gestalten, mag hier ununtersucht bleiben. Hier soll nur der Standpunkt der lex lata zu Grunde gelegt werden, es sollen also nur diejenigen Bedingungen ausgeschaltet werden, die auch nach der lex lata bloße Prozeßbedingungen sind.

VI. Der Katalog der Strafdrohungsbedingungen vereinigt in sich sehr heterogene Elemente. Dennoch darf ihre Zusammenfassung unter einheitlichem Namen nicht wertlos gescholten werden. Sie haben eben alle gemeinsam, daß sie die fünf ersten Elemente des Verbrechensbegriffs unberührt lassen und, um in Betracht zu kommen, sogar jene als vorhanden voraussetzen; und daß sie sämtlich bloß die Strafbarkeit an sich bedingen. Daß zur Nutzbarmachung des Begriffs erst eine Sammlung der verschiedenen einschlagenden positivrechtlichen Bestimmungen erforderlich wird, beweist nicht, daß der Begriff überflüssig oder gar, daß er falsch wäre.

Demnach treten die Strafdrohungsbedingungen zunächst in einen scharfen Gegensatz zu den Merkmalen des „Tatbestandes“.

Zwischen ihnen und dem Tatbestand gähnt eine tiefe Kluft[1]). Es ist deshalb nicht wohl getan, diese und jenen zu einem einheitlichen Ganzen zusammenzufassen. So kann namentlich Bindings Konstruktion der durch einen Erfolg qualifizierten Delikte als „zusammengesetzter Verbrechen" [2]) nicht als empfehlenswert bezeichnet werden. Gewiß kann man die Tatbestandserfüllung und den qualifizierenden Erfolg „zusammensetzen" als zwei Ereignisse, die nur vereint das Verbrechen ausmachen. Aber solche Zusammensetzung wäre doch nur eine einfache Nebeneinanderstellung; ein innerlich verbundenes Gewebe würde sie nicht indizieren. Den Ausdruck „zusammengesetztes Verbrechen" brauchen wir dringend zur Benennung der tatbestandlich zusammengesetzten Verbrechen, der Deliktstypen, die zur Vollendung eine Mehrheit von Akten erfordern, wie z. B. der Urkundenfälschung, wo schon die tatbestandlichen Elemente eine innere Verbindung unter sich eingegangen sind[3]). Dieses echte zusammengesetzte Verbrechen beansprucht besondere Berücksichtigung, besonders auf dem Gebiete der Versuchs- und der Vorsatzlehre. Jene andere „Zusammensetzung" ist als solche bedeutungslos; sie kompliziert jedenfalls den Verbrechenstypus gar nicht.

Ob ein Umstand dem Tatbestande als zu ihm gehöriges Element zuzuweisen ist oder bloße (tatbestandsfremde) Strafdrohungsbedingung ist, wird oft zweifelhaft sein können (vgl. z. B. die Konkurseröffnung bei Bankerutt). Der Zweifel muß durch Auslegung auf der Grundlage des betreffenden Strafgesetzes beseitigt werden. Im allgemeinen wird man dabei davon ausgehen können, daß Umstände, die mit dem täterischen Verhalten nur in lockerem Zusammenhange stehen, nicht vor der Handlung liegen und für sich allein außerhalb der strafrechtlichen Sphäre liegende Vorkommnisse darstellen — wie z. B. die Zahlungseinstellung, die Konkurseröffnung[4]) —, tatbestandsfremd sind. Denn für den

---

[1]) Zutreffend scheidet Lammasch, Grundr. d. österr. StrR. § 4, die äußeren Bedingungen der Strafbarkeit vom Tatbestande.

[2]) Lehrbuch 1² 17 ff., 46.

[3]) Unten § 21 VII.

[4]) Daß über die juristische Bedeutung der Konkurseröffnung bezw. Zahlungseinstellung bei den Bankeruttdelikten noch kein Einverständnis erzielt ist — vgl. neuerdings hierüber Weber im GS. 65 81 ff. (mit Zitaten) —

Tatbestand bildet das Verhalten des Täters, das ja durch jenen nur nähere Umreißung erfährt, den Schwerpunkt; was in einer gewissen Entfernung von diesem Verhalten liegt, hebt sich deutlich als etwas Besonderes ab. Speziell für die Folgen der Handlung wird ihr engerer oder lockerer Konnex mit dieser von Bedeutung sein. Der Erfolg kann gerade so gut Tatbestandsteil sein wie Strafdrohungsbedingung, es kommt nur darauf an, ob er dem Verbrechensbilde als solchem wesentlich ist oder nur äußerlich den Rahmen dafür abgibt. Vor der Handlung liegende Ereignisse werden gewöhnlich mit dem Verhalten des Täters in enger Beziehung stehen und deshalb in der Regel nicht tatbestandsfremd sein. Scharfe Grenzlinien sind mit alledem freilich nicht gewonnen, sondern nur Anhaltspunkte; scharfe Grenzlinien zu ziehen wird aber auch nicht möglich sein, weil es sich um positivrechtliche Einzelheiten handelt.

Zu beachten ist nur, daß „Tatbestandsteil" und „Strafdrohungsbedingung" keine absoluten Gegensätze sind, so, daß ein und derselbe Umstand schlechtweg nur eins oder das andere sein könnte. Der Begriff beider ist vielmehr relativ: es kommt darauf an, um welchen Tatbestand es sich handelt, so daß ein Um-

---

kann wunder nehmen. Wenn das Reichsgericht diese Umstände immer wieder dem „Tatbestande" zuweist, so ist das nur dann richtig, wenn man dabei an den „allgemeinen Tatbestand" im Sinne des älteren Sprachgebrauchs denkt; dann hat aber diese Zuweisung wissenschaftlich und praktisch nur den Wert, daß sie die materiellstrafrechtliche Bedeutung der Konkurseröffnung bezw. Zahlungseinstelluug klarlegt. Nun ist das ja gewiß richtig, daß diese Umstände de lege lata nicht bloße Prozedurbedingungen sind (wiewohl sie de lege ferenda dort am richtigsten untergebracht wären); sie sind zu innig mit dem Strafgesetz selber verwoben (vgl. unten IX). Aber wohin gehören sie nun innerhalb des „allgemeinen Tatbestandes"? Offen zu Tage liegt, daß von ihnen nicht etwa die Rechtswidrigkeit abhängt; nicht nur, daß dann die Bankerutthandlungen für sich allein unverdient den Charakter rechtlich nicht gemißbilligten Handelns erhielten — noch seltsamer wäre, daß dann später eintretende Ereignisse die ehemals nicht rechtswidrige Handlung ex post zur rechtswidrigen machten, was dem Satze widerstreitet, daß nur eine zur Zeit der Tat vorhandene Rechtswidrigkeit in Betracht kommt. Daß die Konkurseröffnung aber auch nicht dem Tatbestande im eigentlichen Sinn zugerechnet werden kann, zeigt sich darin, daß sie sonst vom Verschulden umfaßt sein müßte, was unbedingt abzulehnen ist. So bleibt nur übrig, diese Momente als Strafdrohungsbedingungen aufzufassen.

stand für den Tatbestand x ein Element in ihm, für den Tatbestand y tatbestandsfremd ist. So ist der Tod eines Menschen für den Tötungstatbestand (§§ 211 ff.) Tatbestandsteil, für die erschwerte Notzucht (§ 178) tatbestandsfremde Bedingung.

Ganz aus dem Spiele zu bleiben haben gewisse Umstände, die infolge ungeschickter Fassung des Strafgesetzes im Gewande von Verbrechenselementen auftreten, ohne dies in Wahrheit zu sein. So begegnet z. B. gelegentlich ein Strafgesetz folgender Fassung:

„Wer (z. B. zur Jagd ausgerüstet ...) betreten wird, wird ... bestraft" (vgl. § 368[10] StGB.)[1]).

Dem oberflächlichen Blick kann es hier scheinen, als sei das Betretenwerden eine Strafdrohungsbedingung — so daß nur der ertappte Sünder strafbar wäre, etwa wie der stehlende Knabe in Sparta —, oder gar als gehöre das Betretenwerden zum Tatbestande — so daß sich der Vorsatz bezw. die Fahrlässigkeit des Täters gemäß § 59 StGB. auf die Ertappung mitbeziehen müßte! Aber der falsche Schein darf nicht pro veritate genommen werden. Das Gesetz denkt vielmehr ausschließlich an den Aufenthalt des zur Jagd ausgerüsteten Täters auf fremdem Jagdgebiet als an den Tatbestand; das Betretenwerden ist bloß ungeschickt als der Regelfall erwähnt — wenigstens wäre schlechterdings nicht einzusehen, warum der reus nec manifestus, der etwa hinterher sich selbst verrät, straflos bleiben sollte. Die Scheidung des römischen Rechts zwischen dem fur manifestus und dem fur nec manifestus kann nicht als Seitenstück herangezogen werden. Und daß etwa der betretene Übeltäter der Strafwürdige par excellence wäre um seiner größeren Gefährlichkeit willen, widerlegt sich dadurch, daß die ertappten Täter durchschnittlich diejenigen sein werden, die weniger raffiniert zu Werke gegangen sind. So ergibt sich, daß durch berichtigende Auslegung das Betretenwerden aus dem Gesetz zu entfernen und dieses so zu lesen ist, als laute es:

„Wer sich zur Jagd ausgerüstet auf fremdem Jagdgebiet aufhält, wird ... bestraft"[2]).

---

[1]) Zu vergleichen ferner SprengstoffG. § 9 I, SalzG. § 13[7], VZG. § 136[5d], SüßstoffG. v. 7. Juli 1902 § 8.

[2]) So auch die herrschende Rechtsprechung und Literatur, vgl. R. 3 352, 7 596, E. 5 72, 13 37, 37 341; Olshausen 10d zu § 368[10] (mit

VII. Ganz besonders bedeutsam ist die Klarstellung des logischen Verhältnisses der sachlichen Strafausschließungsgründe (= des Nichtvorhandenseins einer positiven Strafdrohungsbedingung oder des Vorliegens einer negativen Strafdrohungsbedingung)[1] zu den Unrechts- und den Schuldausschließungsgründen einerseits, den bloß persönlichen (individuellen) Strafausschließungsgründen anderseits. Heute werden oft jene sachlichen (oder, wie man sie meist nennt, objektiven)[2] Strafausschließungsgründe mit den Unrechts- und den Schuldausschließungsgründen oder einer dieser Klassen identifiziert[3]). Dabei kommen sie nicht zu ihrem Recht. Es gibt „Straf"ausschließungsgründe, die der Handlung nichts von ihrer Rechtswidrigkeit und Schuldhaftigkeit nehmen, und doch nicht bloß individuelle Strafausschließungsgründe sind, sondern den Verbrechenscharakter als solchen beseitigen, so, daß „Teilnahme" an dem Vorgang möglich ist. Die Ignorierung dieser Zwischenstufe führt denn auch z. B. Frank zu einem offenbaren Widerspruch in der Notstandslehre. Er lehrt:

1. An einer Tat, die durch einen Ausschließungsgrund der Rechtswidrigkeit oder einen Schuldausschließungsgrund gedeckt ist, ist Teilnahme unmöglich[4]).
2. An einer Tat, die nur durch einen individuellen Strafausschließungsgrund gedeckt ist, ist Teilnahme möglich[5]).

Beides zutreffend. Nun nimmt er weiter Teilnahme an der Notstandshandlung, auch soweit sie über das Notrecht des BGB.

Zitaten). Abweichend Binding, Lehrb. 1 332, der „Strafbarkeit nur der handhaften Tat" annimmt, ohne sich jedoch darüber zu äußern, ob das Betroffenwerden tatbestandlich oder außertatbestandlich sein soll. Abweichend anderseits Ötker, GS. 65 437: Das Requisit des „Betroffenwerdens" sei prozessualer Natur und bedeute, daß der Beweis nur mittels Feststellung des Betretenwerdens geführt werden dürfe („Beweisbeschränkung"). Aber tut man nicht dem Wortlaut des Gesetzes zu viel Ehre an, wenn man solche Finessen als gesetzlich intendiert behandelt? Und die ratio solcher Beweisbeschränkung in unserer beweisfreiheitsdurstigen Zeit? Die ratio insbesondere dafür, daß die voll glaubhafte Selbstbezichtigung des nicht ertappten Schuldigen nicht zur Verurteilung führen soll?

[1]) Oben S. 55.

[2]) Oben S. 56.

[3]) So z. B. von Frank, Bem. I, 1a zu Abschn. 4.

[4]) Bem. II, 1 zu Abschn. 4.

[5]) Ebenda.

hinausgeht und sich ihre Straflosigkeit nur auf § 54 StGB. gründet, als unmöglich an [1]). Folglich müßte doch (da andere „Ausschließungsgründe" für das Problem nicht in Frage kommen) gemäß Satz 1 der Notstand ein Grund sein, der die Rechtswidrigkeit (oder die Schuld) ausschließt. Dies lehnt er aber [2]) selbst ab. Und nun umgekehrt: Wenn der Notstand kein Grund für Ausschluß der Rechtswidrigkeit oder der Schuld ist, so muß er doch nach Frank ein individueller Strafausschließungsgrund sein. Auch das lehnt er aber ab [3]). Folglich kann Frank selbst den (nicht Notrechts-)Notstand weder unter den Gründen ausgeschlossener Rechtswidrigkeit oder Schuldausschlußgründen unterbringen (das sagt er ausdrücklich), noch auch unter den individuellen Strafausschlußgründen (auch das sagt er ausdrücklich) — der Notstand ist also bei ihm überhaupt nirgends unterzubringen. Der Grund dafür ist der, daß ihm die Kategorie der objektiven Strafausschließungsgründe fehlt: Handlungen, die bei vorhandener Rechtswidrigkeit und Schuld sachlich (nicht bloß individuell) straflos sind. Bei ihnen ist selbstverständlich Teilnahme unmöglich, weil die Tat eben keine „strafbare Handlung" ist. Sie stehen insofern den Gründen, die die Rechtswidrigkeit ausschließen, gleich, ihre innere Bedeutung (die namentlich für die Notwehrfrage bedeutsam wird) ist aber eine total verschiedene.

VIII. In diese Gedankenreihe gehören Fingers „symptomatische Tatbestandsmerkmale" und „äußere Bedingungen der Strafbarkeit" [4]). Das symptomatische Tatbestandsmerkmal ist nach ihm ein Umstand, der einmal mit der Handlung nicht kausal verbunden zu sein braucht, und sodann vom Täter auch beabsichtigt sein kann; die äußere Bedingung ein Umstand, der im Zeitpunkt der Tat gegeben sein muß, und eine rechtlich-logische, nicht faktische Beziehung enthält. Gegen diese Aufstellung ist zunächst einzuwenden, daß sie nicht umfassend genug, also nicht vollständig ist. Das oben [5]) gegebene Schema zeigt, daß die Strafdrohungs-

[1]) Bem. III zu § 54.
[2]) Bem. III zu § 54.
[3]) Bem. III zu § 54.
[4]) Lehrbuch S. 117, 119; Goltd. Arch. 50 43 ff.
[5]) S. 54, 58; vgl. auch unten.

bedingungen einen allgemeinen Oberbegriff bilden mit mehr als nur diesen zwei Unterbegriffen. Sodann aber ist gegen den Ausdruck „symptomatisches Tatbestandsmerkmal“ einzuwenden, daß er falsche Vorstellungen erweckt. Tatbestandsmerkmale müssen sämtlich von der Schuld umfaßt sein (§ 59 StGB.); das ist aber bei Fingers „symptomatischen Tatbestandsmerkmalen“ gerade nicht der Fall, sie brauchen eben nur objektiv vorzuliegen, und es ist gleichgültig, ob die Schuld sie mitumfaßte; sie gehören also gerade nicht zum „Tatbestand“, und „Symptom“ sind sie nur für die Strafbarkeit, nicht für die Tatbestandsmäßigkeit. So besteht beim Bankerutt der Tatbestand lediglich im Vernichten von Handelsbüchern u. s. w., die Konkurseröffnung ist ein außertatbestandliches Element. Umgekehrt ist aber kein Grund vorhanden, die von Finger mit der Bezeichnung „äußere Bedingungen“ belegten Umstände allein so zu benennen: alle Strafdrohungsbedingungen sind „äußere“, d. h. der Innerlichkeit des Täters fakultativ fremde, objektive Bedingungen. Wenn ein Bedürfnis nach termini technici vorhanden ist, so wird es richtiger befriedigt durch folgende Bezeichnungen (darüber unten IX):

> Vorhergehende Bedingungen; begleitende Bedingungen; nachfolgende Bedingungen, seien sie schlechthin nachfolgende, oder Taterfolge (scil. objektive = außertatbestandliche).

Daß diese Bedingungen in reinen Tatsachen oder rechtlich-logischen Beziehungen bestehen können, ist anzuerkennen; nur läßt sich diese Scheidung kaum als eine prinzipiell bedeutsame auffassen.

IX. Eine begriffliche Abgrenzung wird schließlich erforderlich gegenüber den Strafaufhebungsgründen. Die Abgrenzung ergibt sich daraus, daß die tatbestandsfremden Sachverhaltsbedingungen den Verbrechenscharakter selber bedingen. Die Strafaufhebungsgründe beseitigen demgegenüber nur die schon entstandene Strafbarkeit, setzen also gerade voraus, daß ein Verbrechen von Hause aus vorliegt, wirken also nur als Resolutivbedingungen, während die tatbestandsfremden Sachverhaltsbedingungen aufschiebende Bedingungen sind. Ein „Verbrechen“ begangen haben heißt noch nicht strafbar sein. Man kann auch ein Verbrechen begangen haben, und damit strafbar gewordeu sein, aber später aufgehört haben, strafbar zu sein[1]).

X. In zeitlicher Hinsicht können die Strafdrohungsbedingungen dreifach verschieden sein: es ist möglich, daß

a) ein der Handlung vorhergegangenes Ereignis[2]); oder

b) ein die Handlung begleitender Umstand; oder

c) ein der Handlung nachfolgender Umstand

die Voraussetzung der Strafbarkeit bildet (wobei selbstverständlich nur solche Umstände in Betracht kommen, die von der Schuld nicht umfaßt zu sein brauchen, da es sich sonst um Tatbestandselemente handeln würde).

Natürlich ist dabei weiterhin möglich, daß die betreffende Bedingung so gefaßt ist, daß sie kumulativ zu mehreren Zeiten vorliegen muß, oder auch, daß alternativ ihr Vorliegen in dem einen oder anderen Zeitpunkte genügend, aber auch erforderlich ist[3]).

---

[1]) Nebenbei bemerkt ist theoretisch denkbar, daß der Strafaufhebung selber wieder ein Ziel gesetzt ist, so daß der Eintritt eines bestimmten Ereignisses die Tat wiederum strafbar macht, den Strafanspruch neu erzeugt. Dieses Ereignis ließe sich dann passend als „Straferneuerungsgrund" bezeichnen. Ihrem Wesen nach würden die Straferneuerungsbedingungen unter die tatbestandsfremden Sachverhaltsbedingungen gehören und die Besonderheit aufweisen, daß sie nur nach vorherigem Eintritt der Strafaufhebung in Betracht kämen. Ein Beispiel könnte man vielleicht in § 238 StGB. finden wollen: Ehe zwischen dem Entführer und der Entführten: Strafaufhebungsgrund; Nichtigerklärung der Ehe: Straferneuerungsgrund. Allein die ganze Konstruktion: Strafbarkeit — Nichtstrafbarkeit — Wiederstrafbarkeit (oder: Strafanspruch — Untergang des Strafanspruchs — Wiederaufleben des Strafanspruchs), ist so künstlich, daß man sich kaum zu ihr wird entschließen können. Man könnte dabei geradezu von einem Spielen mit der Strafbarkeit sprechen. Viel natürlicher ist die Auffassung, daß § 238 StGB. rein prozessualen Inhalts ist: Die Entführung ist und bleibt strafbar, mag hinterher Eheschließung und Ehenichtigerklärung erfolgen oder nicht; nur ist der Eheschluß ein Prozeßhindernis, die Nichtigerklärung ein — wenn man so sagen darf — Strafklagerechts- oder Prozeßerneuerungsgrund. Dafür spricht auch der Wortlaut des § 238, der von der Verfolgung spricht. Ein Untergehen und Wiederaufleben der rechtlichen Verfolgungsmöglichkeit hat auch nichts Befremdliches, weil die Verfolgung von äußeren Umständen eben viel mehr abhängt als die Strafbarkeit selber.

[2]) Beispiel: in fremden Kriegsdiensten gestanden haben (StGB. § 88 III).

[3]) Z. B. fordert § 227 StGB. nur, daß aus dem Raufhandel überhaupt der Tod u. s. w. eines Menschen resultierte. Der einzelne Beteiligte ist daher strafbar, gleichviel ob der Tod erst nach seiner Beteiligung oder schon vorher oder gleichzeitig erfolgt ist. Das ist freilich de lege ferenda ganz

Bei den Bedingungen ad c) ist wiederum möglich, daß sie entweder nur nach der Handlung, ohne Erforderlichkeit eines Kausalzusammenhangs, vorzuliegen brauchen (nur post hoc, nicht notwendig propter hoc), oder daß sie aus der Handlung kausal hervorgegangen sein müssen.

Welchen Charakter eine Bedingung trägt, ist im einzelnen Falle durch Auslegung zu ermitteln. Allgemeine Sätze lassen sich kaum aufstellen.

Keineswegs läßt sich der allgemeine Satz aufstellen, daß die tatbestandsfremden Sachverhaltsbedingungen immer schon zur Zeit der Tat vorliegen müßten. Zwar erscheint es als das Normale, daß alsbald mit Begehung der Tat auch feststeht, ob ein Strafanspruch aus ihr entfließt oder nicht. Ein in-suspenso-Bleiben der Strafbarkeit nach begangener Tat ist eine ungewöhnliche Erscheinung. Deshalb wird in dubio anzunehmen sein, daß eine vom Gesetz erforderte Strafdrohungsbedingung schon zur Zeit der Tat vorliegen muß. Das gilt z. B. für den Inlandscharakter des Tatortes nach § 6 StGB. Gehörte der Tatort zur Zeit der Tat zum „Ausland", so macht es nichts aus, daß er später dem Inlande inkorporiert worden ist (Helgoland!). Die Tat ist kein Verbrechen und wird es nicht durch die staatsgebietliche Veränderung.

Aber zu weit geht es, wenn man hinter dem Delikt liegende Strafdrohungsbedingungen überhaupt für unmöglich erklärt. Schon der Hinweis auf die Konkurseröffnung als Bedingung für die Strafbarkeit des Bankerutts beweist das Gegenteil. Wenn Binding[1]) von seinen „zweiten Bedingungen der Strafbarkeit" lehrt, sie müßten schon zur Zeit des Delikts bestanden haben, denn sie bildeten einen integrierenden Teil zwar nicht der deliktischen Handlung, wohl aber des verbrecherischen Tatbestandes, so ist dem entgegenzuhalten, daß die „zweiten Bedingungen" sich ja gerade dadurch charakterisieren, daß sie keine Tatbestandselemente, technisch genommen, sind. Übrigens ist es ja auch nicht einmal richtig, daß der Tatbestand im eigentlichen Sinne

---

unangemessen; aber die unverschuldeten Erfolge als Strafdrohungsbedingungen sind eben überhaupt Reste einer überwundenen Auffassung!

[1]) Normen 1^2 235.

nur tatzeitige Momente umfaßte (man denke an den Tod des Getroffenen bei der Tötung, überhaupt an die tatbestandsmäßigen Erfolge). Binding argumentiert aber ferner so: Es sei undenkbar, daß diese zweiten Bedingungen, wenn nachher eintretend, erst den Strafanspruch ins Leben rufen sollten, sie wären ja sonst machtvoller als das Delikt selbst; auch könne nicht ein stückweises Entstehen des Strafanspruchs gedacht werden, es gebe keine Rechte, die zu einem Drittel, zur Hälfte u. s. w. schon da wären, im übrigen noch ausstünden. Hieran ist vollkommen richtig, daß es eine Partialentstehung des Rechts nicht geben kann: der Anspruch ist entweder schon da, oder er ist nicht da. Aber daraus ergibt sich nicht die Folgerung, daß als anspruchserzeugende Tatsachen immer nur gleichzeitige Tatsachen auftreten könnten; es ist vielmehr denkbar, daß sukzessive Tatsachen anspruchserzeugend wirken derart, daß die erste ohne die zweite, und die zweite ohne die erste nichts ausrichtet. Der Anspruch entsteht alsdann mit Eintritt der zweiten Tatsache, aber in Kraft beider Tatsachen; es läßt sich nicht behaupten, daß dann die zweite „bedeutungsvoller" sei als die erste: sie sind beide qua anspruchserzeugende Tatsachen von gleicher Kraft. Oder will man den Bedingungen verschiedene Stärke zuschreiben, so ist jedenfalls die zweite nicht die mächtigere, weil sie für sich allein der strafrechtlichen Färbung überhaupt entbehrt, während die tatbestandliche Handlung immerhin die Gefahr auf das Haupt des Täters herabbeschwört, daß ihn bei Eintritt der zweiten Bedingung die Strafe ereilt. Jedenfalls kann es sehr wohl sein, daß aus einer tatbestandsmäßigen rechtswidrigen schuldhaften Handlung ein Strafanspruch erst erwächst bei Hinzutritt einer weiteren Bedingung, so daß bis dahin ein Strafanspruch nicht besteht.

In Bindings gegenteilige Auffassung fließt vielleicht der Gedanke ein, daß facta post delictum die Tat nicht zu einer rechtswidrigen machen können. Das ist natürlich völlig richtig. Aber die echten „zweiten" (in unserem Sinne „sechsten") Bedingungen sind eben gar keine Bedingungen der Rechtswidrigkeit, sondern bloße Strafbarkeitsbedingungen. Sie setzen voraus, daß die Tat zur Zeit der Begehung schon rechtswidrig war und ermöglichen nur die Anwendung des Strafgesetzes auf sie.

Schon deshalb kann Binding[1]) nicht zugestanden werden, daß sich die Strafbarkeitsbedingungen von den Prozedurbedingungen scharf zeitlich dadurch abhöben, daß erstere stets zur Zeit der Tat vorliegen müßten, letztere stets der Tat nachhinkten. Aber auch von der Seite des Prozeßrechts her kann dieser Aufstellung nicht beigepflichtet werden. So wenig wie es zutrifft, daß es der Tat nachfolgende Strafbarkeitsbedingungen nicht gebe, so wenig trifft es zu, daß Prozedurbedingungen immer nur der Tat nachfolgende Umstände sein könnten. Es sind vielmehr auch Prozedurbedingungen denkbar, die vor der Tat oder zur Zeit der Tat vorhanden sein müssen oder können, und dafür kennt auch das positive Recht Beispiele. Und zwar gilt dies sowohl für diejenigen Prozedurbedingungen, von denen es abhängt, ob überhaupt ein strafprozessuales Einschreiten zulässig ist (Strafklagerechtsvoraussetzungen), wie auch für die nur die Art und Weise der Geltendmachung des Strafanspruchs bedingenden Umstände (Prozeßvoraussetzungen im engeren Sinne, z. B. Zuständigkeit des Gerichts u. s. w.). So ist z. B. die Zugehörigkeit einer Strafsache zur Militärgerichtsbarkeit nach § 1^{2-8} MStGO. davon abhängig, daß der Beschuldigte zur Zeit der Tat in dem betreffenden militärischen Verhältnissen stand; die Zugehörigkeit einer Strafsache zur Militärgerichtsbarkeit nach § 11 MStGO. davon, daß der Beschuldigte vor der Tat ein Jahr zurück in dem betreffenden militärischen Verhältnisse gestanden hat. Der rein prozessuale Charakter dieser Bedingungen ist ja hier ganz unbestreitbar.

Nur so viel ist richtig, daß im Zweifel die „nachhinkenden" Umstände als bloße Prozedurbedingungen aufzufassen sein werden[2]).

Die Frage nach dem vom Gesetz gemeinten Zeitpunkt ist namentlich streitig geworden für das Verbürgtsein der Gegenseitigkeit nach StGB. §§ 102, 103: Muß die Gegenseitigkeit schon zur Zeit der Tat verbürgt gewesen sein[3]), oder genügt es, daß

---

[1]) Normen 1^2 235.

[2]) So z. B. die Ehescheidung nach § 172 StGB.; Binding, Normen 1^2 236.

[3]) So Binding, Normen 1^2 235, Olshausen, 13 zu § 4, 3 zu § 102; auch H. Meyer, Lehrbuch S. 641, 296 (indem er das Verbürgtsein der Gegenseitigkeit als Stück des Tatbestandes auffaßt); Finger, Goltd.

sie zur Zeit des Verfahrens, speziell des Urteils, verbürgt ist? Es kann hier wohl keinem Zweifel unterliegen, daß die Reziprozität jedenfalls kein Tatbestandsteil ist [1] (sonst müßte gemäß § 59 StGB. der Vorsatz des Täters das Wissen des Verbürgtseins der Gegenseitigkeit umfassen, was schwerlich gefordert werden kann). Auch um eine Bedingung der Rechtswidrigkeit kann es sich schwerlich handeln; denn hinge von der Reziprozität die Rechtswidrigkeit ab, so daß das Deutsche Reich feindliche Handlungen gegen auswärtige Staaten nur für den Fall verbürgter Gegenseitigkeit verböte, so müßte die Konsequenz sein, daß z. B. bei Reziprozitätsmangel keine Notwehr gegen solche feindseligen Handlungen zugelassen wäre — eine wohl ebenfalls kaum annehmbare Auffassung. Die Reziprozität kann vielmehr, wenn anders sie überhaupt materiellstrafrechtliche Bedeutung hat, nur eine Strafdrohungsbedingung sein; und sie würde nach dem oben Ausgeführten allerdings um deswillen schon zur Zeit der Tat vorliegen müssen, weil Gegenteiliges nicht aus §§ 102, 103 erhellt. Freilich wird die materiellrechtliche Bedeutung der Reziprozität überhaupt zu leugnen sein. Wer solche Bedeutung annimmt [2], der kann nämlich nicht gut der Konsequenz ausweichen, daß, wenn die Gegenseitigkeit zur Zeit der Tat verbürgt war, aber hinterher wegfällt, die Tat strafbar bleibt; denn des Wegfalls der Reziprozität als eines Strafaufhebungsgrundes wird nirgends im Gesetz gedacht. Sehr viel natürlicher ist die Konstruktion, daß von dem Reziprozitätszustande lediglich die Verfolgbarkeit der Tat abhängt, so, daß es nur darauf ankommt, ob zur Zeit der Urteilsfällung die Reziprozität und damit das Strafklagerecht gegeben ist.

XI. Im Strafprozeß ist grundsätzlich der infolge Ausstehens einer Strafdrohungsbedingung noch nicht perfekte Strafanspruch als nicht bestehender Strafanspruch zu behandeln. Denn der

---

Arch. 50 53, das Reichsgericht im Königsberger Hochverratsprozeß von 1905, vgl. DJZ. 10 680.

[1]) Wie H. Meyer § 42, 2, S. 296 unzutreffend annimmt.

[2]) So die h. M.: R. 3 459; Binding, Hdb. 1 § 124, II, 2c; v. Liszt, § 44, III; Olshausen, 2 zu § 102; Frank, I 3 vor § 51; Finger, GA. 50 46.

Strafprozeß kennt weder eine Feststellungsklage, noch eine „Klage auf künftige Leistung" oder eine Verurteilung sub conditione. Folglich muß auf die verfrühte, d. h. vor Eintritt aller Bedingungen erhobene Klage mit Freisprechung geantwortet werden [1], z. B. muß im Raufhandelsprozeß Freisprechung erfolgen, wenn sich herausstellt, daß der irrtümlich für tot oder schwer verletzt Gehaltene noch lebt und heil geblieben ist.

Nur wird hier das Ne bis in idem sachgemäßerweise nicht sinnlos durchgeführt werden dürfen. Es leuchtet nicht ein, daß nachheriger Eintritt der fehlenden Bedingung, also Perfektion des Strafanspruchs, bedeutungslos sein soll. Die Freisprechung steht doch nur einer Abweisung der Klage zur Zeit gleich. Die Rechtskraft kann also nicht so weit reichen, daß aus ihr eine Freisprechung für immer resultiert. Somit kann — ohne Wiederaufnahmeverfahren — das Verfahren erneuert werden, und in dem neuen Verfahren die der Gerechtigkeit entsprechende Verurteilung nachgeholt werden.

XII. Einer ganz eigenartigen Strafdrohungsbedingung sei hier schließlich noch speziell gedacht: der Unbeitreiblichkeit einer Geldstrafe gegenüber dem primär Haftbaren in ihrer Eigenschaft als Bedingung für den Eintritt der Subsidiärhaftung eines Dritten.

Zwar regulär gehört solche Subsidiärhaftung überhaupt nicht in das Strafrecht; regulär greift sie ja ohne Schuld des Dritten an dem deliktischen Vorgang Platz und erscheint dann nicht als Strafübel, sondern nur als steuerähnlicher Verwaltungsanspruch des Staates (meine Grundzüge [3] § 103 II). Aber bekanntlich gibt es auch Fälle, in denen die subsidiäre Haftung nur den an der Tat Mitschuldigen trifft (und wäre es auch, daß die Schuld präsumiert würde); dann aber ist das in der Haftung liegende Übel ein Strafübel, folglich der Anspruch des Staates gegen den Haftbaren ein Strafanspruch, und die Eigenart des Falles besteht nur darin, daß der Strafanspruch bedingt ist durch die Nichtbeitreibbarkeit gegenüber dem primär Haftbaren.

Daß dieser Umstand nicht etwa Tatbestandsteil ist, liegt auf der Hand. Das Verschulden des subsidiär Haftbaren braucht diese

---

[1]) Eine Ausnahme (hinsichtlich der subsidiären Strafhaftung) s. unten XII.

Unbeitreiblichkeit selbstverständlich nicht mit zu umfassen, letztere braucht nur objektiv gegeben zu sein. Zweifeln könnte man nur, ob nicht vielleicht diese Haftungsbedingung resolutiv zu fassen ist, so daß ein Strafanspruch von vornherein sowohl gegen den primär Haftbaren wie auch gegen den subsidiär Haftbaren gegeben wäre, und die Beitreibung gegen ersteren nur als ein die subsidiäre Haftung aufhebender Umstand, also als ein Strafaufhebungsgrund erschiene. Allein diese Konstruktion entspräche sicher dem Wesen der subsidiären Haftung nicht. Der subsidiär Haftbare soll ja doch erst in Anspruch genommen werden, wenn die Geldstrafe von dem anderen nicht zu erlangen ist. Bis dahin ist strafrechtlich von ihm keine Rede; es handelt sich also um eine aufschiebende Bedingung, noch besteht der Strafanspruch nicht [1].

Eine Sonderstellung wird den Fällen der subsidiären Strafhaftung im Strafprozeß zuzuschreiben sein. Während nämlich regelmäßig mangels Eintritts der Strafdrohungsbedingungen auf Freisprechung zur Zeit zu erkennen ist [2], entspricht es der Praxis, daß über die subsidiäre Haftung schon im Strafprozeß gegen den primär Haftbaren miterkannt wird, also zu einer Zeit, in der die Bedingung, unter der die Haftung wirkt, noch aussteht. So unsicher nun auch die gesetzlichen Grundlagen für die Zulässigkeit dieses Verfahrens sind, so wird doch gerade die subsidiäre

---

[1] Ganz anders die — sich in positivrechtlichen Bestimmungen findende — Mithaftung mehrerer. Ein lehrreiches Beispiel bietet das württembergische Biersteuergesetz vom 4. Juli 1900, Art. 54:

> „Die Betriebsinhaber haften für die gegen ihre Vertreter, Hausgenossen, Gewerbegehilfen und Taglöhner erkannten Geldstrafen nebst den Untersuchungskosten, sofern nicht nachgewiesen wird, daß sie ein Verschulden nicht trifft ...
>
> Mehrere Betriebsinhaber haften als Gesamtschuldner."

Die Haftung der mehreren Betriebsinhaber ist also nach Abs. 1 eine subsidiäre, abhängig von der Nichterlangung der Geldstrafe und Untersuchungskosten von den primär Haftbaren (und zwar Strafhaftung, nur daß das Verschulden präsumiert wird); ist aber die Bedingung erfüllt, so besteht der Strafanspruch in voller Höhe gegen jeden der mehreren Betriebsinhaber; die Zahlung durch einen von ihnen wirkt dann nur als Strafaufhebungsgrund für die anderen (Teilzahlung als partieller Strafaufhebungsgrund).

[2] Oben S. 69—70.

Haftung in den Gesetzen in der Tat als ein bereits der Würdigung fähiges Verfangensein gemeint sein, somit kein Bedenken gegen die Verurteilung des Haftbaren sub conditione bestehen[1]).

§ 9.

C. Der Verbrechensbegriff in seiner Totalität.

I. Mit den im vorstehenden aufgezeigten Elementen ist der Verbrechensbegriff erschöpft. Jeder Vorgang, der die sechs Elemente an sich trägt, ist ein Verbrechen, ein Vorgang, dem eins der sechs Elemente fehlt, ist kein Verbrechen. Folglich kann nunmehr das anstößige „mit Strafe bedroht" aus der Definition des Verbrechens verschwinden; es ist restlos erledigt: statt der mehr oder weniger tautologischen Definition des Verbrechens als einer „. . . mit Strafe bedrohten" Handlung haben wir nunmehr eine das Wesen des Verbrechens selber bestimmende, die Bedingungen der Strafbarkeit und nicht letztere selber nennende Definition. Der Gewinn, der für die Erkenntnis des Verbrechens herausspringt, wird nicht verkannt werden können.

Vor allem tritt nunmehr die juristische Bedeutung des Verbrechens so scharf hervor, daß eine Auseinandersetzung des Strafrechts mit Kriminalanthropologie und Kriminalsoziologie keine Schwierigkeiten mehr bereitet. Schwere Verwirrungen sind schon daraus hervorgegangen, daß man den juristischen Verbrechensbegriff für identisch hielt mit dem kriminalanthropologischen und dem kriminalsoziologischen. Man glaubte, daß „das Verbrechen" das identische Objekt für strafrechtliche, für soziologische und für anthropologische Betrachtung sei, und nur der Standpunkt des Beschauers ein verschiedener sei, und daß man die juristische Erkenntnis „des Verbrechens" fördere, wenn man „das Verbrechen"

---

[1]) Schwierigkeiten prozessualer Natur entstehen dagegen für die Mithaftung, vgl. oben S. 71 Anm. 1. Unzweifelhaft ist Prozeß und Verurteilung der mehreren Mithaftenden zulässig. Zahlt dann einer der mehreren, so bleibt formell der Vollstreckungstitel gegen die anderen bestehen: der Strafaufhebungsgrund wirkt nur materiell. Um Unzuträglichkeiten zu vermeiden, wird hier bereits die Verurteilung dahin zu lauten haben, daß die mehreren eben nur „als Gesamtschuldner" verurteilt werden.

auch vom soziologischen und vom anthropologischen Standpunkte aus betrachte. Aber in Wahrheit ist das Untersuchungsobjekt selber grundverschieden.

Anthropologisch gefaßt ist der Verbrechensbegriff überhaupt unfaßbar. Kein Anthropologe hat uns je gesagt, was er unter „Verbrechen" versteht [1]). Negativ ist jedenfalls so viel sicher, daß den Anthropologen einerseits die Tatbestandsmäßigkeit gar nicht kümmert — sein „Verbrechen" bedarf keiner Typizität —; und daß anderseits zahlreiche Tatbestände ihm gleichgültig sind, wie Preßdelikte, Nachdruck, grober Unfug, Forstdiebstahl, Hochverrat u. dgl. mehr. Ferner ist der anthropologische Verbrechensbegriff unempfindlich gegen das Rechtswidrigkeitsmoment. Die Tötung in erlaubter Privatrache steht dem Anthropologen auf einer Linie mit jeder anderen Tötung. Wovon der Anthropologe spricht, das sind gewisse menschliche Handlungen ohne Rücksicht auf ihre wirkliche positivrechtliche Unerlaubtheit und Strafbarkeit. Ihm ist der Scharfrichter genau so sehr ein Mörder, wie die Mörder im Sinne der Jurisprudenz. Noch viel deutlicher erweist sich das Auseinandergehen des anthropologischen und des juristischen „Verbrechens"begriffs bei Mitberücksichtigung der Strafdrohungsbedingungen: so macht die Kriminalanthropologie das Verbrechen des „Bankrotteurs" sicher nicht abhängig davon, ob der gewissenlose Egoist am Ende seiner Taten in Konkurs verfallen ist, oder ob es ihm gelungen ist, durch ein geschicktes Manöver oder ein von dritter Seite vorgenommenes Arrangement den Krach zu vermeiden.

So steht von vornherein fest, daß die Kriminalanthropologie keine positiven Ergebnisse für die juristische Bedeutung des Verbrechens liefern kann. Und wenn kriminalanthropologische Forschung erweist, daß ein Mensch zum „Verbrecher" geboren war, daß er anthropologisch notwendig zu einer Handlung getrieben war, die, von anderen begangen, juristisch ein Verbrechen ausmachen würde, so heißt das nur soviel wie: dieser Mensch trägt keine Schuld an seiner Tat, und deswegen ist Strafbarkeit nicht begründet. Neue Horizonte tun sich dadurch für das Strafrecht

[1]) Vgl. auch Beling, DJZ. 2 189.

nicht auf, sondern nur für die prozessuale Frage, ob der konkrete Verbrecher zurechnungsfähig war.

Soziologisch gefaßt ist das Verbrechen die sozialgefährliche oder sozialschädliche Handlung. Es erhellt auf der Stelle, daß wiederum Tatbestandlichkeit und Rechtswidrigkeit gleichgültig sind; außerdem aber auch die Schuld. Folglich ist die lex lata den Postulaten der Soziologie unzugänglich. Die tatbestandsmäßige rechtswidrige u. s. w. Handlung wird gestraft, auch wenn sie sozial harmlos war; die sozial schlimme Handlung wird nicht gestraft, wenn sie nicht tatbestandsmäßig oder nicht rechtswidrig u. s. w. war[1])! Eine andere Frage ist natürlich die, ob nicht der Gesetzgeber den sozialschlechten Taten zu Leibe rücken und die sozial harmlosen verschonen soll; das ist natürlich zu bejahen. Aber der Verbrechensbegriff tangiert das nicht, sondern nur die Frage, welche Vorkommnisse der Gesetzgeber vertatbestandlichen und verbieten soll.

II. Den sämtlichen Elementen des Verbrechensbegriffs ist der Charakter als Strafbarkeitsbedingungen gemeinsam. Die Handlung so gut wie ihre Tatbestandlichkeit u. s. w. sind conditiones sine quibus non für die Straffolge, d. h. eben Bedingungen der Strafbarkeit. Wenn also der bisherige Sprachgebrauch die „Bedingungen der Strafbarkeit" in Gegensatz setzt zu der Rechtswidrigkeit, Schuld u. s. w., so ist dies nur in dem Sinne richtig, daß sich die sämtlichen Strafbarkeitsbedingungen in zwei Gruppen scheiden:

einmal die Umstände, die nicht bloß die Strafbarkeit, sondern primär eins der vier ersten Verbrechenselemente und erst folgeweise die Strafbarkeit bedingen,

sodann die Umstände, die das fünfte und sechste Verbrechenselement betreffen und somit als „bloße" Strafbarkeitsbedingungen erscheinen[2]).

Aber auch Bindings Gegenüberstellung von „Strafbarkeitsmerkmalen" einerseits, „Normwidrigkeitsmerkmalen" (Deliktsmerkmalen) andererseits[3]) bedarf einer Korrektur insofern, als sie nicht

---

[1]) Vgl. oben S. 32.
[2]) Vgl. dazu auch oben S. 50.
[3]) Normen 1^2 194 ff. u. s. w.

erschöpfend ist, namentlich weil bei ihr die Normwidrigkeit die Tatbestandlichkeit verschlingt, während die Tatbestandsmerkmale selbständig neben den Normwidrigkeitsmerkmalen stehen und sich begrifflich scharf von ihnen abheben [1]).

III. Jedes der Verbrechenselemente ist derart wesentlich, daß, wo auch nur eins von ihnen fehlt, von einer „strafbaren Handlung" keine Rede sein kann [2]). Damit erhellt auch, daß die „Strafbarkeit" auf Dinge, Zustände, Vorkommnisse ohne Verbrechenscharakter nicht bezogen werden kann. So namentlich niemals auf das bloße Vorliegen einer Tatbestandsverwirklichung per se. Von der „Tötung eines Menschen" läßt sich so absolut niemals sagen, sie sei „strafbar". Gleichermaßen läßt sich „der Inhalt einer Schrift, Abbildung oder Darstellung" nicht als „strafbar" schelten. Wenn sich § 41 StGB. dieser Wendung bedient, so ist die Ausdrucksweise eben nur eine uneigentliche. Es ist statt dessen zu lesen:

„Hat jemand durch den von ihm herrührenden Inhalt einer Schrift 2c. eine strafbare Handlung begangen, so . . ."

d. h. die Unbrauchbarmachung ist an die Voraussetzung geknüpft, daß die Herstellung des Inhalts der Schrift u. s. w. eine tatbestandsmäßige rechtswidrige schuldhafte, unter eine Strafdrohung passende, den Strafdrohungsbedingungen genügende Handlung darstellt [3]). Ist aber diesem Erfordernis genügt, so ist die Unbrauchbarmachung auch zulässig, wenn persönliche Strafausschließungsgründe oder wenn Strafaufhebungsgründe die Bestrafung des Verbrechers unmöglich machen.

Eine ähnliche uneigentliche Ausdrucksweise findet sich in §§ 20, 21 des Preßgesetzes. § 20 I spricht hier ganz korrekt von „Handlungen, deren Strafbarkeit durch den Inhalt einer Druckschrift begündet wird" = tatbestandsmäßigen rechtswidrigen schuldhaften,

---

[1]) Die Rechtswidrigkeit ist nicht, wie Graf Dohna, Rechtswidrigkeit S. 63 annimmt, ein „Tatumstand, der zum gesetzlichen Tatbestande gehört". Näheres darüber unten § 17.

[2]) Eine Ausnahme gilt nur für die Quasidelikte, oben S. 44, insofern bei ihnen das Schuldrequisit fehlen kann.

[3]) Anders Kohler, GA. 49 6 (er läßt eine tatbestandsmäßige rechtswidrige schuldhafte Handlung genügen).

unter eine Strafdrohung passenden, den Strafdrohungsbedingungen genügenden Handlungen, die die Besonderheit aufweisen, daß sie vermittels des Inhalts einer Druckschrift begangen sind. Dagegen kennt § 21 Druckschrift*inhalte*, „die den Tatbestand einer strafbaren Handlung begründen". Das ist aber, wie gesagt, eine nur bildliche Ausdrucksweise. Gemeint ist hier ein Druckschriftinhalt, der dem besonderen Tatbestande eines Delikts entspricht. Liegt ein socher Tatbestand vor, so wird der verantwortliche Redakteur u. s. w. „wegen Fahrlässigkeit" gestraft, d. h. es wird ihm ohne weiteres hinsichtlich des Druckschriftinhalts eine „fahrlässige Handlung" zur Last gelegt — vorausgesetzt, daß die übrigen Verbrechenselemente (Rechtswidrigkeit, Strafdrohungsbedingungen) nachweislich gegeben sind. Aber auch die Haftung des verantwortlichen Redakteurs nach § 20 II ist hinsichtlich ihrer Voraussetzungen in gleichem Sinne zu verstehen. „Ist die Druckschrift — scil. (wie aus Abs. 1 zu ergänzen) die Druckschrift, ‚deren Inhalt eine Strafbarkeit begründet' — eine periodische, so . . ." Gemeint ist auch hier, daß der Druckschriftinhalt den besonderen Tatbestand eines Delikts erfüllt. Ist das der Fall, so ist „der verantwortliche Täter zu bestrafen, wenn nicht durch besondere Umstände die Annahme seiner Täterschaft ausgeschlossen wird", d. h. es werden alle übrigen Verbrechensmerkmale — Handlung, Rechtswidrigkeit, die betreffende Schuldform, die tatbestandsfremden Sachverhaltsbedingungen — als in der Person des verantwortlichen Redakteurs, und zwar als Täters im eigentlichen Sinne, vorliegend präsumiert.

IV. Zur vollen Erfassung des Verbrechensbegriffs ist eine richtige *Gruppierung*, eine richtige *Anordnung* und eine richtige *Verbindung* der ihn bildenden Elemente unerläßlich.

1) Die *Gruppierung* der Elemente führt zur Scheidung zwischen der *äußeren* und der *inneren* Tatseite oder der *objektiven* und der *subjektiven* Tatseite. Ein Teil der Elemente bedarf, um als im Einzelfalle vorliegend erkannt zu werden, keines Einblicks in die Seele des Täters: äußere Tatseite. Der andere Teil betrifft psychische Momente: innere Tatseite. Hiernach ergibt sich die Einteilung:

einerseits: die Körperbewegung (oder Regungslosigkeit) als die äußere Seite der „Handlung“;
die Tatbestandlichkeit;
die Rechtswidrigkeit;
das Passen einer Strafdrohung und
die Strafdrohungsbedingungen.
andererseits: der Wille als die innere Seite der „Handlung“,
und die Schuld (als die besondere Artung des Willens).

2) Die logische Anordnung der Verbrechensmerkmale kann nur die sein, daß notwendig die Handlung voranstehen muß, demnächst deren Tatbestandlichkeit, weiter die Rechtswidrigkeit, sodann die Schuld, das Passen einer Strafdrohung und endlich die Strafdrohungsbedingungen geprüft werden[1]. Sonst käme man unter Umständen in die Lage, gewisse Feststellungen nur hypothetisch treffen zu können, und dann erst zu jenen ergänzende Nachträge liefern zu müssen. Dies gilt namentlich für die Reihenfolge, in der die Tatbestandlichkeit und die Rechtswidrigkeit zu erledigen sind. Wer die ärztliche Operation wissenschaftlich behandeln will, muß unbedingt vorweg feststellen, ob sie überhaupt tatbestandlich „Körperverletzung“ ist, um dann erst die Bedeutung des Einwilligungsproblems zu prüfen. Wer mit letzterem anfängt, kann immer nur hypothetisch vorgehen, d. h. voraussetzen, daß die Operation Körperverletzung sei, um dann erst zu prüfen, ob sie es wirklich ist — ein gewiß nicht zweckentsprechendes Beginnen. Solange man nicht die Tatbestandsmäßigkeit festgestellt hat, schwebt jede weitere Erörterung in der Luft. Denn Rechtswidrigkeiten ins Blaue hinein feststellen zu wollen, hat für das Strafrecht keinen Zweck. Erst der Handlungsinhalt (Tatbestandlichkeit), dann sein Widerspruch gegen die Rechtsordnung! Ist doch bei manchen Tatbeständen[2] sogar die Tatbestandlichkeit ein Fingerzeig für regelmäßig gegebene Rechtswidrigkeit[3].

---

[1]) Vgl. über richtige systematische Anordnung der Merkmale eines Dinges, Radbruch, Handlungsbegriff S. 62 ff., 71.

[2]) Vgl. unten § 17 VIII.

[3]) Methodisch unrichtig deshalb Graf Dohna, Rechtswidrigkeit S. 38: Erst nach Feststellung der Rechtswidrigkeit sei zu prüfen, ob das als rechtswidrig erfundene Verhalten einen Tatbestand erfülle (übrigens ein Widerspruch gegen S. 63, oben S. 75 Anm. 1). Durchaus richtig schon Luden, Abhand-

Daß das Schuldmoment nur hinter dem Rechtswidrigkeitsmoment rangieren kann, sollte eigentlich keines Beweises bedürfen. Denn kriminelle Schuld bei nicht rechtswidrigem Handeln ist ein Unding[1]). Gewiß ist es der Sprache an sich geläufig, auch von Schuld bei nicht verbotenem Tun zu sprechen, z. B. zu sagen, ein Eigentümer sei an dem Untergange seiner Sache selber schuld; und in diesem Sinne steht auch „unverschuldet" im § 54 StGB. Aber diejenigen, die daraus den Schluß ziehen, daß auch die Verbrechensschuld von der Rechtswidrigkeit unabhängig sei, daß man demnach auch speziell vorsätzliche und fahrlässige unverbotene Handlungen begehen könne, werfen in ungeheuerlicher Weise zwei grundverschiedene Schuldbegriffe durcheinander.

a) Der eine Schuldbegriff kommt in Betracht für die Frage, ob jemandem „wegen eigener Schuld" Rechtsvorteile (Schadensersatzansprüche, Strafausschließungsgründe u. s. w.) versagt sein sollen, vgl. z. B. § 1 III StrafEntschädGes. v. 20. Mai 1898, § 2 I HaftEntschädGes. v. 14. Juli 1904, StGB. § 54). Die „eigene Schuld" wirkt hier nicht konstitutiv für die Entstehung eines Anspruchs gegen den in „Schuld" Befindlichen, sondern destruktiv, sie läßt ihn nur einer rechtlich vorteilhaften Position verlustig gehen. In solchen Fällen enthält die Feststellung der „Schuld" nicht notwendig das Urteil, der Schuldige habe rechtlich fehler-

---

lungen 2 116: „Das Tun des Menschen ist nur insofern von rechtlicher Bedeutung, als es zu bestimmten Erscheinungen [= Typen in unserem Sinne] geführt hatte. Ob daher ein Mensch ... rechtswidrig, dolos oder kulpos gehandelt habe, kann nur insofern in Frage kommen, als eine bestimmte Erscheinung auf seine Handlung bezogen werden kann. Die verbrecherische Erscheinung, für sich genommen, ist zwar noch nicht Verbrechen; allein sie ist die Voraussetzung für alle übrigen Erfordernisse desselben und muß deswegen den Anfang und die Grundlage det ganzen Untersuchung ausmachen ... Welche Erscheinungen nun verbrecherische seien, kann nur aus der positiven Strafgesetzgebung erkannt werden ..." Derselbe S. 131: „Die verbrecherische Erscheinung ist dasjenige Merkmal des Verbrechens, welches der Natur der Sache nach zuerst in die Betrachtung fällt und erst die Veranlassung wird, nach dem Dasein der übrigen Merkmale zu forschen." Luden will freilich (S. 116) die Tatbestandlichkeit sogar vor die „Handlung" geschoben wissen. Darin kann ihm deshalb nicht Folge gegeben werden, weil die Tatbestandlichkeit nur eine Eigenschaft der Handlung ist.

[1]) Das Folgende richtet sich namentlich auch gegen Graf Dohna, GS. 65 304 ff.

haft gehandelt, sondern nur das Urteil, er habe nicht so gehandelt, daß er des Vorteils würdig sei. Wohl ist auch hier ein „Handelnmüssen" in Frage, aber nicht ein Müssen im Sinne des juristischen Pflichtbegriffs, sondern es handelt sich um die sog. unechten Pflichten: um Bedingungen behufs Rechtsvorteilsgenusses. Die Abschätzung des Handelns auf „Schuld" legt hier also keinen Wertmaßstab an in dem Sinne, daß der Schuldige dem Rechte gegenüber verantwortlich gemacht werde; sondern sie will nur darauf hinaus, daß der Schuldige sich selber verantwortlich dafür machen müsse, daß ihm der Vorteil versagt bleibt, daß er „es sich selbst zuzuschreiben habe". Die Denkfigur der Schuld läuft hier hinaus auf den Mangel der diligentia patris familias.

Solche Schuld ist deshalb sehr wohl möglich bei nicht rechtswidrigem, sogar bei rechtsausübendem Handeln. Die in ihr liegende Mißbilligung bedeutet nur die Feststellung, daß ein ordentlicher Mensch nicht so verfahren sein würde. Deshalb kann z. B. die Straflosigkeit aus dem Gesichtspunkt des Notstandes nach § 54 StGB. auch demjenigen versagt werden, der sich bei einer Reise in unsicheren Gegenden einer ihm gehörigen Waffe „vorsätzlich" oder „fahrlässig" entäußert hat, wiewohl das Reisen unverboten ist und dem Eigentümer die Dereliktion seiner Sachen freisteht.

b) Einen völlig anderen Sinn hat die „Schuld" da, wo sie ein rechtserzeugendes Moment für die Entstehung von Rechtsfolgen gegen den Schuldigen (Schadensersatzansprüchen gegen ihn wegen Verschuldens, Strafansprüchen gegen ihn) ist. Hier ist die Schuld ein psychisches Moment, um dessentwillen der Schuldige dem Rechte gegenüber für verantwortlich erklärt wird. Das Handeln wird rechtlich gewogen und zu leicht befunden. Der Wertmaßstab ist ein total anderer als im Falle a). Während dort der Schuldige, der für sich etwas wollte, um der Schuld willen zurückgewiesen wurde, will man hier um der Schuld willen etwas von dem Schuldigen. Solche anspruchsbegründende Schuld enthält also den Vorwurf rechtlich fehlerhaften Verhaltens, ist also bei nicht rechtswidrigem Verhalten schlechterdings undenkbar.

Die Schuld als Verbrechenselement[1]) ist damit als dasjenige seelische Moment erwiesen, um dessentwillen jemand für sein rechtswidriges Verhalten verantwortlich gemacht wird. Und damit ist dargetan, wie wertlos die neuzeitlichen Bestrebungen sind, den Schuldbegriff farblos als die „psychische Beziehung des Täters zu dem Erfolge"[2]) zu fassen. Damit ist gar nichts gesagt; solche Definition ist alles andere eher als eine „Vertiefung des Schuldbegriffs"!

Gleichzeitig erhellt, wie abwegig die Versuche sind, den Begriff des Vorsatzes und den der Fahrlässigkeit als Begriffe „ohne Schuldbeigeschmack" zu konstruieren oder gar — konsequentermaßen — auch dem Zurechnungsunfähigen dolus und culpa in die Schuhe zu schieben[3]). Dieses Bestreben verdankt sein Aufkommen lediglich der Konfundierung der Schuldbegriffe ad a) und ad b). Im Sinne des Verbrechensbegriffs kann der Vorsatz nur definiert werden als „diejenige Art der Schuld, welche ...", und entsprechend die Fahrlosigkeit; und nach einem bekannten Gesetz der Logik muß der Unterbegriff natürlich alle Merkmale des Oberbegriffs an sich tragen.

Wer den dolus und die culpa ihres Schuldcharakters beraubt, wer also für das Verbrechen 1. Schuld und 2. als etwas total anderes Vorsatz oder Fahrlässigkeit fordert, den muß auch die Frage in tödliche Verlegenheit bringen, was denn nun der Oberbegriff für Vorsatz und Fahrlässigkeit sei — das Wesen dieser Begriffe muß so ewig verschleiert bleiben.

Gehört demnach die Schuld hinter die Rechtswidrigkeit, so gehört sie natürlich erst recht hinter die Tatbestandlichkeit; sie würde, solange nicht diese festgestellt ist, in der Luft schweben[4]).

---

[1]) Nicht: die Schuld „im strafrechtlichen Sinne", denn sonst würde man auch das Verschuldetsein der Notlage nach § 54 StGB. einbegreifen.

[2]) So früher v. Liszt. Wenn v. Liszt jetzt statt dessen die Schuld in dem Mangel der für das gesellschaftliche Zusammenleben erforderlichen sozialen Gesinnung finden will (Lehrb. § 36, I, 1), so ist in dieser Definition kein Gran Jurisprudenz; sie hat zum positiven Recht nicht die mindeste Beziehung.

[3]) So völlig unhaltbar Radbruch ZfStrRW. 24 338 ff.

[4]) Wie sich zwischen Tatbestandsmäßigkeit und Rechtswidrigkeit einerseits, der Schuld andererseits die Brücke schlägt, darüber unten § 19.

Daß zum Schlusse die Aufsuchung der passenden Strafdrohung und, wenn sie gefunden ist, die Prüfung ihrer Grenzen folgt, wird keiner Begründung bedürfen.

Natürlich gilt die Einhaltung der logisch gebotenen Reihenfolge nur für das wissenschaftliche Forschen und Darstellen. Daß in praxi die Freisprechung auch gelegentlich auf eine Verneinung eines logisch späteren Elements unter Dahingestelltseinlassen des Vorhandenseins der logisch vorangehenden Elemente gestützt werden kann, ist selbstverständlich (z. B. Freisprechung bei Bankbruch unter der bloßen Feststellung, daß gar keine Konkurseröffnung oder Zahlungseinstellung erfolgt sei, ohne Eingehen auf die Frage, ob der Angeklagte Handelsbücher vernichtet hat u. s. w. Nur wäre der Fall damit natürlich wissenschaftlich nur unvollkommen erledigt.

Daß schließlich die logische Anordnung der Verbrechensmerkmale nicht eine zeitliche Aufeinanderfolge bedeutet, wird kaum der Hervorhebung bedürfen. Daß insbesondere die Strafdrohungsbedingungen als „sechste" Bedingungen zwar nach der „zweiten" Bedingung in unserem Sinne (der Tatbestandlichkeit) liegen können, aber nicht müssen, ist schon oben (S. 65) gezeigt.

3. Eine richtige Verbindung der Verbrechenselemente wird notwendig, um im einzelnen Falle das Urteil zu rechtfertigen, daß nicht bloß disjecta membra, sondern zusammengehörige Elemente vorliegen. Deshalb versteht es sich von selbst, daß das Substantivum „Handlung" identisch sein muß für die ihm beizulegenden Epitheta der Tatbestandsmäßigkeit u. s. w. Vor allem aber gilt dieses Postulat der richtigen Verbindung für das Verhältnis der objektiven zur subjektiven Tatseite; sie müssen (abgesehen natürlich von den Strafdrohungsbedingungen, die ja mit der subjektiven Seite nichts zu schaffen haben) derart miteinander korrespondieren, daß sie als zwei Hälften eines Ganzen erscheinen. Teile der objektiven Tatseite, die über die subjektive hinausragen, sind ebensosehr belanglos, wie Teile der subjektiven, die über die objektive hinausragen. Und vollends ist klar, daß, wenn die objektive und die subjektive Tatseite überhaupt keine gemeinsamen Elemente aufweisen, ein strafrechtliches Rechenexempel unmöglich wird. Das ist der tiefere Grund dafür, weshalb der mit Wil-

dervorsatz erfolgte Schuß auf eine fremde Ente ebensowenig ein strafrechtliches Etwas ergibt, wie der mit Sachbeschädigungsvorsatz erfolgte Schuß auf eine wilde Ente. Zwei Hälften eines Verbrechens liegen vor, aber zwei Hälften, die unverbunden bleiben müssen. Wohl kommt man auch auf Grund des § 59 StGB. zu dem gleichen Ergebnisse[1], aber erst die klare Vorstellung davon, daß den Verbrechenselementen nur dann Bedeutung zukommt, wenn sie ein einigendes Band umschlingt, vermag diesen § 59 über den Vorwurf der Unverständlichkeit zu erheben. Ein Strafrecht, das nur Verbrechens*typen* straft, ist eben notwendig dazu gedrängt, die Typentheorie auch für die subjektive Tatseite durchzuführen, so, daß nur der Typus und sein seelisches Spiegelbild zusammen ein Verbrechen ergeben können, nicht aber ein Typus a und das Spiegelbild des Typus b.

Gerade mit Rücksicht auf die Notwendigkeit dieser Kongruenz erscheint die Lehre vom Tatbestande ganz besonders bedeutsam. Es bedarf genauer Kenntnis von dem, was alles unter den Tatbestand fällt, und dem, was er nicht mehr deckt.

§ 10.

D. Der Begriff des Verbrechers.

I. Verbrecher kann nur derjenige genannt werden, der ein Verbrechen mit allen seinen in §§ 3—8 erörterten Begriffsmerkmalen begangen hat. Wo kein Verbrechen, da kein Verbrecher. Aber nicht jeder, der ein Verbrechen begangen hat, ist darum auch ohne weiteres Verbrecher = strafbarer Täter. Die Verbrechereigenschaft ist vielmehr nach positivem Recht noch dadurch bedingt, daß in der Person des Täters gewisse (für den *Verbrechensbegriff* gleichgültige) persönliche Eigenschaften vorliegen oder nicht vorliegen. Diese persönlichen Eigenschaften haben also die Bedeutung von *persönlichen Strafbarkeitsbedingungen*. Sie hindern zwar die Entstehung des Strafanspruchs, bedingen aber keineswegs sachlich die Anwendbarkeit der Strafdrohung auf die Tat — wie die Strafdrohungsbedingungen dies

[1]) Näheres unten § 19.

tun —, wohl aber ihre Anwendbarkeit auf den Täter. Ihr Fehlen macht die Tat, um Bindings Oxymoron zu wiederholen, zu einer „straflosen strafbaren Handlung" = einer für den betreffenden Täter straflosen, aber an sich strafbaren (also Verbrechenscharakter tragenden) Handlung. Das Verbrechen ist gegeben, sein Täter ist straflos.

Es ist deshalb von persönlichen Strafbarkeitsbedingungen nur da zu sprechen möglich, wo das Gesetz zwei Klassen von Personen in der Weise unterscheidet, daß die eine der Strafdrohung wirklich unterfällt, und die andere nur mit Rücksicht auf die persönliche Eigenschaft straflos bleibt.

Wo dagegen die persönliche Eigenschaft des Täters eine Strafdrohung in ihrer Anwendbarkeit derart bedingt, daß ohne sie die Strafdrohung überhaupt nicht anwendbar ist = der übrig bleibende Rest von Tätern der Strafdrohung nicht unterfällt, da liegt eine Strafdrohungsbedingung in dem oben § 8 erörterten Sinne vor: es fehlt dann überhaupt an dem betreffenden Verbrechen bezw. (soweit es sich um eine absolute Strafdrohungsbedingung handelt) am Verbrechen überhaupt. Es ist eben nicht jede strafrechtlich relevante persönliche Eigenschaft bloße persönliche Strafbarkeitsbedingung; von persönlichen Eigenschaften hängt keineswegs immer nur die Verbrechereigenschaft des Täters, sondern zuweilen auch die Verbrechenseigenschaft der Tat ab.

Ein gutes Beispiel bietet die Rückfälligkeit des Täters für § 244 StGB. Von ihr hängt keineswegs nur ab, ob der Täter ein „Rückfalldieb" ist, sondern vielmehr, ob die Tat selber ein „Rückfalldiebstahl" ist. Fehlt es an der Rückfälligkeit, so kann ein Rückfalldiebstahl überhaupt nicht konstruiert werden. Das Gesetz unterscheidet nicht bei einer Strafdrohung zwei Personenklassen, von denen die eine gestraft wird, die andere der Strafdrohung nicht unterstellt wird; sondern die Strafdrohung des § 244 selber hängt ganz ab davon, daß die persönliche Eigenschaft der Rückfälligkeit vorliegt. Der Rückfall ist für § 244 Strafdrohungsbedingung.

II. Ganz wie die Strafdrohungsbedingungen zerfallen auch die persönlichen Strafbarkeitsbedingungen in absolute und relative: das Fehlen jener hindert die Anwendung jeder wie immer gearteten Strafdrohung auf den Täter, bei dem sie fehlen[1]); das Fehlen dieser hindert nur die Anwendung bestimmter Gruppen von Strafdrohungen oder einer bestimmten einzelnen Strafdrohung auf den Täter, bei dem sie fehlen[2]).

III. Auch die Verschiedenheit der Fassung kehrt bei den persönlichen Strafbarkeitsbedingungen wieder. Sie lauten entweder positiv dahin, daß eine bestimmte Eigenschaft bei dem Täter vorhanden sein müsse, damit die Strafdrohung auf ihn Anwendung finde; oder negativ dahin, daß eine bestimmte Eigenschaft die Anwendung der Strafdrohung auf den Täter ausschließe.

Die negativen persönlichen Strafbarkeitsbedingungen erfreuen sich heute längst der verdienten Beachtung unter dem Namen der persönlichen (individuellen, subjektiven) Strafausschließungsgründe. Es mag genügen, auf die Monarchenqualität als absoluten persönlichen Strafausschließungsgrund, auf die Ehegatteneigenschaft als relativen (für die Diebstahlsstrafdrohung geltenden) persönlichen Strafausschließungsgrund hinzuweisen.

Aber wie bei den Strafdrohungsbedingungen, so wird auch bei den persönlichen Strafbarkeitsbedingungen regelmäßig verkannt, daß „Strafausschließung" logisch einfach die Negation der Bedingung ist, daß der Bedingungsbegriff also den Ausgangspunkt zu bilden hat und daß der Unterschied der Fassung — ob positiv oder negativ — nur technisch prozessuale Bedeutung haben kann.

Die Zahl der positiv gefaßten persönlichen Strafbarkeitsbedingungen scheint nun freilich im geltenden Recht nicht groß zu sein. Ganz ohne Beispiele von solchen ist das geltende Recht aber nicht. Namentlich gehören hierher § 4 Ziff. 2 und 3 StGB. Wenn dort für gewisse Verbrechensarten deutsche Staatsangehörigkeit des Täters verlangt wird, so ist dies eben ein rein persönliches Moment, das das Verbrechen an sich nicht berührt, sondern lediglich die Verbrechereigenschaft des Täters bedingt; und die positive Fassung ist aus dem Gesetz unmittelbar ersichtlich; es

[1]) Beispiel: Nichtmonarchenqualität.

[2]) Beispiel: Nichtehemannseigenschaft des Täters im Verhältnis zur Verletzten bei Diebstahl, § 247 StGB.

heißt nicht (wie z. B. entsprechend in § 247): „der Ausländer bleibt straflos", sondern umgekehrt: „der Deutsche ist strafbar". Und zwar handelt es sich um die Deutschenqualität teils zur Zeit der Tat (§ 4 ^{2} und ^{3} I), teils die hinterher erworbene (§ 4^{3} II)[1]). Daß diese Persönlichkeitserfordernisse keine absoluten, sondern relative sind, bedarf keiner Ausführung.

IV. Der praktische Wert der Scheidung zwischen persönlichen Strafbarkeitsbedingungen und Strafdrohungsbedingungen bedarf hier keiner näheren Beleuchtung, weil das Richtige längst erkannt ist: wo es am „Verbrechen" fehlt (also auch bei Fehlen einer Strafdrohungsbedingung), da keine akzessorische Teilnahme; wo der Haupttäter ein „Verbrechen" begangen hat, ohne Verbrecher zu sein (also bei Fehlen einer persönlichen Strafbarkeitsbedingung), da Teilnahme möglich.

V. Auch der Gegensatz zwischen persönlichen Strafbarkeitsbedingungen einerseits und solchen Persönlichkeitserfordernissen, die tatbestandliche oder auf dem Rechtswidrigkeitsgebiet oder auf dem Schuldgebiet liegende Bedeutung haben, braucht hier nur flüchtig berührt zu werden.

1. Daß für den Katalog der bloßen persönlichen Strafbarkeitsbedingungen alle diejenigen Persönlichkeitserfordernisse ausscheiden, die eben nicht lediglich die Anwendung der Strafdrohung, sondern das Vorliegen einer tatbestandsmäßigen Handlung bedingen, ist selbstverständlich. Mit dem Tatbestande haben die persönlichen Strafbarkeitsbedingungen so wenig zu schaffen, daß sie vielmehr sogar, um überhaupt in Betracht zu kommen, die volle Tatbestandlichkeit (+ Rechtswidrigkeit + Schuld + Strafdrohungsbedingungen) voraussetzen. Wo es an der Tatbestandlichkeit der Handlung fehlt, ist Freisprechung geboten, ohne daß es auf die Persönlichkeit des Täters im Sinne der persönlichen Strafbarkeitsbedingungen ankäme. Der Gegensatz

[1]) Daran knüpft sich bekanntlich die Streitfrage, ob nachträglicher Verlust des deutschen Indigenats die Strafbarkeit beseitigt. Sie ist mit der herrschenden Meinung zu verneinen. Wer sie bejaht, muß nachträglichen Verlust des deutschen Indigenats als Strafaufhebungsgrund konstruieren.

zwischen tatbestandlichen Persönlichkeitserfordernissen und persönlichen Strafbarkeitsbedingungen ist namentlich um deswillen bedeutsam, weil für den Vorsatz die Kenntnis der ersteren erforderlich ist[1]), während für die letzteren ihr rein objektives (nicht notwendig psychisch widergespiegeltes) Gegebensein genügt[2]).

2. Entsprechend markiert sich der Gegensatz zwischen den bloß für die Strafdrohung bedeutsamen Persönlichkeitserfordernissen und den für die Rechtswidrigkeit bedeutsamen dahin, daß bei Fehlen der letzteren die wissenschaftliche Untersuchung in einem Stadium stecken bleibt, in dem die Frage nach der Strafdrohung noch gar nicht auftaucht. Bei den für die Rechtswidrigkeit erheblichen Persönlichkeitserfordernissen handelt es sich um den personellen Bereich der Normen. Personen, denen die Norm nicht gilt, handeln nicht rechtswidrig; daher ist z. B. Notwehr dagegen ausgeschlossen; Personen, die von der Norm gebunden sind, handeln rechtswidrig, daher Notwehr zulässig; ob sie aber auch strafbar sind, hängt davon ab, ob die Strafdrohung sie ergreift. Das tritt besonders für § 4 [3] II StGB. hervor: Die Rechtswidrigkeit der Tat des Ausländers ist unbezweifelbar (sie kann natürlich nicht durch nachherigen Erwerb des deutschen Indigenats rück-

---

[1]) So sind die Persönlichkeitserfordernisse „Beamter" in §§ 331 ff., „Ausländer" in § 296a, „Ehegatte" in §§ 171, 172 u. s. w. tatbestandlicher Natur. Der Nichtbeamte, der Nichtausländer, der Nichtehegatte stehen außerhalb des Tatbestandes, das betreffende Verbrechen kann schon tatbestandlich für sie als Täter nicht konstruiert werden — es wäre grundverkehrt, hier nur von bloßen „Strafausschließungsgründen" zu sprechen: es liegt Mangel am Tatbestande (vgl. unten § 33) vor. Folgerung insbesondere: der Vorsatz muß die persönliche Eigenschaft mitumfassen.

[2]) So kommt in keiner Weise in Betracht, ob sich der Täter etwa fälschlich für einen Monarchen gehalten hat, ob er sich für den Ehegatten des Bestohlenen nach § 247 gehalten hat, ob er in den Fällen § 4 [2] und [3] sein deutsches Indigenat kannte u. s. w.

Nebenbei bemerkt ist deshalb die Bezeichnung der persönlichen Strafausschließungsgründe als „subjektiver" nicht sehr empfehlenswert. Diese Bezeichnung will hier ja nur sagen, daß es sich um Erfordernisse in der Person des Täters als Verbrechenssubjekts handelt im Gegensatz zu den das Verbrechen sachlich (objektiv) bedingenden Umständen. Aber der Ausdruck „subjektiv" dient im Strafrecht sonst regelmäßig zur Bezeichnung des Psychischen; und in diesem Sinne brauchen die persönlichen Strafbarkeitsbedingungen ebensowenig wie die Strafdrohungsbedingungen „subjektiv" gefärbt zu sein.

wirkend entstehen; die Strafdrohung ereilt ihn aber erst, wenn er Deutscher wird). Fehlt es beim Haupttäter an einem persönlichen Rechtswidrigkeitsrequisit, so ist Teilnahme an der Tat unkonstruierbar; fehlt es ihm nur an einem persönlichen Strafbarkeitserfordernis, so ist Konstruktion einer Teilnahme an der Haupttat unbehindert.

3. Entsprechend heben sich die persönlichen Strafbarkeitsbedingungen von den persönlichen Bedingungen der Schuld ab: je nachdem, ob es sich um diese oder jene handelt, ist Teilnahme an einer Tat, der sie fehlen, möglich oder unmöglich: denn die Schuld gehört zum Verbrechen, ihr Fehlen beseitigt nicht bloß die Verbrechereigenschaft des Täters, sondern das Verbrechen als solches [1]).

§ 11.

E. Die Strafbefreiungsgründe.

Die Feststellung der Umstände, die zusammen vorhanden sein müssen, damit sich jemand durch eine Tat strafbar mache — der strafanspruchserzeugenden Umstände —, ergibt gleichzeitig als Kehrseite, daß, wenn auch nur eines dieser Elemente fehlt, er sich nicht strafbar macht. Das Fehlen jedes dieser Elemente ist ein Straflosigkeitsgrund, ein Strafausschließungsgrund im weiteren, untechnischen Sinne, oder, wie man vielleicht besser sagt, ein Straffreiheits- oder Strafbefreiungsgrund. Die Liste der Strafbefreiungsgründe umfaßt somit:

1. Fehlen der „Handlung" — Handlungsausschließungsgründe.
2. Fehlen der Tatbestandsmäßigkeit — Mängel am Tatbestand, Tatbestandsausschließungsgründe.
3. Fehlen der Rechtswidrigkeit — Unrechtsausschließungsgründe.
4. Fehlen der Schuld — Schuldausschließungsgründe (als Unterabteilung da, wo nur Vorsatz in Frage kommt, Vorsatzausschließungsgründe).

[1]) Die bekannte Streitfrage, ob das kindliche Alter des Täters zur Zeit der Tat die Schuld ausschließt oder nur ein persönlicher Strafausschließungsgrund ist, braucht hier nicht weiter verfolgt zu werden.

5. Fehlen einer passenden Strafdrohung.
6. Fehlen einer Strafdrohungsbedingung — sachliche Strafausschließungsgründe.
7. Fehlen einer persönlichen Strafbarkeitsbedingung — individuelle Strafausschließungsgründe.

Zu diesen sieben Strafbefreiungsgründen treten aber noch

8. die strafanspruchaufhebenden Tatsachen hinzu — die Strafaufhebungs- oder Tilgungsgründe,

seien sie

a) solche, die die Strafbarkeit der Tat objektiv annullieren (was bekanntlich von manchen Autoren, wenn auch schwerlich mit Recht, für § 46 StGB. angenommen wird): sachliche Strafaufhebungsgründe (analog den sachlichen Strafausschließungsgründen),

oder

b) solche, die nur für den einzelnen Täter, bei dem sie zutreffen, die Strafbarkeit beseitigen (z. B. Begnadigung): individuelle oder persönliche Strafaufhebungsgründe (analog den individuellen Strafausschließungsgründen).

Will man diese Strafbefreiungsgründe in die Formel umgießen

„Eine strafbare Handlung ist nicht vorhanden, wenn —",

so ist es korrekt, folgendermaßen zu sortieren:

I. Eine strafbare Handlung ist nicht vorhanden (= von Anfang an nicht vorhanden) in den Fällen 1—6.

II. Eine strafbare Handlung ist nicht mehr vorhanden in dem Falle 8a.

III. Bei einer strafbaren Handlung ist ein strafbarer Täter nicht vorhanden (genauer: ist der betreffende Täter kein strafbarer Täter) im Falle 7.

IV. Bei einer strafbaren Handlung ist ein strafbarer Täter nicht mehr vorhanden (genauer: ist der betreffende Täter kein strafbarer Täter mehr) im Falle 8b.

In den Fällen I und III handelt es sich um strafrechtshindernde, in den Fällen II und IV um strafrechtsvernichtende Umstände.

Besonderer Betonung bedarf, daß im Strafrecht die anspruch-erheblichen Tatsachen der zivilrechtlichen Vierteilung

anspruchbegründende,
anspruchhindernde (oder -ausschließende),
anspruchhemmende,
anspruchvernichtende Tatsachen

nicht zugänglich sind. Die Klasse der anspruchhemmenden Tatsachen scheidet ohne weiteres aus, weil es keine „Gegenrechte" gibt, die die Geltendmachung des Strafanspruchs lahm legen. Aber auch die anspruchhindernden Tatsachen bilden keine aparte Gruppe im Strafrecht. Im Zivilrecht hat bekanntlich die Scheidung zwischen rechtsbegründenden und rechtshindernden Tatsachen Bedeutung für die Beweislast. Da im Strafprozeß die Beweislast unverteilt bleibt, so fehlt es an jedem Grunde, eine entsprechende Scheidung im Strafrecht vorzunehmen. Hier macht sich vielmehr das ja auch im Zivilrecht an sich gegebene logische Verhältnis geltend: anspruchhindernd ist einfach das Fehlen einer strafrechtsbegründenden Tatsache; man kann z. B. die Geisteskrankheit einen strafrechtshindernden, ebensogut aber die Zurechnungsfähigkeit einen strafrechtsbegründenden Umstand nennen.

In einem besonderen Sinne will Finger[1]) eine besondere Klasse strafrechtshindernder Tatsachen anerkannt sehen. Es seien dies Momente, die der Vornahme der strafrechtserzeugenden Tatsachen nachfolgten mit der Wirkung, als hätte von Anfang an nichts Strafbares vorgelegen. Diese Denkform sei im geltenden Recht verwirklicht, wo einem nachfolgenden Umstande die Kraft beigelegt sei, nicht bloß den einen oder anderen Strafanspruch aufzuheben, sondern die Tat selber zu einer nicht strafbaren zu machen, so daß Teilnahme daran nicht konstruierbar bleibe; dahin gehöre z. B. der Rücktritt vom Versuch, sofern man der Ansicht folge, daß er objektiv, und nicht bloß für den Rücktretenden individuell wirke. Es ist aber sehr bemerkenswert, daß Finger selbst diese Konstruktion de lege ferenda mißbilligt: statt ihrer solle das Gesetz vielmehr entweder lediglich Strafaufhebungsgründe statuieren oder der ersten strafrechtserzeugenden Tatsache

[1]) Goltd. Arch. 51 40.

nur die Kraft einer bedingt (bei Hinzutritt der zweiten Tatsache) strafrechtserzeugenden beilegen. Aber warum soll die Macht der Logik dem geltenden Recht gegenüber halt machen? Jene Tatsachen, die Finger im Auge hat, können zwanglos als echte Strafaufhebungsgründe aufgefaßt werden, so zwar, daß ihnen entweder rückwirkende Kraft beigelegt wird, oder besser dem betreffenden Umstande die Bedeutung verliehen wird, daß er ein ganzes Bündel von Strafansprüchen tilgt. Jedenfalls dürfte eine Nötigung zur Aufstellung jener Sondergruppe von „strafrechtshindernden Umständen" nicht vorliegen.

Auf dem Gebiete des Strafprozeßrechts wollen die Strafbefreiungsgründe besonders scharf erfaßt sein, wenn es gilt, die Schuldfrage inhaltlich zu bestimmen. „Ist A schuldig —?" heißt soviel wie: besteht gegen ihn ein (und zwar dieser oder jener) Strafanspruch? Schuldfrage ist Strafanspruchsfrage. Es fallen also ohne weiteres in die Schuldfrage hinein alle strafrechtserzeugenden Tatsachen und Persönlichkeitserfordernisse (1—7). Denn ist gegen den Täter kein Strafanspruch entstanden, so kann er auch heute nicht „schuldig" sein. Es fallen aber auch alle Strafaufhebungsgründe (8) hinein; denn hat der Strafanspruch aufgehört, so war der Täter zwar schuldig, ist es aber heute nicht mehr [1]).

§ 12.

F. Die Strafrechtsanwendungsbedingungen in ihrem Gegensatz zu den Strafbarkeitsbedingungen.

I. Überall, wo nach einem positiven Recht ein Umstand als Voraussetzung für das Eingreifen einer bestimmten Strafdrohung auftritt, muß seine logische Einstellung in eine der bisher behandelten Rubriken möglich sein; denn diese Rubriken sind einerseits logisch schlechterdings erschöpfend, und anderseits scharf gegen-

[1]) Nur ist unlogischerweise durch § 262 StPO. die Verjährungsfrage aus der Schuldfrage herausgenommen („unlogisch" freilich nur dann, wenn man überhaupt die Verjährung als materiellrechtlich bedeutsamen Umstand und nicht als bloßen Tilgungsgrund für das Strafklagerecht ansieht).

einander abgehoben. Soll auf Grund eines bestimmten positiven Rechts eine Leugnung des Strafanspruchs erfolgen, so kann dies nur so motiviert werden, daß irgend einer der Straflosigkeitsgründe eingreift, die oben S. 83 zusammengestellt sind.

So müssen namentlich die Sätze des „Ständestrafrechts" unbedingt in das Strafrecht derart hineingearbeitet werden, daß Klarheit darüber besteht, ob die Zugehörigkeit des Täters zu einem bestimmten Stande (seine Eigenschaft als Militärperson, als Gewerbetreibender u. s. w.) tatbestandlicher Natur ist oder die Rechtswidrigkeit davon abhängt oder ob sie eine Strafdrohungsbedingung oder eine persönliche Strafbarkeitsbedingung darstellt [1]).

Aber von allen den Umständen, die innerhalb des Geltens eines bestimmten positiven Rechts die Strafbarkeit bedingen, sind streng zu scheiden die Umstände, die darüber entscheiden, ob überhaupt dieses oder jenes Strafrecht anzuwenden sei, die Strafrechtsanwendungsbedingungen, wie man sie passend nennen kann. Stellt nämlich der Gesetzgeber mehrere voneinander getrennte Strafrechte als potentiell anwendbar auf, so muß er auch gleichzeitig bestimmen, unter welchen Voraussetzungen das eine, unter welchen das andere angewendet werden soll. Handelt es sich z. B. um ein älteres, nicht völlig beseitigtes Strafrecht und um das heutige Strafrecht, so muß erhellen, wann dieses und wann jenes eingreift.

Um die völlige Wesensverschiedenheit dieser Umstände gegenüber den Verbrechensmerkmalen, den persönlichen Strafbarkeitsbedingungen und den Strafaufhebungsgründen zu erfassen, muß man sich vergegenwärtigen, daß die letztgenannten, in den vorangehenden Paragraphen 3—11 behandelten Umstände als Umstände rechtserheblichen Charakters lediglich auf dem Boden eines bestimmten positiven Rechtssatzkomplexes erwachsen, daß sie nur von hier aus a posteriori gewinnbar sind. Sind unter den Strafbarkeitsbedingungen auch einige, die allgemein Rechtens sind (so die Handlung und die Rechtswidrigkeit), so gelten sie doch für die Handhabung des heutigen deutschen Strafrechts nur, weil eben dieses ihnen Anerkennung zollt. Ganz besonders aber tritt die

[1]) Dafür wird unten § 22 noch einiges Detail beigebracht.

Rechtsspezialität für die Tatbestände, die Strafdrohungsbedingungen, die persönlichen Strafbarkeitsbedingungen und die Strafaufhebungsgründe, hervor. So ist denn klar, daß man zur Handhabung dieser Strafbarkeitsbedingungen immer erst der Vorfeststellung bedarf, ob denn überhaupt auf das in Rede stehende Vorkommnis dieser oder jener Komplex von Strafrechtssätzen zur Anwendung gelangen soll. Sonst wäre man unmittelbar zu naturrechtlichen Konstruktionen gelangt. Nur im Sinne eines bestimmten positiven Rechts läßt sich die Frage aufwerfen, ob ein Vorkommnis ein Verbrechen, der Täter ein Verbrecher sei. Demgegenüber haben die Strafrechtsanwendungsbedingungen gar keine Beziehung zu den einzelnen Elementen im Verbrechensbegriff. Sie sind präjudizieller Natur. Nicht ob in dem oder jenem Umstande ein Verbrechensmerkmal zu finden sei, steht bei ihnen in Frage, sondern ob man die Gesamtheit der Verbrechensmerkmale samt persönlichen Strafbarkeitsbedingungen und Strafaufhebungsgründen nach dem oder jenem Recht zu beurteilen habe. Somit widerstreben die Strafrechtsanwendungsbedingungen jeder Einarbeitung in die in §§ 3—11 gegebenen Rubriken. Ganz besonders wäre es irrig, sie unter die „Strafdrohungsbedingungen" zu rechnen. Diese entscheiden lediglich darüber, ob eine bestimmte Strafdrohung eingreift; die Strafrechtsanwendungsbedingungen dagegen gelten nicht der Strafdrohung (als einem Teil eines einzelnen Rechtssatzes) isoliert, sondern entscheiden darüber, ob man die Frage nach „Verbrechen" u. s. w. dem (die Strafdrohung in sich schließenden) ganzen Komplex von Strafrechtssätzen überhaupt unterstellen kann.

II. Derartige in sich geschlossene „Strafrechte", die für uns in Betracht kommen, deren Anwendbarkeit durch Strafrechtsanwendungsbedingungen geschieden ist, sind

1. das — nach § 2 StGB. noch heute fortlebende — alte Recht einerseits und das Recht von heute anderseits;
2. das reguläre Reichsstrafrecht einerseits und das für die Eingeborenen in den Schutzgebieten geltende Sonderstrafrecht (Kolonialstrafrecht) anderseits;
3. das Reichsstrafrecht einerseits, Landesstrafrecht anderseits.

1. Besonders deutlich tritt der Charakter der Rechtsanwendungsbedingungen hervor im sog. *intertemporalen Strafrecht*.

Es könnte zwar oberflächlicher Betrachtung scheinen, als ergebe sich aus § 2 StGB. eine (alternativ gefaßte) Strafdrohungsbedingung in dem Sinne, daß die Strafbarkeit dadurch bedingt sei, daß

entweder das Strafgesetz zur Zeit der Tat bereits galt,
oder daß es zwar zur Zeit der Tat noch nicht galt, aber dem zur Zeit der Tat geltenden gegenüber als das mildere erscheint.

Diese Konstruktion wäre jedoch verfehlt. Denn die Sätze des intertemporalen Strafrechts bedingen eben keineswegs bloß das Platzgreifen der *Strafdrohungen*, sondern sie bedingen die Entscheidung der Frage, aus welchem Recht heraus überhaupt *die begrifflichen Merkmale des Verbrechens insgesamt* nebst persönlichen Strafbarkeitsbedingungen und Straftilgungsgründen genommen werden sollen. Kann, wie oben gezeigt, die Frage nach dem Verbrechensbegriff immer nur *im Sinne eines bestimmten positiven Rechts* aufgeworfen und beantwortet werden, so liegt *vor* der Erörterung des Verbrechensbegriffs die Vorfrage: Im Sinne welches Rechts soll überhaupt diese Untersuchung vorgenommen werden, im Sinne des älteren, oder im Sinne des neuen Rechts? Verweist das Gesetz seinen Anwender auf das heutige Recht, so heißt das soviel wie: es ist *zu ignorieren*, ob die Tat im Sinne des älteren ein Verbrechen war; verweist es ihn auf das ältere, so ist *zu ignorieren*, ob die Tat im Sinne des heutigen ein Verbrechen wäre. Es handelt sich um ein strenges aut—aut. Der Täter kann nur auf der Grundlage *entweder* des älteren *oder* des neueren Rechts beurteilt werden. Er kann z. B. nur entweder nach StGB. § 281 *oder* aber nach § 209 aKO. *oder* endlich nach § 239 nKO. verurteilt werden, nicht als schuldig eines zeitlich zweifach oder dreifach gearteten Verbrechens.

Daran ändert auch der Umstand nichts, daß nach § 2 II StGB. eine Vergleichung der Strafgesetze notwendig wird. Diese Vergleichung führt lediglich zu der Entscheidung: folglich ist das alte Gesetz anzuwenden — oder: folglich ist das neue

Gesetz anzuwenden. Sie liegt also vor der Anwendung des einen oder des anderen. Erst nach ihrer Erledigung kommt es zur Anwendung des Gesetzes selber, das ist zur Bejahung der Verbrecheneigenschaft (und zwar natürlich eben nur im Sinne des als anwendbar erfundenen Gesetzes). Die Denkoperation, vermittelst deren man die Tat beiden Gesetzen zu Vergleichszwecken unterstellt, ist also eine bloß probeweise, hypothetische, sie ist keine wahre Doppelsubsumtion, nicht Idealkonkurrenz; ihr Ergebnis ist nicht: folglich liegt ein Verbrechen sowohl im Sinne des einen wie des anderen Rechts vor; sondern: folglich würde sich die Strafe nach dem einen Recht so, nach dem anderen so gestalten. Und erst nunmehr ist der Frage der Weg geebnet: Ist die Tat ein Verbrechen?[1]).

Dementsprechend erfolgt alsdann Verurteilung keineswegs wegen doppelt charakterisierten Delikts, sondern (z. B.) entweder wegen reichsrechtlichen Diebstahls oder wegen Diebstahls im Sinne älteren (milderen) Landesrechts. Noch weniger Schwierigkeiten macht der Fall, daß die zur Zeit der Tat bestehende Strafbarkeit der Straflosigkeit Platz gemacht hat oder umgekehrt:

[1]) Deshalb kann Ötker, Goltd. Arch. **48** 321 ff., nicht beigepflichtet werden, wenn er im schwurgerichtlichen Verfahren eine Schuldfrage mit Doppelsubsumtion (unter das alte und das neue Recht) fordert. Nun ist zwar richtig, daß die Rechtsanwendungsfrage, weil Durchgangspunkt zur eigentlichen Schuldfrage, nicht zur Kompetenz des Gerichtshofs gehört (wie Finger, Lehrb. **1** 141, Anm. 161, annimmt). Aber die Schuldfrage kann, da sie eben auf dem positiven Recht basiert, nur aus einem einzigen Rechte heraus gestellt werden; und in dem „Ja" der Geschworenen auf die Frage: „Ist der Angeklagte schuldig?" liegt implicite auch, daß die Schuldfrage überhaupt so gestellt werden konnte. Liegen keine Zweifel über die Anwendbarkeit des einen oder des anderen Rechts vor, so ist also einfach die Schuldfrage auf der Grundlage des einen oder des anderen zu formulieren. Liegen Zweifel vor, so sind — unangesehen, ob der Eröffnungsbeschluß das ältere oder das neuere Recht zu Grunde legte — die Schuldfragen aus beiden Rechten nebeneinander zu stellen, und die Geschworenen haben sich — nach Rechtsbelehrung gemäß § 2 StGB. — für die eine zu entscheiden, indem sie die andere einfach zur Seite liegen lassen und ignorieren. Zweifellos ist, daß das Verhältnis von Haupt- und Hilfsfrage hier keine Anwendung findet. Lauten die gesetzlichen Merkmale nach dem alten und nach dem neuen Gesetz übereinstimmend, so muß in der Weise geholfen werden, daß gefragt wird: 1. „Ist der Angeklagte im Sinne des § X des Preußischen Strafgesetzbuchs schuldig ...?" 2. „Ist der Angeklagte im Sinne des § Y Reichsstrafgesetzbuchs schuldig ...?"

im ersteren Falle Freisprechung auf der Grundlage des neuen Rechts, im zweiten auf der Grundlage des alten Rechts.

2. Die Eingeborenen in den deutschen Schutzgebieten sind, soweit sie dort delinquieren, bekanntlich aus der Herrschaft der allgemeinen Strafgesetze herausgehoben und einem Sonderstrafrecht unterstellt, das sich aus dem autochthonen Stammesrecht, das durch seine Anerkennung von seiten des Reichs zum autonomen Recht geworden ist, und aus eigenen Satzungen des Reichs zusammensetzt. Es fragt sich, wie diese Duplizität von Strafrechten konstruktiv wirkt.

Die Frage ist ganz so zu beantworten, wie für das alte und das neue Recht im Verhältnis zueinander. Es handelt sich auch hier um eine Aufteilung der Vorkommnisse, die strafrechtlich zu prüfen sind, unter entweder das generelle oder das Eingeborenenstrafrecht. Ist der Täter zur Zeit der Tat ein Eingeborener und die Tat im Schutzgebiet begangen, so ist also die ganze Frage nach dem Verbrechenscharakter der Tat lediglich auf Grund des Eingeborenenstrafrechts zu beantworten. Es handelt sich hier folglich nicht bloß um die Bedingungen für das Platzgreifen der Strafdrohungen, sondern um die Frage, ob überhaupt dieser oder jener Rechtssatzkomplex anwendbar sein solle. Die beiden Rechtssatzkomplexe bilden derart gegeneinander gegensätzliche Größen, daß nur aus einem von ihnen heraus die Verbrechensfrage aufgeworfen werden kann. Was dem einen Recht unterfällt, unterfällt nicht dem anderen. Die Eingeboreneneigenschaft jemandes und in Verbindung damit der Umstand, daß der Tatort dem Schutzgebiet zugehört, sind somit nicht Strafdrohungsbedingungen, sondern Rechtskomplexanwendungsbedingungen.

Ganz anders steht es natürlich mit dem Verhältnis des „allgemeinen" deutschen Strafrechts zu den „Ständestrafrechten"; diese sind nichts als integrierende Bestandteile eben des deutschen Strafrechts, keine auf eigenen Füßen stehende „Strafrechte"; für sie gibt es also keine Strafrechtsanwendungsbedingungen in dem hier zu Grunde gelegten Sinne, sondern die in ihnen als relevant bezeichneten Umstände (Eigenschaft als Soldat u. s. w.) sind echte Strafbarkeitsbedingungen eben im Sinne des regulären „deutschen Strafrechts" (oben S. 90).

3. Ähnlich wie zu 1 und 2 steht es mit dem Verhältnis zwischen Reichs- und Landesrecht. Zwar stehen diese Komplexe nicht, wie die bisher erörterten, im Ausschlußverhältnis zueinander, so daß Doppelsubsumtion unmöglich wäre; es kann vielmehr ein und dasselbe Vorkommnis sehr wohl die Merkmale einer reichsrechtlich-landesrechtlichen Idealkonkurrenz aufweisen (etwa Versicherungsbetrug nach § 265 StGB. in idealer Konkurrenz mit Landesfeuerlöschkontravention). Aber jedenfalls bleibt für die Anwendung des Landesrechts immer festzustellen, ob das Reichsrecht dem Landesrecht Raum gelassen hatte. Die Gesetzgebungsfreiheit des Landesrechts ist Landesrechtsanwendungsbedingung, die mit unseren „Strafdrohungsbedingungen" gar nichts zu tun hat.

III. Mit den Strafdrohungsbedingungen teilen die Rechtsanwendungsbedingungen die Eigenschaft, daß sie zur Willens- und Schuldseite außer jeder Beziehung stehen; sie sind wie diese „objektive" Bedingungen. Wer aus dem älteren Rechte gestraft werden soll, braucht um das Vorliegen der Bedingung des § 2 II StGB., wer aus dem neuen Recht gestraft werden soll, um das Vorliegen der Bedingung des § 2 I StGB. nichts gewußt zu haben, noch auch nur im stande gewesen zu sein, darüber etwas zu wissen. Wer aus dem Eingeborenenrecht gestraft werden soll, dem braucht seine Eingeborenenqualität weder bekannt, noch auch nur erkennbar gewesen zu sein, u. s. w.

Daß die Strafrechtsanwendungsbedingungen keine organischen Bestandteile des Verbrechensbegriffs sind, tritt besonders deutlich in der Lehre von der Teilnahme und in der Lehre von der Realkonkurrenz zu Tage.

1. Haben mehrere Personen bei einem Vorgang zusammengewirkt, von denen die eine ausschließlich dem Rechtssatzkomplex x, die andere ausschließlich dem Rechtssatzkomplex y unterfällt, so ist die Konstruktion eines Teilnehmerschaftsverhältnisses unmöglich. Denn die Teilnahme selber ist ein in den Rahmen des einen oder des anderen Rechtssatzkomplexes eingespanntes Verhältnis, sie ist neurechtliche Teilnahme an neurechtlich zu beurteilender Tat oder altrechtliche Teilnahme an altrechtlich zu beurteilender Tat; sie ist

kolonialrechtliche Teilnahme an kolonialrechtlich zu beurteilender Tat oder regulärrechtliche Teilnahme an regulärrechtlich zu beurteilender Tat. Fällt der „Anstifter“ unter das ältere, der „Haupttäter“ unter das heutige Recht, so ist es unmöglich, jenen z. B. in gleichzeitiger Anwendung der §§ 34 Preuß. StGB. und 242 RStGB. zu verurteilen; die preußischrechtliche Teilnahme kann nicht auf reichsrechtliche Haupttat bezogen werden; auf den Teilnehmer darf eben Reichsrecht auch nicht durchgangsweise angewendet werden. Es muß vielmehr solchenfalls geprüft werden, ob sich das Handeln des Anstifters als Anstiftung zu preußischrechtlicher Tat darstellt; wenn ja, so wird der Anstifter eben auf Grund des preußischen Strafrechts verurteilt. Umgekehrt kommen dann für den Haupttäter die Sätze des letzteren gar nicht in Betracht.

Das Ergebnis kann also sein, daß der Anstifter aus dem preußischen StGB. §§ 34, 215 verurteilt, der Haupttäter aus RStGB. § 242 verurteilt (oder auch freigesprochen) wird. Das Ergebnis bezüglich des einen der Beteiligten kann so von dem Ergebnis bezüglich des anderen Beteiligten inhaltlich ganz auseinandergehen; das ist nicht befremdlich, weil eben ganz verschiedene Rechte eingreifen. Ganz das gleiche gilt für den Fall, daß der Anstifter etwa nach Eingeborenenstrafrecht, der Haupttäter nach Regularrecht beurteilt werden muß, u. s. w. Daß auch Mittäterschaft nicht aus einem unter das eine Recht fallenden und einem unter ein anderes Recht fallenden Verbrechen konstruiert werden kann, ist klar. Es gibt keine Mittäterschaft, deren einer auctor als preußischrechtlicher Dieb, deren anderer als reichsrechtlicher Dieb verurteilt wird. Die Taten stehen einander völlig isoliert gegenüber.

2. Ebenso isoliert stehen die mehreren Taten einer und derselben Person neben einander, wenn die eine ausschließlich dem Rechte x, die andere ausschließlich dem Rechte y unterfällt. Ist z. B. der eine verbrecherische Vorgang preußischrechtlich zu würdigen (oder kolonialstrafrechtlich), der andere nach RStGB., so kann von Anwendung der §§ 74 ff. StGB. keine Rede sein, weil diese Paragraphen mehrere regularreichsrechtliche Taten voraussetzen und ihr Geltungsbereich nicht auf Taten ausge-

dehnt werden kann, die gar nicht dem gleichen Gesetz unterfallen[1]).

IV. Durchaus anders liegt die Sache bei dem sog. internationalen Strafrecht. Es ist ein nicht entschieden genug zu rügender Mißbrauch der Bezeichnung, wenn noch immer von der „Schlichtung der Kollision der Strafrechte" gesprochen wird; unser „internationales Strafrecht" ist gar kein Rechtsanwendungsrecht und steht deshalb keineswegs auf einer Linie mit dem „intertemporalen Strafrecht".

Das internationale Privatrecht allerdings ist ein echtes Rechtsanwendungsrecht[2]). Es formuliert Bedingungen, die zur Beurteilung eines Vorfalls nach deutschem Zivilrecht, und Bedingungen, die zur Beurteilung eines Vorfalls nach dem oder jenem Auslandsrecht führen. Dem deutschen Gesetzgeber treten das eigene Zivilrecht und die Zivilrechtskomplexe der anderen Staaten je als geschlossene Einheiten entgegen und er verfügt darüber, wann das eine, wann das andere Recht der Beurteilung zu Grunde gelegt werden soll. Ganz anders das „internationale Strafrecht". Wohl gibt es mehrere „Strafrechte", das deutsche, das französische u. s. w., aber der deutsche Gesetzgeber will die Auslandsrechte schlechterdings unangewendet wissen; das ausländische Strafrecht existiert für den deutschen Rechtsanwender nicht[3]). So fixiert also das internationale Strafrecht durchaus nicht 1. Bedingungen, unter denen französisches u. s. w. Recht als für die Beurteilung maßgebend gewählt werden soll, und 2. Bedingungen, unter denen zum deutschen Recht gegriffen werden soll. Vielmehr ist ausgemachte Sache, daß nur deutsches Strafrecht Anwendung finden

---

[1]) Daß auf eine landesrechtlich zu würdigende und auf eine reichsrechtlich zu würdigende Tat § 74 StGB. zur Anwendung gebracht werden kann, steht auf einem anderen Blatte: Reichs- und Landesrecht stehen nicht in dem strengen Ausschlußverhältnis, wie älteres und neues Recht, s. oben S. 96.

[2]) Hierfür grundlegend Zitelmann, Internationales Privatrecht 1, insbesondere 199 ff., dem freilich darin nicht Folge geleistet werden kann, daß die Kollisionsnormen einen selbständigen öffentlichrechtlichen Rechtsteil bildeten. Vgl. Beling, Krit. Vierteljahrsschr. 3 F., 5 281 (zum Teil zu weitgehend).

[3]) Über die Verweisung auf ausländisches Recht in §§ 4³ II, 5 StGB. ist unten näher zu handeln.

kann, alle strafrechtliche Denkoperation vollzieht sich schlechthin auf deutschrechtlicher Grundlage; und nur das ist die Frage, ob man bei seiner Anwendung zu diesem oder zu jenem Resultat, zu Strafbarkeit oder Straflosigkeit gelangt, ob im Sinne des deutschen Rechts ein „Verbrechen" und ein „Verbrecher" da sind oder nicht; die internationalstrafrechtlich relevanten Umstände (ausländischer Tatort u. s. w.) entscheiden nicht darüber, ob deutsches Strafrecht zu Grunde gelegt werden soll, sondern ob nach deutschem Strafrecht Strafbarkeit vorliegt oder nicht vorliegt.

Die sämtlichen Sätze des „internationalen Strafrechts" liegen also nicht *vor* der Anwendung des deutschen Strafrechts, sondern sind integrierende Bestandteile in diesem selber; die Umstände, an die sie anknüpfen, liegen organisch in dem Körper des Verbrechens im deutschrechtlichen Sinne u. s. w., und es kann sich nur fragen, *in welchem Punkte* (oben §§ 3—11) die internationalrechtlichen Beziehungen relevant werden. Die Sätze des internationalen Strafrechts müssen in die Lehre vom Verbrechen u. s. w. übergeführt werden[1]).

Diese Überführung soll im folgenden kurz skizziert werden. Dabei wird mit der herrschenden Meinung davon ausgegangen, daß die §§ 3 ff. StGB. prinzipiell die Strafbarkeit selber und nicht bloß die Verfolgbarkeit regeln (ungeachtet einiger eingestreuter prozessualer Bestimmungen, von denen unten die Rede sein wird). Die Richtigkeit dieser Auffassung ergibt sich, von innerkonstruktionellen Gründen ganz zu schweigen, schon daraus, daß die historische Tradition ein „internationales Strafrecht", aber kein „internationales Strafprozeßrecht" kennt. Wären §§ 3 ff. nur auf die Frage zu beziehen, ob ein Strafprozeß zulässig ist, gäben sie nur Strafklagerechtsvoraussetzungen, so wäre die Folgerung unausweichlich, daß das Deutsche Reich materiellrechtlich auf dem Standpunkt des Weltrechtsprinzips stünde: es wäre

---

[1]) Bisher ist das, soviel ich sehe, noch niemals systematisch unternommen worden; vielmehr werden die Sätze des internationalen Strafrechts, statt in organische Verbindung mit der Lehre vom Verbrechen gebracht zu werden, nur äußerlich — wie etwas Fremdes — angeklebt. Daraus erklärt sich auch die Unsicherheit, die noch heute in der Lehre von der Teilnahme bei Hineinspielen internationaler Beziehungen besteht.

strafbar, wer ubivis terrarum als was für ein Staatsangehöriger immer gehandelt hätte. Das aber sollte durch §§ 3 ff. gerade abgelehnt werden.

Die internationalstrafrechtlichen Bedingungen, die der deutsche Gesetzgeber würdigt, sind nun im einzelnen folgende:

1. Zugehörigkeit des Tatorts zum Inlande oder zum Auslande;
2. deutsche oder ausländische Staatsangehörigkeit des Täters;
3. Richtung der Tat gegen deutsche oder ausländische Objekte;
4. die ausländischrechtliche Strafbarkeit (StGB. § 4^{3});
5. größere Milde eines ausländischen Gesetzes (StGB. § 4^{3} II];
6. ausländische Verjährung (StGB. § 5^{2});
7. ausländische Begnadigung (StGB. § 5^{2});
8. ausländischer Strafantrag (StGB. § 5^{3});
9. Strafverfolgungsantrag der ausländischen Behörde (StGB. § 4^{3} II);
10. ausländische rechtskräftige Freisprechung (StGB. § 5^{1});
11. ausländischer Strafvollzug (StGB §§ 5^{1}, 7).

Für sie ist also die Frage zu beantworten, in welchem Punkte sie die deutschrechtliche Strafbarkeit beeinflussen. Dabei scheiden zwei Elemente des Verbrechensbegriffs ohne weiteres als nicht beeinflußt aus: die „Handlung" und die „Schuld". Daß „gehandelt" worden ist, wird vielmehr überall vorausgesetzt: wenn nicht, so tauchen die internationalstrafrechtlichen Fragen nicht auf. Und die Schuldhaftigkeit als psychische Eigenschaft hat als solche ihrem Begriffe nach mit jenen internationalen Beziehungen ebenfalls nichts zu tun. Wohl kann im einzelnen Falle z. B. der Vorsatz deshalb fehlen, weil der Täter ein zum „Tatbestande" gehöriges internationales Moment nicht kannte, aber der Schuld-(Vorsatz und Fahrlässigkeits-)*Begriff* selber hängt jedenfalls nicht von internationalen Momenten ab. Das Psychische als solches duldet keine Abhängigkeit von internationalen Beziehungen; die *Begriffe* Vorsatz und Fahrlässigkeit sind genau die gleichen bei Auslandstaten wie bei Inlandstaten u. s. w.

1. Der *Tatort*

a) könnte denkbarerweise *Tatbestandsteil* sein: dann trüge nur die im Inlande oder aber nur die im Auslande begangene Tat das typische Sondergepräge, das dem Begriff des betreffenden Delikts wesentlich ist. Aus der positiven Gesetzgebung wüßte ich aber hierfür kein Beispiel anzuführen [1]). Namentlich ist intensiv zu betonen, daß die §§ 3 ff. StGB. mit den Verbrechenstypen nicht das mindeste zu schaffen haben; § 6 StGB. z. B. besagt nicht, daß der im Auslande begangene ruhestörende Lärm typisch etwas anderes sei als der im Inlande begangene. Ruhestörender Lärm ist eben „ruhestörender Lärm", wo immer er auch begangen ist. Ebenso läßt in § 4 die Nationalität des Tatorts die Tatbestände ganz unberührt; § 4 setzt ja gerade voraus, daß einer der Typen des positiven Rechts vorliegt: er spricht von „Hochverrat" (§ 4 [1]), „Beleidigung von Bundesfürsten" (§ 4 [2]) u. s. w., und setzt keineswegs „Hochverrat im Auslande" als neuen eigenartigen Verbrechenstypus dem „Hochverrat im Inlande" entgegen.

b) Möglich ist, daß von der staatlichen Zugehörigkeit zum Deutschen Reich oder zum Auslande bei gleicher Tatbestandlichkeit die Rechtswidrigkeit der Tat abhängt, namentlich so, daß nur der im Reiche Handelnde rechtswidrig handelt, der eine gleichinhaltliche Tat im Auslande Begehende dagegen nicht deutschrechtlich rechtswidrig handelt. So wird sich namentlich der Satz verteidigen lassen, daß der außerhalb des Reiches eine bigamische Ehe eingehende Angehörige eines die Polygamie anerkennenden Staatswesens auch nach deutschem Recht nicht rechtswidrig handelt, während er, wenn im deutschen Reiche eine zweite Ehe schließend, rechtswidrig handelte. Im allgemeinen wird man freilich davon auszugehen haben, daß der Tatort im Punkte der Rechtswidrigkeit gleichgültig ist, daß also ein Mord jenseit der Reichsgrenzen genau so sehr dem deutschen Recht widerstrebt, wie ein Mord im Inlande [2]). Sicher ist jedenfalls, daß die §§ 3 ff. StGB. gar keine Handhabe für die Beantwortung der Frage bieten. Es kann sehr wohl sein, daß ungeachtet der aus §§ 3 ff. resultierenden Straflosigkeit die Tat gleichwohl als „rechtswidrige" zu charakterisieren ist. Und umgekehrt ist, bevor an die Anwendung

[1]) Etwas anderes ist die tatbestandliche Bedeutung des Tatschauplatzes, vgl. unten § 23 II.

[2]) Vgl. über die Frage der Abhängigkeit der Rechts-(Norm-)Widrigkeit vom Tatorte Beling, Zeitschr. f. StrRW. 17 331.

dieser Paragraphen herangetreten werden kann, festzustellen, ob denn der Täter überhaupt trotz Auslandscharakters des Tatortes rechtswidrig gehandelt hat; wenn nicht (wie z. B. bei der in der Türkei geschlossenen Ehe eines Türken), kommt es überhaupt nicht zur Heranziehung der §§ 3 ff., vielmehr trägt dann der Mangel der Rechtswidrigkeit ohne weiteres die Freisprechung[1]).

c) Daß auf die Auslandstat die Strafdrohung genau so paßt, wie auf die Inlandstat, wird ebenfalls keiner Darlegung bedürfen. In § 242 StGB. z. B. deckt die Strafdrohung als einheitliche den Auslands- wie den Inlandsdiebstahl.

d) Haben sonach die §§ 3 ff. StGB. weder Beziehung zu der Tatbestandlichkeit, noch zu der Rechtswidrigkeit der Tat, ist das Auslandsdelikt in seiner Eigenschaft als tatsbestandsmäßige rechtswidrige Handlung mit dem Inlandsdelikt kongruent, und widerstreben die Strafdrohungen an sich der gleichmäßigen Anwendung auf diese wie jene Delikte gar nicht, so kann die Nationalität des Tatorts, wo sie überhaupt für Strafbarkeit oder Straflosigkeit entscheidet, nur eine Strafdrohungsbedingung sein. Dies trifft auf § 6 StGB. genau zu: Die im Auslande begangene Übertretung ist deshalb keine „strafbare Handlung", weil für alle Strafdrohungen, die für Übertretungen gelten, die Reichszugehörigkeit des Tatorts oder das Vorhandensein besonderer Gesetze oder Verträge Strafdrohungsbedingung, der Auslandscharakter des Tatorts sachlicher Strafausschließungsgrund ist (soweit nicht besondere Gesetze oder Verträge eingreifen).

Man könnte geneigt sein, die gleiche Konstruktion auch auf die Verbrechen und Vergehen nach § 4 [2] und [3] StGB. zu über-

---

[1]) Schon dieses Beispiel zeigt, daß die Rechtswidrigkeitsfrage selbständige, von der in §§ 3 ff. behandelten Strafbarkeitsfrage unabhängige Bedeutung hat, man sich also nicht mit Lösung der letzteren (auf Grund der §§ 3 ff.) begnügen kann. Aber auch in anderen Beziehungen würden die §§ 3 ff. vollständig versagen: so namentlich für das Notwehrproblem (Ausländer A hat im Ausland den Deutschen oder Ausländer B angegriffen, B hat sich gewehrt und ihn getötet; B steht nunmehr unter Anklage und beruft sich auf Notwehr; nun ist aus §§ 3 ff. zwar so viel klar, daß die Tat des A keine strafbare Handlung ist; aber das nützt uns nichts: wir müssen wissen, ob der Angriff des A ein, wenn auch strafloser, so doch rechtswidriger war — denn schon dann konnte sich B wehren; bei dieser Frage aber lassen die §§ 3 ff. vollständig im Stiche).

tragen. Näheres Zusehen lehrt das Irrige solcher Ansicht. Denn in § 4 ^{2} und ^{3} wird ja gerade bestimmt, daß die Auslandstat eben auch strafbar sein soll wie die Inlandstat, und es wird für erstere nur ein besonderes Persönlichkeitserfordernis aufgestellt (deutsches Indigenat des Täters)[1]. Demnach bedingt der Auslandscharakter des Tatorts die Strafbarkeit nicht unmittelbar, sondern er bedingt nur die Erforderlichkeit des besonderen Persönlichkeitsrequisits. Mithin handelt es sich in den Fällen des § 4 ^{2} und ^{3} um einen persönlichen Strafausschließungsgrund bei der Ausländerqualität des Täters mit der Maßgabe, daß dieser persönliche Strafausschließungsgrund überhaupt nur bei Auslandsverbrechen und -vergehen in Betracht kommt. Also:

1) „Verbrechen" und „Vergehen" sind auch im Auslande begangen ohne weiteres[2] „strafbare Handlungen".

2) Wenn Verbrechen oder Vergehen im Auslande begangen sind, so ist „Verbrecher" nur derjenige Täter, der sie als Deutscher begangen hat — § 4 ^{2}, ^{3} I — oder nach der Tat Deutscher geworden ist.

2. Die Staatsangehörigkeit des Täters tritt

a) gelegentlich — aber außerhalb der §§ 3 ff. StGB. — als Element im Tatbestande auf. So gehört es zum Typus des Delikts ex § 296 a StGB., daß der Täter Ausländer ist. Ist er es nicht, so fehlt dem Vorkommnis überhaupt das charakteristische Gepräge, wie es für § 296 a wesentlich ist.

b) Es kann auch die Rechtswidrigkeit der Tat dadurch bedingt sein, daß der Täter ein Ausländer, oder umgekehrt, daß er ein Inländer ist. So läßt sich die Meinung verfechten, daß die Vorschriften über Amtsführung nur den deutschen Beamten angehen, folglich die Tatbestandserfüllung durch einen Auslandsbeamten nicht deutschrechtlich rechtswidrig ist[3]. Indessen sprechen jedenfalls die §§ 3 ff. StGB. hiervon nicht; sie regeln die Abhängigkeit

---

[1]) Über die für § 4 ^{3} erforderte ausländischrechtliche Strafbarkeit siehe unten S. 105.

[2]) Vorbehaltlich der ausländischrechtlichen Strafbarkeit im Falle des § 4 ^{3}.

[3]) Eine Gegenmeinung erachtet hier das vom Auslandsbeamten Begangene überhaupt nicht für tatbestandsmäßig, so daß der Fall a) vorliegt und die Rechtswidrigkeitsfrage für die Bestrafungsfrage gar nicht auftaucht.

der Rechtswidrigkeit von der Nationalität ebensowenig wie die Abhängigkeit der Rechtswidrigkeit vom Tatort[1]), sondern setzen voraus, daß nach beiden Richtungen die Rechtswidrigkeit feststeht.

c) Daß die Strafdrohungen auf die tatbestandsmäßige rechtswidrige Tat des Ausländers gerade so gut passen wie auf die des Inländers, ist offensichtlich. § 3 StGB. zeigt deutlich, daß bei inländischer Begehung die Taten beider Klassen von Personen unter eine und dieselbe Strafdrohung fallen, und § 4 differenziert in dieser Hinsicht für den Fall ausländischer Begehung ebenfalls nicht.

d) Aber auch als Strafdrohungsbedingung tritt die Nationalität des Täters nicht im Gesetz auf. Ist die Tat des Ausländers tatbestandsmäßig und rechtswidrig, so gilt ihr sachlich auch die Strafdrohung; sie trägt den Verbrechenscharakter genau wie die Tat des Ausländers, ganz so, wie die Tat eines deutschen Souveräns sachlich im Verbrechenscharakter nicht verschieden ist von der des Untertanen.

e) Vielmehr handelt es sich da, wo der Ausländer um dieser seiner Eigenschaft willen straflos ausgeht, lediglich um ein den Verbrechercharakter des Täters bedingendes Persönlichkeitserfordernis; d. h. also das ausländische Indigenat ist in den Verbrechens- und Vergehensfällen, sofern die Tat im Auslande begangen ist, ein persönlicher Strafausschließungsgrund[2]) (mit Ausnahme der in § 4¹ StGB. aufgeführten Deliktstypen), so zwar, daß in den Fällen des § 4² der Täter zur Zeit der Tat ein Deutscher gewesen sein muß (widrigenfalls er auch bei den in § 4² aufgeführten Deliktstypen nur nach § 4³ Abs. 2 zu beurteilen wäre), während in den Fällen des § 4³ es genügt, daß das deutsche Indigenat nachher erworben ist. Anders freilich vom Standpunkte derjenigen aus, die in § 4² und ³ das deutsche Indigenat als ein Erfordernis für den Zeitpunkt der Verfolgung ansehen. Nach dieser Meinung würde nur der Fall des § 4³ II ebenso wie vor zu behandeln sein; dagegen würde im Falle des § 4² es genügen, daß der Täter nach der Tat Deutscher

[1]) Oben S. 101.
[2]) Oben S. 84.

geworden ist; und im Falle des § 4[3] würde der Verlust des deutschen Indigenats als Strafaufhebungsgrund auftreten.

3. Die Nationalität des Tatobjekts kann für Tatbestand und Rechtswidrigkeit eine Rolle spielen. So wird für § 113 StGB., trotzdem die Gegenmeinung viel vertreten ist, zu behaupten sein, daß der ganze Typus nur auf Widerstand gegen deutsche Beamte zugeschnitten ist. Für §§ 3 ff. spielt jedoch die Nationalität des Objekts keine Rolle, d. h. die Strafbarkeit als solche hängt, wofern nur Tatbestand und Rechtswidrigkeit gegeben sind, davon nicht ab; das Deutsche Reich hat eben das Realprinzip mißbilligenswerterweise[1]) verworfen.

4. Bei einem im Auslande verübten Verbrechen oder Vergehen hängt die Strafbarkeit nach § 4[3] StGB. davon ab, ob es nach dem Recht des Tatorts mit Strafe bedroht war. Das Fehlen der fremdrechtlichen Strafbarkeit bedeutet dabei offensichtlich nicht das Fehlen der Tatbestandlichkeit — „Zweikampf" ist eben deutschrechtlicher „Zweikampf", auch wenn die lex loci ihn nicht straft, ihn vielleicht gar nicht als Deliktstypus ausgeprägt hat —; auch nicht das Fehlen der Rechtswidrigkeit — vgl. oben S. 101 —; sondern die Subsumierbarkeit der Tat unter das fremde Strafrecht ist einfach eine Voraussetzung dafür, daß unsere Strafdrohung Anwendung findet — **eine Strafdrohungsbedingung**[2]).

5. In den Fällen des § 4[3] II soll bekanntlich „das ausländische Strafgesetz angewendet werden, sofern es milder ist". Es könnte scheinen, als figuriere hier die größere Milde des aus-

---

[1]) Vgl. Beling, Zeitschr. f. StrRW. **17** 321.

[2]) Im Schwurgerichtsprozeß braucht dieser Bedingung in der Fragestellung keinerlei Erwähnung getan zu werden. Nehmen die Geschworenen ausländische Tatbegehung und Fehlen der ausländischen Strafbarkeit an (scil. ohne daß es sich um ein Delikt nach § 4[1] oder [2] handelte), so haben sie die Frage „Ist der Angeklagte schuldig —?" einfach zu verneinen, denn mangels des Zutreffens der Strafdrohungsbedingung ist eben kein bejahbarer Strafanspruch da = der Angeklagte ist „nicht schuldig".

Finger, Goltd. Arch. 50 55, will die hier in Rede stehende Strafdrohungsbedingung der Beurteilung des Gerichtshofs, nicht der Geschworenenbank, unterstellen. Allein Schuldfrage ist Strafanspruchsfrage, es sind deshalb sämtliche das „Ob" des Strafanspruchs bedingenden Umstände, also auch die Strafdrohungsbedingungen, zur Geschworenenkompetenz geländischen Gesetzes in Verbindung mit den in § 4³ II erwähnten anderweitigen Voraussetzungen als regelrechte Strafrechtsanwendungsbedingung (oben S. 91), also als ein **vor** der Strafrechtsanwendung liegender Umstand. Allein man bedenke, daß man zur Verhängung der Strafe aus dem fremden Recht nur durch die Feststellung hindurch gelangen kann, daß die Tat ein Verbrechen oder Vergehen **im Sinne des deutschen Rechts** ist. Beurteilung der Tat und Verurteilung des Täters erfolgen also auch hier durchaus **auf Grund des deutschen Rechts**. Der Täter ist also nicht wegen „vol, escroquerie u. s. w.“, sondern wegen Diebstahls, Betrugs u. s. w. aus §§ 242, 263 u. s. w. StGB. zu verurteilen. Wenn also § 4³ II gleichwohl schließlich das deutsche Recht ausgeschaltet wissen will, so hat das nur den Sinn, daß die deutschrechtliche **Strafdrohung** mit ihren sachlichen und persönlichen Bedingungen gegen die mildere ausländische vertauscht wird. Eine Proklamation der Unanwendbarkeit des deutschen Rechts wäre ein Widerspruch gegen den Ausgangspunkt. Es wird vielmehr bloß die fremdrechtliche Strafdrohung quasi per adoptionem zur eigenen Strafdrohung erhoben, sie wird sozusagen organisch in das deutsche Recht eingefügt; sie figuriert nicht als ausländische, sondern als deutsche Surrogatstrafdrohung. Mit anderen Worten: auf die nach § 4³ II als deutschrechtliches Verbrechen oder Vergehen erfundene Tat **paßt** im Endergebnis die deutsche Strafdrohung nicht, wenn sie nicht die mildere ist, sondern es paßt auf sie nur die mildere

---

hörig, soweit nicht StPO. § 262 ausnahmsweise Gegenteiliges bestimmt. So auch die herrschende Meinung, vgl. **Ötker**, Goltd. Arch. 48 330, und dort Zitierte. Aber freilich geht diese darin fehl, daß eine besondere Befragung der Geschworenen nach den Merkmalen des ausländischen Gesetzes stattzufinden habe. Das Vorliegen der ausländischrechtlichen Strafbarkeit ist ein subintelligendum, das gar keiner besonderen Hervorhebung bedarf, sondern in dem „Ist ... schuldig“ enthalten ist, vgl. mein Lehrbuch, 552 Anm. 11. Ganz unmöglich erscheint mir **Ötkers** „Einheitsfrage mit Doppelsubsumtion“ (Goltd. Arch. 47 329 Anm. 13, 48 330, GerSaal. 64 73): eine Frage, die zu wissen begehrt, ob der Angeklagte (z. B.) sowohl des deutschrechtlichen Diebstahls, wie des französischen vol „schuldig“ sei. Der Schuldspruch liegt vielmehr ganz im Bereich des deutschen Rechts; die Feststellung, daß alle Merkmale eines „vol“ zutreffen, ist keine Schuldigsprechung, sondern die Feststellung einer Bedingung dafür, daß der Angeklagte des deutschrechtlichen Diebstahls schuldig sei. Bloße Strafdrohungsbedingungen können sich unmöglich zur eigenen Schuldfrage auswachsen!

fremdrechtliche. *Es handelt sich also um das oben in* § 7 *behandelte Verbrechensmerkmal.* Deutlich hebt sich unser Fall ab gegenüber dem Falle des § 2 StGB.[1]). Während für den Fall zeitlichen Wechsels der Gesetze nach § 2 StGB. die probeweise Vergleichung der Strafbarkeit nach dem einen und dem anderen Recht der Feststellung *voranging*, daß dieses oder jenes anzuwenden sei, steht hier fest, daß der Schuldspruch sich auf das eigene Recht zu basieren hat; und *erst dann*, wenn die Eigenschaft der Tat als deutschrechtlichen Verbrechens, die Eigenschaft des Täters als deutschrechtlichen Verbrechers bejaht ist, ist nunmehr probeweise die beiderseitige Strafbarkeit zu vergleichen, um die schließlich zu handhabende Strafdrohung ausfindig zu machen[2]).

6. *Die ausländischrechtliche Verjährung* bei den unter § 4^{3} StGB. fallenden Taten — StGB. § 5^{2} — ist ganz wie die Verjährung des deutschen Rechts ein *Strafaufhebungsgrund.*

7. Ebenso der ausländische Straferlaß, § 5^{2} StGB.

8. Ganz andere Bedeutung hat der nach ausländischem Recht erforderliche Strafantrag in den Fällen des § 5^{3} StGB. Er hat mit der Strafbarkeit gar nichts zu tun, ist vielmehr ganz wie der deutschrechtliche Strafantrag Strafklagerechtsvoraussetzung.

9. Der Antrag der zuständigen ausländischen Behörde nach StGB. § 4^{3} a. E. ist ebenfalls deutlich als bloße Strafklage-

---

[1]) Oben S. 93.

[2]) Im Schwurgerichtsprozeß gehört diese Ausfindigmachung natürlich zur Kognition der Geschworenen. Der Gerichtshof hat lediglich die von diesen als anwendbar bejahte Strafdrohung zu handhaben (Straffrage). Bei der Fragenformulierung begegnet nun freilich die Schwierigkeit, daß das gewöhnliche Schema unzulänglich ist. Die StPO. geht davon aus, daß, wofern nur die gesetzlichen Merkmale der Tat bejaht sind, damit auch die anwendbare Strafdrohung gegeben ist. Dies trifft im Regelfalle auch zu. In unserem Falle aber korrespondieren einer und derselben Tatcharakterisierung *zwei* Strafdrohungen, und ob die eine oder andere *paßt*, hängt von der größeren oder geringeren Milde der einen oder anderen ab. Bei einfacher Schuldbejahung würde also die passende Strafdrohung im dunklen bleiben. Folglich muß an die aus dem deutschen Recht formulierte Haupt- oder Hilfsfrage der Zusatz angehängt werden:

„und ist das französische Strafgesetz milder?"

wobei dann noch kenntlich zu machen ist, daß dieser Zusatz nur dann zu beantworten ist, wenn die Geschworenen annehmen, daß die Tat im Auslande begangen und der Angeklagte erst nach der Tat Deutscher geworden ist.

rechtsvoraussetzung erkennbar. Denn er ist die Willenserklärung, daß „gestraft werden solle" = daß Prozeß mit Strafurteil und Strafvollstreckung vor sich gehen solle, und es wäre ganz abnorm, wenn eine den Prozeß begehrende Willenserklärung nicht Prozedurbedingung, sondern Strafbarkeitsbedingung sein sollte. Binding will freilich [1]) diesen Antrag als eine Zession des ausländischen Strafanspruchs an das Deutsche Reich aufgefaßt wissen. Aber dieser Konstruktion, so interessant sie ist, stellen sich gewaltige Schwierigkeiten entgegen. Zunächst würde bei Annahme einer Zession die volle Anwendung des ausländischen Strafgesetzes erforderlich sein; statt dessen berücksichtigt § 4 [3] das letztere nur, wenn es milder ist, der Zessionsgedanke könnte also höchstens dann in Betracht kommen, wenn eben diese größere Milde des ausländischen Gesetzes gegeben wäre. Aber selbst in diesem Umfange erscheint der Zessionsgedanke unannehmbar: es hätte nämlich dann der Antrag der auswärtigen Regierung da, wo das ausländische Gesetz milder ist, Zessionscharakter, im anderen Falle wäre er nur Bedingung für die Anwendung des heimischen Strafgesetzes, während er seinem Wesen nach doch einheitlich ist. Sodann aber besteht gar kein innerer Zusammenhang zwischen dem Antrage der ausländischen Behörde und der Anwendbarkeit des milderen Auslandsgesetzes: der Grund für die Anwendbarkeit des letzteren ist lediglich die reichsgesetzliche Anordnung in § 4 [3], nicht jener Antrag. Das zeigt sich schon in der Fassung des Gesetzes: Der Antrag und die Anwendung des milderen Strafgesetzes werden nur mit dem nüchternen „und" verbunden nebeneinandergestellt, und es würde sowohl das Antragsrequisit seine volle Bedeutung haben, wenn nicht auch die Anwendung des ausländischen Gesetzes angeordnet wäre, wie auch umgekehrt die Bestimmung, daß das Auslandsgesetz anwendbar sein solle, in sich verständlich wäre, auch wenn ein ausländischer Antrag nicht erfordert wäre. Weiter enthält der Hinweis auf das ausländische Gesetz nicht die Anordnung, daß der fremde Strafanspruch angewendet werde, sondern, wie oben gezeigt, die andere, daß der inländische in einer inhaltlich dem ausländischen angepaßten und durch ihn modifizierten Weise

---

[1]) Handbuch **1** 591, Normen **1**[2] 233.

angewendet werde. Strafansprüche, die das Deutsche Reich haben will, legt es sich selbst bei; es braucht sich nicht vom Auslande mit solchen beschenken zu lassen[1]). Was aber ausschlaggebend gegen die Zessionskonstruktion spricht, das ist, daß eine Zession notwendig den Zedenten des abgetretenen Anspruchs beraubt. Und so liegt die Sache bei dem Antrage der auswärtigen Behörde nach § 4 [3] gewiß nicht: selbst wenn der Antrag zur Bestrafung im Inlande geführt hat, wird oft genug das Ausland gleichwohl noch seinen Strafanspruch gegen den Täter handhaben; und noch viel mehr, wenn dieser bei uns etwa freigesprochen worden ist oder sich bei uns der Verfolgung zu entziehen gewußt hat. Würde doch auch das deutsche Reichsstrafrecht voll anwendbar bleiben, wenn etwa das Reich einen Bestrafungsantrag an einen ausländischen Staat gerichtet hätte; § 5 StGB. kennt solche Anträge als Strafaufhebungsgründe nicht, sondern nur die Bestrafung oder die Freisprechung im Auslande, und auch sie nur in beschränktem Umfang. Und so wenig wie inländische ans Ausland gerichtete Bestrafungsanträge Abtretungscharakter haben, so wenig läßt sich dieser den ausländischen ans Inland gerichteten Anträgen beimessen[2]).

10. Prozessual ist ferner die ausländische rechtskräftige Freisprechung im Falle des § 5 [1]. Wie die inländische rechtskräftige Freisprechung, so tilgt sie kraft der Ausnahmebestimmung in § 5 [1] — nicht den deutschen Strafanspruch, wohl aber — das deutsche Strafklagerecht.

11. Prozessual ist endlich der ausländische Totalstrafvollzug auf Grund rechtskräftigen Auslandsurteils nach § 5 [1] StGB., verglichen mit § 7. Mit dem Ende der ausländischen Strafvollstreckung ist die Strafklage konsumiert. (Der Teilvollzug der Strafe im Auslande dagegen ist nur partieller Strafaufhebungsgrund.)

---

[1]) Gegen die Auffassung, als verteile das Völkerrecht die Strafgesetzgebungskompetenz so, daß sich ein Staat nur in beschränktem Maße Strafansprüche beilegen dürfe, vgl. meine Ausführungen in der Krit. Vierteljahrsschr., 3. Folge 2 606 ff., 613, sowie in der Zeitschr. f. Strafrechtswiss. 17 322 ff., vgl. auch Triepel, Völkerrecht und Landesrecht 275 und dort (Anm. 3) Zitierte.

[2]) Gegen Binding vgl. auch v. Martitz, Internat. Rechtshilfe in Strafsachen 1 52, Anm. 7.

Zweiter Abschnitt.

Der Tatbestand als Umriß des Verbrechenstypus.

§ 13.

A. Festlegung des Begriffs.

Die eminente Rolle, die dem Tatbestand im heutigen positiven Recht zufällt, fordert gebieterisch, daß die Lehre vom Tatbestande heute ex professo umfassend behandelt wird. Dieser Aufgabe hat sich die Wissenschaft bisher entzogen. In unzähligen Anwendungsfällen wird auf dem Tatbestandsbegriff gefußt. Eine zusammenhängende Theorie des Tatbestandes steht gleichwohl noch aus. Im folgenden soll versucht werden, diesem Mangel abzuhelfen.

Zu definieren ist der Tatbestand (reatus, Reat) als der Umriß des Verbrechenstypus. Erst der Tatbestand gibt der strafbaren Handlung das feste Gepräge. Ohne ihn kein Verbrechen. Das Atypische entbehrt schlechthin des Verbrechenscharakters. Dagegen nicht umgekehrt: jede Tatbestandsverwirklichung ein Verbrechen. Damit ein Verbrechen gegeben sei, muß vielmehr die Tatbestandsverwirklichung in einer „Handlung" bestehen, rechtswidrig und schuldhaft sein, es muß eine passende Strafdrohung da sein, und es müssen die Strafdrohungsbedingungen vorliegen. Der Tatbestand bildet den Mittelpunkt des Verbrechensbegriffs, um den herum sich die übrigen Verbrechensmerkmale gruppieren. Durch ihn werden aus der bunten Fülle der Lebensvorgänge die charakteristischen Figuren herausgehoben, Lebensvorgänge bestimmter Art, außerhalb deren strafrechtliche Folgen undenkbar sind, die aber nicht selber schon um dieser Typizität halber Verbrechen sind.

Der Tatbestand ist ein reiner Begriff ohne selbständige Bedeutung. In Beziehung auf ihn wird die rechtswidrige schuldhafte Handlung zum Verbrechen; er allein dagegen ist zeitlos, raumlos, existenzlos (womit aber nicht gesagt ist, daß er nicht seinerseits von zeitlichen, räumlichen Beziehungen u. s. w. reden könne) [1].

Der reine Begriff des Tatbestandes als ein für alle Verbrechensarten in Betracht kommender ist natürlich deutlich zu unterscheiden von den einzelnen Tatbeständen, dem Tatbestande der Tötung, der Sachbeschädigung u. s. w. Er wird aus ihnen, den Inbegriffen der Merkmale der einzelnen Verbrechensarttypen, mittels Abstraktion gewonnen; er ist die begriffliche Einheit, in die die Vielheit der einzelnen Tatbestände zusammengefaßt wird [2].

Etwas ganz anderes als dieser „begriffliche" Tatbestand ist der sog. „konkrete" Tatbestand = das Vorliegen einer tatbestandsmäßigen Handlung = die Tatbestandsverwirklichung, die existentia, veritas delicti im Sprachgebrauche Älterer. Die Verwechslung beider läuft recht oft unter, ja nicht selten führt das Insaugefassen der Tatbestandsverwirklichung sogar zu völliger Ignorierung des begrifflichen Tatbestandes [3].

Aber wer die (reale) Tatbestandsverwirklichung feststellen will, kann unmöglich den begrifflichen Tatbestand umgehen! Man kann das menschliche Leben nicht subsumieren, wenn man nicht die Begriffe kennt, denen es subsumiert werden soll. Von der

---

[1]) Darüber unten § 23. Für jetzt genüge als Beispiel: „Jagen zur Nachtzeit" ist ein von einer Zeitbeziehung redender Tatbestand; gleichwohl ist das „Jagen zur Nachtzeit" selber ein zeitloser Begriff.

[2]) Vgl. schon Luden, Abhandlungen 2 117: „Der Charakter des Verbrechens als einer in unserer positiven Gesetzgebung dafür erklärten verbrecherischen Erscheinung" (= tatbestandsmäßigen Handlung) „kann nur erkannt werden durch eine Abstraktion aus sämtlichen einzelnen Verbrechen, die in unserem positiven Recht dafür anerkannt sind".

[3]) Am deutlichsten bei Hold v. Ferneck, Rechtswidrigkeit, S. 392: Der Tatbestand als solcher gehöre immer der realen Welt an; er sei das reale Substrat, das der Abstraktion „Rechtswidrigkeit" zu Grunde liege. Statt dessen müßte es heißen: Die Tatbestandsverwirklichung ist das reale Substrat, das der Abstraktion „Tatbestand" — keineswegs Rechtswidrigkeit! — zu Grunde liegt. — Vgl. auch Kohlrausch, Irrtum, S. 59: Tatbestand = ein Komplex von Vorgängen.

Tatbestandsverwirklichung ist daher erst zu reden, nachdem dem begrifflichen Tatbestande gehörige Aufmerksamkeit geschenkt ist [1]).

Und jedenfalls empfiehlt es sich nicht, auch die Tatbestandsverwirklichung selber als „Tatbestand“ zu bezeichnen [2]). Wohl entspräche solche Bezeichnung dem sonst üblichen Sprachgebrauch. Wenn z. B. das bürgerliche Recht vom „rechtsgeschäftlichen Tatbestand“ spricht, so ist damit der reale Sachverhalt gemeint, der unter den Rechtsgeschäftsbegriff subsumiert wird. Aber im Strafrecht ist die Benennung als „Tatbestand“ bereits für den begrifflichen Tatbestand erforderlich, eine andere synonyme Benennung etwa als „Typus“ oder „Figur“ der Verbrechen wird schwerlich die Alleinherrschaft zu erringen im stande sein. Und da die Bezeichnung „Tatbestandsverwirklichung“ ganz klar und präzis ist, so liegt auch gar kein Bedürfnis für eine „quaternio terminorum“ vor.

Die einzelnen Elemente, aus denen der Tatbestand begrifflich zusammengeschichtet ist (in § 242 StGB. die Sache, die Fremdheit und die Beweglichkeit der Sache, sowie die Wegnahme), sind die Tatbestandsmerkmale. Soll eine Handlung dem Tatbestande unterstellt sein, so muß der konkrete Lebensvorgang diesen Merkmalen subsumierbar sein. Diese konkreten realen Tatsachen sind, insoweit sie sich unter die Tatbestandsmerkmale subsumieren lassen, die „Tatumstände“, von denen namentlich der § 59 StGB. spricht. Die Tatbestandsmerkmale gehören nur der Welt der Begriffe, die Tatumstände der Welt der Tatsachen an.

Das Wesen des Tatbestands ist demnach ein bloßer körperloser Umriß eines Verbrechenstypus. Er ist rein deskriptiv; normative Bestimmungen knüpfen nur an ihn an. Er selbst ist schlechthin rechtsfolgelos. Ja, und selbst die Feststellung, daß jemand einen Tatbestand erfüllt habe, die Feststellung, daß eine Tatbestandsverwirklichung vorliege, berechtigt für sich allein noch zu keinem Schlusse. Man mag noch so viel „getötet“, „gemißhandelt“, „fremde Sachen beschädigt“ haben u. s. w., damit allein ist noch kein Verbrechen begangen. Im Tatbestande selber ist eine rechtliche Bedeutung nicht erkennbar.

---

[1]) Vgl. unten §§ 32, 33.

[2]) Vgl. oben S. 3 Anm. 2.

§ 14.

B. Tatbestand und Strafgesetz.

Ein Begriff, der sich in der Aufzeichnung des Umrisses bestimmter Inhalte erschöpft, kann zu praktischer Anwendung nur vermittelst eines Satzes kommen, der über die so umrissenen Inhalte etwas aussagt. Er muß, um Bedeutung zu erlangen, zum Satzelement werden. Ist er ein Begriff, der rechtlich relevant sein soll, so muß er zum Rechtssatzelement erhoben werden. Der Rechtssatz, der dem Tatbestand zu juristischer Bedeutung verhilft, ist das Strafgesetz im engeren Sinne. Der Tatbestand ist ein Element des Strafgesetzes. Letzteres weist folgenden Bau auf:

Wer durch eine Handlung
den und den Tatbestand
in rechtswidriger
und schuldhafter Weise erfüllt,
wird, wenn die und die Strafdrohungsbedingungen vorliegen,
so und so bestraft.

Der Tatbestand will somit scharf unterschieden sein von der tatbestandsmäßigen Handlung (diese ist erst ein Produkt der Subsumtion einer Handlung unter den Tatbestand); und erst recht von einer konkreten tatbestandsmäßigen Handlung. Der Tatbestand gehört nur dem Gesetz (dem Rechtssatz), nicht dem realen Leben an.

In seiner Eigenschaft als ein Element des Strafgesetzes steht und fällt der Tatbestand natürlich mit dem Strafgesetz selber. Der Tatbestand hat exklusiv strafrechtlichen Charakter. Möglich ist gewiß, daß unsere Tatbestände, vielleicht photographisch getreu wiedergegeben, auch anderweit begegnen: in unserem eigenen Recht (etwa im bürgerlichen Recht, man denke an „Mißhandlung" oder „Ehebruch" als Ehescheidungsgründe) oder in älterem Recht, oder im ausländischen oder im Völkerrecht; möglich auch, daß dort „Tatbestände" vorkommen, die das Strafrecht nicht kennt. Aber Übereinstimmung und Verschiedenheit sind für uns belanglos: die Verbrechenskonstruktion kann sich nur auf den durch unsere Strafgesetze positivierten Tatbeständen aufbauen. Verbrechen kann nur die deutsch-strafgesetzlich-tatbestandliche Handlung und zwar nur auf der Basis des geltenden Rechts sein. Daran ändert auch der Umstand nichts, daß nach § 4³ StGB. unsere Tatbestände vorkommendenfalls an ausländischrechtlichen Tatbeständen zu messen sind: auch hier ist es der nationaldeutsche Tatbestand, in dessen Erfüllung das Verbrechen besteht [1]).

Im Rahmen des Strafgesetzes aber tritt der Tatbestand unter den Bedingungen auf, an die die Straffolge geknüpft wird. Er stellt den Verbrechenstypus hin, dem die einzelne Strafdrohung gilt. Es bedarf deshalb keines Beweises, daß die Feststellung des Umfangs des Tatbestandes grundlegende Bedeutung für das Strafrecht hat. Nun ist zwar viel Arbeit auf die Auslegung der einzelnen Tatbestände und ihr Verhältnis zueinander verwendet worden, und das ist selbstverständlich erforderlich. Aber es genügt nicht. Die Lehre vom Umfang der einzelnen Tatbestände muß vielmehr ergänzt werden durch eine Lehre vom Umfang des Tatbestandes überhaupt, unangesehen die Vielheit seiner Inhalte. Es muß die Frage aufgeworfen und beantwortet werden: Welche Elemente liegen überhaupt im Tatbestande und welche liegen außerhalb seiner, gleichviel ob es sich um den Tatbestand der Tötung, der Körperverletzung, der Sachbeschädigung u. s. w. handelt? Mit anderen Worten: Die dem „besonderen Teil" des Strafrechts angehörige Lehre von „den Tatbeständen" ist zu vervollständigen durch eine dem „allgemeinen Teil" des Strafrechts angehörige Lehre „vom Tatbestande" — gerade so, wie die Lehre vom Körperverletzungsvorsatz, vom Tötungsvorsatz u. s. w. zu vervollständigen ist durch eine Lehre vom Vorsatz überhaupt. Dieses wichtige Stück des allgemeinen Teils verschwindet bisher so gut wie ganz in den Lehren von der Rechtswidrigkeit, der Schuld u. s. w., soweit es überhaupt im allgemeinen Teil behandelt wird. Daß es dorthin nicht gehört, wird aus dem oben S. 5—47 Ausgeführten klar geworden sein: Der Verbrechenstypus steht als ein besonderes Verbrechenselement

---

[1]) Oben S. 106.

neben der Rechtswidrigkeit u. s. w. Die nachfolgenden Erörterungen bezwecken, diese Lehre gebührendermaßen auf eigene Füße zu stellen.

§ 15.

C. Tatbestand und Norm.

I. Bindings geniale Normentheorie hat noch heute Gegner, die sie ablehnen. Und doch sind die Fundamente, auf denen Binding baut, so unumstößliche Wahrheiten, daß ihre Widerlegung nie geglückt, kaum je ernsthaft unternommen worden ist. Diese Wahrheiten sind:

a) Das Strafgesetz ist keine Norm, es ist nicht identisch mit einem Satz: „Du sollst nicht so oder so handeln". Es enthält der Norm gegenüber mindestens ein plus [1]).

Norm und Strafgesetz verhalten sich zueinander wie die Sätze:

1. Ein rauchender Ofen belästigt den Bewohner des Zimmers.
2. Ein den Bewohner des Zimmers belästigender Ofen ist zu reparieren.

Demgemäß sind denkbar Normen ohne Strafgesetz als leges imperfectae.

b) Es gibt im heutigen positiven Recht zahlreiche ausdrücklich formulierte Normen [2]).

c) Es muß Normen geben, denn nur sie sind Regulatoren des menschlichen Verhaltens; nur nach einem Imperativ kann man sich richten oder sich nicht richten. Und zwar muß alles menschliche Verhalten, das überhaupt rechtlich relevant sein soll, durch Normen geleitet sein. Daß eine menschliche Handlung schon durch „die Moral" oder „die Kultur" verboten ist, interessiert das Recht solange nicht, als es nicht selber das rechtliche „Nichtsollen" hinzugefügt hat. Anzunehmen, „Normen" gebe es nur da, wo nicht schon Moral und Kultur Richtschnuren zögen, wäre eine Kühnheit sondergleichen: das hieße, das Recht zum Aschenbrödel

---

[1]) Ob es ein Indiz für die Norm ist, ist eine andere Frage. Darüber unten § 17 VIII.

[2]) Die Nachweise s. bei Binding, Normen 1^2 § 11.

herabwürdigen, ihm nur das kleine Leben zuweisen und ihm die Bedeutung einer eigenen großen Lebensmacht absprechen. Es kann auch nicht genügen, dem Strafgesetz allein die Funktion einer Richtschnur zuzuweisen. Ein wunderlicher Heiliger von Gesetzgeber, der den Menschen nicht sagte, ob sie etwas tun dürfen, sondern sich begnügte, die Folge (die Strafe) zu nennen, ohne die Ursache der Folge anzugeben!

So kann denn im Ernste heute nicht bestritten werden, daß es die Normen „Du sollst nicht töten", nicht „fremde Sachen beschädigen" u. s. w. in unübersehbarer Reihe gibt. Vor den Strafgesetzen und über ihnen stehen die Normen.

Damit ist aber noch nicht gesagt, daß wir die Normen im Strafrecht brauchen, und, wenn ja, welche Art der Verwendung sie zu finden haben. Und hier setzt eigentlich erst der Streit ein. Der status causae et controversiae ist freilich dadurch verdunkelt worden, daß diejenigen, die die Norm für die strafrechtliche Konstruktion entbehrlich hielten, die Entbehrlichkeit der Norm mit ihrem Nichtvorhandensein zusammenwarfen und so, gesicherter Wahrheit zuwider, die Normentheorie völlig ablehnten. Demgegenüber kann die richtige Fragestellung nur lauten:

> Laufen die Strafgesetze nur neben den Normen nebenher, so, daß das Strafgesetz aus sich heraus ohne Zuhilfenahme von Normen verstanden werden kann?
>
> Oder besteht ein innerer Zusammenhang zwischen Strafgesetzen und Normen, und bejahendenfalls, wie ist er beschaffen?

Die erste Frage ist mit der Normentheorie Bindings schlankweg zu verneinen. Die Norm ist erst der Schlüssel zu dem Strafgesetz, das ohne sie ein verschlossener Schrank ist. Denn das Strafgesetz erklärt ja nur:

> Wenn jemand den und den Tatbestand
> rechtswidrig u. s. w.
> verwirklicht,
> so wird er so oder so bestraft.

Darin liegt unwiderleglich, daß die Tatsbestandsverwirklichung an sich nicht immer rechtswidrig ist — sonst wäre ja das Verbrechensmerkmal „rechtswidrig" überflüssig. Wer z. B. „tötet"

(Tatbestand), wird eben nur gestraft, wenn die Tötung rechtswidrig ist. Es erwächst also die Frage:

Wann ist eine Tötung rechtswidrig oder nicht rechtswidrig?

Und diese Frage ist aus dem Strafgesetz nicht beantwortbar, weil dieses die Rechtswidrigkeit voraussetzt, aber nicht fixiert. In streng logischer Folge ergibt sich sonach, daß das Recht Sätze enthalten muß des Inhalts:

„Die Tötung (z. B.) ist rechtswidrig, wenn u. s. w.; sie ist nicht rechtswidrig, wenn u. s. w."

Diese Sätze aber sind eben die Normen. Soweit Töten rechtswidrig ist, soll man eben nicht töten; oder umgekehrt: die Norm „Du sollst nicht töten" lehrt, daß Töten rechtswidrig ist. Ob dabei die Norm so zu denken ist, daß sie lautet:

„Du sollst prinzipiell nicht töten, es wäre denn, daß —",

oder aber so, daß sie lautet:

„Du sollst bei Gegebensein bestimmter Voraussetzungen nicht töten",

steht auf einem anderen Blatte [1]).

Jedenfalls wird es auch der subtilsten normentheoriefeindlichen Auslegungskunst niemals gelingen, aus dem „rechtswidrig" das „Nichtsollen" im Rechtssinne, d. h. eben den Hinweis auf Imperative des Rechts zu eliminieren. Rechtswidrig ist normwidrig; und wenn es das ist, so bedarf das Strafgesetz zu seiner Anwendung der Herbeirufung der Norm.

II. Wenn trotz dieses in sich geschlossenen Gedankenganges, der zur Anlehnung des Strafrechts an das Normenrecht geradezu zwingt, eine starke Abneigung gegen die Verwertung der Normen besteht, so beruht dies in letzter Linie auf der Besorgnis, ins Bodenlose zu versinken. Denn die positivrechtlich formulierten Normen sind gering an Zahl, die große Masse der Normen ermangelt der Formulierung, und so scheint jede Sicherheit, jede Möglichkeit, sie zur praktischen Anwendung zu bringen, zu fehlen. Hier setzt ein ganzes Heer von Zweifeln ein [2]). Soll man z. B.

---

[1]) Darüber unten § 17 VIII.

[2]) Vgl. Binding, Normen 1² z. B. 209, 190 u. s. w.; Höpfner, Einh. u. Mehrh. 178 u. s. w.

die Norm gegen die Notzucht dahin formulieren: „Du sollst nicht mit Gewalt eine Frauensperson zum außerehelichen Beischlafe nötigen"? Oder stecken darin zwei Normen: „Du sollst niemanden vergewaltigen" und: „Du sollst eine Frauensperson nicht zum außerehelichen Beischlafe mißbrauchen"? Muß der Täter demgemäß einen Vorsatz haben oder aber zwei kombinierte Vorsätze? Und ist die Notzucht einfache oder doppelte Rechtswidrigkeit? Ist die Ausstoßung der Frucht aus dem Mutterleibe durch eine Norm verboten, die sich von der Norm gegen Tötung der Frucht im Mutterleibe selbständig abhebt, oder umschließt eine Norm das Verbot des einen wie des anderen? U. dgl. mehr. Soll man also den gesicherten Boden des Strafgesetzes verlassen müssen, um mehr oder weniger im Dunklen zu tappen? Verlockend ist diese Aussicht gewiß nicht. Wäre unsere Gesetzgebung technisch so vollkommen, daß sie scharf und peinlich genau die Normen erschöpfend expressis verbis formulierte — vielleicht würde dann auch nicht eine Stimme gegen die Basierung des Strafgesetzes auf die Norm laut werden. Heute aber glaubt man mit Durchführung der Normentheorie einen Sprung ins Dunkle zu machen.

Glücklicherweise aber läßt sich die Normentheorie ohne jeden Sprung ins Dunkle durchführen. Die Detaillierung, die ihr Begründer den Normen verliehen hat, hat nicht allein die Gegnerschaft gegen die Normentheorie überhaupt hervorgerufen, sondern sie hat vor allem auch den typischen Tatbestand des Strafgesetzes entgegen dem positiven Recht beiseite geschoben und ihn durch selbstformulierte Normentatbestände ersetzt: ein Fehler, der sich bitter rächen mußte. In ihrer ihnen durch Binding gegebenen Ausgestaltung haben die Normen Gebiete okkupiert, die ihnen nicht zukommen. Befreit man sie von der Umklammerung der Norm, so vermeidet man die sonst unausbleiblichen Reibungen zwischen Norm und Strafgesetz. Nicht die detaillierten Einzelnormen sind es, mit denen wir zu arbeiten haben, sondern die Normalität oder Nichtnormalität der Handlung überhaupt. Gegenüber der Normentheorie ohne Normtypen aber müssen alle gegen Binding erhobenen Einwände zu Boden fallen.

Denn liegt, wie oben nachgewiesen, der Verbrechenstypus in

dem Tatbestande des Strafgesetzes beschlossen, so ist damit der Verbrechensinhalt derart festgelegt, daß besondere Typen normmäßigen oder normwidrigen Handelns im Verbrechensbegriff daneben keinen Raum finden. Das Charakteristikum der Verbrechensarten liegt derart in den Tatbeständen, daß eine gleichzeitige Konstruktion der Verbrechensarten auf Grundlage der Norminhalte, sofern diese überhaupt inhaltlich verschieden sind von jenen Tatbeständen, zur Verwirrung führen muß. Die Rechtswidrigkeit selbst ist ein für das Verbrechen unentbehrliches Moment; die Individualität der Norm dagegen kommt strafrechtlich nicht weiter in Betracht — man kann ihr zuliebe nicht die gesetzlich fest fixierte Individualität der Tatbestände opfern, man würde sich sonst unterfangen, das geltende Recht meistern zu wollen. Wo das Gesetz einen Komplex von Elementen als einen Tatbestand formuliert hat, da ist auf diesem Fundament einheitlich aufzubauen, mögen auch dem Tatbestande eine Mehrheit von Norminhalten korrespondieren; wo umgekehrt eine Zweiheit von Tatbeständen im Gesetz ausgeprägt ist, da sind zwei Verbrechensgebäude zu errichten, mag auch eine einzige Norm mit einem beiden Tatbeständen zusammen korrespondierenden Inhalt nachweisbar sein. Tatbestandseinheit und -mehrheit, nicht Normeneinheit und -mehrheit sind für das Strafrecht grundlegend. Die Norm ist danach zwar nicht überflüssig, aber ihr kann für den Bau des Verbrechens lediglich die wertende Aufgabe zufallen, zu bestimmen, ob jene Typen und wann sie imperativwidrig sind. Nur das formale Element der Norm, der Widerspruch mit den Anforderungen des Rechts, das „Nichtgenügen" der Handlung im Rechtssinne, kommt insofern konstruktiv in Betracht, nicht die Abgrenzung der einzelnen Norminhalte. Mit anderen Worten: Die einzelnen Normen bedürfen für die Zwecke des Strafrechts gar keiner exakten Formulierung, eine Arbeit, die übrigens eine Sisyphusarbeit wäre. Es braucht uns nicht zu kümmern, ob es eine Norm gegen Vergewaltigung von Menschen und eine zweite gegen Mißbrauch einer Frauensperson zum außerehelichen Beischlaf gibt, oder ob eine Norm beide Inhalte vereinigt, wir bedürfen nur der Feststellung, daß im konkreten Falle das Handeln gegen ein Nichtsollen verstieß. Durch die Vertypung des Strafrechts durch

§ 2 StGB. ist der Tatbestand derart in den Vordergrund geschoben, daß damit der typische Verbrechensbegriff inhaltlich fest fixiert ist. Brauchen wir nunmehr auch noch die Normen, um die Rechtswidrigkeit feststellen zu können, so brauchen wir sie doch nur als den Maßstab, mittels dessen das tatbestandliche Verhalten an den Anforderungen der Rechtsordnung gemessen wird. Den Normen in ihrer Gesamtheit ist zu entnehmen, ob das tatbestandliche Verhalten rechtswidrig war; welcher Norm es zuwiderlief, und insonderheit ob einer einzigen oder einem Komplex von mehreren, ist irrelevant. Die Norm wertet nur, sie drückt der Tat keinen Typus auf; die „Einzelnormen" sind für uns nur Anwendungsfälle ohne individuelle Ausprägung, ohne Zahlenwert. Den Ausgangspunkt der Feststellung, daß ein Verbrechen vorliege, hat nicht die einzelne spezielle Norm zu bilden. Den Ausgangspunkt bildet der einzelne Strafgesetzestatbestand, und dann erst taucht die Frage auf, ob irgendwie einer beliebigen Norm oder Normenmehrheit durch das Handeln Abbruch geschehen ist. Die Normeninhalte (sozusagen die Normtatbestände) können weiter reichen oder enger sein als der Verbrechenstypus; das gilt alles gleich. Um z. B. jemanden wegen Körperverletzung verurteilen zu können, bedürfen wir neben der Feststellung, daß A den B körperlich gemißhandelt hat, zwar auch der Feststellung, daß dies normwidrig geschah; ob aber die einschlagende Norm lautet: „Du sollst andere nicht körperlich mißhandeln" oder „Du sollst nichts gegen den Körper anderer unternehmen" (so daß Tötungs- und Mißhandlungsnorm verschmolzen erscheinen), gilt gleich. Die strafgesetzlichen Tatbestände sind sonach zwar in gewissem Sinne ein Bindeglied zwischen Strafgesetz und Norm: sie geben die strafrechtlich relevanten Handlungsinhalte an, die dann an den ihnen feindselig entgegentretenden Normen auf ihre Rechtswidrigkeit hin gemessen werden; aber ihrem Wesen nach sind sie doch ausschließlich Strafgesetzes-, nicht Normbestandteile; die Norminhalte sind ihnen nicht kongruent oder brauchen es doch nicht zu sein. Schon hier mag darauf hingewiesen sein, daß besonders die Lehren von der Handlungseinheit und vom Vorsatz deshalb von jeder Normentypisierung frei bleiben müssen.

Diese Einschränkung der Tragweite der Normentheorie ist auch nicht etwa als ein bloßer Notbehelf zu denken, veranlaßt durch den derzeitigen Zustand technischer Unvollkommenheit des Normenkodex. Sie liegt vielmehr im Wesen der Normen begründet und würde auch dann Gültigkeit behalten, wenn alle Normen im Gesetz expressis verbis formuliert wären. Denn gesetzt selbst, es wäre eine derartige Formulierung möglich, daß einerseits die Gesamtheit der Normen das menschliche Verhalten, das rechtliche Relevanz haben soll, umfaßte, ohne Lücken zu lassen, und andererseits keine der Normen in die Inhalte der anderen übergriffe, so würden gleichwohl diese Normen unterster Stufe gruppenweise zusammengefaßt werden können zu übergeordneten Normen, diese Gruppennormen wieder zu höheren Gruppennormen u. s. w., bis schließlich eine allumfassende Generalnorm gebildet wäre. Und keiner dieser Konkurrenznormen, deren Zahl in die Millionen ginge, ließe sich die Existenz absprechen. Und umgekehrt stünde nichts im Wege, die Normen scheinbar unterster Stufe weiter in Unternormen zu zerlegen, etwa die Norm: „Du sollst nicht töten" in die Normen: „Du sollst nicht durch Ertränken töten", „Du sollst nicht durch Erschießen töten" u. s. w. Dann aber könnte man einen bestimmten Sachverhalt mit gleichem Rechte einer Norm der untersten Stufe wie jeder übergeordneten Norm zuweisen, und damit schwände gerade die für die Fixierung des Verbrechenscharakters erforderliche Typizität. Die Normen sind inhaltlich flüssig gegeneinander im Gegensatz zu den Tatbeständen des positiven Rechts, die starren Blöcken oder Quadern gleichen. Belieben und Willkür entscheiden darüber, ob man sich an eine Norm z. B. gegen Tötung + Körperverletzung halten, oder je eine Norm gegen Tötung und Körperverletzung annehmen will, ob eine einzige Norm gegen Verletzung des Eigentums oder deren mehrere. In das Reich der Normen konnte sich eine exakte Vertypung nicht Eingang verschaffen. Wollen doch die Normen das ganze menschliche Leben, soweit es rechtlich relevant sein soll, ergreifen — und die reichhaltige Fülle des Lebens läßt sich nun einmal nicht vertypen — auf Umspannung des ganzen rechtlich relevanten Handelns konnten die Strafgesetze Verzicht leisten, die Normen können es nicht! Gewiß lassen sich auch die Tatbestände zu höheren Einheiten vereinigen und in Teiltatbestände auflösen; aber gegenüber dem im Gesetz festgelegten Tatbestand erscheinen alle solche Bildungen als bloße Klarstellungen des typischen Tatbestandes: an der Typizität würden diese höheren und niederen Tatbestände keinen Teil haben; sie würden nur abgeleitete Bildungen ohne grundlegende, die Verbrechensarten in ihrer Individualität regulierende Bedeutung sein; denn während bei den Normen stets durch Aufsteigen und Absteigen ein neuer Rechtssatz entsteht, entsteht bei den Tatbeständen durch Aufsteigen und Absteigen ein bloßes Gebilde des Denkens, das nicht, wie der Grundtatbestand, gesetzlich zur Typisierung verwertet ist.

III. Das Gesagte läßt sich dahin resümieren: Das Verbrechen ist Normwidrigkeit, aber die Verbrechen sind nicht Normenwidrigkeiten. Hier macht sich eine weitere Auseinandersetzung mit Bindings Auffassung erforderlich. Es fragt sich vor allem: Was sind ihrem Wesen nach die einzelnen Normen und in welcher Disziplin sind sie beheimatet?

Daß die einzelnen Normen keine Wahngebilde sind, ist unbezweifelbar. Und wenn sie existieren, so läßt sich füglich auch nicht bezweifeln, daß sie Rechtssätze sind. Ja, sie sind die vornehmsten Rechtssätze, denn gerade das muß der Mensch in erster Linie von der Rechtsordnung erwarten, daß sie ihm Auskunft gibt über die Richtschnur, die er bei seinem Handeln einzuhalten hat.

Aber diese Richtschnur ist im Grunde genommen die Rechtsordnung selber, d. h. sie liegt in den Rechtssätzen selber, soweit sie auf menschliches Handeln Beziehung haben. Es geht nicht an, die Rechtssätze in zwei Klassen zu zerlegen, so, daß sich das Recht zerlegte in

1. das Normenrecht = den Komplex der Normen als — wie Binding lehrt — einen besonderen Teil des öffentlichen Rechts;
2. das Nichtnormenrecht = den Rest des öffentlichen Rechts, und das bürgerliche Recht.

Denn diese Zerteilung der Rechtssätze scheitert an unüberwindlichen konstruktiven Schwierigkeiten [1]). Zunächst erhebt sich hier

---

[1]) Vgl. zum Folgenden auch Kitzinger, GS. 55 29 ff., dessen Ausführungen aber nur in ihrem kritischen, nicht in ihrem aufbauenden Teil richtig sind, vgl. unten V.

die Frage, wie sich das Normenrecht in das öffentliche Recht eingliedert? Ist es Staatsrecht oder Verwaltungsrecht oder was sonst? Und wenn es z. B. Verwaltungsrecht ist, wo soll es da seine Stelle finden? Und soll das gesamte Normenrecht, also auch das „Du sollst nicht fremde Sachen beschädigen", „Du sollst nicht betrügen" u. s. w., dem öffentlichen Recht zugesprochen werden, so erhält man unausweichlich ein öffentliches Recht, das das ganze Privatrecht u. s. w. in sich aufgesogen hat: die Anordnungen des Privatrechts müssen in Normenform dem öffentlichen Recht inkorporiert werden. Lehrt das Privatrecht, daß der Schuldner verpflichtet ist, den Gläubiger zu befriedigen, so muß im öffentlichen Recht nochmals gesagt werden, daß der Staat das haben will. Es entstünde so eine Verdoppelung von staatlichen Anordnungen, wo doch nur e i n e nötig wäre. Und nicht allein nötig wäre, sondern auch wirklich nur eine einzige Anordnung vorliegt. Denn schreibt das Privatrecht vor, daß der Schuldner den Gläubiger zu befriedigen hat, so ist damit ja schon alles gesagt. Man kann unmöglich einen privatrechtlichen Satz und d a n e b e n die Norm, daß sein Inhalt beachtet werden solle, unterscheiden. Es wäre nur eine verschiedene Formulierung e i n e s Rechtssatzes, aber keine Zweiheit von Rechtssätzen, wollte man nebeneinander den (privatrechtlichen) Satz aufstellen: Der Schuldner hat zu zahlen, und den (angeblich besonderen) Satz: Schuldner, du sollst zahlen. Die Norm liegt also i n dem privatrechtlichen Satze, das normative Element — das „Du sollst" — haftet ihm unlöslich an, denn dächte man es sich hinweg, so verlöre sich nicht nur die Norm, sondern eben auch die privatrechtliche Anordnung selber.

Das lehrt, wie mir scheint, unwiderleglich, daß man die Normen nicht außerhalb der Rechtsdisziplinen zu suchen hat, sondern daß sie gar nichts anderes sind als die Rechtssätze des bürgerlichen, des Verwaltungsrechts u. s. w. selber. Hier könnte eingewendet werden: es sei doch z. B. BGB. § 872 („Wer eine Sache als ihm gehörend besitzt, ist Eigenbesitzer") keine Norm! Das ist unzweifelhaft richtig. Aber ganz abgesehen von dem Streit, ob die sog. begriffsentwickelnden Rechtssätze wirkliche Rechtssätze sind, so bedeutet unser Satz, daß die Normen „die" Rechtssätze selber seien, keineswegs eine einfache Identifizierung von

Norm und Rechtssatz. Die Normen sind vielmehr die Rechtssätze von einer bestimmten Seite betrachtet. Mittels der Bezeichnung als „Norm" charakterisieren wir einen Rechtssatz als einen mit Verbindungskraft für menschliches Handeln ausgestatteten. Deshalb ist nicht jeder Rechtssatz eine Norm, und die Rechtssätze, die es sind, sind es nur qua Richtschnur für das Handeln[1]). Nennen wir einen Rechtssatz eine Norm, so reißen wir ihn nicht aus seiner Zugehörigkeit zum bürgerlichen Recht u. s. w. heraus, sondern wir betonen nur das in ihm liegende Moment, daß er menschliches Handeln dem Staate gegenüber bindet[2]).

Und gerade darin liegt die Erklärung dafür, weshalb die Rechte man kann wohl sagen aller Zeiten auf korrekte und erschöpfende Normenformulierung so wenig Bedacht genommen haben. Sie konnten sich dessen entschlagen, weil die Sätze der Rechtsordnung, auch wo sie nicht in Normenfassung formuliert sind, das normative Element in sich tragen und sich das materielle Element eben aus den Rechtssätzen auch ohne Normfassung ergibt. Und gleichzeitig wird damit verständlich, daß die Normenindividuen, wie oben gezeigt, keine scharf umrissenen Größen mit Zahlenwert haben, sondern die Normen ineinander übergehen, und sich je nach Bedürfnis übergeordnete und untergeordnete Normen ausprägen lassen.

Unserer Auffassung, daß die Normen eben die Sätze des Privatrechts u. s. w. selber sind, nur in besonderer Weise betrachtet, könnte entgegengehalten werden wollen, daß es doch Normen gebe, die sich nicht als bloße Teile der verschiedenen Rechtsdisziplinen markierten, sondern selbständig dastünden: die sog. reinen Strafrechtsnormen, das sind die gerade durch die Strafgesetze indizierten, im engen Anschluß an sie gewonnenen, sozu-

---

[1]) Sie treten damit in deutlichen Gegensatz zu demjenigen Gehalt der Rechtssätze, der nicht personell adressiert ist („du sollst"), sondern impersonell („es soll" — sera, seront). Aber es handelt sich doch eben nicht etwa um auseinanderfallende Rechtssatzarten, sondern um die verschiedenen Elemente im Rechtssatz, die in einem und demselben Satze vereinigt sein können, so daß dieser sowohl als Norm wie unter Außerachtlassung seines Normcharakters betrachtet werden kann.

[2]) Vgl. auch Wendt, Über die Sprache der Gesetze (Festrede 1904) 7 ff.

sagen tatbestandlich substanziierten Normen[1]), also z. B. die Norm „Du sollst nicht töten“ — abgeleitet aus § 211 StGB. —, die Norm „Du sollst nicht widernatürliche Unzucht üben“ — abgeleitet aus § 175 StGB., u. s. w. Wohin gehören diese Normen?

Eine sich hartnäckig behauptende Auffassung rechnet sie dem Strafrecht zu. Nun gibt es allerdings Normen des Strafrechts = strafrechtliche Sätze in ihrer Eigenschaft als Handlungsrichtschnur. Sagt das Strafgesetz, es solle der Verbrecher gestraft werden, so ist dies insofern eine Norm, als dem Verbrecher befohlen wird, sich der Strafe zu unterwerfen; das Strafgesetz begründet den Strafanspruch, und indem es ihn begründet, führt es zu der Norm: „Du sollst die Strafe leiden“.

Aber die Norm „Du sollst nicht töten, Du sollst nicht widernatürliche Unzucht üben“ ist offensichtlich nicht identisch mit dem § 211, dem § 175 StGB., sondern sie wird durch die Strafgesetze nur indiziert. Und zwar weist das Strafgesetz die Norm so bestimmt wie möglich aus sich heraus. Das Strafgesetz ermöglicht hier lediglich den Schluß darauf, daß es grundsätzlich verboten sei, zu töten u. s. w., aber weder ist die Rechtswidrigkeitsfrage abschließend im Strafgesetz behandelt, noch geht die Norm in diesem auf.

Das Strafgesetz

„Wer einen Menschen tötet, wird ... bestraft“,

läßt zwar erkennen, daß wohl das Gesetz eben die Tötung nicht haben will, läßt also die Norm gegen die Tötung (und zwar als begrifflich vorangehend) hervortreten, aber

a) das Strafgesetz schweigt völlig über Tragweite und Grenzen der Norm — diese müssen vielmehr aus den sonstigen Rechtssätzen entnommen werden; auch die strafgesetzlich indizierte Norm muß sich bürgerlichrechtliche, verwaltungsrechtliche ꝛc. Durchbrechungen gefallen lassen (Scharfrichter!); und ganz besonders schlagend ist der Hinweis darauf, daß auch die strafgesetzlich indizierte Norm hinsichtlich der Begehung durch Unterlassung an die bekannten Schranken — von denen doch im Strafgesetz kein Wort steht — gebunden ist[2]);

---

[1]) Vgl. dazu unten § 17 VIII.

[2]) Unten § 17 VIII.

b) und es ist sogar denkbar, daß der Indizienbeweis, durch den man vom Strafgesetz zur Norm gelangt, um deswillen trügerisch ist, weil sich das Nichtvorhandensein der Norm mit Bestimmtheit ergibt und damit das Strafgesetz trotz formellen Bestandes als außerhalb jeder Anwendungsmöglichkeit befindlich zu Falle gebracht wird. Ein einschlägiges Beispiel bietet das württembergische Landesrecht aus früherer Zeit. Skortanten sollten sich nicht an anderen Tagen als am Mittwoch trauen lassen — die Mittwochstrauung war „unehrliche Trauung". Dazu existierten Strafgesetze, die den Geistlichen u. s. w. Strafe drohten, wenn sie Skortanten außer Mittwochs trauten. Aus diesem Strafgesetz war der Hinweis auf die Norm zu entnehmen. Nun verfügte aber Art. 51 des PolStG. von 1839:

„Das Verbot der Trauung an einem anderen Tage als am Mittwoch tritt außer Wirksamkeit."

Das Strafgesetz ward formell nicht beseitigt. Nur konnte es natürlich fortan faktisch nicht mehr angewendet werden, weil die Norm nicht mehr existierte. Deutlich fallen hier Norm und Strafgesetz auseinander! Noch geistete das Strafgesetz umher mit seiner Satzung:

Ein Geistlicher, der — scil. rechtswidrig — Skortanten außerhalb des Mittwochs traut, wird bestraft.

Aber da kein Geistlicher mehr rechtswidrig handelte, wenn er sich nicht an den Mittwoch hielt, so gab es keinen Anwendungsfall des Strafgesetzes mehr.

So stehen also diese „aus dem Strafgesetz abgeleiteten" Normen doch außerhalb des Strafrechts, und so erhebt sich die Frage: Wohin gehören sie dann?

Die einfache Antwort ist: Diese scheinbar extravaganten Normen sind in ihrer großen Mehrzahl gemeinsam den verschiedensten Rechtsgebieten; sie ragen gerade so gut in das Privatrecht wie in das Verwaltungsrecht hinein u. s. w.[1]), kurz, auch sie entpuppen sich als ganz reguläre Rechtssätze, die in den einzelnen

[1]) Töten z. B. ist ebensowohl in privatrechtlicher wie in öffentlichrechtlicher Hinsicht verboten. Der Rest dieser Normen läßt sich unschwer als zu einer einzelnen Rechtsdisziplin zugehörig nachweisen; z. B. die Norm gegen Geheimbündelei (§ 128 StGB.) als solche des Verwaltungsrechts.

Disziplinen zu Hause sind, und ihre Besonderheit ist nur die, daß man ihre Existenz auf dem Umwege über das Strafgesetz erkennt.

IV. Es könnte scheinen, als sei mit der Leugnung der Sondernatur der Normen der Normentheorie die Krone ausgebrochen. Sind es die Sätze des bürgerlichen Rechts u. s. w. selber, an denen man die Rechtswidrigkeit zu messen hat, so scheint der Zwischenbegriff der Norm damit entbehrlich geworden zu sein.

Und doch liegt in der Zurückführung des Rechtswidrigkeitsbegriffs auf die Norm ein unvergängliches Verdienst Bindings. Erst sie ermöglichte eine einheitliche Auffassung des Strafrechts.

Denn sieht man von dem Normcharakter der Rechtssätze ab, so zerfällt der Begriff der Rechtswidrigkeit in so viele Rechtswidrigkeiten, wie es Rechtsdisziplinen gibt: in eine Privatrechtswidrigkeit, eine Staatsrechtswidrigkeit, eine Kirchenrechtswidrigkeit, eine Verwaltungsrechtswidrigkeit, eine Strafrechtswidrigkeit u. s. w. Und so müßte natürlich das Verbrechen ein Privatrechtsverbrechen, ein Staatsrechtsverbrechen u. s. w. sein, und die Sätze, die seine Strafbarkeit regelten, könnten unmöglich anderswohin gehören, als in die betreffende Disziplin selber. Die Sätze über die Strafbarkeit des Privatrechtsverbrechens müßten Privatrecht sein, denn eine Privatrechtswidrigkeit könnte nur wiederum privatrechtliche Folgen auslösen, u. s. w.

Vor solcher Atomisierung bewahrt uns der Begriff der Norm. Sie faßt die Rechtssätze unangesehen ihre Zugehörigkeit zu der einen oder anderen Disziplin streng einheitlich zusammen unter dem Gesichtspunkt eben des normativen Elements in den Rechtssätzen, sie führt aus der Vielheit der Erscheinungen zu dem in den Rechtssätzen lebenden staatlichen Willen, der Nachachtung heischt, zu der Rechtsordnung als Ganzem in ihrer Verbindungskraft für menschliches Handeln. Sie lehrt, daß das Verbrechen nicht durch Verstoß gegen den einen oder anderen einzelnen Rechtssatz charakterisiert wird, sondern daß das Charakteristikum des Verbrechens, der Geist, der in ihm lebt, der Widerspruch gegen den staatlichen normativen Willen ist, also (unter Hinzunahme der subjektiven Seite: der Schuld) ein Ungehorsam gegen die Rechtsordnung[1]). Rechtswidrig ist = normwidrig = rechtsordnungswidrig = gleich Diskrepanz gegen das Recht. Keine Norm kann also ihren Zusammenhang mit dem Rechtsganzen verleugnen! Als Norm ist sie eben gerade in das Zentrum der Rechtsordnung gestellt.

Und wenn gegen die Normentheorie eingewendet worden ist, sie führe notwendig zu einer für alle Delikte einheitlichen Strafe — handle es sich doch eben bei Mord wie bei Diebstahl und grobem Unfug um das eine Delikt der Unbotmäßigkeit[2]) — so ist dabei übersehen, daß der Begriff der Unbotmäßigkeit eben nur begrifflich, aber nicht quantitativ das Unrecht fixiert. Es ist ja doch selbstverständlich, daß dem Staate die Befolgung des einen seiner Imperative wichtiger sein kann als die eines anderen, daß also die Normen der Aufstellung einer Schwereskala zugänglich sind, daß es Stärkegrade der Rechtswidrigkeit gibt, und sich somit trotz der gemeinsamen Natur der Verbrechen als Ungehorsam schwere und leichtere Verbrechen ergeben können[3]).

So ist also der Begriff der Rechtswidrigkeit im Strafrecht ein in sich durchaus geschlossener und unzersplitterbarer. Er wird im einzelnen Falle vermittelt durch Anwendung von Sätzen des Privatrechts u. s. w., aber unangesehen, auf welchem Wege man zur Bejahung der Rechtswidrigkeit gelangte, die Rechtswidrigkeit ist stets Vollrechtswidrigkeit = Gegensatz gegen die Rechtsordnung selber in ihrer Totalität.

Diese Einheitlichkeit des Rechtswidrigkeitsbegriffs ergibt sich

---

[1]) Binding, Grdr. 1⁶ 61, Normen 1 §§ 5 ff. Daß gerade vom Standpunkt der Normentheorie aus das Verbrechen als gegen das objektive Recht, und nicht — gegen Binding — gegen subjektive Rechte läuft, hat m. E. Kitzinger, GS. 55 1 ff. erwiesen.

[2]) So Löffler (Schuldformen des Strafrechts) nach Merkels Vorgang.

[3]) Vgl. Beling, Zeitschr. d. Savignystiftung f. Rechtsgesch., Germ. Abt. 17 194. — Deshalb durchaus zutreffend der Hinweis Franks, JKVM. 12 201 ff. darauf, daß die strafrechtlichen Bagatellen von den Taten schwereren Gewichts abgehoben werden sollen; nur ist die Scheidung, wie jede rein quantitative, natürlich mehr oder weniger willkürlich und darf nicht die Tatsache verdunkelt werden, daß die größere oder geringere Schwere der Tat die begriffliche Wesensgleichheit unberührt läßt, deshalb namentlich die Sätze über das Wesen von Schuld, Vorsatz, Fahrlässigkeit ihre allgemeine Tragweite behalten müssen.

als zwingend notwendig auch aus dem organischen Zusammenhang der einzelnen Rechtsteile. Was privatrechtlich rechtswidrig ist, muß unbedingt auch allgemein rechtswidrig sein. Regelmäßig liegt die Sache ja so, daß sich kein Rechtsteil in die Regelung von Lebensverhältnissen durch die anderen Disziplinen hineinmischt; und dann hat es gar keinen Anstand, die aus dem einen Rechtsteil erwachsene Rechtswidrigkeit als Vollrechtswidrigkeit zu behandeln. Wo aber die Rechtsteile scheinbar kollidieren, wie etwa bei dem Lebensgebiet, das von Privatrecht und Polizeirecht ergriffen wird, da stehen eben die Sätze der einen Disziplin in Abhängigkeit von denen der anderen, so, daß sich ein abschließendes Urteil über die Rechtswidrigkeit erst aus ihnen gemeinsam erzielen läßt.

V. Vor allem ist nun auch klar, daß es keine besondere „Strafrechtswidrigkeit" geben kann. Eine solche will man öfter namentlich hinsichtlich der durch die Strafgesetze indizierten Normen[1]) konstruieren, als seien diese bloße „Strafnormen", „Strafverbote". Töten, widernatürliche Unzucht üben u. s. w. sei „strafrechtswidrig"[2]).

[1]) S. oben S. 125.

[2]) So namentlich Kitzinger, GS. 55 29 ff., 39 ff., 63 u. s. w., nach dem das strafbare Unrecht eine in sich begründete, unabhängige Existenz führen soll. Der Beweis soll darin liegen, daß die Rechtswidrigkeit hier „durch die Strafbarkeit erzeugt sei". Der Irrtum liegt in dem „erzeugt" einerseits, und in der Identifizierung des Strafgesetzes mit der Strafbarkeit andererseits. „Erzeugt" könnte man allenfalls die Norm durch das Strafgesetz nennen (wiewohl auch das nicht ganz zutrifft); nimmermehr aber „erzeugt" die Strafbarkeit die Rechtswidrigkeit. Wie sollte eine Eigenschaft einer Handlung — mehr ist die Strafbarkeit nicht — eine andere Eigenschaft erzeugen können, die doch sogar ihre Voraussetzung ist! Das Richtige ist vielmehr: die Strafdrohung ist ein gewisses Symptom dafür, daß es Fälle rechtswidrigen Handelns gibt; das Strafgesetz ergibt ein gewisses Indiz für das Vorhandensein der Norm, und zwar ein Indiz, das irrig sein kann (vgl. oben S. 126), und das niemals die Grenzen der Norm an die Hand gibt (unten VIII).

Vgl. gegen Kitzinger auch Graf Dohna a. a. O. S. 20 ff., 22: der Grund der Strafbarkeit liegt in der Rechtswidrigkeit und nicht umgekehrt.

Mit der besonderen „Strafrechtswidrigkeit" operiert auch Stooß, Zeitschr. f. StrRW. 24 319 ff.; sein Strafrechtswidrigkeitsbegriff ist aber nur eine Zusammenschweißung von Tatbestandsmäßigkeit, Rechtswidrigkeit und Strafbarkeit, nämlich einfach = identisch mit der Verbrechenseigenschaft! Das bedeutet keinen Fortschritt, sondern ein Preisgeben der mühsam errungenen Erkenntnis von den einzelnen Elementen im Verbrechensbegriff.

Eine in jeder Hinsicht verfehlte Konstruktion[1])! Denn

a) eine besondere Strafrechtswidrigkeit, eine Rechtswidrigkeit im Sinne des Strafrechts, die nicht Rechtswidrigkeit überhaupt wäre, wäre doch eine nur auf strafrechtlichem Gebiete Folgen hervorrufende Rechtswidrigkeit, eine rein strafrechtliche Beziehung. Nun sind aber jene aus dem Strafgesetz als existent erkannten Normen durchaus nicht nur kriminell bedeutsam, wie ein Blick auf die Bestimmung z. B. des § 823 oder des § 227 BGB., auf die Befugnisse der Polizei u. s. w. erweist. Die aus einer solchen Norm resultierende Rechtswidrigkeit ist wie jede Rechtswidrigkeit Vollrechtswidrigkeit = Rechtsordnungswidrigkeit.

b) Eine wahre „Strafrechtswidrigkeit" könnte nur diejenige sein, deren Voraussetzungen das Strafrecht erschöpfend und allein regelt. Das trifft z. B. zu für den Widerspruch mit den echten Strafrechtsnormen (den Imperativen, die dem Verbrecher das Strafleiden auferlegen, oben S. 125). Dagegen jene nur durch das Strafgesetz indizierten Normen, das Verbot der Tötung u. s. w., sind in ihrer Tragweite gerade nicht durch das Strafrecht fixiert, sondern empfangen ihre Begrenzung aus allen einschlägigen Rechtsteilen, aus dem bürgerlichen Recht (etwa §§ 227—229 BGB.), aus dem Verwaltungsrecht (Amtsbefugnisse u. s. w.) u. s. w.

Daß die Strafgesetze es sind, aus denen wir hier die regelmäßige Unerlaubtheit der Handlung entnehmen[2]), kann kein Grund sein, die Norm in das Strafrecht einzuzwängen. Der Charakter eines Rechtssatzes bestimmt sich bekanntlich nicht nach dem Gesetz, in dem er steht. Wie in der ZPO. Sätze bürgerlichrechtlichen Charakters, im StGB. Sätze strafprozessualen Charakters und staatsrechtliche Sätze (§ 9 StGB.) vorkommen, so können jedenfalls auch Sätze über die Rechtswidrigkeit im StGB. stehen, die nicht selber strafrechtliche Sätze sind.

Somit fällt auch die Meinung Kitzingers[3]), daß da, wo im

---

[1]) Vgl. Binding, Normen 1² 93, 132.

[2]) Auf dieses Argument legt Frank II vor § 1 Gewicht: man finde doch z. B. über die Rechtswidrigkeit von Tötungen, Körperverletzungen u. s. w. „außerhalb des Strafrechts" gar nichts.

[3]) GS. 55 91, 92.

Strafgesetz das Rechtswidrigkeitsmoment genannt sei, die Rechtswidrigkeit auf Mißbilligung durch das Recht außerhalb des Strafrechts, da dagegen, wo im Strafgesetz die Rechtswidrigkeit nicht hervorgehoben sei, die Rechtswidrigkeit nur auf Mißbilligung durch das Strafrecht beruhe, in sich zusammen. Was eine Rechtsdisziplin mißbilligt, kann das Rechtsganze nicht billigen und umgekehrt!

Die durch das Strafgesetz indizierten Normen sind vielmehr ihrem Wesen nach inhaltlich übereinstimmende Sätze des bürgerlichen Rechts und der öffentlichrechtlichen Disziplinen; die aus § 253 StGB. herauszulesende Norm z. B. gilt gleichermaßen für Rechtsverhältnisse des bürgerlichen wie des Verwaltungsrechts u. s. w.; und weil sie so geartet ist, muß sie natürlich insoweit die Segel streichen, als sich die nach § 253 als im allgemeinen normwidrig gekennzeichnete Handlung nach den speziellen Satzungen desjenigen Rechtsteils, dem die jeweils in Frage stehenden Rechtsverhältnisse angehören, als nicht rechtswidrig erweist. Deshalb kann z. B. eine nach dem BGB. nicht rechtswidrige Drohung der in § 253 bezeichneten Art nicht gestraft werden.

VI. Mit der Einheitlichkeit des Begriffs der Rechtswidrigkeit fällt auch die neuerdings von Goldschmidt[1]) verfochtene Antithese von Verbrechen und „Verwaltungswidrigkeit". Dieser Autor will sich nicht damit zufrieden geben, daß die „Verwaltungsdelikte" sich bloß quantitativ gegen das „eigentliche Verbrechen" abheben („Bagatellstrafrecht"), sondern stellt die auf sie gesetzte Strafe als „die Deliktsobligation des Verwaltungsrechts" dar. Ein blendender Einfall! Schade nur, daß diese Theorie sich überall, wo man sie anfaßt, morsch erweist. Erstlich gibt der Verfasser selber zu, daß er „notgedrungen das Verwaltungsstrafrecht als objektives Strafrecht anerkennen muß und doch beweisen will, es sei Verwaltungsrecht". Wenn der Verfasser aber weiß, daß sein „Verwaltungsstrafrecht" Strafrecht ist, dann kann er es doch nur mittels eines Taschenspielerkunststücks plötzlich als Verwaltungsrecht erscheinen lassen; man könnte dann gerade so

[1]) Zuletzt Mitt. d. JKV. 12 220 ff.

gut Strafrecht als bürgerliches Recht erweisen wollen. Zweitens ist mit der Anrufung der zivilrechtlichen Deliktsobligation als des Seitenstücks zur Deliktsobligation des Verwaltungsrechts gar nichts bewiesen. Selbstverständlich können Verwaltungsverfehlungen auch deliktische Verwaltungsrechtsfolgen wachrufen, aber — das beweist doch noch nicht, daß die Rechtsfolgen der Verwaltungswidrigkeit des Strafcharakters entbehren. Ist doch auch mit dem Nachweis, daß z. B. Diebstahl und Sachbeschädigung Deliktsobligationen des bürgerlichen Rechts begründen, nicht gesagt, daß jene Delikte aus dem Strafrecht ausscheiden! Drittens müßte doch, wer die „Verwaltungsstrafe" als Nichtstrafe erweisen will, aufzeigen, daß ihr Wesen ein verschiedenes ist, etwa wie die Deliktsobligation des Zivilrechts als auf Schadensersatz gerichtet sich von dem Strafanspruch abhebt. Daran läßt es aber Goldschmidt fehlen. Sein Hinweis auf die Aburteilung durch Verwaltungsorgane, auf die Geltung des Opportunitätsprinzips u. s. w. verfängt nicht, weil der Verfahrensweg keinen Aufschluß über die materiellrechtliche Beschaffenheit der Ansprüche gibt. Sonst müßte man ja auch z. B. die verwaltungsrechtlichen Ansprüche, die im ordentlichen Zivilrechtswege verfolgbar sind, dem bürgerlichen Recht, die bürgerlichrechtlichen Ansprüche, die vor Verwaltungsbehörden oder Verwaltungsgerichte gehören, dem Verwaltungsrecht zuweisen. Viertens aber, und das ist das Entscheidende, hat Goldschmidt von dem Wesen der „Verwaltungswidrigkeit" eine seltsame Vorstellung. Sie soll nämlich die alleinige Normwidrigkeit sein, die es gibt, während das „Verbrechen" der Normwidrigkeit entbehrt; sie soll andererseits „nur" Verwaltungswidrigkeit sein, so daß die Rechtsordnung sozusagen durch sie nicht berührt wird. Welch wunderliche Blüten diese Auffassung treibt, zeigt sich am besten in der Doluslehre. Allen Ernstes behauptet der Verfasser hier, daß zwar die Verwaltungsstrafe Kenntnis der in dem Tun liegenden Verwaltungswidrigkeit erfordert, daß aber bei den „Verbrechen" die Kenntnis der Rechtswidrigkeit nicht erforderlich sei. Vgl. dazu oben S. 31 ff. und unten § 19 II 1.

Es gibt also keine Strafrechtswidrigkeit, die ihrem Wesen nach etwas anderes wäre, als eben „die" Rechtswidrigkeit. Und umgekehrt: die Rechtswidrigkeit, mit der das Strafrecht operiert, ist eben jene Vollrechtswidrigkeit, nicht ein eigenes strafrechtliches Präparat. Das Verbrechen, das gegen subjektive Privatrechte anläuft und dessen Rechtswidrigkeit an der Hand der Normen des Privatrechts ermittelt wird, ist nicht bloßes „Privatrechtsverbrechen", sondern Verbrechen gegen das Recht überhaupt — und das gleiche gilt mut. mut. für jedes Verbrechen.

Eine Hauptkonsequenz daraus ist namentlich die, daß die Rechtssätze, die die Rechtswidrigkeit betreffen, keine Teile des Strafgesetzes sind, und sich folglich ihr zeitliches Herrschaftsgebiet nicht nach § 2 StGB. richtet [1]).

VII. Macht, wie oben gezeigt, das formale Moment des Widerspruchs gegen die Rechtsordnung das Wesen der Rechtswidrigkeit aus, so ist nunmehr der Schluß unausweichlich, daß im Sinne einer und derselben Rechtsordnung eine Handlung nur immer entweder rechtswidrig oder nicht rechtswidrig sein kann. Die Rechtswidrigkeit ist nicht spaltbar — sie ist auch nicht verdoppelbar. Das letztere ist namentlich für die Konstruktion der Idealkonkurrenz von Bedeutung. Unter den zahlreichen Auffassungen vom Wesen der Idealkonkurrenz findet sich auch die, daß letztere sich als eine mehrfach rechtswidrige Handlung charakterisiere [2]). Diese Konstruktion setzt voraus, daß man, soweit es sich um ungleichartige Idealkonkurrenz handelt, an eine scharfe individuelle Ausprägung der Einzelnormen glaubt. Erkennt man, daß die Normen solcher Individualität entbehren, so bleibt uns nur der Begriff der Normalität oder Nichtnormalität in der Hand zurück, die Doppelrechtswidrigkeit reduziert sich auf eine Mehrheit der Beziehungen, in denen man eine Rechtswidrigkeit konstatieren kann, ohne daß damit die Eigenschaft der Rechtswidrigkeit selber verdoppelt würde. Und damit fällt überhaupt die Rechtswidrigkeit als charakteristisches Moment der Idealkonkurrenz hinweg: die Mehrheit der Beziehungen ist bereits in der Mehrheit der tatbestandlichen Qualität gegeben [3]). Daß vollends die sog. gleichartige Idealkonkurrenz nicht

[1]) Verkannt in E. 33 184.
[2]) Ich habe diese Auffassung bisher in meinen Grundzügen vertreten.
[3]) Darüber das Nähere unten § 31.

als mehrfache Rechtswidrigkeit gedeutet werden kann, ergäbe schon die Identität der „Einzelnorm" — wenn anders überhaupt mit solchen Einzelnormen operiert werden könnte.

Die mühevolle Arbeit, die Binding auf die Herausstellung der Normeinheit und Normenmehrheit verwendet [1]), erscheint nach alledem leider verloren [2])!

VIII. Wollte man gegen unsere Aufstellung von der Unmöglichkeit einer festen Individualisierung und Zählung der Normen einwenden, daß doch jedermann der Begriff der „10 Gebote" = 10 einzelner Normen geläufig sei, so wäre zu erwidern, daß sich seit Moses die Rechtsordnungen eben gewaltig geändert haben. Ehedem mag man mit einer kleinen Zahl fixierter Imperative ausgekommen sein, so, daß sich in ihnen das Recht samt Moral- und Religionsvorschriften erschöpfte. Die glückliche Einfachheit jener Zustände ist uns abhanden gekommen und hat einer so vielverzweigten rechtlichen Regelung menschlichen Handelns Platz gemacht, daß eine Zählung der den Individuen obliegenden Rechtspflichten durch das Gewirr der Tausende und Abertausende von Gesetzesbestimmungen zum Ding der Unmöglichkeit gemacht wird. Schon die Individualisierung und Zählung der Tatbestände macht Schwierigkeiten; aber wir befinden uns dabei doch immerhin auf festem Lande, insofern die Typen strafgesetzlich fixiert sind [3]). Für die Normen aber gebricht es an jeder gesicherten Grundlage, auf der ihre Sonderung gegeneinander ausführbar wäre.

Für die Zwecke des Strafrechts ist also die Aufstellung eines Stammbaums für die große Normenfamilie nicht erforderlich. Das Gebiet der Normenlehre betritt der Kriminaljurist nur, um sich aus ihm Klarheit darüber zu holen, ob die tatbestandsmäßige Handlung gegen irgend eine beliebige Norm verstieß. Den Normenindividualitäten braucht er nicht ex professo nachzugehen. Die Denktätigkeit beginnt strafrechtlich, wendet sich dann behufs Wertung der tatbestandsmäßigen Handlung (ob rechtswidrig oder

---

[1]) Insbesondere Normen 1² 49 ff.

[2]) Nur läßt sich zum Teil das reiche Gedankenmaterial für die Individualisierung der Tatbestände nutzbar machen.

[3]) Darüber unten § 25.

nicht) vorübergehend dem Normenrecht zu, um dann, falls Normwidrigkeit festgestellt ist, diesseits der Normenlehre rein strafrechtlich weiter zu arbeiten. Es interessiert fortan nur, daß die Handlung normwidrig war, ihre spezielle Richtung gegen die eine oder andere Norm bleibt außer Ansatz.

Zur rein akademischen Frage sinkt damit auch das Problem herab, ob Vollendung und Versuch von derselben Norm ergriffen würden, sei es so, daß die Norm auf die Vollendung laute („Du sollst nicht töten") und dabei den Versuch mittreffe, oder so, daß die Norm lediglich auf das Handeln als solches laute („Du sollst Tötungen ꝛc. nicht unternehmen"), so daß dadurch zugleich die Vollendung mitgetroffen sei[1]), oder ob eigentlich nur der Versuch als verboten zu denken sei[2]), oder ob für die vollendeten Taten die eine, und für die Versuchsfälle eine andere Normenreihe gelte. Der an dieses Problem gewandte Scharfsinn ist verloren! Denn es braucht uns nicht zu kümmern, ob Vollendung und Versuch überhaupt von einer Norm umspannt werden. Ist der Versuch rechtswidrig — und daß er das ist, unterliegt ja keinem Zweifel —, so ist er für die Bestrafung präpariert. Die Norm hat ihre Schuldigkeit getan, die Norm kann gehen!

Und ganz ebenso kann die Frage auf sich beruhen bleiben, ob Täternorm und Anstifternorm identisch oder verschieden sind, ob die Norm gegen das qualifizierte und die gegen das einfache Delikt identisch sind oder nicht[3]), und was dergleichen Probleme mehr sind. Ist die Individualität der Normen für den Verbrechensbegriff bedeutungslos, so ist es auch die Identität oder Nichtidentität der Normen.

Endlich erweist sich nach dem Ausgeführten auch die Denkform der „Subsidiarität der Normen" als hinfällig[4]). Solche Subsidiarität könnte nur bedeuten: Norm 2 wolle nur aushilfsweise gelten, sofern nicht schon Norm 1 eingreife. Aber wenn Norm 1 nicht eingreift, so kann das nur an ihr selber liegen, d. h. daran, daß sie sich so beschränkt, daß der Fall von ihr nicht berührt

---

[1]) So Höpfner, Einheit und Mehrheit 130 ff.
[2]) So Hold v. Ferneck, Rechtswidrigkeit 289.
[3]) Untersuchungen darüber bei Binding, Normen 1^2 190.
[4]) Mit dieser Denkform operiert Binding Handb. 1 358.

ist. Ist das aber so, dann ist sie eben gar keine den Fall irgendwie angehende Norm, und die „subsidiäre" Norm ergreift den Fall in Wahrheit direkt, nicht nur bedingt. Das wird ganz klar, wenn man sich bemüht, dem Subsidiaritätsgedanken ein sprachliches Gewand anzuziehen. Norm 1 laute:

„Du sollst x nicht tun."

Norm 2:

„Du sollst y nicht tun."

Um das Subsidiaritätsverhältnis zum Ausdruck zu bringen, müßte natürlich der Imperativ auch die nötige Selbstbeschränkung enthalten. Aber wie? „Du sollst y nicht tun, wenn —," hier stockt man; es könnte doch nur folgen: „wenn du nicht x tust," oder „wenn du x tust". Aber wenn der Täter x nicht tut, so ist eben Norm 1 überhaupt auszuschalten, folglich Norm 2 ohnehin primär. Und wenn der Täter x tut, und Norm 2 sich für diesen Fall für anwendbar erklärt, dann ist das Gegenteil von Subsidiarität, nämlich Anwendbarkeit beider Normen gegeben!

Als Beispiele für subsidiäre Normen führt Binding u. a. die Körperverletzungsnorm als der Tötungsnorm subsidiär, die Nichtgefährdungsnorm als der Nichtverletzungsnorm subsidiär an. Er will daraus herleiten, daß die mittels Körperverletzung vollbrachte Tötung lediglich als rechtswidrige Tötung, die Verletzungshandlung, die durch das Stadium der Gefährdung hindurchgelaufen ist, nur als Verletzungsdelikt in Betracht komme. Aber insoweit hier Subsidiarität vorliegt, ist sie nur im Strafgesetz zu suchen [1]). Im Punkte der Rechtswidrigkeit dagegen kann es sich hier wie immer nur fragen: ist die Handlung rechtswidrig oder nicht? Und rechtswidrig ist sie sowohl, wenn sie gegen die eine, wie wenn sie gegen die andere Norm verstößt.

IX. Aus den im vorigen getroffenen Feststellungen fällt helles Licht auf das Wesen der Rechtswidrigkeit. Die Rechtswidrigkeit ist streng formalen Charakters. „Der Widerspruch mit der Rechtsordnung ist das unerläßliche, aber auch das einzige Begriffsmerkmal aller Rechtswidrigkeit" [2]). Es ist schwer be-

---

[1]) Danach wolle man die oben gegebene Schablone x und y ausfüllen.

[2]) Kitzinger, GerSaal 55 1 ff.

greiflich, wie man der Normentheorie daraus einen Strick hat drehen wollen, daß sie „dem materiellen Element" der Rechtswidrigkeit nicht Rechnung trage. Die „Widrigkeit" ist reine Negative! Die materiellen Inhalte, die man der Rechtswidrigkeit hat geben wollen, sind entweder schlechterdings außerrechtliche Gebilde, oder sie sind Inhalte der Rechtsordnung selber, zu denen die Norm lediglich negierend hinzutritt. Daß es namentlich unangängig ist, das Verbrechen als sozialschädliche oder sozialgefährliche Handlung, als kulturwidrige Handlung u. s. w. zu definieren, ist oben gezeigt; aber auch die Rechtswidrigkeit als „Rechtsgüterverletzung" zu begreifen, ist irrig, soweit man nicht die Rechtsordnung selber als das „verletzte Rechtsgut" (soll heißen: den Gegenstand, zu dem das Verbrechen in logischem Gegensatz steht) bezeichnen will.

Verfehlt ist demnach auch der Versuch, dem Begriffe der Rechtswidrigkeit eine Doppelbedeutung zu verleihen. „Die Rechtswidrigkeit umfaßt," meint v. Liszt[1], „ein Doppeltes:

1. formell rechtswidrig ist die Handlung als Übertretung einer staatlichen Norm;
2. materiell rechtswidrig ist die Handlung als Angriff auf die durch die Rechtsnormen geschützten Lebensinteressen des Einzelnen oder der Gesamtheit, mithin als die Verletzung oder Gefährdung eines Rechtsguts."

v. Liszt verkennt selbst nicht, daß, wenn das Gesetz etwas verbietet, was nicht „materiell rechtswidrig" ist, der Richter durch das Gesetz gebunden ist. Ist das aber der Fall, so heißt das eben: die sog. materielle Rechtswidrigkeit gehört gar nicht dem positiven Recht an; folglich darf mit ihr im Strafrecht nicht operiert werden, es ist verwirrend, diesen Begriff aufzustellen. Sie ist nicht Rechtswidrigkeit, sondern sie bedeutet nur ein Programm für den Gesetzgeber, einen an ihn gerichteten Wunsch, daß er die wirkliche, also die positivrechtlich formale Rechtswidrigkeit gewissen Erwägungen anpassen möge[2].

---

[1]) Lehrb. § 32 I.

[2]) Wie gefährlich es ist, mit einer anderen als der formalen Rechtswidrigkeit zu spielen, zeigt namentlich die von v. Liszt selber (a. a. O. Anm. 3) durchaus treffend betonte „bedenkliche Neigung, die Kraft positiver

Aus der positivrechtlichen Fundamentierung des Rechtswidrigkeitsbegriffs tritt man demnach auch dann auf Sumpfgebiet über, wenn man das rechtswidrige Verhalten definiert als ein „unrichtiges Verhalten", d. h. ein solches, welches „nicht anerkannt werden kann als rechtes Mittel zu rechtem Zweck" im Gegensatz zu dem rechtmäßigen Verhalten, das sich als das rechte Mittel zum rechten Zweck darstelle, wie dies neuerdings auf Stammlerscher Grundlage Graf Dohna verficht [1]).

Der Verfasser gibt selber zu, daß es auch unpassende, unangemessene Normen gibt, „unrichtiges Recht", das sich in der Wahl von Zweck oder Mittel vergreift und ein in Wahrheit „unangemessenes Verhalten" fordert, und daß dieses unrichtige Recht vollgültig ist, solange es nicht formell beseitigt wird [2]). Ist das aber so, dann ist doch jene Begriffsbestimmung des „Rechtswidrigen" von vornherein falsch. So reduziert sich denn auch die Meinung des Verfassers auf eine bloße Interpretationsregel: man habe davon auszugehen, daß der Gesetzgeber immer das rechte Mittel zum rechten Zwecke gewollt habe, wo nicht das Gegenteil erhelle; jene „formale Maxime des menschlichen Handelns" soll also nur aushilfsweise bedeutsam sein. Aber damit langt man schließlich an bei dem schlimmen Satze, daß das „Sachgemäße" nicht rechtswidrig sei! Ob aber etwas „sachgemäß" ist, ist doch wieder an einem bestimmten Maßstab zu messen — es ist vom Standpunkt des Räubers durchaus sachgemäß, wenn er sein Opfer betäubt 2c. —; und dieser Maßstab kann im Rechtssinne natürlich wiederum nur der Maßstab der Rechtsordnung selber sein, man segelt also direkt hinein in die Tautologie: rechtmäßig ist, was im Sinne der Rechtsordnung sachgemäß = rechtmäßig ist! Oder will man die „Sachgemäßheit" nach Regeln der ärztlichen Kunst [3]) u. s. w. entnehmen, dann muß, wer solche Sachgemäßheit als

---

Satzung zu unterschätzen", die sich bei neueren Autoren findet — eine Neigung, die sehr erklärlich ist, wenn man nicht den Willen der positiven Rechtsordnung zum Ausgangspunkte der Rechtswidrigkeit nimmt und doppelte Buchführung treibt!

[1]) Rechtswidrigkeit S. 50 ff. — Vgl. gegen ihn zutreffend Kohlrausch, Z. f. StrRW. 25 660 ff.

[2]) a. a. O. S. 50.

[3]) Vgl. Graf Dohna, 95 ff.

Rechtsgemäßheit behandeln will, natürlich auch die Rezeption dieser außerrechtlichen Maßstäbe in das Recht nachweisen — und diesen Beweis bleibt Graf Dohna schuldig. Das ist umso empfindlicher, als jene außerrechtlichen Maßstäbe selber wiederum durchaus verschieden sein können — vom Standpunkt des Künstlers etwas sachgemäß sein kann, was vom Standpunkt des Arztes es nicht ist u. s. w. Eine Zurückführung des Rechtswidrigkeitsbegriffs auf das Nichtangemessene ist somit entweder nichtssagend — „unrichtiges Handeln" = rechtlich unrichtiges Handeln — oder falsch, wenn man nicht gar dabei vom Regen in die Traufe gerät.

X. Die Erkenntnis, daß für die Feststellung der Rechtswidrigkeit lediglich das normative Element in den Rechtssätzen selber in ihrer Bedeutung für menschliches Handeln maßgebend ist, befähigt uns schließlich zu einer ganz klaren Scheidung zwischen Rechtswidrigkeit und Schuld.

Es wird heute mehrfach gelehrt, daß die Norm in dem Sinne „subjektiv" gefaßt zu denken sei, daß nur die schuldhafte Zuwiderhandlung von ihr getroffen werde [1]). Nun wird sich nicht bestreiten lassen, daß von Bindings Standpunkt aus, wonach die Normen eine selbständige Gruppe gehorsamheischender Rechtssätze oberhalb der Sätze des Zivilrechts ꝛc. sind, diese Auffassung nur folgerecht ist, wiewohl Binding selbst sie ablehnt [2]). Und ebenso folgerecht ist es, wenn die Anhänger der Imperativentheorie, denen das ganze Recht überhaupt nur aus Normen besteht, den Begriff des schuldlosen Unrechts leugnen.

Aber jene Ausgangspunkte sind nicht als richtig anzuerkennen.

---

[1]) So besonders Hold v. Ferneck in seinem Werke über die Rechtswidrigkeit. Ferner Graf Dohna, Rechtswidrigkeit 105; im Widerspruch hiermit S. 122 ff., wo zutreffend die scharfe Scheidung der Rechtswidrigkeits- von der Schuldfrage verlangt wird. Vgl. auch Höpfner, Z. 23 643.

[2]) Normen 1 [2] 57, 80. — Wenn Binding das. 1 [2] 99 die Normen nur an die Zurechnungsfähigen adressiert sein läßt, so betritt er damit m. E. eine Bahn, die unausweichlich zur subjektiven (schuldverlangenden) Fassung der Normen führen muß, denn die Zurechnungsfähigkeit kommt doch nur als Schuldvoraussetzung in Betracht.

Es gibt eine objektive Rechtswidrigkeit von Zuständen [1]); und erst recht eine objektive Rechtswidrigkeit menschlichen Handelns. Nennt man, wie wir, einen Rechtssatz nur um deswillen eine Norm, weil sich menschliches Handeln an ihm als rechtsordnungsmäßig oder -widrig messen läßt, so steht damit fest, daß die Norm das psychische Gebiet gar nicht berührt. Normwidrig handeln heißt lediglich: nicht so handeln, wie es die Rechtsordnung wollte.

So ist also die Norm frei von jedem Schuldmoment; Normwidrigkeit und Schuld, jene auf objektivem (außerpsychischem) Gebiet, diese auf seelischem Gebiet liegend, sind streng zu trennen [2]).

Die Verquickung beider Eigenschaften, die gewaltsame Hineinpressung von Psychischem in die Norm, muß auch zu heillosen

---

[1]) Darüber unten § 18.

[2]) Richtig Löffler, Zeitschr. f. StrRW. 21 571.

Ganz anders Höpfner, Einheit und Mehrheit 139 ff., Zeitschr. f. StrRW. 23 643 (gegen ihn Finger, Österr. StrR. 1 ^{2} 85). Er will, und zwar gerade in der Tendenz, den Schuldbegriff entbehrlich zu machen, die Normen dahin gefaßt wissen: Du sollst keine Handlungen vornehmen, von denen du dir vorstellst oder vorstellen kannst, daß sie den und den Erfolg haben. Die Norm soll also den Anspruch auf unbedingte Nachachtung aufgeben und sich von der Vorstellungswelt bezw. der Erkenntnisfähigkeit der einzelnen abhängig machen. Nun ist das gewiß möglich, und es gibt im geltenden Recht so konstruierte Normen (s. unten S. 142). Aber prinzipiell ist es doch offenbar unrichtig, sich die Rechtswidrigkeit als durch Vorstellung oder Vorstellbarkeit bedingt zu denken. Es würde danach z. B. die im bürgerlichen Recht vorkommende Haftung für schuldlose Schädigungen schlechthin unverständlich sein; denn solche Haftung ist sicher Unrechtsfolge, sonst müßte sie sich auch auf rechtmäßige Schädigungen erstrecken! Und was noch schlimmer ist: Nach der Höpfnerschen Formulierung würden objektiv harmlose Handlungen zu rechtswidrigen gestempelt, wofern nur der Handelnde sich vorstellen oder vorstellen konnte, daß sie schädlich wären, z. B. der Schuß auf eine Scheibe, in deren Nähe weit und breit kein Mensch war, wenn nur der Täter sich vorstellte, daß ein Mensch getroffen werden könne. Bei unverkünstelter Auffassung liegt hier die Sache doch einfach so, daß nichts contra jus geschehen ist, wiewohl die seelischen Vorgänge im Täter nicht einwandfrei waren. Es bedarf keiner Ausführung, daß von diesem Standpunkte aus die positivrechtlich aufgestellten Typen einfach unverständlich wären. Wenn Höpfner schließlich glaubt, den Schuldbegriff überflüssig gemacht zu haben, so ist das eine Selbsttäuschung. Ganz im Gegenteil hat er die objektive Rechtswidrigkeit damit zum Unding gemacht und vielmehr die Untersuchung ganz auf das Schuldgebiet verpflanzt, nur mit dem Unterschied gegen früher, daß nunmehr der Schuldbegriff nicht so genannt, sondern verschleiert wird und Psychisches mit Objektivem durcheinandergeworfen wird.

Konfusionen führen. Das seelische Moment, das wir „Schuld“ nennen, ist eine bloße Relation zu der äußeren Bedeutung der Tat. Steht die äußere Bedeutung der Tat nicht fest, so ist weder der Schuldbegriff definierbar, noch die Schuld konstruierbar! Und wenn es wahr wäre, daß es keine Rechtswidrigkeit ohne Schuld und keine Schuld ohne Rechtswidrigkeit gäbe, wozu dann überhaupt noch die Aufstellung des Begriffs der Rechtswidrigkeit? Die Aufstellung des Schuldbegriffs würde dann doch genügen! In ihm wäre ja alles für die Rechtswidrigkeit in Betracht Kommende schon mitenthalten!

Die rein objektive Bedeutung der Rechtswidrigkeit tritt auch darin deutlich hervor, daß für die Beurteilung ihres Vorhandenseins oder Nichtvorhandenseins die Zwecke, die der Handelnde verfolgte, prinzipiell außer Betracht bleiben, eben weil sie nur subjektive Momente sind.

a) Rechtswidriges Handeln verliert diesen seinen Charakter nicht dadurch, daß mit ihm nur erlaubte Zwecke angestrebt werden. Der Zweck heiligt nicht das Mittel. Ein schlagendes Beispiel bietet hierfür § 241 StGB. [1]).

b) Rechtmäßiges Handeln wird darum nicht rechtswidrig, weil rechtswidrige Zwecke mit ihm angestrebt werden. So ist die Notwehrhandlung, eine Handlung also, die sich objektiv als erforderliche Verteidigung zur Abwendung eines gegenwärtigen rechtswidrigen Angriffs darstellt, auch dann rechtmäßig, wenn kein Verteidigungszweck verfolgt wird [2]).

---

[1]) Will der Gesetzgeber dem „erlaubten Zweck“ die Kraft zugestehen, daß *alles* ihm dienende Handeln der Rechtswidrigkeit auch dann entkleidet wird, wenn es an sich rechtswidrig wäre, so bringt er das regelmäßig so zum Ausdruck, daß er den Zweck objektiviert, d. h. erklärt, daß *alle* für die Erreichung jenes Zwecks *geeigneten* Mittel als nicht rechtswidrige charakterisiert werden. Wo das nicht deutlich ausgesprochen ist, da bleiben die gewählten Mittel als solche der Unterstellung unter Rechtswidrigkeit oder Nichtrechtswidrigkeit verfangen. Ist doch z. B. sogar der Zweck der Vaterlandsverteidigung nicht derart gestellt, daß alles, was ihm dient, aus der Rechtswidrigkeitssphäre „herausgehoben wäre“ (Tötung außerhalb Gefechts 2c.)!

[2]) A. M. Oberstes Landesgericht München, Entsch. 4 237; RG., Bl. f. RAnwendung 69 441, die dort gebotenen Argumente lassen aber das positive Recht hinter sich.

Damit soll nicht in Abrede gestellt sein, daß Rechtserlaubnisse und Normen so gefaßt sein können, daß die Rechtmäßigkeit oder Rechtswidrigkeit des Handelns von den von dem Handelnden verfolgten Zwecken abhängig gestellt sind. Ein Beispiel bietet das Schikaneverbot in § 226 BGB. Ferner die Festnahmebefugnis der Polizei, die eine verschiedene ist, je nachdem ob Repressivzwecke (§ 127 StPO.) oder Präventivzwecke verfolgt werden. Auch sonstige psychische Momente können als Rechtmäßigkeits- oder Rechtswidrigkeitsbedingungen auftreten, wie z. B. die Rechtswidrigkeit des Gehorsams gegenüber einem militärischen Befehl davon abhängt, ob der Untergebene zweifelsfrei klar erkannte, daß ihm ein Verbrechen oder Vergehen zu begehen zugemutet werde (MStGB. § 47).

Aber das sind nur Sondererscheinungen, die sich auch deutlich als solche ausweisen, da sie sonst ja fehlen könnten. Prinzipiell ist jedenfalls die Rechtswidrigkeit vom Willen und Wollen des Handelnden, von seinem Denken und seinen Absichten unabhängig, und prinzipiell kommt erst dann die psychische Beziehung in Betracht, wenn es sich um die Schuldseite, die „Verantwortlichkeit", und die auf Schuld aufgebauten Rechtsfolgen handelt[1]). Deshalb ist auch jene Theorie, die das ärztliche Handeln, wenn es „zu ärztlichem Zweck" geschieht, nicht als rechtswidrig gelten lassen will, de lege lata unbedingt abzulehnen. Damit würden auch ärztliche Kunstfehler der Verantwortung entzogen, wofern nur der Arzt Heilzwecke verfolgte! Und auch bei fehlerlosem ärztlichen Handeln käme man bei üblem Ausgange zu einer Leugnung offensichtlicher Rechtswidrigkeit; aber handelt etwa der Arzt nicht rechtswidrig, wenn er durch Exstirpation der Schilddrüse dem Patienten Blödsinn bringt, ist der Blödsinn des Patienten wirklich vom Recht approbiert[2])?

Wohl zu scheiden von dem Zwecke, den der Handelnde ver-

[1]) Wie wollte man sonst auch die §§ 829, 832 BGB. erklären? Sie setzen offensichtlich schuldfreies rechtswidriges Handeln voraus.

[2]) Zutreffend v. Liszt, Lehrb. § 35, Anm. 5, Ziff. 1. Nur irrt v. Liszt, wenn er mich zu seinen Gegnern in dieser Hinsicht rechnet. Ich habe niemals behauptet, daß der ärztliche Zweck die Rechtswidrigkeit ausschließt, sondern daß die wirklich (objektiv) heilende Handlung tatbestandlich keine Körperverletzung ist. S. unten § 17 IV.

folgte, ist natürlich der sog. „objektive Zweck", d. i. die Eignung der Handlung zur Verursachung bestimmter Erfolge. Diese Frage betrifft nicht die teleologische Finalität, sondern die potentielle Kausalität des Handelns, liegt also auf objektivem Gebiet. Inwieweit sie strafrechtlich in Betracht kommt, hängt von der Fassung der Tatbestände ab [1]).

Nunmehr ist auch klar, weshalb es nicht angeht, das Verbrechen lediglich auf den Begriff der „Pflichtwidrigkeit" unter Beiseitelassung der „Rechtswidrigkeit" zu gründen oder, was dasselbe ist, eine „objektive Rechtswidrigkeit" erst vermittelst der Feststellung des Mangels der erforderlichen Sorgfalt = der Pflichtwidrigkeit = der Schuldhaftigkeit annehmen zu wollen [2]). Es wird dabei übersehen, daß das Wort „Pflichtwidrigkeit" doppelsinnig ist. Es bedeutet einmal die Nichtübereinstimmung des Handelns mit der Rechtsordnung = die in der Person des Handelnden gegebene Rechtswidrigkeit, die Rechtswidrigkeit persönlich bezogen, aber nicht psychisch gefaßt; und sodann die psychische Mangelhaftigkeit des Handelns, die Schuldhaftigkeit.

Wie wenig man berechtigt ist, beides miteinander zu verquicken, zeigt deutlich der positive Begriff der „Pflicht". Die Pflicht ist doch schon da vor ihrer Erfüllung oder Verletzung. Folglich muß das „pflicht"gemäße und -widrige Verhalten objektiv bestimmbar sein, bevor der Vorgang der Pflichterfüllung oder -verletzung auch nur am Horizonte auftaucht. Die Pflicht ist eben einfach das objektive Gebundensein. Ergibt sich, daß das Handeln objektiv abwich, so ist Pflichtwidrigkeit im ersten, objektiven Sinne gegeben. Ob die „Widrigkeit" außerdem auch psychisch gegeben ist, ist erst eine zweite Frage.

---

[1]) Hier schlägt die Frage nach der „Sachgemäßheit" ärztlichen Handelns ein. Darüber s. unten § 17 IV.

[2]) So z. B. Graf Dohna a. O. 77.

D. Der Tatbestand und die übrigen Elemente des Strafgesetzes.

§ 16.

I. Tatbestand und Handlung.

Das Strafgesetz verlangt, um anwendbar zu sein, daß die „Handlung" einem der „Tatbestände" entspreche. Während dem Requisit, daß eine „Handlung" vorliege, schon genügt ist mit der Feststellung, daß der Täter willentlich eine Körperbewegung vorgenommen oder die Muskeln zurückgehalten hat, verlangt der Tatbestand einen bestimmten Charakter der Handlung. Sie muß, um tatbestandsmäßig zu sein und für weitere strafrechtliche Würdigung in Betracht zu kommen, eine so oder so geartete Handlung, eine Handlung von bestimmter Bedeutung sein. Mittels des Tatbestandes werden die Handlungen erst mit Farbe bekleidet. Sie zerfallen nunmehr in Tötungshandlungen, Sachbeschädigungshandlungen u. s. w.

Dieser Aussonderungsprozeß, der mittels des Tatbestandes erzielt wird, ist keineswegs identisch mit der Zerteilung der Handlungen in rechtlich relevante und rechtlich irrelevante Handlungen. Eine Handlung kann tatbestandsmäßig sein, ohne darum rechtswidrig zu sein (Tötung eines Menschen in Notwehr!); sie kann umgekehrt rechtswidrig sein, ohne einem der typischen Tatbestände zu entsprechen (unbefugtes Benutzen einer fremden Sache außerhalb der Fälle des strafbaren furtum usus). Aber gerade darin zeigt sich die selbständige Bedeutung des Tatbestandes.

Jene Sonderung der Handlungen in tatbestandsmäßige und atypische kann natürlich nur durch Hinzufügung bestimmter Merkmale geschehen. Aber die Tatbestände sind insofern verschieden, als sie entweder lediglich die Körperbewegung bezw. Regungslosigkeit selber ins Auge fassen und ihr zeitliche, räumliche und sonstige charakteristische Merkmale beilegen, ohne der kausalen Kette Erwähnung zu tun, die sich an die Handlung anschließt; oder aber die Handlung mit den aus ihr erwachsenen Folgen ins Auge fassen, so, daß gerade eben die bestimmt geartete Folge der Handlung die charakteristische Färbung verleiht und die Handlung qua Ursache dieser Folge den betreffenden Typus ausmacht [1]).

Bei alle dem ist aber, um falsche Schlüsse zu vermeiden, notwendig, daß man sich klar macht, daß der nackte Tatbestand an sich jedenfalls das Moment der Handlung nicht in sich schließt [2]). Er enthält für sich gar keinen Hinweis auf ein gewolltes Handeln eines Menschen, oder braucht ihn wenigstens nicht zu enthalten. Wer wollte z. B. bezweifeln, daß „Tötung eines Menschen" auch vorliegt, wenn etwa ein Stier einen Menschen aufgespießt und zu Tode gebracht hat! Wenn in diesen Fällen von Verbrechen keine Rede ist, so liegt das nicht am Mangel der Tatbestandlichkeit, sondern am Mangel einer Handlung, so, daß die Tatbestandlichkeitsfrage überhaupt nicht auftaucht.

§ 17.

II. Tatbestandsmäßigkeit und Rechtswidrigkeit.

I. Bereits aus den bisherigen Untersuchungen erhellte, daß der Tatbestand rein ist von allen Rechtswidrigkeitsmomenten, daß die Rechtswidrigkeit nicht in der Tatbestandsmäßigkeit liegt, daß mit der Feststellung:

A hat durch seine Handlung einen Tatbestand erfüllt, z. B. einen Menschen getötet,

noch gar nichts darüber gesagt ist, ob dies auch rechtswidrig geschehen ist, daß vielmehr die Bejahung der Tatbestandlichkeit nur die Anknüpfung der weiteren Frage ermöglicht, ob auch Rechtswidrigkeit gegeben ist. Und umgekehrt hat sich gezeigt, daß die Rechtswidrigkeit nichts mit der Typizität der Verbrechen zu tun hat, daß die Feststellung:

A hat rechtswidrig gehandelt,

noch nicht ergibt, daß ein typischer Verbrechensfall vorliegt [3]).

---

[1]) Genaueres darüber unten § 21 I.

[2]) Das insbesondere gegen Hold v. Ferneck, Rechtswidrigkeit S. 392.

[3]) Das pflegt regelmäßig verkannt zu werden. Gestreift wird dieser Punkt bei Höpfner, Einh. u. Mehr., S. 107.

Luden — vgl. Abhandlungen 2 117 ff. — war auf der richtigen Fährte,

Es verhalten sich mithin die Gruppe der tatbestandsmäßigen Handlungen und die Gruppe der rechtswidrigen Handlungen zueinander wie zwei sich schneidende Kreise: es gibt Handlungen, die tatbestandsmäßig sind, ohne rechtswidrig zu sein; Handlungen, die tatbestandsmäßig und rechtswidrig sind; Handlungen, die rechtswidrig sind, ohne tatbestandsmäßig zu sein. Die Tatbestandlichkeit geht nicht in der Rechtswidrigkeit, und diese nicht in jener auf [1]). Nur die mittlere Klasse von Handlungen kommt strafrechtlich für die Gewinnung eines Verbrechensfalles in Betracht.

II. Für die Verbrechenskonstruktion bleibt die außertatbestandliche rechtswidrige Handlung, die durch den über die Tatbestände überschießenden Inhalt der Normen markiert wird [2]), natürlich von vornherein ganz außer Betracht. Sie kann zwar von Bedeutung

---

hat aber die Grundverschiedenheit zwischen Tatbestandlichkeit und Rechtswidrigkeit doch noch nicht scharf herausgearbeitet, vgl. seine ganz unrichtige Ausführung S. 132: Rechtswidrig sei nur die mit Strafe bedrohte Handlung; was nicht mit Strafe bedroht sei, möge sittlich u. s. w. verwerflich sein, aber rechtswidrig sei es nicht! Und heute wird noch immer regelmäßig angenommen, die „Tötung", die „Körperverletzung" u. s. w. seien bloße Spezies der rechtswidrigen Handlung, so z. B. noch unrichtig meine Grundzüge, 2. Aufl., S. 13. Fehl geht hierin auch Hold v. Ferneck, Rechtswidrigkeit S. 392, vgl. 181: „Einen Tatbestand bildet eine Handlung nur insofern, als sie an eine Norm anknüpft. Ohne solche Folge hätte die Bezeichnung ‚Tatbestand' keinen Sinn." Gerade umgekehrt! Gerade darum hat das Operieren mit dem Tatbestande Sinn, weil er sonst in der Normwidrigkeit aufginge. Daß die nicht rechtswidrige Tatbestandserfüllung keine Straffolgen erzeugt, bedeutet nicht, daß sie „keinen Sinn hätte". Sonst hätte z. B. auch die begriffliche Sonderung zwischen dem Merkmal „Sache" und dem Merkmal „wegnehmen" in § 242 StGB. „keinen Sinn". Zutreffend Hold v. Ferneck selber S. 2, 389 ff., aber ohne doch völlig die Verquickung von Tatbestand und Rechtswidrigkeit zu lösen. Ganz unannehmbar Stooß, Zeitschr. f. StrRW. 24 319, wo die Tatbestandlichkeit geradezu als „Strafrechtswidrigkeit" aufgefaßt wird. Vgl. oben S. 129 Anm. 2.

[1]) Bei Binding, Normen 1^2 194 ff. verschwinden die Tatbestandsmerkmale völlig in den Normwidrigkeitsmerkmalen. Nach dem oben Ausgeführten ist dies unannehmbar; die Tatbestandsmerkmale in ihrer Eigenart kommen dabei zu kurz. Besonders drastisch tritt die Ignorierung der Tatbestandlichkeit auch bei Kohlrausch, Irrtum u. Schuldbegriff 63, hervor, wo die Tötung eines Menschen in Notwehr mit der Tötung einer Mücke über einen Kamm geschoren werden, während doch erstere eine tatbestandsmäßige, aber nicht rechtswidrige, letztere dagegen eine überhaupt nicht tatbestandsmäßige Handlung ist.

[2]) Vgl. hierzu Binding, Normen 1^2 46 ff., 57, 226.

werden für die Feststellung etwa von Notwehr gegen sie. Nur kann in ihr selber niemals ein Verbrechen gefunden werden. Sie ist nur rechtswidrig, ohne verbrecherisch zu sein.

Das Wesen dieses nicht strafbaren Unrechts, des „Zivilunrechts", ist mit den bisherigen Ausführungen völlig klargelegt: es ist keineswegs wesensverschieden vom Kriminalunrecht. Wie oben gezeigt, sind die „Normen" ja die Rechtssätze selber, nicht eine Sondergruppe von Rechtssätzen; auch das „Zivilunrecht" ist also „normwidrig", Ungehorsam gegen staatlichen Willen[1]. Sondern der Unterschied zwischen dem strafbaren und dem straflosen Unrecht liegt außerhalb des Unrechtsmoments; vornehmlich im Vorhandensein oder Nichtvorhandensein eines positiv formulierten Typus[2]. Und da die Typen absolut willkürlich vom Gesetz geformt werden, und heute Typus sein kann, was es gestern nicht war, und umgekehrt, so erhellt, daß die Scheidung keine wahrhaft prinzipielle ist.

III. Ganz unrichtig ist die Vorstellung, als ob demjenigen, der eine typische Handlung begangen hat, damit eine „an sich rechtswidrige", eine „eigentlich rechtswidrige" Handlung zur Last liege, also etwa dem Soldaten, der im Kriege eine Tötung begangen hat. Die Feststellung, daß man einen Tatbestand erfüllt habe, belastet für sich allein niemanden. Im Tatbestand liegt kein Werturteil. Wohl gibt es Tatbestände, deren Verwirklichung in der Regel auch rechtswidrig ist[3], aber niemals springt aus der Typizität sofort das fertige Urteil heraus, daß der Täter unrecht gehandelt habe. Die Rechtswidrigkeit bildet ein eigenes Problem. Die Untersuchungen über die Tatbestandlichkeit halten sich auf streng neutralem Boden.

Und ebenso ist umgekehrt die Konstatierung, daß es am Tatbestande fehle, noch lange nicht genügend für die Verneinung der Rechtswidrigkeit[4]. Diese Konstatierung sagt nur, daß man es

---

[1] Ich kann deshalb Bindings gegenteiliger Auffassung keine Folge geben.

[2] Daneben natürlich noch eventuell in Schuld und Strafdrohungsbedingungen.

[3] Darüber unten VIII.

[4] Das behauptet Kitzinger, GS. 55 75.

nicht mit einer zum Verbrechen stempelbaren Tat zu tun hat — rechtswidrig kann die Tat sehr wohl sein, denn es gibt Normen, die außertatbestandliche Inhalte haben — man denke an die Unerlaubtheit des Gebrauchens fremder Sachen.

Ob ein Umstand Tatbestandselement ist oder ob er für die Rechtswidrigkeit Bedeutung hat, bedarf natürlich zur klaren Beurteilung eines präsumtiven Straffalles der Feststellung. Es ist etwas anderes, jemanden freizusprechen, weil seine Handlung z. B. gar keine Freiheitsberaubung (und auch sonst atypisch) war; etwas anderes, ihn freizusprechen, weil er zwar einen anderen der Freiheit beraubt hat, aber ohne Rechtswidrigkeit. Die Sonderung kann regelmäßig nicht schwer fallen dank der scharfen positivrechtlichen Umreißung der Tatbestände in den Strafgesetzen [1]).

Abzulehnen ist [2]) danach der Sprachgebrauch, der die Rechtswidrigkeit als ein „Tatbestandsmerkmal" des Verbrechens bezeichnet, sei es als ein positives [3]), sei es ihr Fehlen als ein negatives [4]).

Dieser Sprachgebrauch fällt einer quaternio terminorum anheim: Er ist berechtigt nur, wenn man bei „Tatbestand" an den

---

[1]) Über die Ausnahmefälle, in denen der Typus im Strafgesetz nicht deutlich hervortritt, s. unten V.

[2]) In dieser Hinsicht richtig Hold v. Ferneck, Rechtswidrigkeit S. 392, der es aber gerade unterläßt, die gebotenen Folgerungen daraus zu ziehen.

[3]) So z. B. Graf Dohna, der den Titel seines Buches über die Rechtswidrigkeit dahin faßt: „Die Rechtswidrigkeit als allgemeingültiges Merkmal im Tatbestande strafbarer Handlungen". Wenn er dann im Verlaufe seiner Darlegungen der Vorstellung, daß die Rechtswidrigkeit die Konsequenz der Tatbestandlichkeit sei, die entgegengesetzte gegenübergestellt, daß die Rechtswidrigkeit die Voraussetzung der Tatbestandlichkeit sei, so verfällt er aus der Szylla in die Charybdis: es ist eben weder das eine noch das andere richtig — Tatbestandlichkeit und Rechtswidrigkeit stehen selbständig nebeneinander; weder ergibt sich diese aus jener, noch ist es umgekehrt. Übrigens betont der Autor auf S. 19 durchaus richtig, daß die Rechtswidrigkeit eines Verhaltens keineswegs mit der Tatbestandsverwirklichung gegeben ist; und seine dort gegebenen Ausführungen drängen geradezu darauf hin, das Abhängigkeitsverhältnis zwischen Tatbestand und Rechtswidrigkeit zu lösen! „Voraussetzung" ist die Rechtswidrigkeit für die Strafbarkeit, aber nicht für die Tatbestandlichkeit.

[4]) So Frank II vor § 1, der das Fehlen der Rechtswidrigkeit als negatives Tatbestandsmoment oder negativen Tatumstand bezeichnet; Stooß, Schweiz. Zeitschr. f. StrR. 10 358, der die Unrechtsausschließungsgründe als Ausnahmen vom gesetzlichen „Tatbestande" behandelt.

verwaschenen „allgemeinen Tatbestand“ im Sinne der Älteren [1]) denkt, aber er eröffnet dem Mißverständnis Tür und Tor, als ob die Rechtswidrigkeit auch zum Tatbestande im technischen Sinne gehöre, und diesem Mißverständnis sind in der Tat die, die ihm folgen, oft genug verfallen (z. B. für § 59 StGB.). Klarheit gewinnt man nur, wenn man Tatbestandlichkeit und Rechtswidrigkeit ihrer logischen Bedeutung gemäß scharf auseinanderhält.

Vollends unhaltbar ist die Auffassung, daß die Tatbestände in zwei große Gruppen zerfielen: solche, die das Rechtswidrigkeitsmoment in sich schlössen, und solche, die seiner ermangelten, je nachdem, ob das Rechtswidrigkeitsrequisit im Strafgesetz expressis verbis hervorgehoben sei oder nicht [2]). Es bleibt bei dieser Auffassung völlig im Dunkeln, was denn der leitende Gesichtspunkt für diese Zerlegung gewesen sein soll, weshalb z. B. für die Sachbeschädigung die Rechtswidrigkeit tatbestandlich, für die Tötung außertatbestandlich sein soll. Die Erwähnung eines Moments im Strafgesetz beweist jedenfalls gar nichts für die Tatbestandlichkeit. Oder soll etwa auch behauptet werden, daß das Vorsatzrequisit, wo es ausdrücklich hervorgehoben ist, auch mit zum „Tatbestand“ gehört?

Mit etwas veränderter Grenzziehung tritt die Lisztsche Auffassung neuerdings bei Graf Dohna auf [3]). Wiewohl dieser Autor ganz richtig erkennt, daß der Tatbestand auch ohne Rechtswidrigkeit erfüllt sein kann, verwischt er die scharfe Scheidung beider Momente doch wieder durch die Aufstellung: es gebe auch Tatbestände, die sich in rechtmäßiger Ausführung überhaupt nicht denken ließen, deren Verwirklichung sogleich das Vorliegen eines strafbaren Tatbestandes bedinge — also so, daß hier die Tatbestandsmäßigkeit begrifflich notwendig die Rechtswidrigkeit in sich schließe [4]). Folglich zerlegten sich die strafbaren Handlungen in zwei Gruppen:

a) solche mit „unbedingter Rechtswidrigkeit“ — Tatbestände, bei denen die Rechtswidrigkeit ohne weiteres ein begriffliches

---

[1]) Oben S. 2.

[2]) So v. Liszt, § 32. Vgl. dagegen Kohlrausch, ZfStrRW. 25 657.

[3]) Rechtswidrigkeit 56 ff.

[4]) Ebenso auch Kitzinger, GS. 55 90/91.

Akzessorium sei, von denen sich das Rechtswidrigkeitsmoment nicht ablösen lasse;

b) solche mit „bloß möglicher Rechtswidrigkeit" — Tatbestände, bei denen rechtmäßige und rechtswidrige Verwirklichung möglich sei [1]).

Ein Beispiel für die erste Gruppe sei die wissentlich falsche eidliche Aussage vor Gericht, die an sich und in sich rechtswidrig sei.

Und doch fühlt der Autor [2]) selbst deutlich, daß das Moment der Rechtswidrigkeit dem Tatbestande gegenüber immer isoliert werden muß!

Das Irrige jener Annahme von „in sich rechtswidrigen Tatbeständen" ist unschwer zu erkennen. Es besteht, kurz gesagt, darin, daß bei den Tatbeständen der Gruppe a die Seltenheit des Vorkommens von nicht rechtswidriger Verwirklichung zur begrifflichen Unmöglichkeit der Nichtrechtswidrigkeit erhoben, daß dem „in der Regel rechtswidrig" ein „immer rechtswidrig" substituiert wird. In Wahrheit gibt es keinen Tatbestand, dessen Erfüllung unter allen Umständen rechtswidrig ist. Dies gilt vor allen mit Rücksicht auf die Konflikts-(Notrechts-)Fälle: es kann immer über dem Satze, der die Tatbestandserfüllung verbietet, ein höherer Satz schweben, der sie zu Gunsten höherer Rechtsgüter erlaubt oder gebietet (Notrecht). So kann z. B. jemand in die Lage kommen, entweder einen Meineid schwören zu müssen oder durch Kundgabe der Wahrheit den Untergang von Menschenleben herbeizuführen — es ist ihm z. B. ein durchaus ernsthafter anonymer Brief zugegangen, der ihm ankündigt, daß, sobald er die Wahrheit sage, oder auch nur Schritte tue, die Aussage hinauszuschieben oder den Briefschreiber zu verraten, augenblicklich im Gerichtssaal der Belastungszeuge X niedergeschossen werden werde. Die Sache steht dann also so, daß nur die unverzügliche Meineidsleistung den unbekannten Mordgesellen vom Morde zurückhält. Wenn sich hier der Zeuge dem Drucke der Verhältnisse fügt und lieber den Meineid leistet, um dann später, nach Lösung der Notlage, den Sachverhalt aufzuklären, so handelt er nicht rechtswidrig

---

[1]) Graf Dohna bezieht sich hierbei auf Lucas, Subj. Verschuldung 60 ff., als seinen Vorläufer.

[2]) Vgl. S. 59.

mit Rücksicht auf das höhere Rechtsgut, das Leben des X. Er verletzt keine Rechtspflicht, da die Norm zessiert. Auch aus der Verbindungskraft von militärischen Befehlen kann sich die Nichtrechtswidrigkeit von Tatbestandserfüllungen ergeben, die sonst regelmäßig rechtswidrig sind.

Und wäre es schließlich selber richtig — was es nicht ist —, daß es Tatbestände gäbe, deren Erfüllung immer rechtswidrig wäre, so lägen doch die Momente der Tatbestandlichkeit und der Rechtswidrigkeit logisch nur nebeneinander, ohne sich innerlich zu verquicken. Auch dann wäre mit der Tatbestandlichkeit per se nur der Verbrechenstypus festgelegt, und man wäre nur der besonderen Prüfung des Rechtswidrigkeitsmoments enthoben. Dieses selbst verlöre seine Bedeutung nicht, es wäre nur Kongruenz von Tatbestandlichkeit und Rechtswidrigkeit gegeben; es handelte sich um zwei begrifflich verschiedene Eigenschaften mit im Anwendungsfalle identischen Voraussetzungen.

IV. Sonderbarerweise aber wird die gebotene Scheidung zwischen Typus und Rechtswidrigkeit in der Einzelanwendung nicht immer eingehalten.

So wird gerade aus diesem Grunde das Problem der ärztlichen Tätigkeit heute öfter in offenbar fehlsamer Weise behandelt. Zahlreiche Autoren leugnen die Strafbarkeit um deswillen, weil der Arzt, wenn er seiner Kunst gemäß handle, nicht „miß"handle, die sachgemäße ärztliche Handlung also keine „Körperverletzung" sei, folglich das Rechtswidrigkeitsproblem nicht auftauche. So Frank[1]). Verfolgt man diesen Gedanken weiter, so ergibt sich folgende Gedankenreihe:

> Mißhandeln ist ein gemißbilligtes, ein im Rechtssinne übles Behandeln. Im Rechtssinne übel ist aber das rechtswidrige Behandeln. Also schließt bereits der Begriff „Mißhandlung" das Rechtswidrigkeitsmoment in sich ein, dieses ist von jenem aufgesogen.

Das ist aber ein unzulässiges Ergebnis. Wie überall, so treten auch bei der Körperverletzung der Tatbestand und die Rechts-

[1]) Bem. II 3 vor § 223.

widrigkeit auseinander: man kann rechtswidrig, aber auch nicht rechtswidrig einen anderen mißhandeln. Die Feststellung, daß ein „Mißhandeln" vorliegt, hält sich fern von jeder Bewertung. Oder ist es etwa keine „Mißhandlung", wenn der Gefängnisbeamte an dem Sträfling eine disziplinarische Prügelstrafe vollzieht? War es etwa keine „Mißhandlung", wenn ehedem der Büttel dem verurteilten Delinquenten die Augen ausstach, die Hand abschlug u. s. w.? Offenbar handelt es sich hier um den Typus „Mißhandlung", und nur das unterscheidet solche Handlungen von strafbaren Körperverletzungen, daß sie keine rechtswidrigen Mißhandlungeu sind. „Miß"handeln heißt nicht: in rechtlich gemißbilligter Weise handeln, sondern in einer dem Gesamtorganismus schädlichen Weise handeln, sei es rechtswidrig oder nicht rechtswidrig. Das „Mißverständnis" ist nicht ein Verhältnis zur Rechtsordnung, sondern zu den Integritätsbedingungen des menschlichen Organismus. So schließt also die Einhaltung der ärztlichen Kunstregeln den Typus „Körperverletzung" keineswegs aus: es gibt so gut Körperverletzungen, die unter Einhaltung der ärztlichen Kunstregeln begangen werden, wie andere. Auch die kunstmäßige, sachgemäße Körperverletznng erfüllt den Typus „Körperverletzung". Wer „Körperverletzung" mit „nicht kunstmäßiger Körperverletzung" identifiziert, verengert den Verbrechenstypus durch Hineinnahme eines außerhalb des Typus liegenden Merkmals — man könnte dann ebensogut behaupten, daß der Begriff „Lampe" eine gut brennende Lampe bedeute[1]).

Körperverletzung ist Körperverletzung, sie sei sachgemäß oder nicht. Wenn beispielsweise ein Arzt streng kunstmäßig die Schilddrüse exstirpiert und der Patient davon in Blödsinn verfällt, ist dieses Resultat etwa keine Körperverletzung? Auch der Schwesterbegriff der Tötung lehrt dies. Es gibt ärztlich sachgemäße Tötungen — Vornahme von riskanten, aber als einziges Rettungsmittel gebotenen Operationen mit Todesausgang. Sind das keine „Tötungen"?! Das leugnen hieße leugnen, daß der Patient

---

[1]) Sehr lehrreich § 330 StGB.: hier ist das Handeln wider die allgemein anerkannten Regeln der Baukunst zum Tatbestandselement erhoben — in §§ 223 ff. ist von dem Handeln gegen die Regeln der medizinischen Wissenschaft keine Rede!

gestorben sei! Die Einhaltung der Regeln der ärztlichen Kunst könnte die Straflosigkeit ärztlichen Handelns dann zur Folge haben, wenn diese Regeln zu „Rechtsregeln“ erhoben wären, wenn, mit anderen Worten, ein ärztliches Berufsrecht anerkannt und damit die Rechtswidrigkeit etwaiger „Mißhandlungen“ ausgeschlossen wäre. Daß das de lege lata nicht annehmbar ist, ist aber mit Recht heute gemeine Meinung.

Noch mehr als bei Abstellung auf die „Sachgemäßheit“ der Handlung verschwimmt die Grenze zwischen Typizität und Rechtswidrigkeit in der von Kohler[1]) verfochtenen Theorie: Mißhandlung sei nur die „gesellschaftswidrige“ Behandlung eines Menschen, ein „Handeln gegen die gesellschaftswidrige Ordnung“ sei erforderlich. Aber die gesellschaftliche Ordnung hat mit den Verbrechenstypen nichts zu tun. Der Typus kann gegeben sein, mag die Handlung noch so sehr der gesellschaftlichen Ordnung entsprechen; will er doch nur deskriptiv wirken, nicht normativ. Oder soll etwa die Tötung durch den Scharfrichter überhaupt keine „Tötung“ sein? Die Einsperrung ins Gefängnis keine „Einsperrung“? Und was ist denn die „gesellschaftliche Ordnung“? Doch eben die rechtliche Ordnung! Und die „Widrigkeit“ gegen diese ist die Rechtswidrigkeit. Läge aber schon im Verbrechenstypus das Moment der Rechtswidrigkeit inbegriffen, so müßte aus dem Strafrecht die Lehre von der Rechtswidrigkeit total entfernt werden. Dann wäre z. B. auch keine in Notwehr vollzogene Tat eine tatbestandliche, und somit schon deshalb Freisprechung geboten; § 53 StGB. wäre schlechthin überflüssig.

Wie sehr sich für Kohler die richtige Basis verschiebt, zeigt auch eine Konzession, die er machen muß. „Allerdings kommt es darauf an,“ sagt er fortfahrend, „ob sich der Handelnde innerhalb des Kreises hält, in welchem eine derartige ärztliche Behandlung statthaft ist, und hierbei ist mit der Zustimmung oder Nichtzustimmung des Patienten zu rechnen.“ Also „statthaft ist“! D. h.: rechtswidrig oder nicht! Wenn er dann schließlich sogar noch die Schuldseite für die Typizität heranziehen und unter vorsätzlichem Mißhandeln etwas tatbestandlich anderes als fahrlässiges

[1]) Jur. Litbl. 16 224.

Mißhandeln verstehen will, so wird darauf im nächsten Kapitel (§ 19) zurückzukommen sein.

Die Einhaltung der ärztlichen Kunstregeln hat also tatbestandlich und für die Rechtswidrigkeitsfrage keine Bedeutung. Auch der damit verfolgte „Heilungszweck" nicht: man kann auch zu Heilungszwecken „mißhandeln" und sogar rechtswidrig mißhandeln. v. Liszt[1]) hat vollkommen recht, wenn er alle Theorieen ablehnt, die die zu Heilungszwecken erfolgende ärztliche Behandlung nicht als „Mißhandeln" gelten lassen wollen.

Aber sehr abwegig wäre es, wollte man das Vorausgeführte im Sinne der älteren, durch die Praxis des Reichsgerichts zur bedrohlichen Gefahr angewachsenen Lehre verwerten, als ob jedes ohne Einwilligung des Patienten erfolgende ärztliche Einschreiten eine strafbare Handlung sei. Diese Meinung legt nicht den gebührenden Nachdruck auf den Tatbestand der §§ 223 ff. StGB. Der Tatbestand lautet ja doch darauf, daß jemand

„einen anderen körperlich mißhandelt".

Einen anderen"! Also der Mensch selber muß körperlich mißhandelt sein. Der Typus ist nicht gegeben, wenn etwa „der Fuß" oder „der Arm" gemißhandelt worden ist: Objekt der Tat ist tatbestandlich nicht der Körper oder gar eine einzelne Stelle von ihm, sondern der Mensch als Ganzes. Und nun erhellt, wie eine Mißhandlung einer Körperstelle oder eines Körperteils, etwa ein Schnitt in den Arm, nicht ohne weiteres tatbestandlich ist: ist durch sie der Gesamtorganismus nicht verkümmert, sondern geheilt worden u. dgl. (Schmerzlinderung u. s. w.), so liegt der Typus „Körperverletzung" nicht vor, und es ist ohne weiteres freizusprechen.

Von der oben abgelehnten Frank-Kohlerschen Auffassung unterscheidet sich die unserige in folgenden Punkten:

1. Das nach ärztlichen Kunstregeln vorgenommene Handeln kann glücklich ablaufen (Heilung) oder unglücklich. Letzterenfalls liegt trotz Einhaltung der ärztlichen Regeln Mißhandlung vor: der Gesamtorganismus ist beeinträchtigt. Dies z. B., wenn die Schilddrüsenentfernung Blödsinn bewirkt. Es kann sogar „Tötung"

---

[1]) § 35 Anm. 5.

vorliegen, so, wenn der Patient an den Folgen einer Operation stirbt. In diesen Fällen deckt den Arzt die Berufung auf die Kunstregeln nicht. Es ist vielmehr zu untersuchen:

a) die Rechtswidrigkeit: sie ist bei Einwilligung des Patienten u. s. w. ausgeschlossen; ohne solche ist Rechtswidrigkeit gegeben[1];

b) die Schuldseite. Hier kommt möglicherweise der Heilzweck in Betracht, insofern vielleicht der dolus ausgeschlossen ist (Glaube an Erlaubtheit wegen des Heilzwecks; Nichtvoraussicht des unglücklichen Ausgangs u. s. w.). Aber möglich ist auch, daß der Arzt schuldhaft handelt, sei es, daß dolus eventualis angenommen werden muß; der Arzt handelt bei Fehlen der Einwilligung auf ein gewisses Risiko hin, dessen er sich bewußt gewesen sein kann (mit Billigung des etwaigen ungünstigen Ausgangs); sei es, daß Fahrlässigkeit zurückbleibt. Alles quaestio facti.

2. Umgekehrt ist Heilung tatbestandlich auch dann nicht „Mißhandlung", wenn sie abnormerweise trotz Verstoßes gegen die ärztlichen Kunstregeln erfolgt ist: auch die kunstfehlerhafte Heilung fällt nicht unter den Typus „Körperverletzung". Ja sogar die bloße Zufallsheilung ohne „ärztliche" Zwecktätigkeit fällt darunter nicht. Wirft etwa ein Athlet seinen gegen ihn in die Schranken getretenen Gegner derart hin, daß dieser den Kopf an einen scharfen Stein stößt, ihm dadurch ein eitriges Geschwür geöffnet wird und die Eiterbeule heilt, so ist dieser Vorgang keine „Mißhandlung", (womit natürlich nicht gesagt ist, daß nicht das Ringen u. s. w. in anderen Beziehungen eine „Mißhandlung" sein könnte).

V. Dem Satze, daß der Verbrechenstypus das Rechtswidrigkeitsmoment nicht in sich schließt, steht auch der Umstand nicht entgegen, daß gelegentlich der Typus im Strafgesetz nicht definitionsmäßig scharf herausgearbeitet erscheint, wie etwa bei der Beleidigung nach § 185 StGB. Hier bedarf es eben des wissenschaftlichen Eindringens in den Tatbestand, und nach seiner Ermittlung und nach der Feststellung seines Vorliegens in einem konkreten Falle ist, wie immer, noch die Rechtswidrigkeit zu prüfen.

---

[1] Unerhoben soll hier die Frage bleiben, ob nicht die ärztliche Handlung aus einem Notrecht — Güterabwägungstheorie — gerechtfertigt sein kann. Vgl. meine Grundzüge[3] § 37.

Versteht man unter der Beleidigung z. B. die Herabwürdigung eines Menschen in Bezug auf seine soziale Stellung, so ist mit der Feststellung, daß in concreto eine solche Herabwürdigung vorliege, der Verbrechenscharakter der Tat noch nicht bejaht: es gibt rechtswidrige und nicht rechtswidrige Beleidigungen, sofern man das Wort „Beleidigungen" eben nur tatbestandlich nimmt. (Versteht man unter „Beleidigung" nicht bloß den Verbrechens*typus*, sondern das Verbrechen der Beleidigung, dann steckt natürlich in ihm das Rechtswidrigkeitsrequisit drin.)

VI. Auch der Umstand darf an dem Gesagten nicht irre machen, daß der Verbrechenstypus im Gesetz mitunter scheinbar in inniger Verquickung mit dem Rechtswidrigkeitsmoment auftritt. Ein rühmenswertes Vorgehen des Gesetzgebers ist das gewiß nicht, im Gegenteil erscheint solche verschwommene Fassung des Gesetzes als eine kindlich unbeholfene und für die Rechtsanwendung gefahrvolle. Ein „Muster"fall für die Strafgesetzabfassung, wie sie nicht sein soll, ist z. B. der „grobe Unfug", § 360 [11] StGB. „Unfug" ist sprachlich, was nicht mit Fug geschieht, also das Unrecht. Grober Unfug wäre also jedes grobe Unrecht. Aber dieses horrende Ergebnis zeigt eben zugleich, daß hier mit der sprachlichen Auslegung gar nichts anzufangen ist. Unbeirrt durch sie hat vielmehr der Interpret das typische Wesen des Delikts zu ermitteln. Und hat er es ermittelt, hat er etwa festgestellt, daß der Tatbestand auf unmittelbar sinnenfällige Belästigung eines unbestimmten Kreises von Personen lautet, so darf er nicht vergessen — wie es leider das Reichsgericht in sehr beklagenswerter Weise tut —, daß damit eben nur der *Typus* des groben Unfugs festgestellt ist, und man dann, wenn sich eine Handlung als solchergestalt *typisch* erweist, immer noch die *Rechtswidrigkeit* zu prüfen hat.

VII. Kann somit unter keinen Umständen die Bejahung der Tatbestandsmäßigkeit von der Untersuchung der Rechtswidrigkeit dispensieren, so ist doch andererseits nicht zu bestreiten, daß es Verbrechenstypen gibt, die ein *einzelnes Element* der Rechtswidrigkeit in sich bergen. Wo dies der Fall ist, da ist allerdings die Untersuchung der Typizität gleichzeitig ein *Stück* der Untersuchung der Rechtswidrigkeit. Aber auch hier bleibt es bei der allgemeinen Regel: trotz Vorliegens des Tatbestandes kann immer noch die Rechtswidrigkeit ausgeschlossen sein. Keineswegs geht die Untersuchung der Rechtswidrigkeit ganz in der Untersuchung der Tatbestandlichkeit auf. Ein lehrreiches Beispiel bietet StGB. § 113. Typus: „Gewaltsamer u. s. w. Widerstand gegen einen Vollstreckungsbeamten in der rechtmäßigen Ausübung seines Amtes" — „tätlicher Angriff auf einen Vollstreckungsbeamten während der rechtmäßigen Ausübung seines Amtes".

Das Moment der Rechtmäßigkeit der Amtsausübung hat zweifellos Rechtswidrigkeitsgehalt: die nicht rechtmäßige Amtsausübung entbehrt des Rechtsschutzes. Dennoch ist dieses Moment durch das Gesetz dem Verbrechens*typus* des § 113 einverleibt. Aber daraus ergibt sich mit nichten, daß hier — entgegen der allgemeinen Regel — die Feststellung des Tatbestandes genüge, und das Rechtswidrigkeitsmoment unter den Tisch fallen könnte, sondern nur, daß mit der Feststellung des Tatbestandes schon ein Teil des Rechtswidrigkeitsproblems implicite erledigt ist.

Ist also nicht feststellbar, daß sich der betreffende Beamte in der rechtmäßigen Ausübung seines Amtes befunden habe, so muß schon deshalb Freisprechung erfolgen, weil es am Tatbestande fehlt. Zwar fehlt es dann *gleichzeitig* an der Rechtswidrigkeit (sofern nicht etwa rechtswidrige Körperverletzung vorliegt), aber dieser sekundäre Umstand kommt nicht weiter in Betracht.

Wird dagegen festgestellt, daß der Beamte in rechtmäßiger Amtsausübung war, so ist die Verurteilung des Widerstandleistenden oder Angreifers noch keineswegs besiegelt: es harrt noch die Rechtswidrigkeitsfrage der Erledigung. Zwar kann dieses Problem nicht mehr *voll* aufgerollt werden, ein Stück von ihm ist schon abgetan: indem dem Beamten rechtmäßige Amtsausübung zugeschrieben wurde, ist gleichzeitig gesagt, daß er keinen „rechtswidrigen Angriff" vornahm; folglich kommt Notwehr nicht mehr in Frage. M. a. W.: § 53 StGB. kann gegenüber der Feststellung, daß der *Tatbestand* des § 113 gegeben sei, nicht mehr als Freisprechungsgrund herangezogen werden[1]); würde ein Urteil

[1]) Natürlich ist hier nur von der *wirklichen* Notwehr die Rede. Putativnotwehr, als lediglich dem *Schuld*problem angehörig, kann selbstverständlich sehr wohl in Frage kommen.

den Tatbestand des § 113 StGB. feststellen und wegen Notwehr freisprechen, so wäre dies ein unlöslicher Widerspruch.

Aber die Unanwendbarkeit des Unrechtsausschließungsgrundes der Notwehr ergibt doch noch keineswegs die umfassende Rechtswidrigkeit der Tat: es kann vielmehr immer noch sein, daß der Täter, der sich einem Vollstreckungsbeamten in der rechtmäßigen Ausübung seines Amts widersetzte, oder ihn während der rechtmäßigen Ausübung seines Amts tätlich angriff, nicht rechtswidrig handelte; auch die rechtmäßige Amtsausübung kann in erlaubter oder unverbotener Weise über den Haufen gerannt werden, sie ist kein absolut geschütztes Rechtsgut. Man denke zunächst daran, daß der Täter vielleicht selber ein Beamter ist, der eine weit wichtigere rechtmäßige Amtshandlung vornehmen soll, und sie nicht anders als durch Erfüllung des Tatbestands des § 113 StGB. vornehmen kann. Es will etwa der Gerichtsvollzieher ein Zivilurteil auf Herausgabe eines blutbefleckten Anzugs im Auftrage des Gläubigers vollstrecken, und ein Kriminalpolizeibeamter verhindert ihn daran, indem er den Anzug für einen Strafprozeß beschlagnahmt und dem Gerichtsvollzieher, der ihn nicht lassen will, gewaltsam entreißt. Möglich, daß man hier auf seiten des Gerichtsvollziehers von dem Augenblick ab, in dem die Beschlagnahme erklärt ist, keine rechtmäßige Amtsausübung mehr annimmt. Nimmt man sie aber an — und das läßt sich jedenfalls auch vertreten —, so kann doch der Polizeibeamte nicht gestraft werden: er hat typisch, aber, geschützt durch sein eigenes Amt, nicht rechtswidrig gehandelt.

Ein anderes Beispiel für nicht rechtswidrigen Angriff gegen einen Vollstreckungsbeamten während der rechtswidrigen Ausübung seines Amtes: A eilt von einer gerade zusammenbrechenden Brücke dem Ufer zu und überrennt dabei den Schutzmann X, der gerade die Brücke betritt, um einem jenseits des Flusses befindlichen flüchtigen Verbrecher zwecks Ergreifung nachzusetzen: Notrecht[1]). Auch hier ist der Verbrechenstypus § 113 gegeben; aber ungeachtet des Umstandes, daß er ein Stück der Rechtswidrigkeitsfrage schon verschluckt hat, ist die typische Handlung dennoch keine rechtswidrige.

---

[1]) Meine Grundzüge [3] § 37.

Hierher gehört auch der Tatbestand der Jagddelikte. Er ist nur gegeben, wenn der Täter an Orten jagt, „an denen zu jagen er nicht berechtigt ist", oder vielmehr, wie berichtigend auszulegen ist: an denen ein anderer zu jagen berechtigt ist. Auch hier ist also zum Tatbestand ein Stück der Rechtswidrigkeitsfrage gezogen; aber auch hier bleibt immer noch die Rechtswidrigkeit selbst zu prüfen: es kann sein, daß die Verletzung des fremden Okkupationsrechts aus dem Grunde stärkerer entgegenstehender Rechte (Notwehr u. s. w.) nicht rechtswidrig ist.

Überhaupt gehören hierher alle die Tatbestände, die in dieser oder jener Weise an Begriffe des bürgerlichen, des Verwaltungsrechts u. s. w. anknüpfen, wie der Tatbestand des Diebstahls, der der Sachbeschädigung u. s. w. („fremde" Sache); der des Hausfriedensbruchs (Aufforderung des „Berechtigten" u. s. w.); der des Bruchs eines Pfandrechts u. s. w. nach § 289 StGB., u. s. w.[1]).

---

[1]) Irrig wäre es dagegen, wenn man die rechtliche Verpflichtung als solche in irgend einen Typus einbeziehen wollte. Wenn z. B. KO § 240 denjenigen straft, der der ihm gesetzlich obliegenden Pflicht, Handelsbücher zu führen und Bilanzen zu ziehen, zuwiderhandelt, so besteht der Verbrechenstypus ausschließlich im Nichtführen von Büchern, Nichtziehen von Bilanzen. Es kann dem Reichsgericht — E. 33 186 — nicht Folge gegeben werden, wenn es die Eigenschaft als „Vollkaufmann" in den Tatbestand deshalb einbezieht, weil nach HGB. nur der Vollkaufmann zur Bücherführung u. s. w. verpflichtet ist. Irrtum über die Vollkaufmannsqualität wäre kein nach § 59 StGB. zu beurteilender Irrtum, sondern Irrtum im Punkte der Rechtswidrigkeit; Änderung der Gesetzgebung über die Verpflichtung zur Buchführung ist keine dem § 2 StGB. unterfallende Strafgesetzänderung.

Nur flüchtiger Erwähnung bedarf, daß unter die mit einem Rechtswidrigkeitselement gesättigten Tatbestände nicht die Fälle einzureihen sind, wo das Gesetz für die subjektive Tatseite eine Beziehung bestimmter Art zur Rechtswidrigkeit erfordert, wie z. B. § 263 StGB. Wenn hier die „Absicht, sich u. s. w. einen rechtswidrigen Vermögensvorteil zu verschaffen", erfordert ist, so bleibt doch der „Tatbestand" von jedem Rechtswidrigkeitselement ganz rein. Er lautet lediglich darauf, daß der Täter „das Vermögen eines anderen dadurch beschädigt, daß er durch Vorspiegelung falscher u. s. w. Tatsachen einen Irrtum erregt oder unterhält", und das kann sowohl rechtswidrig wie ohne Rechtswidrigkeit geschehen. Erst nach Bejahung der Tatbestandsmäßigkeit und der Rechtswidrigkeit des Handelns taucht dann für die Schuldseite die Frage auf, ob subjektiv die Richtung auf einen rechtswidrigen Vermögensvorteil vorhanden war.

Entsprechendes gilt, wo dem Tatbestande eine Beziehung zu strafbaren Handlungen einverleibt ist, wie etwa dem Tatbestande der Bedrohung nach § 241 StGB. (Drohung mit einem „Verbrechen") u. s. w.

Nur scheinbar gehört dagegen der Tatbestand der Blankettstrafgesetze zu den mit Rechtswidrigkeitsmoment gesättigten Tatbeständen. Scheinbar: denn das Schema der Blankettgesetze lautet:

„Wer die von ... hinsichtlich ... erlassenen Verordnungen u. s. w. übertritt, wird ... bestraft."

Das läßt sich so an, wie wenn das Übertreten der Verordnung u. s. w., also die Rechtswidrigkeit, ein Element im Tatbestande bildete. Und doch ist das nur Schein. Der Tatbestand ist bereits im Blankettgesetz, wenn auch nicht gebrauchsfertig scharf umrissen, so doch angedeutet durch die umschreibende Angabe des Gegenstandes der zu erlassenden Norm, z. B. in § 145 StGB. durch die Worte „zur Verhütung des Zusammenstoßes der Schiffe auf See" u. s. w. Das Blankettgesetz erwartet also eine doppelte Ergänzung: eine Präzisierung des Tatbestandes und einen Ausspruch über die Unerlaubtheit. Beides bringt die blankettausfüllende Norm allerdings uno actu. Aber doch lassen sich in ihr deutlich das materielle Element, die Herausstellung des Deliktstypus, und das formale, das Verbotensein, voneinander unterscheiden[1]. Die Eigentümlichkeit besteht hier nur darin, daß erst die Norm die abschließende Vertypung bringt, daß also der Tatbestand erst aus der Norm erkennbar wird. Wie wenig aber auch hier die Tatbestandlichkeit in der Rechtswidrigkeit aufgeht, wie sehr vielmehr beide auf eigenen Füßen stehen, lehrt die Erwägung, daß auch hier, ganz wie sonst, sowohl tatbestandliches nicht rechtswidriges, wie umgekehrt rechtswidriges nicht tatbestandsmäßiges Handeln vorliegen kann. Das erstere um deswillen, weil auch die blankettausfüllende Norm durch die gewöhnlichen Unrechts-

---

[1]) Z. B. in Art. 9 I der Kais. V. vom 9. Mai 1897 zur Verhütung des Zusammenstoßes von Schiffen auf See: „Ein Fahrzeug, welches von einem anderen überholt wird, muß diesem vom Heck aus ein weißes Licht oder ein Flackerfeuer zeigen": das „muß" ist das formale, das übrige das materielle Element.

ausschließungsgründe Abbruch erleiden kann: der Täter kann recht wohl im Widerspruch mit dem normmäßigen, also im Einklang mit dem blankettgesetzmäßigen Tatbestand gehandelt haben und doch wegen Notwehr, Gebundensein an einen Befehl u. s. w. keiner Normwidrigkeit schuldig sein. Und auf der anderen Seite kann es sein, daß eine zwecks Blankettausfüllung erlassene Norm in rechtsverbindlicher Weise unter Überschreitung der im Blankettgesetz angegebenen tatbestandlichen Grenzlinien ein Handeln verbietet (z. B. indem eine den § 145 StGB. ergänzen wollende Kaiserliche Verordnung in verwaltungsrechtlich einwandfreier Weise sich auf den Zusammenstoß von Schiffen auf Flüssen erstreckt); dann würde normwidriges, aber für § 145 nicht tatsbestandsmäßiges Handeln vorliegen. So schält sich auch hier aus Blankettgesetz und Norm zusammen der Tatbestand auf der einen, das Rechtswidrigkeitsmoment auf der anderen Seite heraus; und wie immer kann eine Freisprechung im Mangel des Tatbestandes trotz vorhandener Rechtswidrigkeit und umgekehrt im Mangel der Rechtswidrigkeit trotz vorhandener Tatbestandlichkeit ihren Grund haben [1]).

VIII. Mit welchem Strafgesetz immer man es also auch zu tun hat — niemals enthebt uns die bloße Feststellung der Tatbestandlichkeit des Handelns einer Sonderfeststellung der Rechtswidrigkeit. Umso bedeutsamer ist die Feststellung der Grenzlinie zwischen den tatbestandsmäßigen rechtswidrigen und den nicht rechtswidrigen tatbestandsmäßigen Handlungen. Es fragt sich also: Wann kann man sagen, daß eine tatbestandsmäßige Handlung auch rechtswidrig ist? Der Hinweis auf die Normen gibt darauf noch keine befriedigende Antwort, da die Normen heute nicht oder doch nur teilweise und mangelhaft formuliert sind. Es fragt sich eben: Gibt es Normen, die da lauten:

Du sollst nicht töten,

---

[1]) Das oben S. 134 Gesagte modifiziert sich hier also nur so, daß der Strafrichter schon, um die Tatbestandlichkeit festzustellen, die blankettausfüllende Norm aufsuchen muß. Aber nach Findung des Tatbestandes hat er dann wie immer zuerst zu prüfen, ob die Tatbestandlichkeit gegeben ist, um eventuell bei ihrem Mangel ohne Rücksicht auf die Frage nach dem wirklichen Eingreifen der Norm alsbald freizusprechen.

Du sollst nicht fremde Sachen beschädigen
u. s. w.,

und wenn sie es gibt, lauten sie unbedingt oder nur bedingt? Heißt die Norm:

Du sollst überhaupt nicht töten?

oder:

Du sollst im allgemeinen nicht töten, es wäre denn, daß —?

oder:

Du sollst nicht töten, sofern —?

Nun sind Normalität und Nichtnormalität des Handelns an sich durch Folgerung aus dem Rechtsganzen zu gewinnen. Mit anderen Worten: Sämtliche Rechtsdisziplinen in ihrem Zusammenhalt müssen ergeben, ob eine Handlung verboten war oder nicht. Legt das Zivilrecht, das Verwaltungsrecht u. s. w. jemandem eine Pflicht auf, so ist, soweit wie danach die Pflicht reicht, ein Zuwiderhandeln gegen sie auch normwidrig. Über sämtlichen pflichtfestsetzenden Rechtssätzen schwebt genau gleich bemessen das normative Rechtssatzelement. Es bleibt also regelmäßig dem Kriminalisten nichts anderes übrig, als an der Hand des Zivilrechts u. s. w. die Rechtswidrigkeitsfrage zu lösen.

Aber bei einer recht erheblichen Anzahl von Normen ist doch die Arbeit des Kriminalisten durch das Gesetz wesentlich erleichtert: zahlreiche Normen haben im Gesetz eine schematische Ausprägung dahin erfahren, daß ein tatbestandliches Handeln als grundsätzlich verboten bezeichnet wird, so daß bei Gegebensein eines hierher gehörigen Tatbestandes so lange auch Rechtswidrigkeit vorliegt, als nicht besondere Umstände das Gegenteil ergeben. Dies ist überall da der Fall, wo das Strafgesetz des Moments der Rechtswidrigkeit nicht ausdrücklich Erwähnung tut. Dann deutet eben bereits der Tatbestand derart auf die Rechtswidrigkeit hin, daß seine Erfüllung in der Regel rechtswidrig ist[1]). Sagt z. B. § 211 StGB.:

„Wer vorsätzlich einen Menschen tötet, wird ... bestraft",

so liegt darin auch der Satz: einen Menschen zu töten ist in der

---

[1]) Sofern nicht diese Interpretation durch entgegenstehende Rechtssätze, die die Nichtrechtswidrigkeit ausdrücklich anordnen, außer Hebung gesetzt wird, s. oben S. 126.

Regel rechtswidrig. Die Strafbarkeit ohne ausdrückliche Hervorhebung des Requisits der Rechtswidrigkeit ist ein Indiz dafür, daß eine Norm besteht, die das Töten eines Menschen grundsätzlich untersagt [1]).

Die Erkenntnis dieses Unterschiedes zwischen den Strafgesetzen, die die Rechtswidrigkeit ausdrücklich erfordern, und denen, die dies nicht tun, bricht sich augenscheinlich immer mehr und mehr Bahn. Nur drohen ihr von zwei Seiten her schwere Gefahren.

a) Der Erkenntnis des Richtigen stellt sich öfter die irrige Vorstellung in den Weg, als sei bei den hier in Rede stehenden Tatbeständen die Rechtswidrigkeit überhaupt kein positives Verbrechensmerkmal. Dagegen ist oben [2]) das Nötige gesagt. Im Punkte des Rechtswidrigkeitsrequisits unterscheiden sich diese Tatbestände nicht von den übrigen; „rechtswidrig" ist hier ein subintelligendum; das Strafgesetz als solches muß so gelesen werden, als stünde das Wörtchen rechtswidrig drin. Auch hier muß erst die Norm zu Rate gezogen werden, bevor man das Vorliegen eines Verbrechens bejahen kann. Nur für die Normvoraussetzungen macht es einen Unterschied aus, ob das Strafgesetz das „rechtswidrig" expressis verbis anführt oder als subintelligendum unterstellt.

b) Auf der anderen Seite muß man sich aber vor der Auffassung hüten, als trage bei den hier interessierenden Delikten der Verbrechenstypus bereits das Rechtswidrigkeitsmoment begrifflich in sich. Wäre das der Fall, so wäre eben jede Erfüllung eines solchen Tatbestandes auch rechtswidrig, und die Norm würde lauten: Du sollst schlechterdings nicht töten. Daß dem nicht so ist, zeigt bereits der Notwehrparagraph, der ein Töten kennt, das nicht rechtswidrig ist.

Das Richtige liegt vielmehr in der Mitte: Weder ist bei den hier fraglichen Verbrechenstypen die Tatbestandserfüllung ohne Rechtswidrigkeit ein Verbrechen; noch ist die Tatbestandserfüllung hier immer rechtswidrig. Sondern: der Tatbestand deutet darauf

---

[1]) Deshalb geht Graf Dohna, Rechtswidrigkeit 39 ff., zu weit, wenn er behauptet, aus den Tatbeständen könne man überhaupt nichts für die Rechtswidrigkeit herauslesen.

[2]) S. 36 ff.

hin, daß in der Regel Rechtswidrigkeit vorliegt — nicht mehr oder weniger.

Danach gestaltet sich die Sache so: Bei den Verbrechenstypen mit ausdrücklich hervorgehobenem Rechtswidrigkeitsrequisit bedarf es immer der besonderen Untersuchung darüber, ob die speziellen Sätze des Zivilrechts die Tatbestandserfüllung im allgemeinen als unerlaubt erscheinen lassen, oder ob die Rechtswidrigkeit lediglich bei Hinzutritt besonderer Voraussetzungen gegeben ist; bei den Verbrechenstypen ohne ausdrücklich hervorgehobenes Rechtswidrigkeitsrequisit ist ohne weiteres der Schluß gerechtfertigt, daß im allgemeinen die Tatbestandserfüllung rechtswidrig ist, so daß nur bei Hinzutritt besonderer Voraussetzungen die Rechtswidrigkeit entfällt[1]).

Damit ist nun auch erwiesen, daß der Ausgangspunkt von Franks Theorie der Rechtswidrigkeit durchaus zutrifft. Es darf nur eben nicht der oben S. 37 abgelehnte Schluß auf das Rechtswidrigkeitsrequisit als solches daraus gezogen werden. Durchaus richtig ist dagegen, daß je nach der Fassung des Strafgesetzes die Rechtswidrigkeit entweder durch positive, außerhalb des Tatbestandes liegende Umstände bedingt ist, oder daß für sie positiv nur die Tatbestandlichkeit der Handlung erforderlich ist, so daß das Fehlen der Rechtswidrigkeit bei Gegebensein des Tatbestandes sich aus negativen Rechtswidrigkeitsvoraussetzungen ergibt. Hier erscheint es auch keineswegs als ein logischer Widerspruch, wenn man die positiven und die negativen Voraussetzungen auseinanderlegt.

Einer Einschränkung bedarf das Gesagte nur hinsichtlich der Begehung durch Unterlassung bei positiv gefaßten Tatbeständen (z. B. Tötung durch Verhungernlassen). Es wird unten zu zeigen sein, daß tatbestandlich die Nichtabwendung eines tatbestandlichen Erfolgs eben auch Tatbestandsverwirklichung, also „Tötung" im Sinne des § 211 u. s. w. ist. Würde nun die Regel, daß bei

---

[1]) Diese besonderen Voraussetzungen können natürlich sowohl solche sein, deren Vorliegen dem Handelnden ein Recht zum Handeln gibt (Rechtfertigungsgründe); wie auch solche, die, ohne ihm ein Recht zum Handeln zu geben, die Rechtswidrigkeit beseitigen, so, daß die Handlung als rechtlich irrelevant charakterisiert wird. (Vgl. unten IX.) Diese zweite Möglichkeit übersieht Graf Dohna, Rechtswidrigkeit 40.

den Strafgesetzen, die des Rechtswidrigkeitsmoments keine Erwähnung tun, die Tatbestandsverwirklichung grundsätzlich rechtswidrig ist, solange nicht Unrechtsausschließungsgründe erhellen, auch hier gelten sollen, so würde man zu einer Ausdehnung der Rechtswidrigkeit gelangen, die schlechthin unannehmbar ist; es würde z. B. jedermann wegen Tötung durch Unterlassung strafbar sein, der einen Ertrinkenden zu retten unterläßt. Demgegenüber ist heute ausgemachte Sache, daß eine Unterlassung mit tatbestandlichem Erfolg nicht in gleichem Umfang wie die Verursachung des letzteren rechtswidrig ist, sondern ihre Rechtswidrigkeit nur bei Gegebensein besonderer positiver Voraussetzungen, die eine Verpflichtung zum Handeln begründen, gegeben ist. Mit anderen Worten: Jene Auslegungsregel gilt nur für die Tatbestandsverwirklichung im eigentlichen Sinne; diese allerdings ist, wo die Rechtswidrigkeit nicht expressis verbis erwähnt ist, grundsätzlich rechtswidrig. Die Tatbestandsverwirklichung durch Unterlassung ist bei positiv formulierten Tatbeständen[1]) dagegen nicht grundsätzlich rechtswidrig, sondern nur bei Vorliegen besonderer pflichtbegründender Umstände.

IX. In diesem Zusammenhang tritt nun auch die Bedeutung der „Umstände, die die Rechtswidrigkeit ausschließen", der „Unrechtsausschließungsgründe", wie ich sie in meinen Grundzügen genannt habe[2]), klar hervor. Es sind die negativen Voraussetzungen der Rechtswidrigkeit[3]). Solche können selbstverständlich sowohl bei den Normen Platz greifen, die die Tatbestandlichkeit der

[1]) Bei den negativ formulierten, d. h. eben die Unterlassung selber vertypenden Tatbeständen dagegen greift die allgemeine Regel ohne weiteres durch. So ist z. B. die Unterlassung der Sorge dafür, daß die Feuerstätten im eigenen Hause in baulichem und brandsicherem Zustande unterhalten werden, grundsätzlich rechtswidrig — soweit nicht Unrechtsausschließungsgründe Platz greifen.

[2]) Finger, Goltd. Arch. 50 39, nennt sie „Deliktsausschließungsgründe" im Anschluß an Bindings Terminologie „Delikt" = Normwidrigkeit. Aber abgesehen davon, daß sich letzterer Terminologie gegenüber noch immer die hergebrachte Synonymität von „Delikt" mit „strafbarer Handlung" behauptet, scheint mir die Bezeichnung „Unrechtsausschließungsgründe" deshalb den Vorzug zu verdienen, weil sie unmißverständlich darauf hindeutet, daß es sich um Umstände handelt, die auf dem Rechtswidrigkeitsgebiete liegen.

[3]) Vgl. Binding, Normen 1² 127.

Handlung als einzige positive Voraussetzung der Rechtswidrigkeit nennen, wie auch bei denjenigen, die außer der Tatbestandlichkeit noch besondere positive Voraussetzungen der Rechtswidrigkeit verlangen. Jeder Norm haftet stereotyp die „exceptio“ an: (Du sollst nicht . . .), „es wäre denn, daß —“.

Es bedeutet aber eine Trübung der richtigen Auffassung von dem logischen Verhältnis zwischen Tatbestand und Rechtswidrigkeit, wenn man die Unrechtsausschließungsgründe im „Tatbestande“ sucht, wenn man sie, wie Frank[1]), „negative Tatumstände“ oder negative Tatbestandsmerkmale nennt, wenn man von „Aufnahme des Rechtswidrigkeitsmoments in den Tatbestand spricht“. Nein! Sie liegen ebenso sehr außerhalb des Tatbestandes, wie innerhalb der Norm. Liegt ein echtes „negatives Tatbestandselement“ vor, so fehlt es am Verbrechenstypus und folglich taucht dann die Frage nach der Rechtswidrigkeit überhaupt nicht auf. Die echten Gründe, die die Rechtswidrigkeit ausschließen, haben dagegen mit dem „Tatbestand“ gar nichts zu schaffen; im Gegenteil, sie setzen, um überhaupt in Anwendung zu kommen, voraus, daß am Tatbestande gar nichts fehlt, und tun dem „Tatbestande“ nicht den geringsten Abbruch. Die Feststellung, X habe in Notwehr einen Menschen getötet, negiert nicht den Tatbestand der Tötung eines Menschen, sondern nur, daß diese Tatbestandserfüllung rechtswidrig gewesen sei; die Notwehr liegt völlig außerhalb des Tatbestandes.

Neuerdings ist gegen den Begriff der „Gründe, die die Rechtswidrigkeit ausschließen“ oder „Unrechtsausschließungsgründe“, gegen die Konstruktion von „Ausnahmen von der Norm“ von Hold v. Ferneck[2]) und Graf Dohna[3]) eingewandt worden: die Konstruktion sei falsch. „Ausschließung“ treffe nur etwas vorher Vorhandenes; bei der „Unrechtsausschließung“ sei dagegen die Rechtswidrigkeit von allem Anfang an nicht gegeben; die Norm ergreife eben den Vorgang nicht. Es könnten nicht zwei entgegengesetzte Rechtssätze nebeneinander bestehen. Aber hier wird ein unerlaubtes Spiel mit Worten getrieben. Es ist selbstverständlich

---

[1]) II vor § 1.
[2]) Rechtswidrigkeit 201, 291 ff.
[3]) Rechtswidrigkeit 37/38.

richtig, daß bei Vorhandensein eines Unrechtsausschließungsgrundes eben die Norm selber nicht eingreift, eine Rechtswidrigkeit ab ovo begrifflich fehlt, daß die Fixierung eines Unrechtsausschließungsgrundes im Gesetz inhaltlich ein Bestandteil der Norm ist; daß nicht erst die Norm erlassen und sie dann wieder zurückgezogen wird. Eine entgegengesetzte Vorstellung verbindet aber doch wohl niemand mit dem Begriffe. Der Kampf jener Autoren gegen letzteren ist also der Sache nach jedenfalls ein Kampf gegen Windmühlen [1]). Aber selbst die Bezeichnung „Ausschließungsgründe" kann nicht als verfehlt gelten. Die Ausdrücke „Ausnahme", „Ausschließung" mögen ja sprachlich die ursprüngliche Vorstellung widerspiegeln, daß aus einem Gegenstand etwas, was anfänglich drin war, „herausgenommen" werde. Aber diese sprachliche Urvorstellung ist doch längst verloren gegangen. Die „Ausnahme" ist einfach die Feststellung des Gebiets, in das die Regel nicht hineinreicht; „Ausschließung" entsprechend das Vorhandensein von Momenten, die die Anwendung des Begriffs hindern; man denke an die „rechtsausschließenden Tatsachen" des Zivilrechts. Und jedenfalls macht es für das Strafrecht durchaus keinen Unterschied, ob man die Norm sich positiv so formuliert denkt, daß schon die positive Wortfassung die Schranke ergibt, oder ob man die Norm positiv bloß als Regel faßt und die Ausnahmen negativ mit einem „nisi" anhängt [2]).

Die Unrechtsausschließungsgründe klassifizieren sich

a) nach ihrem sachlichen Umfang dahin, daß sie entweder absolute sind, die für jede wie immer geartete Norm gelten — wie die Notwehr —, oder relative, das sind solche, die nur für bestimmte einzelne Normen oder Normgruppen in Betracht kommen [3]).

Relativ ist z. B. der aus der Hinrichtungsbefugnis des Scharfrichters fließende Unrechtsausschließungsgrund: er deckt nur die Tötung und hat mit andersinhaltlichen Normen nichts zu tun.

---

[1]) Hold v. Ferneck denkt sich — S. 300 — die gegnerische Auffassung offenbar so, als wolle man eine „an sich", „im allgemeinen" gegebene Regelrechtswidrigkeit ohne festen Boden, wurzelnd in Moral, naturrechtlicher Denkweise u. s. w., konstruieren. Das wäre natürlich grundverkehrt.

[2]) Vgl. oben S. 38.

[3]) Vgl. Binding, Normen I² 130.

Relativ ist auch z. B. der aus § 52 StPO. gegenüber der für § 300 StGB. in Betracht kommenden Norm erwachsende Unrechtsausschließungsgrund: er kommt eben nur für die Offenbarung anvertrauter Geheimnisse in Betracht[1]).

Relativ ist auch der Unrechtsausschließungsgrund des § 193 StGB.: er kommt nur für Beleidigungen in Betracht.

b) Personell können die Unrechtsausschließungsgründe entweder so beschaffen sein, daß sie auf jedermann ohne weiteres passen, oder so, daß sie nur für Personen bestimmter Klassen oder für Personen in bestimmten Verhältnissen gelten: personell unbeschränkte oder personell beschränkte Unrechtsausschließungsgründe. Diese Scheidung führt zu dem Satze Quod licet Jovi, non licet bovi. Es kann sein, daß A als Angehöriger einer bestimmten Personenklasse ein Handeln ohne Verstoß gegen das Recht vornehmen kann, das bei anderen rechtswidrig ist[2]). In die erste Kategorie gehört bekanntlich die Notwehr. Die zweite Klasse wird am besten durch den bindenden Befehl exemplifiziert: der durch ihn Gebundene ist von Rechtswidrigkeit frei, der Befehlende und Dritte sind es nicht.

c) Ihrer Stärke nach können die Unrechtsausschließungsgründe entweder Rechtfertigungsgründe sein, die die Handlung zur rechtmäßigen stempeln, oder schlichte (bloße, einfache) Unrechtsausschließungsgründe, denen nicht ein Recht zum Handeln zu Grunde liegt, die vielmehr der Handlung nur die Eigenschaft der rechtlichen Irrelevanz verleihen, so daß sie weder erlaubt noch verboten ist.

---

[1]) Denn daß der Arzt nicht „unbefugt" handelt, wenn er von seinem durch die Prozeßordnung ihm gewährten Auskunftsweigerungsrecht keinen Gebrauch macht, sollte doch nicht bestritten werden und wird ja von der communis opinio durchaus angenommen. Die gegenteilige Meinung — M. Liebmann, Pflicht des Arztes zur Bewahrung anvertrauter Geheimnisse 7; Simonson, Deutsche Jur.-Ztg. 9 1014, Wex, daselbst 10 309 — übersieht, daß die StPO. scharf zwischen den nur durch den Willen des Zeugen bedingten Beweisverboten (§§ 51, 52, 54 StPO.) und den unbedingten Beweisverboten (§ 53 StPO.) scheidet. Vgl. Beling, Beweisverbote 5, 7, 17 ff. — Graf Dohna, Rechtswidrigkeit 110 ff., will darauf abstellen, ob die Aussage im Prozeß „als Pflichtverletzung erscheine"; das gibt nur Steine statt Brot!

[2]) Nicht zutreffend v. Kirchenheim, GS. 30 193, Graf Dohna, Rechtswidrigkeit 137.

Woher die Unrechtsausschließungsgründe herzuleiten sind, kann nach ihrer oben gegebenen Charakterisierung nicht schwer zu entscheiden sein. Sind sie gar nichts anderes als Selbstbeschränkungen der Normen, und sind die Normen eben die Rechtsordnung selber in ihrer normativen Bedeutung für menschliches Handeln, so können die Unrechtsausschließungsgründe natürlich auch nur auf dem Boden des positiven Rechts erwachsen — auch ein Argument dafür [1]), daß mit der „Sachgemäßheit", der „Kunstmäßigkeit" des Handelns nichts anzufangen ist.

Und es ist ferner damit klar geworden, daß die Unrechtsausschließungsgründe sich äußerlich genommen in den verschiedensten Gesetzen finden können, unangesehen, ob die Norm eine solche des bürgerlichen Rechts, des Verwaltungsrechts u. s. w. oder eine diese Disziplinen umfassende, nur strafgesetzlich indizierte ist.

Und wie es keine nur „strafrechtlichen Normen", keine „Strafrechtswidrigkeit" gibt, so gibt es auch keine bloß strafrechtlichen Unrechtsausschließungsgründe. Ist ein Umstand ein Unrechtsausschließungsgrund „im Sinne des Strafrechts", so ist er es überhaupt, und das bürgerliche Recht u. s. w. können die Handlung nicht als rechtswidrige behandeln und Unrechtsfolgen eintreten lassen.

Umgekehrt: Wirkt ein Umstand wirklich „nur strafrechtlich" = so, daß keine Strafe eintritt, so kann er überhaupt kein Unrechtsausschließungsgrund sein, sondern es handelt sich dann um einen Mangel am Tatbestand oder um einen bloßen Strafausschließungsgrund.

Es ist einzig und allein zu fragen: Existiert im geltenden Recht eine Einschränkung der Norm in dem betreffenden Sinne oder ist die Norm unverkürzt ausgesprochen? [2])

---

[1]) Vgl. oben S. 151.

[2]) Danach entscheidet sich auch die Frage, ob die Rechtswidrigkeit bei Verwaltungserlaubnis (Konzessionierung), sei es durch Rechtsverordnung, sei es durch Verwaltungsverordnung, ausgeschlossen ist, ob z. B. polizeiliche Konzessionierung von Bordellen, Erlaubnis zum Betteln (Bettelmönche!), Zulassung von Klöstern mit unbedingtem Gehorsam oder Gehorsam gegen unbekannte Obere, Erlaubnis zur Brechung des Post- oder Telegraphengeheimnisses, einem Untergebenen von einem Vorgesetzten erteilt, ins Gewicht fällt oder nicht.

Desgleichen die Frage, ob die militärische Einrichtung von Zweikampfs-

§ 18.

Exkurs: Rechtswidriges Handeln und rechtswidrige Zustände u. s. w.

I. Zur Gewinnung des Urteils, jemand habe ein Verbrechen begangen, ist aus der Lehre von der Rechtswidrigkeit nur derjenige Ausschnitt von Belang, der die Rechtswidrigkeit menschlichen Verhaltens, die Normwidrigkeit betrifft. Aber gibt es denn außer dieser „subjektiven" Rechtswidrigkeit noch andere Rechtswidrigkeit? Kann einem Zustand (oder auch einem Geschehnis, das nicht menschliches Handeln ist), der Charakter der „Rechtswidrigkeit" aufgedrückt sein? Die Frage läßt sich auch für das Strafrecht nicht umgehen, schon deshalb nicht, weil die Frage, ob ein Verbrechen gegeben sei, nicht die einzige strafrechtliche Frage ist. Nun lehrt bekanntlich die „Imperativentheorie", das ganze Recht bestehe lediglich aus Normen, Rechtswidrigkeit sei eine Eigenschaft nur des menschlichen Verhaltens [1]).

Aber damit setzt sich diese Theorie in einen nicht hinwegzuleugnenden Widerstreit gegen das positive Recht. Diesem ist die Bezeichnung eines Zustandes als rechtswidrig etwas durchaus Geläufiges. So wird in StGB. §§ 263, 253 von einem „rechtswidrigen Vermögensvorteil" gesprochen. Keiner Deutungskunst kann es gelingen, hier die Rechtswidrigkeit auf das Gebiet des Handelns hinüberzuschieben [2]). Der „rechtswidrige Vermögens-

---

ehrengerichten die Teilnehmer der letzteren (vorausgesetzt, daß sie wirklich, wie das Reichsgericht bekanntlich — freilich nicht zutreffend — annimmt, Zweikampfsgehilfen sind) aus der Rechtswidrigkeit heraushebt.

Hier überall lassen sich keine allgemeinen Gesichtspunkte angeben, es kommt alles darauf an, ob der Sinn der Norm die Verwaltungserlaubnis zuläßt oder ausschließt. Ebenso gibt es keine allgemeine Formel dafür, inwieweit reichsrechtliche Normen durch landesrechtliche Unrechtsausschließungsgründe durchbrochen werden können, ob z. B. Betrieb eines Totalisators und Beteiligung an Totalisatorwetten landesgesetzlich gestattet werden kann. Da die Normen selber keine Sondergruppe von Rechtssätzen, sondern eben die Rechtssätze selber sind (oben S. 123), so fällt die Frage zusammen mit der Frage, ob dem Landesrecht zusteht, das betreffende Rechtsverhältnis zu regeln oder nicht.

[1]) Aus neuester Zeit vgl. besonders Hold v. Ferneck, Die Rechtswidrigkeit, insbesondere 385 ff., Radbruch, S. 96. — Dagegen zutreffend Löffler, Zeitschr. f. StrRW. 21 562.

[2]) Sehr bezeichnend ist, daß Hold v. Ferneck 388 diesen ihm unbe-

vorteil" kann unmöglich mit dem durch rechtswidriges Handeln erlangten Vermögensvorteil identisch sein; denn da das betrügerische und erpresserische Handeln, um strafbar zu sein, selbstverständlich rechtswidrig sein muß, so wäre, wenn anders „rechtswidriger Vermögensvorteil" dasselbe wie „durch rechtswidriges Handeln erlangter Vermögensvorteil" wäre, das Epitheton „rechtswidrig" bei „Vermögensvorteil" schlechthin überflüssig; jeder durch rechtswidrige Täuschung oder Nötiguug erlangte Vermögensvorteil wäre dann rechtswidrig, und es müßte das Gesetz dahin lauten, daß der Täter die Absicht haben müsse, sich „einen" Vermögensvorteil (wie in § 268) durch die Handlung zu verschaffen. Aber mit aller Deutlichkeit zeigt das Gesetz den gegenteiligen Standpunkt: daß die Täuschungs- oder Nötigungshandlung rechtswidrig war, sagt eben noch lange nicht, daß der aus ihr resultierende Vermögensvorteil rechtswidrig ist. Man kann sich durch rechtswidriges Handeln auch Vermögensvorteile verschaffen, die nicht rechtswidrig sind [1].

Und mehr noch: die Rechtssätze stellen oft die Rechtswidrigkeit von Zuständen derart in den Vordergrund, daß man erst aus der „objektiven" Rechtswidrigkeit im Wege der Schlußfolgerung die Norm gewinnen kann. Es werden die Erfolge als dem Recht antipathische bezeichnet, so daß erst der Interpret daraus schließt, daß jedes Handeln, das solchen Erfolg herbeiführt oder auf ihn zusteuert, unzulässig ist, oder umgekehrt bestimmte Personen (Beamte u. s. w.) gehalten sind, dem Zustand entgegenzutreten [2].

---

quemen Begriff einfach dadurch beiseite schieben will, daß er ihn als „unmöglich" bezeichnet. Dann müßte Hold v. Ferneck aber auch den Mut der Konsequenz haben, jede Anwendung der §§ 253, 263 StGB. für unmöglich zu erklären, d. h. die Verbrechen der Erpressung und des Betrugs aus dem positiven deutschen Recht zu streichen!

[1] Näheres s. sogleich unten.

[2] So enthält z. B. das Unterstützungswohnsitzgesetz vom 6. Juni 1870 den Satz, daß in gewissen Fällen das Reich hilfsbedürftige Arme unterstützen werde, d. h. den Satz: „ich will nicht, daß ein Armer im Elend verkomme." Der Satz verheißt ein Handeln des Reichs (bekanntlich ohne dem Armen ein subjektives Recht auf Unterstützung zu geben). Daß es die Pflicht bestimmter Reichsorgane ist, helfend vorzugehen, steht nicht in dem Rechtssatz, ergibt sich vielmehr erst als daraus abgeleitete Folge.

Und warum sollte die Rechtsordnung nicht auch Zustände als ihr widerwärtig bezeichnen können? Soll man z. B. dagegen die Augen schließen, daß es ein rechtlich unbefriedigender Zustand ist, wenn der Eigentümer seine Sache nicht hat? Daß das Recht dem Handeln der Menschen gilt [1]), kann doch nicht ausschließen, daß das Recht seine Aufgabe weiter faßt, den Blick höher richtet und sich zu dem Geschehen und Sein in der Welt in liebende oder hassende Beziehung setzt. Denn auch daraus ergeben sich Konsequenzen für das menschliche Handeln, und es ist nicht einzusehen, warum nur diese sekundär sich ergebenden Konsequenzen rechtliche Natur haben sollten und nicht auch die grundsätzlichen, primären Sätze, die die Zustände gutheißen oder mißbilligen. Oder von der anderen Seite betrachtet: es ist nicht einzusehen, weshalb die Rechtssätze immer nur als primärverpflichtende sollen auftreten können und nicht auch als „proklamierende", die einen Zustand befehden, also die feierliche Erklärung enthalten: „ich, der Staat, werde es so oder so halten"?

Es zerfallen so die Normen in zwei Klassen: direkte Normen, die das näher bezeichnete Handeln selber als unstatthaft bezeichnen, und mittelbare Normen — Rechtssätze, die bloß von unstatthaften Zuständen, Ereignissen u. s. w. reden, so, daß das Handeln selber nicht näher umrissen wird, sondern jedes zu diesen Ereignissen in Kausalbeziehung tretende Handeln unzulässig ist [2]).

II. Es gibt demnach sowohl rechtswidrige Zustände, wie auch rechtswidrige Handlungen. Da nun, wo es sich um Zustände als Handlungsresultate handelt, ist ihr Charakter keineswegs mit dem Charakter der Handlung als einer rechtswidrigen oder nicht rechtswidrigen gegeben. Wird auch in der Regel die Folge einer rechtswidrigen Handlung auch ein rechtswidriger Zustand sein, und die Folge einer nicht rechtswidrigen Handlung ein nicht rechtswidriger Zustand, so ist doch auch möglich,

a) daß ein rechtswidriges Handeln in einen nicht rechtswidrigen

---

[1]) Hold v. Ferneck, Rechtswidrigkeit: „Als Motiv (NB.) kann das Recht keine andere Funktion haben, als Menschen zu Handlungen oder Unterlassungen zu determinieren."

[2]) Vgl. übrigens Finger, Österr. StrR. 1² 85.

Zustand ausläuft [1]. Der Eigentümer z. B., der dem Diebe selbsthilfeweise außerhalb der Fälle erlaubter Selbsthilfe (vgl. insbesondere BGB. § 859 II: Voraussetzung: „auf frischer Tat") die gestohlene Sache gewaltsam abnimmt, verfällt dem Nötigungsparagraphen 240; aber der dadurch erzielte Zustand ist nicht rechtswidrig.

Ferner: Wer mala fide eine fremde Sache für sich verarbeitet (BGB. § 950), handelt rechtswidrig; der dadurch erzeugte Zustand ist aber vollgültiges Eigentum des Spezifikanten und keineswegs rechtswidrig [2]).

Oder: Wer in einer auswärtigen Lotterie spielt, begründet einen zivilrechtlich unanfechtbar gültigen Zustand; damit ist aber nicht gesagt, daß er nicht rechtswidrig handle.

Wer ein Almosen erbettelt, erhält gültig das Eigentum daran; gleichwohl ist sein Handeln rechtswidrig. Oder ein auf anderem Gebiet liegendes Beispiel: Durch Notzucht begründete Schwangerschaft ist kein rechtswidriger Zustand (Abtreibung strafbar!), ungeachtet des Umstands, daß die Notzuchtshandlung selber rechtswidrig war.

Besonders deutlich tritt das Auseinanderfallen von rechtswidrigem Handeln und dem Charakter des Handlungsergebnisses beim Betruge zu Tage. Der Tatbestand besteht hier bekanntlich darin, daß jemand — kurz gesagt — durch Täuschung einen anderen am Vermögen beschädigt. Zum *Verbrechen* des Betruges gehört aber außer der Erfüllung dieses Typus „Betrug" natürlich die Rechtswidrigkeit der Handlung, sowie auf der subjektiven Seite einmal der Vorsatz der durch Täuschung erzielten Vermögensbeschädigung, sodann die Absicht, sich einen rechtswidrigen Vermögensvorteil zu verschaffen. Wäre nun jeder durch rechtswidrige Täuschung erzielte Vermögensvorteil ein rechtswidriger, so wäre unverständlich, weshalb das Gesetz für die Absicht des Täters noch die Rechtswidrigkeit des Vermögensvorteils urgiert. § 263 müßte dann, wie schon oben flüchtig betont, gefaßt sein:

---

[1]) Diese Denkfigur findet in BGB. § 134 ihren deutlichen Ausdruck: dort wird die Möglichkeit anerkannt, daß aus einer unerlaubten Handlung rechtlich gültige Folgen erwachsen.

[2]) Vgl. *Beling*, Zeitschr. f. StrRW. **24** 258.

„Wer u. s. w. ... in der Absicht, sich einen Vermögensvorteil zu verschaffen ...“

So ist er aber nicht gefaßt; es können also aus einer rechtswidrigen Täuschungshandlung sowohl rechtswidrige wie auch nicht rechtswidrige Vermögensvorteile hervorgehen; und hatte der Täter nur einen Vermögensvorteil der letzteren Art im Sinne, so ist § 263 auf ihn nicht anwendbar.

Damit ist auch gleichzeitig dargetan, daß alle diejenigen Theorieen, die den „rechtswidrigen Vermögensvorteil“ im Sinne des § 263 als einen „auf rechtswidrige Weise erlangten“ Vermögensvorteil definieren, fehl gehen. Gewiß kann § 263 dann nicht angewendet werden, wenn die Art und Weise der Erlangung = die Handlung selber nicht rechtswidrig ist; aber ist sie selber nicht rechtswidrig, so bedarf es überhaupt nicht mehr der Aufwerfung der Frage nach der Schuld, folglich auch nicht der Erörterung, ob ein rechtswidriger Vermögensvorteil erstrebt wurde. Und umgekehrt: ist die Art und Weise der Erlangung = die Handlung rechtswidrig, so steht damit eben noch nicht die Rechtswidrigkeit des Vermögensvorteils als des Handlungsprodukts fest.

Wenn vorstehend vom „Erfolge“ rechtswidrigen Handelns schlechthin gesprochen und für ihn der Satz verfochten wurde, daß er nicht ohne weiteres selber rechtswidrig ist, so ist nunmehr noch besonders zu betonen, daß auch der tatbestandsmäßige Erfolg keineswegs ohne weiteres rechtswidrig ist. Liegt doch im Tatbestande an sich überhaupt kein Rechtswidrigkeitsmoment![1]) Und was für den Tatbestand als Ganzes gilt, gilt auch für den Erfolg, der einen Teil des Typus bildet.

Wohl kann es sein, daß gerade dieses Stück des Tatbestandes im Gesetz bereits so formuliert ist, daß der Tatbestand nur bei Rechtswidrigkeit des Erfolges vorliegt; finden sich ja doch Tatbestände, in die einzelne Rechtswidrigkeitselemente hineinverwoben sind[2]). Und in diesen Fällen natürlich keine Strafbarkeit ohne Rechtswidrigkeit des Erfolges.

---

[1]) Oben S. 145 ff.
[2]) Oben S. 156 VII.

Bei denjenigen Tatbeständen dagegen, die nicht mit einem „rechtswidrigen Erfolge" arbeiten, ist die Rechtswidrigkeit des Erfolges für die Strafbarkeit gleichgültig; denn der Typus ist ja dann eben von der Rechtswidrigkeit des Erfolges unabhängig; und das Verbrechensmerkmal der Rechtswidrigkeit bedeutet nur Rechtswidrigkeit des Handelns selber. Hier wird also auch gestraft, wenn das rechtswidrige Handeln zu nicht rechtswidrigen Erfolgen geführt hat[1]).

Ist aber hier auch die Strafbarkeit der Tat unabhängig von der Unrechtmäßigkeit des Erfolges, so bleibt doch immerhin die Frage nach Rechtswidrigkeit oder Nichtrechtswidrigkeit des letzteren von Bedeutung, weil, wie unten zu zeigen, die Aufrechterhaltung rechtswidriger Zustände in intime Beziehung zur Herbeiführung von solchen tritt[2]). Woran erkennt man nun, ob ein durch rechtswidriges Handeln erzeugtes Resultat selber rechtswidrig ist oder nicht?[3])

Die Antwort ist: Es kommt darauf an, ob ein Rechtssatz nachweisbar ist, der den Erfolg selber als einen dem Recht widerwärtigen Zustand charakterisiert; die Normen, als solche genommen, geben keine Auskunft: es ist das „objektive Unrecht", das viel angefochtene, das allein Licht bringen kann!

Ob aber ein Zustand ein rechtlich gebilligter oder nicht gebilligter ist, dafür gibt es ein untrügliches Kriterium: gemißbilligt ist er nur dann, wenn irgendwelche rechtliche Handhabe besteht, ihn aufzuheben, wenn er vitiös ist, so, daß Ansprüche auf seine Beseitigung, insbesondere Kondiktionen oder polizeiliche Abhilfe oder Selbsthilfe zu seiner Aufhebung gegeben sind[4]).

Zustände dagegen, die unwiderruflich sind, also vom Rechte geschützt werden, sind auch dann nicht rechtswidrig, wenn ihre Erlangung rechtswidrig war; und es tut dabei nichts zur Sache,

---

[1]) Vgl. die Beispiele oben S. 173.

[2]) Unten §§ 55 ff.

[3]) Eine Frage, die auch für die Tatbestände von Bedeutung ist, die rechtswidrigen Erfolg fordern, sowie für die Strafgesetze, die eine auf rechtswidrigen Erfolg gerichtete Absicht erfordern.

[4]) Natürlich handelt es sich nur um diejenigen Rechtsbehelfe, die den betr. Zustand selber beseitigen wollen. Rechtsbehelfe, die ihn bestehen lassen und nur etwa eine Schadensersatzforderung geben, interessieren nicht.

aus welchen Gründen der Zustand für definitiv erklärt ist. Steht er rechtlich fest, besteht gar keine rechtliche Handhabe zu seiner Aufhebung, so ist sozusagen tabula rasa gemacht. Nicht als ob die Erlangungshandlung selber mit Ehren zur nicht rechtswidrigen erklärt würde. Wohl aber ist das Resultat frei von „Rechtswidrigkeit". Dem bösgläubigen Spezifikanten kann die durch Spezifikation erworbene Sache nicht genommen werden, er hat unanfechtbares Eigentum an ihr; der jetzige Zustand entspricht also dem Recht, ist kein „rechtswidriger"[1]).

b) Wie es also einerseits möglich ist, daß ein rechtswidriges Handeln zu nicht rechtswidrigen Zuständen führt, so ist umgekehrt denkbar, daß rechtmäßiges Handeln rechtswidrige Folgen zeitigt. Hierher gehören die zahlreichen Fälle, in denen gewisse Handlungen trotz eines mit ihnen verbundenen Risikos freigegeben werden. Hier wäre es irrig, die etwa eintretenden unliebsamen Folgen als nicht rechtswidrig aufzufassen: nur das Handeln ist trotz der Möglichkeit ihres Eintritts der Rechtswidrigkeit entkleidet. Die gewerberechtlich zulässige Ausbeutung eines Steinbruchs ist z. B. nicht rechtswidrig, der dabei unterlaufende Tod eines Menschen ist rechtswidrig. Nur ist in diesen Fällen stets eine Sonderung der Fälle unerläßlich: es fragt sich, in welchem Umfange die riskante Handlung freigegeben ist, ob

α) in Pausch und Bogen, quand même, also auch in ihrer Eigenschaft als Setzung der Ursache des rechtswidrigen Erfolges. Alsdann ist der Erfolg rechtswidrig, die Ursachsetzung ist es nicht. Oder

---

[1]) Eine besondere Nutzanwendung des Gesagten ist auf den Begriff des „rechtswidrigen Vermögensvorteils" nach §§ 253, 263 StGB. zu machen. Rechtswidrig ist der Vermögensvorteil, der dem Erwerber im Rechtswege entzogen werden kann. Es ist hier in jeder Hinsicht der Auffassung beizupflichten, die Frank in seinem Kommentar entwickelt. De lege ferenda wäre allerdings wünschenswert, daß z. B. auch derjenige, der bei einem beiderseits unsittlichen Vertrage einen Vermögensschaden des Gegners in Bereicherungsabsicht durch Täuschung herbeigeführt, gestraft würde. Aber dazu bedürfte es einer Abänderung des Requisits „Absicht, sich einen rechtswidrigen Vermögensvorteil zu verschaffen", etwa so, daß der Ausdruck ersetzt würde durch „Absicht, sich einen Vermögensvorteil zu verschaffen, auf den er keinen Anspruch hatte" (im Sinne der reichsgerichtlichen Judikatur, deren Richtigkeit freilich nach dem oben Gesagten für die lex lata nicht zugegeben werden kann).

β) ob unter Ausschluß ihrer Eigenschaft als Ursache der unliebsamen Folgen. Dann ist es möglich, die Handlung in dieser ihrer Eigenschaft zu bestrafen, obwohl sie sonst nicht rechtswidrig wäre; es deckt sich dann die Rechtswidrigkeit der Folge mit der Rechtswidrigkeit der sie erzeugenden Handlung.

Regelmäßig — so auch in dem Steinbruchsfalle — wird nur die Figur β gegeben sein.

Sehr lehrreich sind auch die Akte des Strafprozesses. Sie sind durchaus rechtmäßig, auch wenn sie sich gegen einen Unschuldigen richten. Seine Inhaftnahme, seine Verurteilung, seine Einlieferung in die Strafanstalt sind, soweit sie prozeß-, insbesondere beweisordnungsmäßig sind, rechtmäßige Handlungen. Und dennoch sind die dadurch erzeugten Zustände selber, das Sitzen in Untersuchungshaft oder in Freiheitsstrafe, durchaus rechtswidrig; ihre Beseitigung wird durch die verschiedenen Rechtsbehelfe, in letzter Linie durch die Wiederaufnahme des Verfahrens, intendiert. Und auf der Überzeugung, daß der Zustand rechtswidrig ist, beruhen ja gerade die modernen Entschädigungsgesetze. Wenn diese lediglich von einer „Billigkeitsforderung" motiviert zu sein vorgeben, so stellt das im Grunde nur einen Protest gegen die mögliche Auffassung dar, als wolle der Staat durch Anerkennung des Entschädigungsanspruchs die Strafprozeßhandlungen selber als rechtswidrige kompromittieren. Und doch liegt nicht bloße „aequitas" vor, sondern regelrechte Reaktion gegen die als unrechtmäßig erkannten Produkte rechtmäßigen Handelns.

Man kann eben auch die Straprozeßhandlungen zu jenen in summa notwendigen Handlungen stellen, die trotz eines gewissen Risikos freigegeben sind; und es bedeutet die Freigabe keineswegs die Billigung aller herauskommenden Resultate.

Die Denkfigur: rechtswidrige Zustände als Resultate nicht rechtswidrigen Handelns, kann ferner z. B. in den Fällen personell beschränkter Normwidrigkeit hervortreten. Wenn z. B. der Untergebene auf bindenden Befehl einen Diebstahl begeht, so handelt er zwar rechtmäßig, aber was er anrichtet, ist doch ein rechtswidriges Resultat.

Solche Erfolge, die nur per se rechtswidrig sind, aber nicht der sie herbeiführenden Handlung den Stempel der Rechtswidrigkeit ausdrücken — oben α —, können natürlich niemals strafrechtlich zur Verbrechenskonstruktion verwertet werden: hierfür kommt einzig und allein die Rechtswidrigkeit des Handelns selber in Betracht; nicht rechtswidriges Handeln mit rechtswidrigem Resultat genügt nicht.

§ 19.

III. Tatbestand und Schuld.

I. Die Schuld als ein Stück der subjektiven Tatseite, nämlich als die psychische Fehlerhaftigkeit der Handlung[1]), hebt sich von dem Tatbestande als dem äußeren Umriß des Verbrechenstypus derart scharf ab, daß scheinbar Verwirrungen nicht zu befürchten sind. Und doch haben sich, vermittelt durch die irreführende Bezeichnung der Schuld (und des Handlungswillens) als des „subjektiven Tatbestands", Irrungen eingestellt; namentlich verdankt man dieser Bezeichnung jedenfalls mit die verfehlte Auffassung, daß die Schuld lediglich am Tatbestand und nicht auch an der Rechtswidrigkeit zu messen sei.

Demgegenüber ist zu betonen, daß der Tatbestand selber ganz objektiv und von allen subjektiven Momenten derart frei ist, daß ein „subjektiver" (= psychischer) Tatbestand" eine contradictio in adjecto ist[2]). Gewiß kann man auch von „psychischen Tatbeständen" sprechen, nur meint man dann eben niemals den Tatbestand im strafrechtlich-technischen Sinne. Denn der Verbrechenstypus ist nichts anderes als ein objektiver Umriß. Ihm ist genügt, wenn die Handlung sich äußerlich als typische darstellt, als „Tötung eines Menschen" u. s. w. Die innerliche Beziehung des Täters zu der tatbestandsmäßigen Handlung ist ein neues selbständiges Verbrechenselement, wie am besten daraus erhellt, daß auch bei Fehlen jeder solchen innerlichen Beziehung die Tatbestandsmäßig-

---

[1]) Oben S. 45.

[2]) Durch den verhängnisvollen Fehler, daß er die rein objektive Bedeutung des Tatbestandes übersieht, verschließt sich Hold v. Ferneck, Die Rechtswidrigkeit S. 389, den richtigen Weg. Auch bei Stooß, Schweiz. Zeitschr. f. StrR. 17 1 ff., erscheint der Tatbestand noch nicht von Schuld und Zurechnungsfähigkeit geschieden.

keit der Handlung unberührt bleibt: man kann gerade so gut schuldlos wie schuldhaft „einen Menschen töten" u. s. w.

Nun besteht freilich die Schuld nach § 59 StGB. unter anderem in einer Beziehung der Psyche zu dem Tatbestande: zum Vorsatz gehört die Abspiegelung des Tatbestandes in der Seele des Täters, und die Fahrlässigkeit knüpft unter anderem an das Fehlen oder die Unvollständigkeit dieses psychischen Spiegelbildes an; und so könnte man geneigt sein, die Vorstellung des Täters vom Tatbestande als den „subjektiven Tatbestand" zu bezeichnen. Das wäre indessen nicht wohlgetan. Ding und Spiegelbild sind derart verschieden voneinander, daß es zu irrigen Vorstellungen führt, wenn man das Spiegelbild als „das gespiegelte Ding" — denn das würde der „subjektive Tatbestand" bedeuten — bezeichnet. Die sprachliche Unzulässigkeit der Redewendung tritt besonders hervor, wenn man „den" Tatbestand durch einen Spezialtatbestand, etwa den der Menschentötung, ersetzt; soll man wirklich die Vorstellung des Täters davon, daß seine Tat eine Menschentötung sei, als „subjektive Menschentötung" bezeichnen dürfen? Dazu tritt, daß, selbst wenn man die Vorstellung des Täters vom Tatbestande als „subjektiven Tatbestand" bezeichnen will, man keinesfalls die unbewußte Fahrlässigkeit unter diese Benennung unterbringen kann. Denn die unbewußte culpa setzt gerade voraus, daß sich der Tatbestand nicht oder nicht vollständig subjektiv widergespiegelt findet; bei ihr bestände der „subjektive Tatbestand" also darin, daß die subjektive Seite den Tatbestand nicht oder nicht ganz umfaßt. Selbst wer es über sich gewinnen könnte, das Spiegelbild eines Hauses in einem See „das widergespielte Haus" zu nennen, wird davor zurückschrecken, von einem „widergespiegelten Hause" zu reden, wenn sich im See kein Spiegelbild zeigt. Läßt sich aber der Ausdruck „subjektiver Tatbestand" nur auf den Vorsatz beziehen, so hat er überhaupt keinen Zweck, und jedenfalls hat er dann keine Berechtigung, als Synonymum des Schuldbegriffs auftreten zu wollen.

Spricht man statt vom „subjektiven Tatbestande" von der „subjektiven Tatseite", so fallen alle Bedenken hinweg.

II. Die Schuld ist also nicht „Tatbestand" oder Tatbestandsmerkmal, sondern ist als ein qua Verbrechensmerkmal dem Tatbestande koordiniertes Element auf eigene Füße zu stellen; sie ist psychische Fehlerhaftigkeit der Tat. Demnach harrt noch der Feststellung, in welchen Punkten Fehlerhaftigkeit gegeben sein muß, damit Schuld zu bejahen sei, in der Beziehung auf welche äußeren Verbrechenselemente die Schuld besteht. Die Antwort kann nicht schwer fallen. Erklärt das Gesetz gewisse Elemente für objektiv unerläßlich, so kann die seelische Beziehung des Täters zu ihnen nur insoweit irrelevant sein, als dies ausdrücklich gesagt ist; mit anderen Worten: von der Schuld umschlossen müssen grundsätzlich alle objektiv erforderlichen Verbrechensmerkmale sein; ausgenommen sind davon nur die durch das Gesetz erkennbar mit rein objektiver Bedeutung ausgestatteten Umstände. Das gerade ist ja der Sieg des Schuldhaftungsprinzips! Und es heißt in die Barbarei früherer Zeiten zurückfallen, wenn man den Schuldbegriff nicht grundsätzlich auf alles, was objektiv das Verbrechen ausmacht, beziehen will. Da nun das heutige Recht lediglich das Passen der Strafdrohung und die Strafdrohungsbedingungen in reiner Objektivität ausgeprägt hat, so folgt aus dem Gesagten: Die Schuld ist die psychische Beziehung des Täters zu der Tat als einer tatbestandsmäßigen rechtswidrigen Handlung.

1. Demnach kann in dem Schuldbegriff unmöglich die psychische Beziehung zu dem Rechtswidrigkeitsmoment fehlen. Es wäre ungeheuerlich, wollte man dieses objektiv so wichtige Moment auf der subjektiven Seite als quantité négligeable behandeln. Von dem, der weder der Rechtswidrigkeit sich bewußt war, noch auch nur ihrer bewußt sein konnte, wäre schlechterdings nicht einzusehen, worin denn seine Schuld bestehen soll. Wer da erklärt, die Rechtspflege vertrage es nicht, daß sich jeder Beliebige auf Rechtsunkenntnis berufen könne, der übersieht zunächst, daß nicht die Behauptung der Rechtsunkenntnis in Frage steht — sie kann auf Grund der Beweiswürdigungsfreiheit als unstichhaltig zurückgewiesen werden —, sondern daß es sich um wirklich vorhandene Rechtsunkenntnis handelt; der verkennt ferner, daß die Rechtspflege nur Mittel zum Zweck, nicht Selbstzweck ist, und daß ein

feiner entwickeltes Recht die Rechtspflege demnach nicht über die Gerechtigkeit, das formale Recht nicht über das materielle stellen darf; der sieht endlich nicht, daß er selber jeden Augenblick in die Lage kommen kann, Handlungen, deren Unerlaubheit er nicht kannte und nicht kennen konnte, vorzunehmen. Gerade das entwickelte Recht ist von einer Reichhaltigkeit, die es geradezu unmöglich macht, es voll zu beherrschen, und handelte es sich um den gewiegtesten Juristen.

Man geht wohl nicht fehl in der Annahme, daß die falsche, das Bewußtsein der Rechtswidrigkeit als Vorsatzelement ablehnende Auffassung bei vielen ihrer Vertreter durch den Wahn verschuldet worden ist, daß schon die Erfüllung eines Tatbestandes an sich etwas Tadelhaftes sei, so daß das Wissen, man töte einen Menschen, man beschädige eine fremde Sache u. s. w., ein schlechtes Licht auf den Täter werfe. Wäre das richtig, so würde allerdings schon dieses Wissen ein Schuldmoment involvieren. Aber dieser Wahn dürfte durch die Ausführungen auf S. 147 ff. gründlich zerstört sein: im Tatbestande liegt regelmäßig keinerlei Werturteil; und selbst da, wo der Tatbestand schon ein Stück der Rechtswidrigkeit berührt[1]), ist eben nur ein Stück der Rechtswidrigkeit vertatbestandlicht. Regelmäßig kann die Tatbestandserfüllung gerade so gut rechtmäßig oder harmlos wie rechtswidrig sein, und folglich entbehrt das Wissen der Tatbestandlichkeit regelmäßig jedes Schuldmoments. Wer also sich an diesem Wissen genügen läßt, der spielt nur mit dem Schuldbegriff, wenn er beteuert, daß er nur bei Schuld strafe; in Wahrheit dient ihm die Schuld nur als Aushängeschild. Ist der Tatbestand, wie oben gezeigt, nichts als ein dem Individualisierungszweck dienendes Rechtssatzelement, so kann das Wissen oder Nichtwissen der Tatbestandlichkeit eben auch nur dazu angetan sein, die Schuld zu individualisieren, nicht sie zu begründen[2]).

---

[1]) Oben S. 156 ff.

[2]) Auch die Theorie Köhlers, Strafbarkeit bei Rechtsirrtum, wonach eine einheitliche Behandlung des Rechtswidrigkeitsbewußtseins abzulehnen sei und es vielmehr auf die einzelnen Tatbestände und ihre Tragweite ankomme, beruht in letzter Linie auf der unstatthaften Zusammenwerfung von Verbrechenstypus und Rechtswidrigkeit.

Wunderlicherweise wird auch heute noch öfter behauptet, das Bewußtsein der Rechtswidrigkeit sei ein unklarer Begriff und deshalb zur praktischen Anwendung nicht brauchbar. Nun ist zuzugeben, daß dieses Bewußtsein nicht im Sinne Bindings zu konstruieren ist. Nach ihm muß der Täter, um vorsätzlich zu handeln, gerade diejenige Norm kennen, die er übertritt, und, wenn ein Verbrechensbegriff sich auf eine Mehrheit von Normen radiziere, alle diese Einzelnormen [1]). Das ist allerdings unannehmbar. Denn abgesehen von der Unsicherheit der so zu gewinnenden Ergebnisse ist vor allem zu betonen, daß die Einzelnormen als typisch ausgeprägte Sondersätze ja nicht einmal objektiv eine Rolle spielen, sich vielmehr die Rechtswidrigkeit an dem Normenkomplex mißt, und es gleichgültig bleibt, an welcher Stelle dieses Komplexes sich die in Betracht kommende Norm einfügt [2]). So muß es denn natürlich für das Bewußtsein der Rechtswidrigkeit genügen, daß der Täter wußte, sein Verhalten verstoße gegen irgend eine Norm oder irgendwelche Normenmehrheit, mit anderen Worten, er muß wissen, daß sein Verhalten rechtlich unerlaubt, rechtlich nicht normal war. Und das ist ein Wissen von geradezu schärfster Klarheit. Ob jemand „schuldbewußt" handelt, ist gewiß eine Feststellung mit deutlich erkennbarem Ziel [3]).

Deshalb kann auch der Einwand unsere das Unrechtsbewußtsein zum Vorsatz verlangende Meinung nicht zu Falle bringen, daß danach der Täter auch das Organ gekannt haben müsse, von dem die Norm herrührte, z. B. im Falle des § 145 StGB. gewußt haben müsse, daß gerade der Kaiser die und die Verordnung erlassen habe. Dieser Konsequenz würde sich allerdings Binding wohl nicht entziehen können; denn eine Einzelnorm kennen müssen heißt auch das rechtserzeugende Organ kennen

---

[1]) Normen 1 91 ff.

[2]) Oben S. 117 ff.

[3]) Das Wort „Schuldbewußtsein" mag nicht ganz das Rechtswidrigkeitsbewußtsein decken, insofern es eigentlich eine Widerspiegelung nicht sowohl der Rechtswidrigkeit, als vielmehr der psychischen Fehlerhaftigkeit bedeutet. Gemeint ist damit aber sicher in unserem Sprachgebrauch immer das Bewußtsein der Rechtswidrigkeit. An Fälle, in denen jemand bei Rechtswidrigkeitsbewußtsein die Schuld ausgeschlossen glaubt (z. B. weil er sich für geisteskrank hält), wird man dabei kaum denken!

müssen. Aber es bedarf eben nicht der Kenntnis der Einzelnorm, sondern lediglich des (juristischen) schlechten Gewissens in summa. und somit keiner Kenntnis des rechtserzeugenden Organs.

Selbst das Wissen, daß gerade unsere Rechtsordnung das Handeln reprobiere, ist nicht erforderlich. Nahm der Täter überhaupt nur an, daß irgend eine Rechtsordnung seinem Verhalten entgegenstehe, so hatte er das Unrechtsbewußtsein, wäre es auch, daß er just die deutsche Rechtsordnung für lückenhaft oder unvollkommen hielt. Er hat sich dann eben nur insofern verrechnet, als er sich plötzlich von einer anderen Macht zur Rechenschaft gezogen sieht, als von der, der gegenüber ihm sein Fehler klar war. Anders nur, wenn er aus der deutschen Rechtsordnung geradezu ein Recht zu seinem Handeln herleitete.

Wenn man neuerdings geglaubt hat, zwar nicht das Bewußtsein der Rechtswidrigkeit, wohl aber das der Pflichtwidrigkeit zum Vorsatz fordern zu sollen [1], so ist das zwar als ein Fortschritt gegen die frühere fühllose Vernachlässigung des Bewußtseins der rechtlichen Fehlerhaftigkeit der Tat zu begrüßen. Aber die neue Formel ist entweder trotz allen Bemühens, zwischen dem Bewußtsein der Rechtswidrigkeit und dem der Pflichtwidrigkeit zu scheiden, genau identisch mit der das Bewußtsein der Rechtswidrigkeit zum Vorsatz fordernden Formel, oder sie ist grundunjuristisch und verwirrend.

Denn unter „Pflichtwidrigkeit" kann man sich zweierlei denken.

Entweder man beherzigt, daß der Jurist, wenn er das Wort „Pflicht" in den Mund nimmt, damit ausschließlich die Rechtspflicht meinen kann und „gesellschaftliche", „moralische", „religiöse Pflichten" als solche den Juristen nichts angehen, sowie umgekehrt Rechtspflichten juristisch Pflichten auch dann sind, wenn sie lediglich durch das Recht und nicht auch durch Sitte, Moral, Religion statuiert sind [2]. Und dann ist selbstverständlich Bewußt-

[1] So besonders Kohlrausch, Irrtum und Schuldbegriff S. 24 ff. (nach ihm soll dieses Bewußtsein sogar Schuldvoraussetzung, also nicht bloß zum Vorsatz erforderlich sein). Vgl. auch van Calker, Ethische Werte im Strafrecht; M. E. Mayer, Schuldhafte Handlg. 114 u. s. w. Gegen diese Theorie Köhler, Strafbark. b. Rechtsirrt. 71 ff.

[2] Vgl. oben S. 32 ff.

sein der „Pflichtwidrigkeit" genau dasselbe, wie das Bewußtsein der Rechtswidrigkeit des Handelns = das Wissen, daß man so nicht handeln darf.

Oder man sucht die Pflichtwidrigkeit in einem Verstoß gegen Sitte, Moral, Religion, Kultur. Und dann schraubt man die Entwicklung von Jahrhunderten, die glücklich zu einer Differenzierung der verschiedenen Lebensmächte geführt hat, in erschreckender Weise zurück. Sind objektiv die Sätze von Sitte, Moral u. s. w. als solche noch keine Rechtssätze, werden sie dies vielmehr nur, wenn sie vom Recht selber ebenfalls proklamiert werden, und ist umgekehrt ein Rechtssatz Rechtssatz auch dann, wenn er nicht gleichzeitig Satz der Sitte u. s. w. ist, so gibt es auch für die Schuldseite kein Hinüberschielen nach jenen außerrechtlichen Gebilden. Gewiß, es ist schön, wenn sich das Recht in Harmonie mit jenen anderen Regulatoren des Lebens hält. Tut es das aber nicht, so ist einerseits der rechtlichen Geltung seiner Sätze kein Jota weggenommen, und andererseits sind die über das Recht hinausragenden Sätze der Sitte u. s. w. eben außerrechtliche. Und tut es das umgekehrt, legt es, wie erwünscht, ethische Werte in das Strafrecht, nun dann sind eben die vormaligen nur ethischen Pflichten nunmehr auch Rechtspflichten und wiederum keine Gelegenheit gegeben, ein Bewußtsein des Verstoßes gegen außerrechtliche ethische Mächte zu fordern. Das Recht ist jedenfalls stark genug, schwächliche Anleihen bei der Moral u. s. w. entbehren zu können. Nebenbei: Wenn zum Vorsatz im Rechtssinne das Bewußtsein der Moralwidrigkeit gehören soll, warum dann nicht auch zur Bosheit im moralischen Sinne das Bewußtsein der Rechtswidrigkeit? Was dem einen recht wäre, wäre doch dem anderen billig [1]).

[1]) Wenn Kohlrausch mit dem Bewußtsein der „Strafwürdigkeit" operiert (ebenso M. E. Mayer, Kulturnormen 74), so leitet er die Untersuchung zudem hinüber auf ein Gebiet, wo die subjektive Auffassung herrscht und die Objektivierung aufhört. Es gibt weite Kreise des Volkes, die z. B. die Abtreibung, den Zweikampf, die Gotteslästerung u. s. w. nicht für strafwürdig anerkennen. Wenn nun der Täter auf solchem Standpunkt steht, aber genau weiß, daß die geltende Rechtsordnung solches Tun nicht haben will, muß Kohlrausch wohl oder übel freisprechen. Mit anderen Worten, er gibt es dem Individuum in die Hand, die Rechtsordnung als für ihn unverbindlich abzulehnen. Ein Recht, das so etwas duldete, gäbe sich aber selbst auf! Wenn man nicht müde wird, das

Somit gehört

a) zum Vorsatz das Bewußtsein der Rechtswidrigkeit;

b) fehlt es daran, so ist Fahrlässigkeit gegeben, wenn der Täter dieses Bewußtsein hätte haben können und sollen.

2. Ein Strafrecht, das keine typisch ausgeprägten Tatbestände kennt, würde Vorsatz und Fahrlässigkeit hinsichtlich ihrer Wissensseite nur nach dem zu 1 Gesagten voneinander und von der Schuldlosigkeit zu scheiden im stande sein. Denn worauf sollte sich sonst, abgesehen vom Bewußtsein der Rechtswidrigkeit, die psychische Seite der Tat beziehen, wenn es eben keine Verbrechenstypen gäbe? Dann wäre also derjenige, der eine Sachbeschädigung begangen hat, wegen vorsätzlicher Sachbeschädigung strafbar, wofern er nur mit dem Bewußtsein einer Rechtswidrigkeit gehandelt hätte, wäre es auch, daß er geglaubt hätte, seine Rechtswidrigkeit bestehe in unerlaubter Jagdausübung. (Übrigens ein Beweis dafür, daß für den Schuldbegriff die seelische Beziehung zu der Rechtswidrigkeit nicht entbehrt werden kann: denn auch für atypisch konstruierte Strafrechte gibt es vorsätzliche und fahrlässige Verbrechen!)

Unser Strafrecht ist aber in Typen gepreßt. Und daraus ergibt sich für die Schuld ein Zweites: sie muß in Verbindung gebracht werden mit den Verbrechenstypen, sie muß nach ihrer Vorstellungsseite hin auf die Einzeltatbestände bezogen werden. Ein vorsätzliches Verbrechen liegt sozusagen nur quoad summam concurrentem vor: nur soweit der objektiv tatbestandliche Inhalt der Handlung und die Tatbestandsverwirklichungsvorstellung sich decken. Dies erklärt den § 59 StGB., der für vorsätzliche Tötung gerade nur den Tötungsvorsatz, für vorsätzliche Sachbeschädigung nur den Sachbeschädigungsvorsatz genügen läßt, und z. B. eine vorsätzliche Sachbeschädigung nicht annehmen läßt, wenn der Täter bei vollem Rechtswidrigkeitsvorsatz und

---

Bewußtsein der Rechtswidrigkeit als etwas „Formales“ zu brandmarken, so übersieht man, daß eben das Recht selber seinem ganzen Wesen nach formal ist, d. h. dem einzelnen nicht überläßt, nach seinem Werturteil es zu akzeptieren oder zu verwerfen. Gegen das „Bewußtsein der Strafwürdigkeit“ zutreffend auch Gerland, Krit. Vierteljahrsschr. 3. Folge 10 436, 449 ff.

faktisch vorliegender Sachbeschädigung etwa Wildervorsatz hatte. Erst so tritt § 59 StGB. ins rechte Licht; es genügt nicht die absolute Schuld, der „Vorsatz", die „Fahrlässigkeit" schlechtweg, sondern unser Strafrecht rechnet lediglich mit dem auf den gerade in Frage stehenden Typus bezogenen Vorsatz, der auf den gerade in Frage stehenden Typus bezogenen Fahrlässigkeit; wenn man so sagen darf, mit Typenvorsatz und Typenfahrlässigkeit. Der Grundsatz der Tatbestandsmäßigkeit liegt an sich auf dem objektiven Gebiet; aber seine Wirkungen reichen auch hinein in das Schuldgebiet, insofern auch die Schuld in Abhängigkeit von den Typen gesetzt ist.

Denn daß unter dem „gesetzlichen Tatbestande", dessen Bestandteile der Vorsatz nach § 59 umfassen muß, nur der „besondere Tatbestand" verstanden werden kann, ist unschwer nachzuweisen. Die Auffassung, daß der Vorsatz die den „allgemeinen Tatbestand" des Verbrechens ausmachenden Umstände umspannt haben müsse [1], erweist sich sofort als unmöglich, sobald man sich die den allgemeinen Tatbestand = das Verbrechen begrifflich ausmachenden Elemente vergegenwärtigt. Diese Elemente sind bekanntlich Handlung — Tatbestandsmäßigkeit — Rechtswidrigkeit — Schuld — Passen der Strafdrohung und Strafdrohungsbedingungen. Folglich würde zum Vorsatz insbesondere auch gehören

das Wissen, daß man „handelt",
die Kenntnis der Umstände, aus denen sich die „Schuld" ergibt, und
die Kenntnis des Passens einer Strafdrohung und der Strafdrohungsbedingungen.

Nun ist aber

α) das Wissen, daß man „handelt", bereits im Handlungsbegriff enthalten. Denn zum Handeln gehört Wille, und ein unbewußter Wille ist nicht denkbar. Man kann nicht wollen, ohne zu wissen, daß man irgend etwas will [2]). Und wenn dieses Wissen in der Handlung steckt, so gilt es natürlich auch für die fahrlässige Handlung. Wäre aber der allgemeine Tatbestand

[1]) So z. B. Merkel, Lehrb. S. 34.
[2]) S. oben S. 12.

in § 59 Abs. 1 gemeint, so wäre für die Fahrlässigkeit nach § 59 Abs. 2 nicht erforderlich, daß der Täter gewußt habe, daß er willentlich tätig wurde, sondern nur, daß er dies hätte wissen können — ein Ungedanke!

β) Und wie soll der Täter „wissen, daß er in Schuld handelt"? Doch sicherlich nicht so, daß die Schuld im allgemeinen gemeint ist, denn dann gehörte zum Vorsatz, daß der Täter gewußt hätte, er handle vorsätzlich oder fahrlässig. Somit könnte doch höchstens davon die Rede sein, daß, damit Vorsatz vorliege, der Täter sich seines Vorsatzes bewußt gewesen sei, das hieße also: der Täter habe wissen müssen, daß er wußte, daß er vorsätzlich handle, und in diesem Satze wäre dann weiter das vorsätzlich in „Wissen" aufzulösen u. s. w. — eine Schraube ohne Ende. Das Wissen, daß man wüßte, ist eine mindestens höchst überflüssige Verdüftelung.

γ) Ganz besonders aber käme die Auslegung: der in § 59 als Objekt des Wissens genannte Tatbestand sei der allgemeine Tatbestand, in Konflikt mit dem Passen einer Strafdrohung und den außerhalb des besonderen Tatbestands liegenden Strafdrohungsbedingungen. Denn auch diese Merkmale sind Verbrechenselemente, also zum „allgemeinen" Tatbestande gehörig. So wäre man rettungslos der Konsequenz preisgegeben, daß sich auch das Vorhandensein einer passenden Strafdrohung und die nur objektiv erforderlichen Bedingungen im Vorsatz widerspiegeln müßten — ein flagranter Widerspruch gegen anerkannte Wahrheiten. Das Wesen dieser Umstände besteht ja gerade darin, daß eine Beziehung der Schuld auf sie nicht in Betracht kommt[1]. Wer also lehren wollte, daß der Vorsatz alle die Strafbarkeit bedingenden Tatumstände umfassen müsse, geriete in einen völligen Widerspruch. In letzter Linie liefe die Beziehung des Vorsatzes auf den allgemeinen Tatbestand einfach hinaus auf das Wissen des Vorliegens sämtlicher Voraussetzungen der Strafbarkeit und

[1]) So ist es vollkommen gleichgültig, ob der Täter wußte, daß für seine Tat eine auf sie passende Strafdrohung existierte; ob der im Inlande eine Übertretung Verübende wußte oder wissen konnte, daß der Tatort im Auslande lag; ob der Bankerutteur wußte oder wissen konnte, daß er in Konkurs verfallen oder seine Zahlungen einstellen werde u. s. w.

somit nahezu auf das — sicher nicht für den Vorsatz erforderliche — Bewußtsein der Strafbarkeit.

Diese Auffassung ist also als gescheitert anzusehen. Und so können denn unter den Tatumständen, die dem gesetzlichen Tatbestande im Sinne des § 59 angehören, nur die Tatsachen verstanden werden, die den besonderen Tatbestand darstellen.

Gleichzeitig erhellt, wie irrig es ist, wenn dem § 59 die Rolle zugewiesen wird, als bemesse sich nur nach ihm die Vorsätzlichkeit einer Tat. Schon seine negative Fassung sollte dem entgegenstehen. Er sagt nur, daß die Schuld auch auf die Typizität der Tat zu beziehen ist, er eliminiert aber nicht das Grundelement der Schuld: die Beziehung zur Rechtswidrigkeit; mit keinem Worte sagt er, daß nur der Typenirrtum wesentlich wäre.

Wenn die Vorstellung des Täters also jedenfalls den Typus der Tat richtig widerspiegeln muß, so ist damit auch gleichzeitig gesagt, daß da, wo der Typus modifiziert auftritt (mit einer „Erscheinungsform" — Anstiftung, Beihilfe u. s. w. —), die Vorsatzvorstellung auch diese Modifikation mitumfassen muß [1]).

Noch ist bisher die Frage unerhoben gebliebeu, ob das nach § 59 erforderliche Wissen lediglich die Tatumstände als solche umfaßt zu haben braucht, oder ob es sie in ihrer Eigenschaft als einem Typus unterfallende umfaßt haben muß, mit anderen Worten, ob der Vorsatz nur die Tatsachen für sich umspannt zu haben braucht, so daß deren Subsumtion unter die begrifflichen Tatbestandsmerkmale nur auf dem objektiven Gebiete liegt, oder ob der Täter vorsätzlich nur dann handelt, wenn er die Tatumstände als dem Tatbestande unterfallend erkannt hat [2]). Ist z. B. der nach § 123 StGB. erforderliche Vorsatz vorhanden oder nicht vorhanden, wenn der Täter sich bewußt war, daß er in einem Kaufladen unbefugt verweilte, aber sich keine Gedanken darüber gemacht hat, ob ein Kaufladen ein „Geschäftsraum" sei, oder er bestimmt annahm, ein Kaufladen sei kein Geschäftsraum? Ist der nach § 242 StGB. erforderliche Vorsatz vorhanden oder nicht, wenn der Täter zwar wußte, daß er fremdes Gas

---

[1]) Näheres darüber in § 50 II 3.

[2]) Vgl. Kohlrausch, Irrt. u. Schuldbegr. 104; Köhler, Strafbark. bei Rechtsirrtum 17.

wegnehme, aber sich über die Sachqualität des Gases gar nichts dachte oder die Sachqualität verneinte, oder wenn er zwar die eigentumerzeugenden Tatsachen als solche kannte, daraus aber nicht den Schluß zog, daß der andere Eigentümer der weggenommenen Sache sei? Oder der nach § 124 StGB. erforderliche Vorsatz, wenn der Täter einem Schwarm von fünf Leuten bewußt angehörte, aber sich nicht bewußt war, daß fünf Leute eine „Menschenmenge" ausmachen, oder annahm, daß fünf Leute keine Menschenmenge seien?

Die Frage aufwerfen heißt schon sie in dem Sinne beantworten, daß die Subsumtion vorstellungsfremd gewesen sein kann, ohne daß darum der dolus fehlte.

Denn die Subsumtion unter die begrifflichen Tatbestandsmerkmale ist eine spezifisch juristische Tätigkeit. Sie für den Vorsatz verlangen hieße das vorsätzliche Verbrechen für die Juristen und diejenigen Laien, die mehr oder weniger zufällig juristische Kenntnisse besitzen, reservieren; hieße außerdem die so zahlreichen Fälle aus dolosem Handeln ausscheiden, in denen überhaupt kein Gedanke des Täters auf die begriffliche Einordnung der Tatumstände unter die Tatbestandsmerkmale gerichtet war. Zudem spricht auch § 59 selbst nur von Kenntnis der Tatumstände, die zum gesetzlichen Tatbestande gehören, nicht von Kenntnis der Tatumstände in dieser ihrer Eigenschaft.

Eine spezielle Nutzanwendung ist hiervon namentlich auf die Tatumstände zu machen, die eine Beziehung auf die Begriffe „strafbare Handlung" (z. B. § 259 StGB.), „Verbrechen" (z. B. §§ 49a, 241), „Verbrechen oder Vergehen" (z. B. § 240) in sich tragen: der Täter braucht, damit dem § 59 genügt sei, nur die tatsächlichen Momente gekannt zu haben, die den betreffenden Vorgang objektiv zu einer „strafbaren Handlung", einem „Verbrechen" u. s. w. machen. Überhaupt braucht da, wo ein Stück der Rechtswidrigkeit in den Tatbestand aufgenommen ist, der allgemeinen Regel gemäß der Täter nur die tatsächlichen Umstände gekannt zu haben, die objektiv dieses Tatbestandsstück darstellen. Die bekannte Streitfrage, inwieweit bei Widerstand gegen die Staatsgewalt zum Vorsatz das Bewußtsein der „Rechtmäßigkeit der Amtsausübung" durch den Beamten gehöre, ist also in dem Sinne zu entscheiden, daß der Täter den Sachverhalt, der die Amtsausübung als rechtmäßig erscheinen läßt, gekannt haben muß, aber daraus nicht den Schluß gezogen zu haben braucht, daß rechtmäßige Amtsausübung vorliege.

Nur ist nicht zu vergessen, daß, wenn auch die Subsumtionsvorstellung für § 59 nicht erforderlich ist, ihr Nichtvorhandensein möglicherweise das Bewußtsein der Rechtswidrigkeit ausschließt und es dann deshalb am Vorsatz fehlt. Das wird namentlich z. B. dann gelten, wenn der Täter die eigentumerzeugenden Tatsachen, die dem anderen zur Seite stehen, nicht als solche aufgefaßt und die Sache als vermeintlich seine eigene weggenommen, zerstört hat u. s. w. Ebenso folgt aus dem, was oben S. 157 zu § 113 StGB. gesagt wurde, nicht, daß der irrige Glaube des Täters, der Beamte sei nicht in rechtmäßiger Amtsausübung, völlig unbeachtlich sei; vielmehr fehlt ja doch demjenigen, der irrig die Rechtmäßigkeit der Amtsausübung verneint, das Bewußtsein der Rechtswidrigkeit und deshalb der dolus. Es ist eben das Bewußtsein der Tatumstände allein nicht zum Vorsatz ausreichend; und gerade die Feststellung, daß nach § 59 die bloße Tatsachenvorstellung ohne Subsumtionsvorstellung genügt, ist noch ein ganz besonderes schweres Argument für die Ergänzungsbedürftigkeit des Vorsatzbegriffs durch Hineinnahme des Unrechtsbewußtseins. Denn es wäre platterdings nicht einzusehen, was denn dem nackten Wissen von Tatsachen — ohne das Requisit des Wissens ihrer rechtlichen Bedeutung — den Charakter als der schwereren Schuldstufe verleihen soll! Verlangte § 59 wenigstens das Wissen der Tatbestandlichkeit auch nach der rechtlich-begrifflichen Seite hin, so ließe sich zur Not noch darüber rechten, ob Handeln mit solchem Wissen nicht ärger sei als Handeln ohne es. So aber müßte sich der Vorsatz, wenn wirklich § 59 seinen Begriff erschöpfte, gefallen lassen, als sinnlose Juristenerfindung gebrandmarkt zu werden, die nur zu dem Zwecke gemacht sein könnte, um recht viel harmlos vorgenommenes Handeln zur Strecke zu bringen!

Daß auch bei denjenigen Tatbeständen, die ein Stück Rechtswidrigkeit in sich aufgesogen haben, neben der durch § 59 StGB. gebotenen Feststellung des Wissens um die Tatbestandsmerkmale die Feststellung des Bewußtseins der Rechtswidrigkeit erforderlich ist, wird nach dem oben S. 156 ff. Gesagten keiner näheren Darlegung bedürfen. So gut wie hier objektiv die Rechtswidrigkeit trotz voller Tatbestandlichkeit und des darin eingekapselten Stückes der Rechtswidrigkeit fehlen kann, so gut kann natürlich auch trotz Wissens der Tatbestandlichkeit das Bewußtsein der Rechtswidrigkeit fehlen (z. B. bei § 113 StGB. trotz Bewußtseins der Rechtmäßigkeit der Amtsausübung durch den Beamten).

So also die lex lata. Vorsatz = ein dem objektiv vorliegenden Verbrechenstypus angepaßter Vorsatz. Es fragt sich aber, ob das Gesetz nicht alle Ursache hätte, diesen Standpunkt aufzugeben. Es erscheint doch immerhin auffallend, daß glatt freigesprochen werden muß, wer mit Wildervorsatz eine Sachbeschädigung oder mit Sachbeschädigungsvorsatz ein Jagddelikt begangen hat [1]. Indessen gibt es doch für ein Strafrecht, das nun einmal die Tatbestände objektiv betont, kein Ausweichen; der objektive Typus führt notwendig zum Schuldtypus. Helfen ließe sich einigermaßen

α) dadurch, daß gewisse in naher Beziehung miteinander stehende Tatbestände zu einem *einzigen* verschmolzen würden;

β) dadurch, daß gewisse miteinander in Beziehung stehende Typen als im Punkt des Vorsatzes *auswechselbar* bezeichnet würden, so, daß, wer auch nur *einen* der Typen in seinen dolus aufgenommen hat, wegen jedes der beiden Typen, je nachdem ob objektiv der eine oder andere vorläge, als vorsätzlicher Täter gestraft werden könnte.

III. Es gilt nun, die beiden Elemente, die der Schuldbegriff aufweisen muß, seine Beziehung zur Rechtswidrigkeit und seine Beziehung zum Verbrechenstypus, zu verbinden. Dies kann nur in folgender Weise geschehen:

a) Zum Vorsatz gehört kumulativ das Bewußtsein der Rechtswidrigkeit *und* das Bewußtsein des in Rede stehenden Typus.

b) Fehlt es an einem von beiden oder an beiden, so ist Fahrlässigkeit gegeben, wenn der Täter *entweder* das Bewußtsein der Rechtswidrigkeit hätte haben können und sollen (Rechtsfahrlässigkeit), *oder* wenn er das Bewußtsein der typischen Tat-

---

[1]) Vgl. oben S. 185.

bestandlichkeit seiner Handlung hätte haben können und sollen (Tatbestands- oder Tatsachenfahrlässigkeit); natürlich kann auch Fahrlässigkeit in beiden Beziehungen vorliegen (Doppelfahrlässigkeit).

Damit ist auch klargelegt, daß man sich vor der — mitunter unterlaufenden — Vorstellung hüten muß, als gehöre das Bewußtsein der Rechtswidrigkeit zur Schuld überhaupt[1]). Das ist zweifellos unrichtig: die Fahrlässigkeit kann gerade darin bestehen, daß der Täter absolut dieses Wissens ermangelte, ihm aber möglich gewesen wäre, sich dieses Wissen zu verschaffen. Das Rechtswidrigkeitsbewußtsein bedingt nur den dolus!

Danach ist auch die Meinung, die Kohlrausch[2]) von der Schuld hat, schlechthin hinfällig. Er meint, die Schuld stehe und falle mit der „Pflichtvorstellung" des Täters, und sei umso ärger, je intensiver diese gewesen sei; er leitet daraus den verblüffenden Satz her, daß der Mensch mit rechtlichem Charakter, der einmal auf Abwege gerate, in schwererer Schuld sei als der über Pflichtvorstellungen erhabene Gewissenlose. Zutreffend hat hiergegen Goldschmidt[3]) geltend gemacht, daß nicht die Pflichtvorstellung, sondern der Mangel des Pflichtgefühls die Grundlage der Schuld ist und in seinen Abstufungen für die Schwere der Schuld maßgebend ist; und daß selbstverständlich dieser Pflichtgefühlsmangel bei dem Gewissenlosen größer ist als bei dem Gewissenhaften. Aber gegen Kohlrausch ist noch ganz besonders einzuwenden, daß er bei den nach seiner Meinung „schuldlosen" oder nahezu schuldlosen „Scheusalen der Geschichte", Nero, Cäsar Borgia, Danton, an Leute mit einem Mangel an moralischer Pflichtvorstellung denkt. Damit hat aber das Strafrecht überhaupt nichts zu schaffen. Auch das moralische Scheusal kann sehr gut seine juristischen Pflichten kennen und das „Bewußtsein der Rechtswidrigkeit", die juristische Pflichtvorstellung, auf die es für den Vorsatz ankommt, haben[4]).

---

[1]) So behandelt Kohlrausch a. O. S. 24 das Bewußtsein der Pflichtwidrigkeit als Schuldvoraussetzung.

[2]) Irrtum und Schuldbegriffe S. 32 ff.

[3]) Goltd. Archiv 51 340 ff.

[4]) Kohlrauschs den Schuldbegriff ins Bizarre verziehende Auffassung beruht wohl in letzter Linie auf einer Abneigung gegen ein auf der Schuld aufgebautes Strafrecht überhaupt. Seine Neigung gilt offenbar dem Straf-

Als eine Mittelmeinung ist schließlich die von Frank[1]) verfochtene zu erwähnen. Danach soll das Bewußtsein der Rechtswidrigkeit zum Vorsatz nicht erforderlich sein, wohl aber der Glauben an einen Unrechtsausschließungsgrund den Vorsatz zerstören; denn die letzteren seien als „negative Tatumstände" dem § 59 unterstellt. Dieser Auffassung ist der Weg schon dadurch verlegt, daß der Rechtswidrigkeitsmangel niemals ein „Tatumstand" ist. Aber wenn er es wäre — wie seltsam, wenn das (juristisch) gute Gewissen des Täters ihn nicht grundsätzlich vom Vorwurf des dolus reinigte, sondern nur da, wo er sich einen im Gesetz formulierten bestimmten Unrechtsausschließungsgrund als gegeben eingebildet hat. Man zeige doch einmal auf, warum derjenige, der die Unerlaubtheit des Tuns überhaupt nicht kannte[2]), in schwererer Schuld sein soll als z. B. der, der sie für z. B. durch Notwehr ausgeschlossen ansah!

IV. Im vorstehenden ist geflissentlich — um zunächst das Objekt der Schuld klarzulegen — der Schuldbegriff bloß auf die Vorstellungstätigkeit des Täters gegründet worden. Nimmt man nun noch das sich aus der Willenstheorie ergebende Postulat, daß bei Vorsatz der Wille des Täters den Vorstellungsinhalt ergreifen muß, hinzu, so ergibt sich, daß

---

recht, das ausschließlich die „soziale Gefährlichkeit" des Individuums zum Ausgangspunkt nimmt und nach ihr die Strafe abstuft. Nun hat Kohlrausch selber in vortrefflicher Weise gezeigt, daß ein Strafrecht unmöglich ist, das auf der Schuld und der sozialen Gefährlichkeit aufbauen will: es handelt sich um schlechterdings widersprechende Gesichtspunkte: der Schuldlose kann sozial überaus gefährlich sein (man denke an den Geisteskranken) und der sozial nicht Gefährliche kann in Schuld sein (so derjenige, dessen Tat nur als Augenblicksverirrung bei völliger Sicherheit der Nichtwiederholung erscheint). Vergeblich bemüht sich Goldschmidt a. a. O., diesen Gegensatz zu überbrücken. Und daraus folgt, daß ein Strafrecht gegen soziale Gesinnung jedenfalls undenkbar ist, so lange das Schuldrequisit festgehalten wird. Ganz unbegreiflich ist es, weshalb die Modernen partout mit der Strafe die soziale Gefährlichkeit bekämpfen wollen. Weshalb da nicht die — in rechtliche Formen gebannte — Verwaltungstätigkeit genügen soll, hat uns noch keiner gesagt!

[1]) I zu § 59.

[2]) Etwa der Arzt, der sich sittlich für verpflichtet hielt, einem unsagbar schwer Leidenden seine Qualen durch Euthanasie abzukürzen, und daraus irrig den Schluß zog, daß die Euthanasie auch vor dem Recht erlaubt sei.

a) zum Vorsatz außer dem Bewußtsein der Rechtswidrigkeit und der Tatbestandlichkeit auch noch der auf diese beiden Momente gerichtete Wille gehört, so daß

b) mangels des letzteren auch bei Bewußtsein der Rechtswidrigkeit und der Tatbestandlichkeit ein Fall der Fahrlässigkeit — unbewußte Rechts- oder Tatbestandsfahrlässigkeit — vorliegt, wenn das fehlende Willensmoment tadelhaft erscheint, insofern der Täter den Vorstellungsinhalt nicht als unwahrscheinlich hätte ablehnen sollen, wie er es getan hat. Neben die aus einem Mangel des erforderlichen Wissens entspringende Fahrlässigkeit tritt die Willensmängel aufweisende Fahrlässigkeit.

Wenn ein Teil der Gegner der Willenstheorie auf dem Argument fußt, daß als „gewollt" immer nur die Körperbewegung allein gelten könne, nicht das über sie Hinausgehende, also namentlich nicht der tatbestandsmäßige Erfolg — so bekanntlich Zitelmann, Bekker, v. Liszt, Bünger, Frank, Lammasch, M. E. Mayer, Träger, Schloßmann u. s. w. —, so ist dem entgegenzuhalten, daß das ein hyperkritisch selbstgeschaffener Sprachgebrauch ist[1]). Daß das Wollen — als Gegensatz zum Wünschen — die Vorstellung des Machtbewußtseins mitumfassen muß, steht nicht entgegen, denn das Machtbewußtsein des Menschen reicht — und mit vollem Recht — auch über sein eigenes körperliches Tun hinaus. Auch die angebliche Verwechslung zwischen Vorsatz und Absicht, deren sich die Willenstheorie schuldig machen soll, ist imaginär: man kann etwas als sogar unerwünschtes Mittel zum Zweck wollen, ohne daß es einem darauf gerade ankommt. Und wie wenig sich die Gegner der Willenstheorie von ihr losmachen können, das zeigt sich besonders beim dolus eventualis. Einhellig fordern hier auch sie „Einwilligung" in den Erfolg, „Billigung des Erfolgs", Genehmigung, Approbation des Erfolgs, Einverständnis mit dem Eintritt des Erfolgs! Und das ist eben „Wollen des Erfolgs". Übrigens brauchen wir auch nicht am Worte zu hängen. Kein Anhänger der Willenstheorie wird etwas dagegen einwenden, daß man sie „Billigungstheorie" oder „Ein-

[1]) Vgl. hierzu Löffler, Schuldformen S. 232 ff., v. Hippel, Grenze von Vorsatz und Fahrlässigkeit S. 16 ff., Radbruch S. 117 ff.

willigungstheorie" nennt. Und dann ist doch wohl Einverständnis auf der ganzen Linie erzielt, und zwar sachlich im Sinne der „Willenstheorie".

Schwierigkeiten erwachsen der Willenstheorie scheinbar aus dem Umstande, daß im Tatbestande bisweilen auch Momente enthalten sind, die vergangene (oder zur Zeit des Handelns gegebene) Fakta darstellen. Für solche scheint, da sie doch nun einmal feststehen, und der Täter sie selber nicht nachträglich (oder als zur Zeit vorhandene) wollen kann — sie nicht zu wollen, würde ihm nichts helfen —, lediglich das Wissen des Täters in Betracht zu kommen. Ist z. B. ein Landesverräter, wer „während eines Krieges" das und das tut, so scheint der Vorsatz hinsichtlich dieses Tatbestandselements sich im bloßen Wissen um das Obwalten eines Krieges zu erschöpfen. Und doch fällt das Willensmoment nicht völlig aus, es ist vielmehr zum Vorsatz notwendig, daß der Täter seine Handlung willentlich an das factum praeteritum oder praesens anknüpft: der vorsätzlich Handelnde will, daß seine Handlung mit jenem factum eine Verbindung eingeht. So müssen auch diese facta wenn auch nicht in ihrer Eigenschaft als facta, so doch in ihrer Eigenschaft als Tatbestandselemente vom Willen mitumfaßt sein.

Ganz das gleiche gilt dann auch für die Beziehung des Vorsatzes zu den (nicht zum Tatbestande gehörenden)[1]) „begrifflich notwendigen Vorbereitungshandlungen". Sie sind, weil faktisch gegeben, zwar nicht als facta wollbar, aber zum Vorsatz gehört bei den hier in Betracht kommenden Typen einmal das Wissen, daß sie vorliegen, und sodann der Wille, sich dieser Vorbereitungshandlungen zu bedienen, das vorbereitete Werk in Anknüpfung an die Vorbereitung auszuführen.

V. Den Inhalt des Schuldbegriffs macht nach dem bisher Gesagten die psychische Beziehung zu dem Tatbestande und zu der Rechtswidrigkeit aus. Fehlt es an dieser psychischen Beziehung, so fehlt es auch an der Schuld. Dagegen darf nicht umgekehrt ohne weiteres angenommen werden, daß bei Vorhandensein dieser Beziehung auch stets die für das betreffende Strafgesetz in

[1]) Darüber unten § 24.

Betracht kommende Schuld gegeben sei. Dies deshalb nicht, weil eine Reihe von Vorsatzdelikten, die sog. Absichtsdelikte, über den dolus hinaus noch eine bestimmt geartete Absicht erfordern. Unzweifelhaft gehört auch die Absicht zu den rein psychischen Momenten, also zur Schuld, und zwar als eine über den bloßen Vorsatz hinausreichende Strebung.

Und zwar kann entweder die Absicht im Gesetz ganz oder teilweise an Stelle des bloßen Vorsatzes gefordert sein, so, daß ihr Objekt der Tatbestand (oder ein Stück davon) oder die Rechtswidrigkeit oder beides bildet[1]).

Oder das Gesetz erfordert außer dem (auf Tatbestand und Normwidrigkeit gerichteten) Vorsatz eine auf ein außertatbestandsmäßiges Moment gerichtete Absicht. Dies z. B. in § 263 StGB. Hier braucht, eben weil der Inhalt der Absicht (der rechtswidrige Vermögensvorteil) kein Tatbestandsstück bildet, die Absicht nicht realisiert zu sein; nur auf die seelische Richtung des täterischen Strebens kommt es an; die Absicht ist nur als rein psychisches Element erforderlich. Die Absicht bildet ein interessantes Gegenstück zu den Strafdrohungsbedingungen: für diese genügt ihr objektives Gegebensein ohne Erforderlichkeit irgendwelcher subjektiven Beziehung; für die hier in Rede stehenden Absichtsdelikte genügt umgekehrt das rein subjektive Gegebensein ohne Erforderlichkeit der Verwirklichung, die Absicht ist eine rein subjektive Spezialbildung, ein Gegenstück zu den „objektiven Bedingungen".

Daraus muß ein — für gewöhnlich wohl nicht gezogener — Schluß hergeleitet werden: die absolute Untauglichkeit von Objekt und Mittel ist für die Bejahung der Absicht durchaus gleichgültig. Die Absicht, ein bestimmtes Ziel zu erreichen, kann auch derjenige haben, dessen Handeln schlechthin ungeeignet war, das Ziel zu erreichen. Alle die Erwägungen, die für den absolut untauglichen Versuch gelten[2]), fallen hier zu Boden, eben weil auf die objektive Tatseite im Punkte der bloßen Absicht nichts ankommt.

---

[1]) Ein Beispiel würde § 266 StGB. bilden, wenn man der Auslegung folgen wollte, daß „absichtlich" hier mehr als „vorsätzlich" bedeutet.

[2]) S. unten § 33.

Deshalb ist des Betruges auch derjenige schuldig, der eine Veränderung anstrebte, die für ihn nachteilig war, wofern er sie nur für vorteilhaft hielt, desgleichen, wer einen nicht rechtswidrigen Vermögensvorteil anstrebte, wofern er sich nur dessen Rechtswidrigkeit einbildete — vorausgesetzt natürlich, daß sein Handeln eine vorsätzliche mittels Täuschung herbeigeführte Schädigung eines anderen am Vermögen darstellt [1]).

Unter allen Umständen ist jedenfalls hier der Sprachgebrauch zu vermeiden, als bilde die „Absicht" ein Moment im „Tatbestande" des betreffenden Delikts, und noch viel unrichtiger wäre die Vorstellung, als sei die Absicht ein Normwidrigkeitsmerkmal. Die Absicht ist ein Schuldmoment, nichts weiter.

VI. Daß die Typizität einer Handlung und deren Schuldhaftigkeit grundverschiedene Dinge sind, wird nach dem Vorausgeführten nicht in Abrede gestellt werden können. Es ist also festzuhalten

> einmal, daß in der Feststellung der Tatbestandlichkeit der Handlung weder die Feststellung von Vorsatz noch die Feststellung von Fahrlässigkeit liegt;
>
> sodann, daß der Verbrechenstypus für die vorsätzlich, wie für die fahrlässig begangene Handlung, die sich auf ihn bezieht, mit logischer Notwendigkeit den gleichen Inhalt haben muß.

So ist es z. B. unmöglich, unter einer „Mißhandlung" im Sinne des § 223 StGB. etwas anderes zu verstehen, als im Sinne des § 230. Tatbestandlich decken sich beide Verbrechen mit absoluter Genauigkeit. Was vorsätzlich begangen „Mißhandlung" ist, ist es auch fahrlässig begangen. Das gilt z. B. auch für die ärztliche Operation; und es geht nicht an, einen und denselben Umstand hinsichtlich der vorsätzlichen Körperverletzung so wirken zu lassen, daß er den Typus „Mißhandlung" ausschließt, ihm aber für die fahrlässige Körperverletzung die Bedeutung abzusprechen [2]).

---

[1]) Nebenbei bemerkt ergibt sich hieraus ganz besonders frappant die Unrichtigkeit der Auffassung, die die Erpressung zu den Vermögensdelikten stellt.

[2]) Deshalb unrichtig Kohler, Jur. LitBl. 16 225: ein vorsätzliches

VII. Nicht immer ist die Aufteilung der im Strafgesetz erforderten Umstände zwischen Tatbestand und Schuld ganz einfach. In den Gesetzen finden sich vielmehr Formulierungen, die Zweifel daran aufkommen lassen können, ob sie nur Sonderregelung des Schuldmoments bringen und den Tatbestand unberührt lassen, oder ob aus ihnen ein neuer Tatbestand herausspringt.

Besonders lehrreich ist in dieser Hinsicht der — bisher noch nicht völlig ausgeschöpfte — § 151 I Satz 2 GewO. Nachdem Satz 1 verfügt hat:

„Sind bei der Ausübung des Gewerbes polizeiliche Vorschriften von Personen übertreten worden, welche der Gewerbetreibende zur Leitung des Betriebes oder eines Teils desselben oder zur Beaufsichtigung bestellt hatte, so trifft die Strafe diese letzteren,"

fährt Satz 2 fort:

„Der Gewerbetreibende ist neben denselben strafbar, wenn die Übertretung mit seinem Vorwissen begangen ist, oder wenn er bei der nach den Verhältnissen möglichen eigenen Beaufsichtigung des Betriebes, oder bei der Auswahl oder der Beaufsichtigung der Betriebsleiter oder Aufsichtspersonen es an der erforderlichen Sorgfalt hat fehlen lassen."

Stellt Satz 2 einen auf den Gewerbetreibenden gemünzten neuen Verbrechenstypus auf? Oder ist der Verbrechenstypus bei Begehung durch den Gewerbetreibenden identisch mit dem Tatbestande bei Begehung durch den Betriebsleiter u. s. w.? Konkreter ausgedrückt: Ist der Gewerbetreibende eines Delikts aus GewO. § 151 I 2 anzuklagen und deswegen zu verurteilen, oder aber wegen — z. B. — Nichtanzeige eines Gewerbes, unkonzessionierten Branntweinausschanks, Beschäftigung von Frauen in einem Bergwerk unter Tage u. s. w.?] Ist z. B. die Anklageformel dahin zu fassen:

„Der N. N. wird angeklagt, *Vorwissen* darum gehabt zu *haben*, daß der X, den er zur Leitung des Betriebes bestellt hatte, das und das getan hat,"

Handeln zu Heilungszwecken sei *kein* „Missetun"; ein fahrlässiges Handeln zu Heilungszwecken *sei* ein „Missetun".

bezw.

„. . . wird angeklagt, mit Bezug auf das und das Tun des X bei der nach den Verhältnissen möglichen eigenen Beaufsichtigung des Betriebes es an der erforderlichen Sorgfalt fehlen gelassen zu haben"?

Oder dahin:

„Der N. N. wird angeklagt, ein stehendes Gewerbe begonnen zu haben, ohne dasselbe anzuzeigen"?

Oder wie sonst?

Eine rein äußerliche Betrachtungsweise scheint für die erstere Auffassung zu sprechen, also zu Gunsten eines ganz besonderen, im § 151 I Satz 2 formulierten Verbrechenstypus, zu dessen Konstruktion der an sich in Betracht kommende Typus nur den Durchgangspunkt bildete. Gegen sie spricht aber zunächst bereits der Umstand, daß es in § 151 an einer eigenen Strafdrohung völlig fehlt, daß der Gewerbetreibende vielmehr jenen außerhalb des § 151 liegenden, also den in §§ 146 ff. GewO. enthaltenen Strafdrohungen unterstellt wird [1]). Vor allem aber ist zu bedenken, daß das „Vorwissen" und der „Sorgfaltmangel" schlechterdings psychische Umstände sind, die eben lediglich den Schuldcharakter bedingen. Damit ist entschieden, daß § 151 den Tatbestand unberührt läßt; er macht nicht aus dem Delikt der „Nichtanzeige eines Gewerbes" für den Gewerbetreibenden ein neues andersartiges Delikt des „Vorwissens" bezw. „Sorgfaltmangels", sondern spricht nur von einer aparten psychischen Beziehung des Gewerbetreibenden zu dem betreffenden Tatbestande. Die Sache stellt sich also so:

a) Der Gewerbetreibende ist strafbar, wenn er einen der Tatbestände in §§ 146 ff. unmittelbar (d. h. nicht durch einen Betriebsleiter u. s. w.) vorsätzlich oder fahrlässig begangen hat. Dies ergibt sich aus den allgemeinen Regeln, nicht aus § 151.

b) § 151 fügt hinzu: Wenn die Tatbestandsverwirklichung unmittelbar einem Betriebsleiter u. s. w. zur Last fällt, so ist dieser als Täter zu bestrafen, außerdem aber ist auch der Gewerbe-

[1]) Vgl. dazu unten § 25.

treibende aus dem betreffenden Tatbestande strafbar, wenn „Vorwissen“ oder „Sorgfaltmangel“ bei ihm vorlag. D. h. bei unmittelbarer Begehung durch Betriebsleiter u. s. w. bleibt zwar der Gewerbetreibende dem gleichen Tatbestande unterstellbar, aber nicht wie sonst mittels der Denkform des Vorsatzes oder der Fahrlässigkeit, sondern der besonderen Schuldformen des Vorwissens oder des Sorgfaltmangels.

Darin liegt also der Satz:

> Wenn der Gewerbetreibende einen Betriebsleiter u. s. w. bestellt hatte und dieser bei der Ausübung des Gewerbes eine polizeiliche Vorschrift übertritt, so ist der Tatbestand als auch von dem Gewerbetreibenden verwirklicht anzusehen, und er ist bei „Vorwissen“ oder „Sorgfaltmangel“ auch selber strafbar.

Die Beziehung des Tatbestandes auf den Gewerbetreibenden ist natürlich nur möglich, wenn eine Handlung desselben als Ansatzpunkt gegeben ist, auf die man den Tatbestand beziehen kann[1]. Aber diese Handlung ist auch in der Tat vorhanden: beim „Vorwissen“ liegt sie einfach in dem Geschehenlassen (Unterlassungsdelikt); bei dem Sorgfaltmangel in demjenigen Verhalten, bei dem Sorgfalt zu üben gewesen wäre.

Mithin muß die Anklageformel auf den eigentlichen Tatbestand abgestellt werden, der Gewerbetreibende muß der Nichtanzeige eines Gewerbes, des unkonzessionierten Branntweinschanks u. s. w. angeklagt werden. Nur muß die Anklageformel die Besonderheit der Schuld ersichtlich machen; folglich wäre z. B. dahin zu formulieren:

> „Der N. N. wird angeklagt, ein stehendes Gewerbe begonnen zu haben, ohne dasselbe vorschriftsmäßig anzuzeigen, und zwar so, daß er die Unterlassung der Anzeige durch den von ihm bestellten Betriebsleiter X mit Vorwissen geschehen ließ,“

bezw.

> „. . . und zwar so, daß er hinsichtlich der Unterlassung der Anzeige durch den von ihm bestellten Betriebsleiter X bei

---

[1]) Oben S. 18.

der nach den Verhältnissen möglichen eigenen Beaufsichtigung des Betriebs u. s. w. es an der erforderlichen Sorgfalt fehlen ließ."

Die Feststellung, daß § 151 keinen neuen Tatbestand fixiert, berechtigt noch zu besonderen Folgerungen für die Teilnahme[1]).

Generalisierend können wir sagen: rein psychische Momente lassen den Tatbestand unberührt und berechtigen nur zur Konstruktion besonderer species der Schuld.

§ 20.

IV. Tatbestand und Strafdrohungsbedingungen.

Daß Tatbestand und Strafdrohungsbedingungen in scharfem Gegensatz zueinander stehen, wird bereits aus dem in § 8 Ausgeführten deutlich geworden sein.

Die Strafdrohungsbedingungen als tatbestandsfremde Sachverhaltsbedingungen treten dem Tatbestande als etwas durchaus jenseit seiner Grenzen Liegendes gegenüber. Sie tragen also gar nichts zum Verbrechenstypus bei. So besteht z. B. der Typus des Bankbruchs nicht in der Konkurseröffnung, sondern in der unordentlichen Buchführung u. s. w. Dem steht nicht entgegen, daß es solche Sachverhaltsbedingungen gibt, die nur dem einen oder anderen Verbrechenstypus gelten (dafür ist gerade die Konkurseröffnung bei Bankbruch ein Beispiel); denn auch hier tritt diese Bedingung lediglich als ein — wenn auch mit dem Typus in Verbindung stehendes, so doch — neues selbständiges Moment auf. Ob ein Umstand in den Tatbestand hineingehört oder neben ihm steht, ist selbstverständlich Auslegungssache[2]).

Die Hauptbedeutung des Begriffs der Strafdrohungsbedingungen liegt darin, daß sie für die Feststellung der Schuld von völliger Bedeutungslosigkeit sind. Wer diese Umstände dem „Tatbestande" eingliedert, kommt in heillosen Konflikt mit § 59 StGB.

---

[1]) Darüber unten §§ 47 ff.

[2]) Vgl. oben S. 59 ff.

§ 21.

E. Der Inhalt des Tatbestandes.

Den Inhalt der einzelnen Tatbestände festzustellen ist Sache des besonderen Teils des Strafrechts. Dabei ist selbstverständlich, daß der Sinn jedes Tatbestandes nicht schlechtweg nach den Worten des Gesetzes, sondern unter Zuhilfenahme der subintelligenda zu ermitteln ist. So muß § 185 StGB. auf die Herabwürdigung eines anderen bezogen werden, obwohl das nicht expressis verbis gesagt ist (so daß also Selbstbeleidigung nicht tatbestandlichen Charakter hat); § 259 StGB. muß nach der hergebrachten Auffassung dahin richtiggestellt werden, daß nur dasjenige Ansichbringen u. s. w. tatbestandlich ist, durch das der Täter einen durch die Vortat geschaffenen rechtswidrigen Zustand aufrecht erhält u. s. w.

Ebenso ist selbstverständlich, daß die zu subintelligierenden Tatbestandsmerkmale auch für den dolus ganz wie die ausdrücklich vorgesehenen in Betracht kommen, so daß nach § 59 der Täter, um vorsätzlich zu handeln, auch die sie ausmachenden Tatumstände kennen muß.

Zur vollen Inslichtstellung des Tatbestandsinhaltes gehört gegebenenfalls ferner die Auflösung von Abbreviaturen, die sich im Wortlaut des Tatbestandes finden. So ist „fremd" in StGB. §§ 242, 303 u. s. w. aufzulösen in „nach Maßgabe des internationalprivatrechtlich ausschlaggebenden bürgerlichen Rechts im Eigentum eines anderen als des Täters stehend", u. s. w.

Unter solchen Abbreviaturen sind auch die Verweisungen auf einen anderen Typus oder ein Bündel von Typen zu beachten; so die Verweisung von § 361 ^{9} StGB. auf „Diebstahl" u. s. w.; die Verweisung von §§ 49a, 241 u. s. w. auf „Verbrechen" u. s. w.[1]).

---

[1]) Bei solchen Verweisungen auf andere Verbrechenstypen oder Typenbündel ist für jeden Tatbestand einzeln festzustellen, ob er als in Bezug genommen nur die tatbestandliche Handlung als solche, oder ob er sie in ihrer Eigenschaft als „strafbare Handlung", also unter Mitberücksichtigung ihrer Rechtswidrigkeit, Schuld u. s. w., meint. Jedenfalls ist für die in Bezug genommenen Verbrechensbegriffe stets das deutsche Recht maßgebend. So ist „Verbrechen" im Sinne des § 49a StGB. nur, was deutsch-

Diesen Einzelheiten nachzugehen ist hier nicht der Ort. Aber wer die Tatbestände miteinander vergleicht, dem kann nicht entgehen, daß ihr Inhalt unter verschiedene Schemata gebracht werden kann, und diese Schemata festzustellen ist Sache des allgemeinen Teils.

I. Die schematische Ausprägung der Tatbestände ist nun zunächst insofern verschieden, als

1. gewisse Tatbestände lediglich die — in gewisser Weise kolorierte — Handlung selber benennen, ohne irgendwie der sich an sie anschließenden Kausalreihe zu gedenken: Formaldelikte[1]), schlichte Tätigkeits-(Untätigkeits)-Delikte;

2. andere Tatbestände außer der Handlung noch bestimmt

---

rechtlich ein Verbrechen ist. So Entsch. d. RGer. 37 45; anders — mit nicht durchschlagenden Gründen — Lindenberg, Deutsche Jur.Ztg. 9 1054. Kohler, GA. 49 1 ff., stellt den Satz auf, daß unter „strafbarer Handlung" überall die „Erfüllung der Tatbestandsmerkmale", worunter er aber auch, wie seine Beispiele zeigen, Rechtswidrigkeit und Schuld begreift, also das potentielle Delikt (oben S. 50) ohne Rücksicht auf die „Strafbarkeitsbedingungen" (= Strafdrohungsbedingungen und persönliche Strafbarkeitsbedingungen) zu verstehen sei. Das gelte namentlich für StGB. § 139 (Nichtanzeige von Verbrechen) und § 164 (falsche Anschuldigung). Dieser Auffassung steht aber schon von Hause aus eine gewisse Unwahrscheinlichkeit entgegen; denn der Ausdruck „strafbare Handlung" deutet jedenfalls gerade nicht auf die bloß potentiell, sondern auf die wirklich strafbare Handlung hin. Vor allem aber ist zu erwägen, daß die einzelnen Tatbestände je nach ihrem Spezialcharakter verschiedener Auslegung bedürfen. So ist die Nichtanzeige eines Verbrechens offenbar eine selbständig vertypte Beihilfe durch Unterlassung; Verbrechen ist also hier gerade so wie bei der akzessorischen Teilnahme als wirkliches „Verbrechen" — natürlich ohne Rücksicht auf die persönliche Strafbarkeit des Haupttäters — zu verstehen. Das Wesen der falschen Anschuldigung ferner besteht in der Nasführung der Justiz; folglich kommt es nur darauf an, ob aus dem Inhalt der Anzeige sich ein Anlaß zum Einschreiten ergab; d. h. „strafbare Handlung" im Sinne des § 164 ist die für den Angeschuldigten strafbare Handlung = ein auch den persönlichen Strafbarkeitsbedingungen genügendes Verbrechen. Ist inhalts der Anzeige der Schluß gerechtfertigt, der Angezeigte sei strafbar, so ist § 164 erfüllt; nur wenn die Anzeige selber irgendwelche Strafbefreiungsgründe nennt, ist die Behauptung einer „strafbaren Handlung" nicht vorhanden.

[1]) Die Bezeichnung mag für die schlichten Tätigkeitsdelikte nicht ganz passend sein; noch weniger aber paßt sie für die oft auch ebenso genannten Delikte, die keine Schuld erfordern (oben S. 44); für diese ist jedenfalls die Bezeichnung „schuldlose Delikte" vorzuziehen.

geartete Erfolge, die sich von der Handlung ablösen, als zum Tatbestande zugehörig bezeichnen: Materialdelikte; Delikte mit tatbestandsmäßigem Erfolge, Erfolgsdelikte.

Beispiele für 1 sind namentlich die Aufforderungsdelikte, StGB. §§ 85, 110, 49a u. s. w.; ferner der Vollstreckungswiderstand, § 113, die lügenhafte Entschuldigung von der Zeugnispflicht u. s. w., § 138, u. s. w. In allen diesen Fällen kümmert den Strafrichter das, was hinter der „Handlung" liegt, tatbestandlich gar nicht (höchstens für die Strafzumessung).

Beispiele für 2 zu geben ist überflüssig.

Bei den Formaldelikten besteht der Tatbestand also einfach in einer in ein bestimmtes Milieu hinein vorgenommenen Körperbewegung oder Nichtbewegung; bei den Materialdelikten in Körperbewegung (Nichtbewegung) + Erfolg. Bei jenen kommt nur die Beziehung der Handlung zu dem, was vor ihr und neben ihr ist, tatbestandlich in Betracht; bei diesen das nach ihr und aus ihr heraus sich Ereignende.

Es kann angesichts dieser Verschiedenheit der Ausprägung der Tatbestände wohl nur auf einem Mißverständnis beruhen, wenn v. Liszt[1]) die Scheidung nicht gelten lassen will und allen Delikten den Charakter von Materialdelikten zuspricht, sie sich alle um einen Erfolg drehen läßt. Zur Rechtfertigung dieser Ansicht bezog sich v. Liszt früher auf die mit jeder menschlichen Handlung verbundenen Wirkungen in der Außenwelt, z. B. die Düfte, die die ungereinigte Senkgrube verbreitet. Dieses Argument hat Freudenthal[2]) v. Liszt abgeschnitten. Selbstverständlich kann jedes menschliche Handeln tausendfältige Kausalreihen anstoßen; nur kommen wir dabei nicht zu tatbestandsmäßigen Erfolgen des strafbaren Tuns[3]). Zur Konstruktion des Verbrechens kommen doch eben nur die begrifflich erforderten Erfolge in Betracht. Sonst könnten wir unsere Phantasie spielen lassen und z. B. als „Er-

[1]) Lehrbuch § 28 II.

[2]) Notwendige Teilnahme S. 31 Anm. 1.

[3]) Dies gilt auch gegen Liepmann, Einleitung S. 78 ff., der trotz richtiger Erkenntnis der Zugehörigkeit des Erfolges zum Tatbestande einen dem Verbrechensbegriff allgemein eigentümlichen Erfolg konstruiert, der den tatbestandlichen Erfolg verleugnet.

folge" eines Tötungsdelikts das Entstehen einer Blutlache auf dem Boden, das Entsetzen der Umstehenden, das Zerbrechen des zum Schlagen benützten Knüppels u. s. w. uns ausdenken. Es bedarf keiner Ausführung, daß alles dies außertatbestandliche Erfolge sind, die zur Sache nichts beitragen[1]).

So rekurriert jetzt v. Liszt darauf, daß kein Verbrechen ohne Veränderung der Außenwelt denkbar sei, weil eben Verbrechen Hinaustragung des Willens in die Außenwelt sei. Sehr richtig! Nur trifft dies die Einteilung in Formal- und Materialdelikte nicht. Nennt man das äußere Geschehen in Bausch und Bogen „den Erfolg", so konfundiert man in unzulässiger Weise die Körperbewegung mit den erst aus ihr hervorgehenden Folgen, ganz abgesehen davon, daß die Körperbewegung die Bezeichnung als „Erfolg" (scil. des Willens) doch nur bei Zugrundelegung der Theorie der psychophysischen Kausalität, nicht des psychophysischen Parallelismus verträgt. Es bleibt eben doch unbestreitbar, daß gewisse Tatbestände sich in der Körperbewegung erschöpfen und alles, was nach ihr geschah, unerwähnt lassen, während andere Tatbestände außer der Körperbewegung die durch sie angestoßene Kausalreihe und den einen oder anderen Endpunkt derselben, den Erfolg im technischen Sinne, namhaft machen.

Wenn v. Liszt schließlich noch zur Stützung seiner Ansicht den Satz formuliert: kein Delikt sei denkbar ohne sinnliche Wahrnehmung durch andere Personen — also figuriere eben diese Wahrnehmung stets als Verbrechenserfolg, so ist zunächst die Richtigkeit dieses Satzes überhaupt zu bestreiten. Es ist doch sehr möglich, daß der Täter die Tat ganz einsam verübt, so zwar, daß nicht einmal Spuren der Tat hinterher wahrgenommen werden (z. B. unbefugtes Gehen über einen Acker), und doch zufolge Selbstbezichtigung die Sache anhängig wird. Aber wäre der Satz auch richtig, so wäre doch wieder einzuwenden, daß diese Wahrnehmung der deliktischen Vorgänge doch gar nicht das ist, worum es sich handelt! Die Wahrnehmung kann einen Teil des Tatbestandes bilden (so bei der Beleidigung) und ist dann der tat-

[1]) „Entferntere Erfolge" nennt sie Freudenthal a. a. O.; es können aber auch sehr nahe Erfolge außertatbestandlich sein.

bestandsmäßige Erfolg; aber in der Regel gedenkt der Tatbestand dieser Art Erfolge eben nicht; und dann gehört die Wahrnehmung durch Dritte eben nicht zum Deliktstypus. Es gibt „wahrnehmungsbedürftige“ und der Wahrnehmung nicht bedürftige Verbrechenshandlungen.

Alles Sträuben hilft also nichts. Es gibt nun einmal Tatbestände, für die der Erfolg, er sei wie er wolle geartet, für den Deliktsbegriff völlig bedeutungslos ist, und es gibt andererseits Tatbestände, die sich aus Handlung und einem bestimmten Erfolg zusammensetzen[1]).

Seinem Wesen nach besteht der tatbestandliche Erfolg natürlich stets in einem auf die Körperverletzung erfolgenden Ereignis oder Zustand. Dabei ist aber ein Doppeltes möglich:

a) Entweder figuriert als „Erfolg“ ein nicht dem Seelenleben angehöriges Ereignis oder ein ihm nicht angehöriger Zustand (Tod eines Menschen u. s. w.);

b) oder der Erfolg besteht in psychischen Vorgängen oder Zuständen (Kenntnisnahme von einem ausgesprochenen Worte[2]); Erregung von Ärgernis u. s. w.)[3]).

Dagegen ist der tatbestandsmäßige Erfolg als solcher, wie der Tatbestand im ganzen, rein zu halten von jeder Wertung im Sinne der **Rechtswidrigkeit**. Es ist irreführend, dem tatbestandsmäßigen Erfolge das Attribut der Rechtswidrigkeit beizulegen. Wenn regelmäßig „der Erfolg“ als synonym mit „rechtswidrigem Erfolge“ behandelt wird, so wird dabei ganz übersehen, daß ein Erfolg tatbestandsmäßig sein kann (z. B. Tod von Scharfrichtershand), ohne daß Rechtswidrigkeit gegeben ist.

---

[1]) Zu vergleichen namentlich R. Löning, Grundr. § 21; Strafrechtl. Haftung des verantwortl. Redakteurs 257 ff.; Wuttig, Fahrlässige Teilnahme am Verbrechen (1902) 24 ff.; Frank II 2 zu § 1; Kitzinger, Ort und Zeit der Handlung 71 ff. u. s. w.

[2]) Dagegen gehen die psychologischen Wirkungen des Verbrechens, wie sie Liepmann S. 81 faßt, weit über das Tatbestandliche hinaus und verlieren sich im strafrechtlichen Nichts.

[3]) Hierher ist die Beleidigung zu rechnen; sie ist erst perfekt mit Kenntnis von ihrem Aussprechen. Keine Erfolgs-, sondern schlichte Tätigkeitsdelikte sind dagegen die Beschimpfungsdelikte, insoweit sie nicht Ärgerniserregung verlangen (Wertungsdelikte, vgl. Beling, Beschimpfung von Religionsgesellschaften ꝛc. 1905, S. 7).

Gewiß springt aus dem Verbrechen möglicherweise ein Resultat heraus, das als ein „rechtswidriger Erfolg“, insbesondere als ein rechtswidriger Zustand erscheint[1]; aber weder braucht der tatbestandsmäßige Erfolg selber „rechtswidrig“ zu sein (man denke an die den Erfolg der Beleidigung bildende Kenntnis eines Dritten von der Beleidigung), noch beschränken sich die rechtswidrigen Erfolge auf die tatbestandsmäßigen Erfolge (so besteht bei Sachhehlerei der tatbestandsmäßige Erfolg darin, daß der Täter die Sache hat, während der rechtswidrige Erfolg über dieses Haben hinaus besteht und noch andauert, solange nicht der Berechtigte die Sache wieder hat).

Die falsche Identifizierung des tatbestandsmäßigen mit dem rechtswidrigen Erfolge hat insbesondere der schon oben[2] bekämpften Auffassung Vorschub geleistet, als sei die Rechtswidrigkeit selber der „Erfolg“ der Tat. Aber auch eine andere Auffassung entpuppt sich nunmehr als unrichtig: die Auffassung, als bestehe der tatbestandliche Erfolg in einer „Rechtsverletzung“, einer „Veränderung der Rechtswelt“ u. s. w.[3]). Nichts ist unrichtiger. Eine Beziehung zur Rechtswelt wohnt dem Erfolge eben überhaupt nicht inne[4]). Die tatbestandlichen Erfolge als solche sind diesseit von gut und böse. Ihr Vorliegen sagt nicht, daß rechtswidriges, ihr Fehlen nicht, daß nicht rechtswidriges Handeln vorläge. Ihre Feststellung bedeutet nur Konstatierung eines Faktums. Ob die Erzeugung dieses Faktums rechtswidrig ist, ist eine separate Frage.

Danach ist die heute fast unumschränkt herrschende Auffassung, als ob der Erfolg und die Kausalität dem Verbrechen durchweg begrifflich eigentümlich seien, aufzugeben. Die Kausalitäts- und Erfolgslehre hat bisher viel zu sehr im Vordergrunde der strafrechtlichen Betrachtung gestanden. An die Stelle der bisherigen Überschätzung dieser Momente[5]) hat eine Behandlung zu treten,

---

[1]) Oben S. 170 ff.

[2]) S. 41—42.

[3]) Vgl. z. B. Köhler, Grenzlinien 32 ff. („rechtlicher Erfolg“).

[4]) Abgesehen davon, daß in einzelne Tatbestände recht wohl ein oder das andere Rechtswidrigkeitsmoment schon hineinverarbeitet sein kann, oben S. 156 ff.

[5]) Bezeichnend z. B. Hrehorowicz, Das Verbrechen (1880) S. 8: „Der

die die Erfolgs- und Kausalitätslehre aus der Stelle, die sie bisher einnahm (als Teil oder Beigabe der Lehre von der „Handlung"), heraushebt und ihr den bescheidenen Platz in der Lehre vom Tatbestande, und auch dort nur als bloß für einen Teil der Tatbestände in Betracht kommend, anweist[1]).

Diese Feststellungen sind von größter Bedeutung. Sie bieten zunächst den Schlüssel dafür, wie es kommt, daß gewisse Delikte bei Vorliegen der bloßen Körperbewegung schon vollendet, andere dagegen nur versucht sind (wichtig wegen der Rücktrittsfrage, StGB. § 46 [2]!). Wie will v. Liszt diesen Gegensatz erklären, wenn er den grundlegenden tatbestandlichen Unterschied leugnet?

Vor allem aber erhellt nunmehr auch die richtige Bedeutung der Kausalität für das Strafrecht. Es ist ganz unrichtig, die Kausalität als für sämtliche Verbrechen bedeutsam zu behandeln: sie kommt nur für einen Teil der Verbrechenstypen, nämlich eben für die Materialdelikte, in Betracht. Folglich können Begriffe, die für das Verbrechen im allgemeinen gelten sollen, nicht nach der Kausalität orientiert werden: es würde sich sonst eine Lücke für das schlichte Tätigkeitsdelikt ergeben. Zwei bedeutsame Folgerungen sind: das Verbrechen kann nicht als am Erfolgsort und zur Erfolgszeit begangen aufgefaßt werden[2]); und: der Vorsatzbegriff kann nicht lediglich auf Bewußtsein oder Wollen der Kausalität abgestellt werden — denn wo bliebe dann Begehungsort, Begehungszeit, Vorsatz bei schlichten Tätigkeitsdelikten?

Aber auch die systematische Stellung der Kausalitätslehre ist damit klar geworden: sie gehört nicht zur „Handlungs"lehre, sondern in die Lehre vom Tatbestande, und zwar von den materialen Tatbeständen[3]). Und damit ist auch der Glaube zerstört,

---

Erfolg ist gleichsam der Nenner jeder Handlung: jede verbrecherische Handlung wird nach ihrem Erfolge bezeichnet."

[1]) Die Kausalität ist also keineswegs ein besonderes Verbrechensmerkmal, das Fehlen der kausalen Zurechenbarkeit des Erfolges kein besonderer Strafausschließungsgrund (im weiteren Sinn) — so v. Liszt, Lehrb. [12] § 44 II —, sondern das Fehlen der kausalen Beziehung fällt unter die Kategorie „Mangel am Tatbestand".

[2]) Vgl. oben S. 30.

[3]) Der unfruchtbare Streit darüber, ob man den Erfolg in den Handlungsbegriff einbeziehen oder den Erfolg der Handlung entgegenstellen

als seien die Begriffe „Erfolg" und „Kausalität" Begriffe, die für jedes Verbrechen in Betracht kämen, als müsse das Strafrecht an sie ganz allgemein anknüpfen — ein Glaube, der sich namentlich für die Fixierung von Ort und Zeit der Tat als Ort und Zeit des Erfolges und für die Bestimmung des Vorsatzes als der Vorstellung der Kausalität oder des Erfolges verhängnisvoll erwiesen hat.

II.[1]) Mit der Einteilung der Tatbestände in materiale und formale kreuzt sich eine andere Einteilung: es gibt Tatbestände mit Angriffscharakter (Angriffstatbestände), und Tatbestände ohne solchen. Ein Blick in das Gesetz lehrt, daß ein Teil der Tatbestände auf eine Handlung lautet, die gegen ein Objekt feindselig anlaufen: Tatbestände mit Angriffsobjekt; daß dagegen der Rest der Tatbestände eine feindselige Richtung der Handlung gegen ein Objekt nicht ersichtlich macht. Zu der ersten Gruppe gehören z. B. Diebstahl, Vollstreckungswiderstand, Tötung u. s. w.; zu der zweiten Gruppe z. B. Kindesunterschiebung, Bigamie. Gewiß steht hinter den Tatbeständen auch der zweiten Gruppe ein Schutzobjekt, nur im Tatbestande ist es nicht enthalten: tatbestandlich liegt hier der Verbrechenstypus ohne weiteres vor, und die Frage nach der Bedeutung des Nichtbeeinträchtigtseins des Schutzobjekts liegt auf einem anderen Felde[2]). Wohlgemerkt ist das tatbestandliche Angriffsobjekt nicht identisch mit dem grammatikalischen Objekt, an dem sich die Handlung vollzieht (etwa mit dem „Eide" im Meineidsparagraphen, der als Objekt der Eidesleistung in Betracht kommt). Das grammatikalische Ob-

---

solle — vgl. z. B. Köhler, Grenzlinien 20 —, findet damit seine einfache Erledigung. Insbesondere muß die Meinung schwinden, als sei der Ausdruck „Handlung" insofern mehrdeutig, als er bald „die Körperbewegung + Erfolg", bald „die Tatbestandserfüllung" bedeute (Köhler 14—15). „Tatbestandserfüllung" ist die den Tatbestand erfüllende, also bestimmt geeigenschaftete Handlung, und in dieser ihrer Eigenschaft liegt bei den materialen Tatbeständen auch ihre kausale Bedeutung.

[1]) Zum folgenden ist insbesondere Oppenheim, Objekte des Verbrechens, zu vergleichen, dessen Ausführungen jedoch noch dadurch zu vertiefen sind, daß man die Bedeutung, die der Objektsbegriff für den Tatbestand hat, und die Bedeutung, die er für die Unerlaubtheit hat, streng auseinanderhält.

[2]) Darüber unten S. 213 ff.

jekt kann hier füglich aus dem Spiele bleiben, weil es lediglich Bedeutung für den einzelnen Tatbestand hat, zu einer Gruppierung der Tatbestände nach ihrem Inhalte dagegen nichts beizutragen vermag.

Unrichtig wäre es auch, das tatbestandliche Angriffsobjekt als „Schutzobjekt“ zu bezeichnen. Ein Schutzobjekt als ein zu schützendes Objekt kann nur einem dem Schutze dienenden Rechtssatz vindiziert werden. Die Normen und sekundär die Strafgesetze dienen solchem Schutze. Der Tatbestand dient ihm nicht; er kann ihm nicht dienen, da er ja rein deskriptiv ist und nur die Aufgabe der Typisierung hat[1]. Mit der Feststellung des tatbestandlichen Angriffsobjekts ist deshalb noch keineswegs gesagt, daß ihm der Schutz des Gesetzes gelte: es kann sein, daß die tatbestandlichen Angriffsobjekte nur in engeren Grenzen Schutzobjekte sind, z. B. sind fremde Menschenleben in Bausch und Bogen Angriffsobjekte für die Tötungsdelikte, der Tatbestand der Tötung liegt bei jeder Vernichtung fremden Menschenlebens vor, — Schutzobjekt ist aber ein fremdes Menschenleben nur vorbehaltlich der Zulässigkeit der Hinrichtung u. s. w.: auch der Scharfrichter „tötet“, aber ein gegen ihn ungeschütztes Objekt. Und mehr noch: es kann sein, daß das tatbestandliche Angriffsobjekt überhaupt nicht das Schutzobjekt ist: so ist in StGB. § 164 der falsch Angeschuldigte das tatbestandliche Angriffsobjekt, Schutzobjekt dagegen die Rechtspflege des Staates.

1. Die Tatbestände mit Angriffsobjekt zerfallen nun in drei Gruppen:

a) Der Tatbestand kann dahin lauten, daß er perfekt nur vorliege, wenn das Angriffsobjekt irgendwie (in näher bezeichneter Weise) beeinträchtigt, verletzt sei; er besteht dann in der Herbeiführung eben dieses verletzenden Erfolgs per se. So bei Tötung, Körperverletzung, Sachbeschädigung u. s. w.: Verletzungsdelikte (selbstverständlich Materialdelikte).

b) Oder der Tatbestand lautet auf eine Gefährdung des Angriffsobjekts. Auch hier liegt ein Materialdelikt vor, der Gefahrzustand ist der tatbestandsmäßige Erfolg. Der Unterschied gegen

[1] Oben S. 112, 147 ff.

a besteht darin, daß hier der tatbestandsmäßige Erfolg nicht ein abschließendes Ereignis ist, sondern einen Ausblick auf weitere, als möglich in Betracht kommende Erfolge eröffnet, und eben nur dann gegeben ist, wenn er diesen Ausblick eröffnet: echte (konkrete, spezielle) Gefährdungsdelikte. Die über den Gefahrzustand hinausgehenden Folgen gehören hier nicht zum Tatbestande.

c) Oder endlich das Angriffsobjekt braucht, damit der Tatbestand gegeben sei, weder verletzt noch gefährdet zu sein, muß aber als Objekt vorhanden gewesen sein, gegen das die Handlung anlief: reine Angriffstatbestände. Sie sind Formaldelikte: mit der gegen das Angriffsobjekt anlaufenden Körperbewegung sind sie vollendet, irgendwelche Erfolge sind nicht erforderlich. Beispiel: der tätliche Angriff gegen einen Vollstreckungsbeamten nach § 113 StGB.: der Angegriffene braucht nicht getroffen worden zu sein, noch auch braucht nur irgendwelche Gefahr durch den Angriff für ihn entstanden zu sein; es genügt die Feststellung, daß die Tätlichkeit gegen ihn anlief.

2. Nach Ausscheidung der Tatbestände ad 1 bleiben übrig die Tatbestände ohne Angriffsobjekt, Tatbestände, die nicht auf aggressives Handeln gegen ein Objekt lauten (mögen sie auch ein grammatikalisches Objekt nennen, auf das sich die Handlung bezieht und das natürlich auch angegriffen sein kann). Sie sind:

a) formale Tatbestände ohne Angriffsobjekt; so z. B. Vorschützung einer unwahren Entschuldigungstatsache durch den Zeugen, StGB. § 138;

b) materiale Tatbestände, also Tatbestände mit benanntem Erfolg, bei denen aber im Gegensatze zu 1a und b der von der Körperbewegung sich ablösende tatbestandsmäßige Erfolg nicht Verletzung oder Gefährdung eines als Angriffsobjekt figurierenden Objekts ist. Hierher gehört z. B. § 141 StGB.: der Tatbestand erfordert „Anwerbung eines Deutschen"; es muß also die Werbung zu stande gekommen sein (Materialdelikt), andererseits braucht der Angeworbene — und ein sonstiges Angriffsobjekt nennt der Tatbestand nicht — weder verletzt noch gefährdet zu sein. Ein anderes Beispiel wäre die Einführung von falschen Münzen aus dem Auslande, § 147 a. E.: die Körperbewegung genügt nicht, es muß der Erfolg hinzutreten, daß sich das Geld nunmehr im Inlande befindet; andererseits braucht dieser Erfolg tatbestandlich nicht in einer Verletzung oder Gefährdung zu bestehen: der Tatbestand schweigt von einem Angriffsobjekt.

So erweist sich die traditionelle Auffassung, daß bei jedem Delikt ein tatbestandsmäßiges Angriffsobjekt in Betracht komme, als unrichtig. In keinem der Fälle zu 2a und b braucht der Richter, um den Tatbestand zu bejahen, irgendwelche Feststellungen darüber, daß das Handeln verletzend oder gefährdend gewesen sei, und es ist deshalb die Bezeichnung dieser Delikte oder eines Teils von ihnen als „abstrakte oder generelle Gefährdungsdelikte" bedenklich. Sie sind völlig rein von jedem tatbestandlichen Gefährdungsmoment. Ob und inwieweit bei ihnen die Tatbestandserfüllung auch rechtswidrig ist, ist eine andere Frage, für die das normmäßige Schutzobjekt bedeutsam wird (s. unten).

Übrigens ist die Scheidung zwischen den Angriffstatbeständen und den Tatbeständen ohne Angriffscharakter auch für die Notwehr von Bedeutung. Zwar erfordert der Notwehrparagraph nicht einen tatbestandsmäßigen Angriff, abwehrbar sind vielmehr auch Angriffshandlungen, die keine ‚tatbestandliche, typische Ausprägung zu Bestrafungszwecken erfahren haben, und deshalb ist immerhin möglich, daß auch eine Handlung, die einen Nichtangriffstatbestand erfüllt, abwehrbar ist, insofern sie in concreto einen — für den Tatbestand nicht in Betracht kommenden — Angriff ausmacht. Aber das bedarf dann natürlich stets besonderer Feststellung, während die Angriffstatbestände ohne weiteres für den Notwehrparagraphen präpariert sind.

Zur richtigen Erfassung der Bedeutung des tatbestandlichen Angriffsobjekts hat man sich stets vor Augen zu halten, daß es, wie der ganze Tatbestand, von dem es ja nur ein — nicht einmal notwendiges: oben 2a und b — Element ist, über die Frage der Rechtswidrigkeit nicht entscheidet. Ebenso wie der Angriff auf ein Objekt rechtswidrig sein kann, ohne daß das Objekt als tatbestandliches Angriffsobjekt vorkommt (furtum usus!), ebenso ist umgekehrt Verwirklichung eines Angriffstatbestands nicht immer auch rechtswidrig. Um die Rechtswidrigkeit des tatbestandlichen Angriffs, also etwa der Tötung, festzustellen, bedarf es vielmehr der Messung am Maßstabe der Normen. Diese Messung äußert sich hier als die Feststellung, ob und inwieweit das Angriffsobjekt gleichzeitig als normmäßiges Schutzobjekt anerkannt ist, oder auch ob und inwieweit sich der Angriff gegen das tatbestandliche Objekt gleichzeitig als ein Angriff gegen ein von ihm etwa verschiedenes normmäßiges Schutzobjekt darstellt. Ein tatbestandlicher Angriff ist nicht Verbrechen, wenn und insoweit er nicht ein (mit dem tatbestandlichen Objekt identisches oder nicht identisches) normmäßiges Schutzobjekt betrifft. Die Scheidung erweist sich namentlich bedeutsam in der sogleich zu erörternden Lehre von der Einwilligung des Verletzten und der Selbstverletzung.

Wie weit der Normenschutz reicht, bedarf in jedem Falle der Feststellung. Ist nur die Verletzung eines Rechtsguts für rechtswidrig erklärt, so ist nicht ohne weiteres auch die Gefährdung oder der reine Angriff auf das Objekt rechtswidrig (soweit nicht die Sätze über die Rechtswidrigkeit des Versuchs eingreifen). Ist die Gefährdung für rechtswidrig erklärt, so ist es natürlich die Verletzung erst recht, der reine (gefahrlose) Angriff dagegen nicht. Ist schon der gefahrlose Angriff rechtswidrig, so ist natürlich ein mit Gefahr oder Verletzung verbundener Angriff ebenfalls rechtswidrig.

Lautete also z. B. ein Strafgesetz:

> Wer rechtswidrig auf einen Menschen losschlägt, wird ... bestraft,

so würde die Norm „Du sollst nicht töten" zur Ergänzung dieses Strafgesetzes nicht geeignet sein; es müßte vielmehr eine Norm gesucht werden, die schon das gefahrlose Losschlagen auf einen Menschen verbietet, nur sie (oder eine umfassendere) wäre eine adäquate Norm.

Wiederum eine ganz andere Bedeutung kommt dem bloßen legislatorischen (normmotivierenden) Schutzobjekt zu. Es ist ja sicher, daß das Gesetz, wenn es gewisse Handlungen verbietet und damit die menschliche Handlungsfreiheit einengt, dies allemal teleologisch zum Schutze eines (wirklichen oder vermeintlichen) Rechtsguts tut[1]). Aber dieses ins Auge gefaßte Schutzobjekt ist keineswegs immer das normmäßige Schutzobjekt (geschweige denn das tatbestandsmäßige Angriffsobjekt). Vielmehr sind scharf zu scheiden

die Frage: Was ist verboten = der Angriff auf welches Schutzobjektiv ist verboten?

und die andere: Warum ist etwas verboten = um welches Schutzobjekts willen ist die Norm erlassen?

Denn es kommt — wie bekannt — nicht selten vor, daß das Gesetz, um ein Objekt recht gut zu schützen, die Norm so weit faßt, daß Handlungen, die sich gewöhnlich als Angriffe gegen das ins Auge gefaßte Objekt darstellen, schlechthin verbietet, also auch soweit sie gar keine Angriffe gegen jenes Objekt sind. Das legislatorische Schutzobjekt ist dann nur reines gesetzgeberisches Gedankenobjekt, in dem Rechtssatz selber kommt es nicht vor. Dieser, die Norm, nennt vielmehr an seiner Statt vielleicht ein anderes (etwa StGB. § 135: normmäßiges Schutzobjekt ein bundesstaatliches Hoheitszeichen; legislatorisches Schutzobjekt der Staat selber); oder er nennt das legislatorische Schutzobjekt lediglich als Objekt der täterischen Absicht (z. B. StGB. § 131: Staatseinrichtungen u. s. w. — nicht normmäßige Schutzobjekte, sondern nur Ziel für die täterische Absicht); oder er schiebt das legislatorische Schutzobjekt nur in der Aufstellung einer „objektiven Bedingung" ein (z. B. StGB. § 227: Leib und Leben); oder endlich er nennt überhaupt kein Schutzobjekt, sondern läßt schon ein bestimmtes Handeln per se verboten sein (z. B. StGB. § 361[1]: das legislatorische Schutzobjekt ist das Staatswohl, oder §§ 153 ff.: legislatorisches Schutzobjekt ist die Rechtspflege). Dieses rein im Motiv verbliebene Schutzobjekt kommt für die Feststellung, ob ein Verbrechen vorliege, überhaupt nicht in Betracht: das Verbrechen ist auch dann gegeben, wenn das legislatorische Schutzobjekt in concreto schlechterdings unverletzt und ungefährdet geblieben, ja sogar, wenn es in concreto überhaupt nicht angegriffen war, und erst recht gleichgültig ist das legislatorische Schutzobjekt für den Vorsatz: dieser liegt auch vor, wenn der Täter nicht entfernt geahnt hat, daß

[1]) Vgl. hierzu Finger, Österr. StrR. 1^2 84.

sein Handeln gegen dieses Objekt anlief. Es genügt, daß der Tatbestand erfüllt ist und das normmäßige Schutzobjekt angegriffen war. In diesen Fällen ist es deshalb auch irreführend, von einer gesetzlichen Präsumtion des Inhalts, daß das Schutzobjekt allemal angegriffen sei, zu sprechen. Indem Tatbestand und Norm von einem Angriff gegen das Schutzobjekt unabhängig gestellt sind, ist vielmehr das Moment eines solchen Angriffs gänzlich für gleichgültig erklärt. In dem Rechtssatz selber steckt keinerlei Vermutung: eine widerlegliche nicht, denn die Strafe tritt ein, auch wenn sonnenklar ist, daß der Tatbestand einer Schutzobjektsbeeinträchtigung u. s. w. nicht vorliegt; und eine unwiderlegliche nicht, denn es fällt dem Gesetz ja gar nicht ein, zu behaupten, daß das Schutzobjekt immer angegriffen sei. Ganz bedeutungslos ist andererseits auch das rein legislatorische Schutzobjekt nicht: es gibt nicht allein die Richtschnur für Affinitätsverhältnisse und damit für die Gruppierung der Verbrechen, also für das System des Besonderen Teils des Strafrechts, sondern es wird häufig auch zur Auslegung des Tatbestandes und der Norm Aufschlüsse gewähren. Es wird sogar als Regel gelten müssen, daß die Norm selber im Sinne des legislatorischen Schutzobjekts zu interpretieren ist, so daß dieses auch als stillschweigend subintelligiertes normmäßiges Schutzobjekt zu gelten hat. Denn regelmäßig wird der Normenschutz nicht über die ratio legis hinausgehen. Nur da, wo offensichtlich der Normenschutz weiter geht als das Bedürfnis, das durch die Norm befriedigt werden soll, wo also das Gesetz, um ganz sicher zu gehen, um Beweisschwierigkeiten zu vermeiden u. s. w., die Norm von dem Motiv des Normerlasses losgerissen hat, hat man es mit einem rein legislatorischen Schutzobjekt zu tun.

Übrigens kann unter Umständen die Ermittelung des legislatorischen Schutzobjekts für die Auslegung des Tatbestandes von Bedeutung sein. Es kann sein, daß das legislatorische Schutzobjekt einen Rückschluß auf den Sinn des Tatbestandes zuläßt, so, daß erst bei Zusammenhalt mit jenem der — dem Wortlaut nach vielleicht weiterreichende — Verbrechenstypus seine charakteristische Gestalt gewinnt. Denn wie schon oben betont, erschließt sich ja der Verbrechenstypus keineswegs immer aus den Gesetzesworten: Scire leges non hoc est verba tenere, sed vim ac potestatem. Die ratio legis — hier also das legislatorische Schutzobjekt — kann dem Tatbestande unter Umständen erst die rechte Präzisierung geben.

Ein lehrreiches Beispiel bietet der Tatbestand der Partiererei nach § 259 StGB. Der Wortlaut dieses Paragraphen begreift in sich jede Erlangung von Sachen, die durch strafbare Handlung erlangt sind, folglich z. B. auch die Erlangung von erbettelten Sachen. Wenn heute — zutreffend — die meisten das Ansichbringen von erbetteltem Gut deshalb als Partiererei nicht aufgefaßt wissen wollen, weil sie Sachhehlerei nur in Perpetuierung einer durch die Vortat geschaffenen rechtswidrigen Vermögenslage auffassen, so ist ersichtlich, daß hier in den Tatbestand ein durch die bloßen Gesetzesworte nicht motiviertes Moment hineingelegt wird. Das ist durchaus berechtigt: der Typus „Partiererei" kann eben nur aus dem Grundgedanken der Gesetzesbestimmung entnommen werden. Das den Eigentümer schädigende Erlangen einer z. B. gestohlenen Sache trägt typisch ein anderes Gesicht als das niemanden schädigende Ansichbringen einer z. B. erbettelten, im Eigentum des Bettlers stehenden Sache. Das letztere entbehrt der charakteristischen Eigentümlichkeiten des Partierereitypus, ist also nicht tatbestandsmäßig. Nicht als ob immer das legislatorische Schutzobjekt gleichzeitig tatbestandliche Bedeutung hätte — das ist oben widerlegt; wohl aber kann hinsichtlich bestimmter Typen, also z. B. für § 259, das legislatorische Schutzobjekt zur Herausstellung der Tatbestandselemente von Bedeutung sein. Tatbestand und gesetzgeberisches Ziel brauchen eben nicht auseinanderzufallen, sondern können natürlich auch harmonieren.

Durch die vorstehenden Untersuchungen ist für die wissenschaftliche Erfassung des Unterschiedes zwischen „Verletzungs-, Gefährdungs- und sog. Polizeidelikten" eine gesicherte Grundlage gewonnen. Die bisherige Behandlung krankt daran, daß entweder die Scheidung lediglich auf das Gebiet der Norm, der Rechtswidrigkeit verlegt wird[1]), oder aber Tatbestandlichkeit und Rechtswidrigkeit

---

[1]) Vgl. Binding, Normen 1^2 111 ff., 312 ff., 2 454 ff.

klettenhaft miteinander verbunden werden und in der tatbestandlichen Scheidung gleichzeitig eine normmäßige Scheidung erblickt wird.

Statt dessen ist zu betonen, daß sich die Scheidung ausschließlich auf tatbestandlicher Grundlage aufbaut, daß es sich nur um verschiedengestaltige Typen handelt. Und zwar kann es in der hier fraglichen Hinsicht eben nur drei Typenklassen geben:

Typen mit Verletzung;
Typen mit Gefährdung
und Typen ohne Verletzung und Gefährdung.

Die häufig [1]) aufgestellte Klasse der „abstrakten" oder „generellen Gefährdungsdelikte" hat keine Existenzberechtigung. Sie sollen dann vorliegen, wenn das Strafgesetz um der regelmäßig gegebenen Gefahr willen ein Handeln, auch wenn es in concreto nicht gefährlich war, straft, so, daß natürlich der Richter im einzelnen Falle eine Gefährdung nicht festzustellen nötig hat, und selbst der klare Beweis der Ungefährlichkeit die Anwendung des Strafgesetzes nicht ausschließt. Solche Typen sind aber offensichtlich solche der 3. Klasse. Es kann Frank nicht zugegeben werden, daß auch hier die Gefährdung „zum Tatbestande gehöre"; schweigt sich doch der Tatbestand gerade völlig über das Gefahrmoment aus! Daß der Gesetzgeber bei diesen Tatbeständen ein „legislatorisches Schutzobjekt" im Auge hat, dessen Gefährdung ihm zuwider ist, beeinflußt eben den Tatbestand gerade nicht!

Insbesondere ist danach auch klar, daß die Einteilung der Verbrechen in Verletzungs- u. s. w.-delikte nicht auf die Verschiedenheit des Normenzwecks abzustellen ist [2]). Der Normenzweck ist allemal auf ein im Hintergrunde stehendes Schutzobjekt gerichtet, aber Tatbestände und Normen können über ihn hinausragen, so gut wie hinter ihm zurückbleiben; zur Konstruktion kann aber nur die gesetzliche Anordnung selber und nicht ihr Zweck dienen.

Im Punkte der Rechtswidrigkeit dagegen stehen sich die Verletzungs-, die Gefährdungs- und die Delikte ohne Verletzungs-,

---

[1]) So bei v. Rohland, Gefahr 47, Frank II a. E. zu § 1, I vor § 306, I 1 zu Abschn. 29 u. s. w. Dagegen Binding, Lehrb. 2 1, 3.

[2]) Dies tut Binding, Normen 1² 111.

und Gefährdungsmoment grundsätzlich gleich. Bedeutet doch die Rechtswidrigkeit nur das formale Moment des Nichtsollens; und ist somit der imperativische Charakter der auf die drei Typen passenden Normen bei allen wesensgleich. Quantitativ läßt sich natürlich eine Abstufung der Rechtswidrigkeit vornehmen [1]); aber quantitative Stufen bedeuten keine qualitative Verschiedenheit.

Mit den vorstehenden Ausführungen ist insbesondere der Weg geebnet zur richtigen Erfassung des Problems der Selbstverletzung (auch der Selbstgefährdung und des reinen Selbstangriffs) und des Problems der Einwilligung des Verletzten (Gefährdeten, Angegriffenen). Beide Probleme werden heute regelmäßig dahin gefaßt, ob und inwieweit bei Selbstverletzung und Einwilligung des Verletzten die Rechtswidrigkeit ausgeschlossen sei. Das ist zu wenig, die Probleme sind damit nicht ausgeschöpft: vor der Frage der Rechtswidrigkeit liegt ja die Frage, ob überhaupt ein typischer Tatbestand vorliegt; und so ist vorab festzustellen, ob und inwieweit die Tatbestände auf Selbstverletzung u. s. w. und Verletzung mit Einwilligung des Verletzten u. s. w. passen [2]). Passen sie nicht, so sind wir bei Feststellung des Vorliegens einer strafbaren Handlung der Prüfung der Rechtswidrigkeit enthoben: wo kein Tatbestand, da kein Verbrechen. Es leuchtet von selbst ein, daß hier das tatbestandsmäßige Angriffsobjekt bedeutsam wird. Für die — bei Gegebensein des Tatbestandes — sich anreihende Frage nach der Rechtswidrigkeit kommt sodann das normmäßige Schutzobjekt zur Geltung. Das legislatorische Schutzobjekt dagegen muß natürlich gänzlich beiseite bleiben: liegt ein tatbestandliches rechtswidriges Handeln eben auch dann vor, wenn das legislatorische Schutzobjekt in concreto gar nicht verletzt, gefährdet oder auch nur angegriffen worden ist, so ist selbstverständlich auch gleichgültig, von wem ein etwaiger Angriff auf das legislatorische Schutzobjekt ausgegangen ist, ob von dem Träger des Rechtsguts oder einem anderen, und ob der Träger des Rechtsguts in den Angriff einwilligte oder nicht. Lautet das Verbot rund und nett dahin, daß sich niemand in

---

1) Oben S. 128.

2) An solcher Fundamentierung der Problemlösung fehlt es insbesondere bei Klee, GA. 48 178 ff., 337 ff., 49 246 ff., 50 364 ff.

einem Walde mit brennender Zigarre aufhalten solle, so ist auch der Waldeigentümer, der in seinem Walde eine Zigarre raucht, strafbar, selbst wenn das Gesetz ausschließlich an den Schutz seines Eigentums gedacht hätte. Nur wenn nachweislich der Sinn der Norm sich mit dem gesetzgeberischen Motiv in Übereinstimmung hielte, wenn, mit anderen Worten, im Wege der Auslegung feststellbar wäre, daß das legislatorische Schutzobjekt auch normmäßiges Schutzobjekt wäre, verhielte es sich anders [1].

1. Selbstverletzung rc. und Einwilligung des Verletzten rc. im Lichte des Tatbestandes.

Die Frage, ob von dem Handeln der Täter selber oder ein Dritter mit seiner Einwilligung betroffen wurde, kann tatbestandlich natürlich nur da in Betracht kommen, wo der Tatbestand auf einen Angriff gegen ein Objekt lautet. Erfordert der Tatbestand überhaupt keinen Angriff (oben S. 209), da ist er eben erfüllt, auch wenn niemand betroffen war, und folgeweise kommt es, wenn in concreto jemand betroffen war, nicht darauf an, wer dies ist und ob er damit einverstanden war. Der Verbrechenstypus liegt dann trotz Selbstverletzung oder Einwilligung vor.

Bei den Angriffstatbeständen kommt es dagegen darauf an,

a) was für ein Angriffsobjekt der Tatbestand erfordert. In dieser Hinsicht lassen sich folgende Möglichkeiten beobachten:

α) Eine kleine Zahl von Tatbeständen nennen den Täter selber, und nur ihn, als Angriffsobjekt. Dies gilt z. B. für den Tatbestand der Selbstverstümmelung, StGB. § 142. Alsdann schließt der Charakter der Tat als Selbstverletzung den Tatbestand nicht nur nicht aus, sondern die Selbstverletzung ist vielmehr notwendiges Element des Verbrechenstypus.

β) Umgekehrt lautet eine sehr erhebliche Zahl von Tatbeständen auf Angriffe gegen einen anderen als den Täter (z. B. StGB. § 211). Alsdann ist die Selbstverletzung und Selbstgefährdung, überhaupt jeder Angriff des Täters gegen sich selbst offensichtlich unfähig, den Tatbestand zu erfüllen: sie paßt eben nicht; die

---

[1]) Oben S. 215.

Handlung ist nicht typisch [1]). Möglich, daß das Gesetz sie deswegen dem Typus nicht unterstellt, weil sie für die Rechtswidrigkeit ausscheiden. Aber für die Feststellung, ob ein Verbrechen vorliegt, ist hier überall die Frage nach der Rechtswidrigkeit bedeutungslos: Der Selbstmord mag rechtswidrig sein oder es nicht sein, strafbar ist er schon deshalb nicht, weil er keine typische Tötungshandlung im Sinne der §§ 211 ff. StGB. ist. Es erübrigt hier also, die Rechtswidrigkeit zu prüfen.

Ob ein Tatbestand einen Angriff gegen einen anderen erfordert, ist natürlich Auslegungssache. Spricht das Gesetz von „einem anderen" als dem Angegriffenen, von Verletzung u. s. w. „fremder Sachen" u. s. w., so ist die Sache klar. Aber auch sonst wird regelmäßig kein Zweifel obwalten. So ergibt der Zusammenhang z. B. deutlich, daß tatbestandliches Objekt der Beleidigung nach § 185 StGB., Begünstigter nach § 257 StGB., angegriffener Vollstreckungsbeamter nach § 113 StGB. u. s. w. nur ein anderer als der Täter sein kann.

7) In dem Rest der Angriffstatbestände erscheint als Angegriffener irgend wer, ohne Unterschied ob der Täter oder ein anderer. So ist für § 267 StGB. gleichgültig, wer der an der angegriffenen Urkunde Berechtigte ist, für § 164 StGB. gleichgültig, wer der falsch angeschuldigte „jemand" ist [2]), für § 137

[1]) So ist z. B. der Selbstmord nicht vom Tötungstypus umfaßt. Dagegen Kohler, Studien 1 144, GA. 49 6: Der Tatbestand der Tötung liege auch bei Selbstmord vor; es fehle nur an der Strafbarkeitsbedingung, daß der Täter ein anderer als das Objekt sei. Dabei wird übersehen, daß der Wortlaut des § 211 StGB. „einen Menschen tötet", wie die Rechtsgeschichte und der Parallelismus mit § 223 StGB. ausweist, als Tötung eines anderen Menschen gemeint ist. Daß es sich um fremde Menschenleben handelt, muß ja auch Kohler in das Gesetz hineinlegen. Nur ließ er das Gesetz nicht so:

> „Wer einen anderen tötet, wird ... bestraft";

sondern:

> „Wer einen Menschen tötet, wird, wenn der Getötete ein anderer als der Täter ist, ... bestraft,"

eine gewiß künstliche und unplausible Konstruktion. Mit Recht weist Allfeld, Deutsche Jur.-Ztg. 8 195, darauf hin, daß Kohler denjenigen wegen Mordes strafen müßte, der sich selber töten will, infolge Vorbeischießens aber einen anderen trifft!

[2]) Der § 164 gilt der Irreführung einer Behörde durch falsche Anzeige; solche aber kann gerade so gut durch falsche Selbstbezichtigung wie durch An-

StGB. gleichgültig, wer der an den verstrickten Sachen oder an dem Verstrickungsverhältnis rechtlich Interessierte ist. Der Tatbestand liegt hier also auch dann vor, wenn der Täter sich selbst angegriffen hat. Nur ist damit natürlich die Strafbarkeit noch nicht bejaht: hier kommt es vielmehr noch darauf an, ob der Selbstangriff auch rechtswidrig ist (darüber unten).

b) Für diejenigen Angriffstatbestände, die entweder einen anderen als den Täter als angegriffen voraussetzen (a β) oder gegen die Persönlichkeit des Angegriffenen unempfindlich sind (a γ), erhebt sich die Frage, ob der Verbrechenstypus auch bei Einwilligung des angegriffenen „anderen" gegeben ist. Sie ist natürlich streng nach Maßgabe des Tatbestandes selber zu lösen, d. h.: Nur da, wo der Tatbestand auf ein Angreifen ohne Einwilligung des Angegriffenen abgestellt ist, versagt er bei vorhandener Einwilligung. Im übrigen, d. h. so gut wie immer, wird der Verbrechenstypus auch bei Einwilligung des Angegriffenen erfüllt, und es bleibt nur zu prüfen, ob die Handlung auch rechtswidrig oder ob sie es wegen der Einwilligung nicht ist. So ist z. B. im Gegensatz zum Selbstmord die Tötung eines anderen mit dessen Einwilligung eine typische Tötungshandlung, die Mißhandlung eines Einwilligenden im Gegensatz zur Selbstmißhandlung eine den Typus der Körperverletzung nach § 223 StGB. an sich tragende Handlung, u. s. w.[1]).

2. Selbstverletzung ꝛc. und Einwilligung des Verletzten ꝛc. im Lichte der Norm.

Völlig getrennt zu halten von der Frage der Typizität des Angriffs contra se ipsum und contra consentientem ist die Frage nach der Rechtswidrigkeit solcher Angriffe. Sie erhebt sich für den, der das Vorliegen oder Nichtvorliegen eines Verbrechens feststellen will, immer dann, aber auch nur dann, wenn der Tatbestand

---

schuldigung anderer erfolgen; es liegt nicht der mindeste Grund vor, das Wort „jemand" einschränkend (im Sinne von „einen anderen als den Täter") zu interpretieren.

[1]) Auch die falsche Anschuldigung gegen einen Einwilligenden ist im Sinne des § 164 tatbestandsmäßig; sie ist übrigens auch rechtswidrig, s. nachstehend.

auch jene Angriffe mitumfaßt. Hier nun gilt es, das normmäßige Schutzobjekt festzustellen.

a) Verbietet die Norm ein Handeln schlechthin, drückt sie sich nicht als Verbot des Angriffs gegen ein Schutzobjekt aus, ist sie vielmehr von dem legislatorischen Schutzobjekt unabhängig gestellt, so ist natürlich gleichgültig, ob in concreto ein Objekt durch die Handlung Anfechtung erfahren hat, umsomehr, wer der Träger des betreffenden Rechtsguts war, ob er eingewilligt hat u. s. w.

b) Drückt sich dagegen die Norm als das Verbot eines Angriffs auf ein Schutzobjekt aus, so ist in der bekannten und üblichen Weise zu untersuchen, welche Schutzobjekte in Betracht kommen (es können deren mehrere sein), wer der Träger dieser Rechtsgüter ist, und ob ihm das Verfügungsrecht darüber zusteht. Ein Eingehen auf diese vielerörterten Dinge gehört nicht hierher.

Wohl aber sei hier das Schema hergestellt, das sich nach dem Gesagten ergibt: Es gibt unter den Angriffen gegen sich selbst und unter den Angriffen mit Einwilligung des Angegriffenen

1. solche, die überhaupt nicht tatbestandsmäßig sind;
2. solche, die zwar tatbestandsmäßig, aber nicht rechtswidrig sind;
3. solche, die tatbestandsmäßig und rechtswidrig sind.

Die scharfe Auseinanderhaltung von 1 und 2 wird — von anderem abgesehen — namentlich für den Vorsatz wichtig: Bei den Tatbeständen, die einen anderen als den Täter als angegriffen erfordern, oder auf Angriff ohne Einwilligung lauten, ist der Irrtum des Täters, daß er sich selbst angreife, bezw. daß er einen anderen mit dessen Einwilligung angreife, ohne weiteres Vorsatzausschließungsgrund nach § 59 StGB. Bei den Tatbeständen dagegen, denen eine Beschränkung jener Art fremd ist, fällt der Irrtum des Täters im Punkte der Richtung seines Angriffs bezw. der Einwilligung unter den Begriff „Mangel des Bewußtseins der Rechtswidrigkeit"; es wird also die Entscheidung verschieden ausfallen, je nachdem man sich dafür oder dagegen entscheidet, daß nur das bewußt rechtswidrige Handeln vorsätzlich sei.

Die hier durchgeführte Doppelbetrachtung der in Rede stehenden Probleme gibt aber ferner eine gewisse Aufklärung darüber, wie es kommt, daß nach der lex lata die Selbstverletzung im Punkte der Strafbarkeit oder Straflosigkeit nicht durchweg parallel der Verletzung mit Einwilligung des Verletzten behandelt ist, weshalb z. B. Selbstmord nicht strafbar, Tötung eines anderen mit dessen Einwilligung strafbar ist. Oft genug ist dies als befremdlich bezeichnet worden[1]: sei es dem Träger eines Rechtsguts nicht verboten, sich selber zu verletzen, so sei unverständlich, wie es einem Dritten verboten sein könne, den Träger des Rechtsguts an diesem mit seiner Einwilligung zu verletzen; die Verzichtbarkeit des Rechtsguts müsse hier gerade so wie dort durchschlagen. Dieses Argument ist durchaus richtig; aber wir sind gar nicht genötigt zu der Annahme, daß sich das positive Recht ihm in unklarer Weise entgegenstelle. Man hat übersehen, daß das Problem eben nicht bloß ein Rechtswidrigkeits-, sondern auch ein Tatbestandsproblem ist. In Wahrheit verhält sich die Sache so: Wo das Gesetz einen Angriff auf einen anderen auch bei dessen Einwilligung für rechtswidrig und sohin strafbar erklärt — wie z. B. bei Tötung —, da ist das betreffende Rechtsgut eben für unverzichtbar erklärt; folglich handelt dann auch der Träger des Rechtsguts selber rechtswidrig, wenn er dieses angreift. So ist also der Selbstmord keineswegs, wie gewöhnlich gelehrt wird, eine nicht rechtswidrige Handlung. Sondern der Grund, weshalb er nicht gestraft wird, ist lediglich der, daß er keinen Verbrechenstypus ausmacht, weil die Tötungstatbestände sämtlich auf Tötung eines anderen zugeschnitten sind. Ob das wohlgetan war, ob nicht richtiger die „Tötung *jemandes*“ tatbestandlich fixiert worden wäre, ist eine andere Frage: eine Disharmonie, ein Widerspruch ist jedenfalls im Gesetz nicht zu finden, die Frage nach der Verfügung über das Rechtsgut ist im Gesetz einheitlich und nicht zwiespältig behandelt.

III. In den bisherigen Ausführungen ist absichtlich die Positivität oder Negativität der Handlung — Körperregung oder Regungslosigkeit — außer Betracht gelassen und immer nur der einfache Fall — Körperbewegung mit kausiertem Erfolge, oder ohne solchen — ins Auge gefaßt worden. Aber das Versäumte muß nachgeholt werden: es muß untersucht werden, wie sich die

---

[1] Vgl. z. B. v. *Liszt* § 35 V.

Tatbestände gegenüber den verschiedenen „Handlungs“möglichkeiten verhalten. Wie oben S. 14 ff. gezeigt, spielt die Positivität oder Negativität für die Feststellung, ob eine „Handlung“ vorliegt, schlechterdings gar keine Rolle. Wenn nun, wie ebenfalls oben gezeigt — S. 28 —, der Tatbestand den strafrechtlich relevanten Inhalt der Handlung festlegt, so fragt sich: inwieweit kann der tatbestandliche Inhalt auf Körperbewegung und Regungslosigkeit bezogen werden? Hier wird wiederum die Scheidung der materialen von den formalen Tatbeständen bedeutsam.

1. Die material gefaßten Tatbestände haben ihren Schwerpunkt in dem Erfolge: in dem Resultat des Handelns, es bestehe in Verletzung eines Objekts, in Gefährdung eines solchen oder in anderen Erfolgen. Liegt nun der Schwerpunkt in dem Resultat des Handelns, so ist klar, daß jedes irgendwie geartete Handeln, das in das Resultat ausläuft, dem Tatbestande genügt. Liegt das Resultat vor und ist es dem Täter irgendwie in die Schuhe zu schieben, so ist der Tatbestand erfüllt. Dies gilt

a) für alle positiven Erfolge = Veränderungen der Außenwelt, wozu alle Verletzungen und Gefährdungen, sowie ein namhafter Teil der übrigen tatbestandlichen Erfolge (z. B. StGB. § 147 a. E.: Erfolg, daß sich die falschen Münzen im Inlande befinden) gehören. Tatbestände, die auf solche lauten, sind gegeben sowohl

α) wenn der Täter eine Köperbewegung vorgenommen hat, die den Erfolg kausiert hat; wie auch

β) wenn der Täter diejenige Körperbewegung nicht vorgenommen hat, die den Erfolg verhütet hätte, sei es, daß er

αα) andere (gleichgültige) Körperbewegungen statt jener vorgenommen oder

ββ) sich regungslos verhalten hat.

So hat z. B. „getötet“, wer durch einen Beilhieb den Tod herbeigeführt hat (α) — wer an einem Ertrinkenden vorübergegangen ist (β, αα) —, wer still, ohne ein Glied zu rühren, im Grase gelegen hat, während in dem benachbarten Flusse jemand ertrunken ist, den er hätte retten können (β, ββ). Das „Töten“ umfaßt das „Nichtretten“. Der Tatbestand ist hier schlechthin unempfindlich gegen eine verschiedene Behandlung; es liegt Tatbestandsidentität vor[1]), und nur die Frage nach der *Rechts*-*widrigkeit* harrt differenzierter Behandlung.

b) Nicht anders steht es bei negativen Erfolgen, auf die der Tatbestand lautet, bei Nichtveränderungen, die ein Tatbestandselement bilden. Wenn z. B. nach StGB. § 366^{5} strafbar ist, wer Tiere da und da *stehen läßt*, oder nach preuß. Feld- und Forstpolizeigesetz vom 1. April 1880, § 26^{3}, wer tote Tiere *liegen läßt*, so ist der Tatbestand erfüllt, wenn statt der Wegnahmehandlung eine andere Körperbewegung vorgenommen ist, gerade so wie wenn überhaupt keine Körperbewegung vorgenommen ist.

Es stehen sich eben *tatbestandlich* das Verursachen von Erfolgen und das Nichtverursachen ihres Gegenteils völlig gleich. Der Verbrechenstypus der materialen Delikte ist indifferent gegen die Scheidung in „Begehungs-" und „Unterlassungsdelikte", und erst recht steht hier das *volle* Unterlassen jeder Körperregung dem *aliquid* omittere bei einer Körperbewegung gleich.

2. Ganz anders liegt die Sache bei den Formaldelikten, sie seien Formaldelikte mit oder ohne Angriffscharakter. Hier lautet der Tatbestand ja nicht auf das post und propter actionem Eintretende, sondern direkt auf die Handlung selber.

a) Verlangt also der Tatbestand direkt eine bestimmt geartete *Körperbewegung*, so fällt eben nur diese unter ihn; es kann z. B. an Stelle des „Gehens über eine Brücke" nichts anderes substituiert werden. Der Tatbestand ist nur als Begehungstatbestand erfüllbar, und nur die Frage bleibt offen, ob die Körperbewegung eine eigene des Täters sein müsse oder auch die eines anderen sein könne (darüber unten VI).

b) Würde umgekehrt ein Tatbestand direkt volle Regungslosigkeit verlangen — ein Beispiel aus dem geltenden Rechte wird sich kaum erbringen lassen —, so wäre die Tat nur als absolutes Unterlassungsdelikt begehbar.

---

[1]) Es handelt sich nicht bloß um *Gleichbehandlung* des (z. B.) Nichtrettens mit dem Töten; solche Gleichbehandlung müßte an dem Verbot der Analogie — § 2 StGB. — scheitern. Sondern es handelt sich lediglich um ein tatbestandliches idem. Bei anderer Auffassung würde es an einem auf die Tat passenden Strafgesetz gebrechen.

c) Benennt endlich der Tatbestand eine bestimmte Nichtbewegung, so ist er — ähnlich wie bei den Materialdelikten — gegeben, sowohl wenn der Täter positiv gehandelt hat, indem er eine andere Bewegung vornahm, wie auch wenn er gänzlich in Ruhe verharrte. Hierher wäre z. B. StGB. § 360[10] zu stellen: der von der Polizei bei einem Unglücksfall zur Hilfe Aufgeforderte ist strafbar sowohl bei positivem Tun: wenn er z. B. statt zu helfen seinen Acker bestellt; wie auch bei völliger Regungslosigkeit.

Paßt der Tatbestand auf ein „Unterlassen" (sei es im Sinne voller Regungslosigkeit, sei es im Sinne von Körperbewegung unter Unterlassung einer anderen Körperbewegung) nicht, so ist selbstverständlich der Verbrechenscharakter der Tat verneint. Paßt er dagegen, so taucht, wie immer nach Erledigung der Frage nach dem Verbrechenstypus, nunmehr die Rechtswidrigkeitsfrage auf. Denn selbstverständlich kann die Unterlassung, sie sei reine Untätigkeit, sie sei Andershandeln, zum Verbrechen nur dann gestempelt werden, wenn sie nicht bloß tatbestandsmäßig, sondern auch rechtswidrig war. Hier mündet die Erörterung in die hergebrachten Bahnen ein, denen zu folgen indes an dieser Stelle kein Anlaß vorliegt: kam es doch hier nur darauf an, die Toleranz oder Intoleranz der Tatbestände gegen positives und negatives Handeln ans Licht zu ziehen [1]).

Im übrigen sei nur noch hervorgehoben, daß ein Irrtum über die Voraussetzungen, aus denen sich die Verpflichtung zum Handeln ergab, natürlich ein Rechtswidrigkeitsirrtum ist und nicht

---

[1]) Es sei nur kurz bemerkt, daß es darauf ankommt, ob eine das Handeln befehlende Norm nachweisbar ist (Handlungsnorm im Gegensatz zur Unterlassungsnorm, Binding, Normen I² 108). Hier wird bedeutsam, ob sich die Norm erst indirekt daraus erschließt, daß ein Handlungsresultat als solches gemißbilligt erscheint, oder ob das Verhalten direkt im Recht für unstatthaft erklärt ist (vgl. oben S. 172). Im ersteren Falle läßt sich grundsätzlich nur eine Norm, die die Unterlassung der Verursachung gebietet, herauslesen, und eine Handlungsnorm nur soweit der Betreffende zuvor die Sachlage in die Hand genommen hatte. Im zweiten Falle ergibt die Einzelinterpretation das Nötige. Jedenfalls kann aber keine Rede davon sein, daß etwa die Rechtswidrigkeit grundsätzlich gegeben und nur insoweit ausgeschlossen wäre, als Unrechtsausschlußgründe nachweisbar sind, vgl. oben S. 164.

nach § 59 StGB. zu behandeln ist; daß dagegen ein etwaiger Irrtum über die Positivität oder Negativität des Verhaltens bei den Tatbeständen, die gegen die Unterscheidung unempfindlich sind, unerheblich, bei den übrigen dagegen nach § 59 StGB. vorsatzausschließend ist.

Es zeigt sich somit, daß positive Handlung und Unterlassung keinen einschneidenden Unterschied in der Begehungsart bedeuten. Wohl zerfallen die Tatbestände selber in drei Klassen:

1. streng kommissivische, nur erfüllbar durch bestimmt geartete Körperbewegung;
2. omissivische, nur erfüllbar durch Regungslosigkeit oder Falschhandeln.
3. kommissivische im weiteren Sinne, erfüllbar durch Regungslosigkeit oder Körperbewegung.

Aber eigentliche „Begehungsformen“ [1]) sind Handlung und Unterlassung deshalb nicht, weil da, wo sie überhaupt beide in Frage kommen (Klasse 3), keine Verschiedenartigkeit der Rechtsfolgen eintritt, sondern Unterlassung ebensogut Tatbestandsverwirklichung sein kann wie Handlung.

IV. Eine weitere Schichtung der Tatbestände ergibt sich aus ihrer Verschiedenheit im Punkte des zur Erreichung des tatbestandsmäßigen Erfolges angewandten Mittels, oder richtiger des dazu gewählten kausalen Weges. Natürlich scheiden hier die Formaldelikte von vornherein aus. Innerhalb der Materialdelikte — sie seien Delikte mit Verletzungs- oder Gefährdungstatbestand, oben S. 210, 1a, b, oder Delikte mit sonstigem Erfolge, oben S. 211, 2b — aber tritt

1. eine Gruppe mit „gesetzlich (richtiger tatbestandlich) geschlossenen Mitteln“ auf [2]): ohne das tatbestandlich erforderte Mittel liegt der Verbrechenstypus nicht vor [3]).

---

[1]) So Finger, Lehrbuch §§ 52 ff.

[2]) Binding, Grdr. 1^6 § 45 II.

[3]) Binding a. a. O. bringt die „gesetzlich geschlossenen Mittel“ mit der Norm in Verbindung, so daß ihm der Gebrauch eines tatbestandlich nicht genannten Mittels nicht normwidrig erscheint. Mit Rücksicht auf die gebotene strenge Scheidung zwischen Tatbestandlichkeit und Rechtswidrigkeit (oben S. 145 ff.) muß demgegenüber betont werden, daß die tatbestandliche

2. Die große Masse der Tatbestände geben aber kein Mittel zur Erreichung des Erfolges an, wie z. B. der Tötungstatbestand. Hier genügt natürlich jedes Mittel, die Art und Weise der Kausalität ist gleichgültig. Nur ist dem Gesetze nicht die Unvernunft zu unterstellen, daß er unter „Herbeiführung des Erfolges" auch die Anwendung solcher Mittel versteht, die überhaupt absolut ungeeignet sind, den Erfolg herbeizuführen, denn kann man auch unter „Herbeiführung des Erfolges" Handlungen als teilweise Verwirklichung dieses Begriffs subsumieren, die den Erfolg zwar nicht erreichten, aber auf dem Wege nach ihm hin waren, so kann man doch niemals das kontradiktorische Gegenteil der Erfolgsherbeiführung — und das ist die Anwendung absolut ungeeigneter Mittel — dem Begriff „Erfolgsherbeiführung" unterstellen. Das Anwenden lebenfördernder und gesundheitsstärkender Mittel ist niemals unter „Tötungshandlung" subsumierbar. Jedem Materialtatbestande ist also die Anwendung von nicht absolut ungeeigneten Mitteln notwendig zu subintelligieren. Die Konsequenzen zeigen sich in der Lehre vom untauglichen Versuch, vgl. unten § 33.

V. Wiederum eine andere Einteilung der Tatbestände ergibt sich daraus, daß

1. eine Anzahl von Tatbeständen, um voll vorzuliegen, eine Mehrheit von Akten erfordern, so daß sich der Deliktstypus aus diesen mehreren Akten zusammensetzt, wie es bei der Urkundenfälschung der Fall ist — „zusammengesetzte Verbrechen"; während

2. der Rest die Möglichkeit der Vollbegehung durch einen Akt eröffnet — unzusammengesetzte, einfache Verbrechen.

Der besonderen Behandlung bedürfen die zusammengesetzten Delikte

a) wegen ihres Gegensatzes gegen die Tatbestände mit Vorereignis (unten § 24): bei ihnen stellt schon der erste Akt einen „Anfang der Ausführung" dar, während bei den Tat-

---

Untauglichkeit des Mittels keineswegs Mangel der Rechtswidrigkeit bedeutet, sowie auch umgekehrt trotz tatbestandlicher Tauglichkeit des Mittels die Rechtswidrigkeit fehlen kann.

beständen mit Vorereignis dieses letztere keinen Versuch ausmacht;

b) das zusammengesetzte Delikt ist erst mit dem zweiten Akte vollendet;

c) zum Vorsatz gehört, daß schon bei Vornahme des ersten Akts ein auch auf den zweiten gerichteter Vorsatz vorliegen muß.

Übrigens heben sich aus den Tatbeständen der Gruppe 2 solche heraus, die zweiaktig sein können — potentiell zweiaktige Verbrechen. Ihr Gegensatz gegen Gruppe 1 besteht darin, daß die zu letzterer gehörigen Tatbestände notwendig zweiaktig sind. Potentiell zweiaktig ist z. B. der Raub: Gewaltübung und Wegnahme können in zwei Akte auseinanderfallen, sie müssen es aber nicht (z. B.: Wegreißung der Sache aus den widerstrebenden Fingern ist uno actu beides). Gleichermaßen gehört hierher der Raub mit Marterung; die Marterung kann in der Wegnahmehandlung liegen, aber auch nebenher laufen [1]).

Praktisch bedeutsam ist die Scheidung zwischen den potentiell und den notwendig zweiaktigen Verbrechen um deswillen, weil bei diesen die mehreren Akte wohlgeordnet hintereinander stehen, während bei jenen je nach Verschiedenheit der Fälle der eine Akt den anderen begleiten, sich in ihn hineinschieben, ihm vorausgehen oder nachfolgen muß oder kann. Je nachdem gestaltet sich auch der Vorsatz verschieden.

VI. Auf tatbestandlichem Gebiete liegt auch die Verschiedenheit der Verbrechen je nach Simplizität oder Duplizität des tatbestandsmäßigen Erfolges. Die große Masse der Tatbestände, soweit sie Erfolgsdelikte involvieren, benennt einen Erfolg als den tatbestandlichen, so daß mit ihm das Delikt als vollendetes perfekt ist. Aber es gibt auch Tatbestände, die im Punkte des

---

[1]) Nicht hierher gehört die Kuppelei nach StGB. § 180: Die „Vermittelung" und die „Gewährung oder Verschaffung von Gelegenheit" kommen gegenüber der „Vorschubleistung für Unzucht" nicht als zwei Akte, auch nicht als potentielle Aktszweiheit in Frage, sondern es muß bereits in der Vermittelung bezw. in der Gewährung oder Verschaffung von Gelegenheit die Vorschubleistung liegen; letztere tritt nur als tatbestandsmäßiger Erfolg der Vermittelungs-u. s. w.-handlung zur Seite.

Erfolges zusammengesetzt sind, so daß zwei (oder mehr) Erfolge zur vollen Tatbestandserfüllung entweder notwendig sind oder doch beide — es sei einzeln oder zusammengenommen — den Tatbestand ausmachen können.

1. Ein Tatbestand mit begrifflich notwendiger Erfolgemehrheit ist z. B. der des Betrugs: er liegt vollendet nur vor, wenn der Doppelerfolg der Irrtumserregung und der Vermögensbeschädigung eingetreten ist.

Hier ist einerseits schon die Herbeiführung des ersten Erfolges Tatbestandsstück, also Versuch (sogar schon der Anfang der Herbeiführung ist Versuch); andererseits muß aber der Vorsatz beim Handeln auf beide Erfolge gerichtet sein.

2. Wo der tatbestandsmäßige Erfolg in einem Ereignis besteht, da fällt der sich daran anschließende Zustand jenseit des Tatbestandes in dessen Nachzone hinein (unten § 24); mit dem Ereignis ist das Verbrechen abgeschlossen.

Anders bei den Tatbeständen, die auf einen Zustand lauten, wie z. B. der auf Unfreiheit lautende Tatbestand der Freiheitsberaubung. Hier sind bei Lichte besehen zwei Erfolge gleichwertig im Tatbestande eingeschlossen, nämlich der Eintritt des den Zustand begründenden Ereignisses und die Fortdauer des Zustandes. Das bedeutet, daß das Delikt sowohl in der Herbeiführung des Zustandes wie in dessen Aufrechterhaltung bestehen kann, und daß auch der Doppelerfolg: Herbeiführung und Fortführung den Tatbestand in uno erfüllt.

Daraus ergibt sich namentlich auch, daß die beiden Erfolge miteinander derart kombiniert auftreten können, daß Herbeiführung und Festhaltung des Zustandes ein Ganzes ausmachen können. Besonders häufig wird diese Kombination in der Weise vorliegen, daß sich die Unterlassung der Zustandsbeseitigung an die positive Herbeiführungshandlung anschließt. Da ferner die Zustandsfesthaltung noch tatbestandlichen Charakter hat, so ist auch an ihr noch Teilnahme möglich.

Man spricht hier gewöhnlich von „Dauer"delikten und stellt die „Zustandsdelikte" als diejenigen in Gegensatz, bei denen der erzeugte Zustand nicht mehr zum Tatbestande gehört. Man verhehlt sich aber dabei gewöhnlich nicht, daß die Aufstellung dieses Zustanddeliktsbegriffs keinen rechten Zweck hat[1]). Eigentlich sollte man aber gerade die „Dauerdelikte" „Zustandsdelikte" nennen! Dies umsomehr, als der Ausdruck „Dauerdelikt" auf eine längere Dauer der tatbestandlichen Handlung hinweist, und für Heraushebung der länger andauernden Handlungen schwerlich ein Bedürfnis besteht, da es sich dabei nur um eine zeitlich-quantitative Scheidung ohne einschneidende Folgen handelt.

VII. Unempfindlich sind dagegen die Tatbestände in der Regel gegen die Zahl der Handlungen, die im konkreten Falle eine einzige Tatbestandsverwirklichung ausmachen. Jeder Tatbestand ist der einmaligen Verwirklichung durch eine Mehrzahl zusammengehöriger (unselbständiger) Handlungen ebenso fähig, wie der einmaligen Vollverwirklichung durch eine einzige Handlung. Dies gilt selbst für die notwendig zweiaktigen Verbrechen: auch sie können in mittelbarer Täterschaft durch eine Handlung begangen sein, so, daß die Zweiaktigkeit erst bei dem als Werkzeug benützten Menschen zum Vorschein kommt.

Nur insofern sind die Tatbestände im Hinblick auf die Zahl der zusammenzuschließenden Handlungen verschieden gefaßt, als die Fälle der sog. „gesetzlichen Einheit" die tatbestandliche Besonderheit haben, daß sie selber auf eine Mehrheit von unselbständigen Handlungen hindeuten. Regelmäßig sind nämlich die Tatbestände daraufhin zugeschnitten, daß jede Handlung, die eine Vollverwirklichung des Tatbestands darstellt, auch „selbständig" anderen Vollverwirklichungshandlungen desselben Täters gegenübersteht. Damit ist nun zwar keineswegs gesagt, daß jede Vollverwirklichung auch notwendig „selbständig" behandelt werden müsse (man denke an den fortgesetzten Diebstahl); wohl aber bedarf es hier besonderer Gründe, um einen Zusammenschluß zur Einheit vorzunehmen.

Demgegenüber ist in den Fällen der „gesetzlichen Einheit", d. i. da, wo schon der Tatbestand eine Mehrheit von Handlungen ins Auge faßt — „Zweikampf", „unzüchtigen Handlungen" —, die Zusammenfassung zur Einheit als Regel gedacht. Nicht,

---

[1]) Über die wirklich gebotene Berücksichtigung der nachtatbestandlichen Zustände s. unten § 24.

als ob hier nicht auch schon eine Handlung genügte. Wohl aber so, daß es hier bei Vorliegen mehrerer Handlungen besonderer Gründe bedarf, um die Zusammenfassung nicht vorzunehmen.

Soll man eine Definition der „gesetzlichen Einheit“ geben, so kann man sagen: sie ist die kollektivische Fassung von Tatbestandselementen. Eine solche kann Platz greifen sowohl bei substantivischen Elementen im Tatbestande und äußert sich dann regelmäßig durch den Plural („unzüchtige Handlungen“) oder durch ein Sammelwort („Geld“); wie auch bei verbalen Elementen („Gehen“, z. B. über eine Brücke — Zahl der Schritte gleichgültig).

Den Gegensatz bildet die singularische Fassung von Tatbestandselementen.

VIII. Fungibilität und Nichtfungibilität bei den Tatbestandselementen.

Regelmäßig sind die Tatbestände derart weit gefaßt, daß jedes ihrer Elemente durch eine Vielzahl einander gleichwertiger Lebenskonkreta repräsentiert werden kann, so daß diese nur als vertauschbare, vertretbare, fungible Exemplare des betreffenden Begriffs erscheinen. Wenn z. B. die Tötungsdelikte von der Tötung „eines Menschen“ sprechen, so ist ein Mensch dem anderen gleichwertig; und wenn hier der Tod eines Menschen als tatbestandsmäßiger Erfolg erscheint, so ist diesem Merkmal sowohl durch den am 5., wie durch den am 20. Januar erfolgten Tod eines Menschen genügt. Um den Tatbestand als solchen für vorliegend zu erkennen, bilden also die konkreten Eigenheiten des Falles nur den Durchgangspunkt. Die Feststellung, daß eine Tatbestandsverwirklichung vorliege, bedarf ihrer nicht[1]).

---

[1]) Soweit es sich dabei um den Erfolg handelt, ist also nur die „Erfolgskategorie“ (Tod eines Menschen u. s. w.), nicht der „konkrete Erfolg“ wesentlich. Indessen bedeutet das nicht, daß der konkrete Erfolg juristisch überhaupt keine Rolle spielte. Mit ihm ist namentlich in der Kausalitätslehre zu arbeiten. Gilt es nämlich, festzustellen, ob ein Antezedens Bedingung — conditio sine qua non — des Erfolges war, so heißt das soviel wie: ob sie Bedingung eben dieses Erfolges war. Ein Antezedens hat die Bedingungseigenschaft nicht nur dann, wenn ohne es die Erfolgskategorie überhaupt entfiele, sondern auch dann, wenn ohne es ein wesentlich anderer konkreter Erfolg derselben Kategorie eingetreten wäre. Hat ein

Vereinzelt finden sich jedoch auch in den Tatbeständen Elemente, die eine Subsumtion verschiedener Exemplare unter sich nicht vertragen, sondern unvertretbar sind. Hierher gehört z. B. „der Kaiser" in StGB. §§ 80, 94. Auch lokal bedeutsame Strafgesetze enthalten oft solche streng individuelle Momente, indem sie z. B. lediglich das Radfahren auf einer bestimmten Straße bestrafen u. s. w.

Den Konsequenzen, die sich in den Fungibilitätsfällen für den Vorsatz u. s. w. ergeben, ist unten nachzugehen [1].

IX. Stellt man die Inhalte der verschiedenen Tatbestände vergleichend nebeneinander, so begegnet es, daß bisweilen ein und dasselbe Element von mehreren Tatbeständen verwertet wird. So findet sich z. B. die „Drohung" in den Tatbeständen der §§ 240, 241, 249 StGB. u. s. w. Es kann auch sein, daß ein Typus das Element x, ein zweiter das Element y, ein dritter endlich das aus x und y bestehende Element z verwertet (z. B. „Tätlichkeit" — z — = Körperverletzung — x — + tätliche Beleidigung — y) [2].

Wilderer einen am Bergabhang schlummernden Jäger durch einen hinabgewälzten Stein getötet, so hat er selbstverständlich eine Bedingung zum Tode gesetzt, mag auch etwa eine Minute später ein Steinfall niedergehen, der auch dann niedergegangen wäre, wenn der Wilderer hinweggedacht würde, und den Jäger verschütten. Der Tod des Jägers um 4.06 Uhr durch den von dem Wilderer gewälzten Stein und der hypothetische Tod des Jägers um 4.07 Uhr durch die Steinlawine sind zwar nur Exemplare der Kategorie „Tod eines Menschen", aber das „hypothetische Eliminationsverfahren" muß den Tod Nr. 2 als ein wesentlich anderes Exemplar außer Ansatz lassen. Sonst könnte ja schließlich niemand als Mörder bestraft werden, er könnte stets sagen: Mag man auch mein Handeln hinwegdenken — gestorben wäre der X doch einmal. Vgl. hierzu Träger, Kausalbegriff 42 ff., 125 ff. Diese Beachtlichkeit des konkreten Erfolges für die Verursachungsfrage steht keineswegs im Widerspruch zu dem im Text entwickelten Prinzip. Die Frage der Verursachung ist eine solche des konkreten Verbrechensfalles. Ebenso wie man den konkreten Vorgang braucht, um festzustellen: es liegt der — nunmehr abstrakt zu fassende — tatbestandsmäßige Erfolg „Tod eines Menschen" u. s. w. vor, ebenso braucht man die konkrete Sachlage, um dann abstrakt festzustellen: es liegt „Tötung durch den Täter" vor.

[1]) § 32.

[2]) Köhler, Grenzlinien 142, spricht hier im Anschluß an Binding von „zusammengesetzten Delikten". Indessen paßt diese Bezeichnung offenbar nicht. Als zusammengesetzt erscheint hier nur der begriffliche Inhalt

Besondere juristische Konsequenzen entfließen aber hieraus nicht; ja es ist sogar erst durch Auslegung zu ermitteln, ob gleichnamige Elemente wirklich überall in demselben Sinne gemeint sind. Möglich ist nur, daß die Gemeinsamkeit des einen Elements die beiden Tatbestände in das Verhältnis des Gattungsbegriffs zum Unterbegriff bringt; aber auch das ist nur dann der Fall, wenn das Gemeinsame den einen Tatbestand voll ausmacht, so daß der andere Typus nur ein weiteres Element hinzufügt[1]).

§ 22.

F. Die persönlichen Beziehungen des Tatbestandes.

I. In Beziehung zu einer Person treten zahlreiche Tatbestände zunächst insofern, als sie ein Verhalten gegen eine Person oder gegenüber, bei oder vermittelst einer (nicht selbst täterisch beteiligten) Person oder in Gegenwart einer Person oder in Hervorrufung einer Wirkung (z. B. eines Ärgernisses) in einer Person erfordern. Hierüber ist nichts Allgemeineres zu sagen; es bleibt nur das oben in der Lehre vom Tatbestandsinhalt Gesagte zu beachten.

II. Die hauptsächlichste persönliche Beziehung des Tatbestandes ist aber die zu dem Subjekt der Tatbestandserfüllung, zu dem Täter selber[2]). Hier erhebt sich nun die wichtige Frage: In welchem Umfange, d. h. mit welchem seiner Elemente, muß der Tatbestand, um auf den Täter anwendbar zu sein, in dessen eigener Person erfüllt sein? Und umgekehrt: In welchem Umfange sind Tatbestandselemente von der Person des Täters ablösbar? Anders ausgedrückt: Welche Tatbestandselemente sind höchstpersönlicher Natur und welche sind übertragbar? Beispielsweise: Begeht A ein strafbares „Gehen über eine Brücke",

---

eines Tatbestandselements, und auch er nur relativ: im Vergleich mit anderen Tatbeständen; der Typus selber ist ein ganz geschlossener. Vgl. dazu oben S. 59, 228.

[1]) Vgl. unten § 26.

[2]) Hierbei soll im folgenden nur die Beziehung zu dem Haupttäter ins Auge gefaßt werden. Die Persönlichkeitserfordernisse hinsichtlich der Teilnehmer finden unten in §§ 47 ff. ihre Darstellung.

wenn er den geisteskranken B über die Brücke sendet — oder nur, wenn er selber darüber geht? Begeht A eine Sachbeschädigung oder eine Unterschlagung, wenn er den geisteskranken B zum Zerstören bezw. Behalten einer Sache veranlaßt — oder nur, wenn er selber die Sache zerstört oder behält?

Ein Fehler ist in der Beantwortung dieser Frage vor allem zu vermeiden: die Zusammenwerfung der Frage nach der Höchstpersönlichkeit des Tatbestandes mit der Frage nach der Höchstpersönlichkeit der übrigen Verbrechenselemente.

α) Die Handlung, die als Verbrechen behandelt werden soll, kann natürlich nur eine eigene Handlung des Täters sein. In einer Handlung des A kann niemals ein Verbrechen des B bestehen [1]).

β) Ebenso kann auch die Rechtswidrigkeit nicht anders als höchstpersönlich sein. Nur derjenige kann Verbrecher genannt werden, der selber im Unrecht war mit seinem Handeln.

γ) Auch die Schuld ist heutzutage unübertragbar; es gibt keine Strafhaftung für fremdes Verschulden. Der Täter muß selber in dolo oder in culpa gewesen sein, und ebenso muß er selber bei den Absichtsdelikten die gesetzlich erforderte Absicht gehabt haben [2]).

δ) Hinsichtlich der Strafdrohungsbedingungen ergibt sich aus ihrer spezifischen Fassung ohne weiteres, inwieweit sie höchstpersönlichen Charakters sind. Es scheiden sich deutlich solche, die überhaupt keine persönliche Beziehung zu dem Täter haben (wie z. B. der Tod eines Menschen beim Raufhandel); und solche, die in der Person des Handelnden vorliegen müssen (z. B. Nichtvorliegen eines Notstands, Konkurseröffnung bei Bankerutt). In letzteren Fällen ist selbstverständlich die Strafdrohungsbedingung nicht erfüllt (das Verbrechen also nicht gegeben), wenn die Be-

---

[1]) Wohl aber kann natürlich eine Handlung des B ergänzt durch das Handeln des A ein Verbrechen darstellen.

[2]) Und zwar genau die im Gesetz erforderte Absicht: so bei Diebstahl die Absicht, sich (sibi ipsi) die Sache rechtswidrig zuzueignen. Wer durch einen Geisteskranken eine fremde bewegliche Sache in der Absicht wegnehmen läßt, sie dem Geisteskranken rechtswidrig zuzueignen, ist kein Dieb, es wäre denn, daß, was quaestio facti, die an den Geisteskranken adressierte Zueignung auch als Eigenzueignung erscheint.

dingung nur in der Person eines als Werkzeug benützten Menschen vorliegt.

ε) Daß endlich die „persönlichen Strafbarkeitsbedingungen" höchstpersönlich gemeint sind, ist ohne weiteres klar.

Von allen diesen Fragen durchaus getrennt zu halten ist die andere, welche Tatbestandselemente bei der Person des Täters vorliegen müssen, damit man von ihm aussagen könne, er habe eine tatbestandsmäßige Handlung begangen. In dieser Hinsicht macht sich ein bemerkenswerter Unterschied zwischen den Formaldelikten und den Materialdelikten geltend.

1. Die Tatbestände der Formaldelikte umreißen das Handeln lediglich so, daß dieses in ein gewisses Milieu hineingebracht wird[1]). Dieses Milieu ist selber natürlich nichts Persönliches; aber die Handlung muß selber in diesem Milieu drin stehen, um tatbestandsmäßig zu sein. Daraus ergibt sich der wichtige Satz: die Tatbestände der Formaldelikte sind durchaus unübertragbar, d. h. in mittelbarer Täterschaft nicht begehbar. So kann wegen „Gehens über eine Brücke" nur bestraft werden, wer selber über die Brücke gegangen ist. Wer ein 4jähriges Kind oder einen Geisteskranken über die Brücke geschickt hat, auf den paßt der Tatbestand ebensowenig wie auf denjenigen, der ein Pferd über die Brücke hat laufen lassen. Das erweist zur Evidenz die Unmöglichkeit der Anklageformel: Man kann ihn eben nicht anklagen, „über die Brücke gegangen zu sein"[2]).

2. Anders steht es bei den Materialdelikten. Der Schwerpunkt des Tatbestandes liegt bei ihnen in dem Erfolge, die Handlung kommt wesentlich nur als dessen Quelle in Betracht. Deshalb ist prinzipiell alles Tatbestandliche, was hinter der Handlung liegt, übertragbar. Der Tatbestand braucht nicht auf die eigene Körperbewegung des Täters unmittelbar zu passen; wie viel oder wie wenig er in eigener Person zur Tatbestandsverwirklichung beigetragen hat, ist unwesentlich. Deshalb kann sehr wohl zwischen

---

[1]) Oben S. 204.

[2]) Nur da wird es sich bei den Formaldelikten anders verhalten, wenn sie verkappte Materialdelikte sind, d. h. wenn eine inkonzinne Ausdrucksweise des Gesetzes vorliegt, und es sich in Wahrheit um Herbeiführung von Erfolgen handelt.

Handlung und Erfolg das Handeln eines als Werkzeug benützten Menschen inmitten liegen, die Erfolgsherbeiführung durch letzteren kann dem Täter, wofern er nur Urheber des Handelns der Mittelsperson war, als seine Tatbestandsverwirklichung zugerechnet werden, die Tatbestandsverwirklichung braucht keine höchstpersönliche zu sein. Wer durch einen Geisteskranken eine fremde Sache zerstören läßt, hat im Sinne des Strafrechts „eine fremde Sache zerstört"; das sachzerstörliche Verhalten des Geisteskranken ist, weil von ihm veranlaßt, *seine* Sachbeschädigung.

Zu beachten bleibt hier nur zweierlei:

α) Es gibt tatbestandsmäßige Erfolge, die in der Herstellung *eines persönlichen Verhältnisses des Täters selber* zu der entstandenen Sachlage bestehen oder wenigstens *außer anderem* die Herstellung eines solchen persönlichen Verhältnisses erfordern. Bei solchen Tatbeständen liegt das Delikt nicht vor, wenn das betreffende persönliche Verhältnis nur in der Person eines Dritten, insbesondere des als Werkzeug benützten Menschen gegeben ist.

Hierher gehört der Tatbestand des Diebstahls. Nach der gewöhnlichen Auslegung heißt „wegnehmen" die Brechung des Gewahrsams des anderen *und* Herstellung *eigenen* Gewahrsams = Gewahrsams des Täters. Der Besitz erscheint als höchstpersönliches Element. Wiewohl nun der Täter zweifellos Diebstahl auch durch einen Geisteskranken begehen kann, ist doch die Wegnahme, wenn man dieser Auslegung folgt, nur gegeben, wenn der Täter selber die Sache überkommt. Bewirkt er nur, daß der Geisteskranke die Sache nunmehr hat, so liegt Diebstahl nicht vor (anders natürlich, wenn der Gewahrsam des Geisteskranken zugleich eigener Gewahrsam des Täters ist).

Ähnlich verhält es sich bei der Unterschlagung; sie besteht darin, daß der Täter *sich* = sibi ipsi die Sache zueignet. Das Ergebnis der Tat muß also die eigentumsgleiche Herrschaft des Täters sein; wer nur einen Geisteskranken in die eigentumsgleiche Position verbringt, fällt tatbestandlich nicht unter § 246 StGB. [1]).

---

[1]) Eine andere Frage ist die, ob jemand Sachen unterschlagen kann, die *ein Dritter in Besitz hat.* Diese Frage verneint das RGer., E. 37 199.

β) Weiter aber ist nicht außer acht zu lassen, daß auch bei den materialen Tatbeständen Elemente vorkommen können, die sich nicht als von der Handlung abgelöste Stücke, sondern als das für relevant erklärte Milieu der Handlung selber charakterisieren, ganz wie es bei den Formaldelikten der Fall ist. Solche Tatbestandsstücke sind, ganz wie die Tatbestände der Formaldelikte, höchstpersönlich, unübertragbar, ihr Vorliegen bei der Mittelsperson genügt also nicht.

Ein Beispiel bietet der Einsteigediebstahl. Er empfängt sein besonderes Gepräge durch die erhöhte Gefahr, die beim Einsteigen gegeben ist. Diese aber ist nur da zu bejahen, wo eben der Dieb selber eingestiegen ist. Wer lediglich einen anderen, der nicht selber „Dieb" ist, weil er z. B. nicht zurechnungsfähig ist u. s. w., in das Gebäude einsteigen läßt, ruft die typische Gefahr nicht hervor. Das Einsteigen ist also die Handlung selber, die sich räumlich in einem bestimmten Milieu vollzieht, sie kommt nicht als „Erfolg" in Betracht. Folglich genügt es nicht, daß das Werkzeug eingestiegen ist, so wenig wie ein Einsteigediebstahl vorläge, wenn der Diebstahl durch einen in das Haus entsandten, gut dressierten Hund ausgeführt würde.

Aufgabe der Auslegung ist es, die Tatbestandselemente, die das Handlungsmilieu bedeuten, streng zu sondern von denjenigen, die Erfolgscharakter haben. Einen Fingerzeig wird dabei abgeben, ob man den Tatbestand in Bezug auf das betreffende Moment passivisch, impersonell, fassen kann, oder ob es sich lediglich aktivisch,

---

Folgt man dieser Auffassung, so erscheint also das Inbesitzhaben ebenfalls als ein höchstpersönliches Unterschlagungselement. Indessen dürfte damit der Passus des § 246

eine . . . Sache, „die er in Besitz u. s. w. hat",

zu eng ausgelegt sein. Wenigstens scheinen immer noch die Gründe stichhaltig zu sein, die zu einer negativischen Auslegung dieses Passus im Sinne von

eine Sache, die er nicht durch Diebsgriff erlangt hat,

führen; m. a. W. es bedarf überhaupt nicht der Feststellung, daß der Täter die Sache zur Zeit der Zueignung hatte (deshalb Möglichkeit der Subsumtion der Fundunterschlagung unter § 246!). Ist dies aber richtig, so genügt natürlich auch das Haben eines Dritten, d. h. es kann auch an der im Besitz eines Dritten befindlichen Sache Unterschlagung begangen werden. Ist der Besitz bei der Unterschlagung überhaupt kein Tatbestandselement, so ist er erst recht kein höchstpersönliches.

personell, fassen läßt; beim Einsteigediebstahl z. B. liegt ja auf der Hand, daß man ihn nur bejahen kann, wenn der Dieb „einsteigt", nicht, wenn „eingestiegen wird"; nicht daß sich ein Mensch in dem Raume befindet, ist das (als Erfolg) Maßgebende, sondern daß gerade der Täter persönlich den Raum durch Einsteigen betreten hat.

3. Als ein ganz besonders höchstpersönliches Element des Tatbestandes erscheint die Zugehörigkeit des Täters zu einer bestimmten Personenklasse, die von manchen Verbrechenstypen gefordert wird: die Zugehörigkeit zu der Klasse der Beamten in §§ 331 ff., zur Klasse der Ausländer in § 296a, zur Klasse der Reisenden oder Schiffsleute in § 297 StGB. u. s. w. Hier heißt es: Si duo faciunt idem, non est idem. Es liegt auf der Hand, daß ein nicht zu dieser Klasse Gehöriger (ein extraneus) den betreffenden Tatbestand überhaupt nicht erfüllen kann, mit anderen Worten: dieses Persönlichkeitserfordernis ist unübertragbar, es genügt nicht, daß es in der Person des als Werkzeug benützten „unmittelbaren Täters" vorliegt. Gewiß können auch diese Tatbestände, soweit sie materiale sind, in mittelbarer Täterschaft begangen werden, nur die Personenklassenzugehörigkeit muß bei dem Täter selber gegeben sein (und braucht andererseits bei der Mittelsperson nicht gegeben zu sein); sonst läge ein „Mangel am Tatbestande" in personeller Hinsicht vor.

Konstruktiv ist die Trennung zwischen den übertragbaren und den höchstpersönlichen Tatbestandselementen von größter Bedeutung. Das Fehlen eines höchstpersönlichen Elements beim Täter bedeutet einen „Mangel am Tatbestand", der die sofortige Feststellung trägt, daß ein Verbrechen nicht vorliegt[1]).

Vollkommen getrennt zu halten von dem tatbestandlichen Requisit der Zugehörigkeit zu einer bestimmten Personenklasse sind die für die Rechtswidrigkeit geltenden Persönlichkeitserfordernisse. Wie immer, so ist auch in personeller Hinsicht ein Auseinanderfallen von Tatbestandlichkeit und Rechtswidrigkeit möglich:

α) Es kann sein, daß jemand wegen Nichtzugehörigkeit zu einer

[1]) Näheres unten § 33.

Personenklasse einen bestimmten Tatbestand nicht erfüllen kann, gleichwohl aber sein Handeln rechtswidrig ist. So ist die Unterschlagung, verübt von einem Nichtbeamten, rechtswidrig, aber dem Tatbestande des § 350 StGB. nicht subsumierbar; es wäre auch denkbar, daß ein Inländer, wenn er in deutschen Küstengewässern fischt, rechtswidrig handelte; aber wenn das auch der Fall wäre, würde er doch nicht dem Tatbestande des § 296a unterfallen.

β) Und umgekehrt ist es möglich, daß jemand einem (nicht persönlich gefärbten) Tatbestande unterfällt, aber doch wegen Zugehörigkeit zu einer bestimmten Personenklasse oder wegen Nichtzugehörigkeit zu der Klasse der Normadressaten nicht rechtswidrig handelt, weil er nicht normgebunden ist. So würde z. B. ein den § 127 II StPO. betätigender Polizeibeamter den Tatbestand des § 239 StGB. erfüllen, aber nicht rechtswidrig handeln. Ebenso würde ein Konkursschuldner, der keine Handelsbücher geführt hat, dem Tatbestande des § 240³ KO. unterfallen, nur würde er, wenn er kein Vollkaufmann war, nicht rechtswidrig gehandelt haben [1]).

Dies wird ferner besonders wichtig bei Stellvertretungsverhältnissen. In der Praxis begegnet es nicht selten, daß ein Angeklagter einen von ihm bestellten Stellvertreter als einzig Strafbaren bezeichnet, z. B. ein wegen Nichtsandstreuens bei Glätte im Winter oder wegen einer daraus hervorgegangenen Körperverletzung angeklagter Hauswirt sich darauf beruft, daß er einen Hausverwalter dazu bestellt habe, die polizeilichen Vorschriften zu beobachten. Hier spielt das Persönlichkeitsmoment nicht in die tatbestandliche Seite hinein, beide haben tatbestandlich unterlassen, wohl aber hängt von der Vorfrage, wen die Norm band, die

---

[1]) Der Wortlaut des § 240³ KO.:

„Schuldner, welche u. s. w., werden bestraft, wenn sie Handelsbücher zu führen unterlassen haben, deren Führung ihnen gesetzlich oblag" u. s. w.,

erweckt freilich den Anschein, als gehöre die Verpflichtung zur Buchführung zum Tatbestande des § 240³. Aber in Wahrheit ist der Passus „deren Führung ... oblag" nur der Hinweis auf das Rechtswidrigkeitsmoment. Der Tatbestand besteht schlechtweg in der Unterlassung der Buchführung. Vgl. oben S. 159 Anm. 1.

Rechtswidrigkeit ab; der eine durfte unterlassen, der andere durfte es nicht.

Die Sonderung zwischen Tatbestands- und Rechtswidrigkeitselementen tut auch in der Lehre vom „Sonderverbrechen" (delictum proprium)[1]) dringend not! Gewiß führt sowohl der Mangel eines tatbestandlichen Persönlichkeitserfordernisses gerade so zur Freisprechung wie der Mangel eines Norm-Persönlichkeitserfordernisses; aber die Trennung wird in der Lehre von der Teilnahme von unmittelbar praktischer Bedeutung[2]). Deshalb ist auch eine terminologische Sonderung der Sonderverbrechen erwünscht; vielleicht kann man das „tatbestandliche Sonderverbrechen" (das schon laut Tatbestand nur von Angehörigen bestimmter Klassen begangen werden kann) dem „Sondernormverbrechen" (bei dem tatbestandlich jedermann als Täter in Frage kommen kann, bei dem aber die Rechtswidrigkeit nur bei bestimmten Klassen von Personen gegeben ist) gegenüberstellen.

Auf der Hand liegt auch, daß die tatbestandlichen Persönlichkeitserfordernisse eine ganz andere Bedeutung haben als das Schuldrequisit. Gewiß kann man, sozusagen einen Querschnitt durch das Verbrechen machend, alle diejenigen Erfordernisse zusammenstellen, die in der Person des Verbrechers vorliegen müssen, damit er strafbar sei; man kann dann von dem „zur Verbrechensbegehung tauglichen Subjekt" sprechen[3]), und in diese Rubrik fallen dann promiscue die tatbestandlichen Persönlichkeitserfordernisse, die normmäßigen Persönlichkeitserfordernisse, die Schuld (und als ihre

---

[1]) Vgl. Nagler, Teilnahme am Sonderverbrechen (1903). In diesem Werke tritt die gebotene Sonderung des öfteren ganz richtig auf (vgl. z. B. S. 14 ff.). Doch fehlt es dabei, wie mir scheint, an der prinzipiellen Grundlegung; die personellen Schranken des Tatbestandes treten bei Nagler teils hinter den personellen Schranken der Norm zurück, teils gehen sie bei ihm in diesen auf (so geht § 1 des Werkes von den tatbestandlichen Schranken aus, während § 2, ohne den Gegensatz zu betonen, an die Normschranken anknüpft). Dabei schwebt dem Verfasser jedenfalls die bisher ja traditionelle Auffassung vor, als bedeute die tatbestandliche Vertypung nur eine Spezialisierung des Rechtswidrigkeitsmoments; vgl. z. B. S. 19, wo die Tatbestände lediglich als Widerspiegelung der Normen bezeichnet werden. S. dagegen oben S. 115 ff., 145 ff.

[2]) S. unten §§ 47 ff.

[3]) Ein solche Rubrik stellt z. B. Binding, Grundr. 1[6] 88—102, auf.

Unterlage die Zurechnungsfähigkeit), schließlich auch die personellen Strafdrohungsbedingungen und individuellen Strafausschließungsgründe wie die persönlichen Strafbarkeitserfordernisse im eigentlichen Sinne. Aber die Unterabteilungen dieser Rubrik rücken damit näher zusammen, als es dem Verständnis dienlich ist; gerade hinsichtlich der tatbestandlichen Tauglichkeit des Subjekts einerseits und der Zurechnungsfähigkeit andererseits tritt dies vielleicht am augenfälligsten hervor; es ist besser, sie nicht in einem Atemzuge zusammen zu nennen.

§ 23.

G. Räumliche und zeitliche Beziehungen des Tatbestandes.

I. Der Tatbestand selber als Ganzes kann nicht wohl räumlich und zeitlich lokalisiert werden. Ist er doch nur eine Abstraktion, eine Schablone, mittels deren eine konkrete Handlung in eine bestimmte Verbrechenskategorie einrubriziert werden soll — ein raum- und zeitloser Begriff. Lokalisierbar in Raum und Zeit ist nur das konkrete tatbestandliche Verhalten: die Tat selber, nicht der Tatbestand. Aus dieser Erkenntnis ergibt sich übrigens unmittelbar die Richtigkeit der Aufenthalts- und die Unrichtigkeit der Erfolgstheorieen, wie auch aller der Theorieen, die neben dem Ort und der Zeit des Handelns auch noch andere Orte und Zeitpunkte als Tatorte und Tatzeitpunkte behandeln wollen. Denn das Substantivum im Tatbegriff ist eben nur die Handlung; ihre Tatbestandlichkeit ist nur ein Adjektivum. Wo aber ein Ding sich befindet, kann natürlich nur substantivisch, nicht mit Rücksicht auf das Wirken seiner Eigenschaften bestimmt werden; denn Ort und Zeit sind Kategorieen für das Substantiv, über das etwas ausgesagt wird. Der blühende Lindenbaum steht da, und nur da, wo er selber ist, nicht da, wohin der Duft seiner Blüten dringt. Überdies ist ja oben gezeigt, daß ein Erfolg Teil des Tatbestandes nur sein kann, aber nicht sein muß: bei den Formaldelikten fehlt es an einem tatbestandsmäßigen Erfolge. Auf Ort und Zeit eines für den Verbrechensbegriff als Ganzes entbehrlichen Elements abzustellen geht aber nicht an.

II. Aber der Tatbestand kann recht wohl mit einzelnen seiner Elemente an Orts- und Zeitbeziehungen anknüpfen: es kommt vor, daß der Verbrechenstypus nur vorliegt, wenn eins oder das andere seiner Elemente eine bestimmte Raum- oder Zeitbeziehung aufweist. Die Regel ist das zwar nicht. Gewöhnlich ist dem Tatbestande genügt, ohne daß besondere örtliche und zeitliche Beziehungen mitsprechen. So ist der Tatbestand der Tötungsdelikte durch jede irgendwo und irgendwann erfolgte Tötung erfüllt. Der örtliche und zeitliche „Schauplatz" des Verbrechenstypus „Tötung" ist die weite Welt und die anfangs- und endlose Zeit. Gewissen Tatbeständen eignet aber ein beschränkter Schauplatz, so, daß außerhalb seiner die betreffende typische Handlung überhaupt nicht vorliegt und nicht vorliegen kann, eine außerhalb seiner vorgenommene Handlung atypisch ist; bestimmte Orte und bestimmte Zeiten bilden hier Bestandteile des Tatbestandes. So erheischt der Tatbestand des § 296a StGB. ein Fischen „in deutschen Küstengewässern", der des § 293 ein Jagen „in Wäldern", der des § 166 a. E. die Verübung beschimpfenden Unfugs „in einer Kirche oder an einem anderen zu religiösen Versammlungen bestimmten Orte" (entsprechend § 167), der des Robbenfanggesetzes vom 4. Dezember 1876 einen Robbenfang in bestimmten Meeresteilen, der des § 88 StGB. ein Waffentragen „während eines gegen das Deutsche Reich ausgebrochenen Krieges" u. s. w. Es wäre sehr fehlsam, diesen tatbestandlichen Schauplatz ohne weiteres mit Ort und Zeit der Tat zu identifizieren. Ort und Zeit der Tat, bedeutsam für das internationale Strafrecht und die Verjährung u. s. w., sind Epitheta des Verbrechens selber und keineswegs Elemente des Verbrechenstypus: die im Auslande begangene Tötung z. B. ist tatbestandlich genau gleichgelagert wie die im Inlande begangene. Hier dagegen handelt es sich um Tatbestandsstücke. Das ist insbesondere wegen des Vorsatzes nach § 59 StGB. wichtig: der tatbestandliche Schauplatz muß vom Vorsatz mitumfaßt sein, und andererseits kommt der tatbestandliche Schauplatz z. B. für das internationale Strafrecht schlechterdings nicht in Betracht: lautet der Tatbestand auf einen außerdeutschen Schauplatz, so ist die Tat doch nur in Gemäßheit der allgemeinen Regeln über den Tatort strafbar, also regelmäßig dann straflos, wenn der Tatort im Auslande war[1]). Und umgekehrt bedeutet die Inlandslokalisierung eines Tatbestandes nicht, daß der Tatort gleichgültig sein solle, vielmehr ist auch hier wieder das internationale Strafrecht unverkürzt zur Anwendung zu bringen. Es kann sehr wohl die Rechtsfigur vorkommen, daß jemand mittels Inlandstat einen Tatbestand mit ausländischem Schauplatz, ebenso, daß jemand mittels Auslandstat einen Tatbestand mit inländischem Schauplatz erfüllt hat.

Welches tatbestandliche Element den im Tatbestande erforderten Schauplatz aufweisen muß, ist nicht generell bestimmbar. Die Auslegung des Tatbestandes kann vielmehr ergeben

a) daß als Schauplatz der Ort und die Zeit der Körperbewegung (Regungslosigkeit) gemeint ist. So hat bekanntlich das Reichsgericht[2]) das „Jagen in Wäldern" in § 293 StGB. dahin gedeutet, daß es auf den Standort des Jägers ankommt, und dieser Interpretation ist beizupflichten. In den hierher gehörigen Fällen treffen sich Schauplatz und Begehungsort derart, daß entweder beide identisch sind, oder der Schauplatz ein Teil des Begehungsorts, oder der Begehungsort ein Teil des Schauplatzes ist, je nachdem, ob der eine oder andere ein größeres Gebiet, auf das es ankommt, umfaßt.

b) Es kann aber auch sein, daß die örtliche oder zeitliche tatbestandliche Beziehung bei einem anderen Stück des Tatbestandes vorliegen muß. So muß z. B. das Fischen „in deutschen Küstengewässern" in § 296a StGB. offenbar als ein Fischen *aus* deutschen Küstengewässern aufgefaßt werden = es muß sich um Fische handeln, die sich in deutschem Küstengewässer befinden. Der Tatbestand ist also erfüllt, auch wenn sich der Täter nicht dort aufhält, er ist andererseits nicht erfüllt, wenn der Täter von deutschem Küstengewässer aus Fische aus der offenen See gefangen hat. Ebenso ist die Verübung beschimpfenden Unfugs „in einer Kirche" — § 166 StGB. — zu deuten als eine Beschimpfung

---

[1]) Nur ist zu beachten, daß *möglicherweise* das Erfordernis eines ausländischen Schauplatzes *gleichzeitig* das Fallenlassen des Requisits der inländischen Begehung bedeutet. Ob das der Fall, ist durch Auslegung festzustellen, *notwendig* ist es nicht.

[2]) E. 25 120.

des kirchlichen Raumes selber, so daß der Täter selber sehr wohl von außen her gehandelt haben kann[1]).

In den Fällen zu b wird der Schauplatz des Tatbestandes gewöhnlich mit der Erfolgsart zusammenfallen; notwendig ist das aber nicht, es ist auch z. B. denkbar, daß ein Formaltatbestand (zu dem also ein Erfolg nicht gehört) derart lokalisiert ist, daß ein Ort angegeben ist, nach dem hin die Tätigkeit gezielt haben muß; und bei Materialdelikten ist denkbar, daß der Tatbestand nur dann erfüllt ist, wenn der Erfolg selber auf andere räumliche Beziehungen, die nicht den Ort des Eintritts des Erfolges betreffen, hindeutet. Jedenfalls ist in allen diesen Fällen der tatbestandliche Schauplatz grundverschieden von dem Begehungsort (und der Begehungszeit).

III. Schließlich kommt es auch vor, daß der Tatbestand von einer Orts- oder Zeitbeziehung derart redet, daß damit nicht das tatbestandliche Vorkommnis selber in Raum oder Zeit lokalisiert werden soll, sondern der Tatbestand nur auf den Ort oder die Zeit eines außertatbestandlichen Ereignisses bezogen wird. So besteht z. B. der Tatbestand der Personenstandsdelikte nach § 68 Ges. v. 6. Febr. 1875 zum Teil darin, daß ein Anzeigepflichtiger Ort, Tag und Stunde einer Geburt u. s. w. nicht anzeigt.

Diese Fälle werden keinerlei Schwierigkeiten machen, und insbesondere wird eine Verwechslung mit dem Tatort hier nicht zu befürchten sein.

§ 24.

H. Der Umfang des Tatbestandes.

I. Der Verbrechenstypus liegt in der Gesamtheit der Tatbestandsmerkmale beschlossen. Die Gesamtheit dieser Merkmale bestimmt also und begrenzt den Umfang des Typus. Was zu den Merkmalen gehört, ist wesentliches Stück des Typus — so

---

[1]) So auch v. Liszt, Lehrb. § 118 III; E. 29 334, Olshausen 18 zu § 166. Vgl. Beling, Die Beschimpfung von Religionsgesellschaften u. s. w. (1905), S. 16.

der Todeserfolg bei den Tötungstatbeständen —, was außerhalb ihrer liegt, gehört nicht zum Typus — so im heutigen Recht die speziellen Tötungsmodi, das Erwürgen, Ertränken, Erschießen bei den Tötungsdelikten, der Wert der Sache bei Diebstahl (anders bei Mundraub, § 370[6] StGB.) u. s. w.

Und dennoch gehören gewisse außerhalb des eigentlichen Tatbestandes liegende Momente in der Weise zum Tatbestande, daß sie ihm notwendig als Anhängsel angegliedert werden müssen, weil sie vom Tatbestande mit beherrscht werden. Sie fallen sozusagen noch in die Interessensphäre des Tatbestandes hinein und bilden insofern mit ihm ein Ganzes. Neben den eigentlichen Tatbestand, den Tatbestandskern oder engeren Tatbestand, wie man ihn nennen kann, die dominierenden Elemente, tritt so eine Außenzone mit sekundären Elementen, die sich um den Kern herum legt, und die mit ihm zusammen den weiteren Tatbestand bildet[1]).

1. Ein Teil dieser Erscheinung ist der heutigen Wissenschaft bereits geläufig unter dem Namen der Vorbereitungshandlungen. Diese entbehren selber jeder Typizität (wenn sie Typizität haben, wie etwa die Herausforderung zum Zweikampf nach StGB. § 201, so sind sie eben nicht bloße Vorbereitungshandlungen mehr). Und trotzdem sind sie nicht juristisch völlig unbeachtlich: sie partizipieren mit an dem Verbrechenstypus der Ausführungshandlung. Die Raubvorbereitung — das auf der Lauer Liegen u. s. w. — kommt z. B. als eine rechtlich relevante Tatsache für die Strafzumessung, im Strafprozeß als Beweisthema u. s. w. in Betracht, und zwar als eine der Sphäre des Raubes zugehörige Tatsache. Der Tatbestand in seiner weiteren Fassung begreift jene Vorsphäre mit in sich.

2. Sehr zu Unrecht ist aber bisher beharrlich verkannt worden, daß wie diesseit des engeren Tatbestandes, so auch jenseit seiner eine Sphäre gegeben ist, die, ohne juristisch bedeutungslos zu sein, der eigenen Typizität ermangelt und doch mit dem Tat-

---

[1]) Ganz flüchtig ist schon Hrehorowicz, Das Verbrechen (1880) S. 16 ff., auf diese Erscheinung aufmerksam geworden. Er spricht von „Nebenhandlungen". Indessen verfolgt er eigentlich den Gedanken nicht weiter und beschränkt überdies seine „Nebenhandlungen" auf das Handeln anderer, als des Haupttäters: Nebenhandlungen sind ihm = Beihilfehandlungen.

bestandskern zusammen ein Ganzes bildet. In diese Nachsphäre fallen gewisse Handlungen hinein, die der Vollendung der Tat nachfolgen und sich zweckmäßig als „Nachhandlungen" bezeichnen lassen. Dahin gehört z. B. die Unzuchtverübung mit dem entführten Mädchen, das Verkaufen der gestohlenen Sache durch den Dieb. Das sind Nachstöße, die das fertige Delikt „fortführen", die aus dem delictum perpetratum ein delictum plusquam perpetratum machen.

Aber selbstverständlich ist nicht alles, was der Täter post delictum tut, in diese juristisch relevante Sphäre, also in den weiteren Tatbestand hineinzunehmen. Wenn z. B. der Mörder oder der Dieb nach der Tat seinen bürgerlichen Geschäften nachgeht, so sind das keine mit dem Morde oder Diebstahl innerlich verbundenen Handlungen mehr. Wir bedürfen also einer begrifflichen Fixierung der noch zum Tatbestande in seiner weiteren Fassung gehörenden „Nachhandlungen" im obigen (technischen) Sinne. Diese begriffliche Fixierung aber kann nur auf dem Tatbestande fußen. Nun ist jedes vollendete Delikt ein fait accompli; war die Tatbestandsverwirklichung nur ein vorübergehendes Geschehen, so ist ihr Ergebnis ein Zustand, sei es ein dauernder, sei es ein abänderbarer. Wer diesen Zustand festhält, befestigt, verschlimmert, der bewegt sich noch in der weiteren tatbestandlichen Sphäre: er nimmt Handlungen vor, die noch den Stempel des Tatbestands tragen, mit ihm innerlich verbunden sind: Nachhandlungen im technischen Sinne.

Schon in der heutigen Theorie spielt das Nachhandeln, ohne so oder sonst mit einer charakteristischen Bezeichnung benannt zu sein, eine gewisse Rolle bei den sog. Absichtsdelikten, d. i. denjenigen, bei denen außer dem Tatbestand und dem Vorsatz als psychisches Sonderrequisit eine bestimmt geartete „Absicht" vom Gesetz erfordert wird. Es wird häufig gelehrt, daß hier die Verwirklichung der Absicht keine selbständige Bedeutung mehr habe (z. B. also die Nutzbarmachung der gestohlenen oder durch Betrug erlangten Sache durch den Täter). Die Begründung wird meist dahin gegeben, die Sondereigentümlichkeit der Absichtsdelikte bestehe darin, daß hier der sozusagen natürliche Zeitpunkt der Vollendung des Delikts — die Zueignung beim Diebstahl, das

Erlangen des rechtswidrigen Vermögensvorteils beim Betruge — durch die Fassung des Strafgesetzes zeitlich nach vorn verschoben sei und deswegen gleichgültig sei, ob die „natürliche Vollendung" noch stattfinde oder nicht. Daß diese Begründung zur Erklärung der angeblichen Gleichgültigkeit des Nachfolgenden nicht ausreicht, dürfte aber auf der Hand liegen. Denn jene „eigentliche" oder „natürliche" Vollendung des Delikts gehört dem Naturrecht an! Die Endtatsache ist dem Tatbestande, wie er positivrechtlich formuliert ist, zu entnehmen, und die „Absicht" des Täters figuriert l e d i g l i c h als p s y c h i s c h e s Moment, als ein den Seelenzustand des Täters bezeichnender Umstand. Und ist wirklich die „Absichtsverwirklichung" eine unselbständige Größe, so müßte sie es schließlich auch bei den im Gesetz nicht besonders erforderten Absichten sein, ja bei diesen noch mehr; denn sind die Absichten des Täters selber für das Strafgesetz irrelevant, so muß es ihre Verwirklichung erst recht sein. Man könnte viel eher geneigt sein, zu folgern: wenn das Gesetz eine Absicht eigens als erforderlich hervorhebt, so muß auch ihre Realisation erheblich sein, während im übrigen die Absichten und ihre Verwirklichungen bedeutungslos sind. Hätte also z. B. der Täter ein Jagdgewehr gestohlen, um damit zu wildern, so müßte die Ausführung des Jagddelikts als bedeutungsloser Annex des Diebstahls behandelt werden.

So kann also der Grund, weshalb man die Zueignung der Sache durch den Dieb u. s. w. als ein Moment behandelt, das dem Diebstahl u. s. w. gegenüber nichts Neues ist, nicht darin gesucht werden, daß es sich „bloß" um eine Absichtsrealisation handle. Sondern vielmehr der T a t b e s t a n d selber ist es, der einen Schweif hinter sich herzieht; alle Handlungen, die gar nichts weiter sind als seine Prolongationen, sind ihm gegenüber bloßes Anhängsel. Dabei figurieren zwar die Absichtsdelikte als besonders plausible Beispiele; aber die Sphäre der Nachhandlungen auf sie zu beschränken wäre reine Willkür.

3. Endlich liegt aber neben dem Tatbestandskern noch eine z e i t l i c h e Außenzone: Mit der Tatbestandsverwirklichung können sich auch g l e i c h z e i t i g — dies der Gegensatz gegen Vorbereitungs- und Nachhandlungen — Handlungen verbinden, die, ohne daß

in ihnen die Tatbestandsverwirklichung bestünde, doch mit ihr zusammenhängen, insofern auch sie zur Tatbestandsverwirklichung mit beitragen. Man vergegenwärtige sich den Fall, daß der Mörder den tödlichen Streich geführt hat, indes er das Opfer mit der anderen Hand festhielt. Unzweifelhaft besteht hier die „Tötung" in dem tödlichen Streich; aber das Festhalten ist darum nicht bedeutungslos, sondern hat seine relevante Stelle in dem ganzen Vorgang. Solche der seitlichen Außenzone angehörige Handlungen kann man füglich als „Nebenhandlungen" bezeichnen.

Allem nicht zum Tatbestandskern gehörigen Handeln — es sei Vorbereitung oder Nebenhandeln oder Nachhandeln — gilt gemeinsam, daß es dem Typus nicht genügt und sonach grundsätzlich straflos ist. Der Mörder wird gestraft, weil er getötet hat, nicht weil er sich zuvor einen Revolver gekauft, oder während des tödlichen Stichs sein Opfer festgehalten hat, der Dieb, weil er gestohlen, nicht weil er die gestohlene Sache gegessen hat u. s. w. Die Sphäre, die sich um den Tatbestandskern herum legt, kann zwar der Tat ein individuelles Gepräge geben, das für die Strafzumessung bedeutsam ist; ohne den Tatbestandskern aber interessiert es den Strafrichter nicht.

Und nunmehr dürfte auch Klarheit über den so wichtigen Begriff der „Ausführung" gewonnen sein. Es ist zu wenig gesagt, wenn man der „Ausführung" nur die „Vorbereitung" gegenüberstellt. Ausführung ist vielmehr die Verwirklichung des Tatbestandskerns im Gegensatz zu Vorbereitungs-, Neben- und Nachhandlungen, die sozusagen als bloßes Zubehör der Ausführung erscheinen. Der Tatbestandskern bildet gewissermaßen eine in sich kohärierende Masse, zu der die Handlungen der Außenzone als Adhärenzen hinzutreten.

Es könnte scheinen, als sei mit dieser Zergliederung der bei einem verbrecherischen Vorkommnis mitspielenden Faktoren eine neue Kausalitätstheorie gewonnen: als sei — bei den Materialdelikten — die Vornahme der „Ausführungs"handlung Setzung der „Ursache", Vornahme einer Vorbereitungs- oder Nebenhandlung Setzung einer bloßen „Bedingung" zweiten Ranges zum tatbestandsmäßigen Erfolge. Ich könnte mich dieser Auffassung nicht anschließen. Die herrschende Kausalitätslehre, die jede conditio sine qua non jeder anderen an kausaler Bedeutung gleichsetzt, scheint mir bisher nicht widerlegt zu sein[1]); und so ist auch schon die Vorbereitungshandlung, desgleichen die Nebenhandlung als Ursache zum Erfolge anzusprechen. Die Scheidung liegt vielmehr nicht auf dem kausalen Gebiet, sondern im Tatbestandsbereich. Nicht das ist die Frage, ob die conditiones sine qua non in Ansehung ihrer kausalen Kraft zu sortieren seien, sondern, ob sie in den engeren Tatbestand oder nur in dessen Außenzone hineinfallen, ganz so, wie ja auch die Taterfolge teils tatbestandsmäßige, teils außertatbestandliche sind. Wie wenig es sich hierbei um Fragen der Kausalität handelt, zeigt evident die Erwägung, daß auch die Formaldelikte ihre Außenzone haben. Ist z. B. das „Gehen über eine Brücke" strafbar, so ist sicher, daß der Tatbestandskern erst damit verwirklicht zu sein beginnt, wenn der Täter den Fuß auf die Brücke setzt; das vorherige Zusteuern auf die Brücke ist Vorbereitungshandlung, ohne daß sich davon reden ließe, daß es eine Bedingung zu tatbestandsmäßigem Erfolge sei — denn der Tatbestand kennt eben gar keinen Erfolg.

So läßt sich also zusammenfassend sagen: Ausführung ist bei den Materialdelikten die Setzung einer tatbestandlichen (innertypischen) Bedingung oder Ursache zum (tatbestandsmäßigen) Erfolge; Vorbereitung und Nebenhandlung die Setzung einer außertatbestandlichen Bedingung oder Ursache zum Erfolge.

II. Aber welches ist nun das begriffliche Kriterium, das uns befähigt, eine Handlung als — einerseits — Ausführung oder als — andererseits — zur Außenzone gehörig anzusprechen? Woran erkennt man z. B., ob das Giftmischen, das Festhalten eines Menschen, das Wachestehen beim Diebstahl zur Ausführung oder in die Außenzone gehören? Die Antwort kann nur die sein: Ausführung ist dasjenige Handeln, von dem sich auch ohne Hinzunahme sonstiger schuldhafter Handlungen ohne weiteres sagen läßt, daß es den Tatbestand erfüllt (wenigstens den Anfang davon darstellt), daß es also ein „Töten", ein „Wegnehmen" u. s. w. bedeutet. In die Außenzone fällt dasjenige Handeln, das nur zusammen mit einer ergänzenden

[1]) Nähere Darlegung gehört nicht hierher.

schuldhaften Handlung (Komplementärhandlung) tatbestandliche Färbung gewinnt, das also ergänzungsbedürftig ist und für sich allein nicht als Tatbestandsverwirklichung erscheint.

Dabei ist aber zu beachten, daß das „Ergänzungsbedürfnis", die Notwendigkeit komplementären schuldhaften Handelns niemals abstrakt bestimmbar ist. Denn die Stelle ergänzenden schuldhaften Handelns kann in concreto durch ergänzendes schuldloses Handeln oder durch ergänzende Nichthandlungen (Naturgewalt) vertreten werden. Nimmt ein Mensch ein Handeln vor, das an sich noch nicht tatbestandlich ist — z. B. Mischung von Gift (noch nicht „Tötungshandlung") —, so kann der weitere Verlauf der sein, daß

α) er selbst demnächst die ergänzende schuldhafte Handlung vornimmt; dann liegt Eigenvorbereitung zur Eigenausführung vor; oder

β) ein anderer nimmt die ergänzende schuldhafte Handlung vor: Vorbereitung für fremde Ausführung.

Aber es kann auch sein, daß

γ) die Ergänzung schuldlos durch Menschen oder Naturkräfte erfolgt, sei es daß ein Mensch z. B. das Gift ahnungslos einem Dritten beibringt, oder daß der Hund, der vergiftet werden sollte, selber über das vergiftete Fressen gerät und verendet; und dann stellt eben jene Handlung schon die Tatbestandsverwirklichung dar.

Es kann sonach von keinem Handeln abstrakt gesagt werden, daß es eine schuldhafte menschliche Handlung zur tatbestandlichen Ergänzung brauche. Folglich kann objektiv immer nur der wirkliche Gang der Dinge lehren, ob ein „an sich" ergänzungsbedürftiges Handeln tatbestandlich war oder nicht. Näher gesagt:

a) Das „an sich" ergänzungsbedürftige = nicht tatbestandliche Handeln ist in die Außenzone zu verweisen, wenn entweder es bei ihm verblieben ist, also eine Ergänzung überhaupt nicht stattgefunden hat, oder wenn eine Ergänzung durch tatbestandliches schuldhaftes Handeln irgend jemandes stattgefunden hat.

b) Dagegen gewinnt das „an sich" ergänzungsbedürftige Handeln sofort den Charakter der Ausführung, wenn die Ergänzung ohne menschliche schuldhafte Handlung erfolgt: Derjenige, der Gift nur gemischt hat, hat den Hund „zerstört", wenn der Hund über das Fressen gekommen ist und daran zu Grunde gegangen ist.

In diesem Sinne ist also die Zurechnung der Handlungen zur Außenzone nur ex post erkennbar.

Dieses Ergebnis kann nicht verwunderlich erscheinen: es entbehrt eben überall da, wo sich nicht zu der Schuld eine zweite Schuld ergänzend hinzugesellt, wo die Ergänzung ohne Schuld erfolgt, das scheinbar „ausführende" (zweite) Geschehen des wirklichen Charakters der „Ausführung"; es erscheint nur als projizierter Bestandteil der Handlung, die „an sich" der Außenzone angehört. Damit ist insbesondere auch der Begriff der mittelbaren Täterschaft geklärt. Das der Schuld ermangelnde Ereignis wird eben dem mittelbaren Täter als dem einzig Schuldigen auf die Schultern gelegt; hinter seinem Handeln steht eben gar keine „Ausführung", zu der sein Handeln Vorhandeln sein könnte.

Die so gewonnene Feststellung, daß auch das „an sich" ergänzungsbedürftige Handeln, abstrakt genommen, Ausführung so gut wie Handlung der Außenzone sein kann, harmoniert mit der oben getroffenen Feststellung, daß in kausaler Hinsicht zwischen den Bedingungen des Erfolges kein Unterschied besteht: gerade weil auch das „an sich" ergänzungsbedürftige Handeln im Range einer „Ursache" steht, ist es möglich, daß es schon als die Ausführungshandlung behandelt wird.

Was für die Abgrenzung des Tatbestandskerns gegen die Außenzone allgemein gilt, gilt natürlich auch für die Ziehung der Grenze bei tatbestandlich zusammengesetzten Delikten[1]. Bei ihnen ist immer zu beachten, daß schon die Verwirklichung des ersten der Bestandteile „Ausführung" ist und nicht etwa in die Vorzone fällt.

Begrifflich stehen sich Ausführung, Vorbereitung, Nebenhandeln und Nachhandeln als Teile eines Ganzen gegenüber: es waltet zwischen ihnen und dem weiteren Tatbestand das logische Verhältnis der Partialität ob. Und zwar rangieren die Teile so, daß die Ausführung dem Vor-, Neben- und Nachhandeln gegenüber als der wichtigste, der Hauptteil erscheint; es greift ein

[1]) Oben S. 228.

„sogar" Platz, wenn die Ausführung bejaht wird, sie ist ein „Mehr" als die Handlungen der bloßen Außenzone. Daraus werden sich noch Konsequenzen ergeben [1]).

Hängt nach dem bisher Gesagten die Scheidung zwischen Ausführung und Handlungen der Außenzone objektiv davon ab, ob und wie bei den „an sich" ergänzungsbedürftigen Handlungen die Ergänzung erfolgt, so bleibt aber zu beachten, daß die Erwartung des Täters hinsichtlich des Komplementärereignisses gegenüber der Wirklichkeit differieren kann. Danach aber ist zu bestimmen, ob der Täter den nach § 59 erforderlichen Ausführungsvorsatz hatte: der ein ergänzendes schuldhaftes tatbestandliches Handeln voraussetzende dolus ist für § 59 nicht genügend.

1. Wer also bei seinem Handeln damit rechnet, daß die Ausführung erst durch sein eigenes ergänzendes schuldhaftes Handeln erfolgen solle, der kann auch dann nicht als vorsätzlich Ausführender gestraft werden, wenn die Ergänzung durch schuldhaftes Handeln eines anderen, durch Nichthandeln oder schuldloses Handeln erfolgt. Er hat dann zwar objektiv in einem Falle fremde Ausführung vorbereitet, im anderen Falle sogar selber ausgeführt, kann aber dafür nicht als doloser Täter bestraft werden, weil er nur den Vorsatz der Eigenvorbereitung gehabt hat und dieser zur Bestrafung wegen Teilnahme oder Täterschaft nicht ausreicht.

2. Erwartete der Handelnde die Ergänzung seines Tuns durch schuldhaftes tatbestandliches Handeln eines anderen, so hatte er ebenfalls noch keinen Ausführungsvorsatz; tritt deshalb unerwartetermaßen die Ergänzung ohne Schuld ein — ist z. B. der andere, den der Handelnde für geistig gesund hielt, geisteskrank —, so kann ungeachtet des Umstandes, daß dann objektiv sein Handeln sich zur Ausführung gestaltet hat, keine Bestrafung wegen vorsätzlicher Ausführung erfolgen.

3. Erwartete schließlich der Handelnde die tatbestandliche Ergänzung ohne schuldhaftes Handeln (also erwartete er sie von Menschen als bloßen Werkzeugen oder von den Naturkräften), so hatte er Ausführungsvorsatz. Tritt alsdann die Ergänzung unerwartet in Gestalt schuldhaften menschlichen Handelns ein (ist

[1]) Vgl. unten § 27.

z. B. die Mittelsperson nicht geisteskrank, wie der Handelnde irrig annahm), so hat objektiv der Handelnde nicht ausgeführt, sondern nur fremdes Handeln vorbereitet. Er kann also nicht wegen Ausführung (also als Mörder u. s. w.) gestraft werden. Wohl aber ist seine Bestrafung als Teilnehmer möglich: er hat objektiv teilgenommen und subjektiv den ein plus gegenüber dem Teilnahmeschaftsvorsatz darstellenden Ausführungsvorsatz gehabt.

Hebt sich nach dem bisher Ausgeführten die „Ausführung" als innerlich verschieden ab von den um sie herum gruppierten Vor-, Neben- und Nachhandlungen, so ist nunmehr noch Anfangs- und Endpunkt der Vorsphäre, Anfangs- und Endpunkt der Seitensphäre, Anfangs- und Endpunkt der Nachsphäre abzustecken.

a) Die Vorsphäre wird dargestellt durch Setzung aller das spätere tatbestandliche Handeln ermöglichenden Handlungen. Sie hört auf mit dem „Anfang der Ausführung".

b) Sobald mit der Ausführung begonnen ist, ist Raum für seitlich nebenher laufende Handlungen gegeben, und zwar für solange, als nicht die Ausführung abgeschlossen ist. Abgeschlossen ist die Ausführung aber erst mit dem totalen Vorliegen des ganzen Tatbestandes — mit dem Erreichen der tatbestandlichen „Endtatsache"[1]). Die Endtatsache aber ist für jeden Tatbestand durch Interpretation zu ermitteln. Sie ist für Formaldelikte mit der Endigung der Handlung selber gegeben, für Materialdelikte mit dem Eintritt des tatbestandsmäßigen Erfolgs.

c) Von der tatbestandlichen Endtatsache ab setzt die Möglichkeit des Nachhandelns ein. Und da das Nachhandeln seinem Wesen nach ein Aufrechterhalten des durch die Tatbestandsverwirklichung geschaffenen Zustands ist, so erhellt, daß die Nachsphäre andauert, solange dieser Zustand besteht und abänderbar ist.

Hierbei kommen natürlich nur die rechtswidrigen durch die Tat erzeugten Zustände[2]) in Betracht. Zwar enthält das Nachhandeln selber so wenig wie der Typus ein Rechtswidrigkeitsmoment in sich, aber das Festhalten nicht rechtswidriger Zustände ist natürlich kein rechtswidriges Nachhandeln und kann des-

[1]) Auf diesen Begriff hat in verdienstlicher Weise Huther, Goltd. Arch. 46 257, 48 289, aufmerksam gemacht.

[2]) Vgl. oben S. 170 ff.

halb beiseite bleiben. Unter „Nachhandeln“ ist im folgenden nur das rechtswidrige Nachhandeln = Festhaltung des durch die Tatbestandsverwirklichung erzeugten rechtswidrigen Zustandes zu verstehen.

α) Entsteht also aus dem Verbrechen überhaupt kein rechtswidriger Zustand, ist vielmehr nur das verbrecherische Handeln rechtswidrig, so gibt es kein Nachhandeln. So ist z. B. das „übermäßig schnell fahren“ ein Delikt, nach dessen Begehung es keine Nachhandlungen geben kann.

Dasselbe gilt aber, wenn ein Zustand aus der Tat entsteht, den die Rechtsordnung nicht reprobiert, zu dessen Rückgängigmachung sie keine Handhabe bietet. Wenn z. B. das Gesetz einer rechtswidrigen Aneignung die Kraft zuschreibt, gültiges Eigentumsrecht zu verschaffen, wie z. B. BGB. § 950, so ist der so entstandene Zustand als solcher nicht rechtswidrig, seine Festhaltung also ohne strafrechtliches Interesse. Das tatbestandliche Handeln selber war rechtswidrig; das Forthandeln ist dagegen sanktioniert.

β) Gleichermaßen ist aber umgekehrt kein Nachhandeln denkbar, wenn der durch die Tat entstandene rechtswidrige Zustand schlechthin unwiderruflich ist. So nach der Tötung eines Menschen; dem Toten kann nicht zum Leben verholfen werden, Bemühungen um Festhaltung des erzeugten Zustandes sind also undenkbar.

γ) Klafft dagegen aus dem Verbrechen ein Zustand auf, dessen Aufhebung tatsächlich möglich und von der Rechtsordnung gewollt ist, so erscheint die Fortspinnung dieses Zustandes als ein rechtswidriges Weiterhandeln. So z. B. überall da, wo das Delikt dem Eigentümer die Sache entfremdete, ohne daß (wie nach § 950 BGB.) das Eigentumsrecht untergegangen wäre. Dem Nachhandeln wird dann erst dadurch ein Ziel gesetzt, daß entweder faktisch der Zustand unabänderlich wird (z. B. Untergang der gestohlenen Sache) oder eine juristische Tatsache eintritt, die den Zustand zum rechtlich unanfechtbaren macht (z. B. Erwerb des Eigentums durch einen gutgläubigen Dritten etwa nach BGB. § 935 II).

Für die Frage, ob ein aus Verbrechen geschaffener Zustand vitiös ist, ist natürlich das für das betreffende Rechtsverhältnis geltende Recht maßgebend, für bürgerlichrechtliche Rechtsverhältnisse also das bürgerliche Recht.

Zu den juristischen Tatsachen, die den bisher unrechtmäßigen Zustand rechtlich sanktionieren, gehört natürlich auch das zu seinen Gunsten lautende rechtskräftige Zivilurteil (z. B. rechtskräftige Anerkennung des Diebes als Eigentümers), wenn der Rechtskraft im Sinne der älteren Lehre materiellrechtliche novatorische Funktion zugeschrieben wird; denn dann ist mit dem rechtskräftigen Urteil, so irrig es auch war, ein neuer gültiger Rechtszustand erzeugt. Anders wird die Entscheidung zu lauten haben, wenn dem rechtskräftigen Zivilurteil nur prozessualle Feststellungswirkung zugeschrieben wird; dann überdauert der rechtswidrige Zustand den irrigen Richterspruch und ist nur in neuen Zivilprozessen die Feststellung seines Bestehens abgeschnitten.

Mit der Fixierung der Anfangsgrenze für das Nachhandeln auf die tatbestandliche Endtatsache ist klargestellt, daß ein Hinwirken auf eine zur Zeit der Endtatsache noch nicht vorliegende Strafdrohungsbedingung unter Umständen ebenfalls in die Nachsphäre fallen kann, und daß sie jedenfalls nicht der Vor- oder Seitensphäre zugewiesen werden kann. Aber auch als Nachhandlung charakterisiert sie sich nur, wenn in ihr ein Festhalten des geschaffenen rechtswidrigen Zustandes liegt. In ihrer Eigenschaft als Erzeugung der Strafdrohungsbedingung liegt sie ja gänzlich außerhalb der tatbestandlichen Zone.

Der rechtswidrige Zustand, der durch das Nachhandeln festgehalten wird, bildet das kausale Verbindungsglied zwischen Tat und Nachhandeln. Nicht als ob alles mit der Tat kausal verbundene spätere Handeln Nachhandeln wäre — hat sich der Täter durch eine Tötungshandlung in den Stand gesetzt, einen Diebstahl zu begehen, so steht der Diebstahl in ursächlicher Verbindung mit der Tötung, ohne daß er doch bloße Nachhandlung wäre —; aber jedenfalls erfordert das Nachhandeln begrifflich ein Fortspinnen der Situation. Das eben ist der Fluch der bösen Tat, daß sie fortzeugend Böses muß gebären! Bei Mangel eines ursächlichen Zusammenhangs zwischen einer Tat und einer späteren Handlung kann letztere nicht als Nachhandlung aufgefaßt werden.

Deutlich hebt sich diese „Nachkausalität“ aber ab von der tatbestandlichen Kausalität selber. Diese erreicht ihr Ende mit der Endtatsache, letztere figuriert bei ihr als Folge; bei der Nachkausalität dagegen figuriert die Tatbestandsverwirklichung als die Ursache von weiteren Ereignissen.

Daß das Nachhandeln nicht bloß durch positive Tätigkeit, sondern auch durch Unterlassen geschehen kann, ist klar. Ein Beispiel ist das Nichtzurückgeben der Sache durch den Dieb. Daß solche Unterlassungen rechtswidrig sind, ergibt sich ohne weiteres aus der allgemeinen Theorie von der Rechtswidrigkeit der Unterlassung. Denn danach ist jeder, der durch rechtswidriges Handeln (hier durch die rechtswidrige Ausführung der Tat) Unheil heraufbeschworen hat, von Rechts wegen verpflichtet, das Unheil zu redressieren; war sein Eingreifen in den Lauf der Geschehnisse unstatthaft, so hat er damit die Pflicht überkommen, seine Kräfte in den Dienst der Zurückführung des status quo ante zu stellen.

III. Schon jetzt läßt sich feststellen, daß Vorbereitungs- und Nachhandlungen im Verhältnis zum Tatbestandskern keine selbständigen Handlungen sind, sondern Adhärenzen des Ausführungshandlungsbestandes. Wichtige Folgerungen fließen hieraus ab für die sog. Handlungseinheits- und Konkurrenzlehre [1]).

Zu beachten ist aber weiter, daß diese in die Außenzone des Tatbestandes fallenden Handlungen ihr Wesen dadurch nicht verändern, daß sie von einem anderen als dem Täter der Ausführungshandlung herrühren. Es kann sehr wohl der A das Werk des B vorbereiten, sowie er auch dessen Werke nachhandeln kann. Auch sein Tun gliedert sich dann dem engeren Tatbestande an und bildet mit dessen Verwirklichung durch A zusammen ein Ganzes, für das der Verbrechenstypus herrschend ist. Auch diese Feststellung ist bedeutsam, sie leuchtet der Lehre von der sog. Teilnahme am Verbrechen voran [2]).

IV. Aus der Außenzone des Tatbestandes fallen Vorbereitungs- und Nachhandlungen dann, aber auch nur dann heraus, wenn sie im positiven Recht zu eigenen Verbrechenstypen ausgestaltet sind, wie z. B. die Herausforderung zum Zweikampf, das gewalt-

[1]) Darüber unten § 35.
[2]) Darüber unten § 47.

same u. s. w. Festhalten der gestohlenen Sache nach § 252 StGB. u. s. w. Sie bilden dann eben den Kern eines neuen Typus, der neben den Urtypus als Tatbestand eines delictum sui generis tritt; und um den Kern dieses neuen Typus legt sich dann wiederum eine Außenzone, eine Vorsphäre und eine Nachsphäre, herum, die unter der Herrschaft des Typus stehen und mit ihm zusammengehören.

V. Regelmäßig gedenken die Tatbestände der an sie anschließenden Außenzone nicht. Das hat seinen guten Grund. Regelmäßig sind nämlich Vorbereitungs- und Nachhandlungen entbehrlich in dem Sinne, daß dem Tatbestande auch dann genügt ist, wenn in concreto sie fehlen. Ihre Bedeutung ist dann nur die, daß sie, wenn sie vorhanden sind, vom Tatbestande mitergriffen werden, ohne eigene Gebilde zu sein. Aber es gibt auch Tatbestände, bei denen die Bedeutung der Vorsphäre derart gesteigert ist, daß ohne eine bestimmte Vorbereitungshandlung der Verbrechenstypus überhaupt wegfällt: Tatbestände mit begrifflich notwendiger Vorbereitungshandlung. Das Schema solcher Tatbestände ist:

„Wer, nachdem er (oder ein anderer) das und das getan hat, das und das tut, wird . . . gestraft."

Ein Muster bietet § 177: „Wer eine Frauensperson zum außerehelichen Beischlaf mißbraucht, nachdem er sie zu diesem Zwecke in einen willenlosen oder bewußtlosen Zustand versetzt hat." § 243 [6]: vorgängiger Zusammenschluß zur Diebsbande. Auch § 267 StGB. würde hierher gehören, wenn er lautete:

„Wer in rechtswidriger Absicht von einer . . . Urkunde, die er verfälscht oder fälschlich angefertigt hat, zum Zwecke einer Täuschung Gebrauch macht, wird . . . bestraft."

Aber freilich lautet er eben nicht so, und es muß deshalb der herrschenden Lehre recht gegeben werden, wenn sie schon die Fälschungs- bezw. Verfälschungshandlung zum Tatbestandskern zieht [1]).

---

[1]) Entsprechend die Zusammenrottungsdelikte, §§ 124, 125 u. s. w. StGB. Ebenso ist die Vorspiegelung einer Trauung in § 179 StGB. Tatbestandselement, nicht begrifflich notwendige Vorbereitungshandlung.

Die begrifflich notwendigen Vorbereitungshandlungen sind übrigens nicht die einzigen tatbestandbedingenden Vorereignisse, die es gibt. Des öfteren erfordert der Verbrechenstypus vielmehr ein anderes — nicht in einer Vorbereitungshandlung bestehendes — Vorereignis, wie z. B. § 88 StGB. das Ausgebrochensein eines Krieges; § 123 StGB. die Aufforderung des Berechtigten zum Verlassen der Wohnung; § 252 StGB. den Diebstahl und das Auf-frischer-Tat-betroffen-werden als Vorereignisse der Gewaltanwendung; § 214: Begehung einer strafbaren Handlung als Vorereignis; § 365: Aufforderung des Wirts zum Fortgehen als Vorereignis. Der Unterschied ist aber der, daß die Vorbereitungshandlung, auch die begrifflich notwendige, schon ein im Hinblick auf die spätere Ausführung vorgenommenes Handeln sein muß, während andere Vorereignisse einfach per se eingetreten zu sein brauchen. Auf der anderen Seite aber sind diese sämtlichen Vorereignisse einschließlich der begrifflich notwendigen Vorbereitung dem Verbrechenstatbestande derart einverleibt, daß das tatbestandliche Handeln an sie anknüpfen muß, mit anderen Worten: zum Vorsatz dieser Verbrechen gehört, daß sich der Täter des Vorangegangenseins des Vorereignisses bei seinem Handeln bewußt ist. Im Sinne des § 59 StGB. gehören die vortatbestandlichen Ereignisse mit zum Tatbestand [1]. Denn sonst würde es an der offenbar erforderlichen psychischen Beschaffenheit der Tat fehlen.

Das berechtigt aber nicht, die Vorereignisse als wirkliche Stücke des Tatbestands anzusehen. Sie nehmen nur eine Zwitterstellung ein. Abgesehen von § 59 StGB. sind sie durchaus der Außenzone des Verbrechenstypus zuzuweisen. Das ist namentlich für den Versuch wichtig: Wer nur eine für den Typus begrifflich notwendige Vorbereitungshandlung vorgenommen hat, hat trotz ihrer begrifflichen Notwendigkeit für den Tatbestand noch nichts von diesem selbst verwirklicht, also keinen Versuch begangen. So ist derjenige, der die „strafbare Handlung" im Sinne des § 214 StGB. unternommen hat, natürlich nicht einer Bestrafung wegen Versuchs des Totschlags nach § 214 verfallen. So würde auch derjenige, der eine Urkunde gefälscht, aber nicht gebraucht

[1] Oben S. 195.

hat, keinen Versuch der Urkundenfälschung begangen haben, wenn die Fälschung im Gesetz nur als eine Vorbereitungshandlung gemeint wäre.

Mit Rücksicht hierauf erwächst dem Interpreten in allen den Fällen, in denen der Tatbestand ein mehraktiges Handeln erwähnt, die wichtige Aufgabe, zu ermitteln, ob die mehreren Akte zum Tatbestandskern gehören, oder der eine oder andere nur die Eigenschaft einer begrifflich notwendigen Vorbereitungshandlung hat[1]. Diese Ermittlung wird natürlich in erster Linie von der sprachlichen Fassung des Strafgesetzes auszugehen und nur da von ihr abzuweichen haben, wo innere Gründe auf schiefe Ausdrucksweise hindeuten. Die Fälle speziell, in denen ein Begehungsmittel angegeben ist (Diebstahl mittels Einsteigens u. s. w., Entführung eines Kindes durch List, Gewalt u. s. w., beim Raube die Wegnahme mit Gewalt gegen eine Person u. s. w.), werden sämtlich den kombinierten Tatbeständen zuzuweisen sein, so daß die Anwendung des Mittels nicht bloße Vorbereitung, sondern schon Tatbestandselement ist.

Noch eine andere Abgrenzung der in die Vorzone des Tatbestandes fallenden Ereignisse wird erforderlich: die Abgrenzung dieser Ereignisse gegen die als tatbestandsfremde Sachverhalts-, als Strafdrohungsbedingungen vom Gesetz gemeinten Vorereignisse. Denn die außerhalb des Tatbestandes liegenden sog. „objektiven Bedingungen" können, wie oben[1]) dargelegt, recht wohl in einem der verbrecherischen Handlung voranlaufenden Ereignis bestehen[2]). Der Unterschied liegt gemäß § 59 StGB. auf subjektivem Gebiet: das vom weiteren Tatbestande umfaßte Vorereignis muß, wie soeben gezeigt, dem Täter bekannt gewesen sein, soll anders der Vorsatz vorliegen, die tatbestandsfremde Sachverhalts-(Strafdrohungs)bedingung braucht nur objektiv vorzuliegen. Ob ein Vorereignis dieser oder jener Gruppe angehört, ist natürlich durch Einzelauslegung zu ermitteln.

Wie unter den Vorbereitungshandlungen, so gibt es auch unter den Nebenhandlungen und den Nachhandlungen solche, die

---

[1]) Vgl. oben S. 65 ff.

[2]) So ist Bankerutt gegeben auch wenn die Konkurseröffnung, bezw. Zahlungseinstellung den Bankerutthandlungen vorangegangen ist.

begrifflich notwendig sind. Für solche gilt mut. mut. das für die begrifflich notwendigen Vorbereitungshandlungen Ausgeführte.

Ganz besonders interessant gestaltet sich die Sache da, wo das Gesetz außer dem Tatbestandskern eine in den weiteren Tatbestand fallende Handlung derart fordert, daß diese zwar begrifflich notwendig, ihre zeitliche Stellung zu der Tatbestandsverwirklichung aber gleichgültig ist, so daß sie Vorbereitungs-, Neben- oder Nachhandlung sein kann. Ein ausgezeichnetes Beispiel hierfür bietet § 307 [3] StGB.: die hier mit Strafe bedrohte erschwerte Brandstiftung liegt vor, wenn „der Brandstifter, um das Löschen des Feuers zu verhindern oder zu erschweren, Löschgerätschaften entfernt oder unbrauchbar gemacht hat". Das Entfernen u. s. w. der Löschgerätschaften kann der Brandstiftung vorangegangen sein, es kann sie begleitet haben oder ihr nachgefolgt sein. Jedenfalls gehört es nicht zum Tatbestandskern der Brandstiftung. Es handelt sich nicht um ein tatbestandlich zusammengesetztes Delikt: einmal ist das Entfernen der Löschgerätschaften ohne Brandstiftung niemals Versuch des Delikts aus § 307 [3]; andererseits braucht der Vorsatz des Brandstifters bei der Brandlegung keineswegs die Entfernung der Löschgerätschaften mit zu umfassen.

VI. Mit dem zu I—V Ausgeführten ist der Umfang des (engeren) Tatbestands extensiv im Verhältnis zu dem, was vor, neben und hinter ihm liegt, fixiert, und es ist damit das wichtige Ergebnis gewonnen, daß das der Außenzone angehörende Handeln eben nicht tatbestandlich, also insbesondere auch kein Versuch ist. Nach innen läßt sich von einer Verschiedenheit des Umfangs insofern reden, als die Tatbestandsverwirklichung eines Wachstums vom Tatbestandsanfang (richtiger Tatbestandsverwirklichungsanfang) bis zum Tatbestandsende (Tatbestandsverwirklichungsende) fähig ist, also ein — stufenweise fortschreitender — Versuch und Vollendung, beide als im Tatbestande liegende Vorgänge, möglich sind. Zwar der Tatbestand selber wird durch diese Verschiedenheit seiner Verwirklichung nicht berührt. Es handelt sich bei Versuch genau so wie bei Vollendung um den Typus „Tötung eines Menschen" u. s. w. Aber die Typen sind eben so gestaltet, daß auf sie der Begriff einer Teil-(und zwar Anfangs-)

Verwirklichung im Gegensatz zur Vollverwirklichung anwendbar ist; die Verwirklichung kann intensiver oder weniger intensiv sein, ohne daß darum eine Typenverschiedenheit gegeben wäre. „Tatbestandsmäßig" ist nicht bloß die vollendete, sondern schon die versuchte Handlung, und die Straflosigkeit eines Teils der Vergehen und der Übertretungen erklärt sich nur daraus, daß auf sie keine Strafdrohung zutrifft (oben S. 48). Es ist deshalb ganz richtig, wenn Höpfner[1]) die Vorstellung bekämpft, als ob das sog. „versuchte Verbrechen" eigentlich kein Verbrechen, sondern etwas Minderes sei. Der fragmentarische Charakter des Versuchs liegt lediglich in der Stufe der Tatbestandsverwirklichung; und da die partielle Tatbestandsverwirklichung vom Gesetz eben auch als, wenn auch modifizierte, Tatbestandserfüllung akzeptiert wird, soweit eine passende Strafdrohung da ist, so fehlt zum „Verbrechen" bei dem Versuch gar nichts; die Begriffsmerkmale des Verbrechens sind insoweit auch beim Versuch sämtlich gegeben.

Das Weitere gehört in die Darstellung der Erscheinungsformen des Tatbestandes[2]). Nur so viel sei hier noch bemerkt, daß die begriffliche Möglichkeit einer Teilverwirklichung des Tatbestandes überall gegeben ist. Es kann deshalb auch nichts darauf ankommen, ob das Gesetz das Tatbestandsverbum ins Präsens oder, wie z. B. in §§ 218 III, 219, ins Perfektum gesetzt hat. Wenigstens müßte, wenn in letzteren Fällen der Versuch als ausgeschlossen gelten sollte, der Beweis strikte hierfür erbracht werden. So lange das nicht geschieht, kann die — ja doch nur, wie immer, dem Vollendungstatbestande geltende — sprachliche Fassung nicht als Ausschließung des Versuchs gelten; § 43 StGB. steht im Allgemeinen Teil, und eine lex specialis, die ihn derogieren sollte, müßte deutlich erkennbar sein, was hier nicht zutrifft.

---

[1]) Einh. u. Mehrh., S. 108 in der Anm.

[2]) S. unten § 27.

J. Die Individualität des Tatbestandes.

§ 25.

I. Die Strafdrohung als Erkenntnismittel für den Verbrechenstypus.

I. Im vorstehenden sind die Verbrechenstypen als feststehende Größen behandelt, und ist nur angestrebt worden, den Tatbestandsbegriff, isoliert betrachtet, scharf herauszuarbeiten. Aber wann hat man es denn überhaupt mit einem für sich zu zählenden Verbrechenstypus zu tun? Gibt es z. B. nur einen Tötungstypus oder deren mehrere (Mord und Totschlag, Tötung mit Einwilligung, Kindestötung u. s. w.)? Gibt es einen besonderen Typus des schweren Diebstahls? Und im weiteren einen besonderen Typus des schweren Diebstahls mit mildernden Umständen und einen besonderen Typus des schweren Diebstahls ohne mildernde Umstände? Gibt es einen Typus „Anstiftung zum Verbrechen", gleichberechtigt mit den Typen Tötung, Wucher u. s. w.? Gibt es einen besonderen Typus „Mißhandlung" und einen besonderen Typus „Gesundheitsbeschädigung"? Wer auf dem Verbrechenstypus fußen will, kommt nicht hinweg über die Frage nach der Individualität der Tatbestände.

Man könnte auf den ersten Blick geneigt sein, einen besonderen Typus allemal dann und nur dann anzunehmen, wenn „besondere Straffolgen" im Gesetz angedroht wären. Das könnte dann in doppeltem Sinne verstanden werden.

Einmal nämlich könnte man unter „besonderen Straffolgen" solche verstehen, die materiell verschieden wären, auf der einen Seite etwa Zuchthaus, auf der anderen Gefängnis. Dann läge bei inhaltlicher Übereinstimmung Identität der Straffolge und damit Identität des Verbrechenstypus vor. Aber dann wäre z. B. Beamtennötigung (StGB. § 114) und Landfriedensbruch (StGB. § 125 I) typisch dasselbe; denn beide ziehen gleichermaßen Gefängnis von 3 Monaten bis zu 5 Jahren nach sich; Urkundenvernichtung nach § 133 StGB. wäre dasselbe wie Diebstahl, § 242 StGB.: Gefängnis bis zu 5 Jahren; Totschlag,

StGB. § 212, wäre identisch mit schwerem Raub, StGB. § 250: Zuchthaus von 5—15 Jahren u. s. w. Das ist ersichtlich unannehmbar. Die materielle Übereinstimmung des Strafrahmens kann also unmöglich auf Typuseinheit bezogen werden.

Oder aber man verstände unter „besonderen Straffolgen" solche, die formell eine jede für sich angedroht wären, unangesehen ihren Inhalt. Aber dann müßte man dem Versuch und der Beihilfe typischen Charakter gegenüber dem vollendeten Delikt und dem täterschaftlich begangenen zusprechen, während doch beide im geltenden Recht offenbar nicht als eigene Verbrechenstypen behandelt sind, sondern als Spielart derjenigen Typen, mit Bezug auf die der Versuch oder die Beihilfe verübt sind. Auch dieser Weg versagt also.

Und dennoch kann die Individualität der Tatbestände im allgemeinen nicht aus ihnen selbst erkannt werden. Das Gesetz hat sich nirgends bemüßigt gefühlt, die Tatbestände als typisch zu markieren. Der Interpret ist recht wohl in der Lage, diejenigen Voraussetzungen der Strafe, die tatbestandlichen Charakter haben, gegen die anderen Verbrechenselemente: Schuld, Strafdrohungsbedingungen u. s. w. abzugrenzen; diese Scheidung liegt im Wesen des Verbrechenstypus; aber mit der Feststellung, daß ein Umstand tatbestandlichen Charakter hat, ist noch nicht gesagt, daß er einen eigenen Verbrechenstypus abgebe, er kann ebensogut lediglich eine tatbestandliche Spielart eines Verbrechenstypus bedingen. Ob das eine oder andere der Fall ist, kann nur aus der juristischen Folge erkannt werden. Wir werden also doch wieder auf die Strafdrohung als Indiz für die Typizität zurückgeworfen. Um zur Klarheit zu gelangen, haben wir deshalb zunächst den Begriff der Strafdrohung zu untersuchen und zu analysieren.

II. Strafdrohung im weitesten Sinne ist die (gesetzliche) Inaussichtstellung einer Strafe. Aber die Strafdrohungen weisen doch technisch einen sehr verschiedenartigen Bau auf:

1. Die einen sind in sich abgeschlossen und sozusagen gebrauchsfertig. Wer sie anwenden will, braucht keine sonstige Strafandrohung heranzuziehen, um die Anwendbarkeit oder Größe

jener feststellen zu können. Absolute, unabhängige oder Grundstrafdrohungen.

2. Die anderen sind nach dem „Ob" ihres Eingreifens oder nach ihrer Größe abhängig von einer anderen Strafdrohung, so, daß sie nur auf dem Umwege über diese gefunden werden können: bloße Erscheinungsformen dieser anderen Strafdrohung, relative (bedingte), abhängige, akzessorische Strafdrohungen [1].

Ganz zu trennen von den wirklichen — es sei absoluten oder relativen — Strafdrohungen sind diejenigen Festsetzungen, die sich nur *an* eine oder mehrere Strafdrohungen spezialisierend *anlehnen*, indem sie eine bestimmt geartetete *Anwendung* der Strafdrohung für den Fall des Vorliegens bestimmter Voraussetzungen anordnen. Solche Festsetzungen liegen lediglich im Bereiche der Strafzumessung, gelten nicht generell, sondern nur dem einzelnen Falle. (Hierher gehört z. B. StGB. § 20, ferner §§ 157, 158.) Es ist klar, daß solche zusätzliche Bestimmungen zu den Strafdrohungen nicht mit diesen auf gleicher Höhe stehen. Sie scheiden deshalb hier aus der Betrachtung aus.

Ob nun aber eine wirkliche Strafdrohung der einen oder anderen Klasse zuzuweisen ist, ist stets nach inneren Momenten zu beurteilen. Nicht selten kommt es vor, daß eine Strafdrohung unter Bezugnahme auf eine andere ausgesprochen wird, ohne daß sie darum zur bloßen Bedeutung einer relativen Strafdrohung herabsänke. Man muß die echte Abhängigkeit einer Strafdrohung von einer anderen von der bloß scheinbaren zu scheiden wissen.

Echte Abhängigkeit liegt überall da vor, wo eine Strafdrohung mit einer anderen stehen und fallen will, so daß die Aufhebung oder Änderung dieser anderen unmittelbar auf sie hinüberwirkt.

Das ist durchweg der Fall bei den Strafdrohungen für Versuch, Anstiftung, Beihilfe u. s. w.

Aber auch die Strafdrohung in StGB. § 111 Abs. 1 (. . . „ist gleich dem Anstifter zu bestrafen") ist eine echte relative. Sie ist

---

[1]) Die Einteilung der *Strafdrohungen* in absolute und relative hat selbstverständlich gar nichts zu tun mit der Einteilung der Strafdrohungen in absolut und relativ *bestimmte* oder *unbestimmte*. Ebenso kommt hier nicht in Betracht, ob es sich um eine durch Multiplikation eines Grundwerts zu ermittelnde Strafe handelt u. s. w.

inhaltlich streng abhängig von den Grundstrafdrohungen, die für Raub, Landfriedensbruch u. s. w. gelten. Jede Änderung oder Aufhebung einer dieser Grundstrafdrohungen wirkt unmittelbar hinüber auf die aus § 111 I zu verhängende Strafe. § 111 I wäre richtiger dem § 48 StGB. angereiht worden (wenn überhaupt, was auch nicht zweifellos ist, ein Unterschied zwischen der Anstiftung und der Quasianstiftung nach § 111 I besteht, und nicht vielmehr eine Bestimmung wie in § 111 I überhaupt fehlen könnte).

Ebenso wird die vor der Tat zugesagte Begünstigung — § 257 III StGB. — von einer nur relativen Strafdrohung getroffen: sie ist „als Beihilfe zu bestrafen".

Gleichgültig für die Scheidung zwischen absoluten und relativen Strafdrohungen ist dagegen, ob die Strafdrohung auf einen in Grundzahlen angegebenen Strafrahmen lautet oder nur eine Proportionalzahl angibt, mittels deren aus einer anderen Strafdrohung der Strafrahmen herausgerechnet werden soll. Worauf es für die relativen Strafdrohungen ankommt, das ist nur ihr strenger Anschluß an eine andere Strafdrohung; hinten kann sie sehr wohl in eine ziffernmäßig feste Größe auslaufen.

So ist z. B. die Strafdrohung des § 44 II StGB. eine bloß relative, trotzdem der Strafrahmen auf 3—15 Jahre Zuchthaus angegeben ist; umgekehrt ist die Strafdrohung in § 154 StGB. eine absolute, trotzdem nur die Proportion 1 : 1 für die Gewinnung des Strafrahmens für § 154 aus dem des § 153 angegeben ist; denn sie entbehrt des inneren Anschlusses an § 153.

Dagegen genügt zur Konstatierung der Abhängigkeit einer Strafdrohung keineswegs, daß das Gesetz sich bei ihrer Aufstellung von dem Gedanken einer Proportionalität oder eines Wertverhältnisses zwischen ihr und einer anderen Strafdrohung hat leiten lassen. Der Proportionalitätsgedanke beherrscht ja doch vielmehr, mehr oder minder klar und umsichtig erfaßt, alle Strafdrohungen: in diesem Sinne sind alle Strafdrohungen voneinander abhängig, z. B. die Abstufung der Schwere der Strafdrohung für Raub wird beeinflußt durch den Gedanken, daß Raub schwerer wiegt als Diebstahl, aber leichter als Mord. Trotz dieser als Ziel ins Auge gefaßten Wertrelation stehen aber diese Strafdrohungen auf eigenen Füßen. Es kommt also darauf an, ob die Wertrelation in das Gesetz selbst hineingetragen worden ist. Wo das nicht der Fall ist, da ist die Strafdrohung eine absolute, keine bloß relative.

Dies letztere trifft besonders zu in den Fällen, in denen nur der Breviloquenz halber die Wendung gewählt ist „dieselbe Strafe trifft . . .". So z. B. für § 154 StGB.; die Strafdrohung (Zuchthaus bis zu 10 Jahren) ist eine Grundstrafdrohung, wiewohl sie sich erst aus einer Heranziehung des § 153 ergibt. Die Bezugnahme auf § 153 ist eine rein äußerliche. Würde § 153 aufgehoben oder mit einer anderen Strafdrohung ausgestattet, so würde § 154 nicht mit in sein Geschick hineingezogen sein. „Die gleiche Strafe" im Sinne des § 154 würde die ursprüngliche Strafe, wie sie in § 153 von Hause aus angedroht war, bleiben = Zuchthaus bis 10 Jahre.

Möglich ist freilich auch eine Kombination von absoluter und relativer Strafdrohung. Das trifft z. B. für die Begünstigung zu, insofern § 157 StGB. zunächst eine unabhängige Strafdrohung aufstellt, diese aber dann durch andere Strafdrohungen in ihrer Höhe beeinflußt sein läßt. Ebenso verhält es sich mit StGB. § 111 II. Solche Modifikation einer Grundstrafdrohung verändert jedoch an der prinzipiellen Selbständigkeit der Strafdrohung nichts; solche modifizierten Grundstrafdrohungen sind also den Grundstrafdrohungen zuzuzählen.

III. Mit Rücksicht auf den verschiedenen Charakter der Strafdrohungen lassen sich nun auch die Strafgesetze in zwei Klassen teilen:

a) Strafgesetze im eigentlichen Sinne, Grundstrafgesetze, sind diejenigen, die eine Grundstrafdrohung aufstellen.

b) Solche Gesetze dagegen, die nur eine relative Strafdrohung enthalten, sind bloße abgeleitete, unechte Strafgesetze. Sie sind in rechnerischer Hinsicht von den Grundstrafgesetzen abhängig; ihr Strafrahmen kann nur auf dem Umwege über die Grundstrafdrohung ermittelt werden.

Die echten Strafgesetze gehören sämtlich in den „Besonderen Teil" des Strafrechts. Die unechten gehören, wenn sie nur einem oder mehreren bestimmten Grundstrafgesetzen zur Seite treten, dem Besonderen Teil, wenn sie sich dagegen auf die Grundstrafgesetze im allgemeinen beziehen, dem Allgemeinen Teil an.

IV. Die Verschiedenheit der Strafdrohungen läßt einen Rückschluß auf die Typizität der Voraussetzungen zu, unter denen die Strafdrohung wirksam werden soll.

1. Die Voraussetzungen, unter denen es zur Anwendung einer bloß relativen Strafdrohung kommt, entbehren der eigenen Typizität. Aus relativen Strafdrohungen ergeben sich keine Verbrechenstypen; der relative Strafrahmen beweist, daß es sich nur um ein Akzessorium zu dem Typus handelt. Der „Versuch" ist ebensowenig ein eigener Verbrechenstypus, wie die „Anstiftung" oder „Beihilfe". Ebenso ändert sich bei Zutreffen der allgemeinen Straferhöhungsgründe der §§ 53, 55 MStGB. der Typus nicht (ebensowenig in den Fällen der §§ 98, 115 MStGB.). Folgt eine Strafdrohung einer anderen wie ihr Schatten, so ermangeln die Voraussetzungen, unter denen sie wirken soll, der typischen Selbständigkeit. Das mit bloß relativer Strafdrohung versehene Strafgesetz ist kein Grundstrafgesetz, sondern nur Anhängsel an ein anderes, so, daß beiden ein Verbrechenstypus (der im Grundstrafgesetz umrissene) gemeinsam ist und die Voraussetzungen des relativen Strafgesetzes nur tatbestandliche Modifikationen hinzufügen. Diese Figur ist der heutigen Wissenschaft bereits geläufig unter dem Namen der „Erscheinungsformen" des Tatbestandes. Man könnte auch von Tatbestandszusätzen sprechen.

Wohl ist auch die in einer Erscheinungsform auftretende Handlung „tatbestandsmäßig"; ihre Besonderheit besteht aber darin, daß sie nicht direkt tatbestandsmäßig, sondern modifiziert tatbestandsmäßig ist, daß ihre Tatbestandsmäßigkeit durch die Erscheinungsform vermittelt auftritt. Erscheinungsform ist also modifizierter Tatbestand[1]. Deckt also der Ausdruck „tatbestands-

[1] Stooß wendet — Schweiz. Zeitschr. f. StrR. 17 2 — hiergegen ein: Versuch, Anstiftung und Beihilfe erforderten Vorsatz. Folglich seien sie nicht bloß als tatbestandliche Erscheinungsformen, sondern als Erscheinungsformen der schuldhaften Tatbestandsverwirklichung aufzufassen. Allein die begriffliche Besonderheit dieser Erscheinungsformen liegt durchaus nur auf tatbestandlichem Gebiet. Daß Fahrlässigkeit hier nicht genügt, ist ein Um-

mäßig" auch die Erscheinungsformen, so ist selbstverständlich, daß Teilnahme, Versuch u. s. w. „strafbare Handlungen", „Verbrechen" sind [1]).

Deshalb muß überall da, wo das Gesetz von „strafbarer Handlung" oder von „Verbrechen, Vergehen, Übertretungen" spricht — wie z. B. in §§ 3, 4, 6, 40, 257, 259 StGB. —, grundsätzlich die in modifiziert tatbestandlicher Weise verübte Tat als mitgemeint gelten, soweit nicht etwa spezielle Erwägungen das Gegenteil ergeben; es kann z. B. auch ein Anstifter begünstigt, eine zu einem Versuch benützte Sache eingezogen werden u. s. w.

Diese Tatbestandszusätze können nun entweder für alle Verbrechenstypen gemeinsam in Betracht kommen oder lediglich für eine oder mehrere bestimmte Typen Bedeutung haben. Je nachdem fallen sie in den Allgemeinen oder in den Besonderen Teil des Strafrechts [2]). Aber der Begriff der Erscheinungsform selber erhebt sich stets über die Sondergestaltung des Einzeltypus und gehört somit niemals, auch nicht in den Fällen, wo eine Erscheinungsform sich nur einem bestimmten Typus angliedert, in den Besonderen Teil — gerade so wie die Gestaltung der einzelnen Typen selber dem Besonderen Teil zugehört, der Begriff „Typus" aber dem Allgemeinen Teil. Es ist deshalb kein Zufall, daß diese Lehre sich erst deutlicher ausprägen konnte, seit die Strafrechte aufhörten, bloß aus einem speziellen Teil zu bestehen; und daß sie steigende Bedeutung gewonnen hat, je mehr die Wichtig-

---

stand, der nichts den Erscheinungsformen Eigentümliches ist, sondern sich ja oft auch bei der direkten Typusverwirklichung, z. B. bei Sachbeschädigung, findet. — Finger, Lehrbuch §§ 57 ff. und §§ 66 ff. nennt den Versuch eine „Begehungsform des Verbrechens", die Täterschaft und die Teilnahme mit Binding, Grdr. 1[6] § 62 „Formen des verbrecherischen Subjekts". Gegen den Ausdruck „Begehungsformen" ist geltend zu machen, daß er zu unbestimmt ist und nicht die tatbestandliche Besonderheit des Versuchs hervortreten läßt. Die Teilnahme und Täterschaft aber als subjektivische Besonderheiten zu behandeln geht deshalb nicht an, weil sich erst aus der tatbestandlichen Erscheinung des Handelns der Schluß ergibt, daß jemand Anstifter u. s. w. gewesen sei: die Scheidung liegt also gar nicht im handelnden Subjekt als solchem.

[1]) Das leugnet z. B. Herzog StrR.-Ztg. 11 273: Anstiftung und Beihilfe seien im Sinne des Gesetzgebers zwar Handlungen, aber keine strafbaren Handlungen! Eine hoffnungslos unrichtige Auffassung!

[2]) Vgl. vorstehend S. 268 oben.

keit der allgemeinen strafrechtlichen Lehren in das juristische Bewußtsein eingetreten ist.

Nach dem bisher Gesagten deuten also relative Strafdrohungen eine tatbestandliche Erscheinungsform an. Indessen kann es auch sein, daß sie nicht einmal diese Bedeutung haben.

Die Voraussetzung, unter der sich die relative Strafdrohung an Stelle der Grundstrafdrohung, zu der sie ein Appendix ist, geltend macht, braucht nämlich überhaupt gar keine Zugehörigkeit zum Tatbestande zu haben. Es kann vielmehr auch sein, daß die Voraussetzungen, unter denen die relative Strafdrohung gilt, und diejenigen, unter denen die Grundstrafdrohung gilt, in tatbestandlicher Hinsicht vollständig kongruent sind, so, daß die Besonderheit, die die relative Strafdrohung voraussetzt, auf außertatbestandlichem Felde liegt.

So kann die Anwendung der relativen Strafdrohung dadurch bedingt sein, daß die Schuld in besonderer Weise modifiziert ist. Ein Beispiel bieten die Sonderbestimmungen über die Bestrafung Jugendlicher in § 57 StGB. Die Tat des Jugendlichen ist nach Typus und tatbestandlicher Erscheinungsform in nichts verschieden von der des absolut Strafmündigen. Das unterscheidende Moment liegt nur in der Schuldstärke.

Ebenso kann denkbarerweise eine relative Strafdrohung durch Vorliegen einer aparten Strafdrohungsbedingung bedingt sein, also einer Bedingung, die tatbestands- und schuldfremd ist; es könnte z. B. bestimmt sein, daß im Falle der Auslandsbegehung der Strafrahmen in seinem Maximum um 1/4 hinter dem Strafrahmen der Inlandstat zurückbleiben solle.

Daß in Fällen all dieser Art nicht von tatbestandlichen Erscheinungsformen zu sprechen wäre, sondern die relative Strafdrohung den Typus überhaupt nichts anginge, liegt auf der Hand.

2. Relative Strafdrohungen sprechen also bei Aufstellung eines Verbrechenstypus niemals mit. Vielmehr ist nur derjenige tatbestandliche Umriß ein besonderer Verbrechenstypus, für den eine besondere G r u n d strafdrohung existiert (delictum sui generis im Gegensatz zur Erscheinungsform). Bei der Anwendung dieses Satzes darf man sich aber nicht durch die gesetzgebungstechnische Behandlung der Grundstrafdrohungen täuschen lassen. E i n e

Grundstrafdrohung ist nämlich keineswegs immer durch die sprachliche Einmaligkeit ihrer Erwähnung indiziert. Es kann vielmehr sein, daß dasjenige, was sprachlich-äußerlich als nur eine einzige Grundstrafdrohung erscheint, in Wahrheit nur die Zusammenfassung mehrerer inhaltlich übereinstimmender Strafdrohungen darstellt. Aus der sprachlichen Einmaligkeit der Strafsatzung darf man also nicht ohne weiteres darauf schließen, daß nur ein Verbrechenstypus durch sie gedeckt sei. Das tritt wohl am augenfälligsten in dem Übertretungsabschnitt des StGB. hervor: z. B. erscheint für § 360 StGB. die Behauptung schlechterdings ausgeschlossen, daß etwa die Aufnahme von Festungsrissen (Ziffer 1) denselben Verbrechenstypus bedeute, wie die Tierquälerei (Ziffer 13). Könnte sich doch auch einmal ein Gesetzgeber beifallen lassen, die Paragraphen des Besonderen Teils „übersichtlich" so zusammenzustellen, daß immer in je einem Paragraphen alle Tatbestände mit der gleichen Strafdrohung untergebracht würden. Vielmehr ist überall zu untersuchen, ob rein äußerliche Zusammenfassung mehrerer Tatbestände vorliegt und somit eine Vielzahl von Typen gegeben ist — scheinbare Einheit des Strafgesetzes — oder ein innerliches Band das tatbestandlich Fixierte umschlingt. Da dieses Problem kein neues ist, ist an dieser Stelle darüber nicht mehr zu sagen [1]). Freilich bedürfen die bisherigen Erörterungen meist einer Reinigung von den in sie gewöhnlich einfließenden Rechtswidrigkeitsmomenten; kommt es doch nicht auf Normeinheit oder -mehrheit, sondern lediglich auf Tatbestandseinheit oder -mehrheit an.

Nur so viel sei hier bemerkt, daß ein einheitlicher Typus überall da mangelt, wo das Gesetz die Herbeiführung eines Ereignisses

---

[1]) Vgl. Binding, Normen 1² 205, 2 482, Handbuch 1 561; Wertheimer, Die Mischgesetze des deutschen Strafgesetzbuchs 1903; Köhler, Grenzlinien S. 55 ff. — Köhler stellt drei Auslegungsregeln auf: 1. die Vermutung spreche für einheitlichen Tatbestand; 2. sie werde entkräftet, wenn ein bestimmter deliktischer dolus (oder entsprechende Fahrlässigkeit) zur gemeinsamen Grundlage diene; 3. die einheitliche Bezeichnung des Delikts gebe einen wertvollen Fingerzeig ab. — Die Regeln ad 1 und 3 können akzeptiert werden. Die Regel ad 2 dagegen enthält ein ὕστερον πρότερον. Erst muß der Typus feststehen, dann ist die Schuldfrage zu untersuchen. Die Schuld richtet sich nach dem Typus (als bloße subjektive Beziehung), nicht umgekehrt.

unter verschiedene etwa Beteiligte derart aufteilt, daß die Herbeiführung von der einen Seite ganz anders ausgeprägt ist, als die Herbeiführung von der anderen Seite. So ist die Wahlbestechung (StGB. § 109) nicht ein einziger Typus, sondern es sind deren zwei vorhanden: der Stimmenkauf und der Stimmenverkauf. Hätte das Gesetz eine einheitliche Formel gewählt, durch die gleichmäßig der Käufer und der Verkäufer getroffen würde (etwa wie § 205 vom „Zweikampf" spricht (ohne den Herausforderer und den Herausgeforderten zu unterscheiden), so wäre es anders. So aber ist der Tatbestand zerbrochen. Das, was ein einziger Typus sein könnte, ist es doch nach positivem Rechte nicht.

Damit ist namentlich der korrekte Standpunkt zur Beurteilung der von Freudenthal so genannten „Begegnungsdelikte" gewonnen: zwei sich begegnende Tatbestände sind Tatbestände mit einem ihnen gemeinsamen Element; aber sie sind nichtsdestoweniger zwei selbständige Tatbestände. Materielle Elementegemeinsamkeit hebt die formelle Selbständigkeit nicht auf[1]). Über den beiden Tatbeständen schwebt ein nicht selbständig vertypter Obertatbestand; aber gerade, weil dieser selber nicht vertypt ist, läßt er die Sonderbedeutung der Untertatbestände unberührt.

Wenn man sich hier darauf beruft, daß begrifflich „dasselbe Verbrechen" vorliegt, so ist das ein ὕστερον πρότερον. Denn ob begriffliche Identität des Verbrechens gegeben ist, ist in erster Linie aus der Identität des Tatbestandes zu entnehmen; nicht umgekehrt[2]).

Freudenthal beruft sich zu Gunsten der Tatbestandseinheit auf die „natürliche Einheit", auf die „innere Zusammengehörigkeit" der Einzelakte; auf die Einheitlichkeit des Begriffs, der sich aus den Einzelakten zusammensetze[3]). Allein diese innere Zusammen-

[1]) Ganz richtig Freudenthal, Wahlbestechung S. 39: es handelt sich bloß um Summanden, die zu einer Summe ohne formale Einheit zusammengefaßt werden. Zu Unrecht hat Freudenthal diese Auffassung in seinen „Notwendigen Teilnahmen" S. 28 ff. aufgegeben; unrichtig auch v. Liszt, S. 348 Anm. 4.

[2]) So ist es ein Fehlschluß, wenn v. Liszt und Freudenthal den Tatbestand des § 218 I und den des § 218 III zu einem einzigen Verbrechensbegriff machen (und damit fällt auch die von ihnen gezogene Folgerung, daß sie zu Mittäterschaft vereinigt werden können, s. u.).

[3]) A. a. O. S. 30 ff., 52—54.

gehörigkeit geht nicht so weit, daß die sich scharf getrennt gegeneinander abhebenden Tatbestände auf eine Stufe zu stellen wären mit einem Tatbestande, der bloße Modalitäten als einander gleichberechtigt aufführt (wie § 223a StGB. „Messer oder andere gefährliche Werkzeuge"). Die Tätigkeiten sind, wennschon zusammenwirkend, grundverschiedene.

Untauglich ist auch die Bezugnahme Freudenthals auf die Sprache als einen Beweis für die innere Zusammengehörigkeit, die von „Wahlbestechung" u. s. w. spreche und die Akte somit zusammenfasse. Solch sprachliche Zusammenfassung beweist eben nicht mehr und nicht weniger als die materielle Verwandtschaft der Tatbestände. Sonst könnte man ja auch mit Leichtigkeit aus dem Ausdruck „Eigentumsverbrechen" eine Identität von Diebstahl, Unterschlagung u. s. w. herleiten!

Das zeigt zugleich, daß auch mit der von Freudenthal betonten Identität des angegriffenen Rechtsguts nichts anzufangen ist[1]).

Daß das Normenschutzobjekt jedenfalls gar keine Rolle für die Abgrenzung der Tatbestände spielen kann, wird nach dem oben S. 212 ff. Ausgeführten nicht bezweifelt werden[2]). Aber auch das tatbestandsmäßige Angriffsobjekt kann dasselbe sein, ohne daß man berechtigt wäre, Tatbeständeidentität anzunehmen: man vergegenwärtige sich z. B., daß Sachbeschädigung und Diebstahl, die doch sicher verschiedene Typen sind, übereinstimmend gegen „fremde Sachen" anlaufen!

Freudenthal meint schließlich ein Argument daraus herleiten zu können, daß durch die Zerbrechung der Begegnungsdelikte in zwei Tatbestände innerlich nicht begründete Unterscheidungen bewirkt würden. Nun ist diese Bemerkung an sich richtig; sie beweist aber nur, daß sich der Gesetzgeber vergriffen, daß er den Tatbestand nicht glücklich gefaßt hat. Aus ihr erwächst also nur eine Forderung de lege ferenda (gerade so, wie es ein Fehlgriff ist, wenn der Gesetzgeber bloße Erscheinungsformen zu delicta

---

[1]) Die Ausführungen desselben Autors in seiner Wahlbestechung S. 41 ff. trafen ganz das richtige.

[2]) Z. B. sind „Brandstiftung" und „Entzündung eines Feuers im Walde" verschiedene Tatbestände, trotzdem das Normenschutzobjekt dasselbe ist.

sui generis macht). Nach Freudenthal soll freilich die Unbegreiflichkeit der sachlichen Verschiedenheit zu der Folgerung nötigen, daß der Gesetzgeber solches Unvernünftige nicht gewollt haben könne. Aber demgegenüber bleibt zu bedenken, daß man mit dem Verlassen des sicheren Bodens der Tatbestände erst recht in Ungewißheiten und technische Schwierigkeiten gerät [1]). Zudem ist der „innere Zusammenhang" eben ein bloß materiell beachtliches Moment. Die Tatbestände so, wie sie der Gesetzgeber hinstellt, bezeichnen nun einmal die Umrisse der Delikte, wie sie der Gesetzgeber sich denkt. Wer gegen die formale Behandlung der Tatbestände ankämpft, der kämpft im Grunde für imaginäre Tatbestände, die er aufgestellt hat [2]), — oder vielleicht überhaupt gegen die fixierten Tatbestände des Gesetzes. Wer dagegen die moderne Bannung des Strafrechts in starre Typen zu schätzen weiß, der wird auch Unzuträglichkeiten, die sich aus ihrer unrichtigen und unsorgfältigen Abgrenzung im Gesetz ergeben, in den Kauf nehmen. Der Vorteil wird eben nicht ohne Opfer erworben!

3. Jedenfalls beweist also die Grundstrafdrohung, daß man es de lege lata nicht mit einer bloßen Erscheinungsform zu tun hat. Auch dasjenige ist eigener Typus, was an sich nur einer relativen Strafdrohung unterfallen würde, aber durch lex specialis einer eigenen Grundstrafdrohung unterstellt ist (Versuchs- und Teilnahmefälle z. B., die zu delicta sui generis erhoben sind).

Dagegen läßt sich nicht die Regel aufstellen, daß jeder Grundstrafdrohung je ein besonderer Verbrechenstypus zu Grunde läge, jede Grundstrafdrohung einen besonderen Typus indizierte. Es findet sich vielmehr auch die Figur: Ein Typus — mehrere Grundstrafdrohungen. Strafgesetzverschiedenheit verträgt sich mit Tatbestandsidentität. Dies erklärt sich daraus, daß die Tatbestands-

[1]) Gerade die Konstruktion von Teilnahme bei den Begegnungsdelikten unter Außerachtlassung der Zweiheit der Tatbestände zeigt das recht deutlich: bei Eingeständnis dieser Zweiheit ergeben sich solche Schwierigkeiten nicht.

[2]) Imaginär ist die „höhere Einheit des Gesamterfolges", von der Freudenthal 30 ff. spricht: Die Einheit des Kaufvertrags bei der Wahlbestechung, die Lebensgefährdung der Zweikämpfer beim Zweikampf u. s. w. — Richtig E. 17 101, R. 10 18.

mäßigkeit nur eines der Verbrechenselemente ausmacht, so daß sich trotz Identität des Tatbestandes eine Verschiedenheit der Straffolge mit Rücksicht auf die Verschiedenheit der übrigen Elemente ergeben kann. Hier ist also ein einziger Tatbestand auf mehrere echte Strafgesetze verteilt.

a) Diese Erscheinung begegnet insbesondere im Hinblick auf die Verschiedenheit der Schuldstufen. Für vorsätzliche und für fahrlässige Begehung gelten ja regelmäßig verschiedene Strafdrohungen; die vorsätzliche Tötung ist trotz Typusidentität ein anderes Verbrechen als die fahrlässige. Aber auch innerhalb des Vorsatzes oder innerhalb der Fahrlässigkeit finden sich bisweilen Abstufungen mit der Wirkung je besonderer Strafdrohungen; hierher gehört z. B. der Gegensatz von Mord und Totschlag (denn der Umstand, daß nach der Fassung des Gesetzes es darauf ankommt, ob die Tat mit oder ohne Überlegung „ausgeführt ist", ändert daran nichts, daß die Überlegung ein rein psychisches, also zur Schuldseite gehöriges Element ist).

Hier bleibt überall — trotz der Mehrzahl der Strafdrohungen — der Typus immer ein und derselbe; es handelt sich in den obigen Beispielsfällen stets um „Tötung", ein besonderer Mordtypus, Totschlagstypus, Typus fahrlässiger Tötung darf nicht konstruiert werden. Handelt es sich auch um verschiedene Verbrechensarten, so doch nicht um typisch (tatbestandlich) verschiedene Verbrechensarten. Die Verschiedenheit der subjektiven Tatseite trennt wohl die Verbrechensarten, aber nicht den Tatbestand. Hieraus ergeben sich wichtige Konsequenzen besonders für die Teilnahmelehre.

b) Ein weiterer Fall von identischem Typus bei Mehrheit der Grundstrafdrohungen ergibt sich aus § 4^3 II StGB.[1]). Dem, der den Diebstahlstypus durch sein Handeln verwirklicht hat, kann es begegnen, daß er nicht von der in § 242 StGB. aufgestellten Grundstrafdrohung getroffen wird, sondern von der ins deutsche Recht adoptierten fremdrechtlichen Grundstrafdrohung. Trotz Typusidentität konkurrieren hier also zwei Grundstrafdrohungen. Dies erklärt sich daraus, daß, wenn die fremdrechtliche Strafdrohung milder ist, nur sie und nicht die eigentliche deutsche paßt;

---

1) Dazu oben S. 106.

ein durchaus außerhalb des Tatbestandes liegendes Moment ergibt also auch hier, ob die eine oder die andere Grundstrafdrohung Platz greift.

c) Aber auch durch Hinzutritt oder Fehlen von Strafdrohungsbedingungen können sich verschiedene Strafdrohungen ergeben. So betreffen z. B. §§ 177 und 178 durchaus den gleichen Verbrechenstypus Notzucht u. s. w. und stellen doch verschiedene (im Über- und Unterordnungsverhältnis stehende) Verbrechensarten dar.

Dagegen ist natürlich undenkbar, daß bei Identität sämtlicher Verbrechenselemente (der Tatbestandlichkeit, der Schuldstufe u. s. w.) verschiedene Grundstrafdrohungen desselben rechtbildenden Faktors gälten. Verschiedenheit der Rechtsfolgen bei voller Kongruenz aller Voraussetzungen würde eine Antinomie ergeben[1]).

So ergibt sich denn als Resultat:

Individueller Verbrechenstypus ist derjenige Tatbestand, für den entweder nur eine einzige Grundstrafdrohung oder aber eine nur durch außertatbestandliche Momente bedingte Mehrheit von Grundstrafdrohungen existiert[2]).

Eine Mehrheit von individuellen Verbrechenstypen liegt dagegen überall da vor, wo sich zwei mit je einer besonderen Grundstrafdrohung ausgestattete Tatbestände nicht völlig decken[3]). Deshalb muß namentlich auch jeder Tat-

---

[1]) Zwei Strafgesetze desselben Ursprungs, von denen das eine der vorsätzlichen Sachbeschädigung Gefängnis, das andere der vorsätzlichen Sachbeschädigung Geldstrafe androhte, würden sich gegenseitig aufheben, oder es müßte irgendwie ersichtlich sein, daß das eine als lex fugitiva bedeutungslos wäre.

[2]) Daher ist z. B. die erfolgreiche öffentliche Aufforderung zu strafbaren Handlungen im Sinne des § 111 I StGB. kein Typus, sondern nur Erscheinungsform der anderen Typen. Die vor der Tat zugesagte Begünstigung — § 257 III — ist Erscheinungsform des Vortattypus, die gewöhnliche Begünstigung ist eigener Typus.

[3]) Unzweifelhaft ist deshalb „Beteiligung an einer Schlägerei oder einem von mehreren gemachten Angriff“ (Raufhandel, StGB. § 227) ein besonderer Typus gegenüber dem der Tötung und dem der Körperverletzung. Der Tod oder sonstige schwere Erfolg liegen hier ja gänzlich außerhalb des Tatbestandes. Bindings Auffassung, daß es „kein Delikt des Rauf-

bestand, der eine absolute Strafdrohung nach sich zieht, auch dann als ein besonderer Verbrechenstypus angesprochen werden, wenn er sich von einem anderen, ebenfalls mit absoluter Strafdrohung versehenen Tatbestande nur dadurch unterscheidet, daß seine Voraussetzungen enger oder weiter sind, also eine teilweise Kongruenz besteht. Innertatbestandliche Zusätze heben die Identität des Typus zwar nicht auf, wenn sie nur eine relative Strafdrohung zur Folge haben (oben S. 268); sie heben sie dagegen auf, wenn sie zu einer Grundstrafdrohung führen. So ist z. B. der Einbruchsdiebstahl ein anderer Verbrechenstypus als der einfache Diebstahl, die Legitimationspapierfälschung (§ 363 StGB.) ein anderer Typus als die Urkundenfälschung u. s. w. Noch viel weniger sind natürlich solche Typen zusammenzuwerfen, die nur ein Stück gemeinsam haben, wie etwa die Sachbeschädigung, die Unterschlagung und der Diebstahl mit Rücksicht auf die „fremde Sache", die für sie gemeinsam als Objekt in Betracht kommt.

Das Verhältnis des qualifizierten und des privilegierten zum Grunddelikt ist also — sofern das Qualifikations- oder Privilegierungsmoment ein innertatbestandliches ist — entgegen der bisher üblichen Auffassung nicht so aufzufassen, als stehe nur ein Typus in Frage; es handelt sich vielmehr um verschiedene selbständige Typen. Anders natürlich, wenn das Qualifikations- ꝛc. -Moment außerhalb des Tatbestandes liegt, wie in § 178 StGB. (oben S. 275—276); anders auch, wenn es nur relative Strafdrohung nach sich zieht, wie in MStGB. §§ 53, 55 (oben S. 268).

Die Sondertypizität der tatbestandlich qualifizierten oder privilegierten Vorkommnisse mit eigener Grundstrafdrohung erweist sich als technischer Vorteil namentlich da, wo das Qualifikations- oder Privilegierungsmoment einheitlich zu verschiedenen Ausgangstypen hinzutritt. Folgen wir z. B. für § 370[5] StGB. der — richtigen — Auslegung, daß „entwenden" sowohl das diebliche Wegnehmen (§ 242) wie auch das unterschlagende Behalten (§ 246) umfaßt; oder für §§ 260, 261 der — ebenfalls zutreffenden — Auslegung, daß „Hehlerei" hier sowohl die Personen-

handels", sondern nur „Teilnahme am Raufhandel", keinen Vorsatz des Raufhandels und keinen Versuch gebe — Lehrb. 1 [2] 75 — scheint mir vollständig gegen das positive Recht zu sein.

hehlerei wie die Partiererei umfaßt, so müssen sich für den, der die Sondertypizität für §§ 370⁵, 260, 261 leugnet, unüberwindliche Schwierigkeiten ergeben; es wäre z. B. alsdann nicht möglich, den Mundräuber zu verurteilen, wenn nicht feststände, ob er weggenommen oder behalten hätte[1]). Die Schwierigkeiten erledigen sich bei Anerkennung der eigenen Typizität.

Einer Einschränkung bedarf das Gesagte nur insofern, als nur die sog. benannten Qualifizierungs- und Privilegierungsmomente Sondertypizität zu verleihen im stande sind. Die — legislatorisch ja ganz verunglückte — Aufstellung „mildernder Umstände", „besonders leichter Fälle" hat mit dem Verbrechenstypus überhaupt nichts zu tun, auch wenn eine in sich abgeschlossene Strafdrohung angesetzt wird. Denn hier entscheidet über das Eingreifen der primären oder der geminderten Strafdrohung doch nur der einzelne Fall; es bliebe unerkennbar, durch welche Momente sich denn z. B. der schwere Diebstahl mit mildernden Umständen typisch, also generell unterscheiden sollte von dem schweren Diebstahl ohne solche. Nur die größere oder geringere Schwere der einzelnen Tatbestandsverwirklichungsfälle steht in Frage, nicht eine innerbegriffliche Sonderung[2]).

Derjenige, der das qualifizierte und das einfache Delikt als typisch verschieden behandeln will, wird den Einwand zu gewärtigen haben: die inhaltliche Teilübereinstimmung der Tatbestände nötige doch zu einer anderen Auffassung. Aber dieser Einwand ginge fehl. Er vermengt miteinander die individuelle Selbständigkeit eines Typus mit der Verwandtschaft der Typen untereinander. Vielzahl der Typen bedeutet aber nicht inhaltliche Eigenart in vollem Umfang. Wie Vater und Sohn oder Bruder und Bruder selbständige Persönlichkeiten sind trotz des gleichen Geblüts, so steht auch die innere Verwandtschaft der

---

[1]) Vgl. § 26.

[2]) Damit ist auch gleichzeitig die Frage erledigt, ob § 59 StGB. auf das Vorhandensein mildernder Umstände zu erstrecken sei. Da die mildernden Umstände nicht zum Tatbestande gehören, so ist verneinend zu antworten: der Glaube des Täters an das Vorliegen mildernder Umstände zwingt nicht zur Anwendung des herabgesetzten Strafrahmens, nur kann je nach Lage des Falles dieser Glaube selber als „mildernder Umstand" aufgefaßt werden.

Tatbestände ihrer individuellen Ausprägung nicht entgegen. Man mache doch die Probe: Gesetzt, § 242 StGB. würde aufgehoben, so würde doch § 243 unberührt bleiben; der Verbrechenstypus „einfacher Diebstahl" wäre verschwunden, der Verbrechenstypus „schwerer Diebstahl" (oder richtiger die Verbrechenstypen Einsteigediebstahl, Einbruchsdiebstahl u. s. w.) wären geblieben. Das wäre doch nicht möglich, wenn nicht schon vorher § 243 seine eigene Typizität gehabt hätte.

V. Die Individualität der Verbrechenstypen ist von unmittelbarer Bedeutung für die Zuweisung an die Kategorie der „Verbrechen im engeren Sinne, Vergehen und Übertretungen" nach § 1 StGB. Ein und derselbe Typus kann zwar mit Rücksicht auf die durch außertatbestandliche Momente bedingte Mehrheit der Strafdrohungen[1]) in verschiedenen Klassen untergebracht werden (vorsätzliche Tötungen Verbrechen, fahrlässige Tötung Vergehen); dagegen ist er sonst immer nur entweder Verbrechen oder Vergehen oder Übertretung ohne Rücksicht auf das Platzgreifen einer relativen Strafdrohung (so ist die versuchte Tat, die Beihilfe, die unter § 53 MStGB. fallende Tat mit Notwendigkeit je nach der Grundstrafdrohung als Verbrechen oder Vergehen oder Übertretung zu charakterisieren).

Umgekehrt ist jeder Typus für sich zu rubrizieren. Der Einbruchsdiebstahl ist Verbrechen, der einfache Diebstahl Vergehen u. s. w. Daß die mit mildernden Umständen ausgestattete Tat nicht besonders rubrizierbar ist, ist nach dem oben Gesagten selbstverständlich: sie ermangelt eben der Sondertypizität[2]).

Typus und Nichttypus sind ferner von unterschiedlicher Bedeutung für die Charakterisierung einer Straftat als „militärisches Verbrechen oder Vergehen" im Sinne des § 1 MStGB. Nur selbständige, d. h. durch Grundstrafdrohung gedeckte Typen sind der Einreihung in die Klassen der delicta communia und militaria

---

[1]) Oben S. 275—276.

[2]) Dies gilt auch für den Totschlag mit mildernden Umständen im Falle des § 213 StGB.: er ist Verbrechen. Dagegen ist der im gleichen Paragraphen genannte Totschlag auf Provokation ein eigener Deliktstypus, folglich selbständig zu rubrizieren und somit angesichts der Strafdrohung ein Vergehen. Vgl. auch Erlanger, Die ... Bedeutung des § 213 StGB., 1903.

fähig. Deshalb ist der Kameradendiebstahl, weil von einer Grundstrafdrohung betroffen (MStGB. § 138), ein militärischer Deliktstypus. Dagegen vermögen die bloß relativen Straferhöhungsgründe des § 55 MStGB. einem von einer Militärperson begangenen bürgerlichen Delikt nicht den Charakter als Militärdelikt aufzudrücken [1]).

VI. Mit dem hiervor Ausgeführten ist gleichzeitig ein streng positivrechtliches Ergebnis erzielt: die Verbrechenstypen sind aus den Strafgesetzen selber abgeleitet, nicht a priori gewonnen. Wer a priori konstruierend die Tatbestände sui generis von den bloßen Erscheinungsformen scheiden wollte, würde vielfach zu ganz anderen Ergebnissen gelangen. Ihm würde z. B. der Tatbestand der Lohnabtreibung (StGB. § 219) wohl nur als bloße Erscheinungsform des Typus § 218 erscheinen. Aber die Konsequenzen, die daraus abflössen, würden dann auch mit dem geltenden Recht unvereinbar sein. Ist die Umreißung der Tatbestände selber ein mehr oder weniger willkürlicher Akt des Gesetzgebers, so kann dieser natürlich auch dasjenige, was im juristischen Begriffshimmel bloße Erscheinungsform eines Tatbestandes ist, selbständig vertypen, wie er auch umgekehrt das, was wert wäre, selbständiger Typus zu sein, in die Rolle einer bloßen Erscheinungsform hinabdrücken kann. Ob das wohlgetan ist, ist eine rechtspolitische Frage [2]). Der Anwender der Strafgesetze aber hat sich an das Gesetz, wie es ist, zu halten. Dadurch, daß etwas, was „an sich" Erscheinungsform eines Typus wäre, zum eigenen Tatbestande erhoben worden ist, ist die Untersuchung auf einen anderen Boden verpflanzt: es handelt sich nicht mehr um das Verhältnis eines Typus zu seiner Erscheinungsform, sondern um das Verhältnis selbständiger, wenn auch in sachlicher Beziehung zueinander stehender Typen. Im Gesetz nicht durchgeführte Erscheinungsformen interessieren eben de lege lata nicht. Was das Gesetz als Typus behandelt, müssen auch wir als Typus behandeln [3]). Eine besonders wichtige Folge-

---

[1]) So die gemeine Meinung. Dagegen M. E. Mayer, Die allgemeinen Strafschärfungsgründe des Deutschen Militärstrafgesetzbuchs, S. 25 ff.

[2]) Vgl. unten das Schlußwort § 64.

[3]) Wenn Binding, Normen 1^2 112, der zum delictum sui generis erhobenen Erscheinungsform die Eigenheit absprechen will, so beruht dies

rung ist die, daß die zum Typus erhobene Erscheinungsform selber wieder Erscheinungsformen aufweisen kann (z. B. Versuch des „Mordversuchs am Kaiser" nach § 80 StGB.) und daß sie selber — z. B. auch im Sinne des § 46 StGB. — nicht als bloße Erscheinungsform behandelt werden kann.

Natürlich darf auf der anderen Seite die Verwandtschaft verschiedener Tatbestandsindividuen nicht übersehen werden. Darf man auch individuell ausgeprägte Tatbestände nicht um ihrer Verwandtschaft willen zu einem einheitlichen Typus zusammenschweißen[1]), so muß man sie doch gruppenweise zur Familie vereinigen, und daraus ergeben sich wichtige Schlüsse. Typen mit gemeinsamen Elementen sind eben etwas anderes als völlig disparate Typen; sie nähern sich, ohne ihre individuelle Selbständigkeit zu verlieren, dem Einheitstypus an. Dies führt zu dem Problem des Verhältnisses der einzelnen Typen zueinander, das im nächsten Paragraphen untersucht werden soll.

§ 26.

II. Das Verhältnis der Verbrechenstypen zueinander.

Die im vorigen Paragraphen herausgemeißelten Verbrechenstypen können unbeschadet ihrer Sonderexistenz untereinander inhaltlich in Beziehung stehen. Die Grundstrafdrohung verleiht ihrem Tatbestande formelle Selbständigkeit und Absonderung von anderen Typen, sie löst aber nicht die inhaltlichen Beziehungen zwischen den Typen. Die Klarstellung dieser Beziehungen ist für ihre richtige Anwendung unerläßlich.

Nun sind die Verbrechenstypen reine Begriffe[2]). Zwischen

---

auf seiner Grundanschauung, die das Strafrecht lediglich auf dem Grunde von typischen Normen aufbauen will und damit den positivrechtlichen Tatbeständen nicht gerecht wird. Geht man, wie man es de lege lata tun muß, von letzteren aus, so kommt eine Verwandtschaft im Punkte der Normwidrigkeit für die Verbrechenskonstruktion nicht in Betracht, es genügt, wie immer, die Feststellung, daß die typische Handlung rechtswidrig ist. Vgl. oben S. 118 ff.

[1]) Deshalb eben Sonderbehandlung z. B. für die Trichotomie, oben S. 279.

[2]) S. oben S. 111.

ihnen können also Verhältnisse eben nur in der Weise obwalten, wie sie zwischen Begriffen denkbar sind.

Undenkbar ist somit zwischen ihnen ein Bedingungsverhältnis. Kein Begriff ist bedingt. Und da die dem Juristen geläufige Denkform der Subsidiarität nichts anderes ist als ein Bedingungsverhältnis, so ist die heute bisweilen begegnende Lehre, daß gewisse Verbrechenstatbestände einander subsidär seien, ohne weiteres abzulehnen[1]).

Die logisch möglichen Verhältnisse zwischen den Typen erschöpfen sich in folgendem Schema:

1. Die Bejahung des einen Typus bedeutet gleichzeitig mit Notwendigkeit die Verneinung des anderen und umgekehrt: es besteht zwischen ihnen ein Gegensatz, wie etwa zwischen den Begriffen Leben und Verstorbensein: Verhältnis der Exklusivität oder Gegensätzlichkeit.

Ein solches liegt z. B. zwischen Diebstahl und Unterschlagung vor. Solche Tatbestände lassen hinsichtlich der durch sie gedeckten Punkte eine Vereinigung nicht zu. Eine Handlung kann nur dem einen oder dem anderen Typus zugesprochen werden (scil. bezüglich derselben Punkte)[2]). So ist Diebstahl eben Wegnahme, Unterschlagung undiebische Zueignung.

Die gegensätzlichen Tatbestände stehen miteinander auf gleicher Höhe (im Gegensatz zu den unten sub 2 genannten); aber jeder von ihnen widerstrebt dem anderen. Wer sie anwenden will, hat sich für einen von beiden zu entscheiden. Läßt sich nicht feststellen, welcher in concreto Platz greife, so ist Freisprechung geboten. Die Exklusivität der Tatbestände zieht ferner für die Dolusfrage Konsequenzen nach sich: Wer objektiv den Typus x erfüllt, aber dabei den Dolus nicht des Typus x, sondern des gegensätzlichen, objektiv nicht vorliegenden Typus y hat, ist weder strafbar aus Typus x: es fehlt an der subjektiven Tatseite; noch aus Typus y: es fehlt an der objektiven Tatseite. So muß glatte Freisprechung desjenigen erfolgen, der mit Diebstahlsvorsatz objektiv

---

[1]) Wohl aber können Strafgesetze einander subsidiär sein. Vgl. unten § 31.

[2]) Diebstahl an der Sache x könnte dagegen mit Unterschlagung an der Sache y konkurrieren.

unterschlagen, wie desjenigen, der mit Unterschlagungsvorsatz objektiv gestohlen hat. Das mag de lege ferenda bedauerlich sein, ist aber die logische Folge aus der Typizität und ihrer Bedeutung für den Vorsatz[1]).

Eine besondere Anwendung erfährt das Gesagte auf die Zueignung einer im Mitgewahrsam des Täters stehenden Sache. Die herrschende Lehre nimmt hier ohne weiteres Diebstahl an[2]). Nun ist hieran richtig, daß jedenfalls nicht Idealkonkurrenz von Diebstahl und Unterschlagung behauptet werden kann, ungeachtet des Umstandes, daß tatsächlich eine und dieselbe Handlung Wegnahme aus dem Mitgewahrsam des anderen und Zueignung aus eigenem Gewahrsam darstellen kann. Aber weshalb soll hier der Diebstahl den Vorrang haben? Könnte man doch mit demselben Recht behaupten, daß, wenn der Täter überhaupt Mitgewahrsam hatte, der Unterschlagungscharakter besser zutreffe und somit prävaliere. Richtig kann vielmehr nur sein, daß es darauf ankommt, wessen Gewahrsam im konkreten Falle der tatsächlich stärkere war. Ist das tatsächliche Band, das die Sache mit dem Täter verknüpft, das stärkere, so ist die Handlung nur sekundär ein „Wegnehmen", folglich als Unterschlagung aufzufassen. Ist umgekehrt die Herrschaft des anderen die stärkere, so steht der Wegnahmecharakter der Tat derart im Vordergrund, daß diese als Diebstahl erscheint. So wird man unbedingt denjenigen, der eine Sache für den auf Reisen befindlichen Eigentümer verwahrt und sie sich zueignet, nur wegen Unterschlagung verurteilen dürfen, auch wenn man dem Eigentümer Mitgewahrsam zuspricht. Ebenso den allein im Laden befindlichen Handlungsgehilfen, der einen Griff in die Ladenkasse tut. Dagegen wird man den Handlungsgehilfen, der bei Anwesenheit des Prinzipals im Laden solchen Griff tut, als Dieb charakterisieren müssen, auch wenn er als Mitgewahrsamsinhaber aufzufassen ist. Hier prävaliert die diebliche Erlangung über das diebliche Behalten; dort dagegen umgekehrt das diebliche Behalten über das diebliche Erlangen der Sache.

2. Oder die Bejahung des einen Typus bedeutet gleichzeitig mit Notwendigkeit die Bejahung des anderen: Verhältnis zwischen

[1]) Vgl. oben S. 185 ff.

[2]) Vgl. z. B. E. 2 1, 21 16, 30 88, R. 7 302.

dem weiteren und dem engeren Begriff, dem Oberbegriff und dem Unterbegriff, den jener aus sich entlassen hat: die Bejahung des Unterbegriffs ist gleichzeitig notwendig Bejahung des Oberbegriffs — nicht aber umgekehrt („Eiche“ — „Baum“). Verhältnis der Spezialität (Über- und Unterordnung).

Dies trifft zu bei den als Sondertypen ausgeprägten qualifizierten und privilegierten Tatbeständen im Verhältnis zueinander und zum einfachen Typus.

Konstruktiv liegt hier die Sache so, daß jeder niedere Typus tatbestandlich nur dann Eigenbedeutung hat, wenn das Qualifikationsmoment nicht vorliegt, entsprechend auch das Verhältnis zwischen privilegiertem und Grunddelikt. Nun könnte uns hier scheinbar § 59 StGB. einen Streich spielen wollen. Wenn nämlich der Täter objektiv den Tatbestand mit Qualifikationsmoment erfüllt hat, während sein dolus nur auf den einfachen Tatbestand gerichtet war, so scheint die Folgerung geboten, daß — wie bei Exklusivität der Typen, oben S. 282 — Freisprechung geboten sei: daß der qualifizierte Tatbestand mangels des dolus, der einfache mangels der objektiven Tatseite (Nichterfülltsein der auf Fehlen des Qualifikationsmoments lautenden negativen Bedingung) unanwendbar sei. Aber hier wird gerade der Unterschied zwischen dem majus-minus-Verhältnis und dem Exklusivitätsverhältnis bedeutsam. Nach § 59 StGB. nämlich wirkt ja das subjektive Fehlen eines Tatbestandselements ganz so wie sein objektives Nichtvorhandensein. Wird also festgestellt, daß der Dieb zwar objektiv Waffen bei sich führte (StGB. § 243 [5]), daß er das aber nicht wußte, so hat das zur Folge, daß dieses Moment nicht berücksichtigt wird: es steht also nichts mehr im Wege, den Typus des einfachen Diebstahls (Diebstahl ohne Waffen) anzuwenden. Es ist eben etwas anderes, ob man jemanden, auf den der majus-Tatbestand nicht anwendbar ist, nicht wenigstens wegen des minus-Tatbestands fassen kann — etwas anderes, ob es sich um Tatbestände handelt, die im aliud-aliud-Verhältnis stehen.

Ganz nach derselben Regel ist der Fall zu behandeln, daß objektiv der Typus ohne Privilegierungsgrund vorliegt, während der Täter letzteren als vorhanden annahm, z. B. daß jemand einen Menschen unverlangt tötete, während er ein ernstliches

Tötungsverlangen annahm. Hier darf einmal in analoger Anwendung des § 59 keine Verurteilung unter Zugrundelegung des unprivilegierten Tatbestandes erfolgen, andererseits aber auch keine Freisprechung, sondern Verurteilung wegen des privilegierten Tatbestandes; dieser als das minus liegt im Sinne des Gesetzes eben, wiewohl es objektiv an dem Privilegierungsgrunde fehlt, vor, weil der Glaube des Täters daran dem objektiven Vorliegen zu seinen Gunsten gleichsteht.

Das materiellrechtliche Verhältnis von Ober- und Untertypus wird selbstverständlich dadurch nicht alteriert, daß das qualifizierte oder das privilegierte Delikt einen besonderen Namen führen. Für den Raub im Verhältnis zum Diebstahl, für den Mord (scil. unter Ausschaltung des gegenüber § 211 StGB. selbständig vertypten Mordversuchs am Kaiser u. s. w.) ungeachtet seines besonderen Namens als „Hochverrat" im Verhältnis zum Morde gilt trotz seiner Sonderbenennung alles Vorstehende gerade so gut, wie für den schweren Diebstahl im Verhältnis zum einfachen. Ob auch prozessual, besonders im Hinblick auf StPO. §§ 294, 295, gleiche Behandlung einzutreten hat, ist hier nicht zu untersuchen.

3. Oder endlich die Bejahung des einen Typus ist weder Bejahung noch Verneinung des anderen Typus: Verhältnis der Neutralität (wie etwa zwischen Bahnhof und Bierwirtschaft; Bett und Sofa). Die Typen stehen lose nebeneinander, sie haben weder eine hassende, noch eine liebende Beziehung zueinander, sie sind verschieden voneinander, aber ohne Widerstreben gegeneinander (Bahnhofsrestauration, Schlafsofa!). Das gilt z. B. für Sachbeschädigung und Körperverletzung, für Beleidigung und Bedrohung in ihrem gegenseitigen Verhältnis.

Dieses Neutralitätsverhältnis waltet insbesondere auch zwischen mehreren Untertypen, die zu einem und demselben Obertypus gehören, ob, und zwar sowohl zwischen mehreren qualifizierten Typen untereinander, wie zwischen mehreren privilegierten Typen untereinander; wie endlich zwischen einem qualifizierten zu einem privilegierten Typus.

In besonderer Weise heben sich aber aus der Masse der gegeneinander neutralen Typen diejenigen heraus, die in einem Wertverhältnis, einem plus-minus-Verhältnis stehen. Es gibt Typen, die anderen Typen gegenüber als Typen zweiten Ranges erscheinen. Dies ist überall da der Fall, wo bloße Vorbereitungs- oder Nebenhandlungen selbständig vertypt (zu delicta sui generis gemacht) sind. Solche Typen würden ja an sich mit dem eigentlichen Ausführungstypus zusammen den „weiteren Tatbestand" bilden[1]), treten also trotz ihrer nunmehrigen Eigentypizität nur in untergeordneter Stellung auf. Wer einen solchen Tatbestand verwirklicht, begeht also ein „Weniger" als der, der den Haupttypus verwirklicht. Zwischen den Typen besteht also ein Verhältnis wie zwischen Hauptsache und Zutat, ein „Nur-" oder „Sogar-Verhältnis".

4. Dagegen erzeugt über die Fälle ad 3 hinaus der Umstand, daß zwei Tatbestände ein oder mehrere Elemente materiell gemeinsam haben, kein besonderes Verhältnis zwischen ihnen. Dies gilt schon von der Gemeinsamkeit ausdrücklich im Tatbestande genannter Elemente: Sachbeschädigung und Diebstahl haben die „fremde Sache" miteinander gemein, stehen aber gleichwohl um deswillen nicht anders nebeneinander als andere Tatbestände auch[2]).

Noch mehr aber scheiden sich die Tatbestände voneinander, die man mit Rücksicht auf ein jenseit ihrer liegendes Element zu einem Tatbestandsganzen zusammenfassen könnte, die aber eben das Gesetz selber getrennt hat. Dies ist namentlich für die in zwei Sondertatbestände zerlegten Begegnungsdelikte von Bedeutung[3]). Der imaginäre Zielpunkt, der ihnen gemeinsam ist, bringt sie nicht in Abhängigkeit zueinander.

---

[1]) Oben § 24 I—V.

[2]) Und zwar ist in dem gewählten Beispielsfalle das Verhältnis der Exklusivität gegeben, weil die Wegnahme in Zerstörungs- oder Beschädigungsabsicht, wiewohl an sich unter die Wegnahme in Zueignungsabsicht fallend, als in den (weiteren) Tatbestand des § 303 StGB. hineinfallend zu gelten hat.

[3]) Vgl. oben S. 272 ff.

§ 27.

III. Das Verhältnis des Verbrechenstypus zu seinen Erscheinungsformen.

I. Erscheinungsform eines Tatbestandes ist nach dem oben [1]) Festgestellten eine Tatbestandsbesonderheit ohne eigene Typizität. Daraus ergibt sich, daß es sich immer nur um tatbestandliche Zusätze zu einem Verbrechenstypus handeln kann. Wenn deshalb traditionell die Lehre von Handlungseinheit und -mehrheit, von Ideal- und Realkonkurrenz dem Abschnitte „Erscheinungsformen des Verbrechens" einverleibt wird [2]), so ist dies unrichtig, wie Radbruch [3]) richtig hervorgehoben hat. Denn für die sog. Handlungseinheit handelt es sich nur darum, ob mehrere Handlungen zusammen als einmalige Verwirklichung eines Typus aufgefaßt werden, der Typus selber „erscheint" in einer einzigen Gestalt; die Idealkonkurrenzlehre ferner behandelt die mehrfache Unterstellung einer Handlung unter denselben Typus oder ihre Unterstellung unter mehrere Typen: wiederum erscheint der Typus ohne Änderung, nur die faktische Koinzidenz der Typen kommt in Frage; noch viel deutlicher ist es für die Realkonkurrenz, daß keine typische Sondergestaltung in Frage steht.

Die Identität des Typus für Urform und Spielart ist nun überall da von Wichtigkeit, wo das Gesetz den Typus schlechtweg — „Beleidigung", „Körperverletzung", „Zweikampf", „Hochverrat", „Münzverbrechen" u. s. w. — erwähnt. Hier muß allenthalben in dubio von der Auslegungsregel ausgegangen werden, daß die sämtlichen Erscheinungsformen dieses Typus mitgemeint sind (vorbehaltlich natürlich der Möglichkeit, daß der Zusammenhang der einzelnen Gesetzesbestimmung darauf hindeutet, daß nur die Urform des Typus gemeint ist). Spricht z. B. das Gesetz von „Diebstahl", so sind in dubio Diebstahlsversuch und Diebstahls-

---

[1]) S. 268 ff.

[2]) So v. Liszt, Lehrb., 1. Buch, 2. Abschn.; auch meine Grundzüge 2. Aufl. § 41.

[3]) Handlungsbegriff S. 70. Vgl. auch Stooß, Schweiz. Zeitschr. f. StrR. 17 2.

teilnahme mitgetroffen; spricht es von „Fahnenflucht", so fällt darunter auch die von Vorgesetzten mit Untergebenen gemeinsam begangene, nach § 55 MStGB. erhöht strafbare Fahnenflucht [1]) u. s. w. Dies gilt z. B. für StGB. §§ 244, 4 [1], für GVG. §§ 27, 75, für MStGO. §§ 2, 3, 4, 5 [2], 11, 15, 16, 63 u. s. w. Es kann daher z. B. im Falle des § 4 MStGO. auch der Körperverletzungsanstifter den bürgerlichen Gerichten übergeben werden. Es genügt zum Rückfalldiebstahl nach § 244 StGB. auch Vorbestrafung wegen Diebstahlsteilnahme und Diebstahlsversuchs.

Hiernach beantwortet sich auch die Frage [2]), ob der Gehilfe eines Bußdelikts bußpflichtig sei, in bejahendem Sinne [3]). Dagegen wird für selbständige, wenn auch verwandte Typen (namentlich für selbständig vertypte Erscheinungsformen) eine solche allgemeine Auslegungsregel nicht aufstellbar sein. Ob z. B. unter „Diebstahl" außer dem Typus „einfacher Diebstahl" auch der schwere Diebstahl und der Mundraub mitgetroffen sein sollen, unter „Körperverletzung" auch die schwere Körperverletzung, wird Sache der Spezialauslegung im einzelnen Falle sein. So ist ja z. B. für § 244 StGB. klar, daß der Mundraub nicht geeignet ist, Diebstahlsrückfallstrafe zu begründen. Desgleichen fällt die Anreizung zum Zweikampf nicht unter MStGO. § 5 [2]. Überhaupt wird man im allgemeinen davon auszugehen haben, daß verwandte Typen nicht mit gemeint sind, und nur da das Gegenteil annehmen dürfen, wo der Name des Typus in einem über diesen hinausreichenden Sinne, also untechnisch, gebraucht ist. Es macht sich hier störend geltend, daß nicht jeder Typus seine eigene feste Bezeichnung erfahren hat, was freilich de lege ferenda sehr wünschenswert wäre.

---

[1]) Vgl. oben S. 268.

[2]) Vgl. einerseits Olshausen 14 zu § 188 — bejahend —, andererseits Wächter, Buße 79, Binding, Grdr. § 102, Ötker GS. 66 335 — verneinend.

[3]) Wenn Ötker a. a. O. dementgegen ausführt, die Buße knüpfe an „Beleidigung, Körperverletzung" u. s. w. an, der Gehilfe aber begehe nicht „Beleidigung", sondern unterstütze sie nur, so ist der vorstehend gesperrte Satz eben nicht richtig. Auch der Gehilfe begeht die Tatbestandsverwirklichung, nur in einer besonderen Erscheinungsform.

II. Soll nunmehr das Verhältnis des Typus zu seinen Erscheinungsformen bestimmt werden, so bedarf es vorab noch einer sprachlichen Klarstellung. Man denkt bei „Erscheinungsformen" regulär nur an die besonderen Bildungen eines Typus, Versuch, Anstiftung, Beihilfe, und in diesem Sinne ist der Ausdruck auch bisher verwendet worden. Aber in einem weiteren Sinne ist auch der unmodifizierte Tatbestand selber eine „Erscheinungsform" des Typus, nämlich die Gestalt, in der er am reinsten „erscheint": auch die täterschaftlich begangene vollendete Tötung ist eine Anwendung des Begriffs „Tötung". Man kann mit Rücksicht hierauf die abgeleiteten Erscheinungsformen der Urform des Typus, dem originären, reinen, direkten Typus, entgegenstellen.

Das Verhältnis eines Typus zu seinen Erscheinungsformen in diesem Sinne ist nun das des Oberbegriffs zu seinen Unterbegriffen. Der Oberbegriff „Tötung" z. B. erscheint in den Unterbegriffen „vollendete und versuchte Tötung", „täterschaftliche Tötung, Tötungsanstiftung, Tötungsbeihilfe" u. s. w. Es ist deshalb ohne weiteres klar, daß eine Tat nicht in der Weise unter einen Typus und seine Erscheinungsformen subsumiert werden kann, daß sich kumulative Subsumtion ergäbe: man kann nicht sagen, jemand habe durch eine Tat einen Diebstahl und einen vollendeten oder versuchten Diebstahl an derselben Sache begangen. Statt des „und" müßte es vielmehr heißen „und zwar". Und es bedarf sogar stets, um zur Verurteilung zu gelangen, der Feststellung der Erscheinungsform, in der der Tatbestand vorliegt. Es kann niemand wegen „Diebstahls" = aus dem Diebstahlstypus verurteilt werden, ohne daß ersichtlich würde, welche Erscheinungsform vorliegen soll, ob die Urform oder eine abgeleitete. Dem Typus als dem Oberbegriff gilt ja keine Strafdrohung: die Strafdrohung gilt der Urform (als Grundstrafdrohung) oder den abgeleiteten Erscheinungsformen (als relative Strafdrohung).

Zwischen den Erscheinungsformen eines Typus unter sich dagegen waltet, ähnlich wie zwischen selbständigen Typen, teils das Verhältnis der Neutralität, teils das der Spezialität, teils das der Exklusivität ob.

a) Die Erscheinungsformen beruhen klassenweise auf verschiedenen Einteilungsprinzipien. Die Einteilung in Vollendung und Versuch ist etwas ganz anderes als die Einteilung in Täterschaft, Anstiftung und Beihilfe, und weiter grundverschieden von der Einteilung in einfaches und nach § 55 MStGB. erhöht strafbares Delikt. Diese verschiedenen Klassen von Erscheinungsformen stehen neutral nebeneinander. Eine Erscheinungsform der Klasse 1 bedeutet weder Bejahung noch Verneinung einer der Erscheinungsformen von Klasse 2 oder 3.

b) Das einfache Delikt und seine erhöht strafbare Erscheinungsform stehen im Verhältnis der Spezialität. Jenes erscheint als der Oberbegriff, dieses als der durch Artmerkmale charakterisierte Unterbegriff. Das Verhältnis ist ganz das gleiche wie zwischen einem Obertypus und einem selbständig vertypten privilegierten oder qualifizierten Delikt[1]); es macht in dieser Hinsicht keinen Unterschied aus, daß hier die Qualifikation nur zu einer relativen Strafdrohung führt.

c) Die verschiedenen Formen der Beteilignng (als Täter, Anstifter, Gehilfe) endlich verhalten sich neutral zueinander. Exklusivität ist hier nur in dem Sinne gegeben, daß man von dem Täter nicht auch sagen kann, er sei sein eigener Anstifter oder Gehilfe gewesen. Dagegen steht nichts im Wege, von dem Täter auszusagen, er sei Anstifter oder Gehilfe eines Mitbeteiligten gewesen. In diesem Sinne enthält also der Begriff der Täterschaft weder Verneinung noch Bejahung der Anstiftung und Beihilfe, und entsprechend stehen Anstiftung und Beihilfe lose nebeneinander.

Nur bleibt hier noch zu beachten, daß zwischen „Ausführung" (als Täter) und bloßer „Teilnahme" ein Wertverhältnis, ein plus-minus-Verhältnis besteht. Wie unten noch des Genaueren auszuführen[2]), bedeutet Anstiftung und Beihilfe begrifflich die Vornahme einer Vorbereitungs- oder Nebenhandlung. Im Zusammenhalt mit dem oben S. 286 Ausgeführten ergibt sich also, daß Teilnahme das Geringere, Täterschaft das Wichtigere, das

---

[1]) S. oben S. 284.

[2]) § 47 ff.

plus, ist. Die Täterschaft präponderiert, mitlaufende Teilnahme ist wenig bedeutsame Zutat.

§ 28.

IV. Tatbestandsindividualität und konstitutive Elemente des Tatbestandes.

Konstitutive Tatbestandsmerkmale sind diejenigen, aus denen sich der Typus begrifflich zusammensetzt. Ihren konträren Gegensatz bilden die nicht konstitutiven Merkmale = solche Umstände, die begrifflich für den Typus gleichgültig sind, wie etwa die Länge einer zugefügten Wunde für StGB. § 223. Ihren kontradiktorischen Gegensatz bilden die destruktiven Momente = solche Umstände, die der kontradiktorische Gegensatz eines Tatbestandsmerkmals sind, was insbesondere für die gegeneinander exklusiven Typen in Betracht kommt[1]).

Zu unterscheiden sind selbstverständlich die konstitutiven Momente der Typusurform und die konstitutiven Momente der Erscheinungsformen.

So deutlich hiernach aber auch der Begriff der konstitutiven Merkmale hervortritt, so darf doch nicht die Relativität des Begriffs übersehen werden. Es fragt sich eben immer: Für welchen Typus (Urform oder Erscheinungsform) konstitutiv? Es kann natürlich sein, daß ein Umstand für den einen Typus konstitutiv, für einen anderen es nicht ist. Damit ist der Weg geebnet zur richtigen Erfassung des sog. Gegensatzes zwischen konstitutiven und bloß straferhöhenden oder -vermindernden Umständen, und überhaupt zur vollen Einsicht in das Wesen der Straferhöhungs- und Minderungsgründe in ihrer ganzen Disparatheit.

a) Ein wirklicher einschneidender Gegensatz besteht zwischen konstitutiven Merkmalen und solchen Straferhöhungs- und Strafverminderungsgründen, die überhaupt keinen tatbestandlichen Charakter haben. Wie oben gezeigt[2]), ist ja keineswegs bei Identität des Typus die Strafdrohung immer nur eine, sondern es können

[1]) Vgl. oben S. 282.
[2]) S. 275 f.

an einen Typus mit Rücksicht auf außertypische Umstände, insbesondere Schuldmomente und tatbestandsfremde Sachverhaltsbedingungen, verschiedene Strafdrohungen angeschlossen sein; so kann sich eine Straferhöhung oder -Verminderung ergeben, die mit dem Typus gar nichts zu tun hat. Beispiel: § 178 gegenüber § 177 StGB. Solche Straferhöhungs- und Strafverminderungsgründe sind also schlechterdings keine typisch-konstitutiven.

b) Anders steht es mit den in das Tatbestandliche hineinfallenden Straferhöhungs- und -Minderungsgründen. Sie sind selbstverständlich für den Typus oder für die Erscheinungsform des Typus, die von ihrem Vorliegen abhängt, konstitutiv, in anderer Relation betrachtet dagegen nicht konstitutiv.

α) Hängt nämlich von dem betreffenden Umstande nur die Anwendung einer abgeleiteten Erscheinungsform des Typus mit schwererer oder geringerer Strafbarkeit ab, so ist er natürlich für die Urform des Typus kein konstitutives Element, sondern ihr gegenüber ein „bloßer Straferhöhungs- u. s. w. -grund", für die Erscheinungsform selber dagegen ist er konstitutiv.

So ist das Nichtvollendetsein der Tat für den Begriff „Versuch" konstitutiv, für die Begriffe Tötung, Diebstahl u. s. w. dagegen ein bloßer Strafminderungsgrund. Ebenso ist die gemeinschaftliche Begehung durch Vorgesetzte mit Untergebenen konstitutiv für die Erscheinungsform z. B. der Fahnenflucht als erschwerte im Sinne des § 56 MStGB.; für den Begriff der Fahnenflucht ist sie ein bloßer Straferhöhungsgrund.

β) Gleichermaßen sind die tatbestandlichen Umstände, deren Vorliegen zur Anwendung einer anderen Grundstrafdrohung y, also zu einem neuen Verbrechenstypus y führt, während bei ihrem Fehlen Typus x und Grundstrafdrohung x eingreifen, für Typus y konstitutiv, für Typus x bloße Straferhöhungs- oder Minderungsgründe. So ist z. B. das Waffentragen für den Typus § 243⁵ StGB. (schwerer Diebstahl) konstitutiv, verglichen mit dem Typus § 242 dagegen nur Straferhöhungsgrund.

Diese Feststellungen sind insbesondere für die Teilnahmlehre (StGB. § 50) von Bedeutung. Eingehender ist darüber unten § 51 zu handeln.

Aber auch für das Verhältnis der Straferhöhungs- und Strafminderungsgründe zum Grunddelikt und zueinander ist die Scheidung bedeutsam. Die Hauptsache ist darüber schon oben gesagt: es macht einen ganz erheblichen Unterschied, ob es sich um solche Straferhöhung u. s. w. handelt, die in Typenverschiedenheit wurzelt [1]); oder um solche, die nur die Erscheinungsform betrifft [2]); oder endlich um völlig außertatbestandliche Straferhöhungsgründe [3]).

§ 29.

K. Verbrechenstypen und Verbrechensarten.

Die Zerlegung der Verbrechen in „Verbrechensarten", wie sie im besonderen Teile des Strafrechts durchgeführt wird, ist, so bedeutsam sie ist, doch heute noch nicht in voller Klarheit erfaßt. Erst die Sonderung der im Verbrechensbegriff steckenden Elemente befähigt zu streng folgerichtiger Systematik.

I. Die Verbrechensarten bestimmen sich nach den Verbrechenstypen.

Dieser Satz gilt unbedingt in dem Sinne, daß bloße Tatbestandsteile oder tatbestandliche Erscheinungsformen — etwa Versuch, Anstiftung, tatbestandliche Straferhöhungsgründe — nicht als Verbrechensarten angesprochen werden können.

Aber noch mehr: auch solche relative Strafdrohungen, die um ganz außertatbestandlicher Umstände willen Platz greifen [4]), begründen keine „Verbrechensart". So ist namentlich die von einem Jugendlichen verübte Tat verbrechensartlich keine Sonderbildung,

---

1) Darüber oben S. 284.

2) Darüber oben S. 290 b.

3) Das Verhältnis der letzteren zueinander und zum nicht erhöhten oder verminderten Delikt desselben Typus — z. B. §§ 178 : 177 StGB. — darzustellen, geht über den Rahmen der vorliegenden Untersuchung hinaus, die ja grundsätzlich nur dem Tatbestandlichen am Delikt gewidmet ist. Es sei nur bemerkt, daß im allgemeinen die gleichen Erwägungen wie bei Typenverschiedenheit Platz zu greifen haben (Subsidiarität des einfachen Verbrechens gegen das z. B. durch objektive Bedingung qualifizierte u. s. w.).

4) Oben S. 270.

was z. B. für die Anwendung der Trichotomie (§ 1 StGB.) von Wichtigkeit ist.

Noch viel weniger als die relativen Strafdrohungen deuten diejenigen Festsetzungen auf besondere Verbrechensarten hin, die nur die Strafzumessung = die Anwendung einer Strafdrohung beeinflussen, nur den konkreten Fall berücksichtigen. Deshalb ist z. B. der unter §§ 157, 158 StGB. fallende Meineid keine besondere Verbrechensart [1]. Auch wo sich die Strafzumessungsanweisung eine Grundstrafdrohung erschlichen hat, wie bei den mildernden Umständen, ist sie unfähig, eine besondere Verbrechensart zu erzeugen [2].

II. Vielmehr ergibt grundsätzlich jede Grundstrafdrohung eine besondere Verbrechensart.

Deshalb bedingt mindestens jeder Typus eine eigene Verbrechensart. Andererseits korrespondiert aber, wie schon die Ausführungen auf S. 275 f. ergeben, nicht jedem Typus nur eine Verbrechensart. Es kann ein Typus gesetzlich zur Bildung mehrerer Verbrechensarten in der Weise benützt sein, daß je nachdem, wie die außertatbestandlichen Verhältnisse liegen, mehrere Grundstrafdrohungen an ihn geknüpft sind [3]. So ist z. B. die fahrlässige Tötung typisch keine andere Verbrechensart, als die vorsätzliche Tötung, und dennoch ist sie eine besondere Verbrechensart, weil die Verschiedenheit der Schuld zur Bildung verschiedener Strafgesetze Veranlassung gegeben hat.

Also bei Zweiheit der Grundstrafdrohungen liegen auch zwei Verbrechensarten vor. Eine Ausnahme wird nur für die Fälle zu behaupten sein, in denen nach StGB. § 4 [3] II a. E. je nach der größeren Milde die deutsche oder die fremdrechtliche Strafdrohung Anwendung finden [4]. Es liegen hier zwei Grundstraf-

---

[1]) Vgl. oben S. 265.

[2]) Vgl. oben S. 278.

[3]) Dabei läßt sich aber eine Verschiedenheit der Verbrechensarten niemals aus dem Rechtswidrigkeitsmoment herleiten. Die Rechtswidrigkeitseigenschaft ist „une et indivisible“, wie oben § 15 gezeigt, und es kommt nichts an auf die Normenindividualitäten, gegen die angelaufen ist. Nicht Normenwidrigkeiten, sondern Normwidrigkeit!

[4]) Oben S. 105.

drohungen, eben die des deutschen und die des fremden Rechts vor. Und dennoch wird sich nicht behaupten lassen, daß die aus dem milderen Auslandsgesetz zu strafende Tat einer anderen Verbrechensart unterfalle, als die in allen Punkten gleichgelagerte, aus dem deutschen Recht zu strafende. Hier liegt eben die Voraussetzung für die eine oder die andere Strafdrohung derart in der Strafdrohung selber (ihrer größeren oder geringeren Milde), daß die Tat selber keinen verschiedenen Charakter zeigt.

Ist umgekehrt die Grundstrafdrohung einheitlich [1]), so handelt es sich stets um eine und dieselbe Verbrechensart. Dies auch dann, wenn etwa ihre Anwendbarkeit durch alternative Doppelvoraussetzung bedingt ist. Wenn z. B. eine und dieselbe Strafdrohung vorsätzliche und fahrlässige Begehung umfaßt, so steht nur eine Verbrechensart in Frage. Die auf der Schuldseite liegende Doppelmöglichkeit alteriert dann nicht nur nicht die Typuseinheit, sondern auch nicht die Einheit der Verbrechensart. Ebenso steht es, wenn die Strafdrohung sich davon abhängig macht, daß eine oder eine andere Strafdrohungsbedingung (aber jedenfalls eine von ihnen) vorliegt; so ist Bankerutt mit Konkurseröffnung keine andere Verbrechensart, als Bankerutt mit Zahlungseinstellung; der im Auslande verübte, auf Grund eines Staatsvertrages strafbare Bettel keine andere Verbrechensart als der im Inlande verübte Bettel u. s. w.

III. Im allgemeinen werden die Verbrechensarten vom Gesetz einander gleich behandelt, sie mögen auf Typenverschiedenheit basieren oder einen und denselben Typus in mehrere Verbrechensarten spalten. Insbesondere sind auch die letzteren Verbrechensarten selbständig nach § 1 StGB. zu rubrizieren (Mord, Totschlag, fahrlässige Tötung u. s. w.).

Dennoch ist die Auseinanderhaltung der durch Typenverschiedenheit bedingten Verbrechensarten von den trotz Typusgemeinsamkeit aufgestellten Verbrechensarten nicht bloß im Interesse der theoretischen Genauigkeit geboten, sondern auch praktisch bedeutsam.

---

[1]) D. h. wirklich einheitlich im Gegensatz zu bloßer äußerlicher Verbindung, oben S. 271.

So z. B. für das Landesstrafrecht. Durch § 2 EStGB. sind dem Partikularrecht eine Reihe von Verbrechenstypen zugewiesen. In welcher Weise kann nun das Landesrecht mit diesen Typen umspringen? Die Antwort ist: Das Landesrecht kann einerseits nicht andere, ihm nicht überlassene Typen mit dem ihm überlassenen Typus kombinieren oder selbständig regeln und so Verbrechensarten typischen Charakters schaffen, die dem ihm überlassenen Typus fremd sind. Ist z. B. dem Landesrecht der Forstdiebstahl überlassen, so darf unter diesem Titel nicht hinübergegriffen werden in reichsrechtlich abgesonderte Typen, wie Begünstigung und Hehlerei. Dagegen kann im Rahmen des überlassenen Verbrechenstypus eine Aufstellung von mehreren Verbrechensarten sowohl so erfolgen, daß der eine Typus in mehrere zerschlagen wird (z. B. einfache und tatbestandlich qualifizierte Delikte), also mehrere typische Verbrechensarten entstehen, wie auch so, daß für den einheitlich festgehaltenen Typus mehrere Verbrechensarten auf außertatbestandlicher Grundlage gebildet werden [1]).

§ 30.

L. Die Verbrechenstypen unter partikularrechtlicher Gesetzgebungsgewalt.

Für denjenigen, der die Freiheit oder Gebundenheit des Landesstrafrechts feststellen will, muß die erste Sorge die sein, klarzulegen, an welche Tatbestände überhaupt das Landesrecht strafrechtliche Folgen anknüpfen kann. Die übliche Fragestellung: Inwieweit steht dem Landesrecht zu, Strafrechtssätze zu erlassen? führt zu nichts, sie generalisiert das Problem, statt seinen Verzweigungen nachzugehen.

I. Nun kann so viel nicht bezweifelt werden, daß unter den vielberufenen „Materien" des § 2 EStGB. jedenfalls die Verbrechenstypen zu denken sind. Die Frage spitzt sich also darauf zu: Für welche Typen besteht landesrechtliche Gesetzgebungsgewalt?

---

[1]) Eingehender hierüber unten § 30.

a) Vom Reiche selber behufs Anknüpfung einer Strafdrohung formulierte Typen sind dem Landesrecht vorenthalten mit Ausnahme der in EStGB. § 2 II umrissenen Typen. Von ihnen kann Landesrecht kein Jota abbrechen oder hinzufügen.

b) Was von Lebensvorgängen das Reich nicht vertypt hat, steht dem Landesrecht grundsätzlich offen. Indessen schränkt sich dieses freie Gebiet dadurch erheblich ein, daß das Reich gewissen Lebensvorgangsfiguren Straflosigkeit verliehen hat, so, daß die Benutzung dieser Figuren zu Verbrechensbegriffen durch das Landesrecht unzulässig ist. Es ist dies so zu denken, daß das Reichsrecht diese Figuren sozusagen negativ vertypt hat, sie zu Straflosigkeitstatbeständen gemacht hat. Den reichsrechtlich negativierten Tatbestand darf Landesrecht nicht positivieren. Dabei macht es natürlich keinen Unterschied, ob der Typus expressis verbis mit Straflosigkeit umkleidet ist, oder ob sich — wie z. B. für den Zweikampf mit nicht tödlichen Waffen — im Wege der Einzelauslegung aus einem positiven Typus ein anderer negativer ergibt. Die zu b gegebene Regel ist also dahin zu präzisieren, daß das Landesrecht solche Typen schaffen kann, die im Reichsrecht weder positiv noch negativ erledigt sind.

Je nachdem, ob sich die Typenschaffungstätigkeit des Landesrechts auf den Vorbehalt hinsichtlich positiver reichsrechtlicher Typen gründet — oben a — oder ob es sich um den Lebensvorgangskomplex handelt, der weder in positive noch in negative reichsrechtliche Typen hineinfällt — oben b —, gestaltet sich die Landesgesetzgebungsgewalt verschieden.

a) Wo es sich um Befugnis des Landesrechts zur Pönalisierung reichsrechtlicher positiver Typen handelt, da ergibt sich aus der reichsrechtlichen Anordnung auch immer die obere Grenze, über die, und die untere Grenze, unter die das Landesrecht nicht gehen kann. Das letztere darf den Typus weder nach oben noch nach unten erweitern. Wo die Grenzen liegen, ist durch Einzelinterpretation zu ermitteln; es kommt also z. B. darauf an, was das Reichsrecht in § 2 II EStGB. unter „Forstdiebstahl" versteht. Sicher ist, daß es ein Übergriff nach oben sein würde, wenn das Landesrecht unter der Bezeichnung „Forstdiebstahl" den Raub an forstlichen Produkten pönalisieren wollte. Nach unten wird in dem reichsrechtlichen Begriffe des „Forstdiebstahls" auch der Forstmundraub eingeschlossen zu denken sein. Dagegen könnte das Landesrecht von den Minimalerfordernissen des Diebstahls (mit Einschluß des Mundraubs) nicht Umgang nehmen, etwa als Forstdiebstahl die Wegnahme einer nicht fremden Sache bestrafen; oder — wenn anders für das Reichsrecht die Wegnahme wertloser Sachen kein Diebstahl ist — einen Forstdiebstahl an wertlosen Sachen pönalisieren.

Dagegen kann innerhalb der Typusgrenzen das Landesrecht frei gestaltend vorgehen. Es kann

α) den Typus in mehrere spalten, z. B. dem einfachen und dem tatbestandlich erschwerten Forstdiebstahl je eine eigene Grundstrafdrohung widmen;

β) den Typus mit anderen dem Landesrecht offenstehenden Typen derart verbinden, daß ein neuer eigenartiger Typus entsteht, z. B. aus Forstdiebstahl und Forstbeschädigung (die unter der reichsrechtlichen Etikette „Forstpolizeidelikt" in § 2 II EStGB. dem Landesrecht überlassen ist) einen einheitlichen Tatbestand schmieden.

γ) Das Landesrecht kann hinter dem ihm reichsrechtlich überlassenen Typus zurückbleibend nur einen Teil davon pönalisieren; etwa nur den schweren Forstdiebstahl, so, daß es dann in seinem Belieben steht, zu bestimmen, ob der Rest beim Reichsrecht verbleiben oder straflos sein soll.

δ) Mit dem Typus ist dem Landesrecht auch die Außenzone, die mit dem engeren zusammen den weiteren Tatbestand bildet, überlassen, so, daß aus Vorbereitungs-, Neben- und Nachhandlungen Typen gebildet werden können.

b) Absolute Gestaltungsfreiheit hat das Landesrecht hinsichtlich der Typen ad b; es darf sie ganz frei bilden, nur darf es natürlich dabei nicht einem positiven oder negativen reichsrechtlichen Typus ins Gehege kommen.

II. Ist dem Landesrecht ein Typus überlassen, so verfügt es frei auch über dessen Erscheinungsformen, da diese ja nur abgeleitete Bildungen des Typus sind. Daher kann das Partikularrecht α) das, was reichsrechtlich eine Erscheinungsform wäre, selbständig vertypen, z. B. eine Grundstrafdrohung für Versuch, Anstiftung, Beihilfe aufstellen. Die „Materie" des Forstdiebstahls begreift eben in sich auch den Forstdiebstahl in seinen Sondererscheinungen.

β) Das Landesrecht kann den Tatbestand so fassen, daß er sämtliche oder einige Erscheinungsformen mit in sich begreift, z. B. indem es sich des Ausdrucks „Mitwirkung" bedient und damit Täterschaft, Anstiftung und Beihilfe meint.

γ) Das Landesrecht kann die Vollendungsgrenze *seines* Tatbestandes in ein Stadium zurückverlegen, in dem reichsrechtlich nur Versuch vorliegen würde, z. B. den Forstdiebstahl schon mit dem Abhauen u. s. w. vollendet sein lassen.

III. Für das gegenseitige Verhältnis der landesrechtlich aufgestellten Typen unter sich und zu den Typen des Reichsrechts gilt das oben S. 281 ff. Gesagte: sie können gegeneinander neutral sein, exklusiv sein oder im plus-minus-Verhältnis stehen. Letzteres trifft natürlich besonders zu hinsichtlich der aus positiven reichsrechtlichen Typen herausgenommenen landesrechtlichen Typen. Der Forstdiebstahl ist das minus gegenüber dem Diebstahl des § 242 StGB. u. s. w.

IV. Für die dem Landesrecht entzogenen Typen ist dem Landesrecht verwehrt, Zusatzbestimmungen zu geben; was hinsichtlich ihrer Rechtens sein soll, bestimmt das Reichsrecht; für reichsrechtliche Typen kann Landesrecht nur solche strafrechtlichen Bestimmungen treffen, die ihm ausdrücklich vorbehalten sind [1]).

V. Nicht ganz klar liegt die Entscheidung der Frage, ob das Landesrecht von seiner Gesetzgebungsgewalt nur, wie das Reichsrecht es tut, unter Aufstellung bestimmter Typen Gebrauch machen oder ob es *auf Typisierung überhaupt verzichten*, sich über das Erfordernis der Tatbestandsmäßigkeit hinwegsetzen kann,

---

[1]) Deshalb z. B. ungültig die internationalstrafrechtlichen Bestimmungen, die das hessische Polizeistrafgesetz vom $\frac{\text{30. Oktober 1855}}{\text{10. Oktober 1870}}$ für die Tatbestände der §§ 360^4, 361^4, 370^5 StGB. in Art. 3 u. 4 aufstellt.

mit anderen Worten, ob es ein Strafgesetz des Inhalts erlassen kann:

„Wer irgend eine rechtswidrige Handlung (schuldhaft u. s. w.) begeht, wird so und so bestraft" — scil. soweit nicht das Reichsrecht bindende Bestimmungen trifft — (Schurkenparagraph).

Der Geist des modernen Rechts [1]) drängt jedenfalls zu einer dem Landesrecht solche Freiheit absprechenden Auffassung.

VI. Die Herrschaft des Landesrechts über einen Typus bedeutet natürlich noch nicht, daß das Landesrecht auch die Behandlung und Gestaltung der übrigen Verbrechensmerkmale: Handlung, Rechtswidrigkeit, Schuld, Strafdrohungsbedingungen völlig in der Hand hätte.

1. Von dem Requisit der Erfüllung des Tatbestands durch eine „Handlung" kann das Landesrecht schwerlich Umgang nehmen. Ein Strafen von nuda cogitatio oder von willenlosen Tätigkeiten wäre ein Bruch mit dem Geiste des Strafrechts [2]).

2. Ebensowenig kann Landesrecht auf das Rechtswidrigkeitsrequisit verzichten. Auch landesrechtlich strafbar kann nur die rechtswidrige Handlung sein. Die Voraussetzungen der Rechtswidrigkeit kann aber das Landesrecht insoweit bestimmen, als nicht das Reichsrecht zwingend ein Verhalten für rechtswidrig oder nicht rechtswidrig erklärt hat; mit dieser Schranke kann es darüber befinden, in welchem Umfange es die von ihm vertypte Handlung zur rechtswidrigen stempeln will.

3. An dem Erfordernis der Schuld hat leider das Reichsrecht selber nicht völlig festgehalten [3]). Daraus folgt, daß auch das Landesrecht rechtswidrige tatbestandliche Handlungen ohne Schuld strafen kann, eine Befugnis, von der in den bundesstaatlichen Steuergesetzen leider mehrfach Gebrauch gemacht ist [4]).

---

[1]) Vgl. oben S. 20 ff.

[2]) Deshalb wäre z. B. auch ungültig eine landesrechtliche Straffatzung gegen juristische Personen.

[3]) S. oben S. 44.

[4]) Dagegen müssen landesrechtliche Schuldpräsumtionen für ungültig erklärt werden wegen EGStPO. § 6 (außer im Bereiche der landesrechtlich besonders regelbaren Prozeduren, wie z. B. im Feld- und Forst-

Kann das Landesrecht schuldlose Delikte formieren, so kann es natürlich auch über die Schuldformen freie Verfügung treffen: den dolus gegen die culpa anders abgrenzen als das Reichsrecht; bestimmen, ob die Handlung nur vorsätzlich oder auch fahrlässig strafbar sein soll [1]); für Vorsatz und Fahrlässigkeit eine gemeinsame Grundstrafdrohung aufstellen u. s. w.

4. Kann sich Landesrecht von dem Erfordernis des Passens einer bestimmten Strafdrohung [2]) emanzipieren? Kann es, mit anderen Worten, die Strafdrohungen derart von den Verbrechen loslösen, daß es generell erklärt, jede landesrechtlich tatbestandsmäßige rechtswidrige schuldhafte Handlung solle strafbar sein, daß es also gestattet, den Verbrechenscharakter ohne Zuhilfenahme der einzelnen Strafdrohung zu bejahen, und daß es dann in besonderen Bestimmungen die solchergestalt feststehende Strafbarkeit in bestimmte Strafdrohungen aufteilt? Die Frage ist nicht zu verwechseln mit der anderen, ob Landesrecht auf „bestimmte" Strafdrohungen überhaupt verzichten kann, was als der modernen Strafrechtsauffassung zuwiderlaufend wohl zu verneinen ist. Hier handelt es sich vielmehr darum, ob die bestimmten Einzelstrafdrohungen derart sekundär gestaltet werden können, daß ihnen eine primäre, die Strafbarkeit in Bausch und Bogen bejahende, also den Verbrechensbegriff von dem Verbrechensartbegriff unabhängig stellende Gesetzesbestimmung voraufgeschickt wird. Technisch würde sich das etwa so stellen, daß das Gesetz zunächst bloß die in Betracht kommenden Tatbestände formulierte, sodann erklärte, sämtliche in diesem Sinne tatbestandsmäßigen schuldhaften Handlungen sollten „strafbare Handlungen" sein, und sich schließlich ein Katalog einzelner Strafdrohungen anschlösse, in dem natürlich

---

rügeverfahren, im Steuerstrafverfahren). Vgl. Bennecke-Beling, Lehrbuch des deutschen Reichsstrafprozeßrechts, § 83 S. 324.

[1]) Nur da ist es anders, wo es sich um positive reichsrechtliche Typen handelt und nur ein Vorbehalt zu Gunsten des Landesrechts diesem Gesetzgebungsbefugnis gibt (oben S. 297, a): hier ist es Interpretationssache, festzustellen, ob etwa nur die vorsätzliche Begehung dem Landesrecht freizugeben ist (dies trifft z. B. für den Forstdiebstahl zu; „fahrlässigen Forstdiebstahl" könnte Landesrecht nur strafen, wenn es etwa nachweisbar wäre, daß er im Sinne des Reichsrechts unter der Etikette „Forstpolizeidelikt" mit gemeint wäre).

[2]) Oben S. 47 ff.

lückenlos sämtliche tatbestandsmäßigen rechtswidrigen schuldhaften Handlungen untergebracht sein müßten. Die Frage ist, wie mir scheint, unbedingt zu bejahen. Daß nach Reichsrecht das Passen der Einzelstrafdrohungen Kriterium für das Verbrechen ist, beruht doch nur darauf, daß das Reich das potentielle Verbrechen[1]) freiwillig nicht ganz unter Strafe gezogen hat. Ist aber dem Landesrecht die große Masse der oben bezeichneten Typen überlassen, so kann es sie natürlich auch grundsätzlich für die Strafbarkeit in Beschlag nehmen, so, daß die Einzelstrafdrohungen nur als Ausführung der prinzipiellen Strafdrohung auftreten.

5. Frei ist das Landesrecht in Aufstellung oder Nichtaufstellung von Strafdrohungsbedingungen: es kann die des Reichsrechts für das Landesrecht außer Ansatz lassen, es kann umgekehrt neue einführen.

Daraus folgt insbesondere auch, daß die Bestimmungen des Reichsrechts über das internationale Strafrecht für das Landesrecht nicht bindend sind: Landesrecht kann seine Strafdrohungen entgegen dem § 3 StGB. auf Handlungen im eigenen Lande (statt im gesamten Deutschen Reich) einschränken und umgekehrt sie auch entgegen den §§ 4 I, 6 StGB. auf Auslandshandlungen erstrecken.

(Ebenso hat das Landesrecht freie Verfügung über persönliche Strafausschließungsgründe und über Strafaufhebungsgründe, es braucht sich z. B. an die reichsrechtlichen Bestimmungen über Verjährung, über Rücktritt vom Versuch u. s. w. nicht zu halten; es kann frei darüber verfügen, ob seine Strafdrohungen dem Inländer oder dem Ausländer oder beiden gelten sollen.)

Ein Eingehen auf die Rechtsfolgen, die das Landesrecht an Verbrechen anknüpfen kann, liegt außerhalb des Rahmens des vorliegenden Werks.

---

[1]) Oben S. 50.

Dritter Abschnitt.

§ 31.

Das Verhältnis der Strafgesetze zueinander (Ideal- und Gesetzeskonkurrenz).

I Die Lehren von der Ideal- und der sog. Gesetzeskonkurrenz kranken bislang daran, daß sie meist nicht intensiv genug auf das logische Verhältnis der Typen und der Strafdrohungen aufgebaut, und statt dessen in die Konstruktion fremde Elemente eingemischt worden sind.

1. Der eine Fehler, der häufig gemacht wird, ist der, daß die Idealkonkurrenz als Doppelrechtswidrigkeit konstruiert wird, so daß dann logisch korrekt die Gesetzeskonkurrenz als einfache Rechtswidrigkeit erscheint [1]).

Aber die Rechtswidrigkeit als eine Beziehung zur Rechtsordnung kann nicht multipliziert werden: eine Handlung ist entweder rechtswidrig oder sie ist es nicht; und ist sie im Hinblick auf mehrere Beziehungen rechtswidrig, so verstärkt das nur das Gewicht der Rechtswidrigkeit, ohne daß sich zahlenmäßig mehrere Rechtswidrigkeiten feststellen ließen [2]). Zu untersuchen ist eben immer nur, ob eine Handlung „normal" ist oder nicht; hier will beachtet sein, daß die Normen nicht vertypt und nicht selbständige Rechnungsgrößen sind [3]).

---

[1]) Diesen Fehler begehen z. B. meine Grundzüge, 2. Aufl., § 41. Vgl. auch Höpfner, Einheit und Mehrheit 161 ff.

[2]) Schon der Plural „Rechtswidrigkeiten" muß auffallen! Setzt man an Stelle von „Rechtswidrigkeit" das (substantivierte) Synonymum „Unrecht" ein, so versagt der strafrechtliche Ausdruck sogar völlig!

[3]) S. oben S. 117 ff.

Deshalb kann bei der Idealkonkurrenz nicht von einer „Mehrheit von rechtlichen Erfolgen“ gesprochen werden [1].

Der Fehler wächst, wenn man mit Binding [2] die Rechtswidrigkeit aus ihrer adjektivischen Bedeutung heraus zum Substantivum Delikt = rechtswidrige Handlung macht; denn dann wächst sich die Doppelrechtswidrigkeit zur Doppelhandlung aus. Statt daß zuerst gefragt wird, ob „eine Handlung“ vorliege, und dann erst, ob sie auch rechtswidrig sei, wird hier umgekehrt erst die Rechtswidrigkeitsfrage in den Vordergrund gestellt und aus ihr die Zahl der Handlungen abgeleitet. Daß das ein methodisch unrichtiger Weg ist, erscheint doch sicher. Und während die Auffassung, daß die Idealkonkurrenz Doppelrechtswidrigkeit einer Handlung sei, verhältnismäßig unschädlich ist, führt die Bindingsche Auffassung die Idealkonkurrenz mitten hinein in die Realkonkurrenz und führt zu einer der Wirklichkeit widerstrebenden Destillation zweier Handlungen aus einer.

2. In den diametral entgegengesetzten Fehler fällt v. Liszt [3], wenn er für die Idealkonkurrenz schlechtweg jede Konkurrenz verschiedener Gesichtspunkte leugnet, so daß die Idealkonkurrenz nur ein in aller Hinsicht einfaches Delikt ausmacht; er verwischt damit die Grenzlinie zwischen Ideal- und „Gesetzes“konkurrenz und verkennt den — de lege lata vorhandenen und de lege ferenda unerläßlichen — Unterschied z. B. zwischen Raubs- und Diebstahls„konkurrenz“ einerseits und Betrugs- und Urkundenfälschung andererseits.

II. Zur ersprießlichen Lösung dieser Probleme ist von dem Verhältnis der Typen zueinander auszugehen, und zwar zunächst der selbständigen Typen. Diese können, wie oben gezeigt, zueinander im Verhältnis der Exklusivität, der Spezialität, der Neutralität stehen. Je nachdem ist auch das Verhältnis der an die Typen angeschlossenen Strafdrohungen (und mit ihnen der Strafgesetze) ein verschiedenes.

---

[1] Dies ist die Konstruktion von Köhler, Grenzlinien 32 ff., vgl. auch Höpfner a. a. O. 161 ff.

[2] Normen 1^2 204 u. s. w.

[3] § 56 III; ebenso Heinemann, Lehre von der Idealkonkurrenz.

1. Die Exklusivität der Typen bedingt logisch völlige Beziehungslosigkeit der beiderseitigen Strafdrohungen zueinander. Für einen oder den anderen Typus muß sich der Anwender des Gesetzes im konkreten Falle entscheiden (wenn nicht beide Typen als unanwendbar ausscheiden); entscheidet er sich für den Typus a, so ist die Strafdrohung ad a, entscheidet er sich für den Typus b, so ist die Strafdrohung ad b die gewiesene. Zwischen den Strafdrohungen ist jede Konkurrenz undenkbar. Das Konkurrenzproblem taucht überhaupt nicht auf, weil eben die Tatbestände hier gegen jede Konkurrenz intolerant sind und sich ein aut — aut gebieterisch geltend macht. Exklusivität der Typen bedingt Alternativität der Strafgesetze.

2. Das Verhältnis der Spezialität eines Typus gegenüber einem anderen führt zur Subsidiarität der Strafdrohung für den Obertypus: sie ist nur da anwendbar, wo der Untertypus mit seiner Strafdrohung nicht in Frage kommt. Und zwar ist diese Subsidiarität eine volle, unbeschränkte, d. h. das Einschlagen des spezielleren Typus stellt ohne weiteres den Obertypus mit seiner Strafdrohung kalt. Solange der Untertypus gegeben erscheint, bleibt der Obertypus und sein Strafgesetz außer Sehweite, und es kommt auch nicht darauf an, ob die Strafdrohung des Untertypus auch wirkt, oder ob sie, sei es infolge von Strafausschließungsgründen (die nur dem Untertypus gelten), von Strafaufhebungsgründen u. s. w., nicht zu Strafe führt. Denn in dem Untertypus liegt ja der Obertypus selber mit drin. Für die dem letzterem geltende Strafdrohung wird erst dann die Bahn frei, wenn das Einschlagen des Untertypus verneint wird. Lex specialis derogat generali [1]).

3. Ganz anders bei Grundstrafdrohungen, deren Tatbestände

[1]) Vorausgesetzt ist dabei natürlich, daß die Tat in allen ihren faktischen Beziehungen sowohl dem Obertypus wie dem Untertypus angehört. Gehört sie in der einen Beziehung unter beide, in der anderen nur unter den Obertypus, so liegt Doppeltypizität und somit Idealkonkurrenz (unten Ziffer 3) vor. So z. B. wenn die Vorzeigung eines gefälschten Legitimationspapiers zwei Personen gegenüber so erfolgt, daß der einen gegenüber Urkundenfälschung, der anderen gegenüber nur Übertretung nach § 363 StGB. vorliegt. So auch Köhler, Grenzlinien 117 Anm. 1, gegen Frank a. E. zu § 363.

neutral nebeneinander stehen. Logisch denkbar wäre hier Kumulation, so, daß sowohl Strafe auf Grund der Strafdrohung x, wie auf Grund der Strafdrohung y zugemessen würde. Aber diese Möglichkeit lehnt das positive Recht mit aller Entschiedenheit ab. Folglich bleibt nur eine der Strafdrohungen anwendbar, die Fälle mögen solche der Idealkonkurrenz oder der Gesetzeskonkurrenz sein. Ist dem aber so, so ist eben die andere Strafdrohung nur bedingt anwendbar, scil. negativ bedingt durch die erstere. Mit anderen Worten: In allen hierher gehörigen Fällen ist die eine Strafdrohung lediglich subsidiär, denn Subsidiarität ist begrifflich „bedingte Anwendbarkeit".

Es ist somit offenbar irrig, wenn regelmäßig bloß die Gesetzeskonkurrenz der Denkform der Subsidiarität unterstellt und darin ihr Charakteristikum gegen die Idealkonkurrenz gefunden wird. Auch die „Absorption" des § 73 StGB. ist gar nichts anderes als Subsidiarität. „Eine Strafdrohung wird absorbiert" heißt eben: sie wird zu Gunsten jener anderen ausgeschaltet = sie gilt nur bedingt, die andere geht ihr vor. Darin liegt der richtige Kern der v. Lisztschen Auffassung, daß die Idealkonkurrenz bloß eine Art Gesetzeskonkurrenz sei.

III. Und dennoch ist die v. Lisztsche Leugnung eines begrifflichen Unterschiedes zwischen den beiden Konkurrenzen nicht akzeptabel. Wenngleich nämlich beide das Bedingungsverhältnis zwischen zwei Strafdrohungen teilen, so darf doch die inhaltliche Verschiedenheit der Bedingung selber nicht übersehen werden. Die Selbstbescheidung einer Strafdrohung kann eine weiter oder weniger weitgehende sein.

1. Treffen zwei Typen in einer Handlung zusammen, so kann nämlich die Ausschaltung der einen Strafdrohung zunächst den Sinn haben, daß mit ihr auch der durch sie betroffene Typus selber ausgeschaltet sein soll. Das Gesetz will also hier, daß nicht bloß die Strafdrohung, sondern auch der Typus selber unbeachtet bleiben soll: das Strafgesetz selber als Ganzes ist subsidiär. Dies sind die Fälle der sog. Gesetzeskonkurrenz: die Tat wird ausschließlich unter dem Gesichtspunkt des primären Strafgesetzes gewürdigt (also z. B. lediglich nach StGB. § 159,

nicht nach § 49a). Bedingt ist die Strafdrohung samt ihrem Tatbestand.

2. Aber die Subsidiarität kann auch so gemeint sein, daß nur die Strafdrohung allein beiseite gestellt wird. Während in den Fällen unter 1 die Doppeltypizität der Tat, die an sich besteht, negiert ist durch Abtötung des subsidiären Typus, bleibt sie hier voll bestehen. Die Tat wird doppelt tatbestandlich gewertet, sie wird dem einen wie dem anderen Typus unterstellt, sie ist und bleibt in tatbestandlicher Hinsicht ein Doppelverbrechen[1]), und es übernimmt nur die primäre Strafdrohung die Funktionen der subsidiären mit. Das ist das Wesen der Idealkonkurrenz[2]). Absorption ist zwar auch Subsidiarität, aber doch nur Subsidiarität der Strafdrohung. Die ungenaue Fassung des § 73 StGB., der das Strafgesetz selber als absorbiert bezeichnet, darf dabei nicht irritieren.

IV. Danach erscheint nun auch der Auslegung, wann Ideal-, wann Gesetzeskonkurrenz vorliege, der Weg geebnet. Die Ausschaltung eines Strafgesetzes im ganzen kann nur da Sinn haben, wo die Ignorierung des in ihm liegenden Typus entweder direkt angeordnet ist (vgl. § 49a StGB.) oder sich sonst deutlich als Wille des Gesetzes ergibt[3]). Denn sie ist jedenfalls nicht das Naturgemäße und nur da plausibel, wo der Tatbestand des primären Strafgesetzes den des subsidiären geradezu erdrückt. In dubio ist also stets Idealkonkurrenz anzunehmen.

Nunmehr läßt sich auch das Verhältnis derjenigen Strafgesetze

---

[1]) Sei es so, daß die Handlung selber doppelt subsumierbar ist (z. B. der Stoß mit dem Arm als Ungehorsam und als tätlicher Angriff, MStGB. §§ 94, 97); sei es, daß sie samt ihrem Erfolg unter zwei Typen fällt (z. B. Anzünden einer Sache als Sachbeschädigung und Brandstiftung), sei es, daß die Handlung verschiedene Erfolge hat, daß sie als Ursache des einen dem Tatbestande x, als Ursache des anderen dem Tatbestande y unterfällt (z. B. Körperverletzung und Sachbeschädigung).

Bei Höpfner, Einheit und Mehrheit 162 unten wird richtig das Wesen der Idealkonkurrenz in mehrfacher Tatbestandlichkeit gefunden, dieser Gesichtspunkt aber nicht von dem der mehrfachen Rechtswidrigkeit getrennt.

[2]) So bekanntlich auch die Judikatur des Reichsgerichts. Vgl. auch Freudenthal, Notwendige Teilnahme 57.

[3]) „Stillschweigende Einbeziehung" u. dgl., vgl. Köhler, Grenzlinien S. 104 ff.

zueinander bestimmen, von denen das eine nur einer zum delictum sui generis erhobenen Vorbereitungs- oder Nebenhandlung gilt. Solche Typen stehen ja zu dem Haupttypus in einem minus-plus-Verhältnis[1]). Der Haupttypus (z. B. Zweikampf) erdrückt den Zutattypus (z. B. Herausforderung zum Zweikampf) derart, daß er gut und gern verschwinden kann. Neben der Berücksichtigung des Tatbestandskerns kommt es nicht mehr auf Berücksichtigung der in die Außenzone fallenden Handlungen an, mögen sie auch selbständig vertypt sein. Es ist deshalb durchaus richtig, wenn die herrschende Lehre hier „Konsumtion" eintreten läßt.

V. Gleichzeitig wird dabei aber auch die Tragweite der Gesetzeskonkurrenz klar. Das subsidiäre Strafgesetz verschwindet hinter dem primären nur solange dieses wirkt. Alle Umstände, die ein Wirksamwerden des primären Strafgesetzes vereiteln, lassen gerade das subsidiäre Gesetz zur Geltung kommen.

Denn die in der Subsidiarität liegende Ignorierung eines Typus kann doch vernünftigerweise nur den Sinn haben, daß die Strafbarkeit unter dem Gesichtspunkt des anderen Typus der Gerechtigkeit schon Genüge tut. Wenn bei der Idealkonkurrenz die primäre Strafdrohung die Funktionen der subsidiären miterfüllt, so übernimmt bei der Gesetzeskonkurrenz auch der Typus des primären Strafgesetzes die Funktionen des Typus des subsidiären Gesetzes auf sich. Solch eine Stellvertretung hat aber doch nur dann Sinn, wenn eben schon der Typus des primären Gesetzes zu Strafe führt. Es wäre nicht einzusehen, weshalb eine für den Typus x sich ergebende Straflosigkeit ohne weiteres Vollstraflosigkeit sein soll. Ganz im Gegenteil erscheint als das Normale, daß, wenn der Strafbarkeit unter dem Gesichtspunkt x Strafbefreiungsgründe irgend welcher Art entgegentreten, sich nunmehr der Typus y als bedeutsam erweist. Man bedenke, daß ja eben der subsidiäre Typus doch auch ein selbständiger Typus ist. Ihm schon überall da die Bedeutung versagen, wo der primäre überhaupt nur in Frage kommt, hieße ihn in eine äußerst verkümmerte Stellung bringen.

---

[1]) Oben S. 286.

So ist also dieser Subsidiaritätsfall (Gesetzeskonkurrenz) in tatbestandlicher Hinsicht von dem Fall der Idealkonkurrenz nicht verschieden: hier wie dort liegt an sich Doppeltypizität der Tat vor, und der Unterschied besteht nur darin, daß bei Gesetzeskonkurrenz der eine Typus außer Ansatz gelassen wird[1].

Die durch Gesetzeskonkurrenz neutraler Tatbestände herbeigeführte Subsidiarität hat also nur beschränkte Bedeutung: sie raubt dem subsidiären Typus seine Anwendbarkeit nicht schon bei Gegebensein des primären, sondern erst bei Strafbarkeit aus dem primären Gesetz.

Diese Vorfeststellung ermöglicht insbesondere eine wahrhaft grundsätzliche Stellungnahme zu der Streitfrage, ob der Rücktritt vom Versuch, indem er die Strafbarkeit aus dem primären Strafgesetz aufhebt, auch gleichzeitig zu einem Ungeahndetbleiben der Tat unter dem Gesichtspunkt eines in Gesetzeskonkurrenz stehenden subsidiären Tatbestandes führt. Die Frage ist entgegen der herrschenden Lehre zu verneinen[2]. Wird der primäre Tatbestand infolge des Rücktritts vom Versuch durch Strafaufhebung illusorisch, so tritt nun gerade der subsidiäre Tatbestand kraftvoll hervor. Ganz das gleiche muß dann für alle übrigen Strafaufhebungsgründe gelten. Entsprechende Wirkung hat aber auch jeder Umstand, der von Hause aus zur Verneinung der Strafbarkeit aus dem primären Strafgesetz führt: persönliche Strafausschließungsgründe, Fehlen von Strafdrohungsbedingungen u. s. w.

VI. Deutlich voneinander geschieden heben sich also drei Subsidiaritätsfälle voneinander ab:

---

[1]) Deshalb kann Köhler, Grenzlinien 62, nicht beigepflichtet werden, wenn er das Wesen der Gesetzeskonkurrenz darin findet, daß in dem Täter keine Mehrheit von Schuldvorstellungen vorhanden sei. Überdies scheitert diese Konstruktion auch an der Unmöglichkeit einer Substantivierung und Zählung der Schuld (s. unten § 34 I 2 b).

Daß es auch unmöglich ist, die Subsidiarität auf dem Gebiete der Rechtswidrigkeit zu suchen, darüber s. oben S. 135 f.

[2]) Vgl. z. B. Olshausen 3 zu § 46, Frank IV zu § 46.

Im Ergebnis zutreffend dagegen Schlecht, Zeitschr. f. StrRW. **19** 829; Köhler, Grenzlinien, S. 98 Anm. 1.

α) Subsidiarität nur der Strafdrohung („Absorption") unter Bestehenlassen der Doppeltypizität: Idealkonkurrenz.

β) Subsidiarität von Strafdrohung und Typus für den Fall des Gegebenseins des primären Typus: Spezialität.

γ) Subsidiarität von Strafdrohung und Typus für den Fall der Strafbarkeit unter dem Gesichtspunkt des primären Typus: Gesetzeskonkurrenz neutraler Tatbestände, die man recht wohl als „Konsumtion" bezeichnen kann[1] [2]).

Weshalb aber die Fälle der Spezialität anders behandeln als die der sonstigen „Gesetzeskonkurrenz"? Weshalb z. B. die für die lex specialis gegebene Strafaufhebung nicht so wirken lassen, daß Strafbarkeit unter dem Gesichtspunkt der lex generalis bestehen bleibt? Die Antwort ist einfach. In den Fällen der Spezialität steckt ja in dem typus specialis der typus generalis: die Subsidiarität der lex generalis liegt im Wesen der Typen begründet. Trifft das Gesetz Bestimmungen für den Oberbegriff

---

[1]) So die Terminologie von Köhler, Grenzlinien S. 88, der unter Konsumtion die Fälle der Subsidiarität abzüglich der Spezialität begreift. Richtig betont Köhler auch, daß der Subsidiarität nicht die Bedeutung eines neben Spezialität und Konsumtion stehenden Verhältnisses zukommt, sondern der Oberbegriff für Spezialität und Konsumtion ist.

[2]) Neben der im Text allein behandelten Subsidiarität von Strafgesetzen mit verschiedenem Typus gibt es natürlich auch Subsidiarität von Strafgesetzen mit demselben Typus, aber verschiedener Schuldstufe; es ist z. B. das Strafgesetz gegen fahrlässige Tötung dem Strafgesetz gegen vorsätzliche Tötung subsidiär, das Strafgesetz § 267 gegen das Strafgesetz § 268 StGB. subsidiär. Hier darf man aber nicht, wie dies häufig geschieht, von „Subsidiarität der Schuldformen" sprechen. Die Schuldformen sind als reine Begriffe unbedingt, nur die Rechtsfolge der einen Schuldform kann zu der Rechtsfolge der anderen in ein Bedingungs-(Subsidiaritäts-)Verhältnis treten.

Eine ganz unmögliche Denkfigur ist dagegen die der Subsidiarität der auf verschiedene Typen bezüglichen Schuldformen. Wenn Köhler, Grenzlinien 79 ff., im Anschluß an Binding z. B. den Körperverletzungsvorsatz dem Tötungsvorsatz subsidiär sein lassen will, so ist dies deshalb abzulehnen, weil der Vorsatz nur eine Eigenschaft der tatbestandlichen Tat ist, und Eigenschaften nicht im Bedingungsverhältnisse stehen können. Es handelt sich auch hier vielmehr um die Frage, ob die beiden Strafgesetze gegeneinander subsidiär sind; und hier bedarf es nicht des Rekurrierens auf den Vorsatz; entweder stehen sie schon mit Rücksicht auf die Typen im Subsidiaritätsverhältnis, und dann taucht die Frage nach dem Körperverletzungsvorsatz gar nicht auf; oder sie stehen nicht im Subsidiaritätsverhältnis und dann ist bei doppelt geartetem Vorsatz Idealkonkurrenz gegeben.

unter gleichzeitigen Bestimmungen für einen Unterbegriff, so decken letztere die Tat derart, daß erstere nur aufkommen können bei Verneinung des typus specialis; Bejahung des letzteren legt das Geschick des Täters derart fest, daß er nur aus der Hand des speziellen Strafgesetzes seine Strafe empfängt oder nicht empfängt. Ganz anders bei Tatbeständen, die gegen einander neutral sind. Bei ihnen ist eben die Bejahung des primären nicht begrifflich notwendig, sondern nur nach Lage des Einzelfalles eine Bejahung auch des anderen; und eine Beiseiteschiebung des letzteren läßt sich nur in dem Sinne verstehen, daß die Abgeltung nach Maßgabe des primären Typus den zweiten Typus als bedeutungslos erscheinen läßt.

VII. Einer besonderen Untersuchung bedarf schließlich noch das Verhältnis, das zwischen den Strafgesetzen obwaltet, die den Untertypen eines und desselben Obertypus gelten. Wie verhält sich das Strafgesetz gegen einen qualifizierten Typus zu einem anderen qualifizierten Typus, der demselben Obertypus untergeordnet ist (z. B. das Raubgesetz zum Einbruchdiebstahlsgesetz)? Wie das Strafgesetz gegen einen privilegierten Typus zu dem Strafgesetz gegen einen anderen privilegierten Mit-Typus (z. B. das Mundraubgesetz zum Felddiebstahlsgesetz)? Wie das Strafgesetz gegen einen qualifizierten Typus zu dem Strafgesetz gegen einen privilegierten Typus (z. B. das Einsteigediebstahlsgesetz zum Mundraubgesetz)? Die Frage wird brennend, wenn eine Tat die mehreren Qualifikationsmomente bezw. die mehreren Privilegierungsmomente bezw. das Qualifikations- und das Privilegierungsmoment an sich trägt.

Nun stehen die mehreren Untertypen zueinander im Neutralitätsverhältnis[1]). Darauf ist zu fußen.

1. Qualifizierte Typen untereinander stehen im Verhältnis der Idealkonkurrenz[2]). So z. B. Raub, verübt mittels Ein-

---

[1]) S. oben S. 285.

[2]) Anders Köhler, Grenzlinien S. 58, der von Gesetzeskonkurrenz („Konfusion oder Kumulation unselbständiger Tatbestände") spricht Aber es handelt sich um selbständige Typen im Neutralitätsverhältnis, s. oben S. 277 ff.

Überhaupt nimmt die h. M. Gesetzeskonkurrenz oder „scheinbare Gesteigens, oder Diebstahl, verübt durch Einsteigen und Erbrechen von Behältnissen[1]). Denn daß beide zu einem dritten Typus in Verwandtschaft stehen, begründet jedenfalls kein Konsumtionsverhältnis zwischen ihnen selber. Es kommt also der Satz Poena major absorbet minorem auf sie zur Anwendung, so zwar, daß beide Tatbestände festgestellt werden, aber nur die lex gravior auf sie angewendet wird.

2. Auch für privilegierte Typen untereinander läßt sich aus dem gleichen Grunde Bedeutungslosigkeit des einen Strafgesetzes gegenüber dem anderen nicht behaupten. Beispiel: Mund-Felddiebstahl: Subsidiarität des § 370[5] StGB. gegen den landesrechtlichen Felddiebstahl oder umgekehrt kann ausdrücklich im Landesrecht (das ja hierfür nach § 2 EStGB. souverän ist) vorgesehen sein; ist aber nichts bestimmt, so ist der Mund-Felddiebstahl eben tatbestandlich doppelt zu subsumieren. Und so könnte es scheinen, als müsse auch hier § 73 StGB. angewendet, also der poena major der Vorzug gegeben werden: mehrere Typen bei einer Handlung, folglich die schwerere Strafdrohung anwendbar. Und doch wäre dies innerlich unbegründet. Hat ein Privilegierungsgrund sogar die Kraft, daß er die Strafdrohung des unprivilegierten Delikts ausschließt, so hat er natürlich erst recht die Kraft, daß er Strafdrohungen ausschließt, die zwischen ihm und jener in der Mitte stehen. Konkret gesprochen: Kommt der Felddieb sogar dann mit der bloßen Felddiebstahlsstrafe davon, wenn ihm ohne die Felddiebstahlsnatur der Tat Gefängnis nach § 242 StGB. sicher wäre, so muß ihm erst recht der bloße Felddiebstahlsstrafrahmen zukommen, wenn seine Tat ohne die Felddiebstahlsnatur nur Haft oder Geldstrafe nach § 370[5] StGB. nach sich ziehen würde. Es überwiegt also diejenige Strafdrohung unter den mehreren privilegierten Fällen, die dem Nullpunkt näher ist[2]). Mit anderen Worten: mehrere privilegierte Typen

---

setzeskonkurrenz" an; vgl. Binding, Hdb. 1 353, 527, Grundriß 1 § 60, 2a, Frank VII 1 zu § 73, M. E. Mayer, Die allgem. Strafschärfungsgründe des deutschen MStGB., S. 57 Anm. 90.

Für Idealkonkurrenz zutreffend Olshausen 21 zu § 73.

[1]) § 243 muß als kumulatives Mischgesetz angesehen werden.

[2]) Ebenso Binding, Grdr. 1 § 60, 2b.

stehen zueinander im Verhältnis sozusagen der umgekehrten Idealkonkurrenz; die Tatbestände sind beide festzustellen, aber poena minor absorbet majorem. Das ist nicht ein Verstoß gegen § 73 StGB., sondern nur eine sinngemäße Fortentwicklung des in ihm liegenden Grundgedankens.

3. Konkurriert schließlich ein qualifizierter Typus mit einem privilegierten (StGB. § 215 : 213 — StGB. § 243 : 370[5]), so ist wiederum Subsidiarität der Typen ausgeschlossen, vielmehr sind beide Tatbestände miteinander vereinbar und bedürfen kumulativer Feststellung. Aber wiederum ist notwendig, daß man sich für eine der Strafdrohungen entscheidet. Und wie bei Vorliegen mehrerer Qualifikationstypen (1) die Strafdrohung den Vorrang hatte, die sich von der Strafdrohung des einfachen Delikts am weitesten nach oben entfernte; wie bei Vorliegen mehrerer Privilegierungstypen (2) die Strafdrohung den Vorrang hatte, die sich von der Strafdrohung des Grunddelikts am weitesten nach unten entfernte, so muß auch hier die weitere Entfernung von der Strafdrohung des Grunddelikts den Ausschlag geben[1]): ist also die Strafdrohung des qualifizierten Typus von jener weiter entfernt als die des privilegierten, so greift § 73 StGB. direkt Platz; steht sie jener näher als die des privilegierten Typus, so ist die Figur der umgekehrten Idealkonkurrenz (oben 2) anwendbar. Die Ermittelung der größeren Nähe oder Ferne wird nicht immer leicht sein. Man wird aber immerhin sagen können: Zwei Strafdrohungen auf dieselbe Strafart stehen einander näher als einer Strafdrohung, die zu einer anderen Strafart hinauf- oder hinabsteigt. Bei Strafdrohungen auf dieselbe Strafart ist der Abstand nach der Mittelstrafgröße zu berechnen[2]).

---

[1]) Meist wird gelehrt, es komme darauf an, ob der Qualifikations- oder der Privilegierungsgrund „der wichtigere" sei, ob „auf der Wage der Gerechtigkeit der eine oder andere höher schnelle". So Binding, Grdr. 1 § 60, 2c. Im Text ist versucht, diese nur gefühlsmäßige Abschätzung in eine arithmetische zu verwandeln.

[2]) Also z. B.: I. 5—15 Jahr Zuchthaus; Mittel: 10 Jahr Zuchthaus; II. 1—10 Jahr Zuchthaus; Mittel: $5^1/_2$ Jahr Zuchthaus; III. 1—5 Jahr Zuchthaus; Mittel: 3 Jahr Zuchthaus. Konkurrieren nun I und III miteinander (II. das Grunddelikt, I. qualifiziert, III. privilegiert), so überwiegt I über III, denn $10 - 5^1/_2 = 4^1/_2$, während $5 - 3$ nur 2.

Steigt die Strafdrohung des privilegierten Typus zu einer höheren Strafart hinauf, die des privilegierten zu einer niederen herab, so ist wiederum je die Mittelstrafgröße zu ermitteln und so gut es geht der Abstand zwischen ihnen einzuschätzen[1]).

Innerhalb des prävalierenden Strafrahmens ist dann natürlich der in Ansehung seiner Strafdrohung ausgeschlossene Typus bei der Strafzumessung zu berücksichtigen.

Wäre schließlich der Abstand des qualifizierten Typus vom Grunddelikt genau gleich dem Abstand des privilegierten vom Grunddelikt, so würde das Parallelogramm der Kräfte zur Anwendung der Strafdrohung des Grunddelikts führen müssen: der Strafdrohung des Grunddelikts, nicht etwa auch des Grunddelikts im Typus: zu verurteilen wäre nicht wegen des Grunddelikts, sondern wegen des qualifizierten Typus in idealer Konkurrenz mit dem privilegierten, und nur im Punkte der Strafdrohung wäre zum Strafgesetz gegen das Grunddelikt zu greifen. Wendet man die vorentwickelten allgemeinen Sätze auf den Aszendententotschlag auf Provokation und auf den Einbruchsmundraub an, so ergibt sich in beiden Fällen die Anwendbarkeit je der Strafdrohung des qualifizierten Typus.

VIII. Was bisher über das logische Verhältnis der Strafgesetze mit Grundstrafdrohungen gegeneinander ausgeführt wurde, muß für das logische Verhältnis einer Grundstrafdrohung zu den ihr dienenden relativen Strafdrohungen und für das Verhältnis relativer Strafdrohungen untereinander in entsprechender Weise gelten. Nur macht sich hier der Charakter der relativen Strafdrohungen als bloßer Erscheinungsformen der Grundstrafdrohung geltend. Während nämlich Grundstrafdrohungen spröde gegeneinander sind, Eigenbedeutung haben und auseinander streben, so daß sie mangels der Möglichkeit der Kumulation schlechterdings zur Unanwendbarkeit der einen oder anderen

[1]) Beispiel: I. Zuchthaus von 1—5 Jahr; II. (Grunddelikt): Gefängnis von 3 Monaten bis 3 Jahr; III. Haft. Mittel ad I: 3 Jahr Zuchthaus; ad II: 2 Jahr 7½ Monat Gefängnis; ad III: 3 Wochen Haft. Nun stehen 3 Jahre Zuchthaus sicher von 7½ Monat Gefängnis weiter ab, denn 3 Wochen Haft von letzterer Strafgröße. Strafdrohung I überwiegt über Strafdrohung III.

Strafdrohung, also zur Subsidiarität führen, streben die relativen Strafdrohungen nach Anschluß an die Grundstrafdrohung, wollen sich nur mit dieser kombiniert geltend machen und verhelfen durch ihre eigene Anwendung eben auch der Grundstrafdrohung indirekt (modifiziert) zur Geltung; die Anwendung z. B. der Strafdrohung für Versuch ruht ja eben auf der Strafdrohung für das vollendete Delikt, und letztere bewährt ihre Bedeutung als Durchgangspunkt. Aber auch mehrere zu einer Grundstrafdrohung gehörige relative Strafdrohungen streben nach Verbindung; nur daß dann notwendig die eine von ihnen, statt an die Grundstrafdrohung direkt, an die andere relative Strafdrohung angeknüpft werden muß.

Es fragt sich hier also immer nur: soll bei Vorliegen des Grundtypus und einer oder mehrerer Erscheinungsformen bei einer Tat die Grundstrafdrohung ohne Modifikation oder soll die eine oder andere relative Strafdrohung allein oder zusammen mit einer anderen den Vorrang haben?

Auch bei diesem Problem ist aber von dem logischen Verhältnis der Erscheinungsform zum Grundtypus und unter sich auszugehen. Je nachdem, ob dies Verhältnis das der Exklusivität, das der Spezialität oder das der Neutralität ist, muß die Entscheidung verschieden ausfallen.

1. Die verschiedenen Klassen angehörenden Erscheinungsformen sind gegeneinander neutral[1]). Es läßt sich also bei einer Tat sehr wohl je eine Erscheinungsform aus jeder Klasse bejahen, die verschiedenen Klassen vertragen eine Häufung miteinander: der Typus kann insofern doppel- oder dreigestaltig auftreten (z. B. Anstiftung zum Versuch eines nach § 55 MStGB. qualifizierten Delikts). Die Häufung ist aber nicht bloß eine tatbestandliche Bejahung des Zusammentreffens, sondern auch eine in der Strafverhängung zu realisierende. Schwierigkeiten entstehen nicht, da die Relativität der Strafdrohungen die Verbindung ermöglicht. Es geht dann aus der Grundstrafdrohung vermittelst der erstanzuwendenden relativen Strafdrohung ein Strafrahmen hervor, der vermittelst der zweiten relativen Strafdrohung

---

[1]) Oben S. 290, a.

in einen zweiten und eventuell dann entsprechend mittels der dritten relativen Strafdrohung in den definitiven Strafrahmen überzuführen ist[1]).

2. a) Innerhalb der Erscheinungsformklasse „Vollendung — Versuch" besteht Exklusivität. Versuch ist nicht Vollendung, und Vollendung nicht Versuch. Bejahung des einen ist Verneinung des anderen und umgekehrt. Eine Doppelgestalt des Typus — als vollendet und versucht — ist undenkbar. Es kann daher nur alternativ entweder der Vollendungs- oder der Versuchsstrafrahmen angewendet werden.

b) Zwischen dem einfachen Delikt und dem in besonderer Erscheinungsform qualifizierten Delikt besteht das Verhältnis der Spezialität[2]). Folglich stehen die Strafgesetze subsidiär hintereinander, ganz wie wenn es sich um selbständig vertypte qualifizierte oder privilegierte Delikte handelte.

Die mehreren Qualifikationsgründe untereinander dagegen lassen eine Art von Idealkonkurrenz zu, d. h. sie selber konkurrieren ideell; es gilt hier Entsprechendes, wie für die Konkurrenz der selbständig vertypten Qualifikationen[3]).

c) Täterschaft, Anstiftung und Beihilfe stehen neutral nebeneinander. Es kann somit von dem, der einen Tatbestand verwirklicht hat, recht wohl gesagt werden, daß er ihn täterschaftlich wie auch in Form der Anstiftung und Beihilfe verwirklicht habe[4]). Da nun aber eine Verbindung der Strafrahmen natürlich ausgeschlossen ist, andererseits eine Verhängung von Strafen aus allen Strafrahmen (Strafenmehrheit) sich wegen der Tateinheit verbietet, so bleibt nur die Wahl übrig zwischen Quasiidealkonkurrenz der mehreren Erscheinungsformen und Konsumtion.

Quasiidealkonkurrenz würde bedeuten: der Täter wäre wegen Täterschaft, Anstiftung und Beihilfe zu verurteilen (sämtliche Er-

---

[1]) Beispiel: Beihilfe zum Versuch eines unter MStGB. § 55 fallenden Delikts; zuerst Umgestaltung des ordentlichen Strafrahmens im Sinne des § 55 zit.; sodann Herabsetzung nach StGB. § 44 und weitere Herabsetzung nach StGB. § 49, 44.

[2]) Oben S. 290, b.

[3]) Vgl. oben S. 311 VII 1.

[4]) Oben S. 290, c.

scheinungsformen würden als in dreifacher Subsumtion bei ihm vorliegend bejaht), von den Strafdrohungen würde aber nur die schwerste angewendet. Unmöglich wäre das an sich nicht.

Nun ist aber die Teilnehmerschaft ihrem Wesen nach nur Zutat, die Täterschaft Hauptsache. Es besteht zwischen jener und dieser ganz dasselbe Verhältnis wie zwischen selbständig vertypten Vorbereitungshandlungen und Haupttypus. Und da dieses Verhältnis zur Konsumtion des ganzen Zutatstrafgesetzes führte[1]), so muß auch hier das gleiche gelten, d. h. Anstiftung und Beihilfe werden durch die Täterschaft derart konsumiert, daß neben der Anwendbarkeit des Strafgesetzes wegen Täterschaft für die Strafgesetze wegen Anstiftung und Beihilfe kein Raum bleibt[2]).

Dagegen steht es anders für das Verhältnis zwischen Anstiftungsstrafgesetz und Beihilfestrafgesetz. Anstiftung und Beihilfe sind beide ihrem Wesen nach Handlungen der Außenzone, und ein plus-minus-Verhältnis in dem Sinne, daß die Anstiftung das weit Überragende wäre, besteht nicht. Deshalb kann hier Konsumtion nicht angenommen werden. Vielmehr besteht hier Quasiidealkonkurrenz: es ist wegen Anstiftung + Beihilfe zu verurteilen, und dann in analoger Anwendung von § 73 StGB. die schwerere, d. i. die Anstiftungsstrafdrohung anzuwenden[3]).

In dieser Weise ist auch das Verhältnis zwischen Beihilfe und vor der Tat zugesagter Begünstigung (§ 257 III StGB.) zu behandeln. Zwar ist der Auffassung nicht Recht zu geben, die die zugesagte Begünstigung einfach in der Beihilfe aufgehen läßt. Die Zusage selber ist Beihilfe (oder kann es wenigstens sein); die Erfüllung ist Begünstigung, und zwar nicht selbsttypische Begünstigung. Es treffen also zwei Erscheinungsformen eines Typus

---

[1]) Oben S. 308.

[2]) So auch die gewöhnliche Auffassung. Die Begründungen gehen aber weit auseinander. Vgl. Freudenthal, Notw. Teiln. 55 ff.

[3]) Das Reichsgericht R. 8 303, 9 631 nimmt sogar richtige Idealkonkurrenz an. — Freudenthal, Notw. Teiln. 65 ff., 78 ff. nimmt Gesetzeskonkurrenz an, weil die Anstiftung die schwerere Gefährdung gegenüber der „bloßen Beihilfe" sei, diese somit in zweite Linie trete und das Strafgesetz gegen sie dem Anstiftungsgesetz subsidiär sei. Es kann aber nicht zugegeben werden, daß die Beihilfe in diesem Sinne unbedingt leichter wiege.

zusammen; beide sind je für sich festzustellen; nur ist dann nach Analogie des § 73 StGB. zu verfahren.

IX. Scheinbar bleibt nun noch, nachdem das Verhältnis zweier Grundstrafdrohungen zueinander und das Verhältnis einer Grundstrafdrohung zu den als ihre Trabanten auftretenden relativen Strafdrohungen und dieser untereinander erledigt ist, die Frage übrig, wie sich eine an die Grundstrafdrohung x angegliederte relative Strafdrohung zu einer an eine andere Grundstrafdrohung y angegliederten relativen Strafdrohung verhält (z. B. Strafdrohung gegen Betrugsversuch einerseits, Strafdrohung gegen Urkundenfälschungsversuch andererseits). Aber in Wahrheit erwächst hier gar kein Sonderproblem: wirken doch die relativen Strafdrohungen immer nur durch das Medium ihrer Grundstrafdrohungen. Mit dem Verhältnis dieser letzteren zueinander ist also auch ohne weiteres das Verhältnis ihrer Trabanten markiert.

X. Im bisherigen ist nur der Fall behandelt worden, daß die Verwirklichung eines Tatbestandes zugleich einem anderen Typus unterfiel, und gezeigt worden, inwieweit alsdann die mehreren Strafgesetze verkürzt oder unverkürzt zur Anwendung kommen. Einfacher liegt der Fall, daß sich an die Verwirklichung des einen Typus die Verwirklichung eines anderen Typus anreiht: der Fall der (ungleichartigen) Realkonkurrenz. Hier stoßen die mehreren Strafgesetze nicht zusammen, ein jedes hat freie Bahn für sich.

Indessen wird auch die Realkonkurrenz in manchen Fällen durch ein Verhältnis der Subsidiarität ausgeschlossen. Es gibt Strafgesetze, die auch bei Verwirklichung ihrer Tatbestände durch „mehrere Handlungen" nicht miteinander angewendet sein wollen, sondern so gestellt sind, daß bei gewissem tatsächlichen Zusammenhang der Tatbestandsverwirklichungen das eine unanwendbar ist. Das ist der Fall bei den selbständig vertypten Nachhandlungen. Alle Tatbestände entbehren insoweit der Beachtlichkeit, als sie in die Sphäre des bloßen Nachhandelns nach der Verwirklichung eines anderen Tatbestandes hineinfallen. Sie wollen nur da gelten, wo sie sich nicht nur als solches charakterisieren.

Das ist der Grund, weshalb der Dieb, der sich die gestohlene Sache zueignet, nicht bestraft werden kann. Die weiteren Schritte, die er nach Erfüllung des Diebstahlstatbestandes auf der gleichen Bahn tut, entbehren der eigenen Bedeutung. Das Unterschlagsstrafgesetz ist dem Diebstahlsgesetz subsidiär, es gilt nur für Unterschlagungshandlungen, die nicht bloßes Diebstahlsnachhandeln sind.

Die Sache ändert sich aber, wenn die Erfüllung des zweiten Tatbestandes Momente an sich trägt, die aus der Sphäre bloßen Nachhandelns hinaustreten. So liegt z. B. betrügerisches Handeln nicht mehr bloß im Bannkreise etwa vorangegangener Diebstähle. Der Dieb, der mit der gestohlenen Sache Betrug verübt, etwa indem er sie dem Eigentümer unter Täuschung gegen Entgelt aufschwatzt, begeht einen reell konkurrierenden Betrug. Zur Annahme eines Subsidiaritätsverhältnisses liegt ebensowenig ein Grund vor, wie zur Annahme bloßer Idealkonkurrenz.

Subsidiarität bei Realkonkurrenz ist ferner gegeben im Verhältnis einer zum delictum sui generis erhobenen Vorbereitungshandlung zur eigentlichen Ausführungshandlung. So ist z. B. § 201 StGB. dem § 205 daselbst subsidiär. Die Annahme einer einzigen Tat verbietet sich hier [1]; dennoch ist eine Anwendung des § 201 da ausgeschlossen, wo § 205 eingreift: Tat 1 ist straflos, wenn Tat 2 strafbar ist. Auch diese Subsidiarität ist aber durchaus in dem oben erörterten Sinne zu verstehen, d. h. das subsidiäre Gesetz ist unanwendbar nur dann, wenn sich das primäre nicht als anwendbar erweist.

Fehlt es deshalb z. B. zur Anwendbarkeit des primären Gesetzes an einer Strafdrohungsbedingung oder einer persönlichen Strafbarkeitsbedingung, so ist nunmehr das subsidiäre anzuwenden. In diesem Sinne ist z. B. der bekannte Fall [2] zu behandeln, daß der Deutsche A den B in Deutschland zum Zweikampf herausfordert und der Zweikampf dann an einem ausländischen Orte ausgefochten wird, an dem es an einem einschlägigen Strafgesetz fehlt (§ 4 [3] StGB.). Hier ist der Zweikämpfer nicht unter § 205

---

[1]) Oben S. 257 IV, unten §§ 34 ff.

[2]) v. Liszt, Strafrechtsfälle Nr. 4 [3]; Goltd. Arch. 17 592.

subsumierbar; folglich tritt nun gerade § 201 hervor. Ganz abwegig wäre es, zu einer Anwendung des § 205 mittels der These gelangen zu wollen, daß die „ganze Tat“ als Inlandstat angesehen würde, weil die Herausforderung hier stattgefunden hat; oder umgekehrt zur vollen Straflosigkeit zu gelangen, weil der Zweikampf selber straflos ist — es liegen eben zwei getrennt zu behandelnde Taten je mit eigener internationaler Beziehung und zwei im Subsidiaritätsverhältnis stehende Strafgesetze vor.

Vierter Abschnitt.

Das einzelne Verbrechen (der Verbrechensfall) als konkrete tatbestandsmäßige Handlung.

§ 32.

A. Im allgemeinen.

I. Der Tatbestand ist eine Abstraktion. Er gewinnt Anwendbarkeit erst durch die Feststellung, eine bestimmte einzelne Handlung (oder ein bestimmter Handlungskomplex) entspreche ihm. So tritt neben den Tatbestandsbegriff als Realität die Tatbestandsverwirklichung, die Handlung im Lichte des Tatbestands, die keineswegs selber „Tatbestand" ist, sondern sich zu ihm verhält wie etwa die tierische Wärme des Hundes Nero zu dem Begriff der tierischen Wärme.

Diese Konkretisierung oder Fleischwerdung des Tatbestandes im einzelnen Fall erfolgt nun selbstverständlich immer nicht einfach durch Erfülltsein der „Tatumstände" = der realen Substrate der Tatbestandsmerkmale[1]) allein, sondern unter Mitwirkung einer großen Zahl von konkreten Momenten, die gerade dem konkreten Falle eignen[2]): Wegnahmeobjekt ist z. B. ein Goldstück oder ein Beinkleid u. s. w., die Tötung eines Menschen ist erfolgt durch Erwürgen oder Erschießen u. s. w. Diese konkreten Momente sind aber für den Verbrechensbegriff (anders für die Strafzumessung) insoweit gleichgültig, als

[1]) Oben S. 112, 188.

[2]) Berner spricht (Lehrb. 18. Aufl. § 37) von „begleitenden, wechselnden Umständen". Hälschner § 143 von den „individuellen" im Gegensatz zum „begrifflichen" Tatbestand.

sie bloße Spezialisierungen von Tatbestandselementen enthalten. Der Tatbestand ist Schablone, die Tatbestandsverwirklichung ist Menschenleben in seiner Mannigfaltigkeit; für die Feststellung des Verbrechens aber genügt das Schablonenmäßige an dem Vorgang. Entspricht der Vorgang der Schablone, so ist der Tatbestand erfüllt; die Einzelheiten, das plus, kommen für die Feststellung des Verbrechens nicht in Frage, es wäre denn, daß es sich um nicht fungible Elemente handelt[1]).

II. Diese — wohl ganz offensichtliche — Wahrheit befähigt zu einer ganzen Reihe wichtiger Schlüsse:

1. Jedes dieser rein konkreten Momente ist mit jedem anderen, das dasselbe Tatbestandselement erfüllen kann, gleichwertig für die Feststellung eines dem Tatbestande unterfallenden Verbrechens. Dies gilt insbesondere

a) für das Objekt. Ist das Objekt, wie bei §§ 211 ff., 223 ff. „ein anderer Mensch", so ist die Individualität dieses anderen Menschen unerheblich. Ein Mensch gilt dem anderen gleich, wofern es nur nicht der Täter selber ist.

b) Bei den Materialdelikten ist die Art und Weise des Kausalzusammenhangs zwischen Ursache und Erfolg gleichgültig. Tötung ist Tötung, sie sei durch Ersticken oder Vergiften u. s. w. erfolgt. Hierauf basiert die Lehre von der mittelbaren Täterschaft und die Lehre von den actiones liberae in causa.

c) Die Individualität des handelnden Subjekts ist über die tatbestandlich gezogene Grenze hinaus gleichgültig. Daher ist in der Regel ein Täter dem anderen durchaus gleichwertig für die Feststellung, ob das Verbrechen vorliege — denn in der Regel heißt es im Strafgesetz schlechtweg: „Wer ..., wird bestraft". Und wo der Tatbestand auf einen Soldaten, einen Beamten u. s. w. als Täter lautet, da ist ein Soldat gleichwertig jedem anderen, ein Beamter gleichwertig jedem anderen u. s. w.

Die Folge der Gleichwertigkeit dieser konkreten Umstände zeigt sich im Strafprozeß: es genügt für sie alternative Feststellung oder noch unbestimmtere Feststellung, wo nicht einmal alternative

---

[1]) Oben S. 232.

Feststellung möglich ist, wofern nur so viel feststeht, daß jedenfalls dem Tatbestandselement genügt war. Der Dieb kann verurteilt werden, auch wenn nicht ermittelt ist, ob die gestohlene Sache dem X oder dem Y gehörte, ja auch dann, wenn der Eigentümer gänzlich unbekannt ist, vorausgesetzt nur, daß die „Fremdheit" der Sache zweifelsfrei feststeht. Der Mörder kann verurteilt werden, auch wenn die Persönlichkeit des Getöteten nicht näher feststeht, oder wenn nicht ermittelt ist, ob — etwa bei Auffindung zweier Leichen — ihm der Mord an dem X oder der Mord an dem Y zur Last fällt. Hinsichtlich des Tatsubjekts muß natürlich Identität gerade des Beschuldigten mit dem Täter feststehen.

2. Handelt es sich um die Anwendung eines Tatbestandes auf eine Handlung oder einen Handlungskomplex, der als sog. Einheit zu behandeln ist[1]), so ist es ohne Bedeutung, ob ein Tatbestandselement nur durch ein konkretes, ihm zu subsumierendes Moment repräsentiert wird oder durch eine ihm unterfallende Häufung von konkreten Momenten. Die Zahl, in der gleichwertige individuelle Momente auftreten, ist bedeutungslos, ihre Verdoppelung, Verdreifachung verdoppelt oder verdreifacht nicht auch die Tatbestandsverwirklichung als Ganzes; die Tat bleibt ein Verbrechen, nur daß sozusagen eins der Tatbestandselemente etwas verdickt erscheint. Nun hängt zwar, wie in § 43 zu entwickeln sein wird, die Annahme einer Zusammengehörigkeit von Handlungen zu einem konkreten Verbrechen gerade auch von den konkreten Momenten ab. Aber doch nur bis zu einem gewissen Grade. Und worauf es hier ankommt, das ist die Feststellung, daß sich mit der Annahme einer sog. Handlungseinheit sehr wohl auch das Vorhandensein eines mehrfachen Erfülltseins eines Tatbestandselements verträgt. Das erhellt am deutlichsten bei der Doppelkausalität. Hat der Mörder sein Opfer etwa unter Wasser gehalten und gewürgt, und ist der Tod an Erstickung unter Zusammenwirken des Wasserdrucks und der Umklammerung des Halses eingetreten, so ist eben doch nur ein Mord vorhanden, ungeachtet die „Tötung" in konkreter Verdoppelung — als Tötung durch Ertränken und Tötung durch Erwürgen — erscheint.

[1]) Darüber unten §§ 34 ff.

Damit ist auch der Schlüssel zur richtigen Erschließung der sog. gleichartigen Idealkonkurrenz gewonnen. Sie ist schlechterdings kein „Konkurrenz"fall. Einheitlich ist bei ihr die Handlung, einheitlich ihre Tatbestandsmäßigkeit. Es handelt sich nur darum, daß die Tatbestandsverwirklichung an bestimmten Punkten fetter ist — ein Unterschied von dem einfachen Falle, der ganz auf einer Stufe steht mit dem Unterschiede zwischen der Wegnahme eines Zehnmarkstücks und der Wegnahme eines Zweimarkstücks. Es ist deshalb geboten, den Schein zu zerstören, als sei die gleichartige Idealkonkurrenz ein analog zu behandelndes Seitenstück zur ungleichartigen Idealkonkurrenz. Während letztere eine Doppelsubsumtion unter verschiedenen Typen darstellt, ist die erstere eine einfachtypische einheitliche Handlung, ausgezeichnet nur durch eine Verstärkung der konkreten Momente, die aber gar nicht den Verbrechensbegriff, sondern nur die quantitative Bedeutung der Tat betrifft und bloß als Strafzumessungsgrund in Betracht kommt. Es wäre deshalb die Bezeichnung „gleichartige Idealkonkurrenz" besser zu vermeiden. Eine Bezeichnung wie „verstärkte", „potenzierte Tatbestandsmäßigkeit" (oder ähnlich) wäre passender.

Auch von der Vorsatzseite her wird dieses Resultat nicht erschüttert. Es könnte scheinen und wird häufig angenommen, daß bei gleichartiger Idealkonkurrenz „zwei Vorsätze" vorlägen, etwa der Vorsatz, den X, und der Vorsatz, den Y zu beleidigen, so daß dann die gleichartige Idealkonkurrenz wenigstens im Punkte der Schuldseite einen Konkurrenzfall darstellte. Allein auch das trifft nicht zu, wie sich aus dem zu Ziffer 3 zu Sagenden ergeben wird.

3. Vor allem nämlich bietet die gewonnene Klarheit über die Bedeutungslosigkeit der konkreten Tatmomente einen Fingerzeig für die richtige Behandlung des Vorsatzes.

Es ist oben gezeigt worden, daß beim Vorsatz die Vorstellungsseite einmal die „Tatumstände", sodann die Rechtswidrigkeit umfassen muß. Damit ist in Verbindung mit den soeben gegebenen Ausführungen implicite bereits gesagt, wie der Irrtum des Täters über konkrete Momente wirkt.

a) Betrifft der Irrtum des Täters ein rein konkretes Moment, so jedoch, daß er irgendwie ein gleichwertiges konkretes Moment als vorhanden annahm, so steht der Annahme des vollen, den Tatbestand umspannenden Wissens nichts im Wege. Die Vorstellung braucht sich nicht mit der Tat in allen ihren konkreten Zügen zu decken. StGB. § 59 greift nicht ein: „Tatumstände" sind nicht die einzelnen konkreten Momente, sondern schlechthin das Vorliegen der Tatbestandsmomente ohne Rücksicht auf ihre Gestaltung im Einzelfalle. Lautet der Tatbestand auf „Tötung eines Menschen", so braucht der Täter zum Vorsatz nur gewußt zu haben, daß er „einen Menschen töte", — wen und wie braucht er nicht gewußt zu haben. Lautet er auf „Mißhandlung" eines Menschen, so braucht sich der Täter, der das Auge traf, nicht vorgestellt zu haben, daß gerade das Auge getroffen werde, sondern es genügt zum Vorsatz z. B., daß er die Nase zu treffen gedachte. Erfordert der Tatbestand ein bestimmt geartetes Objekt, so verlangt eben zwar der dolus das Wissen, daß ein solches in Frage stehe — keinen Tötungsvorsatz hat, wer den Menschen, auf den er zielt, für eine Vogelscheuche hält —, aber wie die mehreren Exemplare, die den Objektsbegriff erfüllen, objektiv einander gleichwertig sind, so sind sie es auch subjektiv. Erfordert der Tatbestand „gesetzlich geschlossene Mittel", so ist doloses Handeln zwar nur gegeben, wenn sich der Täter bewußt ist, daß er ein solches Mittel anwende, aber ein weiter spezifiziertes Wissen ist nicht erforderlich.

Diese Andeutungen werden genügen, um den Problemen vom error in objecto und von der aberratio ictus beizukommen: Es ist jeder Irrtum, der ein Tatbestandselement als nicht vorhanden ansieht, wesentlich; bei Wissen der Tatbestandlichkeit ist dagegen Irrtum über die individuelle Sachlage unwesentlich [1]).

Mit Rücksicht auf das, was oben über die Typenindividualität

---

[1]) Deshalb insbesondere der Irrtum über die für den Tatbestand gleichwertigen Persönlichkeiten, Irrtum über den Kausalzusammenhang u. s. w. — Mir scheinen die Lösungen des Problems, die Vorsatzmangel bei vollem Tatbestandlichkeitswissen als möglich annehmen — vgl. z. B. Binding, Normen 2 410, 435, Köhler, Die Strafbarkeit bei Rechtsirrtum 2 ff. —, nicht folgerichtig zu sein. Die Lösung v. Liszts andererseits (§ 40): Irrtum sei wesentlich, wenn bei seinem Nichtvorhandensein der Täter die Tat nicht begangen hätte — ist schlechthin unvereinbar mit § 59 StGB.; vgl. übrigens Köhler, Strafbark. b. Rechtsirrt. 6.

ausgeführt wurde', bedarf es hier nicht mehr der Ausführung, daß wie der Vorsatz, so auch der Irrtum immer nur relativ, im Hinblick auf diesen oder jenen Typus, behandelt werden kann. Deshalb ist es selbstverständlich, daß ein Typus für den einen wesentlich, für den anderen unwesentlich sein kann (z. B. Aszendenteneigenschaft des Getöteten für § 212 und für § 215).

Für den „unwesentlichen" = nicht den dolus ausschließenden Irrtum ist aber nicht zu verkennen, daß die Stärke des dolus von dem, was sich der Täter hinsichtlich der individuellen Sache vorstellt, abhängt. Wer ein Zwanzigmarkstück stiehlt in dem Glauben, daß es ein Zehnmarkstück sei, hat zwar den Diebstahlsvorsatz, aber doch einen Diebstahlsvorsatz geringeren Grades. Wer das Auge des anderen mit seinem Schlage trifft, während er nur die Nase zu treffen gedachte, hat zwar den Körperverletzungsvorsatz, aber einen solchen geringeren Grades. Das muß dann in der Strafzumessung zum Ausdruck kommen. Durchaus entsprechend ist der Irrtum über die Zahl, in der gleichwertige konkrete Momente bei der Handlung auftreten, zu behandeln: der Irrtum über mehr oder minder verstärktes Auftreten der Tatbestandsmäßigkeit ist für den Vorsatz unerheblich, erheblich aber für die Stärke des Vorsatzes. Liegt also ein Fall der verstärkten Tatbestandsmäßigkeit („gleichartigen Idealkonkurrenz") vor, während der Täter an einfache Tatbestandsmäßigkeit glaubt; beleidigt er z. B. eine Mehrheit von Personen, während er nur einem herabwürdigend begegnen will, so ist objektiv 1 Beleidigung, und der dazu gehörige dolus gegeben, und das Manko an Wissen kann nur für die Strafzumessung reduktiv wirken.

Ganz ebenso ist aber umgekehrt das Überschießen des Vorsatzes an Stärke über die objektive Sachlage des Falles für die Konstruktion ohne Bedeutung. Hat der Täter mit dem Vorsatz, Auge und Nase des X zu treffen, auf diesen losgeschlagen und nur die Nase getroffen, so liegt „vorsätzliche Körperverletzung" und nicht etwa eine vollendete Körperverletzung hinsichtlich der Nase und eine versuchte des Auges in idealer Konkurrenz vor. Denn der Tatbestand verlangt nur „Mißhandlung", der Vorsatz nur „Wissen und Wollen der Mißhandlung" — keine Spezialisierung. Beides liegt vor, folglich bleibt gar kein Raum zur

Annahme eines mitlaufenden Versuchs. Ganz ebenso läge natürlich der Fall, daß der Täter es auf Wegnahme zweier Zehnmarkstücke durch einen Griff abgesehen hatte, er aber nur eines zu fassen bekommt. Es liegt ein Diebstahl vor, sonst nichts.

Ganz konsequent ergibt sich hieraus auch, daß die „gleichartige Idealkonkurrenz" nicht als Vorsatzkonkurrenz gefaßt werden kann. Hatte der Täter durch einen Schuß zwei Menschen vorsätzlich getötet, so hatte er eben „den Tötungsvorsatz", und nicht zwei Tötungsvorsätze, den einen gegen X, den anderen gegen Y, denn solche Spezialvorsätze gibt es eben gar nicht. Es bleibt also dabei, daß die „gleichartige Idealkonkurrenz" kein Konkurrenzfall ist. Eine — verstärkte — Tatbestandsverwirklichung; ein — verstärkter — Vorsatz.

Natürlich ändert sich das Bild auch dann nicht, wenn eine sog. gleichartige Idealkonkurrenz eines Versuchsfalles mit einem Tatvollendungsfalle vorliegt; z. B. wenn A mit Tötungsvorsatz auf B und C schießt, den B trifft und tötet, den C dagegen fehlt. Es ist ganz unrichtig, hier Idealkonkurrenz einer vollendeten Tötung des B mit einem Tötungsversuch gegen C anzunehmen. Die Tat war Tötung mit Tötungsvorsatz, also eine vollendete vorsätzliche Tötung. Daß der Vorsatz „dicker" war als die wirkliche Sachlage, macht nichts aus.

b) Neben dem tatbestandlich erheblichen Irrtum steht aber als gleich bedeutsam für den Vorsatz der für das Rechtswidrigkeitsbewußtsein erhebliche Irrtum.

Für den schon nach § 59 StGB. erheblichen Irrtum bedarf es freilich für die Dolusfrage keiner weiteren Untersuchung darüber, ob er auch das Bewußtsein der Rechtswidrigkeit ausschließt [1]). Dagegen kommt es für den tatbestandlich unerheblichen Irrtum noch darauf an, ob er nicht vielleicht das Rechtswidrigkeitsbewußtsein und damit den Vorsatz ausschließt. So wie es objektiv möglich ist, daß eine Handlung tatbestandsmäßig, aber nicht rechtswidrig ist, so ist auf der subjektiven Seite möglich, daß der Täter wohl das Bewußtsein der Tatbestandsmäßigkeit, aber nicht das der Rechtswidrigkeit hat. Die tatbestand-

---

[1]) Vgl. oben S. 185 ff.

liche Unwesentlichkeit eines Irrtums ergibt also noch nicht das Vorliegen des dolus; alle unter a angeführten Irrtümer über rein individuelle Momente bedürfen also noch der Prüfung nach anderer Richtung hin. Wer freilich das Bewußtsein der Rechtswidrigkeit aus dem Vorsatz streicht, für den kommt es nur auf die tatbestandlich erheblichen Irrtümer an. Er muß z. B. den Lehrer einer großen Schulklasse, der versehentlich einen ihm nicht unterstellten Knaben züchtigt, wegen vorsätzlicher Körperverletzung strafen. Mit § 59 StGB. ist hier schlechterdings nichts anzufangen. Der Lehrer kannte das Vorliegen der Tatbestandsmerkmale genau: er wußte, daß er „einen Menschen mißhandle“ [1]), nur glaubte er erlaubtermaßen einen Menschen zu mißhandeln: die individuelle Sachlage führte ihn zu dem Schluß, daß sein Tun rechtmäßig sei. Und weil zum Vorsatz das Bewußtsein der Typizität zwar erforderlich ist, aber nicht genügt, wenn sich nicht die Vorstellung von der Unerlaubtheit des Tuns hinzugesellt, so ist hier der Vorsatz zu verneinen.

§ 33.

B. Der „Mangel am Tatbestande“ insbesondere.

I. „Mangel am Tatbestande“ (Tatbestandsausschließungsgrund) ist das unvollständige Vorliegen der Tatbestandselemente in einem konkreten Falle. Dieser Mangel führt natürlich stets zu dem logischen Schlusse, daß alsdann der Verbrechenstypus nicht gegeben und deshalb von einer strafbaren Handlung keine Rede ist. Dies auch dann, wenn etwa — was möglich ist [2]) — die unvollständige Tatbestandserfüllung eine rechtswidrige Handlung sein sollte: Rechtswidrigkeit ohne Tatbestandlichkeit hat ja kein strafrechtliches Gewicht.

Indessen erfährt das Gesagte durch die positivrechtliche Behandlung des Versuchs eine Ausnahme. Nach geltendem Recht

---

[1]) Vgl. oben S. 151 ff.

[2]) Denn sowie Tatbestandlichkeit nicht Rechtswidrigkeit bedeutet, so bedeutet umgekehrt Mangel am Tatbestande nicht das Fehlen der Rechtswidrigkeit.

nämlich, das den Versuch nicht einer typischen Sonderregelung, sondern dem versuchten Verbrechenstypus selber unterstellt, kann das Verbrechens*ende* fehlen, ohne daß darum die Typizität der Tat entfiele, mit anderen Worten, *für die Typizität* genügt das *Vorliegen des Tatbestandsanfangs*; der Tatbestandsanfang ist zur Erscheinungsform des Volltatbestandes ausgebildet; das „Loch im Tatbestande" hebt hier dessen Anwendung nicht auf, sondern modifiziert sie nur.

II. Aber abgesehen von dem Falle des Versuchs muß es bei der logisch gebotenen Regel verbleiben, daß ein Tatbestandsfragment nicht eine Tatbestandserfüllung ist, daß also das Fehlen eines begrifflichen Elements des Tatbestands die Typizität der Tat aufhebt, und alsdann folgeweise keine Möglichkeit besteht, von einem Verbrechen zu reden. Nur diejenigen Mängel am Tatbestande, die lediglich ein Fehlen des Tatbestands*endes* bedeuten, hindern die Anwendung des betreffenden Verbrechenstypus nicht; alle anderen schließen diese Anwendung aus. Wer z. B. eine fremde bewegliche Sache nicht weggenommen, sondern etwa besudelt hat, kann in keiner Weise dem Diebstahlstatbestande unterstellt werden, auch nicht in der Erscheinungsform des Versuchs. Darin liegt der Schlüssel für die Auffassung des absolut untauglichen Versuchs: es ist das ein Handeln, das nicht als Erfüllung des Tatbestands*anfangs*, sondern in sonstiger Weise als unvollständige Tatbestandserfüllung erscheint. Solches Handeln ist atypisch, fällt aus der Reihe der gesetzlich fixierten Verbrechenstypen heraus, ist also begrifflich weder Vollendung noch Versuch, sondern ein strafrechtliches „Gar nichts", ein Wahnverbrechen oder Putativdelikt [1]): denn wo kein Tatbestand, da kein Verbrechen.

---

[1]) Unter Wahnverbrechen oder Putativdelikt kann man nebenbei bemerkt zweierlei verstehen: einmal die nicht tatbestandsmäßige, vom Täter für tatbestandsmäßig gehaltene Handlung; in diesem Sinn ist der Ausdruck oben gebraucht; oder aber die nicht rechts*widrige*, vom Täter für rechtswidrig gehaltene Handlung, wobei wiederum möglich ist, daß der Täter sich eine nicht existierende Norm einbildete, oder aber, daß er irrtümlich gegen eine existierende Norm Sturm zu laufen wähnte, während er nicht gegen eine Norm verstieß. Selbstverständlich ist weder das tatbestandlich putative Delikt ein Verbrechen, noch das im Punkt der Rechtswidrigkeit putative. Jedenfalls besteht kein Grund, den absolut untauglichen Versuch,

In diesem Zusammenhange ist nun auch die Einteilung der Tatbestände in solche mit tatbestandsmäßigem Angriffsobjekt und Tatbestände ohne solches fruchtbar zu machen. Die Fassung der Tatbestände ist auch hier sehr bedeutsam.

Nennt nämlich der Tatbestand überhaupt kein Angriffsobjekt, so taucht das Problem des Versuchs am untauglichen Objekt überhaupt nicht auf. Trüge z. B. die von einem Zeugen vorgeschützte unwahre Tatsache den Stempel der Lüge derart an der Stirn, daß schlechterdings jeder Glaube daran ausgeschlossen wäre, so wäre gar keine Möglichkeit, von einem untauglichen Versuch zu reden: die Tat wäre natürlich überhaupt kein Versuch, sondern Vollendung.

Ganz anders bei den Angriffstatbeständen. Sie verlangen nun einmal einen — sei es verletzenden, sei es gefährdenden, sei es reinen — Angriff gegen das im Tatbestande genannte Objekt. Mangelt es daran, so ist der Tatbestand schlechterdings unerfüllbar. Für Verletzungs- und Gefährdungsdelikte ist dies ja schon wiederholt hervorgehoben worden. Aber besonderer Betonung bedarf, daß auch für die reinen Angriffsdelikte nicht anderes gilt: Ein tätlicher Angriff z. B. auf jemand, der nicht Vollstreckungsbeamter ist, kann nicht unter § 113 StGB. subsumiert werden, und wäre somit auch nicht als Versuch dieses Delikts strafbar, wenn der Versuch im Gesetz für strafbar erklärt wäre. Der Mangel am Tatbestande hindert eben *jede* Anwendung dieses Verbrechenstypus.

Entsprechend ist der Mangel des tatbestandlichen Angriffs*mittels* zu behandeln. Bei den Delikten mit gesetzlich geschlossenen Mitteln fehlt es am Tatbestande, wenn sich der Täter nicht eben eines solchen Mittels bedient hat: der solchergestalt absolut untaugliche Versuch ist gar kein Versuch[1]). Aber auch bei allen übrigen Materialdelikten gilt das gleiche. Das Vorliegen irgend eines nicht absolut ungeeigneten Mittels ist eben Tatbestandselement[2]).

Die gleiche Bedeutung wie das Fehlen von Tatbestandsobjekt

---

dessen Wesen eben Nichttatbestandlichkeit ist, dem Putativdeliktsbegriff nicht zu unterstellen.

[1]) S. auch S. 227.

[2]) Oben S. 228. Vgl. *Beling*, Krit. Vierteljahrsschr. 3. F. 5 92.

und Tatbestandsmittel hat das Fehlen des tatbestandlich erforderlichen Subjekts. So läßt sich vom Tatbestande des § 296a StGB. nicht reden, wenn ein Inländer der Täter war; der Inländer könnte auch nicht wegen Versuchs des Delikts ex § 296a bestraft werden, wenn der Versuch strafbar wäre.

Entsprechendes gilt endlich für die räumlichen und zeitlichen Beziehungen, die zu Tatbestandsmomenten erhoben sind (oben § 23). Wo sie fehlen, ist von Anwendung des Tatbestandes ganz und gar keine Rede. Der Typus paßt nicht, ein Versuch ist also unkonstruierbar. Der Deutsche, der nach Beendigung eines Krieges gegen das Deutsche Reich Waffen getragen hätte, wäre nicht wegen Versuchs aus § 88 StGB. strafbar, auch wenn er sich eingebildet hätte, daß der Krieg noch fortdauere. Der Jäger, der in einem Gebüsch unberechtigt gejagt hätte, wäre nicht wegen Versuchs des Delikts aus § 293 StGB. strafbar (wenn es hierbei überhaupt einen strafbaren Versuch gäbe), möchte er auch gewähnt haben, daß das Gebüsch ein „Wald" sei. Es läge nur ein Wahnverbrechen vor.

Mit alle dem wird nun auch deutlich geworden sein, worin das Reichsgericht fehl geht, wenn es den absolut untauglichen Versuch dem Versuchsbegriff unterstellen will: der Versuch ist keineswegs, wie das Reichsgericht will, einfach Manifestation eines verbrecherischen Willens, sondern teilt mit allen Verbrechen die Eigenschaft der Tatbestandlichkeit, nur daß das Tatbestands-ende fehlt. Wo der Tatbestand überhaupt fehlt, da fehlt es am Verbrechen, und es bleibt zurück nur ein atypisches, somit strafrechtlich unbeachtliches Handeln!

III. Die Mängel am Tatbestande wirken ferner unmittelbar auf die Teilnahme ein. Die durch einen Mangel am Tatbestande durchlöcherte „Haupttat" ist kein Verbrechen, und folglich kann von „Teilnahme" an ihr keine Rede sein.

Danach beantwortet sich namentlich die Frage nach der Anstiftung zum Selbstmorde sehr schnell und durchgreifend. Die Tötungsdelikte heischen sämtlich einen Anderen als den Täter als Objekt der Tötung [1]. Der Selbstmord ist also gar kein Ver-

[1]) S. oben S. 219 f.

brechenstypus, Teilnahme an ihm nicht möglich. Das gleiche gilt für die Anstiftung zur Selbstbegünstigung: begünstigt werden kann nur ein anderer als der Täter des Tatbestands.

Eine ganz andere Frage ist die, ob es eine strafbare Anstiftung u. s. w. zur Tötung oder Begünstigung u. s. w. des Anstifters u. s. w. geben kann. Hierüber ist unten bei der Teilnahme zu handeln.

IV. So bedeutsam hiernach der Mangel am Tatbestande für das Strafrecht ist, so will doch nicht übersehen sein, daß der lückenhaften Tatbestandsverwirklichung keineswegs jede rechtliche Bedeutung abgeht. Nur das Strafgesetz ist durch die Verneinung der Tatbestandlichkeit außer Anwendung gesetzt. Dagegen kann namentlich die — ja nicht an starre Typen gebundene — Präventivtätigkeit aus dem nicht tatbestandlichen Verhalten einen Anlaß zum Einschreiten herleiten. Auch ein Beweis dafür, wie dringend es not tut, die Staatstätigkeit ne peccetur von der Staatstätigkeit quia peccatum est scharf auseinanderzuhalten!

Fünfter Abschnitt.

Die Lehre der Handlungenzusammengehörigkeit

(„Handlungseinheit").

A. Der Tatbestand als Rahmen für die Handlungenzusammengehörigkeit.

§ 34.

I. Der engere Tatbestand.

I. Handlungseinheit ist diejenige Handlung (oder derjenige Komplex von Handlungen), die (bezw. der) nur die einmalige Anwendung des Strafgesetzes nach sich zieht. So ungefähr lautet eine heute wohl allseitig angenommene Definition. Und jedenfalls steht so viel fest, daß der Kriminalist keineswegs jede einzelne Handlung für sich isoliert der Prüfung, ob sie ein Verbrechen und was für ein Verbrechen sie sei, unterwirft, sondern oft eine Mehrheit von Handlungen für seine Zwecke „als Einheit behandelt" (z. B.: Laden der Flinte und Abdrücken; eine Tracht Prügel; Fälschung der Urkunde und Gebrauchmachen von ihr). Aber mit welchem Rechte geschieht das?

1. Ist das Verbrechen seinem Wesen nach „Handlung", so scheint damit logisch unausweichlich das Resultat: jede Einzelhandlung ist für sich als Verbrechen zu qualifizieren; mehrere Handlungen sind mehrere Verbrechen!

Um diesem logischen Postulate zu genügen, hat man unternommen, solche Handlungsmehrheiten, die man einheitlicher Behandlung unterwerfen wollte, als angebliche Stücke von nur einer Handlung zu erweisen, sei es, daß man mehrere Lebensbetätigungen als bereits im „natürlichen Sinne“ nur eine Handlung ausmachend ansprach, sei es, daß man, wo dies nicht anging, aus mehreren natürlichen Handlungen eine „juristisch“ einige Handlung bildete, also zu einer Fiktion seine Zuflucht nahm.

Aber gleicht das Bemühen, mehrere Handlungen als eine einzige zu erweisen, nicht der Quadratur des Zirkels? Und sind nicht vollends Fiktionen der heutigen Wissenschaft mit Recht verhaßt?

Wer näher zusieht, der wird auch finden, daß die Zählung der Handlungen überhaupt ein Problem ist, das nicht reinlich gelöst werden kann. Man versuche doch nur einmal, festzustellen, wie viel Handlungen etwa der Geschäftsmann vom frühen Morgen bis späten Abend in seinem Geschäft und privatim vorgenommen hat! Was feststellbar ist, das ist „das Handeln“ als willentliche Lebensbetätigung. Die „einzelnen“ Handlungen fließen wie ein Fluß eine nach der anderen stetig fort, und so wenig man die einzelnen Tropfen eines Flusses zählen kann, so wenig kann man die einzelnen Handlungen des menschlichen Lebens zählen [1]. Höchstens kann man die Handlungsabschnitte zählen und voneinander sondern, die durch Abschnitte des Nichthandelns (Schlaf u. s. w.) voneinander getrennt sind. Dies Ergebnis kann aber nach dem oben S. 18 f. Gesagten nicht verwunderlich, auch nicht für das Strafrecht gefährlich erscheinen. Ist gleich die Handlung das Substantivum, das auf verbrecherische Eigenschaften hin geprüft werden soll, so ist es doch nur die Stelle im Gesamtleben eines Menschen, die solcher Prüfung unterworfen werden soll. Der Handlungsbegriff hat nur die Bedeutung, daß alle Zeitabschnitte als für strafrechtliche Wertung der in sie fallenden Lebensakte untauglich ausgeschieden werden sollen, in denen der Mensch überhaupt nicht handelte. Ob man dann an der Stelle oder an den Stellen, wo man einsetzt, „eine“ Handlung oder deren mehrere wahrnimmt, ist völlig nebensächlich. Auch eine Mehrheit von

---

[1]) Bestenfalls käme man darauf hinaus, daß eine Handlung in dem einmaligen Anstoß der motorischen Nerven liege — eine juristisch schwerlich brauchbare Untersuchung.

Handlungen kann juristisch einheitlicher Behandlung unterworfen werden; und wenn das geschieht, so braucht man sich nicht zu bemühen, das Mehrere gewaltsam zu Einem zu machen: es wird dann lediglich ein Zusammenschluß zwecks gemeinsamer Betrachtung vorgenommen. Daß man eine Mehrzahl von Handlungen durch *ein* Glas betrachtet, macht aus ihnen keine Einheit der Handlung, sondern bedeutet nur Einheit des *Bildes*. Statt von *Handlungseinheit* sollte man deshalb besser von *Handlungenzusammengehörigkeit* oder *Tateinheit* reden, so, daß eben die Handlungen*reihe* die Einheit ausmacht[1]). Der Zweck einheitlicher Behandlung wird dann ebensosehr erreicht ohne die gewaltsame Auf-den-Kopf-Stellung der wahren Sachlage.

Solche Zusammenfassung mehrerer Handlungen zu einheitlicher Betrachtung entspricht offenbar dem Bedürfnis. Auch das tägliche Leben wirtschaftet mit solchen Zusammenfassungen, man denke an die Sammelbegriffe und Sachgesamtheiten wie Wald, Bibliothek, Herde. Die Einzelheiten verschwinden hier unter dem Auge des Beschauers, etwa wie sich im Stereoskop die zwei vorhandenen Bilder als eins darstellen.

Demgegenüber darf auch nicht eingewendet werden, daß man dann folgerecht auch die Mehrheit der Betrachtung zur Spaltung einer wirklichen Einheit verwenden müsse, also etwa in *Bindings* Sinne[2]) die Idealkonkurrenz um der Duplizität der Relation willen zu einer Mehrheit von Handlungen ausdeuten müsse.

---

[1]) Im Grunde genommen räumt das die herrschende Terminologie schon dadurch ein, daß sie von „mehreren Handlungen" spricht, die lediglich mit Rücksicht auf ihre „rechtliche Bedeutung unselbständig seien". Vgl. z. B. *Frank* II 1 zu § 74. Das heißt also: es wird die *Mehrheit* der Handlungen unumwunden anerkannt und nur wegen ihrer rechtlichen Minderwertigkeit eine einheitliche *rechtliche* Betrachtung vorgenommen. Ist das aber so, dann ist es inkonsequent, dann doch wieder zu sagen, es liege „im Rechtssinne nur *eine* Handlung" vor: vielmehr liegt im Rechtssinne eine einheitlich zusammengefaßte Mehrheit von (infolge der Zusammenfassung unselbständigen) Handlungen vor.

Im wesentlichen zutreffend *Höpfner*, Einh. u. Mehrheit 265 ff. (nur verdunkelt er die Deutlichkeit dadurch, daß er — worüber noch unten zu sprechen — die wenig empfehlenswerten Ausdrücke „Verbrechenseinheit und Verbrechensmehrheit" festhält).

[2]) Vgl. oben S. 304.

Solche Spaltungen entsprechen keinem Bedürfnis. Ich wüßte auch aus dem täglichen Leben kein Analogon anzuführen, z. B. wird niemand einen Gipfel als zwei Berge ansprechen, wenn er sich von der einen Seite als runde Kuppe, von der anderen als Spitze darstellt. Der Menschengeist strebt nach Vereinheitlichungen, Zersetzen und Auflösen wäre retrograde Tendenz.

2. Aber welche juristischen Momente befähigen uns, einen mehr oder weniger ausgedehnten Komplex von Handlungen zusammenzufassen?

a) Ein Teil der Juristen, insonderheit die Vertreter der Normentheorie, finden in der Rechtswidrigkeit das gesuchte Direktivelement. Danach sollen diejenigen Handlungen zusammengehören, die „eine Rechtswidrigkeit" bilden. Die Einheit der Norm, gegen die gehandelt worden, sei präjudizierlich für die „Deliktseinheit" [1]).

Dieser Auffassung ist aber entgegenzuhalten, daß die Normen selber eine wirkliche Zählung gar nicht vertragen, daß die Rechtswidrigkeit wie ihr Gegenstück, die Normalität, einer Handlung lediglich eine am Maßstabe der Normengesamtheit gefundene Eigenschaft der Handlung ist, daß diese Eigenschaft nur entweder vorhanden sein oder fehlen kann, man aber nicht von einfacher, zweifacher, dreifacher Rechtswidrigkeit reden kann; daß endlich das wertende Adjektivum keine Simplizität oder Duplizität des gewerteten Subjekts nach sich ziehen kann: 10 Wiesen, denen sämtlich die eine Eigenschaft „grün" zukommt, sind trotz der Einheit dieser Eigenschaft doch eben 10 Wiesen — so wie eine Wiese, die teils grün, teils gelb ist, damit nicht in 2 Wiesen zerlegt ist.

So kann sich also die Auswahl der zu einem Ganzen zusammenzuschließenden Akte nicht auf die Normen gründen.

Damit ist auch gesagt, daß die Einheit oder Mehrheit des normmäßigen Schutzobjekts nichts zur Sache beiträgt. Wer die Tateinheit davon abhängig macht, ob die „Rechtsverletzung" eine ist, wie viele Rechtsgüter und ob etwa ein und das-

---

[1]) So besonders **Binding**, Normen 1² 49, 188 ff., 220 (z. B. Einheit der Norm gegen Diebstahl, Raub und Unterschlagung).

selbe Rechtsgut in verschiedener Weise verletzt ist [1]), baut auf Sand [2]).

b) Teils mit der zu a) erörterten Auffassung kombiniert, teils in selbständiger Weise tritt öfter auch die Auffassung zu Tage, die Handlungseinheit resultiere aus dem Schuldbegriff [3]): Einheitlicher Vorsatz oder einheitliche Fahrlässigkeit bedinge eine Handlung; Mehrheit der Vorsätze bezw. Fahrlässigkeiten ergebe Mehrheit der Handlungen. Danach würde also Doppelschuld Doppeltat bedeuten, Schuldeinheit Tateinheit.

Aber auch diese Auffassung ist unannehmbar. Ist die Schuld nichts anderes als die psychische Fehlerhaftigkeit der Handlung, so erhellt, daß man es wiederum nicht mit etwas Substanziellem, sondern nur mit einer Eigenschaft zu tun hat, die entweder vorhanden ist oder fehlt, und die, wenn man selbst eine Mehrfachheit von Fehlern konstatieren kann, niemals auf Einheit oder Mehrheit des fehlerhaften Dinges rückschließen läßt. Hat ein Schüler etwa in einer häuslichen Arbeit und in einer Klassenleistung denselben Fehler gemacht, so ist darum doch eine Mehrheit von fehlerhaften Arbeiten vorhanden; hat er umgekehrt in einer Arbeit 10 Fehler gemacht, so zerfällt die Arbeit nicht in 10 Arbeiten. So kennt denn auch schon die Sprache keinen Plural von „Schuld" im strafrechtlichen Sinne. „Schulden" gibt es im Zivilrecht, wo der Ausdruck nur das Verfangensein in Ansprüche bedeutet; kriminelle „Schulden" gibt es nicht, wofern man streng technisch den Ausdruck auf die psychologische Beschaffenheit der Tat bezieht und nicht die Strafansprüche selber als Schulden des Täters gegenüber dem Staate bezeichnen will.

Die Meinung, daß Schuldeinheit auf Tateinheit hinweise, hätte wohl kaum aufkommen können, wenn nicht die sprachliche Substantivierung: „Vorsatz", dolus = Vorsätzlichkeit, den irrigen

---

[1]) So z. B. Bünger, Zeitschr. f. StrRW. 8 669, Habermaas, Konkurrenz 2.

[2]) Vgl. gegen diese Rechtsgutseinheitstheorie auch Köhler, Grenzlinien 64 ff., der namentlich ganz richtig, wenn auch ohne deutliche Präzisierung, betont, daß „auch in einem Strafgesetz — (= in einem Tatbestande) — eine Mehrheit von Rechtsgütern ihren Schutz finden kann".

[3]) So besonders Köhler, Grenzlinien, passim, Binding, Grdr. 1[6] 113, 114 u. s. w.

Glauben erweckt hätte, als sei der Vorsatz eine reale Größe[1]), als sei der Vorsatz „Vorstellung" oder „Wille" oder „Entschluß" u. dergl. Wer den Vorsatz als „Entschluß" definiert, der wird freilich keinen Anstand nehmen, das psychische Geschehen analysierend einen und mehrere Entschlüsse, und damit einen oder mehrere Vorsätze zu unterscheiden[2]). Oder wer den Vorsatz als „Vorstellung" faßt, der wird eine oder mehrere Vorstellungen unterscheiden können und dabei, wenn auch nicht so ganz leicht, wie bei Zählung der Entschlüsse, zu einer Sonderung der Vorsätze nach Einzahl und Mehrzahl gelangen. Aber die Schuld ist begrifflich gar nichts Substantivisches, sie ist weder Vorstellung noch Entschluß oder Wille, sondern Eigenschaft einer Willensbetätigung. Und wiederum gilt: die Duplizität der Eigenschaften ergibt nicht Duplizität des Dinges; ihre Simplizität nicht Simplizität des Dinges, von dem die Eigenschaft ausgesagt wird.

Bezeichnend ist, daß die hier abgelehnte Theorie regelmäßig nur der Tateinheit bei vorsätzlichem Handeln ihr Augenmerk geschenkt hat. Für dieses lag eben die Verführung in der substantivischen Auffassung dieser Schuldstufe, und es ließ sich die Theorie hier infolgedessen wenigstens plausibel machen. Anders für die Fahrlässigkeit. Das Substantivum „Fahrlässigkeit" erweist sich zu deutlich als bloße sprachlich substantivierte Eigenschaft, und da bei ihr eben keine Möglichkeit bestand, an zu zählende Vorstellungen oder Entschlüsse anzuknüpfen, so ist der Versuch, eine Fahrlässigkeitenzählung vorzunehmen, kaum je ernstlich unternommen worden. Damit aber ist in die Lehre von der Schuldeinheit und -mehrheit ein Loch geschlagen. Was dem Vorsatz recht ist, müßte doch auch der Fahrlässigkeit billig sein!

Zudem gelangt man, alsobald man die Entschlußeinheit oder -mehrheit zu Grunde legt, notwendig zu einer derartigen Betonung des der Tat vorangehenden seelischen Vorgangs, daß lediglich Gleichzeitigkeit oder Ungleichzeitigkeit der Entschlüsse bestimmend sein kann. Entschlösse sich der Täter uno actu zu einem Diebstahl, einer Brandstiftung und einem Morde und führte diese Taten sukzessiv aus, so läge Schuldeinheit, mit ihr nach der

[1]) Vgl. dagegen oben S. 45 ff.
[2]) Das zeigt sich besonders deutlich z. B. bei Ratzlaff, DJZ. 9 1163.

gegnerischen Theorie Tateinheit, also Idealkonkurrenz vor. Wäre umgekehrt ein Mord aus einer erstmaligen Entschlußfassung und einer späteren Entschlußerneuerung vorgegangen, so müßte zweifache Schuld und mit ihr Realkonkurrenz angenommen werden. Sicher unannehmbar!

Wie groß die Schwierigkeiten sind, die sich dabei erheben, wenn es gilt, die „selbständige Schuld“ [1]) von der „mehrfachen Schuld“ [2]) abzugrenzen, zeigt sich deutlich in den Fällen der Idealkonkurrenz zweier vorsätzlicher Delikte. Die Gegner können nicht umhin, hier „zwei trennbare Vorsätze“ zu verlangen [3]); und doch wird von ihnen selbst zugestanden, daß solche Trennung in der Psyche des Täters eben öfter — ja man darf sagen gewöhnlich — fehlen wird [4]). In solchen Fällen müßte dann aus der gegnerischen Auffassung heraus geschlossen werden, daß nur Schuldeinheit, folglich nicht Idealkonkurrenz vorläge, sondern ein einfaches Delikt. Statt dessen ist aber die Sache einfach die, daß die Eigenschaft der Schuld bei Idealkonkurrenz eben vorliegt und nur ihre Beziehungen mehrfache sind, so daß die eine Schuld verschiedene Inhalte hat und mit Bezug auf diese in verschiedenen Stufen oder in denselben Stufen auftritt.

Gewiß kann sich eine vorhandene Schuld auf verschiedene Inhalte beziehen. Aber welches sind diese Inhalte? Nach dem oben [5]) Ausgeführten die Verbrechenstypen und die Rechtswidrigkeit. Die Frage nach der Einfachheit oder Mehrfachheit der Schuld je nach ihrem Inhalt führt also aus dem Schuldgebiet hinaus; und es greifen hier die Erörterungen unter Ziffer 1 oben und Ziffer 3 unten ein.

3. Wer also an ein Vorkommnis den Maßstab der Rechtswidrigkeit und der Schuldhaftigkeit anlegen will, der muß zuvor

---

[1]) Köhler a. a. O. 78.

[2]) Köhler a. a. O. 104.

[3]) So Köhler 78 im Anschluß an Binding.

[4]) Köhler 78: „Bedenken erregt, daß derjenige, welcher im Raufhandel Körperverletzungen begeht, kaum zwei trennbare schuldhafte Vorsätze fassen wird, daß sich ihm vielmehr die Körperverletzung, welche von ihm während der Rauferei ausgeübt wird, nur als eine Straftat vor Augen stellen wird.“

[5]) §§ 4, 5.

festgestellt haben, auf welches Vorkommnis denn jene Begriffe angewendet werden sollen, welchen Lebensabschnitt er behufs Fällung des Urteils, er sei rechtswidrig und schuldhaft, ins Auge zu fassen hat. Diese Fixierung der einzelnen Lebensabschnitte aber kann immer nur eine relative sein: will man sagen, daß eine Reihe von Lebensbetätigungsakten „zusammengehören", so muß man auch anzugeben wissen, wofür sie zusammengehören. Es gibt keine Handlungenzusammengehörigkeit „an sich", keine „Delikts- oder Verbrechenseinheiten" in Abstraktion von den Typen. Das gesuchte Etwas, wofür Handlungenzusammengehörigkeit vorliegen soll, kann aber nur derjenige Tatbestand sein, um den es sich jeweils handelt. Sind doch die Verbrechenstypen die feststehenden Rechnungsgrößen, die juristischen Einheiten in der Welt der Begriffe. Während also das Urteil: die Handlungen $h_1 + h_2 + h_3$ gehören zusammen — so abstrakt ungewinnbar ist, ist sehr wohl gewinnbar das Urteil: die Handlungen $h_1 + h_2 + h_3$ gehören als unter den Tatbestand a zu subsumierende zusammen. Nur von einem bestimmten Verbrechenstypus ausgehend gelangen wir zum Zusammenschluß von Einzelakten. Die primäre Feststellung ist nicht die: diese und jene Lebensbetätigungsakte bilden ein Ganzes, so daß dann die sekundäre Feststellung zu folgen hätte, ob dieses Ganze unter einen der Tatbestände subsumierbar sei und eventuell unter welchen; sondern primär ist der in Betracht kommende Typus zu ermitteln und nunmehr zu fragen, ob die Einzelakte für ihn ein Ganzes bilden. Es kann nur gefragt werden: Bilden die Handlungen a und b und c eine Diebstahlstateinheit, eine Mordtateinheit u. s. w.? Bildlich gesprochen: der Typus ist der Rahmen, in den mehrere Lebensbetätigungen eingespannt, oder etwa das Gefäß, in das sie hineingegossen gedacht werden.

Damit ist die Erkenntnis geliefert: die sog. Handlungseinheit ist gar keine Verleugnung der Mehrheit von Handlungen, sondern nur die Bejahung eines tatbestandlichen Ganzen. Die Denkfigur bedeutet nur, daß mehrere Handlungen als einmalige Tatbestandsverwirklichung aufgefaßt werden: sie bedeutet tatbestandliche Zusammengehörigkeit = Tateinheit.

II. Daraus ergibt sich sofort die Konsequenz, daß niemals eine Handlungenzusammengehörigkeit bei Handlungen vorgenommen werden kann, die verschiedenen Typen zustreben. Erste Voraussetzung für die Bildung einer „Handlungseinheit" ist Identität des Typus, dem sie subsumiert werden sollen.

An dieser Stelle gewinnt nun das oben über die Individualität der Tatbestände Ermittelte seine besondere Bedeutung: Handlungen, die einem von einer absoluten Strafdrohung erfaßten Typus angehören, können niemals mit Handlungen, die einem anderen, gleichfalls von einer absoluten Strafdrohung erfaßten Typus angehören, zur Tateinheit zusammengefaßt werden.

Diese Feststellung verbietet also auf der Stelle die Konstruktion eines fortgesetzten Verbrechens mit verschiedentatbestandlichen Elementen[1]). Man kann nicht aus einer Tierquälerei in eine Körperverletzung, aus einer Körperverletzung in eine Tötung überspringen und ein Verbrechensganzes daraus bilden. Wohl ist natürlich möglich, daß eine Handlung doppelt typisch ist (Idealkonkurrenz) und daß eine zweite ebenfalls doppelt typische Handlung mit jener zusammen eine „fortgesetzte Idealkonkurrenz" bildet. Erfüllt dagegen die eine Handlung ausschließlich den Tatbestand x und die zweite, sich an sie, und wäre es noch so unmittelbar, anreihende, ausschließlich den Tatbestand y, so liegt Realkonkurrenz vor. Eine „Fortsetzung" in einen anderen Typus hinein ist ausgeschlossen.

Dies muß auch dann unverkürzt gelten, wenn die Typen im Verhältnis der Spezialität zueinander stehen. Die inhaltliche Elementegemeinsamkeit kann hieran nichts ändern. Denn wiederum macht sich geltend, daß die Zusammenlegung mehrerer Handlungen nur auf der Grundlage eines Tatbestandes erfolgen kann. So kann — entgegen der herrschenden Lehre — ein Diebstahl in „fortgesetzter Begehung" nicht in Mundraub oder schweren Diebstahl umspringen, so, daß ein Ganzes herauskäme. Denn was wäre denn das Ganze? Wäre es einfacher Diebstahl oder Mundraub oder schwerer Diebstahl? Doch offenbar keines ganz! Wollte

---

[1]) Deshalb nicht richtig R. 8 577, Olshausen 8 zu § 73. — Vgl. zum folgenden Höpfner, Einh. u. Mehrh. 244 ff.

man das Ganze als einfachen Diebstahl behandeln, so wäre das ebenso falsch, wie wenn man es als Mundraub oder als schweren Diebstahl behandelte: man würde gegen alle Wahrheit dem Ganzen einen Charakter geben, der nur einem Teile eignet. Man müßte z. B. den Dieb, der von 20 Diebsgriffen *einen* mit Erbrechen von Behältnissen begangen hat, so strafen, als sei das Ganze ein schwerer Diebstahl = als hätte er 20 schwere Diebsgriffe verübt! Aus diesem Grunde verbietet sich auch die Annahme von Idealkonkurrenz: es wäre schlechtweg unwahr, daß „das Ganze" mehrfach tatbestandlich subsumierbar wäre. Scharf geschieden hebt sich vielmehr das eine Stück der Handlungsreihe als den Typus x *und nur ihn* erfüllend von den anderen als den Typus y *und nur ihn* erfüllend ab. Die Rechnungsposten sind ungleich und können nicht auf denselben tatbestandlichen Nenner gebracht werden. Arithmetische Gesetze darf aber auch die Jurisprudenz nicht unbeachtet lassen — das gäbe ein Hexeneinmaleins.

Das gilt natürlich auch dann, wenn es für den einen Typus beim Versuch geblieben ist und der andere vollendet vorliegt, ungeachtet des Spezialitätsverhältnisses zwischen den Typen. So ist es Realkonkurrenz und nicht Tateinheit, wenn sich einem versuchten qualifizierten Delikt ein vollendetes einfaches anschließt[1]).

---

[1]) A. M. *Köhler*, Grenzlinien 70 ff. (Tateinheit wegen Vorsatzeinheit). — Nur ist nicht zu übersehen, daß öfter hinter dem scheinbaren „Zusammentreffen des Versuchs des qualifizierten Delikts und der Vollendung des Gattungsdelikts" in Wahrheit einfach ein vollendetes qualifiziertes Delikt sich verbergen wird. Wenn z. B. der Täter einen Schrank mit dem Vorsatz, den Inhalt wegzunehmen, erbricht, dann in dem Schranke kein Geld findet, wie er eigentlich erwartet, sondern Juwelen, und diese wegnimmt, so ist Tateinheit = ein vollendeter Einbruchsdiebstahl gegeben. Nicht wegen „Vorsatzeinheit" und eines Subsidiaritätsverhältnisses — so *Köhler*, Grenzlinien 71 ff., vgl. auch *Frank* VII 2b zu § 73 —, sondern weil der tatbestandliche Zusammenhang gewahrt, die Wegnahme eine das Erbrechen von Behältnissen ausnützende ist. Deshalb aber kann es auch keinen Unterschied ausmachen, daß etwa der Täter bei dem Erbrechen lediglich an ein bestimmtes Objekt gedacht hatte und dann das andere vorgefundene wegnimmt. Die Individualität des Objekts kann auch hier keine Rolle spielen. A. M. *Köhler*, 72, vgl. E. 14 315. Ganz anders läge natürlich der Fall, daß der Täter etwa durch Herannahen des Eigentümers verhindert wird, den Inhalt des erbrochenen Behältnisses an sich zu nehmen und auf der Flucht ein zur Hand liegendes Stück Wäsche mitnimmt: Realkonkurrenz

III. Durch die Zurückführung der Tateinheit auf den Tatbestand ist klargestellt, welche Handlungen man als disjecta membra einer Tatbestandsverwirklichungseinheit zusammenzufassen berechtigt ist. Aber ein voreiliger Schluß wäre es, nunmehr sofort anzunehmen, daß die so als potentielle Tateinheit auftretende Mehrheit von Handlungen auch in vollem Umfange virtuell ein Verbrechen ausmachte. Es kann vielmehr sein, daß von dieser Tateinheit doch nur ein Teil das Verbrechen bildet, während der Rest — was für die Strafzumessung von Belang — außer Betracht zu bleiben hat, so, daß entweder dieser Rest ganz außerhalb der strafrechtlichen Betrachtung bleibt, oder daß er seine eigene Ahndung als besondere (reell konkurrierende) Tat findet.

Denn der Tatbestand bildet eben nur den Rahmen, in den eine Mehrheit von Handlungen als Tateinheit einbezogen werden kann. Wie nun die Konstatierung der Tatbestandsmäßigkeit einer Handlung nicht ausreicht, um sie zum Verbrechen zu stempeln, so ist natürlich auch die tatbestandliche Tateinheit noch daraufhin zu prüfen, ob sie auch die Requisite der Rechtswidrigkeit und der Schuld an sich trägt und den Strafdrohungsbedingungen genügt. Der Zusammenhang zwischen den einzelnen Rechnungsposten vermag nicht eine Strafbarkeit zu erzeugen, wo vorher keine war, sondern, um die Zusammenrechnung zur Einheit vornehmen zu können, müssen die einzelnen Partikeln sich vorher als strafbare Elemente ausgewiesen haben. Und bei dieser Prüfung kann sich ergeben, daß eine oder die andere dieser Handlungen dieser Verbrechensmerkmale entbehrt. Die Folge ist dann die, daß diese Handlung, wiewohl tatbestandlich zugehörig, dennoch in das Ver-

---

wegen Fehlens der tatbestandlichen Identität der Typen, auf die jede der Handlungen sich richtet.

Ebenso liegt, wenn A mit Tötungsvorsatz auf B losschlägt, nunmehr von B im Sinne des § 213 StGB. zum Zorn gereizt wird und den B erschlägt, Mord- oder Totschlagsversuch in realer Konkurrenz mit Tötung auf Provokation vor. (Möglich wäre ja freilich auch die Auslegung des § 213, daß er nur bei einer von vornherein, vor dem Tötungsanfang gegebenen Provokation Platz greife. Dann läge in dem soeben gegebenen Beispiel nur ein vollendeter Mord oder Totschlag vor.) Entsprechend umgekehrt: A schlägt, von B gereizt, auf diesen mit Tötungsvorsatz los, der Affekt legt sich dann aber und er vollendet die Tötung mit ruhigem Blute; es liegt Versuch der Tötung auf Provokation (straflos!) und Totschlag vor.

brechen nicht einbezogen werden kann. Stößt man auf solche Einzelakte, so sind sie also für die Verbrechenskonstruktion außer Ansatz zu lassen, und nur der übrig bleibende Rest kommt für die Bestrafung in Frage.

Ebenso fallen Partikeln, die den persönlichen Strafbarkeitsbedingungen nicht genügen, zwar nicht aus der Tateinheit als Verbrechen, wohl aber aus der Verbrechereigenschaft des Tateinheittäters heraus.

Möglich ist ferner, daß Partikeln, die tatbestandlich einer Zusammenlegung nicht widerstreben und sämtliche Verbrechensmerkmale an sich tragen, doch im Effekt deshalb nicht zur Tateinheit zusammengeschlossen werden können, weil sie durch außertatbestandliche Umstände auseinandergerissen werden, so daß sie dann notwendig als Tatmehrheit behandelt werden müssen.

Das Nähere über den Umfang des Verbrechenscharakters der Tateinheit vgl. unten §§ 37 ff.

§ 35.

II. Der „weitere Tatbestand" als Rahmen für die Tateinheit.

(Zusammengehörigkeit der Vorbereitungs-, Neben- und Nachhandlungen mit den Ausführungshandlungen.)

Bei der Einspannung einer Handlungenreihe in den Tateinheitsbegriff ist zunächst außer Zweifel, daß jedenfalls alle tatbestandlichen Ausführungen (alles was zwischen Anfang und Ende der Ausführung liegt) unter sich zusammengehören. So namentlich der „Anfang der Ausführung" (Versuch) mit der Fortführung (und Zu-Endeführung) der Ausführung.

Aber das oben[1]) festgestellte Verhältnis des Tatbestandskerns zu seiner Außensphäre nötigt auch unmittelbar zur Einbeziehung aller in die letztere fallenden Handlungen in die Tateinheit. Schließen sich doch Vorbereitung, Neben- und Nachhandlungen dienend der Ausführung an! Vom Ergreifen der Diebswerkzeuge über die Wegnahme der Sache hinweg bis zur (z. B.) Veräußerung zieht sich eine einzige Tat hin, deren Glieder zusammen-

[1]) S. 245 ff.

hängen, weil ihnen der Tatbestandskern gemeinschaftlich ist. Mit dem oben über den weiteren Tatbestand Dargelegten ist auch die Aufnahmefähigkeit des Typus umschrieben.

Dabei kann die Frage, ob man den Zusammenschluß auf „Erfolgseinheit" stützt, ganz unbehoben bleiben. Denn jedenfalls ist die Einheit des tatbestandsmäßigen Erfolges überhaupt nicht das Kriterium. Die Tateinheit liegt zweifellos auch bei den des tatbestandsmäßigen Erfolges entbehrenden Formaldelikten vor: auch bei ihnen fällt die Vorbereitung mit der Ausführung zusammen in eine Tateinheit hinein[1]. Bei Materialdelikten wird freilich die Erfolgseinheit zu bejahen sein; denn der tatbestandsmäßige Erfolg leuchtet hier eben doch schon der Vorbereitungshandlung voran, figuriert als der Erfolg auch der Nebenhandlung und drückt der Nachhandlung seinen Stempel auf[2].

Die Erkenntnis, daß das Außenhandeln mit der Ausführung zusammen eine Tateinheit bildet, lehrt eine — in der Teilnahmelehre fruchtbar zu machende — richtige Würdigung der Strafbarkeit der Vorbereitungshandlungen. Ganz allgemein heißt es, solche blieben (soweit sie nicht zu delicta sui generis erhoben seien) straflos. Das ist aber nur richtig, wenn es nicht zur Ausführung gekommen ist. Ist dagegen die Tat ausgeführt, so ist die dafür verwirkte Strafe eine Strafe für das Tatganze, d. h. die Ausführungsstrafe ist zugleich Strafe für die Handlungen der Vorsphäre; diese sind durch die Tatstrafe mit abgegolten, was sich insbesondere darin zeigt, daß sie sehr wohl wichtige Strafzumessungsgründe abgeben können.

Ein anderes Gesicht bekommt die Sache natürlich in den Fällen, wo Vorbereitungshandlungen selbständig vertypt (zu delicta sui generis erhoben) sind. Alsdann handelt es sich ja eben im

---

[1]) Deshalb zu eng meine Grundzüge, 2. Aufl., § 41 I 1a.

[2]) Abweichend Freudenthal, Notwend. Teilnahme, 60 Anm. 3. Er leugnet die Erfolgsidentität: die Vorbereitung habe ihren eigenen Erfolg gegenüber der Ausführung; sogar einen eigenen Versuchserfolg will Freudenthal annehmen. Damit setzt er sich aber in Widerspruch mit seinen eigenen Ausführungen S. 30—31. Dort wird ganz richtig hervorgehoben, daß nur die tatbestandlich fixierten Erfolge maßgebend sind. Die angeblichen Vorbereitungs- und Versuchserfolge sind aber gerade nicht vertatbestandlicht, sondern Schöpfungen des freien Beliebens.

Verhältnis der scheinbaren „Vorbereitungs-" zur Ausführungshandlung um zwei Typen, also um zwei auseinanderzuhaltende Ausführungshandlungen, und es verbietet sich deshalb die Konstruktion einer Tateinheit. Das Ergebnis (Strafbarkeit nur nach Maßgabe der Strafdrohung Nr. 2) bleibt hier nur deshalb das gleiche, weil das Strafgesetz gegen die Vorbereitung dem anderen Strafgesetz subsidiär ist, trotz Zweiheit der Tat[1]); das letztere übernimmt also die Funktionen des ersteren mit, und in der Ausführungstat wird also die Vorbereitung auch hier mitgestraft. Ganz entsprechend, wenn eine Nachhandlung selbständig vertypt ist. Hierfür bietet § 252 StGB. (räuberischer Diebstahl) ein lehrreiches Beispiel. Handlungen, durch die sich der Dieb im Besitz der gestohlenen Sache erhält, sind ihrem Wesen nach Nachhandlungen, die mit dem Diebstahl tateinheitlich zusammengehören. Sie nehmen jedoch nach § 252, wenn sie mittels Gewalt gegen eine Person oder mittels Drohungen mit gegenwärtiger Gefahr für Leib und Leben begangen sind, den Charakter der Erfüllung eines neuen besonderen Tatbestands an. Es liegt also dann keine Tateinheit mehr vor, sondern Realkonkurrenz, so jedoch, daß das Diebstahlsstrafgesetz subsidiär ist, Bestrafung also nur aus § 252 erfolgt.

Hier wird freilich ein Einwand zu gewärtigen sein: die Vorbereitungshandlungen, heißt es, seien doch überhaupt noch nicht rechtswidrig und könnten deshalb nicht als mitgestraft angesehen werden. Das wenigstens ist die traditionelle Lehre. Gegen sie kann nun zwar nicht eingewendet werden, daß ja doch die für einen anderen geleistete Vorbereitung sub titulo „Beihilfe" strafbar sei, und daß sich hieraus die Rechtswidrigkeit des Vorbereitens ergebe; denn es ist immerhin nicht gesagt, daß, wenn Vorbereitung für einen anderen rechtswidrig ist, auch die Eigenvorbereitung es ist. Wohl aber ergibt sich die Rechtswidrigkeit der Vorbereitungshandlungen als solcher eben aus ihrem Hinstreben auf den Tatbestandskern. Will das Recht diesen nicht, so will es auch die Vorsphäre nicht: schon die Vorsphäre tritt aus der rechtlichen Irrelevanz heraus; wird sie von der Tat-

[1]) Vgl. oben S. 319.

bestandlichkeit im weiteren Sinne umfaßt, so teilt sie mit ihr auch das Geschick der Rechtswidrigkeit so weit, als überhaupt die tatbestandsmäßige Handlung rechtswidrig ist[1]). Nicht als solle damit alles Handeln in Bausch und Bogen verboten sein, das sich als mögliche Vorstufe einer Tatbestandsverwirklichung darstellt — denn dann bliebe an erlaubten menschlichen Handlungen nicht viel übrig. Wohl aber ist das Handeln der Vorstufe eben in seiner Eigenschaft als Vorbereitungshandlung mitverboten. Einen Revolver zu kaufen ist nicht verboten; aber als Mordvorbereitung ist es verboten. Ist nun gleich die Rechtswidrigkeit der Vorbereitungshandlung eine untergeordnete und da, wo keine Ausführung hinzugetreten ist, vom Strafgesetz nicht beachtete Rechtswidrigkeit, so ist sie doch immerhin Rechtswidrigkeit, und deshalb ist es möglich, die Vorbereitung als durch die Strafe für die Ausführung mitgeahndet anzusehen.

Und nicht minder leuchtet nunmehr ein, daß auch die Nachhandlungen nicht einfach straflos sind: indem der Dieb wegen seines Diebstahls gestraft wird, wird er für die Tateinheit gestraft, die Strafe deckt auch sein nach der Tat erfolgtes rechtswidriges Veräußern u. s. w. der gestohlenen Sache. Die Vorstellung darf ja gewiß nicht die sein, als bestehe die verhängte Strafe sozusagen in einer Legierung zweier Strafen, der einen für die Ausführung, der anderen für die Nachhandlung[2]). Sondern gestraft wird für das Tatganze einheitlich, so, daß mit der einen Strafe, die sub titulo der Ausführung ausgeworfen wird, auch die Nachhandlungen ohne weiteres mit abgegolten sind.

Hiermit ist insbesondere der Schlüssel gewonnen für die sog. Straflosigkeit der „sachlichen Selbstbegünstigung". Wenn sich der Täter Vorteile der Tat sichert, so wird er dafür nicht in Strafe genommen, das steht fest. Aber warum nicht? Daß hier der „mächtige Trieb der Selbsterhaltung", der die ratio der Straflosigkeit der persönlichen Selbstbegünstigung darstellt[3]), nicht ver-

---

[1]) Zutreffend für Rechtswidrigkeit der Vorbereitungshandlungen Hold v. Ferneck, Rechtswidrigkeit 289.

[2]) Dies unterstellt Hälschner, Preuß. Strafr. 3 559 in seiner Polemik gegen die unten zu würdigende v. Burische Begünstigungstheorie.

[3]) Gretener, Begünstigung und Hehlerei 168 f.

fängt, ist klar. Und so ist es nur zu begreiflich, daß die bisherige, den Begriff der Nachhandlungen nicht kennende Theorie an einer korrekten juristischen Begründung der Straflosigkeit verzweifelt[1]). Nimmt man dagegen diesen Begriff zu Hilfe, so ist die Sache klar: wie der Täter mit dem durch die Tat erzeugten Zustande weiter wirtschaftet, ist belanglos; die Strafe für die Tat selber trifft ihn auch mit für das Verwerten der Verbrechensvorteile[2]).

§ 36.

III. Tatbestandliche Erscheinungsformen als Rahmen für Tateinheit.

Die „Erscheinungsformen" des Tatbestandes stellen uns vor drei Tateinheitsprobleme:

1. Läßt sich eine Tateinheit bilden aus Handlungen einer und derselben Erscheinungsform?

2. Läßt sich eine Tateinheit bilden aus Handlungen einer Erscheinungsform und direkt tatbestandlichen Handlungen?

3. Läßt sich eine Tateinheit bilden aus Handlungen der einen und Handlungen einer anderen Erscheinungsform desselben Typus?

1. Das erste dieser Probleme liegt völlig glatt in bejahendem Sinne. Es ist selbstverständlich möglich, daß ein Versuch durch

---

[1]) Vgl. Süßheim, Begünstigung 88: „Eine völlig einwandfreie juristische Begründung der Straflosigkeit dürfte kaum zu erweisen sein."

[2]) Vgl. Süßheim 88: „Durch seine strafbaren Handlungen hat der Täter an sich eine Art freie Verfügungsgewalt über die rechtswidrig gewonnenen Früchte erworben (sic!); er macht von derselben Gebrauch, indem er durch weitere Maßregeln den erlangten Besitz zu sichern sucht, und insofern kann man hier allerdings von einer Aufrechterhaltung des Erfolges und Fortsetzung der erstunternommenen Tätigkeit sprechen. Zudem bringt die faktische Ausübung im Interesse und Bereiche der eigenen Person an den inneren Beziehungen zum materiellen Ergebnis des Hauptdelikts keine Änderung hervor, so daß hier trotz begrifflicher Getrenntheit eine gewisse Einheit des materiellen Ziels nicht abzustreiten ist." Vom Standpunkt des Täters aus „sind die sachlichen Begünstigungshandlungen nur das Produkt einer von Anfang an zweckbewußt durchgeführten Tätigkeit, welche die Sicherung der widerrechtlich erworbenen Vorteile in sich schließt". Der logische Schluß auf die Zugehörigkeit der Nachhandlung zum Tatbestande ist hier doch mit Händen zu greifen!

mehrere in Tateinheit verbundene Handlungen begangen wird; ebenso eine Anstiftungs- oder Beihilfetat; endlich auch eine mittels relativer Strafdrohung qualifizierte oder privilegierte Tat. Denn wie sich eine Handlungenreihe als zusammengehörend in die Typusurform einspannen läßt, so läßt sie sich auch in die abgeleitete Erscheinungsform des Typus [1]) einspannen.

2. Bei dem zweiten der Probleme ist

a) die Bejahung sicher für das Verhältnis der Erscheinungsform „Versuch" zur Vollendung bezüglich desselben Typus. Aus Anfang, Fortführung und Ende der Ausführung läßt sich eine Tateinheit bilden, ohne daß Schwierigkeiten sich herausstellen. Dies deshalb, weil in tatbestandlicher Hinsicht der Versuch lediglich ein Fragment der Tatbestandsverwirklichung ist [2]). Auf das Ganze findet dann natürlich die Grundstrafdrohung Anwendung, die Versuchsstrafdrohung tritt als subsidiär zurück.

b) Im Verhältnis zwischen Täterschaft und solchen Handlungen desselben Handelnden, die bei Verschiedenheit der Person Teilnahme sein würden, ist eine Tateinheit nach dem oben S. 344 ff. Ausgeführten in Verbindung mit dem Umstande, daß die Teilnahmehandlungen ihrem Wesen nach in die Tatbestandsaußenzone fallende Handlungen sind [3]), zu bilden möglich. Schwierigkeiten in der Anwendung des Strafgesetzes ergeben sich nicht, da sich das Verhältnis der Strafgesetze nach dem oben S. 316 ff. Gesagten reguliert.

c) An sich wäre es auch möglich, eine Tateinheit aus Handlungen direkt typischer Art, und Handlungen, die einer qualifizierenden oder privilegierenden Erscheinungsform desselben Typus unterfallen, zu bilden.

Zum Beispiel der Täter hat eine Vorgesetztennötigung (MStGB. § 96) zuerst ohne, dann (MStGB. §§ 53, 55) unter Mißbrauch der Waffen verübt. Mit dem, was oben [4])

---

[1]) Oben S. 268.

[2]) Oben S. 261.
Anders natürlich, wenn Typus x durch eine Versuchs- und Typus y durch eine Vollendungshandlung erfüllt wurde; hier Realkonkurrenz, oben § 34 II S. 342.

[3]) Unten § 50.

[4]) S. 341.

über den Übergang vom Gattungsdelikt zu einem typisch abgesonderten qualifizierten oder privilegierten Delikt gesagt war, ist dieser Fall nicht abgetan. Denn dort verbot sich die Bildung eines einheitlichen Verbrechens wegen fehlender Typenidentität. Hier aber ist der Typus derselbe (in dem obigen Beispielsfalle der Typus des § 96 MStGB.), und nur in der Erscheinungsform liegt hier die Differenz. Aber das Ergebnis muß doch auch das gleiche sein. Denn bei Durchführung der Zusammenlegung der mehreren Handlungen zu einem Verbrechen stößt man sofort auf die Unmöglichkeit der Zusammenanwendung der verschiedenen Strafrahmen. Ist die Tat ein Ganzes, so kann auf sie nur entweder der reguläre oder aber nur der besondere Strafrahmen angewendet werden. In einer interessanten Entscheidung hat sich das Reichsmilitärgericht[1]) auf den letzteren Standpunkt gestellt. Der Täter hatte durch eine Reihe von Handlungen Insubordination verübt, ein Teil der Handlungen war durch Provokation seitens des Vorgesetzten verursacht, so, daß für diesen Teil der Strafmilderungsgrund des § 98 MStGB. in Frage kam. Das Reichsmilitärgericht spricht aus, daß dann der Tat als Ganzem der herabgesetzte Strafrahmen des § 98 zugewandt werden müsse. Aber damit ist doch allzuviel Milde geübt! Es entspricht doch nicht der Wahrheit, daß das ganze Delikt auf Reizung durch den Vorgesetzten beruht! Noch deutlicher ergibt sich die Unmöglichkeit, die Grundstrafdrohung beiseite zu stellen, wenn es sich um teils qualifizierte, teils einfache Deliktshandlungen handelt. Soll wirklich der Unteroffizier, der einen Soldaten in 20 Fällen ohne, im 21. Falle unter Mißbrauch der Waffen gemißhandelt hat, nun wegen der ganzen Handlungenreihe als einer erschwerten Soldatenmißhandlung gestraft werden? Das hieße doch behaupten, er habe auch in den 20 ersten Fällen die Waffen gemißbraucht! Ist also dieser Ausweg aus dem Dilemma — die Bevorzugung der relativen Strafdrohung vor der Grundstrafdrohung — unannehmbar, so ist es umgekehrt auch der gegenteilige Ausweg: die Wahl der Grundstrafdrohung für das „Deliktsganze". Denn das würde bedeuten, daß die Qualifi-

[1]) 4 97.

kations- oder Privilegierungsmomente unbeachtet blieben bloß deshalb, weil zufällig andere Handlungen mit der qualifizierten oder privilegierten zusammenhängen, die des Qualifikations- bezw. Privilegierungsmoments entbehren; und wiederum käme man zu einer wahrheitswidrigen Konstruktion eines Ganzen aus nicht wesensgleichen Teilen.

So bleibt denn nur übrig, durch die Verschiedenheit der Erscheinungsform die tatbestandliche Handlungenzusammengehörigkeit als gesprengt anzusehen. Das, was tatbestandlich ein „Ganzes" ausmacht, spaltet sich so in verschiedene Verbrechen in Realkonkurrenz, die Annahme eines fortgesetzten Verbrechens ist unmöglich. Statt wegen des tatbestandlichen Zusammenhangs sofort ein einziges Verbrechen anzunehmen, muß man auf die definitive Zusammenlegung verzichten, weil sie unmöglich ist: aus ungleichartigen Summanden ergibt sich keine reinliche Summe. Das Auseinanderstreben der sich reibenden Strafdrohungen vereitelt die Zusammenlegung der Handlungen.

3. Insoweit verschiedene Erscheinungsformen desselben Typus eine Verbindung miteinander eingehen können[1]), ist natürlich auch eine Mehrheit von Handlungen derart zusammenfaßbar, daß sich eine Tateinheit herausstellt, deren Bestandteile den verbundenen Erscheinungsformen entsprechen (z. B. mehrere Handlungen, die eine Tat im Sinne des § 55 MStGB. und des § 43 StGB. darstellen).

B. Der Umfang des Verbrechenscharakters der Tateinheit[2]).

§ 37.

I. Tateinheit und Rechtswidrigkeit.

Tatbestandsmäßige Handlungen, die sämtlich denselben Typus an sich tragen, können zur Tateinheit zusammengelegt werden, wie in §§ 34 ff. gezeigt wurde. Aber dies doch nur dann, wenn jede von ihnen auch rechtswidrig ist. Denn ist das Verbrechen rechts-

[1]) Oben S. 315.
[2]) Vgl. § 34 III.

widrige Handlung, so darf auch das tateinheitliche Verbrechen nicht durch Beisatz von Handlungen verunreinigt sein, die dem Requisit der Rechtswidrigkeit nicht genügen. Als zusammengesetzte Bildung kann die Tateinheit nur aus wesensgleichen Elementen bestehen; sie muß hinsichtlich aller Elemente den Verbrechenscharakter an sich tragen, so namentlich hinsichtlich aller Elemente rechtswidrig sein.

Solche Einzelakte, die der Rechtswidrigkeit ermangeln, sind also auszuschalten. Würde z. B. A dem B eine Portion Gift mit Tötungsvorsatz beibringen, würde dann B den A rechtswidrig angreifen und A in Notwehr die Tötung vollenden, so würde selbstverständlich trotz der Möglichkeit, die zwei Akte tatbestandlich zusammenzufassen, der zweite Akt gänzlich beiseite zu bleiben haben, es läge nur Tötungsversuch vor. Desgleichen lassen sich Handlungen in Notwehr nicht in einen „Raufhandel" (§ 227 StGB.) einbeziehen u. s. w.

§ 38.

II. Tateinheit und Schuld.

I. Ist die Schuld Verbrechensmerkmal, so kann sie auch bei Tateinheit keinem der sie bildenden Einzelakte fehlen. Kann ein schuldfreier Akt nicht selber für sich Verbrechen sein, so kann er nicht um tatbestandlichen Zusammenhangs willen in eine Tateinheit einbezogen werden. Schuldfreie Einzelakte fallen also bei Bildung der Tateinheit aus.

Hätte z. B. A durch zehn Schläge, bei deren ersterem ihm weder dolus noch culpa zur Last fiel, eine Statue in Stücke geschlagen, so könnte der erste Schlag in eine zu formierende tateinheitliche Sachbeschädignng nicht einbezogen werden.

II. Aber die Schuldfrage wirkt auch noch in anderer Weise auf die Lehre von der Tateinheit hinüber. Es kann nämlich sein, daß die mehreren tatbestandlich zusammenfügbaren Einzelhandlungen sämtlich dem Schuldrequisit genügen, und daß sich dennoch eine Tateinheit aus ihnen deshalb nicht bilden läßt, weil sie das Schuldmoment in einer für die Rechtsfolgen wesentlich differenzierten Weise an sich tragen. Ungeachtet typischer Gleichheit müssen dann doch die tatbestandlichen „Teile" isoliert, und jeder als Ganzes für sich gewürdigt werden.

1. Zwar entsteht da, wo eine und dieselbe Strafdrohung die vorsätzliche wie die fahrlässige Begehung promiscue umfaßt, keine Schwierigkeit. Es kann hier eine Tateinheit gebildet werden aus Handlungen, von denen die einen dolos, die anderen kulpos begangen sind.

2. Anders aber, wenn eine Strafdrohung nur der vorsätzlichen Begehung gilt, und die fahrlässige Begehung überhaupt nicht mit Strafe bedroht ist. Hier setzt die Bildung einer Tateinheit voraus, daß sämtliche zu addierenden Handlungen vorsätzlich begangen sind. Wollte man fahrlässig begangene Einzelhandlungen in die Tateinheit einschmuggeln, so würde man sie der ihnen gebührenden Straflosigkeit berauben.

3. Ebenso aber verbietet sich die Herstellung einer Tateinheit aus einerseits vorsätzlichen, andererseits fahrlässigen Handlungen dann, wenn die fahrlässige Begehung eine separate Strafdrohung für sich hat. Denn wollte man hier eine Tateinheit formieren, so müßte man auf sie dann entweder die Strafdrohung für vorsätzliches Handeln oder die für fahrlässiges Handeln anwenden. Täte man das erstere, so würde man damit wahrheitswidrig vorsatzfreie Elemente mit als vorsätzlich begangen behandeln; die Strafe müßte ja dem Ganzen als doloser Tat gelten. Täte man das letztere, so hieße das den Vorsatz eines Teils der Handlungen ignorieren. Das einzig Richtige ist somit, die Bildung der Tateinheit unvollzogen zu lassen und Realkonkurrenz einer vorsätzlichen mit einer fahrlässigen Tat anzunehmen.

So ist es zu halten, wenn z. B. A den B in der Weise durch eine Reihe von Handlungen getötet oder verletzt hat, daß er anfänglich fahrlässig, dann vorsätzlich gehandelt hat (etwa so, daß er den B zuerst versehentlich gestoßen und dann vorsätzlich eine Ohrfeige hinzugefügt hat), oder daß er umgekehrt zuerst vorsätzlich, dann fahrlässig gehandelt hat wie in dem bekannten Schulfall, daß A den B mit Mordvorsatz verwundet, ihn getötet zu haben glaubt, die vermeintliche Leiche ins Wasser wirft und dadurch den Tod herbeiführt. Man ist heute einverstanden darüber, daß hier nicht mittels eines „dolus generalis“ ein vollendeter Mord herauskonstruiert werden kann. Aber es ist überhaupt nicht möglich, die zwei Handlungen zur Einheit zusammenzuschließen[1]). Jede für sich ist eine strafrechtlich relevante Handlung, und ihre im Schuldpunkt vorhandene Wesensungleichheit verbietet ein kriminalistisches Additionsexempel. Der bei der ersten Handlung vorhandene Vorsatz und der diesem Vorsatz entsprechende Erfolg der zweiten Handlung haben nichts miteinander gemein. Die „Vorsatzeinheit“ bedingt nicht Tateinheit, so wenig wie die „Schuldeinheit“ sie bedingt[2]).

Vielmehr müssen Vorsatz und Fahrlässigkeit je auf die Handlung bezogen werden, bei der sie vorlagen. Es ergeben sich also eine vom Vorsatz belebte und eine fahrlässige Handlung. Es bleibt also nur die Möglichkeit übrig, die tatbestandlich gegebene Handlungseinheit als durch die Verschiedenheit der Schuldformen gesprengt anzusehen, d. h. Realkonkurrenz anzunehmen, wie dies auch der heute herrschenden Lehre entspricht. Das kann auch nichts Befremdliches haben: die Handlungenzusammengehörigkeit führt eben nicht zu einer Ignorierung der außertatbestandlichen Verschiedenheiten, sondern bedeutet nur die tatbestandliche Zusammengehörigkeit; und die Verbrechenseinheit setzt nicht bloß die letztere voraus.

Aber auch wenn alle das gleiche typische Gepräge tragenden Einzelhandlungen auf derselben Schuldstufe stehen, also alle vorsätzlich oder alle fahrlässig sind, erweist sich die Herstellung einer Tateinheit dann als unmöglich, wenn sie nicht sämtlich diejenigen Schuldausgestaltungsmerkmale an sich tragen, von deren Vorhandensein die Anwendbarkeit des Strafgesetzes abhängt.

Ist z. B. ein Absichtsdelikt in Frage, so können Handlungen, die ohne diese Absicht vorgenommen waren, in die Absichtsdeliktstateinheit keinen Eingang finden (z. B. beim Betruge Täuschungshandlungen ohne Absicht rechtswidrigen Vermögensvorteils). Gibt es eine besondere Grundstrafdrohung für das Absichtsdelikt, und eine besondere für das schlechthin vorsätzliche Delikt, so müssen

---

[1]) Zutreffend Finger, Lehrb. 1 263.
[2]) Oben S. 337.

also zwei Taten angenommen werden; z. B. X hat zuerst mit einfachem Brandstiftungsvorsatz, und dann mit der in § 307 [2] StGB. bezeichneten Absicht Feuer angelegt. Bei Kombination würde dem Gesetz Gewalt geschehen, es würden die verschiedenen Grundstrafdrohungen nicht mehr reinlich wirken.

Entsprechendes gilt, wenn mit Rücksicht auf verschiedeninhaltliche Absichten verschiedene Grundstrafdrohungen im Gesetz aufgestellt sind. Wer z. B. einer elektrischen Anlage zuerst in Schädigungsabsicht, sodann durch eine weitere Handlung in Zueignungsabsicht Elektrizität entzieht, macht sich zweier Taten schuldig, von denen die eine dem § 1, die andere dem § 2 des RGes. vom 9. April 1900 unterfällt.

Auch wo nicht die „Absicht", sondern andere psychische Momente differenzierte Behandlung bedingen, gilt das gleiche. So können Tötungshandlungen, die mit ruhiger Überlegung, und solche, die in aufwallendem Zorn vollführt wurden, nicht zu einem einheitlichen Ergebnis vereinigt werden.

Ist dagegen die für die anzuwendende Strafdrohung erforderte Schuldstufe und Schuldausgestaltung bei allen Partikeln vorhanden, so verschlägt es nichts, ob sich die Schuld im Hinblick auf die juristisch unwesentlichen Umstände der Tat[1]) einfach oder kompliziert äußert, ob also — in diesem Sinne — „Doppelschuld" = Schuld mit Doppelbeziehung vorlag oder nicht. So wenig wie solche Doppelbeziehung eine einzige Handlung in ihrem Wesen alteriert[2]) oder sie in zwei „Schulden" oder gar in zwei Taten zerreißt, so wenig steht sie der Zusammenlegung zweier Handlungen zu einem Ganzen entgegen.

§ 39.

III. Tateinheit und passende Strafdrohung.

Daß eine Tateinheit unvollziehbar ist, wo die Summanden tatbestandlich oder schuldlich derart auseinandergehen, daß sie verschiedenen Strafdrohungen unterfallen, hat sich schon in den bis-

---

[1]) Oben S. 321.
[2]) Oben S. 324.

herigen Ausführungen ergeben. Aber es muß überhaupt der Grundsatz aufgestellt werden, daß, wenn das zu bildende Ganze nicht mit allen seinen Elementen einer identischen Strafdrohung unterstellt werden kann, die tateinheitliche Zusammenfassung der Einzelhandlungen unausführbar wird.

Deshalb muß behufs Bildung der Tateinheit auch auf die außertatbestandlichen und außerschuldlichen Umstände, von denen das Passen der Strafdrohung abhängt, Rücksicht genommen werden. So z. B. auf das Alter, soweit es nach § 57 StGB. eine besondere relative Strafdrohung für sich hat. Hat sich A z. B. einer Reihe von Diebsgriffen schuldig gemacht, die tatbestandlich zu einem Diebstahl vereinigt werden könnten, so ist doch die Herstellung einer Tateinheit dann unmöglich, wenn er die ersten diebischen Handlungen als Siebzehnjähriger, die Fortsetzung als Achtzehnjähriger begangen hat. Denn jene stehen ausschließlich unter der Herrschaft der nach § 57 StGB. modifizierten Strafdrohung, und diese ausschließlich unter der Herrschaft der Grundstrafdrohung in § 242 StGB. Das Ganze kann weder dieser noch jener Strafdrohung zugesprochen werden. Es bleibt also nur die Möglichkeit der Realkonkurrenz.

Das gleiche gilt auch da, wo die Entscheidung, welche Strafdrohung als „passende“ anzuwenden ist, in der Strafdrohung selbst liegt. Bekanntlich untersteht der Deutsche, der als Ausländer eine Auslandstat begangen hat, im Falle des § 4 [3] StGB. der fremdrechtlichen Strafdrohung, wenn sie milder ist — anderenfalls der deutschen Originalstrafdrohung. Hat nun A ein verbrecherisches Treiben als Ausländer begonnen und als Deutscher fortgesetzt, so kann das „Ganze“ weder unter das ausländische mildere Gesetz gezogen werden; das wäre unstatthafte Milde; noch unter das deutsche Originalgesetz; das hieße den § 4 [3] a. E. außer Hebung setzen. Folglich bleibt nichts anderes übrig, als zwei Taten anzunehmen, von denen die eine nach dem milderen Auslandsgesetz, die andere nach der Strafdrohung des deutschen Rechts geahndet wird. Die Tateinheit, so sehr sie tatbestandlich möglich wäre, ist unvollziehbar.

§ 40.

IV. Tateinheit und Strafdrohungsbedingungen.

I. Wenn das Gesetz erklärt, daß eine Handlung nur dann strafbar sein solle, wenn eine bestimmte Strafdrohungsbedingung vorliegt, so ist ohne weiteres klar, daß in eine zu bildende Tateinheit Handlungen nicht einbezogen werden können, bei denen die Strafdrohungsbedingung fehlt. Sind diese für sich betrachtet straflos, so können sie nicht als Glieder einer Handlungenkette mit abgestraft werden.

So würde derjenige, der nächtlicherweile lärmend vom Auslande her die deutsche Grenze überschritten hätte, nur wegen der in das Reichsgebiet fallenden Lärmhandlungen gestraft werden können; was er vor der Grenze getan hat, ließe sich nicht mitabstrafen (§ 6 StGB.), und bildete sein Delikt noch so sehr ein tatbestandliches Ganze.

Seltsamerweise wird dies öfter verkannt und sogar gelehrt, daß, wenn auch nur ein Stück der „Handlungseinheit" ins Inland falle, die ganze Tat als Inlandstat anzusehen sei. Dabei ist verkannt, daß zur „Tat" eben doch nur Partikeln mit Verbrechenscharakter zusammengeschlossen werden können. Die Frage, wo ein Verbrechen begangen ist, taucht doch erst auf, wenn der Umfang des Verbrechens festgestellt ist [1]).

II. Setzt das Gesetz auf eine Tatbestandsverwirklichung pure die Strafdrohung x und auf dieselbe Tatbestandsverwirklichung bei Vorliegen einer Strafdrohungsbedingung die Strafdrohung y, und begeht der Täter eine Handlung, die den Tatbestand pure, und eine andere, die ihn mit der Strafdrohungsbedingung verwirklicht, so ist tateinheitliche Zusammensetzung untunlich, und vielmehr notwendig Realkonkurrenz gegeben. So zerfällt die Tateinheit eines fortgesetzten Diebstahls, wenn die ersten Handlungen

---

[1]) Auch da, wo der Tatort nicht als Strafdrohungsbedingung wirkt, sondern nur als Bedingung dafür, daß ein persönliches Strafbarkeitserfordernis relevant wird (§ 4 [2], [3], oben S. 103), ist es selbstverständlich unmöglich, die Tat als Ganzes dem Inland zuzusprechen, wenn die sie bildenden Einzelhandlungen zum Teil Auslandstaten sind. Unten § 42.

begangen wurden, bevor die Voraussetzungen des Rückfalls gegeben waren, und der Täter den Diebstahl fortsetzt, nachdem er in der in § 244 StGB. angegebenen Weise bestraft worden ist. Hier tendieren die Stücke des verbrecherischen Treibens trotz ihrer typischen Zusammengehörigkeit nach verschiedenen Strafgesetzen; es liegen zwei Taten vor, die eine nach § 242, die andere nach § 244 StGB. strafbar[1]).

Entsprechendes gilt, wenn es sich um verschiedene Strafdrohungsbedingungen handelt, von denen die eine die Strafdrohung x, die andere die Strafdrohung y bedingt, und ein Teil der Handlungen der ersten, aber nicht der zweiten, der Rest der zweiten, aber nicht der ersten Bedingung genügt. So können z. B. eine Körperverletzung mit nachfolgendem Siechtum (§ 224 StGB.) und eine Körperverletzung mit Todesausgang nicht zu einer Tat verschmolzen werden. Denn die Tateinheit wird auch hier durch das Auseinanderstreben der Straffolgen vereitelt.

Nur wird man bei manchen Strafgesetzen den Sinn einer ihnen eingefügten Strafdrohungsbedingung dahin zu interpretieren haben, daß ein tateinheitliches Handeln auch dann von ihnen voll ergriffen sein soll, wenn auch nur e i n Element mit dem als Strafdrohungsbedingung ausgeprägtem Umstande ausgestattet ist. Dies wird für jeden als „objektives Qualifikationsmoment" auftretenden schweren Erfolg in dem Sinne zu gelten haben, daß die identische Strafdrohungsbedingung auf alle tatbestandlich zusammengehörenden Einzelhandlungen bezogen werden kann, auch wenn nur eine von ihnen in innerer Verbindung mit ihr steht. Wenn z. B. eine Kette von Vergewaltigungshandlungen mit Beischlafsvollziehung eine Notzucht derart darstellt, daß e i n e r der Gewaltakte den Tod der verletzten Person herbeigeführt hat, so wäre es sicher unnatürlich, wollte man diesen einen Gewaltakt nach § 178, und den Rest als besondere Tat nach § 177 strafen. Die Strafdrohungsbedingung wird vielmehr dahin zu verstehen sein, daß das Handeln in toto dem § 178 unterstellt werden soll, wenn auch nur eine seiner Partikeln den Tod verursacht hat. Einzelinterpretation muß das Nähere ergeben.

[1]) Das ist auch gemeine Meinung; nur fehlt es ihr an einer prinzipiellen Begründung, wie sie der Text gibt.

§ 41.

V. Tateinheit und Rechtsanwendungsbedingungen.

Rechtsanwendungsbedingungen sind die Umstände, von denen abhängt, ob das eine oder andere „Strafrecht“ auf ein Vorkommnis anzuwenden ist[1]), z. B. ob altes oder neues Recht; oder ob generelles oder Kolonialrecht Anwendung findet.

Es kann sich nun fragen: Wenn ein Täter sein Treiben unter der Herrschaft eines älteren Strafgesetzes begonnen und unter der Herrschaft eines neuen nicht milderen fortgesetzt hat, so daß inmitten einer Handlungsreihe ein Strafgesetzeswechsel vor sich gegangen ist, oder wenn er es als Eingeborener begonnen und es nach Erwerb der deutschen oder einer sonstigen Staatsangehörigkeit fortgesetzt hat — kann dieses „fortgesetzte Treiben“ dann tateinheitlich gewertet werden? Bei Beantwortung dieser Frage hat man sich von vornherein vor Augen zu halten, daß die Aburteilung wegen „der Tat“ nur entweder auf Grund des älteren oder auf Grund des neuen, nur entweder auf Grund des generellen oder auf Grund des Eingeborenenstrafrechts erfolgen kann, daß niemals Doppelsubsumtion stattfindet[2]). Sonach könnte die Bildung einer Tateinheit nur den Sinn haben, daß entweder die älteren Teile des verbrecherischen Treibens mit unter das neue bezw. das generelle Strafrecht, oder umgekehrt die neueren Handlungen mit unter die älteren bezw. das Eingeborenenstrafrecht gezogen würden. Die Handlungsreihe kann nur entweder als Tateinheit im Sinne des älteren oder als Tateinheit im Sinne des neueren Gesetzes gestraft werden; denn auf eine und dieselbe Tat kann ja nur eins oder das andere angewendet werden. Damit ist aber bereits gesagt, daß eine Tateinheit unkonstruierbar ist. An die älteren Handlungen kann überhaupt nicht der Maßstab des neueren bezw. des generellen Strafrechts angelegt werden, weil für sie die Frage gar nicht aufgeworfen werden kann, ob sie im Sinne dieses Rechtssatzkomplexes Ver-

---

[1]) Oben S. 90 ff.
[2]) Oben S. 93 ff.

brechen seien; und entsprechend kann an die neueren Handlungen nicht der Maßstab des älteren bezw. des Eingeborenenstrafrechts angelegt werden; jeder der Rechtssatzkomplexe hat seine eigene Sphäre, und nur was in diese hineinfällt, kann nach ihm gewertet werden. Es ist also unmöglich, etwa zuerst die einzelnen Vorgänge zur Tateinheit zusammenzulegen und dann erst zu fragen, ob „diese Tat" dem älteren oder dem neueren Gesetz zu unterstellen sei. Vielmehr muß zuerst ermittelt werden, ob die einzelnen Elemente überhaupt nach dem neueren oder ob sie nach dem älteren Gesetz zu beurteilen sind; und dann erst ist das Additionsexempel möglich. Und so ergibt sich denn unausweichlich strengste Isolierung der Handlungen vor und der Handlungen nach dem Grenzaugenblick.

Hiernach ergeben sich für das intertemporale Strafrecht folgende Resultate.

α) Die älteren Partikeln a und b seien unter der Herrschaft eines Nichtstrafgesetzes, die neueren Partikeln c und d unter der Herrschaft eines Strafgesetzes begangen. Dann ergreift das neue Strafgesetz nur die Akte c und d, aus ihnen kann eine Tateinheit gebildet werden, dagegen sind a und b nicht mit in die Rechnung einzustellen; sie sind dauernd straflos.

β) Die älteren Partikeln a und b seien unter der Herrschaft eines Strafgesetzes, die neueren c unter der Herrschaft eines Nichtstrafgesetzes begangen. Dann ergibt sich natürlich volle Straflosigkeit, für a und b aus § 2 II, für c und d aus § 2 I StGB.

γ) Die älteren Partikeln seien unter der Herrschaft des milderen Strafgesetzes x, die neueren c und d unter der Herrschaft des neueren härteren Strafgesetzes y begangen. Dann sind a und b dauernd dem Strafgesetz x unterworfen, während c und d dem Strafgesetz y unterfallen. Eine Tateinheit a—d zu bilden ist unmöglich. Der Täter wäre z. B. schuldig eines Betruges im Sinne des § 231 des Preußischen Strafgesetzbuchs und eines Betruges im Sinne des § 263 RStGB.; oder schuldig einer Mißhandlung im Sinne des Hererorechts und einer Mißhandlung im Sinne des § 223 StGB. Die Strafen würden einfach nebeneinander auszusprechen und zu vollstrecken sein: insbesondere käme nicht einmal eine Gesamtstrafe nach §§ 74 ff. StGB. in

Frage, denn diese Paragraphen sind ja selber Teile des heutigen generellen Strafrechts, setzen also voraus, daß eben auch die Einzelstrafen sämtlich auf diesem Boden erwachsen sind [1]).

δ) Die älteren Partikeln a und b seien unter der Herrschaft des strengeren Strafgesetzes x, die neueren c und d unter der Herrschaft des milderen Strafgesetzes y begangen. Dann fallen a und b auf Grund des § 2 II, c und d auf Grund des § 2 I StGB. unter das neuere Gesetz. Es läßt sich eine Tateinheit a—d im Sinne des neuen Gesetzes bilden.

Ganz entsprechend läge die Sache für das generelle Strafrecht im Verhälnis zum Eingeborenenstrafrecht [2]).

§ 42.

VI. Tateinheit und persönliche Strafbarkeitserfordernisse.

Handlungen, die den in §§ 34—41 dargestellten Erfordernissen entsprechen, können zur Tateinheit zusammengelegt werden. Das steht fest. Und dennoch kann es sein, daß, wenn es zur Unterstellung eines bestimmten Täters unter das Strafgesetz kommt, ein oder das andere Stück der Tateinheit ignoriert werden, die Strafe nur im Hinblick auf den Rest verhängt werden muß.

Wie nämlich die Aussage, jemand habe ein Verbrechen begangen, noch keineswegs besagt, daß er „Verbrecher" sei [3]), so bedeutet die Aussage, daß er ein tateinheitliches Verbrechen begangen habe, noch nicht, daß er in allen Punkten der Tateinheit auch Verbrecher sei. Es kann vielmehr sein, daß der einen oder anderen Einzelhandlung die persönlichen Strafbarkeitserfordernisse fehlen. Ist das der Fall, so darf er für diese

---

[1]) Dagegen würde die auf Grund des § 4 ³ II StGB. „aus dem ausländischen Strafgesetz" verhängte Strafe natürlich dem § 74 StGB. unterfallen, da sie in Wahrheit eine reichsstrafgesetzbuchsmäßige ist. Oben S. 106.

[2]) Damit erledigt sich auch die Rechtskraftfrage ohne Schwierigkeiten: Aburteilung des älteren oder des neueren „Teils" der scheinbaren Tateinheit bezw. des dem generellen Strafrecht oder des dem Kolonialrecht unterfallenden „Teils" konsumiert das Strafklagerecht nicht hinsichts des anderen „Teils" — es liegen eben gar keine bloßen Teile vor; es fehlt an der eadem res.

[3]) Oben § 10.

Handlungen trotz ihrer Verbrechensnatur nicht gestraft werden, und folgerichtig auch nicht so gestraft werden, daß diese Handlungen in ein Tatganzes, dessentwegen ihn Strafe trifft, einbezogen werden. Solche Handlungen müssen also aus der Tateinheit ausgeschieden werden, soweit es sich um die Frage handelt, ob der Täter der Tateinheit strafbar sei[1]).

Beispiel: Die A hat den B fortgesetzt bestohlen und ist mitten in dieser Tätigkeit Ehefrau des B geworden. Hier ist nur der vor der Eheschließung liegende Teil ihres diebischen Treibens strafbar; der strafbare Beginn des letzteren legt den späteren Strafausschließungsgrund (StGB. § 247) nicht lahm.

Entsprechend zu behandeln ist eine Kette von Handlungen, bei deren Begehung der Täter anfänglich Inländer, dann strafloser Ausländer war. Die Kette von Handlungen, die an sich eine Tateinheit bilden, bilden zwar allesamt zusammen ein Verbrechen; Verbrecher ist er aber doch nur bezüglich der Inlandstaten. Ebenso steht es bei Handlungen eines Ausländers, die teils im Inlande, teils im Auslande verübt sind, soweit es sich um einen unter § 4 [2] oder [3] (und nicht etwa unter den die Ausländereigenschaft als gleichgültig beiseite schiebenden § 4 [1] StGB.) fallenden Tatbestand, etwa um den des § 150 StGB. handelt[2]).

§ 43.

C. Die Tateinheit im konkreten Verbrechensfalle (konkrete Handlungenzusammengehörigkeit).

I. Mit den Erörterungen in §§ 34—36 ist der Rahmen gewonnen, in den überhaupt eine Mehrheit von Handlungen zu einheitlicher juristischer Behandlung eingespannt werden kann: die begriffliche Tateinheit; und die §§ 37 ff. haben gezeigt, daß diese begriffliche Tateinheit nur insoweit realisierbar ist, als sich

---

[1]) Dagegen sind sie natürlich einzurechnen, soweit es sich um die Bestrafung der Teilnehmer handelt, oben S. 85, IV.

[2]) Daß die Nichtzugehörigkeit des Tatorts bei einem Teil der Handlungen nicht ignoriert und nicht die Tat als Ganzes ins Inland verlegt werden darf, ist schon oben S. 357 betont worden; vgl. ferner unten § 45.

die sämtlichen Handlungen auch im Punkte der übrigen für den Verbrechens- und den Verbrecherbegriff relevanten Umstände als taugliche, derselben Strafdrohung zustrebende Rechnungsgrößen erwiesen haben. Noch ist damit aber nicht das Urteil gewonnen, daß alle Handlungen eines Menschen, die den Tatbestand begrifflich gemein haben und auch im übrigen taugliche Rechnungsgrößen sind, auch wirklich eine einzige konkrete Tat bildeten. Zerschlägt der Strolch X erst eine Fensterscheibe, zerreißt dann dem ihn festnehmenden Schutzmann den Rock und demoliert er schließlich die Stühle des Arrestlokals, oder prügelt A im Jahre 1903 den X, 1904 den Y, 1905 den Z, so liegt überall der Tatbestand der Sachbeschädigung vor, die begriffliche Tateinheit ist gewahrt, auch sind die Handlungen im übrigen zur Tateinheit tauglich, und dennoch sind der konkreten Sachbeschädigungsfälle möglicherweise mehrere, es liegen möglicherweise 3 „selbständige Handlungen“ vor = 3 Taten.

Die begriffliche Tateinheit ist eben nur „Rahmen“, sie eröffnet nur die Möglichkeit, verschiedene Handlungen in eine Tat zusammenzunehmen. Ihr Wesen zeigt sich also mehr in der Negative: Begriffliche Tatenmehrheit ist kein Ausgangspunkt, um konkrete Tateinheit zu gewinnen. Nicht aber ist umgekehrt begriffliche Tateinheit ohne weiteres auch konkrete Tateinheit.

Vielmehr tritt neben die begriffliche Tatbestandseinheit noch die konkrete Tatbestandsverwirklichungseinheit, die auf realem Felde liegt, während die Typusidentität in der Welt der Begriffe zu Hause ist.

II. Bevor nun das Prinzip aufgezeigt werden kann, das im einzelnen Falle den Zusammenschluß der mehreren Einzelakte für Tateinheit bedingt, ist festzustellen, daß die gewöhnliche Gegenüberstellung innerhalb der sog. Handlungseinheit

> Ein Verbrechensfall dargestellt durch eine Handlung und ein Verbrechensfall dargestellt durch eine Mehrheit aufeinanderfolgender Handlungen

ein Zwischenglied übersieht, das, wie sich sofort zeigen wird, zur Klärung des Tateinheitbegriffes sehr wichtig ist, nämlich: mehrere gleichzeitige Handlungen desselben Täters als ein Verbrechensfall. Beispiel: A schlägt mit beiden Fäusten gleichzeitig auf B ein. Gewöhnlich wird hier wohl von einer einzigen Handlung gesprochen, und direkt zu beanstanden ist das auch nicht, da eben, wie oben gezeigt [1]), eine natürliche Abgrenzung zwischen einer und mehreren Handlungen mehr oder weniger willkürlich ist. Immerhin liegt der Fall insofern apart, als hier eine Doppelerregung des Körpers vorhanden ist, die zum Begriff einer Körperverletzung zusammengefaßt wird. Man kann in diesen Fällen von simultaner Tateinheit [2]) im Gegensatz zur sukzessiven Tateinheit sprechen.

III. Damit ist der Weg geebnet zum Verständnis der ratio, die dem Tateinheitsbegriff zu Grunde liegt, und damit zu seiner richtigen Abgrenzung gegen die Tatenmehrheit. Die Tateinheit ist nichts anderes als eine derart auseinandergezogene verstärkte Tatbestandsmäßigkeit („gleichartige Idealkonkurrenz"), daß das Auseinanderfallen der Handlungen als unwesentliche Verschiebung erscheint. Als Tateinheit behandeln wir eine Handlungenkette eben deshalb, weil und insoweit kein nennenswerter praktischer Unterschied zwischen ihr und der gleichartigen Idealkonkurrenz besteht.

Gesetzt, A schlägt mit einem Schlage auf X und Y los. Hier liegt nur eine einzige verstärkte (doppelwertige) Körperverletzung vor: eine Tat. Soll es nun einen Unterschied machen, daß A etwa beide Hände gleichzeitig benutzt und mit der einen den X, mit der anderen den Y schlägt? Offenbar nicht; also die simultane Tateinheit ist ihrer Bedeutung nach der verstärkten Tatbestandsmäßigkeit völlig ebenbürtig; und eben weil sie es ist, ist sie „Tateinheit". Von da endlich bedarf es nur eines kleinen

---

[1]) S. oben S. 334.

[2]) Die Bezeichnung ist nicht ganz genau; man sollte eigentlich von Tateinheit mit simultanen Elementen sprechen; im Interesse der Kürze des Ausdrucks wird aber jene — wohl nicht mißverständliche Bezeichnung vorzuziehen sein.

Übrigens bestreitet das Reichsgericht E. 32 137 die Einheit des Akts in dem Falle, daß der Täter mit jeder Hand je eine Person uno tempore verletzt. Soll es denn wirklich einen Unterschied ausmachen, ob er seinen ganzen Körper oder nur ein oder das andere Glied in Bewegung setzt?!

Schrittes, um zur sukzessiven Tateinheit zu gelangen. Denn wenn A nicht genau in der gleichen Sekunde sich seiner beiden Hände bedient hat, sondern erst den X und dann den Y geschlagen hat, und wäre es auch mit derselben Hand — ist denn dann sein Tun zu einem ganz anderen geworden? Sicherlich nicht, die Verschiebung ist unwesentlich. Folglich muß auch hier Tateinheit gegeben sein. Erst dann wird die Verschiebung bedeutsam, wo sich die nachfolgende Handlung völlig loslöst von der vorangegangenen, wie z. B. wenn der Täter den X im Jahre 1904 und den Y bei anderer Gelegenheit ein Jahr später mißhandelt.

Und hier gewinnt die oben[1]) getroffene Feststellung, daß die „gleichartige Idealkonkurrenz" gar keine „Konkurrenz" ist, sondern es sich bei ihr einfach um eine quantitativ verdickte Tatbestandsmäßigkeit handelt, erhöhte Bedeutung: die Tateinheit ist eben auch um deswillen „Tateinheit" und nicht Realkonkurrenz, weil sie nur eine auseinandergezogene, „gleichartige Idealkonkurrenz" ist. Man kann auch rückwärts schließen: Gerade daß die „Tateinheit" keinen Konkurrenzfall bildet, zeigt, daß die ihre Konstruktionsgrundlage bildende „gleichartige Idealkonkurrenz" erst recht kein Konkurrenzfall sein kann. Sind die Tateinheitselemente unselbständig, so muß die in einer Einzelhandlung liegende mehrfache Beziehung zum Tatbestande (die eben bei Tateinheit in zwei Handlungen auseinanderfällt) erst recht die Einheitlichkeit unberührt lassen.

Damit ist klar geworden, daß das Wesen der sukzessiven Tateinheit darin besteht, daß jede nachfolgende Handlung als bloße Fortsetzung der vorangegangenen erscheint. Und zwar gilt dies für alle sukzessive Tateinheit. Heute wird gewöhnlich das „fortgesetzte Delikt" nur als ein Fall der Tateinheit aufgefaßt und als sog. juristische Handlungseinheit in Gegensatz gebracht

a) gegen den Fall, daß bei mehreren Vollendungshandlungen bereits eine „natürliche Handlungseinheit" vorhanden sei, wie bei einer Tracht Prügel; der Unterschied soll der sein, daß hier Entschlußeinheit[2]) vorliege;

---

[1]) S. 324.
[2]) Darüber sogleich.

b) gegen den Fall, daß einer Versuchshandlung eine Vollendungshandlung nachfolge (fehlgehender Schuß — Schuß mit Tötung des Opfers); auch hier soll Entschlußeinheit und damit natürliche Handlungseinheit vorliegen.

Aber in Wahrheit ist auch in diesen Fällen das Nachfolgende eine mit dem Vorhergegangenen zusammenhängende Fortsetzung. Das Zu-Ende-führen z. B. ist doch sicherlich ein Fortsetzen des Anfangs! Es ist der faktische Zusammenhang, der überall die sukzessive Tateinheit bedingt.

IV. Was aber faktischer Zusammenhang ist und die nachfolgende Handlung bloß als Fortsetzung erscheinen läßt, das ergibt sich aus der ratio der Tateinheit: Er ist gegeben, wenn es für den konkreten Fall als nebensächlich erscheint, daß die Tat in mehrere Handlungen auseinanderfiel, wenn die Sachlage ohne Zwang zuläßt, daß man sich die Tat zur gleichartigen Idealkonkurrenz umdenkt, ohne daß sich wesentliche Züge im Bilde änderten.

Daß damit keine begrifflich scharfe Abgrenzung der Fälle des fortgesetzten Delikts, also überhaupt der Tateinheit gegen die Realkonkurrenz erzielt ist, ist zuzugeben. Aber an einer solchen hat sich die Wissenschaft auch bisher vergeblich gemüht. Und das kann schließlich nicht befremden. Der Unterschied liegt nämlich in der konkreten Tat selber und ist wie diese rein faktischer Art. Der „Zusammenhang von Handlungen" ist gerade so bloße Tatfrage, wie die Tatbegehung selber es ist[1])!

Das Kriterium selber ist also eine äußere Beziehung der Einzelhandlungen, ihr Zusammenstehen, mehr nicht; immer ist nur zu fragen, ob der konkrete Fall sich wesentlich anders ausnehmen würde, wenn man ihn sich in die gleichartige Idealkonkurrenz umdächte. Wenn nein, so ist Tateinheit gegeben; wenn ja, so liegt Realkonkurrenz vor. Regelmäßig wird dabei die zeitliche

---

[1]) Dagegen ist natürlich die Einspannung von mehreren Handlungen in verschiedene Typen eine begriffliche Unmöglichkeit (Rechtsfrage — Revision!).

Nähe der einzelnen Handlungen eine Rolle spielen, ferner der Anlaß des Handelns u. s. w. [1]).

Abzulehnen sind dagegen die bisher mit mehr oder weniger Übereinstimmung vorgetragenen angeblichen Kriterien des „fortgesetzten Verbrechens“.

1. Zwar wenn für das fortgesetzte Verbrechen „Gleichartigkeit der Handlungen“ postuliert wird, so ist das in dem Sinne unbedingt richtig, daß nur Handlungen von gleicher Typizität in Frage kommen können, denn eine Tateinheit läßt sich eben nur auf Grund eines identischen Tatbestandes bilden. Sobald aber die „Gleichartigkeit“ nicht als begriffliche, sondern als konkrete verstanden werden will, wird zuviel verlangt. Die „gleichartige Idealkonkurrenz“ als der Musterbegriff lehrt das ja deutlich: „gleichartig“ heißt nur gleichtatbestandlich, konkret kann die Tatbestandserfüllung bei jener sehr „ungleichartig“ sein (der Täter A bestimmt etwa durch ein Wort den geisteskranken B dazu, den X zu erwürgen, den Y zu ertränken und den Z zu erschießen — gleichartige Idealkonkurrenz trotz der Verschiedenheit der Tötungsarten). Und was für die verstärkte Tatbestandsmäßigkeit, das gilt auch für die aus ihr heraus geborene Tateinheit. Dazu kommt, daß der Sinn der konkreten Gleichartigkeit sehr im Unklaren bleibt. Sind die Handlungen noch gleichartig, wenn X mit einem Streichholz einen Teppich, dann mit seiner brennenden Zigarre einen anderen Teppich anbrennt, dann einen dritten zerschneidet, einen vierten in den Fluß wirft, einen fünften mit Lauge überschüttet —?

2. Ebensowenig kann auf die „Identität des Erfolges“ abgestellt werden. Bekanntlich hat gerade dieses Postulat wieder neue Zweifel ausgelöst. Ist es derselbe Erfolg, wenn Sachen eines Eigentümers beschädigt oder gestohlen werden, — sind es verschiedene Erfolge, wenn sich die Tat gegen mehrere Eigentümer richtet? Ist es derselbe Erfolg, wenn der Täter verschiedene Häuser desselben Eigentümers widerrechtlich betritt, oder sind das mehrere Hausfriedensbrüche? Ist es derselbe Erfolg, wenn der

---

[1]) Im wesentlichen übereinstimmend Höpfner, Einh. und Mehrh. 222 ff.

Unteroffizier eine Anzahl von Gemeinen hintereinander mißhandelt, oder sind es lauter Einzelerfolge [1])?

Man hat hier bekanntlich die Rechtsgüter, zu deren Schutze das betreffende Strafgesetz da sei, Revue passieren lassen und sie auf ihre Individualität oder Fungibilität untersucht, und daraus z. B. hergeleitet, daß fortgesetztes Delikt an Sachen verschiedener Eigentümer möglich sei (was freilich von anderen wieder bestritten wird), fortgesetzte Körperverletzung gegen verschiedene Personen unmöglich sei.

Aber diese Zurückführung der Tateinheitslehre auf die Rechtsguteinheit erweckt schon um deswillen Bedenken, weil sie die Frage aus dem tatbestandlichen Bereich unvermerkt in das Bereich der Rechtswidrigkeit hinüberspielt und damit unrichtig wird; denn das „Rechtsgut", von dem hier immer die Rede ist, ist das normmäßige Schutzobjekt! Deutet man jene Rechtsguteinheitstheorie aber in dem Sinne um, daß es sich um das tatbestandsmäßige Angriffsobjekt handelt, so entstehen neue Bedenken. Denn einmal haben gar nicht alle Tatbestände ein „Angriffsobjekt" [2]), und doch ist auch zweifellos bei denen, die dessen ermangeln, ein delictum continuatum möglich, man denke daran, daß jemand über eine gesperrte Brücke zweimal hintereinander geht. Sodann ist die Individualität oder Fungibilität des Angriffsobjekts jedenfalls für den Tätervorsatz gleichgültig [3]). Der Täter braucht die Individuen, gegen die er vorgeht, überhaupt nicht zu kennen. Wenn man also lehrt, Fortsetzung einer Körperverletzung gegen einen anderen als den zuerst Geschlagenen sei unmöglich, so muß man das delictum continuatum auch dann ablehnen, wenn der Täter bei beiden Handlungen lediglich den Vorsatz hatte, irgend einen Beliebigen zu treffen, und er etwa auf einen Menschenknäuel blind darauf losschlug. Das wäre gewiß eine sehr subtile Unterscheidung [4])!

---

[1]) Köhler, Grenzlinien 24, betont richtig, daß die „Einheit des Erfolges" keine Tateinheit begründe. Seine Ausführungen S. 52 ff. kommen aber dennoch auf Einheit und Mehrheit des Erfolges hinaus (wenn auch derart modifiziert, daß sich danach die „Vorsatzeinheit" richten soll). Vgl. auch Höpfner, Einh. u. Mehrh. 209 ff.

[2]) Oben S. 209 ff.

[3]) Oben S. 324 f.

[4]) Oder rückwärts gefolgert: wenn man verschiedenartige Vorsätze

Will man etwa gar auch noch bei den Vermögensdelikten die Individualität der Eigentümer als erheblich ansehen, so wäre das Ergebnis noch eigenartiger. Dann würde der Dieb, der erst einen Mantel des X, dann ein Paar Gummischuhe des Y in unmittelbarer Aufeinanderfolge der Diebsgriffe wegnimmt, doch zwei reell konkurrierende Diebstähle begangen haben, möchte er sie auch für Sachen desselben Eigentümers gehalten haben; er hätte dagegen nur einen Diebstahl begangen, wenn wirklich beide Sachen demselben Eigentümer gehörten.

Vor allem aber ist gegen die Hereinziehung des Erfolgs und gegen das Erfordernis der Erfolgsidentität für die Tateinheit einzuwenden, daß dieses Erfordernis ja auch nicht bei der — dem Tateinheitsbegriff als seine ratio zu Grunde liegenden — „gleichartigen" Idealkonkurrenz aufzustellen ist. Solche liegt bekanntlich nicht bloß dann vor, wenn eine Handlung einen identischen Erfolg in mehrfach verschiedener Weise herbeiführt, sondern auch dann, wenn die Erfolge ganz auseinandergehen und an „verschiedenen Angriffsobjekten" eintreten; der Schuß, durch den A den X und den Y uno actu tötet, ist gleichartige Idealkonkurrenz. Und da, wie oben gezeigt, die Tateinheit nur auseinandergezogene gleichartige Idealkonkurrenz ist, so kann auch sie — sofern nur der faktische Zusammenhang gewahrt bleibt — mit Erfolgen an verschiedenen Angriffsobjekten verbunden sein.

3. Schließlich wird für das delictum continuatum gewöhnlich noch eine besondere psychische Verkettung der Einzelhandlungen erfordert. Es heißt: der Täter müsse, wenn anders ein fortgesetztes Delikt solle angenommen werden können, von vornherein einen auf das Ganze gerichteten Gesamtvorsatz gehabt haben[1]). Oder aber: habe der Täter einen solchen Gesamtvorsatz gehabt, so liege sogar schon „natürliche Handlungseinheit" vor; ein fortgesetztes Delikt liege dann vor, wenn ohne solchen gehandelt worden sei,

---

bei einer Körperverletzung gegen A und einer solchen gegen B annähme (und deshalb das fortgesetzte Delikt leugnete), so müßte man notgedrungen die Verschiedenheit auch in der Irrtumslehre berücksichtigen, d. h. die Identität des gegen A sich richtenden Vorsatzes mit einem sich gegen B richtenden leugnen, was dem § 59 StGB. widerspricht (oben S. 324).

[1]) So bekanntlich das Reichsgericht.

aber die Einzelentschlüsse mit einander verknüpft seien, so, daß jeder neue Entschluß sich als bloßer „Fortsetzungsentschluß" darstelle[1].

Beide Meinungen führen konsequenter-, wenn auch nicht immer eingestandenermaßen zur Beschränkung des Begriffs des fortgesetzten Verbrechens auf die vorsätzliche Begehung, denn bei Fahrlässigkeit kann schlechterdings nicht ein auf ein Ganzes gerichteter Entschluß oder eine psychische Verknüpfung der Entschlüsse zum Handeln konstruiert werden. Und doch rühmt man dem Begriff des delictum continuatum stets nach, daß es den Billigkeitssinn befriedige, insofern es die unbillige Zerspaltung verbrecherischen Treibens in mehrere Verbrechensfälle verhindere; und wenn diese Wohltat dem dolosen Täter zu teil wird — warum nicht erst recht dem kulposen, etwa demjenigen, der mehrere Steine hintereinander einen Bergabhang hinabwälzt und dadurch den X am Kopf, an der Hand und am Bein verletzt? Warum sollen das partout drei selbständige Körperverletzungen sein?

Bei Lichte besehen erweisen sich sowohl der „Gesamtentschluß" wie der „Fortsetzungsentschluß" als Truggeister. Gegen die Gesamtentschlußtheorie ließe sich schon das eine ins Feld führen, daß sie wunderlich unpraktisch ist. Einen von vornherein auf das Ganze gehenden Gesamtentschluß werden nämlich in der Regel gerade nur die schlimmeren Verbrecher, die planmäßig arbeiten, haben; der durch öftere Gelegenheit wieder und wieder Verführte hat ihn gerade nicht, und so käme die Wohltat des delictum continuatum gerade denen nicht zu gute, die sie am ersten verdienen und vice versa. Ungemein charakteristisch ist auch, daß regelmäßig die Angeklagten die Frage, ob sie von vornherein einen Gesamtvorsatz gehabt hätten, lebhaft verneinen in dem erklärlichen Glauben, daß sie durch „Zugeständnis" ihre Sache verschlimmern, und daß sie erst mit vieler Mühe und Aufklärung dazu bewogen werden können, den Gesamtvorsatz „zuzugestehen"!

Der tiefere Grund dafür, weshalb es verfehlt ist, mit dem Gesamtvorsatz zu arbeiten, ist der, daß dieser den Vorsatzbegriff mit einem auf rein individuelle Einzelfallsmomente gerichteten

[1]) So die 2. Aufl. meiner Grundzüge.

Bewußtseinsinhalt sättigt, während zum Vorsatz das Wissen (und Wollen) der Elemente in ihrer Typizität genügt[1]. Der Vorsatz erfordert, wie oben gezeigt, den Willen, einen Menschen zu töten — nicht den A zu töten; den Willen, eine fremde bewegliche Sache wegzunehmen — nicht eine dem B gehörige u. s. w. Sache wegzunehmen. Ist das richtig, so erhellt, daß z. B. der Diebstahlsvorsatz weder sein Wesen, noch seine Zahl[2]) ändert, wenn er quantitativ mehr umspannt, als in Wirklichkeit vorliegt. Es fragt sich immer nur: War die und die Handlung eine im Sinne des Tatbestandes x vorsätzliche? Für die erste Handlung ist also der Wille, später eine zweite vorzunehmen, total gleichgültig. Und für die zweite Handlung ist jener Gesamtvorsatz natürlich ebenfalls belanglos, denn für sie fragt sich wiederum nur, ob sie selber vorsätzlich war, ob in ihr der Vorsatz im Sinne des Tatbestandes lebte. Der Vorsatz ist eben eine bloße Eigenschaft der Handlung, und ob diese Eigenschaften der Handlung durch einen Urentschluß verknüpft sind, macht nicht aus den Handlungen selber eine einzige. Wäre „Entschlußeinheit" die Wurzel der Tateinheit, so käme man unausweichlich zu dem Ergebnis, daß der Täter, der einen Entschluß auf ein ganzes verbrecherisches Leben faßt und dann in Betätigung dieses Entschlusses drei Diebstähle, zehn Betrügereien, zwei Morde u. s. w. begeht, doch nur alles in einer Tat begangen hätte! Für die strafrechtliche Konstruktion ist eben auszugehen von den Handlungen, nicht von dem seelischen Quell, aus dem sie fließen; die Taten sind es, die strafbar sind, nicht die „verbrecherischen Entschlüsse".

Und die Kehrseite der Medaille wäre, daß natürlich Mehrheit der Entschlüsse die Tateinheit zerstören müßte. Liefe zur Tat hin eine ganze Reihe von Entschlüssen, von denen jeder eine Neubestärkung und Neufassung des Entschlusses wäre, so wäre auch dann Realkonkurrenz gegeben, wenn der Täter durch einen Streich das Opfer, auf dessen Tötung die Entschlüsse sich richteten, niederstreckte.

---

[1]) Oben S. 325.
[2]) Oben S. 326.

So ist also der „Gesamtvorsatz" als juristisch unerheblich abzulehnen. Er begründet weder die Tateinheit, noch zerstört sein Fehlen die Tateinheit. Aber auch der „Fortsetzungsentschluß" ist kein brauchbarer Begriff. Gegen ihn spricht schon, daß seine Konstruktion mehr oder weniger Sache der Phantasie sein wird — denn was heißt: der Täter will die neue Handlung nur an die alte anknüpfen? Man könnte schließlich nur darauf abstellen, ob sich der Täter im Zeitpunkt des zweiten Handelns der ersten Handlung erinnerte oder nicht, ob er an sie dachte oder nicht. Und darauf kann es doch gewiß nicht ankommen. Sonst würde nur fortgesetzter Diebstahl vorliegen, wenn der Täter vor zehn Jahren einen gelungenen Einbruchsdiebstahl im Hause x ausgeführt hat und sich jetzt dessen mit Schmunzeln erinnernd sein Treiben „fortsetzt".

Alles das führt mit Notwendigkeit zu dem Schlusse, daß es für die Bildung einer Tateinheit auf eine besondere seelische Verknüpfung der Handlungen überhaupt nicht ankommt, wie auch umgekehrt das Fehlen einer solchen die Tateinheit nicht ausschließt[1]). Daraus ergibt sich namentlich, daß auch fahrlässiges Tun der Bildung eines „fortgesetzten Delikts" völlig zugänglich ist.

V. Kommt es also für die Tateinheit lediglich darauf an, ob zwischen den Handlungen ein der „gleichartigen Idealkonkurrenz" gleichwertiger Zusammenhang besteht, so rechtfertigt sich die Feststellung, daß niemals eine Handlung in Abstraktion von der konkreten Sachlage als „selbständige" angesprochen werden kann. Die Tateinheit ist eine bei allen Tatbeständen begrifflich mögliche Erscheinung. Mag eine Handlung noch so „selbständig" aussehen — es kann doch sein, daß sie infolge eines Zusammenhangs zur „unselbständigen" herabsinkt. Hat z. B. A den B durch einen Schuß getötet, so ist noch nicht gesagt, daß die Tat nur aus dieser einen Handlung bestehe. Kann doch z. B. verstärkte Tatbestandsmäßigkeit in der Art vorliegen, daß der Schuß auch den C getötet hat. Und da die Tateinheit eben nur eine abgeleitete Bildung aus jener ist, so kann recht wohl auch Tatein-

[1]) Abweichend Höpfner, Einh. u. Mehrh. 231 ff.

heit=Zusammenhang dieses Schusses mit einem unmittelbar darauf gefolgten Schusse gegeben sein.

Nur besteht zwischen den Verbrechenstypen insofern ein Unterschied, als sie entweder mit einem oder etlichen ihrer Bestandteile geradezu zur Tateinheit hindrängen: tateinheitbegünstigende Tatbestände; oder aber normalerweise nur auf eine Einzelhandlung zugeschnitten sind: die Tateinheit nicht begünstigende Tatbestände.

Die ersteren werden von denjenigen Typen gebildet, die eine „gesetzliche Einheit" in sich enthalten. Solche Tatbestände setzen gerade als das Regelmäßige (nicht als das allein sie Erfüllende)[1]) eine Kette zusammenhängender Handlungen voraus, bei ihnen ist die Tateinheit von vornherein indiziert[2]). Es soll also nach dem Willen des Gesetzes ein Zusammenhang überall angenommen werden, wo nicht die Einzelhandlungen sich ganz besonders gegeneinander isolieren, mit anderen Worten: der Zusammenhang braucht hier kein ganz besonders naher zu sein. So sind namentlich größere zeitliche Pausen zwischen den Einzelhandlungen grundsätzlich nicht geeignet, den Zusammenhang zu zerreißen und damit die Tateinheit aufzuheben. Es liegt z. B. eine einzige Münzfälschung auch dann vor, wenn die Anfertigung der einzelnen Geldstücke durch monate-, vielleicht jahrelange Unterbrechung getrennt war; ein einziger Zweikampf, wenn die Parteien einen etwa wegen Erkrankung einer von ihnen abgebrochenen („suspendierten") Zweikampf nach Monaten zu Ende auskämpfen.

Außerhalb der gesetzlichen Einheiten ist dagegen der Zusammenhang in strengerem Sinne zu nehmen. Wenn z. B. der Tatbestand des § 242 auf Wegnahme „einer" Sache, der des § 267 auf Fälschung „einer" Urkunde lautet, so ist damit zum Ausdruck gebracht, daß regelmäßig die sukzessive Wegnahme zweier Sachen, die sukzessive Fälschung mehrerer Urkunden als eine Zweiheit von Verbrechensfällen erscheint. Ist die Tateinheit bei den gesetzlichen Einheiten die Regel, so ist sie hier nur Ausnahme. Des-

---

[1]) S. oben S. 231.

[2]) Abzulehnen ist dagegen die Auffassung, daß die gesetzliche Einheit notwendig Tateinheit bedeute.

halb muß ein besonders enger Zusammenhang bestehen, wenn eine Tateinheit angenommen werden soll. Insbesondere wird letztere durch ein Dazwischenliegen größerer Pausen, durch Neuheit der Situation zerstört; so wird es z. B. kaum möglich sein, zwei durch drei Monate getrennte Diebsgriffe zur einheitlichen Tat zusammenzufassen.

VI. Genau die gleiche Betrachtungsweise, wie sie für die aus mehreren positiven Handlungen bestehende Tateinheit Platz greift, muß natürlich auch für die aus Unterlassungen zusammengesetzte und für die aus solchen und positiven Handlungen gemischte Tateinheit Platz greifen.

Die Aussage, jemand habe durch sein Verhalten ein Verbrechen begangen, bedeutet, wie oben gezeigt[1]), eine (und zwar in erster Linie die tatbestandliche) Beziehung auf einen Ausschnitt aus der Lebensbetätigung, ohne daß es grundsätzlich darauf ankäme, ob das Verhalten in völliger gewollter Regungslosigkeit oder aber in gewollter Muskelbewegung bestand. Somit erscheint auch die einen Tatbestand erfüllende „Unterlassung", sie sei Regungslosigkeit oder Andershandeln, tatbestandlich einfach als dasjenige Stück der Lebensbetätigung, dem die Aussage: es sei ein Verbrechen, gilt. Dieses Stück herauszugreifen ist natürlich gerade so wie bei den positivtatbestandlichen Handlungen nur unter der tatbestandlichen Schablone möglich. Und gerade so wie bei diesen ist auch bei den „Unterlassungsdelikten" — echten wie unechten — die Zahl der Einzelvorgänge gleichgültig. Ja, hier weist der Tatbestand ohne weiteres auf ein ausgedehntes Verhalten hin, mit anderen Worten: auf eine „gesetzliche Einheit". So präsentiert sich von vornherein die „fortgesetzte Unterlassung", sie sei fortgesetzte Regungslosigkeit oder fortgesetztes Andershandeln oder ein aus beiden gebildetes fortgesetztes Verhalten als „Tateinheit"; sie wird nur gesprengt durch nennenswerte Rupturen, die den Konnex lösen[2]).

In dieser Beleuchtung präsentieren sich nun auch die sog. Dauerdelikte als sehr einfache Erscheinungen. Sie sind Tatein-

---

[1]) S. 18 f.

[2]) Vgl. oben S. 373.

heiten, gebildet entweder aus fortgesetzter Unterlassung (z. B. langandauerndem Unterlassen des Nahrungreichens) oder aber aus positivem Anfang mit negativer Fortsetzung (Einsperrung + Eingesperrthalten). Sie sind also nicht sowohl tatbestandlich besonders geartete Deliktsbegriffe, als vielmehr aus Tateinheit gebildete Verbrechensfälle.

VII. Mag es sich aber immer um positive Handlungen oder um Unterlassungen handeln, immer kann es nur die nahe Beziehung zwischen den Handlungen (Unterlassungen) selber sein, die zur Bildung einer konkreten Tateinheit führt.

Hiernach berichtigt sich namentlich auch die häufig vertretene Lehre, daß auch die faktische Gemeinsamkeit einer sog. objektiven Bedingung den Titel dafür abgeben könne, eine Anzahl von Einzelakten zur „Handlungseinheit" zusammenzulegen. Dieser Lehre ist zu widersprechen.

1. Dies ist ohne weiteres klar für Strafdrohungsbedingungen, die verschiedenen Typen gemeinsam sind. Gesetzt etwa, es existierte ein Strafgesetz, das eine Meuterei unter der „objektiven Bedingung" des Ausbruchs eines Krieges mit Strafe bedroht, und ein zweites, das eine Fahnenflucht unter der gleichen objektiven Bedingung mit Strafe bedroht, und es bräche ein Krieg aus, so würden nicht etwa um der „Einheit" dieser Strafdrohungsbedingungen willen Meuterei und Fahnenflucht zur Tateinheit verschmelzen. Es läge ungleichartige Realkonkurrenz vor.

2. Aber auch wenn es sich um Verwirklichung eines identischen Typus mit Strafdrohungsbedingung handelt, sind keineswegs alle Verwirklichungshandlungen deswegen zur Tateinheit zusammenzunehmen, weil die Strafdrohungsbedingung in concreto ihnen gemeinsam ist.

Das gilt zunächst offensichtlich für die absoluten und die gruppenweise relativen Strafdrohungsbedingungen[1]. Hat der Täter zweimal ruhestörenden Lärm verübt, so kann natürlich nicht deshalb zur Zusammenlegung zu einer Tat geschritten werden, weil der bei Übertretungen als Strafdrohungsbedingung figurierende Inlandscharakter des Tatortes koinzidiert!

[1]) Oben S. 53.

Warum soll aber für die streng relativen, d. h. eben nur dem einen Typus angefügten Strafdrohungsbedingungen Abweichendes gelten? Auch sie sind ja der Tat nur sozusagen äußerlich angeklebt. Aus der Einheit des sie erfüllenden Umstandes ergibt sich keine innere Einheit. So ist z. B. die Beteiligung des A an einem Raufhandel am 15. und seine Beteiligung an einem anderen Raufhandel am 25. des Monats nicht deswegen in Tateinheit zusammenzufassen, weil X an der Summe der in den beiden Schlägereien erhaltenen Verletzungen gestorben ist. Ebenso ist nicht ohne weiteres ein einziger Bankeruttfall um deswillen gegeben, weil eine einzige Konkurseröffnung in Frage steht[1]). Wohl werden meist die einzelnen Bankerutthandlungen eine Tateinheit bilden, aber doch nur deswegen, weil sie — mit Rücksicht auf die „gesetzliche Einheit", die sich im Tatbestande ausdrückt — regelmäßig als fortgesetztes Delikt erscheinen werden[2]). Aber jedenfalls schließt die Einheit der Strafdrohungsbedingung als solche niemals die Realkonkurrenz aus.

Wäre die Einheit einer Strafdrohung geeignet, Tateinheit zu begründen, so müßte übrigens auch umgekehrt ihre Zweiheit die Tateinheit zerstören. Wäre z. B. der Konkurs am 7. April eröffnet, gleich darauf auf Antrag des Gläubigers eingestellt, demnächst aber von neuem eröffnet worden, so müßte dann Realkonkurrenz vorliegen. Oder es müßte, wenn ein Raufhandel damit geendet hat, daß man mehrere Personen tot oder schwerverletzt vom Platze getragen hat, damit eine Realkonkurrenz mehrerer Raufhändel angenommen werden. Ob das wohl ernsthaft behauptet werden kann?

VIII. Überall da, wo nach den bisherigen Erörterungen Tateinheit gegeben ist, muß notwendig einmalige Anwendung der Strafdrohung auf das Tatganze stattfinden. Hier entsteht nun

[1]) Anders z. B. v. Liszt, § 55 II 2.

[2]) Oben S. 373. — Ob sich dabei auch Handlungen der verschiedenen Ziffern in KO. §§ 239, 240, also z. B. Differenzhandel mit schlechter Buchführung, zur Tateinheit zusammenschließen lassen, hängt natürlich davon ab, ob die einzelnen Ziffern als Tatbestandsindividuen, verbunden durch „kumulatives Mischgesetz", oder als Begehungsmöglichkeiten eines „alternativen Mischgesetzes" aufzufassen sind. Oben S. 271.

freilich in den Fällen eine gewisse Schwierigkeit, wo das Gesetz an die Strafdrohung eine Strafzumessungsanweisung [1]) angeschlossen hat, deren Voraussetzungen nur für einen Teil der tateinheitlich zusammengehörigen Handlungen gegeben sind. Beispiel: Mehrere Stockschläge, bei deren einem mildernde Umstände (StGB. § 228) gegeben sind; oder zwei tateinheitlich zusammenhängende Meineide, deren zweiter nach § 157 [1] oder 158 StGB. zu beurteilen wäre. Hier machen sich die Strafdrohung und die ihr zugehörige Zumessungsanweisung das Feld streitig. Nun ist sicher, daß durch ihr Auseinanderstreben die Tateinheit unmöglich gesprengt werden kann, also nicht Realkonkurrenz angenommen werden kann. Denn ist man schon bei der Strafzumessung angelangt, so kann man nicht auf die Tateinheits- oder Mehrheitsfrage zurückgreifen; diese liegt abgeschlossen vor jener. Ebensowenig aber ist an Idealkonkurrenz zu denken [2]); denn diese ist Doppeltypizität, während hier einfache Typizität vorliegt. Und doch liegt auf der Hand, daß man nicht einfach die Strafzumessungsanweisung auf das Ganze anwenden kann; wie könnte der Umstand, daß eine der mehreren Handlungen in milderem Lichte erscheint, das Tatganze in dieses mildere Licht rücken! [3]) Die Lösung ist vielmehr in dem Verhältnis der Strafzumessungsanweisung zu ihrer Strafdrohung zu suchen. Wie zwischen Strafdrohungen selber, so kann auch zwischen einer Strafdrohung und ihrem Annex ein Subsidiaritätsverhältnis bestehen. Wie dieses beschaffen ist, läßt sich nicht generell bestimmen, unterliegt vielmehr der Einzelauslegung. Für „mildernde Umstände" und für die in § 157 [1] StGB. behandelten Momente wird jedenfalls zu behaupten sein, daß sie außer Betracht zu bleiben haben, wenn sie nicht bei dem Tatganzen vorliegen [4]).

[1]) Oben S. 294 unter I.

[2]) Wie Haschke, DJZ. 10 852 will.

[3]) Zutreffend weist Haschke a. a. O. auch darauf hin, daß dann jeder zweimal vernommene Zeuge nur nach § 157 [1] oder 158 StGB. zu bestrafen wäre.

[4]) Hat ein Zweikampf teils mit, teils ohne Sekundanten stattgefunden — StGB. §§ 205, 208 —, so wird dagegen nach § 208 zu strafen sein; die Strafdrohung des § 205 wird in dem Sinne als subsidiär gegen die Zumessungsanweisung des § 208 zu gelten haben, daß sie ihr überall nachsteht, wo auch nur eine Partikel des Zweikampfs unter § 208 fällt.

§ 44.

D. Tateinheit und ungleichartige Idealkonkurrenz.

I. Der Begriff der Tateinheit führt in keinem Punkte über einen einzigen Tatbestand hinaus; wird sie doch eben auf der Grundlage eines einzigen Typus gebildet. Aber es ist selbstverständlich möglich, daß eine zusammengehörige Kette von Handlungen Doppeltypizität hat, d. h. einen Fall der ungleichartigen Idealkonkurrenz bildet. Denn wenn § 73 StGB. von „einer und derselben Handlung" spricht, so ist dies natürlich durch die Worte zu ergänzen: „oder ein und derselbe Handlungskomplex"[1]. Denn gelangt man mittels des Tateinheitsbegriffs auch nur zu der Feststellung:

> Betrachtet unter dem Gesichtspunkt des Tatbestands x gehören die Handlungen a, b und c zusammen,

so ist damit doch nicht gesagt, daß diese Handlungen *nur* unter den Tatbestand x fallen. Es bleibt immer die Möglichkeit offen, daß sie alle oder eine oder einige von ihnen *auch* unter den Tatbestand y fallen. Es fragt sich nur, wie logisch korrekt zu verfahren ist, um solche Doppeltypizität bei Tateinheit zu bejahen.

1. Unbedingt abzulehnen ist die — wohl heute gang und gäbe — Vorstellung, als habe man zuerst die Einheit der Handlungskette ganz unabhängig von ihrer so oder so tatbestandlichen Bedeutung festzustellen, um dann erst zu fragen, ob diese „Handlungseinheit" dem einen oder dem anderen Tatbestand oder beiden unterstellbar sei. Diese Meinung scheitert daran, daß man zur Annahme einer Tateinheit niemals anders als durch das Medium eines bestimmten Typus hindurch gelangen kann, daß man von dem Tagewerk, das etwa A am 7. Januar vollbracht hat, niemals Stücke als Tateinheiten herausgreifen kann, ohne zu bestimmen, im Sinne welches Tatbestandes sie Tateinheiten sein sollen.

2. Der gewiesene Weg ist vielmehr der, daß man zuerst den

---

[1]) Insofern ganz richtig E. 15 281, 14 314, *Olshausen* 18a zu § 73. *Köhler*, Grenzlinien 71 ff., scheint dies abzulehnen.

einen Typus ins Auge faßt, und die Handlungen sammelt, die als seine einmalige Verwirklichung erscheinen — es ergeben sich dann etwa die Handlungen a + b + c —; daß man dann den anderen Typus ins Auge faßt und entsprechend verfährt — hier ergeben sich vielleicht die Handlungen b + c + d als Tateinheit —, um dann schließlich die Frage aufzuwerfen: sind die Taten von hüben und von drüben identisch mit Doppeltypizität oder fallen sie auseinander?

Bei solchem Vorgehen gelangt man überall da zu zweifellosen Ergebnissen, wo die Elemente, die die beiden Tatbestände füllen, absolut identisch sind. Stellen sich z. B. drei Hammerschläge a + b + c als eine Denkmalszerstörung und dieselben drei Handlungen als ein ruhestörender Lärm dar, so liegt die Idealkonkurrenz offen zu Tage.

Auch dann ist Idealkonkurrenz zweifellos gegeben, wenn von den Handlungen, die den einen Typus ausfüllen, ein Teil ohne Hinzutritt sonstiger Elemente den anderen Typus ausmacht. Das trifft besonders zu bei Zusammenfluß von Urkundenfälschung mit Betrug: von den die Urkundenfälschung bildenden Elementen a (Fälschung u. s. w.) + b (Gebrauchmachen) ist das Element b identisch mit der Täuschungshandlung beim Betrug.

Schwieriger gestaltet sich die Sache da, wo von den dem einen Typus unterstellten Handlungen nur ein Teil und zwar unter Hinzutritt sonstiger Handlungen den anderen Typus bildet, also das Schema:

X gebildet aus a + b + c,
Y gebildet aus b + c + d

gegeben ist. Läßt sich hier mit Rücksicht auf die gemeinsamen Elemente von Idealkonkurrenz reden ohne Rücksicht auf die hinausragenden Elemente?

Zur Beantwortung dieser Frage ist zunächst daran festzuhalten, daß zur Bejahung der Idealkonkurrenz niemals die Gemeinsamkeit solcher Elemente ausreicht, die sich nicht beiderseits als Ausführungshandlungen darstellen[1]). Fallen also die

---

[1]) Richtig Köhler, Grenzlinien 30, aber — 31 — mit dem unzutreffenden Zusatz, daß es gleichgültig sei, ob die identischen Ausführungshandlungen

gemeinsamen Elemente auf beiden Seiten nur in die Außenzone, insbesondere als Vorbereitungshandlungen [1]), so kann von Identität der Tat keine Rede sein; der Schwerpunkt liegt eben nicht in der Außenzone. Die Handlungen, die in der letzteren liegen, sind eben nur in dieser ihrer Eigenschaft, d. h. nur als Anhängsel des sie beherrschenden Typus zur Tateinheit gehörig [2]).

Folgerichtig muß aber das gleiche gelten, wenn das gemeinsame Element für den einen Typus Tatbestandskern, für den anderen Handlung der Außenzone ist [3]). Auch hier fallen die Schwerpunkte der beiderseitigen Tatbestandsverwirklichung auseinander [4]).

Dagegen muß allerdings Idealkonkurrenz überall da angenommen werden, wo das gemeinsame Element beiderseitig Ausführungshandlung ist, mag auch zur Verwirklichung des Tatbestandes x noch die weitere Ausführungshandlung b, zur Verwirklichung des Tatbestandes y noch die weitere Ausführungshandlung c hinzutreten. Hätte z. B. der Täter mit der Peitsche auf das Pferd des B, dann mit einem zweiten Schlage auf das Pferd und den B selber gemeinsam losgeschlagen und mit einem dritten Schlage den B allein getroffen, und wäre Schlag 1 + 2 zusammen als tateinheitliche Tierquälerei, Schlag 2 + 3 zusammen

---

im gesetzlichen Tatbestande aufgeführt seien; das Wesen der „Ausführung" kann nur auf Grund des Tatbestandes erkannt werden, s. oben § 24.

[1]) Z. B. Ankauf eines Revolvers zur Tötung eines Menschen und eines Hundes.

[2]) Unrichtig Schütze, Zeitschr. f. StrRW. 3 67: Idealkonkurrenz liege auch vor, wenn die das eine Delikt enthaltende Tat A Verübungs- oder Verdeckungsmittel für Tat B war. Gegen ihn zutreffend Köhler, Grenzlinien 30 Anm. 3.

[3]) Z. B. Tötung des Hofhundes zur Ermöglichung des nachgefolgten Diebstahls. Oder: der Täter erbricht diebisch einen Schrank, findet nur ein Brot und ißt es auf. Es liegt nicht Idealkonkurrenz von Versuch des schweren Diebstahls und Mundraub vor — so E. 14 312, 30 67, Frank V Abs. 2 zu § 370, Köhler, Grenzlinien 70 —, sondern Realkonkurrenz, denn für den Mundraubstatbestand ist das Erbrechen des Schranks lediglich vorbereitenden Charakters.

[4]) Hierher gehört natürlich auch der Fall, daß eine Handlung Nachhandlung zum Typus x und gleichzeitig Ausführung des Typus y ist (soweit nicht Subsidiaritätsverhältnis vorliegt); z. B. unbefugtes Jagen mit einer gestohlenen Jagdflinte; betrügerische Manipulationen mit einer gestohlenen oder unterschlagenen Sache.

als tateinheitliche Körperverletzung aufzufassen, so läge Idealkonkurrenz vor.

Denn hängen die mehreren Tateinheiten auch nur mit einem identischen Element zusammen, so kann man sie nicht als auseinanderfallende Taten behandeln, weil sonst das Bindeglied ignoriert würde.

II. Durchaus die gleichen Gedankengänge müssen durchschritten werden, wenn in der Tateinheit Unterlassungen als Einzelelemente stecken.

Ist also unter dem Gesichtspunkt des Typus x gefunden, daß z. B. die zwischen 4.10 Uhr und 7.06 Uhr des 17. April 1905 liegende Lebensbetätigung des A, sie bestehe in Regungslosigkeit oder Andershandeln oder teils aus jenem, teils aus diesem, eine tateinheitliche, den Tatbestand x erfüllende Unterlassung darstellt, so ist nunmehr der weiteren Untersuchung die Bahn geebnet, ob dieses Stück im Leben des A zugleich etwa dem Typus y entspricht und demgemäß Idealkonkurrenz vorliegt.

Eine solche Idealkonkurrenz kann nun zunächst derart gegeben sein, daß dieses Stück des Lebens ganz oder mit einzelnen seiner Teile doppelte Omissivdeliktsnatur hat; oder so, daß die Unterlassung doppelte Kommissivdeliktsnatur hat; oder endlich, daß es einerseits omissivische, andererseits kommissivische Bedeutung hat. Alles das sind nur Spielarten des Idealkonkurrenzbegriffs. Das einzig Wichtige ist die Beziehung der Tatbestände auf einen identischen Lebensabschnitt. Erstreckte sich z. B. die für den einen Tatbestand tateinheitliche Unterlassung auf die Tage vom 7. bis 10. September, so ist damit der in Frage kommende Lebensabschnitt so fixiert, daß, wenn er sich gleichzeitig als omissivische oder kommissivische Unterlassung von anderer Typizität ausweist, Idealkonkurrenz vorliegt. Beispiel: Regungslosigkeit oder Falschhandeln vom 7.—10. September, die sich einerseits als Tötung (Nichtverursachung der Rettung), andererseits als gleichzeitige Unterlassung der Anzeige eines Verbrechens darstellt [1]).

---

[1]) Köhler, Grenzlinien 36, will nur dann Idealkonkurrenz annehmen, wenn eine und dieselbe Tätigkeit von verschiedenen Gesetzen anbefohlen war, und diese Gesetze voneinander unabhängig waren.

Nach Höpfner, Einheit und Mehrheit 164 f., würde „kein vernünftiger

In dieses Stück der Lebensbetätigung, das sich als Omissiv- oder unterlassendes Kommissivdelikt darstellt, kann sich nun natürlich aber auch eine positive tatbestandliche Handlung einschieben. Es kann z. B. sein, daß ein bei einer Felssprengung zur Warnung Vorübergehender angestellter Wächter seinen des Weges kommenden Todfeind X ungewarnt läßt, so daß dieser seinen Tod findet, und daß er ihm gleichzeitig Schimpfworte zuruft. Hier hat man es mit einem Falle von Simultanverhalten zu tun [1]. Der Fall liegt nicht anders, wie wenn jemand gleichzeitig mit der Hand einen Menschen mißhandelt und mit dem Fuße ein Blumenbeet zertritt: Tateinheit. Also Idealkonkurrenz.

III. So heben sich nun die Begriffe Tateinheit einerseits, Idealkonkurrenz andererseits als je in besondere Kategorieen hineingehörige Begriffe scharf gegeneinander ab, und es ist nun die Möglichkeit einer kritischen Beleuchtung der termini „Verbrechenseinheit" und „Verbrechensmehrheit" gegeben. Viel fruchtloser Scharfsinn ist schon darauf verwendet worden, die Einheit und die Mehrheit der Verbrechen auseinanderzuhalten. Die Schwierigkeiten schwinden, wenn man sich vergegenwärtigt, daß „Verbrechen" zweierlei bedeutet.

a) Einmal ist es „Verbrechensfall". Hat man ihn im Auge, so ist Einheit des Verbrechens gegeben, wo nur ein Verbrechensfall in Frage steht, er bestehe aus einer einzigen Handlung oder einer Kette von tateinheitlich zusammengehörigen Handlungen, er unterfalle einem einzigen Typus oder sei doppelt typisch (Ideal-

---

Mensch auf den Gedanken kommen, von Identität der Unterlassung zu reden, wenn jemand eine Tätigkeit a und eine Tätigkeit b unterlassen hätte, weil sich der Betreffende zu der Zeit, während der er diese Tätigkeiten hätte vornehmen sollen, absolutem Nichtstun hingegeben habe"; sobald zwei verschiedene Tätigkeiten unterlassen seien, habe man von zwei Unterlassungen, sobald nur eine Tätigkeit unterlassen sei, von nur einer Unterlassung zu reden.

Beide Autoren übersehen, daß die Frage, welche Tätigkeit unterlassen sei, bereits inhaltliche Wertung, Eigenschaftsfeststellung, ist, und somit ohne Rücksicht auf sie derjenige Lebensabschnitt vorab festzustellen ist, auf den sich die Wertung beziehen soll. Ist er identisch, so tritt eben Doppelwertung ein.

[1]) Vgl. oben S. 364.

konkurrenz). Für die Verbrechensmehrheit bleibt dann nur die Realkonkurrenz [1]).

b) Oder man denkt an „das Verbrechen" als Begriff; und dann gibt es ihrer soviele, wie Verbrechensarten. Dann ist „die Urkundenfälschung" ein Verbrechen und „der Betrug" ein Verbrechen. Dann liegt natürlich auch im Falle der Idealkonkurrenz eine Verbrechensmehrheit vor [2]). Aber dieser Sprachgebrauch ist gewiß nicht empfehlenswert, weil er zu der irrigen Meinung verführt, als wären dann auch der konkreten Verbrechen mehrere.

§ 45.

E. Die juristische Bedeutung der zur Tateinheit zusammengefaßten Handlungen.

I. Die Zusammenfassung mehrerer Handlungen zur Tateinheit bedeutet in jedem Falle eine Herabdrückung der Einzelhandlungen auf die Stufe der „unselbständigen Handlungen". Nur das Ganze ist selbständig, ist eine Tat, die Einzelhandlungen sind bloße Teile davon.

Indessen macht sich doch mit Rücksicht auf die Zusammensetzung der Tateinheit ein Unterschied innerhalb des Kreises der „unselbständigen Handlungen" geltend.

1. Die Zerlegung einer Tateinheit kann nämlich zunächst insofern wesensungleiche Handlungen ergeben, als möglicherweise die erste Handlung oder Handlungengruppe lediglich den „Anfang der Ausführung" enthält, während die zweite Handlung oder Handlungengruppe a) das Ende der Ausführung bringt, also an denselben Anfang das Ende knüpft; oder b) einen neuen Anfang nebst Ende bringt.

Z. B. (a) der Täter stößt einen Stein an, so daß er ins Rollen gerät, und gibt ihm dann einen zweiten Stoß, der die rollende Bewegung beschleunigt und bewirkt, daß der Stein einen Wagen zertrümmert; oder (b) der Täter schießt vorbei, ladet von neuem und tötet durch einen zweiten Schuß den X.

[1]) So im Grunde Höpfner, Einh. u. Mehrh. 161 ff.
[2]) So bekanntlich Binding.

Die Fälle a und b werden nicht immer scharf auseinanderzuhalten sein. Worauf es ankommt, ist auch nur der Gegensatz des ersten Tateinheitsbestandteils gegen den zweiten: der erste Bestandteil ist der Stufe nach verschieden von dem zweiten, da er eben für sich allein nur einen Versuch ausmacht: er ist tatbestandlich unvollständige Handlung.

Nur einen besonderen Anwendungsfall bildet die Zusammensetzung der zweiaktigen Verbrechen [1]). Hier ist der erste Akt für sich allein niemals mehr als bloßer Versuch, so z. B. die Fälschung der Urkunde vor dem Gebrauchmachen. Diese ersten Akte der tatbestandlich zweiaktigen Verbrechen kann man als notwendig unvollständige Handlungen bezeichnen [2]).

2. Aber eine Tateinheit kann auch so komponiert sein, daß die Handlungen, sei es alle, sei es gruppenweise unter sich, wesensgleich sind. Dies ist zunächst immer dann der Fall, wenn die mehreren Handlungen jede den Tatbestand vollendet darstellen würden, also bei der Handlungsreihe, die man dem Begriff des „fortgesetzten Verbrechens" sowie der lauter vollendete Einzelhandlungen enthaltenden „natürlichen Einheit" zu unterstellen pflegt (zehn Stockhiebe; drei diebische Griffe in eine Kasse u. s. w.). Ferner liegt aber Wesensgleichheit der Handlungen auch dann vor, wenn die Tateinheit nicht über den Versuch hinaus gediehen ist und dieser Versuch selber mehrere (endelose) Anfänge der Ausführung umschließt (z. B. dreimaliges Vorbeischießen). Endlich kann aber Wesensgleichheit der Einzelhandlungen auch gruppenweise gegeben sein (dreimaliger Ver-

---

[1]) Oben S. 228.

[2]) In meinen Grundzügen, 2. Aufl., § 41 II 1, habe ich hier von „begrifflich notwendiger Handlungseinheit" gesprochen. Diese Bezeichnung könnte indessen irreführen. Sie könnte zu dem Glauben verleiten, als liege da, wo nicht beide Akte gegeben sind, ein juristisches Nichts vor, während doch immerhin Versuch vorliegen kann. Die „Notwendigkeit" ist ja nur dahin aufzufassen, daß das Ganze nicht ohne Gegebensein beider Akte vorliegt. Es ist daher exakter, die „Notwendigkeit" auch sprachlich lediglich auf die Unvollständigkeit der Einzelakte zu beziehen.

Gegen die Bezeichnung „begrifflich notwendige Handlungseinheit" läßt sich überdies einwenden, daß schließlich jede Tateinheit begrifflich notwendig ist; denn liegen ihre Voraussetzungen vor, so muß der Richter die Handlungenkette eben als eine Tat würdigen.

such, etwa unvollendete Griffe in eine Kasse, mit zweimaliger Vollendungshandlung, etwa zwei erfolgreichen Griffen in die Kasse).

Die Unterscheidung zwischen wesensungleichen und wesensgleichen Elementen einer Tateinheit ist für die Verbrechenskonstruktion sehr bedeutsam. Diejenige Handlung, die notwendig unvollständig ist, ist nur ein Stück, ein Versuch. Erfolgt dann die Abschlußhandlung, so verliert sie ihren Versuchscharakter völlig, es ist ein kontinuierliches Ganze da, und nichts berechtigt dazu, noch den „Anfang der Ausführung" als solchen ins Auge zu fassen. Der „Anfang der Ausführung" hat seine Rolle als „selbständige Handlung" völlig ausgespielt; er geht einfach in dem jetzt vorhandenen Ganzen auf.

Durchaus anders die Fälle der Wesensgleichheit der Tateinheitselemente. Hier ist die erste Handlung von vornherein eine völlige Tatbestandsausfüllung, also ein vollendetes Verbrechen, ein Ganzes, und die späteren Handlungen könnten es an sich ebenso sein. Es drückt also erst jede folgende Handlung der oder den vorhergehenden Handlungen den Stempel der Unselbständigkeit auf. Wäre der ersten Handlung keine weitere gefolgt, so wäre jene durchaus nicht als bloßes Verbrechensfragment, sondern als vollkommen selbständiges vollendetes Verbrechen zu bestrafen. Jetzt freilich ist jede der Einzelhandlungen nur ein Teil eines Ganzen; aber sie war es nicht von Hause aus, sondern ist es erst geworden [1]).

II. Dagegen verlieren die Handlungen, die die Tateinheit bilden, darum nichts von ihrem Charakter als „Handlungen". Deshalb bleiben auch alle Epitheta, die der „Handlung" als solchen zukommen, durch die Bildung der Tateinheit unberührt. So namentlich Begehungszeit und -ort. Die Zusammenfassung vermag an den räumlich-zeitlichen Beziehungen der Handlungen nichts zu ändern. Lägen Zeit und Ort in der Tatbestandlichkeit, so würde natürlich die tatbestandliche Einheitlichkeit auch einen

[1]) Die materiellrechtlichen Konsequenzen der Unterscheidung s. unten III. Im Prozeß spielt der Unterschied für die Frage eine Rolle, wie die Strafantragsfrist bei Tateinheit zu berechnen ist (ob geteilt oder ungeteilt); darüber Beling-Beling, Lehrbuch S. 234.

einheitlichen Tatort und eine desgleichen Tatzeit für sich erzwingen. Aber Zeit und Ort sind eben nicht Attribute der Tatbestandlichkeit, sondern solche der Handlung [1]. Und daraus ergibt sich, daß jede Partikel für sich zeitlich und räumlich lokalisiert werden muß. Aus einem fortgesetzten Diebstahl, dessen eine Handlung am 5., dessen andere Handlung am 6. Februar begangen ist, kann man unmöglich ein am 5. Februar (oder ein am 6. Februar) begangenes Diebstahlsganze machen; aus einem fortgesetzten Diebstahl, dessen eine Handlung im Inlande, dessen andere in Frankreich begangen ist, unmöglich ein im Reiche (oder ein in Frankreich) begangenes Diebstahlsganze! Es bleibt nichts anderes übrig, als zu sagen, daß von dem Verbrechen das eine Element am 5. Februar (im Reich), das andere am 6. Februar (in Frankreich) begangen ist. In Verbindung hiermit gewinnt auch die obige Feststellung [2], daß, soweit die Auslandsnatur des Tatorts die Straflosigkeit bedingt, Auslandseinzelhandlungen nicht in die Tateinheit eingerechnet werden dürfen, besondere Deutlichkeit.

III. Aber auch die Bedeutung von Strafaufhebungsgründen im Falle der Tateinheit tritt nunmehr klar hervor. Es ist durchaus nicht richtig, wie meist gelehrt wird, daß die Tateinheit im Punkte der Strafaufhebung als Ganzes zu behandeln wäre. Darin liegt eine Überspannung des Begriffs der Tateinheit, die der immerhin vorhandenen Mehrheit von — nur zusammengerechneten — Handlungen nicht gerecht wird.

Wie oben gezeigt (§§ 37 ff.), ist die Vollziehung der Tateinheit nur möglich, wenn alle Einzelhandlungen von vornherein der identischen Strafdrohung anheimfallen. Handlungen, die aus irgend einem Grunde per se unsträflich sind, müssen ausgeschieden werden. Der Grundgedanke ist der, daß eine straflose Handlung nicht dadurch zur strafbaren werden kann, daß andere Handlungen der Bestrafung verfallen. Dieser Grundgedanke nötigt aber auch zu der weiteren Folgerung, daß Handlungen, die durch einen Strafaufhebungsgrund straflos geworden sind, aus der Tateinheit herausfallen, so daß nur der Rest strafbar bleibt.

[1] Oben S. 30, 242.
[2] S. 357.

1. So kann gar nicht zweifelhaft sein, daß, wenn der Täter den zweiten Akt erst vornimmt, nachdem der erste straflos geworden ist (z. B. Versuch — Rücktritt davon — neuer Versuch; oder: Ruhestörung — Verjährung — abermalige Ruhestörung), nur der zweite zur Bestrafung übrig geblieben ist und ein noch so enger tatbestandlicher Zusammenhang die schon straflos gewordene erste Handlung nicht in das Geschick der zweiten hineinziehen kann.

2. Ist dies aber richtig, so muß konsequent auch zugestanden werden, daß die Strafaufhebung bezüglich des ersten Akts auch dann wirksam ist, wenn sie erst nach dem zweiten Akt eintritt. Wer mit Tötungsvorsatz am 4. Gift in das Essen des B streut, am 5. ihm eine Mine legt und am 6. das noch unberührte Essen wegschüttet, ist sicher nur noch wegen des am 5. begangenen Tötungsversuchs strafbar. Grundsätzlich das gleiche muß für die Verjährung gelten: Beginn der Verjährung für jede Einzelpartikel selbständig, so daß nur diejenigen Einzelhandlungen als zur Tateinheit zusammenschließbar übrig bleiben, hinsichtlich deren die Verjährung noch nicht abgelaufen ist. (Beispiel: Ein durch alle Tage des Jahres 1899 fortgesetzter Diebstahl; erste richterliche Handlung am 1. Juli 1904: bestrafbar nur noch die Handlungskette vom 1. Juli bis 31. Dezember 1899.) Es kann nicht angenommen werden, daß die Verjährung des Ganzen erst am 31. Dezember 1899 beginne. Denn das hieße behaupten, daß die bereits wegen der anfänglich ein fertiges vollendetes Delikt darstellenden Einzelhandlung 1 begonnene Verjährung dadurch annulliert würde, daß nachträglich eine weitere Einzelhandlung erfolgt, die jene erste Handlung zur nunmehr unselbständigen macht. Nur wird hier eine Einschränkung zu machen sein, durch die die oben in I gegebene Einteilung der unselbständigen Handlungen praktische Bedeutung gewinnt. Ist nämlich die erste Handlung nur ein Versuch, eine tatbestandlich unvollständige Handlung, so ist im Grunde ein Schwebezustand entstanden, der so lange andauert, bis entweder die Versuchshandlung selber, ohne daß Vollendung hinzugetreten wäre, verjährt ist (oben III 1); oder aber die Vollendung hinzugefügt worden ist. Mit der Vollendung wird also die Tatbestandsverwirklichung erst sozusagen „fertig“. Das Fragment

gewinnt in der Vollendungshandlung neue Kraft, ganz anders als bei den wesensgleichen Einzelhandlungen. Deshalb wird hier das Tatganze erst von der Vollendungshandlung ab als verjährbar anzusprechen sein. (Beispiel: Fälschung einer Urkunde im Jahre 1898, Gebrauchmachen am 5. September 1905; Beginn der Verjährung am letzteren Tage; der Versuch als solcher [Akt 1] wäre verjährt, aber die Vornahme des zweiten Akts bildet erst den Abschluß der vollendeten Urkundenfälschung, setzt also die Verjährung wegen des Tatganzen erst in Lauf.)

§ 46.

F. Prozessuale Zerreißung der Tateinheit.

Es ist oben in §§ 37 ff., 45 dargelegt worden, daß das materielle Recht dazu nötigen kann, gewisse Einzelhandlungen, die zum Ganzen streben, aus der Tateinheit auszuscheiden, mit der Wirkung, daß eben nur noch der Rest als Tateinheit gewürdigt werden kann. Aber es kann auch vorkommen, daß prozessuale Vorschriften dazu zwingen, ein Stück der Tateinheit ungewürdigt zu lassen; es kann sein, daß dem Strafprozeßrichter die Berücksichtigung des einen oder anderen Elements der Tateinheit prozessual verwehrt ist, so daß er sich auf die strafrechtliche Würdigung lediglich eines Stückes der Tateinheit beschränken muß.

So kann es sein, daß eine Auslieferung nur mit Rücksicht auf die Partikeln b und c einer Tateinheit erfolgt ist; alsdann ist die materiellrechtlich dazugehörige Partikel a nicht in den Prozeß einbeziehbar. Ferner unterstehen nach § 9 MStGO. die zum Dienste einberufenen Personen des Beurlaubtenstandes zwar wegen ihrer Handlungen, die sie nach dem Tage begangen haben, zu dem sie einberufen waren, nicht aber wegen der vorher begangenen Handlungen der Militärgerichtsbarkeit; bilden die Handlungen diesseits und jenseits des kritischen Tages also eine Tateinheit, so fällt von dieser doch nur der zweite Teil der Würdigung durch die Militärgerichte, der erste dagegen derjenigen der zivilistischen Gerichte anheim.

In diesen Fällen ist also die materielle Einheit prozessual

zerrissen. Ein Teil der Tat ist dem Blick des Gerichts wie durch eine partielle Mondfinsternis entzogen. Die Aburteilung erfolgt unter völliger Ignorierung der verdunkelten Stücke der Tat. Und doch bleibt materiell das Ganze eine Tateinheit. Ihre Geschlossenheit zeigt sich deutlich, sobald die Aburteilung des Restes erfolgt, also z. B. wenn nach rechtskräftiger Aburteilung der Partikeln b und c eine Auslieferungserklärung ad a erfolgt, oder wenn das zivilistische Gericht nach einer die Partikeln b und c erledigenden rechtskräftigen Entscheidung des Militärgerichts mit der Partikel a befaßt wird. Die Rechtskraft steht hier zwar einer Verfolgung der Partikel a nicht entgegen, da das Gericht prozeßrechtlich gehindert war, das Stück a abzuurteilen [1]. Aber das nunmehr urteilende Gericht kann die Partikel a nicht als selbständige Tat ahnden, sondern muß auch jetzt noch der Tateinheit dadurch Rechnung tragen, daß es eine einheitliche Strafzumessung vornimmt und die im ersten Urteil erkannte Strafe in Anrechnung bringt.

---

[1] Vgl. Bennecke-Beling, Lehrbuch des Reichsstrafprozeßrechts S. 416 ff.

Sechster Abschnitt.

Die Täterzusammengehörigkeit (Mittäterschaft; akzessorische Teilnahme; Nachtäterschaft).

§ 47.

A. Grundlegung der Lehre.

I. Überall da, wo eine Mehrheit von Tätern als „Teilnehmer" zueinander in Beziehung gesetzt werden, entsteht die Frage: Warum bestrafen wir jemanden mit anderen zusammen als bloßen Teil-Nehmer, also nur als Teil einer Personenmehrheit, als Mitschuldigen = Mit-Strafbaren? Warum kombinieren wir die Handlungen als bloße „Tatanteile"? Warum wird nicht das Tun eines jeden in Isolierung von dem Tun anderer als in sich geschlossenes Delikt gestraft? Die Antwort kann nur sein: Weil das Geschehnis selber, wiewohl von mehreren geschaffen, ein Ganzes bildet, so daß eben seine Elemente die „Teile" sind, die die mehreren für sich „nehmen".

Ist also die Teilnahme nur eine Folgeerscheinung der Zusammengehörigkeit der Taten zu einem Ganzen, bedarf, bevor man den Blick auf die Zusammengehörigkeit der Personen lenkt, vorab die Frage der Erledigung, wann man denn von einem strafrechtlichen Ganzen reden könne, so erhellt, daß das Ganze als solches erst feststehen muß, bevor man es auf die mehreren verteilt. Mit anderen Worten, um Teilnahmemöglichkeit zu gewinnen, ist zuerst von der Mehrzahl der beteiligten Personen abzusehen. Es ist zuerst auf hypothetischem Wege festzustellen, ob das, was die mehreren getan haben, ein strafrechtliches Ganze bilden würde, wenn es von einem einzigen Täter herrührte. Nur dasjenige, was bei einem einzigen Täter nur einen Verbrechensfall darstellen würde, ist auf mehrere in dem Sinne verteilbar, daß zwischen ihnen teilnehmerschaftlicher Konnex besteht. Würden die Handlungen der mehreren, auch wenn sie nur ein Täter vorgenommen hätte, mehrere strafrechtliche Ganze — Realkonkurrenz — darstellen, so besteht zwischen den mehreren kein Teilnehmerschaftsverhältnis, sondern jeder von den mehreren ist Alleinschuldiger seiner Tat.

So deutlich wie möglich radiziert sich also die Teilnahmelehre auf die Lehre von der Tateinheit (Handlungenzusammengehörigkeit). Die Teilnahmelehre ist angewandte Tateinheitslehre, die Teilnahme zerlegte Tateinheit.

II. Demnach kann von Teilnahme immer nur im Hinblick auf einen identischen Verbrechenstypus die Rede sein. Die Beziehung der Handlungen der mehreren zu demselben Tatbestande ist es, die das Fundament der Teilnahmelehre bildet. So wenig man Handlungen eines und desselben Menschen, die nach verschiedenen Tatbeständen tendieren, zu einem Ganzen zusammenlegen kann, ebensowenig kann man die Handlung des einen, die dem Typus x unterfällt, mit der Handlung des anderen, die dem Typus y unterfällt, als Teilnahmeganzes behandeln; es fehlt hier eben an dem einheitlichen Rahmen, in den die Handlungen eingespannt werden könnten.

1. Unzulänglich ist daher die seit Feuerbach übliche [1]) Zurückführung des Teilnehmerschaftsverhältnisses auf die Mitverursachung eines Erfolges, also auf die „Erfolgsidentität". So wichtig die Kausalität für das Strafrecht ist, so ist sie doch nur ein — nicht einmal unentbehrliches — Stück im Tatbestande; und andererseits kommt sie eben auch nur soweit es sich um die tatbestandsmäßigen Erfolge handelt, nicht per se in Betracht. Wo bliebe auch die Teilnahme bei Formaldelikten? [2])

---

[1]) Vgl. z. B. v. Buri, GS. 22 7, 22; Merkel, Lehrb. 142; Birkmeyer, Lehre von der Teilnahme 95; Freudenthal, Notwend. Teilnahme 30 ff.

[2]) Für diejenigen, die die kausalitätsmäßige Verknüpfung der Teilnahmehandlungen mit der Haupttat zum Ausgangspunkte nehmen, erwächst auch eine sehr erhebliche Schwierigkeit infolge der die Anstiftungshandlung von dem Erfolge der Haupttat trennenden „Unterbrechung des Kausalzusammenhangs". Die vom Haupttäter vollbrachte Tötung u. s. w. ist eben de lege

2. Die Teilnahmelehre erwächst aber auch nicht auf dem Boden der Rechtswidrigkeit oder der Norm. Teilnahme ist zerlegter Tatbestand, nicht zerlegte Rechtswidrigkeit. Die Rechtswidrigkeit kommt ja für die Verbrechenskonstruktion nur als eine stets gleichinhaltliche Eigenschaft, nämlich als die formale Eigenschaft der Unzulänglichkeit gegenüber den Anforderungen der Rechtsordnung, in Betracht. Wie sich die einzelnen Verbrechen nicht im Punkte der Rechtswidrigkeit voneinander scheiden, sondern im Punkte der Typizität, so bildet die Rechtswidrigkeit auch bei Teilnahme nicht das unterscheidende Moment, und kann sie angesichts ihrer Inhaltlosigkeit auch nicht das einigende Band abgeben, das die Teilnehmerhandlungen umschlingt. Kommen die Normen für das Strafrecht nicht als Individualitäten in Frage, so kann auch die Teilnahme nicht so konstruiert werden, als resultiere sie aus Übertretung einer identischen Norm oder zusammenhängender Normen.

3. Die Teilnahme gründet sich auch nicht auf „Schuldzusammenhang". Sie ist nicht zerlegte Schuld. Denn die Schuld ist streng persönliche Eigenschaft im Handeln des einzelnen. Die Schuldhaftigkeit als Eigenschaft der Handlung des einen und die Schuldhaftigkeit als Eigenschaft der Handlung des anderen bilden kein substantivisches Ganze. Das teilnehmerschaftliche Verhältnis zwischen mehreren ist mehr als bloße Verbindung der psychischen Beziehungen der Handlungen; es ist Zusammengehörigkeit (und zwar tatbestandliche Zusammengehörigkeit) der Handlungen selber[1]).

4. Am allerwenigsten kann die Gemeinsamkeit einer Strafdrohungsbedingung ein Teilnehmerschaftsverhältnis begründen. Hat schon die Tateinheit mit der Identität der Straf-

---

lata nicht vom Anstifter kausiert — wie kann man da von einem dem beiderseitigen Handeln gemeinsamen identischen Erfolge sprechen?

[1]) Wohl erfordert die Teilnahme einen gewissen auch psychischen Zusammenhang. Aber einmal kann dieser auch ein einseitiger sein, und sodann ist er nur ein zweites Erfordernis neben dem grundlegenden Erfordernis des tatbestandlichen Zusammenhangs. Genaueres s. unten §§ 48 I 2, 49, 50. Jedenfalls ganz irreführend die Vorstellung der Älteren, die Teilnahme sei Teilnahme „an der Schuld des Haupttäters". Ein Ganzes kann man aus der Schuldhaftigkeit der Tat des Teilnehmers und derjenigen des Haupttäters schon deshalb nicht bilden, weil die Schuld nichts Substantivisches ist. Jeder Beteiligte hat seine eigene Schuld.

drohungsbedingungen nichts zu tun [1]), so kann diese noch viel weniger den Grund abgeben, aus dem die Handlungen verschiedener Personen zur „Teilnahme" zusammengelegt werden.

Damit ist auch sofort klar, daß die zur Herbeiführung einer Strafdrohungsbedingung entwickelte Tätigkeit, und läge sie auch vor der „Endtatsache" des Tatbestandes, niemals zur Konstruktion eines Teilnehmerschaftsverhältnisses verwertbar ist. Wer etwa als Gläubiger die Konkurseröffnung herbeiführt, ist unter keinen Umständen Teilnehmer am Bankerutt; wer den Tod eines im Raufhandel Verletzten herbeiführt, nicht Teilnehmer am Raufhandel. Wer den Eintritt einer Strafdrohungsbedingung herbeiführt, erzeugt zwar die Entstehung des Strafanspruchs [2]); aber er bleibt selber außerhalb der Tatbestandsverwirklichung, er erfüllt weder den engeren noch den weiteren Tatbestand. Nur ist natürlich möglich, daß dasjenige, was für den Typus x nur als Strafdrohungsbedingung in Betracht kommt, gleichzeitig Verwirklichung des Typus y ist [3]), so daß dann Bestrafung unter diesem Gesichtspunkt erfolgt. So könnte natürlich z. B. der Gläubiger, der den Konkursantrag gestellt hat, dadurch eine Erpressung begangen haben u. s. w.

III. Die Teilnahme ist ein Seitenstück zu der bei Täteridentität gegebenen Handlungenzusammengehörigkeit: sie ist Täterzusammengehörigkeit [4]).

---

[1]) Oben S. 375 f.

[2]) Oben S. 67. Nebenbei bemerkt greift dieser Satz nicht Platz bei denjenigen Strafdrohungsbedingungen, die in einem mit der Tatbestandsverwirklichung kausal verknüpften außertatbestandlichen Erfolge bestehen, also bei Raufhandel, Körperverletzung mit Todesausgang u. s. w. Wer als an der Tatbestandsverwirklichung nicht Beteiligter den Tod des Opfers herbeiführt, unterbricht damit den Kausalzusammenhang, bewirkt somit korrekt gesprochen gerade nicht den Eintritt, sondern den Ausfall der Strafdrohungsbedingung, die ja eben nicht schlechthin in dem Tode des Opfers, sondern in dem durch die Tatbestandsverwirklichung kausierten Tode besteht.

[3]) Vgl. oben S. 60—61.

[4]) Wenn für den Begriff des Teilnahmeverhältnisses die Bezeichnung „Verbrechermehrheit" gebraucht wird (wie z. B. bei Schütze, Notwend. Teiln. 145), so ist das ganz verfehlt. Diese Bezeichnung sagt nur, daß mehrere Verbrecher da sind, läßt aber das, was für die Teilnahme die Hauptsache ist, nämlich das die mehreren umschlingende Band, ganz unan-

Die Feststellung des Vorliegens von Teilnahme setzt somit Tatbestandseinheit und konkrete Handlungenzusammengehörigkeit (Tatbestandsverwirklichungseinheit) voraus. Das Handeln mehrerer, das verschiedene Typen erfüllt, kann nicht als Teilnehmerschaftsverhältnis aufgefaßt werden; ebenso nicht das gleichtypische Handeln, wenn es nicht konkrete Einheit hat: eine Verflechtung zu einem Ganzen ist hier von vornherein unmöglich [1]).

In systematischen Darstellungen des Strafrechts bedarf somit unbedingt die Lehre von der sog. Handlungseinheit der Vorwegbehandlung vor der Teilnahmelehre. Es ist ein das volle Verständnis der letzteren ausschließender, weil den logischen Zusammenhang verkennender Fehler, wenn die umgekehrte Reihenfolge eingehalten wird [2]).

Freilich wird heute vielfach der Meinung gehuldigt, die Teilnahmelehre sei heute bereits einem höheren Grade der Vollkommenheit entgegengeführt als die Lehre von der „Handlungs- und Verbrechenseinheit", die noch recht unfertig und im Flusse sei. Und so könnte der Einwand erhoben werden: es sei inopportun, jene auf dieser aufzubauen. Allein gegenüber dem logisch Gebotenen muß die scheinbare Zweckmäßigkeit zurücktreten; die Augen gegen einen bestehenden inneren Zusammenhang verschließen, kann niemals zweckmäßig sein. Wäre wirklich die Tateinheitslehre ein so fragwürdiges Gebilde, so müßte es sich eben die Teilnahmelehre gefallen lassen, daß sie dadurch in Mitleidenschaft gezogen würde. Im übrigen scheint mir mit Zurückführung jener auf den Tatbestand die schmerzlich vermißte sichere Basis gefunden zu sein.

IV. Die Teilnahme setzt also an erster Stelle einen den mehreren identischen Verbrechenstypus als Teilnahmerahmen voraus. Daß dieser Satz zutrifft, ist unschwer zu erweisen. Denn

---

gedeutet — liegt doch z. B. Verbrechermehrheit auch dann vor, wenn A im Jahre 1904 einen Meineid schwört und B im Jahre 1905 einen Mord verübt, ohne daß die Taten irgendwie Beziehung zueinander haben.

[1]) Deshalb nicht zutreffend R. 7 453, E. 28 100, Olshausen 2 zu § 47.

[2]) Wie z. B. in meinen Grundzügen, 1. u. 2. Aufl., bei v. Liszt u. s. w.

weshalb leugnet man denn die Mittäterschaft, wenn etwa A und B, brüderlich vereint nach vorher abgekartetem Plane zusammenhandelnd, der A den X mißhandelt und der B das Haus des Y in Brand steckt? Doch einfach aus dem Grunde, weil sich die Tätigkeiten so scheiden, daß ungeachtet aller „gemeinschaftlichen Ausführung" für A nur der Tatbestand der Körperverletzung, für B nur der der Brandstiftung in Betracht kommt und es also an einem Verbrechenstypus fehlt, auf den sowohl die Tätigkeit des A wie die des B bezogen werden könnte.

Zur Konstruktion einer Teilnahme können also nur Tätigkeiten, die nach demselben Tatbestand hin konvergieren, benutzt werden, sei es, daß es sich um die von Freudenthal so genannten „Konvergenzdelikte" handelt, also solche, bei denen bereits der Tatbestand auf ein konvergierendes Handeln mehrerer zugeschnitten ist, sei es, daß die Konvergenz auf einen identischen Typus nur dem konkreten Falle eigentümlich ist.

Damit erhellt gleichzeitig, daß bei den in zwei Tatbestände zerspaltenen „Begegnungsdelikten"[1] eine Zusammenschliessung der Tätigkeiten von hüben und drüben zu einem Teilnahmevorgang schlechthin ausgeschlossen ist: diese Tätigkeiten divergieren eben nach verschiedenen Tatbeständen; ihre materielle Konvergenz nach einem außertatbestandlichen, also imaginären Zielpunkt hebt ihre tatbestandliche Divergenz nicht auf. Stimmenkäufer und Stimmenverkäufer können so wenig zu Mittätern gemacht werden wie der Körperverletzer und der Brandstifter. Daß dem so ist, wird erhärtet durch die sprachliche Unmöglichkeit einer mittäterschaftlichen Formel. Mittäter sind bekanntlich fungibel. Das, was von dem einen ausgesagt wird, muß unverändert auch von dem anderen ausgesagt werden können. Eine auf beide Täter passende Formel ist aber bei den Begegnungsdelikten nicht möglich. Die Formel

> „. . . eine Wahlstimme gekauft zu haben, und zwar in gemeinschaftlicher Ausführung mit B"

würde nur für A passen; denn von B, dem Stimmverkäufer, läßt sich nicht behaupten, daß er gekauft habe!

---

[1]) Vgl. oben S. 272, 286.

In diesem Zusammenhange ist nun auch die oben[1]) für § 151 GewO. getroffene Feststellung, daß auf den Gewerbetreibenden und auf seinen Betriebsleiter ein und derselbe Tatbestand anwendbar ist, zu verwerten. Wäre nämlich in § 151 ein neuer Typus aufgestellt, so wäre ein Teilnehmerschaftsverhältnis zwischen Gewerbetreibendem und Betriebsleiter natürlich ausgeschlossen. Bei Zugrundelegung der oben entwickelten Ansicht dagegen steht ihrem Zusammenschluß nichts im Wege.

Aber auch bei konvergierendem Handeln ist Teilnahme ausgeschlossen, wenn es nur sozusagen im unjuristischen Sinne konvergiert, d. h. wenn das Handeln eines jeden je einem besonderen formal ausgeprägten Typus gilt. So ist die den Typus § 218 I StGB. (Abtreibung, begangen von der Schwangeren) erfüllende Handlung mit einer den Typus § 218 III StGB. (Abtreibung, begangen mit Einwilligung der Schwangeren durch einen Dritten) erfüllenden Handlung nicht durch die Denkform der Teilnahme zusammenleimbar; jede Tat ist eine alleintäterschaftliche[2]). Die formale Zerschlagung in zwei Typen, die dem Gesetzgeber beliebt hat, würde sonst grundlos ignoriert werden. Ganz anders natürlich bei einheitlichem Deliktstypus, wie Ehebruch, Aufruhr u. s. w. Hier ist ohne weiteres Mittäterschaft konstruierbar.

V. Das Charakteristikum der Teilnahme ist also: Hinstreben der Handlungen der mehreren nach einem und demselben Typus[3]). Hier wird nun von Bedeutung die engere und die weitere Tatbestandlichkeit[4]).

---

[1]) S. 198 ff.

[2]) Im Ergebnis zutreffend E. 29 419. A. M. Freudenthal, Notw. Teiln. 29.

[3]) Da also die Teilnahme eine bloße Erscheinungsform der Tatbestände ist, so ist es inkorrekt vom „Tatbestande" der Anstiftung u. s. w. zu sprechen; es gibt keinen Verbrechenstypus „Anstiftung", vielmehr handelt es sich um tatbestandliche Zusätze. Der auf den Anstifter u. s. w. anzuwendende Tatbestand ist der des Mordes, des Raubes u. s. w., nur nicht in der Form der Eigenverwirklichung, sondern modifiziert. Diese Relativität des Teilnahmebegriffs muß streng festgehalten werden, es gibt keine Teilnahme „an sich", sondern nur Teilnahme bei dem und jenem Typus. Richtig betont bei Freudenthal, Notwend. Teiln. 29.

[4]) Oben § 24.

a) Gemeinsame „Ausführung“ = Vornahme von Handlungen, die dem Tatbestandskern zugehören, ist Mittäterschaft [1].

b) Vornahme einer Vorbereitungs- oder einer Nebenhandlung für die Ausführungshandlung eines anderen ist Beihilfe: Festhaltung des Opfers während der „Tötung“, Wachestehen während der diebischen „Wegnahme“ sind eben selber keine „Tötung“ oder „Wegnahme“, sondern begleitende Mitursachensetzung. Der Mittäterschaftsbegriff erfordert „gemeinschaftliche Ausführung“ = Beteiligung am engeren Tatbestand.

Und nunmehr wird auch verständlich, wie es kommt, daß die Vorbereitung für einen anderen strafbar, die Eigenvorbereitung angeblich straflos ist. Straflos ist nämlich die Eigenvorbereitung nur, wenn es zur Ausführung nicht gekommen ist; ist es dagegen zur Ausführung gekommen, so wird ja mit dieser die mit ihr zur Tateinheit verbundene Vorbereitung mitgestraft [2]. Und genau die gleiche Grundlage hat die Behandlung der Vorbereitung für einen anderen: sie ist straflos, wo keine Ausführung darauf gefolgt ist; sie ist strafbar, wo solche vorliegt, nur daß natürlich wegen der Zweiheit der Täter der Vorbereitende mit selbständiger Strafe bedacht werden muß.

Keine Sonderstellung gebührt innerhalb der Teilnahme dem Begriffe der Anstiftung. Auch sie stellt sich ihrem Wesen nach als Vorschuld dar. Denn sie ist noch keineswegs Tatbestandsverwirklichung, sondern erwartet erst die schuldhafte Tatbestandsverwirklichung von dem Angestifteten und fällt somit in die Vorzone hinein. Die Erzeugung des Tötungs- u. s. w. Entschlusses in einem anderen ist noch kein Anfang der Tötung.

Zwischen Mittäterschaft und akzessorischer Teilnahme ist mit der im vorstehenden gegebenen Formel die Grenze derart gezogen, daß der bekannte Schulstreit zwischen der „objektiven Theorie“ und der „subjektiven Theorie“ beiseite geschoben werden

[1]) Wenigstens regulär. Es kann jedoch ausnahmsweise sein, daß „Ausführungshandlungen“ deshalb nicht als Täterschaft, somit auch nicht als Mittäterschaft erscheinen, weil es an außertatbestandlichen Erfordernissen der Täterschaft, besonders an der Schuld, fehlt. In diesem Falle sinkt die Ausführung zur bloßen akzessorischen Teilnahme herab. Darüber unten § 49 III, § 50 II 1 c.

[2]) Oben S. 345.

kann. Deutlich zeigt sich, daß einerseits der Unterschied kein bloß psychischer, sondern ein objektiver ist, andererseits aber, daß die objektive Scheidung nicht in der stärkeren oder schwächeren Kausalität gesucht werden darf[1]). Auch hier hat sich die scharfe Erfassung des Tatbestandsbegriffes segensreich erwiesen! Nur kommt die subjektive Theorie insofern zu ihrem Rechte, als natürlich Tätervorsatz und auf akzessorische Teilnahme gerichteter Vorsatz inhaltlich verschieden sind: der eine richtet sich auf „Ausführung" = Tatbestandsverwirklichung (animus auctoris), der andere auf eine bloße Vorbereitungs- oder Nebenhandlung (animus socii). Dies ist wichtig für die Fälle, in denen jemand mit animus socii eine Ausführungshandlung oder mit animus auctoris eine Vorbereitungs- oder Nebenhandlung begangen hat. Im ersteren Falle keine Bestrafung als Täter wegen Fehlens des Tätervorsatzes, auch nicht Bestrafung als Teilnehmer wegen Fehlens der Haupttat. Im zweiten Falle keine Bestrafung als Täter wegen Fehlens der Ausführungshandlung, wohl aber Bestrafung als Teilnehmer (plus-minus-Verhältnis).

Mit dem Erweise, daß die akzessorischen Teilnahmehandlungen ihrem Wesen nach keine Ausführungs-, sondern Vor- oder Nebenhandlungen sind, ist ferner ihr Akzessorietätscharakter viel deutlicher motiviert, als dies bei der gewiß nicht einwandfreien Zurückführung auf das Dogma von der Unterbrechung des Kausalzusammenhangs der Fall ist. Ist ihr Wesen in bloßer Vornahme von Tatbestandszusatzhandlungen gegründet, so entbehren sie selber eben der Typizität gerade so wie die vom Täter selber vorgenommenen Vorbereitungshandlungen, sie empfangen ihre Kraft erst aus der Haupttat und sind ohne konstruktive Zuhilfenahme dieser letzteren gar nicht konstruierbar.

Auch die Unmöglichkeit eines „Versuchs" der Anstiftung und der Beihilfe findet darin ihre Erklärung. Der Versuch ist Tatbestandsverwirklichungs- oder Ausführungsfragment. Der Anstifter und der Gehilfe aber verwirklichen eben nicht den Tatbestand, führen nicht aus, der „Anfang der Anstiftung" oder der Beihilfe steht vielmehr auf einer Linie mit dem Anfang von Vor-

---

[1]) Vgl. oben S. 249—250.

bereitungshandlungen, die der Täter selber vornimmt. Der Versuchsbegriff ist demnach unanwendbar[1]).

3. Scharf heben sich Mittäterschaft und akzessorische Teilnahme gegeneinander ab: jene die auf mehrere Personen verteilte Tateinheit im Sinne des engeren Tatbestandes; diese die auf mehrere Personen verteilte Tateinheit im Sinne der Zusammengehörigkeit von Vorsphäre und Seitensphäre mit dem Tatbestandskern.

Mit Erreichung der Endtatsache ist sonach die Unmöglichkeit einer jeden „Teilnahme" gegeben: Nachhandeln ist keine Teilnahme mehr. Feuerbach hatte nicht völlig unrecht, wenn er die Teilnahme in dem Mitsetzen einer Bedingung zum Erfolge fand. Nur ist freilich diese Formel zu eng: sie paßt nur auf Materialdelikte; und zu verschwommen: sie betont nicht genügend, daß es auf den tatbestandlichen Erfolg und mit ihm auf den Tatbestand überhaupt ankommt. Demgegenüber ist klar, daß auch Formaldelikte teilnahmefähig sind: auch sie können wenigstens durch fremdes Tun vorbereitet werden, auch zu ihnen ist also Beihilfe möglich. Formuliert man die Teilnahme (im weiteren Sinne) als Vornahme einer Vorbereitungs-, Ausführungs- oder Nebenhandlung, so wahrt man der Feuerbachschen Formel ihren richtigen Kern, ohne die Formaldelikte von der Teilnahme auszuschließen.

Aber schon hier eröffnet sich ein Ausblick in die Ferne. Nachhandlungen fallen so gut wie Vor- und Nebenhandlungen in den „weiteren Tatbestand" hinein. Auch sie stehen unter der Herrschaft des Typus, dem sie zugehören, und schließen sich mit dem Tatbestandskern zur Tateinheit zusammen, wenn der Täter selber sie vornimmt. Ist dies aber richtig, so ist auch Täterzusammengehörigkeit des Dritten, der Nachhandlungen vornimmt, mit dem Täter indiziert. Neben die Teilnahme tritt als entsprechend zu behandelnder Fall der Täterzusammengehörigkeit die Nachtäterschaft. Der Gedanke ist unten §§ 55 ff. weiter zu verfolgen.

VI. Beziehung zu einem identischen Typus ist also für die Konstruktion eines Teilnahmeverhältnisses das erste Erfordernis.

---

[1]) Daraus folgt jedoch nicht, daß Anstiftungs- und Beihilfeversuch nur entweder straflos bleiben oder als delicta sui generis unter Strafe gestellt sein könnten. Vgl. unten § 54.

Wie nun aber eine eigentliche Tateinheit trotz tatbestandlicher Zusammengehörigkeit der Einzelhandlungen insoweit unvollziehbar wird, als einer Einzelhandlung in anderen Punkten, als in Ansehung des Tatbestands, die Verbrechenseigenschaft oder die Verbrechereigenschaft des Täters abgeht, so auch hier; d. h. bei Konstruktion eines Teilnehmerschaftsverhältnisses scheiden die Handlungen der scheinbaren Teilnehmer ohne weiteres aus, die des Requisits der Rechtswidrigkeit oder der Schuld ermangeln, denen eine Strafdrohungsbedingung fehlt oder bei denen ein persönlicher Strafausschliessungsgrund besteht. Jede Teilnahmehandlung ist, bevor man das teilnehmerschaftliche Verhältnis bejahen kann, separat auf ihre Verbrechensnatur und den Verbrechercharakter des Handelnden zu untersuchen.

Denn wie oben gezeigt[1], bedeutet der tatbestandliche Zusammenschluß mehrerer Handlungen zu einer Einheit keineswegs die Ignorierung von Strafbefreiungsgründen, die einem Teil dieser Handlungen zukommen, sondern es sind solche Handlungen, denen ein Verbrechensmerkmal fehlt, auszuscheiden. Ganz das gleiche gilt für die Teilnahme, deren Wesen ja auch in einer — auf mehrere Personen verteilten — Tateinheit besteht. Auch hier gilt also der Satz: Handlungen, denen an sich ein Verbrechensmerkmal fehlt, werden nicht um deswillen strafbar, weil sie tatbestandlich mit einer Haupttat zusammenhängen.

Somit ist mit der Feststellung tatbestandlicher Zusammengehörigkeit der mehreren noch keineswegs die Strafbarkeit bejaht. Besonders eklatant tritt dies hinsichtlich des Schuldmoments hervor. Schuld des Haupttäters ist nicht Schuld der Teilnehmer. Aber auch auf Rechtswidrigkeit muß jeder Teilnehmer separat untersucht werden[2]. Und ganz besonders sind die Strafdrohungsbedingungen, soweit sie überhaupt Beziehung zu der Handlung und nicht universale Bedeutung haben[3], auch für die Teilnahmehandlungen festzustellen, sollen anders diese strafbar sein.

So ist namentlich für jeden Teilnehmer zu prüfen, ob seine

---

[1]) S. 343, 351 ff.

[2]) Vgl. dazu unten § 49 II, § 50 II 2.

[3]) Vgl. oben S. 54.

Handlung eine Inlands- oder eine straflose Auslandshandlung ist. Daß die Haupttat Inlandshandlung ist, besagt weder, daß der ausländische Tatort des Teilnehmers ignoriert werden müsse, noch gar, daß fiktiv das Teilnehmerhandeln ebenfalls als inländisches behandelt werden müsse! Es ist ganz abwegig, aus der Akzessorietät der Anstiftung und Beihilfe auf einen allen Beteiligten gemeinsamen Tatort = den Tatort der Haupttat zu schließen[1]). Hätte z. B. der A im Auslande mit B, der im Inlande handelt, groben Unfug verübt, so wäre zwar B auf Grund des § 3 StGB. strafbar, A aber wäre es nicht, weil bei ihm die Bedingung des § 6 nicht vorliegt. Mittäterschaft läge nicht vor.

Für die *akzessorische* Teilnahme bleibt freilich zu beachten, daß sie selber keineswegs allen Strafdrohungsbedingungen unterfällt, die für die Verbrechenstypen aufgestellt sind. Ähnliches gilt für die persönlichen Strafbarkeitserfordernisse. Darüber ist unten § 50 II 4 zu handeln.

VII. Das Wesen der Teilnahme, wie es sich hiernach darstellt, befähigt auch zur Beantwortung der Frage, ob es eine wahre „notwendige Teilnahme" gibt. Eine solche würde bedeuten, daß niemals ein Täter allein in Frage stehen könnte, sondern nur entweder zwei (oder mehr) Haupttäter oder aber gar keiner; entweder ein Haupttäter und ein akzessorischer Teilnehmer (oder deren mehrere) oder aber gar keiner.

Die Notwendigkeit einer Personenmehrheit könnte dabei natürlich nur dann als Notwendigkeit *der Teilnahme* gedeutet werden, wenn die Handlungen der mehreren auch den Verbrechenscharakter derart bedingten, daß nur entweder beide Täter oder keiner Verbrechen begangen hätten, mit anderen Worten, wenn sämtliche Verbrechenselemente hüben und drüben so verkettet wären, daß sie gegenseitig den Verbrechenscharakter bedingten. So aber verhält es sich jedenfalls im positiven deutschen Recht nirgends, es kann z. B. der Zweikämpfer sehr wohl (als Alleintäter) bestraft werden, auch wenn sein Gegner geisteskrank war u. s. w.[2]). So gibt es also keine wahre notwendige *Teilnahme*.

[1]) Unten §§ 49 IV, 50 II 4, 51.

[2]) Näheres bei *Freudenthal*, Notwendige Teilnahme 42 ff., 126 ff., 192.

Was bei den fraglichen Delikten notwendig ist, das ist vielmehr lediglich die Mehrheit von tatbestanderfüllenden Personen. Die Eigentümlichkeit der in Frage stehenden Delikte liegt lediglich in der Formulierung des Tatbestandes. Aber auch hier bewährt sich die strenge Isolierung der Tatbestandsmäßigkeit gegenüber den übrigen Verbrechenselementen, seine Unabhängigkeit von Rechtswidrigkeit, Schuld und Strafdrohungsbedingungen. Für jeden der Beteiligten ist natürlich zu ermitteln, ob er den Tatbestand erfüllt hat; er hat ihn hier nur erfüllt, wenn ein tatbestanderfüllender Mithandelnder da war[1]). Hat er ihn aber erfüllt, so geht nunmehr die Konstruktion eines Verbrechens bei ihm ihren gewöhnlichen Gang; und dann folgt die Frage nach etwaiger Zusammenlegung der beiderseitigen Handlungen zu einem Teilnehmerschaftsverhältnis wieder ganz in der gewöhnlichen Weise[2]).

---

[1]) Anderenfalls liegt ein „Mangel am Tatbestand" vor. Es macht keinen Unterschied aus, ob der Mangel am Tatbestand im Fehlen eines mithandelnden Subjekts, oder im Fehlen eines tatbestandlichen Angriffsobjekts besteht u. s. w. Juristisch steht der Fall, daß jemand gegen einen Automaten schießt, den er für einen mitkämpfenden Menschen hält, durchaus dem anderen gleich, daß jemand auf einen Automaten mit Tötungsvorsatz schießt.

[2]) Der Versuch Schützes, eine wahre „notwendige Teilnahme" zu konstruieren, mußte schon deshalb unrettbar scheitern, weil er eben gar nichts vom „Tatbestande" wissen will — vgl. oben S. 2 f. —, und die Erklärung der hier in Rede stehenden Erscheinungen eben nur auf tatbestandlicher Grundlage (das Wort „Tatbestand" hier im technischen, Schütze unbekannten Sinne genommen) gewonnen werden kann.

Im wesentlichen korrekt Geyer, Grdr. 1 134, Holtzend. Hdb. 2 323: „Notwendige Teilnahme" sei ein unrichtig gewählter Sammelname für eine Anzahl von Besonderheiten der Verbrechenstatbestände, die nur das gemeinsam hätten, daß irgend eine Beteiligung zweier oder mehrerer Personen Begriffsmerkmal der betreffenden Verbrechen sei. Auch Freudenthal nimmt seinen Ausgang ganz richtig vom Tatbestand, nur gelangt er deshalb zu einer Reihe von nicht akzeptablen Folgerungen, weil er nicht die positivrechtlichen Tatbestände in ihrer Individualität berücksichtigt, sondern fiktive Obertatbestände bildet, vgl. oben S. 272 ff.

§ 48.

B. Die Täterzusammengehörigkeit im konkreten Verbrechensfalle und die juristische Bedeutung der zur Teilnehmerschaft zusammengefaßten Handlungen.

I. Nur auf einen identischen Tatbestand können Teilnahmehandlungen bezogen werden; und sie können nur dann in die Teilnehmerschaft eingerechnet werden, wenn sie die Verbrechensmerkmale an sich tragen und in Ansehung ihrer der Handelnde die persönliche Verbrechereigenschaft aufweist. Dies das Ergebnis des vorigen Paragraphen. Aber das Zutreffen dieser Voraussetzungen genügt natürlich noch nicht, um sofort ein Teilnehmerschaftsverhältnis anzunehmen.

Stiftet A den B zur Tötung des X an und tötet C den Y, so ist derselbe Typus — Tötung eines Menschen — in Frage. Und dennoch kann von Teilnahme keine Rede sein. Vielmehr setzt die Teilnahme neben der begrifflichen Tatbestandseinheit auch konkrete Einheit = tatbestandliche Handlungenzusammengehörigkeit, Tatbestandsverwirklichungseinheit, Tateinheit voraus, korrekter gesagt: es müssen sich die Handlungen der mehreren auch konkret verknüpfen.

1. Für die Feststellung, daß sich die Handlungen der mehreren nicht nur abstrakt als Handlungen begrifflich gleicher Typizität darstellen, sondern auch faktisch zusammengehören, muß nun wiederum auf die Lehre von der Tateinheit rekurriert werden; Täterzusammengehörigkeit ist ja nur angewandte Tateinheit. Sie liegt dann vor, wenn sich das Geschehnis als einmalige Verwirklichung des Tatbestandes darstellen würde, wenn das Ganze von einem Handelnden vorgenommen wäre. Man hat also in Gedanken von der Personenverschiedenheit zu abstrahieren. Stellt sich das Geschehene alsdann als Realkonkurrenz dar, so fehlt es an der Möglichkeit, zwischen solchen selbständigen Handlungen eine Teilnahmebrücke zu schlagen. Würden die Handlungen bei Täteridentität zwei (oder mehr) selbständige Verbrechen sein, so ist bei Verschiedenheit der Täter jeder nur isoliert zu betrachten.

Die behufs Gewinnung der Täterzusammengehörigkeit präparatorisch vorzunehmende Fiktion der Täteridentität ist natürlich nicht buchstabengemäß ausführbar. Soll ermittelt werden, ob A durch das Hingeben einer Pistole Gehilfe an einem von B verübten Morde geworden ist, so läßt sich mit der Fiktion, B selber habe jemandem eine Pistole gegeben, natürlich schlechterdings nichts anfangen. Sondern das Geben der Pistole muß für A sinngemäß in ein Sichverschaffen der Pistole umgesetzt werden. Mit anderen Worten: Bei dem hypothetischen Verfahren, das der Bejahung der Teilnahme voranläuft, steht das komplementäre Tun dem in concreto entwickelten gleich. Es ist das Wesentliche der Tätigkeit herauszugreifen; dieses besteht aber nicht sowohl in dem Hingeben als solchem, sondern in der Herstellung des tatvorbereitenden u. s. w. Zustands.

2. Indessen gehört doch zur Gewinnung einer wirklichen Täterzusammengehörigkeit doch noch ein Mehreres. Für die Annahme einer Tateinheit bei Handlungen desselben Täters ist oben das Requisit einer besonderen psychischen Verknüpfung der Einzelakte abgelehnt worden[1]. Für Teilnahme muß indessen auch auf psychische Verknüpfung Gewicht gelegt werden.

Nicht als ob im „Schuldzusammenhang" das Wesen der Teilnahme bestände[2]. Wohl aber bleibt zu betonen, daß man unmöglich verschiedene Menschen als Teilhaber zusammenschließen kann, wenn ihr Wirken bloß äußerlich sich nahesteht. Bei der eigentlichen Tateinheit hat es nichts Befremdliches, wenn besondere psychische Beziehung der Einzelakte für gleichgültig erklärt wird; das einigende Moment liegt hier ja schon in der Identität der Persönlichkeit. Verschiedene Menschen aber können in ein gemeinsames Geschick mit Fug nur verflochten werden, wenn sie ihre Taten auch seelisch kombiniert hatten. Sonst bleibt jeder für sich Alleintäter. Wie diese seelische Verknüpfung beschaffen sein muß, darüber ist in §§ 49, 50 des Genaueren zu handeln.

II. Ergibt sich auf Grund der Erörterungen unter I, daß die Handlungen mehrerer Personen durch die Denkfigur der Teilnahme

---

[1] S. 369 ff.

[2] Dagegen s. oben S. 392.

verbunden sind, so fragt sich, ob man sie auf Grund dieses Zusammenschlusses als „ein einziges Verbrechen“ ansprechen kann.

Nun ist oben gezeigt, daß bei einer aus Handlungen eines und desselben Täters gebildeten Tateinheit in der Tat „ein einziges Verbrechen“ = „ein einziger Verbrechensfall“ vorliegt, daß aber dessen ungeachtet die einzelnen „unselbständigen“ Handlungen in ihrer Eigenschaft als Handlungen unberührt bleiben[1]). Bei der auf mehrere Handelnde sich verteilenden Tateinheit bleibt aber natürlich die Natur der Tätigkeit eines jeden qua Handlung erst recht von dem Zusammenschluß unberührt. Da nun die Handlung als solche mit der Persönlichkeit des Handelnden eng zusammenhängt, so kann die teilnehmerschaftliche Tateinheit anders als die wirkliche Tateinheit niemals zu einem Zusammenschluß in dem Sinne führen, daß wirklich trotz der Mehrheit der Handelnden ein einziges Verbrechen, ein einziger Verbrechensfall vorläge. Das hieße die Bedeutung der Persönlichkeit ignorieren. Vielmehr liegen bei Teilnahme so viele Verbrechen vor, als Teilnehmer da sind; jeder ist eines ganzen Verbrechens, eines Verbrechensfalls schuldig. Verschwinden bei der wirklichen Tateinheit die Einzelakte in dem Ganzen, so ist dies erklärlich, weil hinter ihnen allen dieselbe Persönlichkeit steht; die Tateinheit ist voll realisierbar. Bei Teilnahme ist dies anders. Die Handlung eines Menschen ist nicht zum bloßen Teil eines aus den Handlungen mehrerer bestehenden Ganzen herabdrückbar.

Damit ist auch der Schlüssel gewonnen dafür, wieso § 47 StGB. von „einer“ von mehreren gemeinschaftlich ausgeführten strafbaren Handlung sprechen kann: der Sinn dieser Wendung ist der, daß eben „*eine* strafbare Handlung“ vorliegen würde, *wenn* der Täter nicht mehrere wären.

Merkwürdigerweise wird aber diese Ausdrucksweise des Gesetzes oft überspannt und dahin verstanden, als ob *wirklich* trotz der Verteilung der Tat auf mehrere Täter *ein einziges Verbrechen* gegeben sei[2]). Das ist aber doch schlechthin unmöglich!

[1]) Oben S. 385 ff.

[2]) Vgl. z. B. *Freudenthal* 30 ff. Auch die Ausdrucksweise des Gesetzes hält sich von dieser Schiefheit nicht immer frei; vgl. z. B. StPO. § 3:

Verbrechen ist Handlung als Persönlichkeitsregung, und Handlungen verschiedener Personen können nicht ein einziges Verbrechen bilden, mögen sie auch zusammengehören. Jeder Täter begeht eine ganze Tat. Wäre wirklich ein einziges Verbrechen anzunehmen, so wäre auch nur einmalige Strafauswerfung möglich, so, daß dann jeder der mehreren mit einer bloßen Teilstrafe bedacht würde. Der Richter hätte also z. B. für die von A, B und C zusammen verübte Tat etwa drei Jahre Zuchthaus zu fixieren und dann die drei Jahre zu verteilen. Solche Operation ist aber dem StGB. fremd. Gegen jeden der mehreren entsteht ein eigener Strafanspruch, dessen Höhe isoliert festgelegt wird und sich nicht als Rechnungsergebnis aus einem sozusagen kollektiven Strafanspruch ergibt. Würde man doch sonst sogar zur Konstruktion einer die mehreren Täter in sich begreifenden juristischen Person oder mindestens eines Gesamthandverhältnisses gedrängt! Träfe doch jeden einzelnen nur ein Stück eines umfassenden Strafanspruchs! Statt Individualstrafbarkeit und Individualschuld müßten Kollektivstrafbarkeit und Kollektivschuld die konstruktive Grundlage bilden! Das käme hinaus auf eine Negation der Einzelpersönlichkeit, mindestens aber auf die Annahme von halben Taten, Viertelstaten u. s. w.[1]). So läßt sich die „Einheit" also nur dahin verstehen: Bei Teilnahme liegen so viele Verbrechen, wie Teilnehmer sind, vor[2]), nur daß sie bei Täteridentität ein einziges Verbrechen sein würde: hypothetische Tateinheit bei thetischer Tatenmehrheit.

Aus der Feststellung, daß die Zusammenlegung der teilnehmerschaftlichen Handlungen deren Sonderexistenz nicht tilgt, ergibt sich ohne weiteres, daß Zeit und Ort der Tat eines jeden Beteiligten nach Zeit und Ort seines Handelns zu bestimmen ist. Die gegenteilige Auffassung, wonach akzessorische Teilnehmer an dem Orte, wo der Haupttäter gehandelt hat, und zu der Zeit, in der dieser

---

„Wenn bei einer strafbaren Handlung mehrere Personen als Täter, Teilnehmer u. s. w. beschuldigt werden."

[1]) Etwa wie man doch auch nicht sagen kann, daß von zwei zusammenreisenden Personen jede nur „eine halbe" Reise gemacht hat.

[2]) Man kann auch nicht einwenden, daß ja doch auch der Versuch eine „halbe" 2c. Tat sei. Das ist er eben nicht; er ist eine ganze Tat, nur daß diese tatbestandlich fragmentarisch ist.

gehandelt hat, gehandelt haben sollen, oder jeder Mittäter auch am Tatorte und zur Tatzeit der Handlung des anderen Mittäters gehandelt haben soll, widerlegt sich schon durch ihre offensichtliche Unwahrheit. Dazu kommt, daß nicht einmal bei der wirklichen Tateinheit, d. h. einer zusammengehörigen Kette von Handlungen desselben Täters, Ort und Zeit der Einzelakte durch die Zusammenfassung berührt werden[1]). Um wie viel weniger kann man das dann für die als hypothetische Tateinheit zu konstruierende Teilnehmerschaft behaupten!

Aus der Individualisierungsnotwendigkeit, d. h. aus dem Getrenntsein der Strafansprüche gegen die mehreren Täter, folgt natürlich auch, daß — was zum Teil streitig ist — die Zahl der Verbrechen für jeden Teilnehmer separat zu ermitteln ist (einheitliche Anstiftung zu einer Realkonkurrenz ist keineswegs selbst Realkonkurrenz)[2]).

Dabei bleibt nur zu beachten, daß, wie alle Vorbereitungs- und Nebenhandlungen mit der „Ausführung" zusammen tateinheitlich zusammengehören, so auch alle von einem Dritten vorgenommenen, auf dieselbe Ausführung gerichteten Teilnahmehandlungen notwendig tateinheitlich zusammengehören (so Anstiftung und Beihilfe desselben Teilnehmers zu derselben Haupttat, desgleichen mehrere Beihilfehandlungen)[3]).

Daß auch Strafaufhebungsgründe grundsätzlich nur individuell wirken, ist ja heute von der überwiegenden Zahl der Autoren anerkannt — also z. B. daß Verjährung gegen den Haupttäter nicht Aufhebung auch des Strafanspruchs gegen die Teilnehmer bedeutet. Auch dies ein Beweis dafür, daß eben eine Mehrheit von Verbrechen vorliegt, die nur tatbestandlich-fiktiv als ein Ganzes erscheinen. Denn sonst könnte doch nur ein Strafanspruch mit einheitlicher Verjährung u. s. w. in Frage stehen!

---

[1]) Oben S. 385.

[2]) Wie z. B. Birkmeyer, Lehre von der Teilnahme § 86, lehrt. Gegen ihn Höpfner, Einh. u. Mehrheit 188 ff.

[3]) Folgerungen daraus unten § 53.

§ 49.

C. Die Mittäterschaft insbesondere.

Die vorstehenden Erörterungen ergeben den Schluß: Zur Mittäterschaft läßt sich ein Handeln mehrerer Personen nur dann zusammenfassen, wenn die mehreren

hinsichtlich eines identischen Tatbestandes in Tatbestandsverwirklichungseinheit, sei es simultaner, sei es sukzessiver[1]), jeder ein Stück der Ausführungshandlung vorgenommen haben.

I. Es muß also, bevor an die Zusammenlegung herangegangen werden kann, feststehen, daß jeder der mehreren, auch abgesehen von dem Handeln der anderen, mit seinem Handeln dem Tatbestande und zwar dem Tatbestandskern, der Ausführung, subsumierbar ist, es muß auf jeden der mehreren der Tatbestand passen.

Liegt also bei einem der mehreren ein „Mangel am Tatbestande" vor, so kann er in die Mittäterschaft nicht einbezogen werden.

1. Es scheidet daher zunächst derjenige aus, für den das Objekt ein absolut untaugliches Objekt ist.

Haben z. B. A und B dem C eine dem A gehörige Sache, die sie für eine Sache des C hielten, weggenommen, so scheidet A aus. Auf ihn paßt der in Betracht kommende Tatbestand (§ 242 StGB.) nicht. Das hindert natürlich nicht, daß B wegen Diebstahls bestraft wird: er hat eine fremde u. s. w. Sache weggenommen und von einer die Rechtswidrigkeit ausschließenden Einwilligung des Verletzten kann ja keine Rede sein, da A, der Verletzte, gar nicht eingewilligt hat, da ihm der Gedanke fernlag, daß er der Betroffene sei[2]).

2. Gehören zum Tatbestande höchstpersönliche Momente[3]), so

---

[1]) Vgl. oben S. 363, II.

[2]) Wohl zu scheiden ist davon der Fall, daß der Dritte, C, überhaupt nicht Gewahrsam hat; dann liegt keine „Wegnahme" vor, also fällt § 242 hinsichtlich sämtlicher Täter fort.

[3]) Oben S. 236 ff.

scheidet aus der Liste der Mittäter jeder aus, in dessen Person dieses höchstpersönliche Moment nicht erfüllt ist. Wird also z. B. eine Sache nur einem von mehreren zugeeignet, so kann auch nur er „Täter" der Unterschlagung sein, auf die übrigen paßt der Tatbestand des § 246 nicht, sie haben die Sache nicht „sich" zugeeignet.

Erfordert ferner der Tatbestand Zugehörigkeit zu einer bestimmten Personenklasse, so kann ein zu dieser nicht Zugehöriger nicht Mittäter sein. Fischen z. B. ein Ausländer und ein Inländer in deutschen Küstengewässern, so ist letzterer unter keinen Umständen dem Tatbestande des § 296a StGB. als Täter unterstellbar. Bei dem tatbestandlichen „Sonderverbrechen" können Mittäter wie Täter nur die sein, die die Sondereigenschaft haben.

An alledem ändert auch der Umstand nichts, daß möglicherweise auch derjenige, für den ein Mangel am Tatbestande vorliegt, gleichwohl rechtswidrig handelt. Rechtswidrigkeit ohne Tatbestandlichkeit genügt eben für die Täterschaft nicht.

Ist dagegen jeder der mehreren dem Tatbestande unterstellbar, und liegt Tatbestandsverwirklichungseinheit vor, so ist die Sache nunmehr so anzusehen, als habe ein jeder außer seinem eigenen Tatanteil auch diejenigen übertragbaren Tatbestandsstücke beigesteuert, die den anderen zur Last liegen. Die Verwirklichungseinheit bedeutet ja eben die Zusammenlegung dieser übertragbaren Stücke, wenn auch nicht zu einem einzigen Verbrechensfall, so doch zu einem begrifflichen Ganzen.

II. Nur bleibt selbstverständlich nach Vornahme des tatbestandlichen Additionsexempels immer noch zu prüfen, ob jeder der Täter auch rechtswidrig gehandelt hat. Kommt einem von ihnen ein Umstand zu gute, der die Rechtswidrigkeit ausschließt (hat er z. B. auf bindenden Befehl gehandelt), so ist er nicht Verbrecher und kann deshalb nicht in das Konsortium der Mittäter einbezogen werden.

III. Ebenso ist die Schuld eines jeden separat zu prüfen. Wer schuldlos an der Tatbestandsverwirklichung beteiligt war, kann nicht Mittäter sein.

Aber auch wenn alle Beteiligten in Schuld waren, ist doch

möglicherweise Mittäterschaft ausgeschlossen. Dies dann, wenn die beiderseitige Schuld des seelischen Zusammenhangs ermangelt.

Wennschon sich nämlich die Mittäterschaft auf die fiktive Tateinheit gründet, so macht sich doch die bei der ersteren bestehende Personenverschiedenheit insofern geltend, als nicht ohne weiteres zulässig ist, jedem der mehreren das Tateinheitsganze zur Last zu legen. Vielmehr muß man, um endgültig Mittäterschaft bejahen zu können, eine die Tateinheit umfassende psychische Verknüpfung der Tatanteile feststellen, die mehreren müssen ein jeder auch den Tatanteil des anderen gewollt, die Tat vergemeinschaftet haben. Für Bildung einer Tateinheit bei demselben Täter bedurfte es der seelischen Verknüpfung der Einzelhandlungen nicht[1]). Ganz erklärlich, denn es fällt ihm ja alles so wie so zur Last und es kann sich nur fragen, ob es objektiv als ein Ganzes oder als mehrere Ganze erscheint. Bei dem Zusammenwirken mehrerer dagegen verteilen sich objektiv die Teile des Ganzen auf sie und es widerstrebte der Gerechtigkeit, wollte man jemandem Tatanteile auch der anderen auf das Konto setzen, die er sich nicht seelisch angeeignet hat.

Nur ist natürlich möglich, daß der Mittätervorsatz nur einseitig vorlag. Z. B. A gibt dem X eine Portion Gift ein, die für sich allein zur Tötung nicht hinreicht. B fügt, hiervon wissend, aber ohne Wissen des A, so viel hinzu, daß beide Portionen zusammen den Tod bewirken. A ist Alleintäter seines Tatanteils = eines Mordversuchs[2]); B dagegen ist Mittäter mit A, schuldig des tateinheitlichen Mordes.

Für den Vorsatz des Mittäters gelten die für den Tätervorsatz entwickelten Sätze[3]) ohne Einschränkung, nur mit dem Zusatz, daß das Wissen des Handelnden eben auch die Täterschaft des anderen mitumfassen muß. Kannte der Handelnde die Mitwirkung des anderen nicht, glaubte er allein zu handeln, so wäre er als Alleintäter zu strafen.

---

[1]) Oben S. 369 ff.

[2]) Die Mitwirkung des B ist, weil Unterbrechung des Kausalzusammenhangs vorliegt, ihm nicht zuzurechnen.

[3]) Oben S. 180 ff., 324 ff.

Wo die dem Täter geltende Strafdrohung eine besondere Ausgestaltung des Vorsatzes erfordert, können als Mittäter natürlich nur diejenigen angesprochen werden, die auch in dieser Hinsicht volle Tätereigenschaft haben. Es ist eben zu bedenken, daß gemeinschaftliche Verwirklichung eines identischen Typus noch nicht gemeinschaftliche Verbrechensverwirklichung ist, weil der Typus nur eins, wenn auch das grundlegende Element im Verbrechensbegriff ist, und daß trotz Identität des „Tatbestandes" verschiedene Grundstrafdrohungen vorhanden sein können, oder eine Grundstrafdrohung eben nur dann gelten will, wenn die Tatbestandsverwirklichung in psychisch besonders gearteter Weise stattgefunden hat.

Die Teilnahme wird hier gerade so wie die Tateinheit durch die Differenzierung der die Grundstrafdrohung auslösenden außertatbestandlichen Momente im Verbrechensbegriff zerrissen. Gleich typische Handlungen eines und desselben Täters sind nicht zur Tateinheit zusammenfaßbar, wenn sie schuldlich derartig verschieden geartet sind, daß sie nach verschiedenen Grundstrafdrohungen tendieren, oder daß die eine Handlung der für die andere geltenden Grundstrafdrohung nicht genügt. Ist nun die Mittäterschaft ihrem Wesen nach eine auf mehrere Personen verteilte Tateinheit, so folgt logisch, daß es bei solcher schuldlicher Differenz auch keine Mittäterschaft geben kann.

Wenn beispielsweise die Strafdrohung des § 211 StGB. nur demjenigen gilt, der den Tötungstypus mit Überlegung verwirklicht hat, die des § 242 StGB. nur demjenigen, der den Tatbestand der Wegnahme einer fremden beweglichen Sache mit „Absicht rechtswidriger Zueignung" verwirklicht hat, so nötigt das Fehlen solchen psychischen Sonderelements[1]), wie es zur Verneinung der Täterschaft führt[2]), entgegen der herrschenden Meinung, auch zur Verneinung der Mittäterschaft. Wer kein Mörder oder Dieb ist, kann auch nicht Mitmörder oder Mitdieb sein. In solchen Fällen wächst somit das Handeln, trotzdem

[1]) Beispiel: A und B schleppen gemeinschaftlich Silbergerät weg, A mit der Absicht, es sich zuzueignen, B ohne die Absicht, sich etwas von der Beute zuzueignen.

[2]) Oben S. 195, 47.

es „Ausführung" = Verwirklichung des Tatbestandkerns ist, notwendig der akzessorischen Teilnahme zu[1]).

Nicht gehindert wird aber die Bildung einer Mittäterschaft dadurch, daß ein besonderes psychisches Moment nur zur Anwendbarkeit einer relativen Strafdrohung führt und von den mehreren der eine dieses psychische Moment aufweist, der andere es nicht aufweist. Der Jugendliche A und der absolut Strafmündige B, die zusammen einen identischen Tatbestand verwirklichen, können sehr wohl Mittäter sein. Wenn sich aus Handlungen eines und desselben Täters, die er teils als Jugendlicher, teils als voll Strafreifer begangen hatte, eine Tateinheit nicht bilden ließ[2]), so lag das nur daran, daß man sich bei Tateinheit notwendig für eine oder die andere Strafdrohung entscheiden muß. Hier fällt dieses Hindernis hinweg, es wird eben der eine Mittäter nach der Grundstrafdrohung, der andere nach der aus ihr hervorwachsenden abgeleiteten Strafdrohung gestraft.

IV. Wie im Punkte der Schuld, so müssen die Handlungen der mehreren, wenn anders sie Mittäter sein sollen, auch im Punkte der Strafdrohungsbedingungen eine jede den Anforderungen des betreffenden Strafgesetzes genügen. Ein Mithandelnder, von dem man nicht sagen kann, daß sein Handeln mit der Strafdrohungsbedingung ausgestattet sei, kann, so wenig wie er Täter sein kann, auch nicht Mittäter sein.

Wo die Strafdrohungsbedingungen gar keine personelle Beziehung haben, da fällt ja jede Schwierigkeit hinweg. Dann liegt sie eben, wenn sie überhaupt vorliegt, für jedermann vor.

Anders steht es um die Strafdrohungsbedingungen mit persönlicher Beziehung (die ja durchaus nicht mit den bloßen persönlichen Strafbarkeitsbedingungen identisch sind)[3]). Wer ihnen nicht genügt, kann der Strafdrohung nicht als Täter, folglich auch nicht als Mittäter unterstellt werden. Wer seinen Tatanteil an

---

[1]) Für B in dem Beispielsfalle in Anm. 1 auf S. 411 kommt also nur Bestrafung wegen Beihilfe in Frage. Über den Fall, daß A und B zusammen „getötet" haben, der eine mit, der andere ohne Überlegung, s. unten § 50.

[2]) Oben S. 356.

[3]) Oben S. 54, 83.

einer Übertretung im Auslande geleistet hatte, wer bei Vornahme seiner Handlung im Notstand war, über wen nach Bankerutthandlungen der Konkurs nicht eröffnet worden ist, wer als Dieb nicht im Rückfall handelte, kann niemals als Mittäter der Übertretung (im ersten Falle) bezw. der sonstigen Tat (im Notstandsfalle) bezw. des Bankerutts bezw. des Rückfalldiebstahls gestraft werden, nicht in das Mittäterkonsortium eingerechnet werden[1]).

V. Stellen sich also schon die wegen gesetzlich aufgestellter Strafdrohungsbedingungen auseinandergehenden Strafgesetze eines und desselben Strafrechts der Bildung einer Mittäterschaft hindernd in den Weg, so ist diese Denkform natürlich erst recht da ausgeschlossen, wo die Strafrechtsanwendungsbedingungen[2]) es mit sich bringen, daß für den einen Täter das Strafrecht x, für den anderen das Strafrecht y anwendbar ist.

Hat also z. B. A eine nach älterem, B eine nach neuerem Strafrecht zu beurteilende Handlung, oder A eine nach Eingeborenenstrafrecht, B eine nach dem allgemeinen Strafrecht zu beurteilende Handlung begangen, so ist Mittäterschaft nicht konstruierbar.

VI. Ist dann schließlich das Teilnehmerschaftsverhältnis als solches zu stande gebracht, hat das Handeln eines jeden im Sinne der vorstehenden Erörterungen „Verbrecherseigenschaft", so bleibt aber — wie bei der Tateinheit — doch alles Handeln außer Betracht, das den persönlichen Strafbarkeitsbedingungen nicht entspricht, sondern durch einen persönlichen Strafausschließungsgrund gedeckt ist. So kann natürlich der Monarch nicht dadurch strafbar werden, daß er mit anderen gemeinschaftlich ein Verbrechen begangen hat. Ist er bei Begehung eines Verbrechens nicht Verbrecher, so ist er es auch dann nicht, wenn er das Ver-

[1]) Er ist vielmehr, wenn es sich um eine Strafdrohungsbedingung handelt, bei deren Fehlen gar kein Strafgesetz eingreift, straflos. Besteht eine besondere Grundstrafdrohung für den Fall des Fehlens der Strafdrohungsbedingung (wie § 242 StGB. im Verhältnis zu § 244), so unterfällt er dieser. Über die Frage, ob akzessorische Teilnahme an der Tat des anderen vorliegt, s. unten § 50.

[2]) Oben S. 90 ff.

brechen zusammen mit Verbrechern begangen hat. Ebenso wird die Ehefrau, die in Mittäterschaft mit anderen den Ehemann bestohlen hat, um deswillen nicht ihres Straflosigkeitsprivilegs verlustig. Es liegt Mittäterschaft objektiv vor, für seine Person ist der betreffende Mittäter aber nicht strafbar.

VII. In allen den Fällen, in denen bei gemeinsamer Tatbestandsverwirklichung aus außertatbestandlichen Gründen (II—VI) der eine oder andere Mitwirkende aus dem Mittäterkonsortium herausfällt, darf aber dieses Herausfallen nur so verstanden werden, daß ihm keine Mittäterschaft zur Last gelegt werden kann. Dagegen bleibt für den Konsorten, der allen Bedingungen ad II—VI genügt, auch das Handeln des sozusagen „nur tatbestandlichen Mittäters" eine Mitausführung der Tat. Das heißt, ihm wird auch die Tatbestandsverwirklichung durch den anderen zugerechnet, vorausgesetzt, daß er diesen Tatanteil in seinen Vorsatz aufgenommen hatte. Auch hier erweist der Tatbestandsbegriff seine eminente Bedeutung: es kann eben nicht geleugnet werden, daß gemeinsame „Tatbestandsverwirklichung" hier vorliegt; und dieses tatbestandliche Ganze ist jedem auf das Konto zu setzen, der auch in außertatbestandlicher Hinsicht den gesetzlichen Strafbarkeitsbedingungen genügt.

VIII. Die möglichen Arten mittäterschaftlichen Handelns ergeben sich aus den Arten der Tateinheit. Die Mittäterschaft kann sein

1. simultane;

2. sukzessive = ein auf die mehreren verteiltes „fortgesetztes Delikt" in unserem (weiterem) Sinne, also Zu-Ende-Führung einer vom ersten Täter nur „angefangenen" Ausführung (z. B. A hat es nur zum Mordversuch gebracht, B führt die Tötung zu Ende), oder aber Hinzufügung einer neuen zusammenhängenden Partikel zu einer an sich schon das vollendete Delikt darstellenden Handlung des ersten Täters (z. B. A und B demolieren eine Statue durch abwechselnde Schläge). Was Zusammenhang ist, ist auch hier nach dem oben S. 403 ff. Gesagten zu bemessen.

Im Falle der sukzessiven Mittäterschaft ist der Ersthandelnde natürlich nur dann Mittäter, wenn er das nachfolgende Tun des Zweiten in seinen Willen aufgenommen hatte (s. vorstehend S. 410)[1]).

IX. Mit der Tateinheit kann sich die Mittäterschaft verbinden, sie aber auch kreuzen. Es ist zunächst möglich, daß jedem der Beteiligten mehrere Handlungen derart zur Last fallen, daß die für den einen zu bildende Tateinheit und die für den anderen zu bildende Tateinheit in präziser Kongruenz volle Mittäterschaft ergeben. So, wenn A und B in fortgesetzter Begehung zehn Balken nacheinander zusammen fortgetragen haben.

Es kann aber auch sein, daß an einer tateinheitlichen Kette von Handlungen des A der B nur partiell beteiligt war. So, wenn A die ersten zwei Balken allein, die acht übrigen mit B zusammen fortgeschleppt hat. Solchenfalls ist Mittäterschaft nur hinsichtlich der letzten acht Handlungen konstruierbar. Das bedeutet aber nicht etwa die Zerreißung der bei A vorliegenden zehnspältigen Tateinheit. Vielmehr ist alsdann A einer Diebstahlstat ad 1—10 derart schuldig, daß er sie partiell (ad 3—10) in Mittäterschaft mit B ausgeführt hat, und B ist eines mittäterschaftlich mit A begangenen Diebstahls ad 3—10 schuldig.

---

[1]) Ist das aber der Fall, so darf die scheinbare Unterbrechung des Kausalzusammenhangs durch das Tun des Zweiten nicht stutzig machen. Es spricht nichts dafür, daß das Gesetz in § 47 lediglich die — verhältnismäßig sehr seltenen — Fälle der simultanen Mittäterschaft ins Auge gefaßt hätte, und es wäre wohl schlechterdings nicht zu rechtfertigen, daß das zeitliche Auseinanderfallen, das sich möglicherweise nur in Sekunden geltend macht, eine wesentliche juristische Verschiebung bedeuten sollte. Deshalb läßt sich nur annehmen, daß das Gesetz mit dem — ja ohnehin brüchigen — Dogma von der Unterbrechung des Kausalzusammenhangs für den Fall nicht Ernst machen will, daß schon der täterisch (im Gegensatz zum Anstifter) Ersthandelnde das spätere konvergierende Handeln des Zweiten ins Auge gefaßt hatte. Anders natürlich, wenn das nicht der Fall war; dann muß es bei der „Unterbrechung des Kausalzusammenhangs" bewenden, eben weil ihm die Mittätereigenschaft fehlt, also der (die Unterbrechung des Kausalzusammenhangs durch eine Ausnahme durchbrechende) § 47 für ihn nicht in Betracht kommt. Oben S. 410 Anm. 2.

D. Die akzessorische Teilnahme.

§ 50.

I. Konstruktion der akzessorischen Teilnahme.

I. Akzessorische Teilnahme ist schlechthin unkonstruierbar, wenn es an einer „Haupttat" fehlt. Nur an einem „Verbrechen" kann teilgenommen werden, nicht an einem Nichtverbrechen. Das ist in §§ 48, 49 StGB. deutlich zum Ausdruck gebracht. Wo keine Haupttat, da kann der „Teilnehmer" niemals nach der Denkfigur der Teilnahme gestraft werden, unbeschadet natürlich der Möglichkeit, ihn als „Täter" zu strafen, wo sein Handeln einen eigenen Deliktstypus (ein delictum sui generis) ausmacht, wie im Falle des § 49a StGB.

1. Somit muß sich der Vorgang, an den Teilnahmehandlungen angegliedert werden sollen, als eine tatbestandsmäßige, rechtswidrige, schuldhafte, mit einer passenden Strafdrohung versehene und den Strafdrohungsbedingungen genügende Handlung ausweisen. Wenn Kohler[1]) genügen lassen will, daß die Tat eine rechtswidrige schuldhafte Tatbestandsverwirklichung ist, so hängt dies damit zusammen, daß er den Begriff der „strafbaren Handlung" im Sinne des bloß potentiellen Verbrechens faßt. Daß dies dem positiven Recht nicht entspricht, ist oben gezeigt[2]).

a) Die Handlung, an die sich „Teilnahme" ankristallisieren soll, muß somit vor allem „tatbestandsmäßig" im eigentlichen Sinne sein = Verwirklichung eines Typus in seinem Kern, wäre sie auch nur Verwirklichungsfragment (Versuch). Wo bezüglich des scheinbaren Haupttäters ein „Mangel am Tatbestande" obwaltet, also im Falle des absolut untauglichen Versuchs, da gibt es keine Teilnahme. Teilnahme an einer atypischen Haupttat wäre gerade so wie diese selbst ein strafrechtliches Nichts.

Deshalb müssen namentlich die höchstpersönlichen Tatbestandselemente unbedingt in der Person des „Ausführenden", der als Haupttäter figurieren soll, vorhanden sein.

---

[1]) Studien 1 144 f., Goltd. Arch. 49 6.

[2]) Vgl. oben S. 50.

Ist also z. B. für den anscheinenden Haupttäter eines Diebstahls die Sache keine „fremde“, so fällt auch die Teilnahme zu Boden. So, wenn A dem B zur Wegnahme einer Sache, die dem B gehört, die aber A und B für eine Sache des C halten, aus dem Gewahrsam des C Hilfe geleistet hat. B ist hier kein Dieb, folglich A nicht Diebsgehilfe. Entsprechendes gilt für Unterschlagung, wenn der „Haupttäter“ die Sache nicht „sich“ zugeeignet hat; ist hier für ihn der Tatbestand der Unterschlagung unanwendbar, so ist folgeweise die Beihilfe gegenstandslos.

Ganz ebenso erweist sich eine „Teilnahme am Selbstmorde“ als ein strafrechtlich unmögliches Gebilde. Denn die Selbsttötung ist atypisch, sie ist vom Tatbestand der §§ 211 ff. StGB. nicht mitumfaßt [1]; mangelt es aber am Tatbestande, so kommen die Erscheinungsformen nicht in Sehweite [2].

So ist es denn ganz richtig, wenn die gemeine Meinung den Selbsttötungsanstifter und -gehilfen als straflos behandelt. Bindings Klage über die Unangemessenheit dieser Straflosigkeit [3] wird freilich allseitig Zustimmung finden. Sein Versuch, wenigstens den Anstifter schon de lege lata der Strafbarkeit zuzuführen, wird aber leider nicht als annehmbar gelten können. Binding betont nämlich [4], daß vom Standpunkt des „Gehilfen“ bezw. „Anstifters“ aus es sich ja gar nicht um eigenes, sondern um fremdes Menschenleben handle; und er will deshalb den Anstifter als Mord- und Totschlagstäter direkt den §§ 211 ff. unterstellt wissen (während freilich der Gehilfe mangels einer Strafdrohung straflos bleibe). Damit aber reißt Binding die Schranken ein, die im positiven Recht zwischen Typus und bloßer Teilnahme gelten. Was seinem Wesen nach bloß Teilnahme ist, kann man nicht der tatbestandlichen Schablone unterstellen: zwischen Teilnahme und Eigentat gibt es keine Versöhnung; wer zur Tatbestandsverwirklichung nur Handlungen der Vorsphäre

---

[1]) S. oben S. 220 Anm. 1.

[2]) Zutreffend deshalb Binding, Lehrb. 1² 26 — nur gründet er die Entscheidung darauf, daß der Selbstmord nicht rechtswidrig sei, während doch schon seine Nichttypizität die Teilnahme daran ausschließt.

[3]) Lehrbuch 1² 27 Anm. 3.

[4]) Vgl. hiergegen übrigens Mittermaier, Z. f. schweiz. StrR. 17 192.

oder der Seitensphäre beibringt, wie dies der Anstifter tut, „führt" nicht „aus", und seine direkte Unterstellung unter den Tatbestand verbietet sich also[1]). Wenn derjenige, der den Zurechnungsunfähigen in den Tod treibt, als Täter eines Mordes oder Totschlags bestraft wird, so hat dies seinen guten Grund eben darin, daß hier das Handeln des Zurechnungsunfähigen gar keine selbständige Bedeutung hat, sondern als Ergänzung dem Handeln des anderen zuzurechnen ist, so daß auf diesen der Tatbestand in der Tat zutrifft[2]).

Ist ferner ein Tatbestand nur auf Täter zugeschnitten, die einer bestimmten Personenklasse angehören, so ist, wenn der „Haupttäter" dieser nicht angehört, keine Möglichkeit gegeben, den Tatbestand anzuwenden. Es ist keine Haupttat, folglich auch keine Teilnahme daran gegeben. So, wenn der in deutschen Küstengewässern Fischende (§ 296a StGB.) kein „Ausländer" ist.

Daran ändert auch der Umstand nichts, daß etwa die höchstpersönlichen Tatbestandselemente in der Person eines Genossen gegeben sind. Wer eine fremde Sache, die er in Gewahrsam hat, nur den Gehilfen zueignet, begeht eben tatbestandlich keine Unterschlagung. Und wer mit Hilfe eines Beamten an amtlichen Geldern eine Unterschlagung verübt, begeht keine Amtsunterschlagung nach § 350 StGB., wiewohl die Beamtenqualität dem Gehilfen zukommt. Wer den Haupttäter töten hilft, ist kein Mordgehilfe, wiewohl für ihn fremdes Menschenleben in Frage steht u. s. w.

Auch der Umstand vermag an dem Gesagten nichts zu ändern, daß möglicherweise Haupttäter und Helfer rechtswidrig handeln; die Rechtswidrigkeit ohne Tatbestandsmäßigkeit fällt aus dem Strafrecht hinaus.

b) Der „Haupttäter" muß rechtswidrig gehandelt haben. War das nicht der Fall, und wäre es auch nur, weil ihm ein persönlicher Unrechtsausschließungsgrund zur Seite stand[3]), so ist Teilnahme undenkbar.

c) Der Haupttäter muß schuldhaft gehandelt haben, und zwar

[1]) Vgl. oben S. 245 ff.

[2]) Oben S. 250 ff.

[3]) Oben S. 168.

so schuldhaft, daß auf ihn eine Strafdrohung paßt[1]). Sonst wiederum keine Teilnahme.

Hat der „Haupttäter" z. B. bei Sachwegnahme keine Zueignungsabsicht gehabt, so ist er kein Dieb und kann keine Diebsanstifter und Diebsgehilfen neben sich haben; hat der Tötende nicht mit Überlegung gehandelt, so ist er kein Mörder, kann also keine Mordanstifter und Mordgehilfen neben sich haben[2]); war der „Haupttäter" ein „Jugendlicher" ohne die nach § 57 StGB. erforderliche Einsicht, so entfällt die Teilnahmemöglichkeit[3]) u. s. w.

d) Die Haupttat muß den Strafdrohungsbedingungen genügen. Trifft eine Strafdrohungsbedingung auf den Haupttäter nicht zu, derart, daß seine Tat kein Verbrechen ist, so ist auch derjenige kein Teilnehmer, der der Strafdrohungsbedingung genügt. So gibt es keine Teilnahme an einer im Ausland begangenen Übertretung (auch wenn der Teilnehmer im Reiche handelt); keine Teilnahme an Bankerutthandlungen, die nicht zu Konkurs oder Zahlungseinstellung beim Haupttäter geführt haben (auch wenn der „Teilnehmer" etwa selber in Konkurs verfallen ist)[4]).

2. Stellt sich dagegen die Haupttat als ein „Verbrechen" im Sinne der bisherigen Ausführungen dar, so ist Teilnahme konstruierbar, auch wo der Haupttäter kein „Verbrecher" ist, es ihm also an persönlichen Strafbarkeitsbedingungen fehlt, ihm ein persönlicher Strafausschließungsgrund zur Seite steht. §§ 48, 49 StGB. erfordern eben nur eine Haupttat, nicht einen strafbaren Haupttäter. Deshalb Teilnahme möglich an der Tat eines deutschen Souveräns, an einem von der Ehefrau gegen den Ehemann verübten Diebstahl u. s. w. Der grundlegende Unterschied, der zwischen den persönlichen Strafbarkeitsbedingungen einerseits, den persönlichen Tatbestandserfordernissen, den persönlichen Rechtswidrigkeitserfordernissen, dem Schulderfordernis und den persön-

---

1) Oben S. 47 ff.

2) Über die Bestrafung in letzterem Falle (§ 50 StGB.) unten § 51 II 1.

3) Vgl. oben S. 87.

4) Über die Bedeutung solcher Strafdrohungsbedingungen, von denen nicht die Strafbarkeit oder Straflosigkeit, sondern nur die eine oder andere Strafdrohung abhängt, s. unten § 51 II 1.

lichen Strafdrohungsbedingungen andererseits besteht, tritt hier ins helle Licht[1]).

Gleichgültig ist auch, ob auf den Haupttäter die Strafrechtsanwendungsbedingungen zutreffen. Wohl können Haupttat und Teilnahme nur auf dem Boden desselben Strafrechts erwachsen. Nicht aber ist für die Konstruktion einer Teilnahme auf Grund des RStGB. erforderlich, daß auch der Haupttäter nach diesem zu beurteilen ist. Es genügt, daß sein Handeln ein Verbrechen im Sinne des RStGB. ist, mag seine Strafe auch aus einem anderen Strafrecht resultieren, und das RStGB. auf ihn unanwendbar sein. Indem man für die Zwecke der Bestrafung des Teilnehmers seine Tat am RStGB. mißt, wendet man nicht — was unzulässig wäre — das RStGB. auf ihn an, sondern benutzt das letztere nur als konstruktiven Durchgangspunkt[2]).

II. Der Verbrechenscharakter der Haupttat genügt natürlich nicht, um jeden, der irgendwie an der Haupttat „beteiligt" war, sofort als Teilnehmer anzusprechen. Auch die Teilnahmehandlung selber muß vielmehr ein „Verbrechen" sein, und damit es für den Teilnehmer zu Strafe kommen kann, muß er „Verbrecher" sein. Über letzteres Erfordernis kommt man schnell hinweg; persönliche Strafausschließungsgründe schützen natürlich auch den Teilnehmer vor Strafe, mag auch der Haupttäter ihrer ermangeln. Die Ehefrau, die als Teilnehmerin beim Diebstahl gegen ihren Ehemann mitgewirkt hat, der an einem Verbrechen als Teilnehmer beteiligte Fürst sind straflos. Die persönlichen Strafbarkeitsbedingungen haben mit der Scheidung in Haupttäter und Teilnehmer nichts zu tun, sie kommen jedem, der, in welcher Erscheinungsform immer, ein Verbrechen begangen hat, zu gute. Davon bricht auch § 50 StGB. nichts ab.

Um so eingehenderer Erörterung bedarf die Frage, wann man von der Beteiligung an einer Haupttat sagen kann, daß sie ein „Verbrechen" sei. Grundlegend kann auch hier, wie immer, nur

[1]) Über die persönlichen Strafbarkeitsbedingungen, die nur für Straferhöhung und -minderung in Betracht kommen, s. § 51 II 1.

[2]) Vgl. oben S. 96—97.

die allgemeine Formel sein: Verbrechen ist eine Handlung dann, wenn sie tatbestandsmäßig, rechtswidrig, schuldhaft, mit einer passenden Strafdrohung ausgestattet ist und den Strafdrohungsbedingungen genügt.

1. In Anwendung auf die Teilnahme muß aber zunächst das Requisit der Tatbestandsmäßigkeit eine Modifikation erleiden.

a) Zunächst erhellt, daß das Handeln des Teilnehmers nicht direkte Tatbestandsmäßigkeit erheischt. Verwirklichung des Tatbestandskerns, des Typus im eigentlichen Sinne, ist ja vielmehr grundsätzlich[1]) qua „Ausführungshandlung" Haupttäterschaft. „Tatbestandsmäßigkeit" in Bezug auf die Teilnahme bedeutet modifizierte Tatbestandsmäßigkeit.

Der Tatbestand im eigentlichen Sinne braucht deshalb auf den Teilnehmer in keinem Punkte zuzutreffen; das Teilnehmerschaftsverhältnis bleibt also von dem „Mangel am Tatbestand" beim Teilnehmer ganz unberührt[2]). Ob der Teilnehmer überhaupt — faktisch und rechtlich — im stande wäre, die Tat als Haupttäter zu begehen, ist ganz gleichgültig. Deshalb ist es namentlich auch ganz belanglos, ob die höchstpersönlichen Tatbestandserfordernisse auf den Teilnehmer zutreffen, ob bei ihm die zeitlich-räumlichen Beziehungen des Typus gewahrt sind u. s. w. Anstiftung und Beihilfe nehmen an der Höchstpersönlichkeit von Elementen des Tatbestandskerns nicht teil. So wie das Vorliegen solcher Elemente beim Teilnehmer ihr Fehlen beim Täter nicht zu ersetzen vermag, so wenig ist es umgekehrt notwendig, daß auch der Teilnehmer dem Höchstpersönlichkeitserfordernis entspreche, es genügt, um ihn als Teilnehmer haftbar zu machen, das Gegebensein beim Täter.

So würde, wenn A dem B zur diebischen Wegnahme einer Sache aus dem Gewahrsam des C, die dem A gehört, deren Eigentum A und B aber dem C zuschreiben[3]), Hilfe leistete, B als

[1]) Eine Ausnahme s. unten b, dazu oben § 49 III.

[2]) Statt dessen kommt für den Teilnehmer lediglich der „Mangel an der Erscheinungsform der Teilnahme" in Betracht. Darüber unten S. 423.

[3]) Anders natürlich, wenn A sein Eigentum kennt: dann würde für B infolge der Einwilligung des Verletzten A die Rechtswidrigkeit entfallen, soweit kein „Diebstahl" und folglich auch keine Teilnahme daran vorliegen.

Dieb und A als sein Gehilfe in Betracht kommen, ungeachtet des Umstandes, daß A an der Sache selber einen Diebstahl nicht begehen könnte.

So ist ferner Unterschlagungsgehilfe, wer sein Teil dazu beisteuert, daß die eigentumsgleiche Herrschaft an der Sache dem Täter zufällt; ihm braucht sie nicht auch zuzufallen.

Desgleichen würde A, der dem B zu seiner, des A, Tötung Beihilfe leistet, eben Mord- oder Totschlagsgehilfe sein, unangesehen den Umstand, daß er nicht sich selbst strafbar töten könnte, was ja im Falle gelungener Tötung freilich festzustellen ohne Interesse ist, aber bedeutsam bleibt für die von A dem B geleistete Beihilfe zum Mord- oder Totschlagsversuch an A.

Vor allem aber ist hieraus auch der Schluß abzuleiten, daß, wo der Tatbestand für den Täter Zugehörigkeit zu einer bestimmten Personenklasse fordert, der Teilnehmer dieser nicht anzugehören braucht. Der Teilnehmer zu einem Delikt aus § 296a StGB. braucht tatbestandlich nicht selber Ausländer, der Teilnehmer zu einem Beamtendelikt braucht tatbestandlich nicht selber Beamter zu sein; wer als extraneus zu einem Aszendententotschlag hilft, ist Gehilfe zum Aszendententotschlag[1]).

Nur ist damit, daß man für jemanden das Vorliegen der Erscheinungsform der Teilnahme zu einem Delikt bejaht, noch keineswegs entschieden, daß er auch strafbar ist, so wenig wie hinsichtlich des Haupttäters die Feststellung genügt, daß er den Tatbestand verwirklicht habe. Sondern, um seine Tat als Verbrechen behandeln zu können, hat man noch festzustellen, daß er rechtswidrig, daß er schuldhaft (und zwar nach §§ 48, 49 vorsätzlich) gehandelt hat und daß die Strafdrohungsbedingungen bei ihm vorliegen.

b) Bedarf es also für den Teilnehmer nicht der Feststellung, daß sein Handeln dem Typus direkt genüge, so ist vielmehr grundsätzlich zu fordern, daß er Handlungen vorgenommen habe, die mit dem vom Haupttäter realisierten Tatbestandskern zusammen als Verwirklichung des „weiteren Tatbestandes" erscheinen, mit anderen Worten die akzessorische Teilnahme besteht prinzipiell in

[1]) Über § 50 StGB. s. unten § 51 II 1.

der Vornahme einer Vorbereitungs- oder Seitenhandlung. Das eben ist die „Erscheinungsform“ der akzessorischen Teilnahme, wie sie dadurch indiziert wird, daß § 47 den „Ausführenden“ der Klasse der Täter zuweist.

c) Nur in einem Punkte bedarf die „Erscheinungsform“ der akzessorischen Teilnahme der Erweiterung. Es ist oben[1]) gezeigt worden, daß Mit-„Ausführende“ doch nur unter der Voraussetzung als Mittäter angesprochen werden können, daß sie auch in außertatbestandlicher Hinsicht den Anforderungen der Grundstrafdrohung genügen. Sie sind trotz Mitverwirklichung des Tatbestandskerns keine Mittäter, wenn sie z. B. in schuldlicher Hinsicht nicht genügen. Die Unmöglichkeit nun, sie als Täter der betreffenden Tatbestandsverwirklichung zu behandeln, rückt sie von selbst in die Kategorie der akzessorischen Teilnehmer. So ist, wer ohne die Absicht rechtswidriger Zueignung eine fremde bewegliche Sache in gemeinschaftlicher „Ausführung“ mit einem anderen zusammen, der diese Absicht hatte, weggenommen hat, oder wer ohne Überlegung in gemeinschaftlicher Ausführung mit einem mit Überlegung Handelnden einen Dritten getötet hat, Diebs- bezw. Mordgehilfe[2]).

Jedenfalls muß die Erscheinungsform der Teilnahme in einer der beiden Arten zu b oder c im konkreten Falle vorliegen. Es muß daher das, was oben über den „Mangel am Tatbestand“ ausgeführt wurde, entsprechend gelten für den „Mangel an der Erscheinungsform“: ist das Vorgehen des „Teilnehmers“ absolut untauglich zur Erfüllung des Teilnahmebegriffs, so fehlt es an einer wirklichen Teilnahmehandlung[3]).

2. Genügt das auf seinen Teilnahmecharakter zu untersuchende Handeln der tatbestandlichen „Erscheinungsform“ (II 1), so stellt sich als weiteres Requisit der Teilnahme die Rechtswidrigkeit ein.

---

[1]) S. 409 ff.

[2]) Im letzteren Falle ist er gleichzeitig Totschläger als — insofern — Alleintäter. Totschlag und Mordbeihilfe konkurrieren ideell.

[3]) Dies trifft z. B. zu, wenn der vermeintliche Hilfsakt selber absolut untauglich war, also schlechthin ungeeignet, eine Vorbereitungs- oder Nebenhandlung darzustellen, z. B. Darleihung eines Stückes Zucker zur Tötung. Hier würde die Beihilfe nicht deshalb zu verneinen sein, weil Beibringen von Zucker den Tatbestand der Tötung nicht erfüllt, sondern deshalb, weil Darleihen von Zucker keine Hilfshandlung zur Tötung ist.

Über dieses Requisit kommt man allerdings schnell hinweg. Es ist oben[1]) ausgeführt worden, daß bei den Tatbeständen, die ohne ausdrückliche Hervorhebung des Rechtswidrigkeitserfordernisses für strafbar erklärt sind, die Tatbestandsverwirklichung prinzipiell auch rechtswidrig ist, so daß nur bei Vorliegen von besonderen Unrechtsausschließungsgründen die Rechtswidrigkeit entfällt. Etwas Entsprechendes gilt auch für die Teilnahme. Das Gesetz erklärt ja nicht ausdrücklich, daß strafbar nur derjenige sein solle, der den Haupttäter „rechtswidrig" angestiftet oder ihm „rechtswidrig" Beihilfe geleistet hat, sondern übergeht das Rechtswidrigkeitsrequisit mit Stillschweigen. Daraus folgt nun zwar nicht, daß es der Rechtswidrigkeit der Teilnahme zur Strafbarkeit nicht bedürfe[2]), wohl aber, daß die Rechtswidrigkeit der Anstiftung und Beihilfe als regelmäßig gegeben vorausgesetzt wird. Folglich ist derjenige, der einem anderen zu seinem Verbrechen Teilnahme leistet, ohne weiteres im Unrecht — die Teilnahme trägt grundsätzlich ihre Rechtswidrigkeit in sich —, es wäre denn, daß bei ihm besondere Unrechtsausschließungsgründe vorliegen.

Ob die Norm, die die Teilnahme verbietet, als mit der Hauptnorm identisch anzusehen ist oder nicht[3]), kann dabei nach dem oben S. 118 ff., 135 Dargelegten ganz auf sich beruhen bleiben.

Wirkt also die Rechtswidrigkeit der haupttäterischen Tat grundsätzlich hinüber auf die Rechtswidrigkeit der Teilnahme, so ist daraus die Folgerung abzuleiten: die Teilnahme ist rechtswidrig, auch wo eigene Tatbestandsverwirklichung es nicht sein würde. Das ist namentlich für die Fälle, in denen Selbstverletzung nicht rechtswidrig ist, von Bedeutung. Ist jemandem ein Rechtsgut derart zur Verfügung gestellt, daß er darüber verfügen darf, so heißt das nur:

a) er selber darf ohne Rechtswidrigkeit tatbestandliche Handlungen gegen das Objekt vornehmen; und

b) er kann — soweit nicht positivrechtlich anders bestimmt ist —

---

[1]) S. 162 ff.

[2]) Vgl. oben S. 36 ff.

[3]) Vgl. z. B. Freudenthal, Notw. Teiln. 106 Anm. 1; Höpfner, Einh. u. Mehrh. 191; Binding, Handb. 1 333 Anm. 5.

durch seine Einwilligung die Handlungen anderer zu nicht rechtswidrigen machen.

Mehr nicht! Er ist also, soweit nicht b vorliegt, von Rechtswidrigkeit nicht frei, wenn er zu dem Handeln eines anderen an der Sache Teilnahme leistet. Dies wird wichtig in dem Falle, daß der Eigentümer der Sache, nicht ahnend, daß es sich um seine Sache handelt, Beihilfe zum Diebstahl leistet: daß hier tatbestandlich nichts zur Diebsbeihilfe fehlt, ist oben gezeigt; aber auch an der Rechtswidrigkeit fehlt es nicht: weder der Gesichtspunkt zu a noch der zu b trifft hier zu.

Ebenso handelt rechtswidrig, wer an seiner eigenen, von einem anderen auszuführenden Tötung teilnimmt. Ist ja doch das Leben nach Ausweis des § 216 StGB. eben nicht ein Rechtsgut von der Art, über die freie Verfügung besteht!

Desgleichen bleibt die Rechtswidrigkeit des teilnehmerschaftlichen Handelns dadurch unberührt, daß der Teilnehmer nicht dem Kreise der Personen angehört, zu dem zugehörig sein muß, wer die Tatbestandsverwirklichung rechtswidrig vornimmt. Mag die Norm, an der gemessen das tatbestandliche Handeln als rechtswidrig erscheint, einem engeren oder einem weiteren Personenkreise gelten — für das Handeln des Teilnehmers gilt das gleich. So handelt, wer den Tatbestand „Unterlassung der Buchführung" — § 240³ KO. — erfüllt, rechtswidrig nur, wenn er Vollkaufmann ist[1]). Ist er aber Vollkaufmann, so handelt qua Teilnehmer auch der Nicht-Vollkaufmann rechtswidrig[2]).

[1]) Oben S. 240, 159 Anm. 1.

[2]) Zu dem gleichen Ergebnis gelangt hinsichtlich der „Sonderverbrechen" Nagler a. a. O., insbesondere 113 ff. Auch er lehrt, daß als Teilnehmer des Sonderverbrechens auch der nicht zu dem besonderen Personenkreise Gehörige strafbar ist. Aber er gelangt zu diesem Resultat auf einem wie mir scheint unnötig komplizierten Wege. Er will hinter der dem Beamten u. s. w. geltenden Norm eine für jedermann geltende „sekundäre Norm" finden, in dem Sinne, daß jede Mitwirkung bei einem verbrecherischen Unternehmen verboten sei. Die Formel ist gewiß akzeptabel, sie widerstreitet auch den oben im Text gegebenen Erörterungen nicht. Nur bleibt dabei einesteils das tatbestandliche Moment unbehoben; und anderenteils fehlt es bei Nagler an dem strikten Nachweis jener sekundären Norm. Stellt man sich auf den Standpunkt des Textes, so füllen sich diese beiden Lücken der Argumentation befriedigend aus:

a) Mag nämlich der Tatbestand Zugehörigkeit zu einer bestimmten

Man könnte geneigt sein, hier mittels eines argumentum a fortiori so zu operieren: Wenn es jemandem unverboten sei, eine Handlung als Täter vorzunehmen, so müsse es erst recht unverboten sein, daß er bloß als Teilnehmer auftrete. Aber das wäre ein Fehlschluß! Denn die Rechtswidrigkeit der Teilnahmehandlung besteht eben darin, daß zu fremdem rechtswidrigem Tun ein Scherflein beigetragen wird. Etwas anderes ist es, selber einen Tatbestand erfüllen, etwas anderes, fremder Rechtswidrigkeit Vorschub leisten.

Ist aber das Teilnehmen auch prinzipiell rechtswidrig, so bleibt natürlich immer noch möglich, daß der Teilnehmer durch einen ihn deckenden Unrechtsausschließungsgrund geschützt ist, der bei dem Haupttäter fehlt. Es ist z. B. möglich, daß der Teilnehmer auf bindenden Befehl handelt oder daß er in Notwehr war [1]) u. s. w.

3. Der Teilnehmer muß, um solcher zu sein, in Schuld und zwar nach §§ 48, 49 StGB. in dolo gewesen sein.

a) Dieser Teilnahmevorsatz teilt mit dem Vorsatz überhaupt das Requisit des Bewußtseins der Rechtswidrigkeit. In dieser Hinsicht gilt für ihn nichts Besonderes. Ebensowenig in seiner Bedeutung als Willensfehler. Er modifiziert sich dagegen hinsichtlich des typischen Inhalts des Bewußtseins und des Willens. Ist nämlich Tätervorsatz gegeben, wenn der Handelnde direkte Tatbestandsverwirklichung, Verwirklichung des Tatbestandskerns, Ausführung durch sein Handeln will, so genügt folgerichtig für

---

Personenklasse erfordern oder nicht erfordern, immer ist der Teilnehmer, der dieser Personenklasse nicht zugehört, der Erscheinungsform der Teilnahme unterstellbar, weil diese an den Höchstpersönlichkeitserfordernissen der direkten Tatbestandsverwirklichung nicht partizipiert.

b) Und ist somit die Tatbestandsmäßigkeit ohne Rücksicht auf die Zugehörigkeit zu der Personenklasse gegeben, so ist es mit ihr auch die Rechtswidrigkeit nach der oben S. 162 ff. entwickelten Regel.

[1]) Beispiel: X dringt mit einem Knüppel auf A ein, dieser schlägt ihm den Knüppel aus der Hand, wissend und wollend, daß B mit dem Knüppel den (unbeteiligten) Y schlagen werde. A ist dann an sich Gehilfe zu der von B verübten Körperverletzung, aber durch Notwehr gedeckt (wenigstens wenn man auch eine Verletzung Dritter als durch Notwehr gedeckt ansieht, was ja — wenn auch meines Erachtens nicht zutreffend — vielfach behauptet wird).

den Teilnehmervorsatz das Wollen der die Erscheinungsform der Teilnahme, die modifizierte Tatbestandsverwirklichung ausmachenden Umstände. Hat der Teilnehmer direkte Tatbestandsverwirklichung gewollt, so war ein Mehr als bloßer Teilnahmevorsatz vorhanden, was aber natürlich seine Behandlung als Teilnehmer nicht ausschließt (wichtig in dem oben II 1c behandelten Falle). Er braucht aber jedenfalls nur Vorbereitung oder Nebenhandlung zu einer Haupttat gewollt zu haben. Nur ist natürlich darin auch das Wollen der Begehung der Haupttat durch den anderen eingeschlossen. Der Teilnahmedolus besteht also aus Wollen der Tatbestandsverwirklichung durch den Haupttäter + Wollen des von ihm (dem Teilnehmer) beizusteuernden zusätzlichen Tatbestandselements.

Somit muß der Teilnehmer

α) hinsichtlich der Haupttat zunächst

aa) deren Tatumstände kennen.

Sind sie ihm nicht voll bekannt, so daß, wenn seine Vorstellung richtig wäre, bei dem Haupttäter ein „Mangel am Tatbestande" vorliegen würde, so entfällt die Möglichkeit einer Teilnahme wegen Fehlens des Vorsatzes. Wer bei einem Amtsdelikt objektiv Beihilfe geleistet hat, aber die Beamteneigenschaft des Täters nicht gekannt hat, kann nicht als Teilnehmer am Amtsdelikt, wer einem Deszendenten zum Totschlag am Aszendenten Hilfe geleistet hat, ohne zu wissen, daß Täter und Getöteter Verwandte ab- und aufsteigender Linie waren, hat nicht den Vorsatz der Teilnahme am Aszendententotschlag gehabt.

Wie der Haupttäter [1]), so braucht aber auch der Teilnehmer nur das faktische Vorliegen der Tatumstände gekannt zu haben; daß er sie unter die den Tatbestand bildenden Rechtsbegriffe subsumiert habe, ist nicht erforderlich.

Wie der Haupttäter [2]), so braucht ferner auch der Teilnehmer die Tatumstände nur in ihrer für den Tatbestand wesentlichen Eigenschaft gekannt zu haben. Irrtümer über rein konkrete Momente bei qualitativ gleicher Tatbestandlichkeit des wirklich

---

[1]) Oben S. 188.
[2]) Oben S. 324 f.

vorhandenen und des irrig angenommenen Moments schließen auch hier den dolus nicht aus.

Hat A den B zur Tötung des X angestiftet und tötet dieser infolgedessen den Y (error in persona, Fall Rose-Rosal, oder aberratio ictus), so ist Tötungsanstiftungsvorsatz bei A zu bejahen. Wäre die Differenz derart, daß der Teilnehmer ein quantitatives minus in seine Vorstellung aufgenommen hatte, so würde der Vorsatz minder groß sein, was sich bei der Strafzumessung als bedeutsam zu erweisen hätte [1]).

Stehen die Tat des Haupttäters und der Vorgang, wie ihn sich der Täter dachte, im Verhältnis von Obertypus und Untertypus oder umgekehrt zueinander, so ist dem Teilnehmer das sei es objektive, sei es subjektive minus zuzurechnen. Hat also z. B. der Haupttäter einen schweren Diebstahl begangen, während der andere nur zu einem einfachen Diebstahl Beihilfe zu leisten gedachte, oder hat umgekehrt der Haupttäter einen einfachen Diebstahl begangen, während der andere Beihilfe zum schweren Diebstahl zu leisten gedachte, so ist der Gehilfe nur als Gehilfe zum einfachen Diebstahl zu bestrafen [2]).

Fallen die Wirklichkeit und der Vorstellungsinhalt des Teilnehmers dagegen derart auseinander, daß es sich um neutrale oder exklusive Typen handelt, hat also der Haupttäter den Typus x verwirklicht, während der Teilnehmer seine Teilnahme auf eine dem Typus y unterfallende Haupttat bezog, so fehlt es objektiv an einer Teilnahme zur y-typischen Tat; und subjektiv an dem Vorsatz der Teilnahme zu der x-typischen Tat. Es liegt also keine strafbare Teilnahme vor. So z. B. wenn zu Erpressung angestiftet war, der Angestiftete aber Nötigung begeht.

bb) Neben dem Bewußtsein, daß die Haupttat Tatbestandserfüllung sei, muß der Teilnehmer ferner das Bewußtsein gehabt haben, daß der Haupttäter rechtswidrig handle; ferner

cc) das Bewußtsein, daß er schuldhaft und zwar so schuldhaft handle, wie es die anzuwendende Strafdrohung verlangt. Deshalb muß der Teilnehmer namentlich bei den Absichtsdelikten

---

[1]) Vgl. oben S. 326.

[2]) Vgl. unten § 51 II 2.

gewußt haben, daß der Haupttäter diese Absicht hatte. Wer dem X bei Wegnahme einer fremden beweglichen Sache hilft, ohne zu ahnen, daß X Absicht rechtswidriger Zueignung hat, hat keinen Diebstahlsbeihilfevorsatz. Wer einem Mörder töten hilft, ohne zu wissen, daß dieser mit Überlegung handelt, hat nicht den Mordbeihilfevorsatz [1]). Wer einem Jugendlichen zur Seite steht, hat keinen „Teilnehmer"vorsatz, wenn er nicht weiß, daß der Jugendliche das discernement hat.

Dieses Requisit ad cc scheint dem oben hinsichtlich des Täters aufgestellten Satze [2]) zu widersprechen, daß der Vorsatz nicht auf das Bewußtsein von der „Schuld" zu erstrecken sei. Der Widerspruch ist aber nur scheinbar. Das Bewußtsein von der eigenen Schuld ist oben als ein ins Endlose führender Begriff aufgezeigt worden; mit dem Bewußtsein von der Schuld eines anderen verhält es sich ganz anders. Dieses Bewußtsein ist es ja, das die psychische Verknüpfung zwischen den sonst nur äußerlich nebeneinanderliegenden Handlungen der mehreren vermittelt [3])! Und wenn die Teilnahme Vorbereitungs- oder Seitenhandlungscharakter hat, so muß sie auch wissen, wozu sie zugehört.

dd) Dagegen braucht der Teilnehmer so wenig wie der Täter selber sich über die eingreifende Strafdrohung oder die Strafdrohungsbedingungen ein Bild gemacht zu haben. Das objektive Vorliegen (beim Haupttäter, oben S. 419) genügt.

Deshalb ist auch namentlich für § 49 StGB. gleichgültig, ob der Teilnehmer den „Verbrechens"- oder „Vergehens"charakter der Haupttat kannte. Nahm er beim Haupttäter Tatumstände als gegeben an, die ein Verbrechen oder Vergehen ausmachen, und stellen sie auch objektiv ein solches dar, so wird der Teilnahmevorsatz dadurch nicht ausgeschlossen, daß der Teilnehmer glaubte, es greife beim Haupttäter eine Übertretungsstrafdrohung ein. Nahm er freilich nur solche Tatumstände an, die eine Übertretung ausmachen, so hat er nicht den durch § 49 erforderten Vorsatz gehabt, auch wenn objektiv ein Verbrechen oder Vergehen vorliegt.

---

[1]) Über seine Bestrafung s. unten § 51 II 2.
[2]) S. S. 187.
[3]) Vgl. oben S. 404.

Ferner braucht der Teilnehmer nicht gewußt zu haben, ob der Haupttäter ein (mit der erforderlichen Einsicht begabter)[1]) Jugendlicher oder ein Vollstrafmündiger war, ob auf den Haupttäter die Strafdrohung des § 57 StGB. oder die reguläre Strafdrohung Anwendung finde.

β) Neben diesem auf die Haupttat bezüglichen Vorstellungsinhalt muß der Teilnehmer die Tatumstände gekannt haben (aber wiederum nur in ihrem faktischen Vorliegen, nicht in ihrer rechtlichen Bedeutung als Merkmale der Erscheinungsform), die eben die Teilnahmeerscheinungsform selber ausmachen. Nur genügt hier jedenfalls auch der „Ausführungs"vorsatz als ein majus. Wer mit solchem akzessorisch teilgenommen hat, kann zwar nicht als Haupttäter gestraft werden — dazu fehlt es an der objektiven Sachlage —, wohl aber ohne weiteres als Teilnehmer[2]).

b) Dies also die Beschaffenheit des Teilnehmervorsatzes. Dabei ist aber noch besonders zu betonen, daß stets „Vorsatz" sans phrase genügt. Irgendwelche besondere Ausgestaltungen des Vorsatzes kommen nicht in Frage. Wo das Gesetz eine Grundstrafdrohung nur angewendet wissen will bei besonderer Schuldausgestaltung, da ist diese letztere nur beim Haupttäter erforderlich (so zwar, daß der Teilnehmer ihr Vorliegen beim Haupttäter gekannt haben muß, oben S. 419). Für den Teilnehmer selber genügt, wie §§ 48, 49 deutlich erweisen, stets der schlichte Vorsatz; die Teilnahmeerscheinungsformverwirklichung ist hier für strafbar erklärt, wenn sie „vorsätzlich" („wissentlich") geschah — ohne Einschränkung. Wer an einem Diebstahl oder Betrug teilgenommen hat, ist eben als Teilnehmer strafbar, auch wenn ihm jede „Absicht" der in §§ 242, 263 bezeichneten Art fern lag; wer bei einem Morde teilgenommen hat, ist Mordteilnehmer, auch wenn er ohne Überlegung gehandelt hat[3]) u. s. w.

Dagegen versteht sich von selbst, daß ein Teilnehmer, der zur

---

[1]) Oben S. 419.

[2]) Vgl. oben S. 290, 398. Über den umgekehrten Fall, daß jemand mit bloßem Teilnehmervorsatz die Ausführungshandlung begeht, s. oben S. 398.

[3]) Die Lösung Bindings, z. B. Grdr. 1 139 f., baut sich auf der Untersuchung über Einheit und Mehrheit der Normen auf. S. dagegen oben S. 118 ff., 135. Über § 50 StGB. s. unten § 51 II.

Zeit der Tatbegehung Jugendlicher im Sinne des § 57 StGB. war, nicht gestraft werden kann, wenn er die zur Erkenntnis der Strafbarkeit erforderliche Einsicht nicht besaß, und daß der unter zwölf Jahre alte Teilnehmer straflos ist. Es fehlt dann eben nicht nur am Vorsatz, sondern überhaupt an der Schuld des Teilnehmers mangels Zurechnungsfähigkeit.

c) Und ebenso ist endlich für den Teilnahmevorsatz gleichgültig, ob der Haupttäter die Teilnahme kannte und wollte. Der Anstifter und der Gehilfe werden auch dann gestraft, wenn ihr Tun dem Haupttäter verborgen geblieben ist. Gibt es einseitige Mittäterschaft[1], so gibt es erst recht auch einseitige akzessorische Teilnahme.

4. Rechtswidrige vorsätzliche Verwirklichung einer tatbestandlichen Erscheinungsform ist nur dann „Verbrechen", wenn sie den Strafdrohungsbedingungen genügt. Das ist ja selbstverständlich. Aber hier macht sich sofort das Problem geltend, ob denn überhaupt die Strafdrohungsbedingungen für die Teilnahmestrafdrohungen aus §§ 48, 49 StGB. gelten, oder ob diese etwa völlig unbedingt sind. Ist letzteres der Fall, dann genügt schlechthin das Vorliegen der Strafdrohungsbedingungen beim Haupttäter.

Von vornherein klar ist, daß das ganze Problem hinsichtlich derjenigen Strafdrohungsbedingungen unpraktisch ist, die ganz ohne persönliche Beziehung zu dem Handelnden sind. Ist irgendwo der Ausbruch eines Krieges als Strafdrohungsbedingung aufgestellt, so kann nur entweder es im konkreten Falle an dieser Bedingung fehlen, und dann fehlt es schon an der Haupttat und folgeweise an der Beihilfe; oder sie ist vorhanden, und dann ist sie eben auch „beim Teilnehmer" vorhanden.

Wohl aber taucht das Problem auf bei den persönlich bezogenen Strafdrohungsbedingungen: Handlung im Inlande; Nichtnotstand; Konkurs; Rückfall u. s. w. Daß solche jedenfalls beim Haupttäter vorhanden sein müssen, ist oben festgestellt; aber — hängt hier der Verbrechenscharakter der Teilnahme davon ab, daß auch die Teilnahmehandlung der Bedingung genügte, oder

[1]) Oben S. 410.

genügt das Vorliegen auf seiten des Haupttäters, genügt es z. B. für Anstiftung zum groben Unfug, daß der Haupttäter im Inlande handelte?

Um dem geltenden Recht gerecht zu werden, muß man hier zunächst diejenigen Strafdrohungsbedingungen beiseite lassen, die nur die Anwendbarkeit der einen oder anderen Strafdrohung bedingen, wie z. B. Rückfälligkeit bei Diebstahl; für diese gilt § 50 StGB.[1]). Vielmehr sind hier nur diejenigen Strafdrohungsbedingungen ins Auge zu fassen, deren Fehlen Straflosigkeit überhaupt bedeutet.

Für diese ist nun daran zu erinnern, daß sie teils absolute sind, die allen Strafdrohungen anhängen; teils relative, die nur bestimmten Strafdrohungen beigefügt sind[2]). Für die erste Klasse leuchtet ein, daß sie notwendig auch die bloß relativen Strafdrohungen, insonderheit die für Teilnahme geltenden, umspannen. Demnach begeht z. B. der „Teilnehmer", der im Notstand gehandelt hat, kein Verbrechen, auch wenn der Haupttäter außer Notstand war.

Dasselbe muß aber auch hinsichtlich der relativen Strafdrohungsbedingungen gelten, die gruppenweise zusammengefaßten Strafdrohungen zugedacht sind, soweit nicht etwa ausdrücklich nur die Grundstrafdrohungen als bedingt bezeichnet sind. Wenn z. B. § 6 StGB. den Strafdrohungen bei Übertretungen die conditio anhängt, daß die Tat im Inlande verübt sein müsse, so sind offensichtlich dabei alle, nicht bloß die Grundstrafdrohungen, ins Auge gefaßt. Folglich ist, wer im Auslande zu grobem Unfug angestiftet hat, nicht strafbar, auch wenn der grobe Unfug im Inlande verübt wurde und hier verübt werden sollte.

Die bisher genannten Strafdrohungsbedingungen tragen eben so allgemeinen, mindestens partiell allgemeinen Charakter, daß das Schweigen der §§ 48, 49 StGB. über sie als Bezugnahme auf sie erscheint.

Die restierenden, auf bestimmte Verbrechen zugeschnittenen Strafdrohungsbedingungen sind dagegen überall der Grundstraf-

[1]) Darüber unten § 51 II.
[2]) Oben S. 53.

drohung angehängt, sind mit dieser derart verschmolzen, daß eine Übertragung auf die relativen Strafdrohungen in §§ 48, 49 StGB. ausgeschlossen erscheint. Deshalb kann wegen Bankeruttbeihilfe — wie ja auch selbstverständlich — auch bestraft werden, wer selber nicht in Konkurs verfallen ist oder seine Zahlungen eingestellt hat.

5. Daß die Teilnahme im Sinne unseres Strafrechts natürlich nur auf Haupttaten bezogen werden kann, die selber nach unserem Strafrecht Haupttaten sind, ergibt sich aus den Ausführungen auf S. 96 f. Es ist undenkbar, daß jemand als Teilnehmer im Sinne der §§ 48, 49 StGB. zu einer nach § 2 StGB. unter älteres Strafrecht fallenden, oder zu einer unter Eingeborenenstrafrecht fallenden Haupttat bestraft werde. Ebenso können natürlich die Satzungen des älteren Strafrechts über Teilnahme nur auf Haupttaten, die nach diesem zu beurteilen sind, die etwaigen Satzungen vom Eingeborenenstrafrecht nur auf Haupttaten, die nach letzterem zu beurteilen sind, bezogen werden.

Fällt also der Haupttäter unter das heutige allgemeine Strafrecht, so ist gleichwohl die Anwendbarkeit der Teilnahmesatzungen des StGB. auf den Teilnehmer ausgeschlossen, wenn dieser auf Grund des § 2 StGB. oder als Eingeborener dem StGB. entzogen ist; sein Geschick hängt dann lediglich von dem Inhalt *dieser* Strafrechte ab (Beispielsfälle: A hat unter der Herrschaft des preußischen Strafrechts zu einer zur Zeit des Reichsrechts begangenen Tat angestiftet; oder der Eingeborene X leistet dem Deutschen Y Beihilfe im Schutzgebiet)[1].

6. Endlich kann die Bestrafung jemandes als Teilnehmers, auch wenn wirklich Teilnahme mit Verbrechenscharakter vorliegt, daran scheitern, daß der Teilnehmer durch persönliche Strafausschließungsgründe gedeckt ist; den persönlichen Strafbarkeitsbedingungen muß eben auch er genügen, widrigenfalls er nicht zum „Verbrecher" gestempelt werden kann. Und hier werden bedeutsam die *sog. Ausnahmen von der Teilnahmelehre*. Es handelt sich dabei bekanntlich um die Fälle, in denen der Tatbestand nur auf einen oder den anderen der an einem Vorgang handelnd Beteiligten gemünzt ist und von den übrigen schweigt;

[1]) Vgl. dazu oben S. 420.

aus diesem Schweigen wird — bald in weiterem, bald in engerem Umfang — geschlossen, daß diese übrigen nicht als Teilnehmer an der Tat strafbar seien. Die Lehre von diesen „Ausnahmen von der Teilnahmelehre" ist neuerdings von Freudenthal[1] sorgfältig und scharfsinnig untersucht worden. Seinem Versuch einer Lösung des Problems vermag ich indes nicht zu folgen.

Wer jemanden wegen einer Tat für nicht strafbar erklären will, muß auch darüber Auskunft geben können, in welchem Punkte es an der Strafbarkeit fehlt. Ist strafbarer Täter derjenige, der eine tatbestandsmäßige rechtswidrige schuldhafte, den Strafdrohungsbedingungen genügende Handlung begangen hat, ohne durch persönliche Strafausschließungsgründe gedeckt zu sein, so kann die Unsträflichkeit sich darauf gründen, daß keine Handlung vorliegt oder daß die Handlung nicht tatbestandsmäßig oder daß sie nicht rechtswidrig oder daß sie nicht schuldhaft ist, oder daß es an einer Strafdrohungsbedingung fehlt oder daß ein individueller Strafausschließungsgrund vorliegt[2]).

Will man also für den „notwendig Beteiligten" Straflosigkeit annehmen, so muß klargestellt werden, ob er deshalb straflos ist, weil seine Handlung atypisch ist, oder deshalb, weil er unverboten handelt u. s. w. Dieser konstruktiven Aufgabe hat sich, soviel ich sehe, die Theorie entschlagen, wenigstens ist eine klare Auseinanderhaltung der verschiedenen Gesichtspunkte bisher zu vermissen.

Nun bedeutet das Schweigen des Gesetzes über den notwendig Beteiligten (den Bewucherten in §§ 302a ff., den zu befreienden Gefangenen in § 120 StGB. u. s. w.) zunächst nur, daß es für ihn an einem Tatbestande fehlt; sein Handeln ist eben nicht mitvertypt; er kann also nicht Täter sein (also auch nicht Mittäter), sondern es sollen vielmehr alle Handelnden lediglich zu dem auf den Einen vertypten Tatbestand in Beziehung gesetzt werden.

Dagegen bedeutet das Schweigen keineswegs, daß die „notwendige Teilnahme" nicht den Erscheinungsformen des Typus unterstellbar sei. Ganz im Gegenteil: die Nichterwähnung be-

---

[1]) Notwendige Teilnahme 84—121.

[2]) Vgl. das oben S. 87 ff. über die Strafbefreiungsgründe Gesagte.

deutet an sich gerade die Anwendbarkeit der allgemeinen Regeln über Teilnahme, gerade so wie das Schweigen des Gesetzes über den Diebsanstifter und den Diebsgehilfen eben die Anwendung der allgemeinen Sätze über die Teilnahme bedingt. Ob das Handeln Teilnahme ist, bestimmt sich lediglich nach den Begriffsmerkmalen eben der Erscheinungsformen. Und da wird klar, daß, wenn der „notwendig Beteiligte" angestiftet oder Beihilfe geleistet hat, in tatbestandlicher Hinsicht nichts fehlt. Er ist tatbestandlich Teilnehmer, er erfüllt die Erscheinungsform des Tatbestandes. Gerade daraus erwächst ja erst das Problem; denn fiele er schon begrifflich nicht unter die Erscheinungsform, so könnte über seine Straflosigkeit nicht gestritten werden. Nebenbei bemerkt, ist deshalb auch die Bezeichnung „Ausnahmen von der Teilnahmelehre" irreführend und schief. Qua Teilnehmer steht auch der „notwendig beteiligte" Teilnehmer wie jeder andere Teilnehmer da.

Speziell ist auch derjenige „notwendig Beteiligte", dessen Rechtsgut das tatbestandsmäßige Schutzobjekt ist, dem Teilnehmerbegriff subsumierbar; es genügt ja, daß das Objekt für den Haupttäter ein taugliches war[1]).

So erwächst an zweiter Stelle die Frage: Handelt der „notwendige Teilnehmer" auch rechtswidrig? Aber auch diese Frage ist zu bejahen. Denn wie oben[2]) gezeigt, liegt die Rechtswidrigkeit der Teilnahme eben darin beschlossen, daß sie Teilnahme an fremdem rechtswidrigem Handeln ist. Auch hier könnte nur die „Einwilligung des Verletzten" (des notwendig Beteiligten) in Frage kommen; und läge sie vor im Rahmen der Verfügungsmacht des Einwilligenden, so schlösse sie ja schon für den Haupttäter die Rechtswidrigkeit aus, und damit fiele von selber die „Teilnahme" zu Boden. Jedenfalls liegt kein Grund vor, die Rechtswidrigkeit der notwendigen Teilnahme als solcher zu leugnen.

Nun will Freudenthal aber — ohne scharf genug hervorzuheben, daß seine Ausführungen auf dem Gebiete des Rechts-

---

[1]) S. oben S. 421.

[2]) S. 424.

widrigkeitsproblems liegen — mit einem argumentum a fortiori vorgehen. Er folgert:

Die Nichtvertypung der notwendigen Beteiligung bedeute, daß der notwendig Beteiligte als Täter im eigentlichen Sinne nicht rechtswidrig handle;

nun stehe die bloße Teilnahme zur Täterschaft im Verhältnis der bloßen Rechtsgutgefährdung zur Rechtsgutverletzung; sei aber nicht einmal diese rechtswidrig, so sei es jene noch viel weniger.

Hiergegen ist zunächst einzuwenden, daß die Nichtvertypung keineswegs ohne weiteres Nichtrechtswidrigkeit bedeutet [1]). Es bleibt immer die Möglichkeit offen, daß der notwendig Beteiligte auch bei ausführungsgleicher Tätigkeit rechtswidrig handelt. Schon mit der Prämisse fällt also der Schluß, der aus ihr gezogen wird.

Aber weiter: Selbst wenn das unvertypte Handeln des notwendig Beteiligten qua Eigenherbeiführung des „Erfolges" nicht rechtswidrig ist, lassen sich Täterschaft und Teilnahme im Punkte der Rechtswidrigkeit nicht als majus und minus auffassen. Wohl besteht zwischen ihnen ein plus-minus-Verhältnis in tatbestandlicher Hinsicht. Aber für die Teilnahme ist eben eine ganz eigen geartete Rechtswidrigkeit gegeben; der Teilnehmer handelt eben nicht rechtswidrig, weil er den Tatbestand verwirklicht — das tut er ja gerade nicht —, sondern weil er die fremde Rechtswidrigkeit bauen hilft.

In Freudenthals Darstellung mischt sich aber noch ein ganz fremder Gesichtspunkt ein: der der Subsidiarität. Er erkennt zwar ganz richtig, daß es sich nicht um ein Verhältnis der Subsidiarität von Strafgesetzen handelt; solche Subsidiarität liegt eben nicht vor, weil das primäre Gesetz, dem das Strafgesetz gegen den Teilnehmer subsidiär sein sollte, gar kein Strafgesetz, sondern ein Straflosigkeitsgesetz (= Anordnung, daß Täterschaft — mangels Tatbestands — nicht vorliege) ist. Und Subsidiarität eines Strafgesetzes gegen ein Nichtstrafgesetz ist natürlich undenkbar. Denn Subsidiarität heißt: Strafgesetz 2 soll nur Platz greifen,

---

[1]) Oben S. 145 ff.

wenn schon Strafgesetz 1 Strafe begründet[1]). Aber Freudenthal will „Subsidiarität“ zwischen den Begriffen Täterschaft und Teilnahme, Rechtsgutverletzung und Rechtsgutgefährdung annehmen. Nun ist schon oben[2]) gezeigt, daß die Subsidiarität logisch ein Bedingungsverhältnis bedeutet, ein solches aber zwischen Begriffen nicht bestehen kann. Man muß also das bei Freudenthal Gesagte dahin umdeuten, daß die im Gesetz proklamierten Rechtsfolgen im Bedingungsverhältnisse stehen. Und diese Rechtsfolgen können im Sinne Freudenthals nur in der Rechtswidrigkeit bestehen. Es ließe sich der Subsidiaritätsgedanke Freudenthals also nur so verwenden, daß die Teilnahmenorm der Täternorm „subsidiär“ wäre. Aber dabei wäre — ganz abgesehen davon, daß Freudenthal überhaupt keine Verschiedenheit dieser Normen anerkennt und solche Konstruktion ausdrücklich ablehnt[3]) — solche „Subsidiarität“[4]) doch nur ein unpräziser Ausdruck für das Bestehen eines zum argumentum a fortiori berechtigenden Verhältnisses — und darüber ist schon oben gehandelt.

Läßt sich also auch im Punkte der Rechtswidrigkeit nichts entdecken, was den „notwendigen Teilnehmer“ von der Strafbarkeit befreien könnte, so bleibt, da die „Schuld“ ja offenbar gegeben ist, nur die Wahl offen zwischen der Alternative: Fehlen einer Strafdrohungsbedingung (objektiver Strafausschließungsgrund) oder persönlicher Strafausschließungsgrund. Daß das Schweigen des Gesetzes überhaupt auf Straflosigkeit hindeutet, ist ja sicher und allseitig anerkannt; streitig ist nur der Umfang. Soll man aber zwischen objektivem und persönlichem Strafausschließungsgrund wählen, so ist der Umstand, daß gerade die Persönlichkeit des Handelnden ausschlaggebend ist, und die Strafdrohung des § 48 bezw. des § 49 als solche eben jedem gilt, der die Erscheinungsform der Teilnahme verwirklicht, ein deutlicher Hinweis auf das Vorliegen nur eines persönlichen Strafausschließungs-

[1]) S. oben S. 304 ff.

[2]) S. 281 f.

[3]) S. 106 Anm. 1.

[4]) Vgl. gegen den Begriff einer wirklichen Normensubsidiarität oben S. 135 f.

grundes. Es begeht also der notwendige Teilnehmer durchaus ein Verbrechen, nur ist er für seine Person nicht strafbar.

Damit ist seine Straflosigkeit charakterisiert als das, was sie ist: eine auf bloßer Nachsicht und Billigkeitserwägung beruhende Straflosigkeit — mehr nicht. Und weil sie das ist, ist sie eben nur in den engen Grenzen zu gewähren, in denen das Schweigen des Gesetzes sich als im Sinne der Straflosigkeit gemeint erkennen läßt, d. h. nur in dem Umfange, in dem das Handeln sich als stillschweigend vorausgesetzte Mitwirkung darstellt. Darüber hinaus bleibt die Strafbarkeit bestehen.

Wenn, wie z. B. von Freudenthal, damit operiert wird, daß die Nichterwähnung des „Hauptbeteiligten" im Strafgesetz dessen volle Straflosigkeit für all sein Handeln ergebe, so wird dabei übersehen, daß, wie schon oben gezeigt, diese Nichterwähnung an sich lediglich das Fehlen eines eigenen Typus für ihn bedeutet. Nun führt die ratio legis gewiß dazu, daß er dann auch nicht als Teilnehmer an dem für den anderen aufgestellten Typus gestraft werden kann, aber doch nur soweit er nicht mehr tut, als (abstrakt) erforderlich ist, damit der andere seine Tat begehen kann.

In diesem Sinne straflos ist z. B. der Lebensmüde, der sich an einem gegen ihn unternommenen Tötungsversuch als Anstifter oder Gehilfe beteiligt. Daß sein Handeln den tatbestandlichen Erfordernissen der §§ 48 bezw. 49 StGB. genügt und daß es auch rechtswidrig ist, ist oben gezeigt. Aber seine Straflosigkeit ist vermittelst folgender Argumentation aus § 216 StGB. abzuleiten:

a) Der seine Tötung ernstlich und ausdrücklich verlangende Teilnehmer ist als „notwendiger Teilnehmer" angesichts des Schweigens des § 216 über ihn straflos. Nun ist zwar diese Feststellung ohne praktische Bedeutung; denn ist die Tötung vollendet, so fällt natürlich jede Untersuchung über die Strafbarkeit des Getöteten hinweg; und ist sie nicht vollendet, so ist die Haupttat nach StGB. § 43 II straflos, folglich entbehrt auch die Teilnahme daran der Strafbarkeit. Aber

b) wenn straflos sogar derjenige ist, der seinen Tod ernstlich und ausdrücklich verlangt hat, so ist erst recht straflos, wer nur als in die Tötung Einwilligender teilgenommen hat. Hier ist ein augenfälliges argumentum a fortiori am Platze.

Dagegen bleibt der Gefangene, der einen anderen zu seiner Befreiung anstiftet, durchaus strafbar, wiewohl das bloße Sich-befreienlassen nicht strafbar ist [1]).

§ 51.

II. Wirkungen des Teilnehmerschaftsverhältnisses.

I. Mit dem Teilnehmerschaftsverhältnis sind zunächst Wirkungen für den Haupttäter verbunden: ihm werden die Tatbestandsstücke, die von den Teilnehmern gesetzt sind, als seine eigenen zugerechnet, wie wenn er selber sie in Tateinheit mit seinem Handeln gesetzt hätte.

Dies gilt zunächst für alle übertragbaren Elemente im Tatbestandskern. Hier ist das für die Mittäterschaft über die Haftung in solidum Gesagte [2]) mut. mut. anzuwenden. Wie bei Mittäterschaft wird hier dem Täter ein ihm an sich fremder Tatbestandsteil aufgebürdet. So ist namentlich der Haupttäter für volle Tatbestandsverwirklichung haftbar, wenn er selber nur fragmentarisch gehandelt hatte, und ein Teilnehmer die Endtatsache herbeigeführt hat. Hätte ferner A einen Brand gelegt und B Löschgerätschaften entfernt, so wäre A der schweren Brandstiftung schuldig; denn in dem Tatbestande des § 307 3 StGB. ist das Element „Entfernung der Löschgerätschaften" nicht höchstpersönlich; es kommt eben doch nur darauf an, daß die Löschgerätschaften nicht zur Stelle waren [3]).

---

[1]) E. 23 69; meine Bemerkungen in Zeitschr. f. StrRW. **18** 271 bedürfen zwar nicht im Ergebnis, aber in der Begründung insofern der Berichtigung, als ich dort mit den Normen gegen Haupttäter und Teilnehmer operiert habe.

[2]) Oben S. 409.

[3]) Der Sinn des § 307 3 ist ein passivischer; vgl. oben S. 238. Anders verhielte es sich, wenn § 307 3 ein unübertragbares Tatbestandsmoment enthielte. Dann würde seine Setzung durch B dem A nicht zurechenbar, er also der einfachen Brandstiftung nach § 306, und B nur der Beihilfe

Dem Haupttäter sind aber ferner auch alle Vorbereitungs- und Nebenhandlungen, die der Teilnehmer gesetzt hat, zur Last zu legen, wie wenn er selbst sie in Tateinheit mit seinem Handeln begangen hätte. Das fällt nun freilich in der Regel für die Frage, ob die Strafdrohung den Haupttäter trifft und welche ihn trifft, nicht ins Gewicht. Er wird ja eben so wie so schon für die Ausführungshandlung gestraft, die er ja begangen hat. Die Hinzunahme der Vorbereitungs- und Seitenhandlungen bringt dazu kein novum; ob ihm ein Dritter z. B. durch Öffnung einer Tür einen Diebstahl erleichtert hatte oder ob die Tür vom Wind aufgestoßen war, gilt insofern gleich.

Und doch ist die Zurechnung dieser Außenzonehandlungen für den Haupttäter möglicherweise von Bedeutung. Einmal nämlich für die Strafzumessung[1]. Und sodann in Ansehung von begrifflich notwendigen Vorbereitungshandlungen. Wo es sich um solche handelt, da würde eben die Strafbarkeit des Haupttäters entfallen, wenn nicht das Fehlen dieses Elements bei ihm dadurch ersetzt würde, daß es in der Person des Teilnehmers vorliegt.

Nur ist selbstverständlich, daß solche Stücke des engeren oder weiteren Tatbestandes nur dann dem Haupttäter zurechenbar sind, wenn er sie in seinen Willen aufgenommen hat und das Handeln des Teilnehmers mitwollte[2].

Eine eigentliche Wirkung des Teilnehmerschaftsverhältnisses ist übrigens diese Zurechnung nicht. Für diese muß vielmehr genügen, daß der Haupttäter die Ergänzung seines Handelns als tatbestandlich wollte. Ob das Handeln des tatbestandlich Teilnehmenden Verbrechenscharakter hatte, insbesondere also ob es schuldhaft war, und der Haupttäter es als „Verbrechen" wollte oder nicht, verschlägt nichts[3]. Erst recht gleichgültig ist hierfür die persönliche Strafbarkeit des Teilnehmers. Die Bei-

---

zur Tat aus § 306 schuldig sein. Diese Konstruktion trifft z. B. auf den von A durch Einsteigen des Komplizen B verübten Diebstahl zu, vgl. oben S. 238; A ist Dieb aus § 242, B Gehilfe zum einfachen Diebstahl.

[1]) Vgl. oben S. 345.

[2]) Vgl. oben S. 414, 352 ff.

[3]) Vgl. oben S. 414, 250 ff.

hilfe durch einen Monarchen z. B. wird dem Haupttäter, der sie wollte, voll zugerechnet.

II. Für den Teilnehmer selber bedeutet das Teilnehmerschaftsverhältnis grundsätzlich, daß ihm

1. das von dem Haupttäter verübte Verbrechen so, wie es sich für den Haupttäter nach dem soeben zu I Ausgeführten in Verbindung mit dem in § 50 Entwickelten darstellt, als von ihm in der Erscheinungsform der Teilnahme verwirklicht, zur Last gelegt wird; und

2. folgerichtig genau die gleiche Grundstrafdrohung, wie sie für die Haupttat eingreift[1]), seiner Bestrafung indirekt (vermittelst des aus ihr abzuleitenden relativen Strafrahmens) zu Grunde zu legen ist.

Das in der Haupttat liegende Verbrechen und die ihm geltende Grundstrafdrohung entscheiden über die Teilnahme; sie ist Erscheinungsform eben dieses Verbrechens und ihre Bestrafung ruht auf der Basis eben dieser Grundstrafdrohung.

In diesen Parallelismus zwischen Teilnahme und Haupttat schlägt jedoch

1. § 50 StGB. eine Bresche. Nach ihm ist es möglich, daß der Teilnehmer als Teilnehmer eines begrifflich anderen Verbrechens als des vom Haupttäter begangenen gestraft wird, und daß folgeweise seiner Bestrafung eine andere Grundstrafdrohung zu Grunde gelegt wird, als die der Haupttat geltende.

Nach § 50 sollen bekanntlich persönliche Eigenschaften oder Verhältnisse, die als Straferhöhungs- oder Strafverminderungsgründe im Gesetz aufgestellt sind, einerseits nur dem Teilnehmer, bei dem sie vorliegen, zugerechnet werden, andererseits diesem jedenfalls zugerechnet werden. Es handelt sich hier also nicht um die sachlichen Stücke des Tatbestandes u. s. w.[2]) — für diese verbleibt es durchaus bei dem oben in § 50 Erörterten; sondern nur um die rechtlich relevanten Persönlichkeitserfordernisse, und da das Gesetz nicht unterscheidet, so gehören hierher:

---

[1]) Bezw. die abgeleitete Strafdrohung (Versuch u. s. w.).
[2]) Wie z. B. das Einsteigen in § 243 StGB.

tatbestandliche Persönlichkeitserfordernisse;
schuldliche Persönlichkeitserfordernisse;
personelle Strafdrohungsbedingungen
und persönliche Strafbarkeitsbedingungen.

Diese alle aber doch nur dann, wenn sie lediglich die Straferhöhung oder -minderung bedingen, so daß überall da, wo das Persönlichkeitserfordernis über Strafbarkeit oder Nichtstrafbarkeit entscheidet (man denke an Notstand, Auslandsübertretung, Monarchenqualität u. s. w.), StGB. § 50 außer Hebung bleibt, es vielmehr insofern bei den oben in § 50 getroffenen Feststellungen verbleibt.

Dagegen sind nach StGB. § 50 alle Persönlichkeitserfordernisse zu beurteilen, die eine Straferhöhung oder -minderung bedingen; also[1])

sowohl die tatbestandlichen;
wie die schuldlichen;
wie die persönlichen Strafdrohungsbedingungen
und die persönlichen Strafbarkeitserfordernisse

dieser Art, und zwar unangesehen, ob die Straferhöhung u. s. w. mittels bloß relativer Strafdrohung erfolgt (oben S. 265), oder ob sie eine eigene Grundstrafdrohung nach sich zieht, unangesehen also ob es sich bei der Straferhöhung oder -minderung um einen besonderen Typus oder eine in außertatbestandlichen Umständen liegende besondere Verbrechensart handelt, oder ob lediglich die Erscheinungsform der Straferhöhung bei Identität der Verbrechensart in Frage steht.

Und zwar modifiziert § 50 die in II an die Spitze gestellte Grundregel in dem Sinne, daß, soweit er reicht, für den Teilnehmer nicht die der Haupttat geltende Grund- (bezw. abgeleitete) Strafdrohung zu Grunde gelegt (und nach §§ 48, 49 indirekt angewendet) wird, sondern diejenige, die ihn treffen würde, wenn er nicht bloßer Teilnehmer, sondern Täter wäre. Er arbeitet also mit einer Fiktion. Er führt mithin namentlich zu einer Umstellung des Höchstpersönlichkeitsrequisits. Ohne ihn würde es für dieses Requisit stets nur darauf ankommen,

---

[1]) Vgl. oben S. 291 ff.

ob es in der Person des Haupttäters vorlag. Daran ändert nun § 50 zunächst insofern nichts, als es sich um Persönlichkeitserfordernisse handelt, von denen Strafbarkeit oder Straflosigkeit abhängt[1]). Er ändert auch nichts daran, daß auch das „Wie“ der Strafbarkeit des *Haupttäters* sich nur darnach richtet, ob das Persönlichkeitsrequisit, das für Strafdrohung oder -minderung entscheidend ist, *bei ihm* vorlag, so daß es für seine Bestrafung niemals aus der Person der Teilnehmer ergänzt werden kann[2]). Wohl aber bewirkt § 50, daß der *Teilnehmer* einerseits *nicht* nach Maßgabe der beim Haupttäter gegebenen Persönlichkeitserfordernisse, und andererseits *positiv* nach Maßgabe der bei ihm selber vorliegenden Persönlichkeitserfordernisse gestraft wird, wofern diese lediglich „straferhöhend“ oder „-vermindernd“ wirken. Darin liegt zweierlei: Es wird einmal das Persönlichkeitsrequisit in dem Sinne für übertragbar erklärt, daß bei Würdigung des Verbrechens des Teilnehmers die *Haupttat* unter Hereinnahme des bloß beim *Teilnehmer* vorliegenden Persönlichkeitsrequisits konstruiert wird. Und es wird sodann das an sich für den *Teilnehmer* selber nicht geltende Persönlichkeitsrequisit auch für ihn aufgestellt.

a) In dieser Weise zu behandeln ist zunächst der Fall, daß das Persönlichkeitsrequisit im *Tatbestande* liegt. Und zwar zunächst der Fall, daß von ihm nur die Anwendung einer *relativen* Strafdrohung abhängt, so, daß durch seinen Hinzutritt nicht ein neuer Typus erzeugt wird, sondern lediglich eine Erscheinungsform dieses Typus[3]), wie im Falle des § 55 ¹ MStGB. (Vorgesetzteneigenschaft). Der gemeine Soldat, der Teilnehmer eines vom Vorgesetzten begangenen, nach § 55 ¹ erhöht strafbaren Delikts war, wird nicht unter Zugrundelegung der Strafdrohung des § 53 MStGB. gestraft, sondern so, wie wenn der Haupttäter kein „Vorgesetzter“ gewesen wäre.

---

[1]) Deshalb fällt die Bestrafung aus § 242 StGB. auch dann weg, wenn ein Gehilfe des ohne Zueignungsabsicht wegnehmenden Haupttäters diese Absicht hatte.

[2]) Deshalb wird der Totschläger auch dann nur als Totschläger gestraft, wenn sein Gehilfe mit Überlegung handelte; der Dieb nur als einfacher Dieb, auch wenn sein Gehilfe in Rückfall handelte.

[3]) Oben S. 268.

Ebenso, wenn das Persönlichkeitsrequisit eine andere Grundstrafdrohung bedingt und damit ein „qualifizierter“ oder „privilegierter“ neuer Typus gegeben ist. So wird der am Aszendententotschlag teilnehmende extraneus nach §§ 212, 48 (49), der am gewöhnlichen Totschlag teilnehmende Deszendent nach §§ 215, 48 (49) StGB. gestraft.

Und da, wie oben gezeigt, der besondere Name, der etwa für das tatbestandlich vertypte Delikt vorhanden ist, sachlich gleichgültig ist, und der Begriff der „konstitutiven Merkmale“ ein rein relativer ist[1]), so ist § 50 StGB. auch in den Fällen anzuwenden, wo der durch das Persönlichkeitsrequisit bedingte neue Typus selbständig getauft wird. Der Teilnehmer eines nach § 350 StGB. strafbaren Haupttäters wird, wenn er nicht Beamter ist, nach §§ 246, 48 (49), der Beamte, der Teilnehmer eines nach § 246 strafbaren Haupttäters ist, nach §§ 350, 48 (49) StGB. gestraft. Ist auch die Beamteneigenschaft für § 350 ein „konstitutives Merkmal“, so ist sie doch eben im Verhältnis zwischen § 350 und § 246 ein „Straferhöhungsgrund“.

b) Des weiteren greift § 50 Platz, wo die besondere Gestaltung der Schuld über die Anwendung der einen oder anderen Strafdrohung entscheidet.

Ein Hauptanwendungsfall für § 50 ist hier zunächst der Fall, daß bei Tötung der Haupttäter mit, der Teilnehmer ohne Überlegung gehandelt hat, oder umgekehrt. Hier müßte nach dem oben S. 419, 430 Entwickelten für alle Beteiligten lediglich die Überlegung oder Nichtüberlegung des Haupttäters entscheidend sein. Statt dessen wird nach § 50 der Mordgehilfe wie ein bloßer Totschlagsgehilfe strafbar, wenn er ohne Überlegung geholfen hat; und der Totschlagsgehilfe wie ein Mordgehilfe, wenn er mit Überlegung geholfen hat. Daß „Mord“ und „Totschlag“ besondere Namen haben, tut nichts zur Sache; materiell stehen sie eben im Verhältnis des mit Straferhöhungsgrund ausgestatteten Delikts zum einfachen Delikt[2]).

Des weiteren fällt unter § 50 StGB. auch der Fall, daß bei

---

[1]) Oben S. 285, 291.

[2]) Auch hier ist es gleichgültig, ob der Straferhöhungsgrund ein Verbrechen mit besonderem Namen erzeugt oder nicht.

Elektrizitätsentziehung der eine Beteiligte die in § 1, der andere nur die in § 2 des RGes. v. 9. April 1900 geforderte Absicht hatte. Der Teilnehmer wird als Teilnehmer eines nach § 1 strafbaren Delikts gestraft, wenn nur er die Zueignungsabsicht hatte, der Haupttäter dagegen unter § 2 fällt; er wird als Teilnehmer eines nach § 2 strafbaren Delikts gestraft, auch wenn er bloße Schädigungsabsicht hatte, der Haupttäter dagegen unter § 1 fällt.

c) Ebenso steht es, wenn Strafdrohungsbedingungen mit persönlicher Beziehung straferhöhend oder -vermindernd im Gesetz auftreten. Deshalb ist der rückfällige Teilnehmer eines einfachen Diebes nach §§ 244, 48 (49), der nicht rückfällige Teilnehmer eines Rückfalldiebes nach §§ 242, 48 (49) StGB. zu strafen.

d) Endlich sind persönliche Strafbarkeitsbedingungen, die für Straferhöhung oder -minderung aufgestellt sind, gleichfalls nach § 50 StGB. zu behandeln.

2. Wie § 50, so modifiziert auch § 59 StGB. die an die Spitze gestellte Grundregel, wonach die Bestrafung des Teilnehmers zu der für die Haupttat geltenden Grund- (bezw. abgeleiteten) Strafdrohung korrespektiv ist. Wie nämlich bei dem eigentlichen „Täter" ein hinter dem objektiven Sachverhalt zurückbleibender Vorsatz Strafbarkeit insoweit herbeiführt, als sich Vorsatzinhalt und Wirklichkeit decken, und sich der Vorsatzinhalt zur Wirklichkeit wie das minus zum plus verhalten[1]), so muß auch für die Bestrafung des Teilnehmers das über seinen Vorsatz überschießende Stück der Haupttat außer Betracht bleiben; er wird also als Teilnehmer zu einer „minus-Haupttat", also zu einer vom Haupttäter nicht begangenen Haupttat, folgeweise auf Grund einer anderen Grund- (bezw. abgeleiteten) Strafdrohung gestraft.

So muß der Teilnehmer eines Einbruchsdiebstahls nach §§ 242 (nicht 243), 48 (49), der Teilnehmer eines Mordes nach §§ 212 (nicht 211), 48, 49 StGB. gestraft werden, wenn ihm unbekannt war, daß der Haupttäter den Diebstahl mit Einbruch bezw. die Tötung mit Überlegung verübte[2]). Ob es sich dabei um das

---

[1]) Oben S. 284, 290.

[2]) Übereinstimmend Frank II zu § 211.

Verhältnis der eigentlichen „qualifizierten (privilegierten) Delikte" zum „Grunddelikt" handelt, oder um Typen mit besonderem Namen, ist auch hier gleichgültig. Entscheidend ist nur, ob es sich um ein plus-minus-Verhältnis handelt[1]. Daß dagegen ein über die wirkliche Haupttat hinausgehender Vorsatz des Teilnehmers nicht erhöhte Strafbarkeit für ihn bedingt, ist nach dem oben S. 441 Gesagten selbstverständlich. Der Totschlagsgehilfe kann nicht nach §§ 211, 49, der Gehilfe am einfachen Diebstahl nicht nach §§ 243, 49 StGB. gestraft werden, wenn er irrtümlich glaubte, daß die Haupttat ein Mord bezw. ein Einbruchsdiebstahl sei; er wird gestraft nach §§ 212, 49 bezw. 242, 49.

3. Die Korrespektivität der für den Teilnehmer zu Grunde zu legenden Strafdrohung mit der für den Haupttäter zu Grunde zu legenden wird schließlich noch durch diejenigen für Straferhöhung oder -minderung entscheidenden Strafdrohungen durchbrochen, die ihrem Wesen nach an die Teilnahmestrafdrohungen in §§ 48, 49 ihrerseits Anschluß suchen, die also derart generell im Gesetz aufgestellt sind, daß sie so gut wie den Grundstrafdrohungen, so auch den abgeleiteten Strafdrohungen für Teilnahme hinzutreten.

Dies gilt für die Strafdrohungen in § 57 StGB.; sie gelten demjenigen irgendwie Beteiligten, der selber zwischen 12 und 18 Jahren war. Muß auch der Haupttäter, wenn er ein Jugendlicher war, das discernement gehabt haben[2], muß auch der Teilnehmer das discernement beim Haupttäter für vorliegend erkannt (oder ihn für erwachsen gehalten haben)[3], muß endlich auch der Teilnehmer selber, wenn er ein Jugendlicher war, das discernement gehabt haben[4], weil sonst die Teilnahme überhaupt entfallen würde, so geht doch, wenn diesen Bedingungen genügt war, die Festsetzung des Strafrahmens für den jugendlichen Teilnehmer eines Erwachsenen und für den erwachsenen Teilnehmer eines Jugendlichen ganz ihre eigenen Wege. Für den ersteren wird der Strafrahmen, der sich aus §§ 48, 49 StGB. ergibt,

[1] Vgl. schon oben § 50.
[2] Oben S. 419.
[3] Oben S. 429.
[4] Oben S. 431.

im Sinne des § 57 umgeformt, wiewohl für den Haupttäter § 57 ausscheidet; für den letzteren kommt dagegen § 57 nicht in Betracht, wiewohl die Bestrafung des Haupttäters sich nach ihm richtet. Dies ist nicht etwa aus § 50 StGB. herzuleiten. Er kann zwar seinem Wortlaut nach darauf miterstreckt werden; aber auch wenn § 50 im Gesetz fehlte, würde sich hier nichts ändern. § 50 schiebt nur Persönlichkeitsrequisite, die an sich nur für den Haupttäter gelten, die an sich also nicht auf die relativen Strafdrohungen in §§ 48, 49 zugeschnitten sind, um. Die Persönlichkeitseigenart nach § 57 (Jugendlichkeit, Vollstrafmündigkeit) wirkt aber schon so wie so streng individuell.

Daß es dabei nur darauf ankommt, ob der zu Strafende wirklich zwischen 12 und 18 Jahren war, nicht aber, ob er sich über sein Alter irrigen Vorstellungen hingab, ist oben gezeigt[1]); ganz gleichgültig ist aber für den Teilnehmer auch, ob er das Alter des Haupttäters kannte oder nicht[2]); der erwachsene Teilnehmer wird eben auch dann unter völliger Ausschaltung des § 57 bestraft, wenn er den Haupttäter für einen (mit discernement begabten) Jugendlichen hielt.

§ 52.

III. Teilnahme an Teilnahme; Teilnahme in Mittäterschaft.

I. Der Begriff der Teilnahme als einer bloßen Erscheinungsform kann von dem Typus, auf den sie sich bezieht, nicht losgelöst werden; eine Teilnahme ohne Zuhilfenahme eines sie beherrschenden Typus ist unkonstruierbar. Gibt es sonach nur Teilnahme an Tatbestandsverwirklichung, so scheint es eine Teilnahme an einer nur die Erscheinungsform der Teilnahme darstellenden Handlung nicht geben zu können. In der Tat ist die Denkform der Teilnahme an Teilnahme, insbesondere der Beihilfe an Beihilfe, oft genug abgelehnt worden[3]).

Und doch läßt sich mit dieser Negation nicht auskommen.

---

[1]) Vgl. oben S. 187.
[2]) Immer aber unter der oben S. 429 fixierten Voraussetzung.
[3]) Vgl. z. B. E. 23 305, Binding, Grdr. 1 139 u. s. w.

In vierfacher Weise können sich die Begriffe der Anstiftung und der Beihilfe miteinander kreuzen:

A stiftet den B dazu an, daß dieser den C anstiftet;
A stiftet den B zur Beihilfe gegenüber dem C an;
A leistet dem B Beihilfe zur Anstiftung des C;
A leistet dem B Beihilfe zu einer Beihilfe, die dieser dem C leistet.

Gewiß ist hier A dann nicht zu fassen, wenn C nicht ausgeführt hat; denn dann hat nicht einmal B eine strafbare Teilnahme begangen; und hat B nichts Strafbares begangen, so kann sich an sein Handeln natürlich keine strafbare Teilnahme irgend jemandes ankristallisieren.

Ebenso sicher aber ist, daß, wenn C seine Ausführungstat begangen hat, nicht nur B als Teilnehmer strafbar ist, sondern auch A. Aber als was ist A zu behandeln? Als Teilnehmer des C oder als solcher des B? Die praktische Bedeutung der Frage tritt besonders bei „Beihilfe zur Beihilfe" (im vierten der obigen Fälle) hervor; denn ist solcher Helfershelfer einfach Haupttatgehilfe, so findet auf ihn § 49 StGB. ohne Modifikation Anwendung; ist er nur als Beihilfegehilfe zu strafen, so muß doppelte Reduktion des Strafrahmens, zweimalige Anwendung des § 49 eintreten.

Die grundlegende Feststellung, daß die akzessorische Teilnahme gar nichts anderes ist als Vorbereitung oder Nebenhandeln zu fremder Ausführungstat, scheint zu der ersteren Auffassung zu drängen. Das Mittelglied, das Handeln des B, ist eben nicht „Ausführung", sondern selbst nur Vorbereitung oder Nebenhandeln oder auf die Stufe der Teilnahme herabgedrückte, nicht als Ausführung strafbare Ausführung[1]). Das Handeln des A und das des B gleichen also der entfernteren und der näheren Vorbereitung des Haupttäters, etwa dem Ankauf der Pistole und dem Laden der Pistole behufs Tötung. Ist nun Anstiftung und Beihilfe alles fremde Handeln, das in die Vor- oder Seitenzone fällt so scheint damit der Schluß geboten: wer solche Handlungen vornimmt, ist Teilnehmer eben des Haupttäters.

---

[1]) Oben S. 423.

In der Tat würde diese Folgerung dann zu ziehen sein, wenn das Gesetz den Begriff der akzessorischen Teilnahme einheitlich gefaßt hätte. Das hat es aber nicht getan, sondern es formiert aus dem Vorbereiten (und Nebenhandeln) für fremdes Ausführen zwei Teilnahmeformen: die Anstiftung und die Beihilfe, mit verschiedenem Charakter und verschiedener Straffolge. Und diese Zweiheit der positivrechtlichen Teilnahme vereitelt den Versuch, den entfernteren Teilnehmer einfach als Haupttatteilnehmer aufzufassen. Denn wir müßten die entferntere Teilnahme entweder als Anstiftung oder als Beihilfe zu der Haupttat charakterisieren; und das ist dann, wenn es sich um Fall 2 oder Fall 3 handelt, schlechthin unmöglich: den Anstifter des Gehilfen kann man gewiß nicht als Anstifter des Haupttäters bestrafen (denn er hat eben doch gar nicht den Haupttäter angestiftet!); man kann ihn aber auch nicht als Gehilfen strafen (denn er hat gar keine Beihilfe geleistet). Und ebenso kann man von dem Anstiftungsgehilfen weder sagen, daß er den Haupttäter angestiftet, noch, daß er ihm Beihilfe geleistet habe.

So bleibt also bei Anstiftung zur Beihilfe und bei Beihilfe zur Anstiftung nur übrig, daß man sie als Teilnahme-Teilnahme auffaßt. Und der Wortlaut des Gesetzes steht dem auch nicht entgegen: §§ 48 und 49 verlangen ja nur Teilnahme zu einer „strafbaren Handlung" bezw. einem „Verbrechen oder Vergehen", nicht zu einem täterschaftlich begangenen Delikt. Zwar muß ein solches jedenfalls vorhanden sein; aber nirgends ist gesagt, daß es nur eine unmittelbare Teilnahme daran gebe; die Teilnahme kann vielmehr auch als Erscheinungsform zweiten Grades, also mit indirekter Beziehung auf die Haupttat, auftreten.

Sind aber die Anstiftung zur Beihilfe und die Beihilfe zur Anstiftung in dieser Weise aufzufassen, so ist natürlich das gleiche zu sagen für die Anstiftung zur Anstiftung und die Beihilfe zur Beihilfe. Hier stände zwar eine logische Unmöglichkeit der Konstruktion als direkte Haupttatteilnahme nicht entgegen; man könnte recht wohl sagen, A habe den C angestiftet oder ihm Beihilfe geleistet. Aber einmal ist positivrechtlich diese Konstruktion gegenüber dem Dogma von der Unterbrechung des Kausalzusammenhangs unmöglich; und sodann ist wohl klar, daß die vier Fälle einer Teilnahmeteilnahme jedenfalls übereinstimmend behandelt werden müssen. Zeigt sich einerseits, daß alle vier Fälle im Sinne der „Teilnahmeteilnahme" aufgefaßt werden können, zeigt sich andererseits, daß zwei von ihnen nur so und nicht im Sinne der Haupttatteilnahme aufgefaßt werden können, so ist damit die Entscheidung ohne weiteres gegeben. Überdies bedürfte doch die Weglassung des Zwischengliedes, die Gleichstellung der indirekten mit der direkten Teilnahme der besonderen Begründung. Diese könnte gegeben werden, wenn wirklich das Gesetz nur einen einheitlichen Begriff der akzessorischen Teilnahme kennte. Gegenüber der Zweifältigkeit der Formen der letzteren wäre eine Ignorierung des Zwischengliedes dagegen nicht recht begreiflich.

II. Kann die Figur der Mittäterschaft (§ 47 StGB.) auf die akzessorischen Teilnehmer angewendet werden? Sind A und B, die zusammen den C zu der Haupttat überredet haben, D und E, die zusammen den von C getöteten X festgehalten haben, in Anwendung der §§ 48, 47 bezw. 49, 47 StGB., oder nur in Anwendung des § 48 bezw. 49 allein zu strafen? Nun ist so viel klar, daß die Erscheinungsform der Mittäterschaft auf die Erscheinungsformen der Anstiftung und der Beihilfe direkt nicht anwendbar ist. Denn die Definition der Mittäterschaft in § 47 StGB. trifft, da sie auf gemeinschaftliche „Ausführung" lautet, die Anstiftungs- und Beihilfehandlungen nicht mit, insofern diese eben nur Vorbereitungs- oder Nebenhandlungen oder ihnen gleichgestellte, also verkümmerte Ausführungshandlungen sind. Dennoch besteht zwischen dem Mittäterkonsortium des § 47 und der eine Anstiftung oder Beihilfe gemeinschaftlich vornehmenden Personenmehrheit eine nicht hinwegzuleugnende Analogie. Gemeinschaftliche Anstiftung oder gemeinschaftliche Beihilfe sind deshalb als Quasimittäterschaft entsprechend wie die Mittäterschaft zu behandeln. Neben die Mittäterschaft tritt die Mitanstiftung und Mitbeihilfe als analoge Erscheinung.

§ 53.

IV. Teilnahme und Tateinheit.

I. Es kann sein, daß die Haupttat aus einer tateinheitlich zusammengehörenden Kette von Handlungen besteht. Welche Bedeutung hat dies für die Anstiftung und die Beihilfe?

1. Es ist möglich, daß sich die Anstiftung bezw. Beihilfe als Vor- und Nebenhandeln zu der ganzen Handlungenreihe darstellt. (Beispiel: Anstiftung zu einem aus drei Diebsgriffen bestehenden fortgesetzten Diebstahl.) Alsdann liegt natürlich Teilnahme an der ganzen Tateinheit vor.

2. Es ist aber auch möglich, daß der Teilnehmer nur Vor- oder Nebenhandlungen zu einer oder mehreren der für den Haupttäter tateinheitlich zusammengehörenden Ausführungshandlungen geleistet hat (z. B. er hat zunächst nur zugesehen, wie der Haupttäter den X mit seinem Stocke prügelte, und nach Zerbrechen dieses Stockes dem Haupttäter seinen eigenen Stock zum Weiterschlagen geliehen). Alsdann liegt Teilnahme nicht an der Tat in ihrer ganzen Ausdehnung, sondern nur an dem einen Stück der Tat vor. Für die Zwecke der Bestrafung des Teilnehmers ist alles das hinwegzudenken, woran er nicht beteiligt war.

3. Es ist endlich möglich, daß sich die Teilnahme auf eine vom Haupttäter vorgenommene Vorbereitungs- oder Nebenhandlung bezieht, z. B. A stiftet den B zum Ankauf eines Revolvers behufs Ausführung eines von B schon beschlossenen Mordes an oder leistet ihm Beihilfe beim Ankauf. Kommt es hier nicht zur Ausführung durch den Haupttäter, so entfällt natürlich mit Rücksicht auf die Akzessorietät der Anstiftung und der Beihilfe die Bestrafungsmöglichkeit. Wie aber, wenn der Haupttäter wirklich die Haupttat ausführt? Nach der landläufigen Theorie von der „Straflosigkeit der Vorbereitungshandlungen" müßte hier die Strafbarkeit des Teilnehmers geleugnet werden. Demgegenüber ist aber oben gezeigt, daß die Vorbereitungshandlungen durchaus nicht straflos, sondern als in den weiteren Tatbestand mit hineinfallende Stücke der Tat strafbar sind. Wird somit der Haupttäter ihretwegen mitgestraft, so fehlt es nicht an der Haupttat,

und folglich fallen Anstiftung und Beihilfe zur Vorbereitung unter §§ 48, 49 StGB. Die in 2 getroffene Feststellung steht nicht entgegen, denn wer die Vorbereitungshandlung des Haupttäters fördert, fördert natürlich auch die Ausführungshandlung, und zwar willentlich.

II. Auf seiten des Teilnehmers selber äußert sich der Begriff der Tateinheit darin, daß alle Handlungen mit Teilnahmecharakter, die er derselben Haupttat widmet, notwendig eine Tateinheit darstellen. Wie alle vom Haupttäter selber vorgenommenen Vorbereitungs- und Nebenhandlungen, die sich einem gemeinschaftlichen Tatbestandskern angliedern, zusammengehören, so gehören solche Handlungen auch zusammen, wenn sie von einem anderen als Teilnehmer vorgenommen werden. Mehrfache Anstiftung, mehrfache Beihilfe, Anstiftung + Beihilfe, sowie die Kreuzungen von Beihilfe und Anstiftung (oben § 52 I) bilden, wenn von derselben Person mit Bezug auf dieselbe Haupttat verübt, keinen Fall der Realkonkurrenz, sondern ein tateinheitliches Ganze, bei dem teils die Figur der Gesetzeskonkurrenz, teils die der Quasiidealkonkurrenz Platz greift[1]).

III. Die tateinheitliche Zusammengehörigkeit der Vorbereitungshandlungen mit der Ausführung einerseits, der Charakter der Teilnahmehandlungen als Vorbereitungs- (oder vorbereitungsgleicher) Handlungen andererseits befähigt schließlich auch zur mühelosen Entscheidung des Problems der Teilnahme des Haupttäters an einer zu seiner Haupttat geleisteten Teilnahme (Beispiel: der Haupttäter hat den Gehilfen zum Ankauf der Mordwaffe für ihn angestiftet). Solches haupttäterische Tun ist einfach ein Fall der Eigenvorbereitung via Teilnahme. Alle Eigenvorbereitung wird aber mit der Ausführungsstrafe abgegolten und tritt nicht selbständig hervor[2]).

Etwas anders liegt die Sache, wenn die Teilnahme selbständig vertypt ist, wie z. B. das Kartelltragen, StGB. § 203. Stiftet der eine Zweikämpfer den X zum Kartelltragen an, so ist er an

---

[1]) Oben S. 316 f.

[2]) Oben S. 345.

sich nach § 49 StGB. zu beurteilen; nur ergibt sich dann gleichwohl die Nichtbestrafung aus diesem Gesichtspunkt aus der Subsidiarität der Strafgesetze gegenüber dem Zweikampfsgesetz[1]).

Ebenso, wenn ein Täter außer als Haupttäter hinsichtlich seines eigenen Verbrechenstypus auch noch als Gehilfe oder Anstifter bezüglich des Gegentypus in Betracht kommt: der Wahlstimmenkäufer begeht z. B. durch das Kaufen eine Nebenhandlung zum Verkaufen der Wahlstimme, der Verkäufer eine Nebenhandlung zum Kaufen, entsprechend: Entwurf des Vertrages, Anstiftung des einen durch den anderen u. s. w. Auch hier muß die Denkform der Subsidiarität der Strafgesetze und zwar der Konsumtion Platz greifen: das Kaufsbeihilfestrafgesetz wird durch das Verkaufsstrafgesetz, das Verkaufsbeihilfestrafgesetz durch das Kaufsstrafgesetz konsumiert.

§ 54.

V. Die akzessorische Teilnahme de lege ferenda.

I. Die Kompliziertheit der heutigen Teilnahmelehre hat heute unverkennbar einen tiefgehenden Widerwillen gegen den Begriff der akzessorischen Teilnahme überhaupt erzeugt. Es ist nicht verwunderlich, wenn neuerdings mehrfach einer Abschaffung des ganzen Begriffes in dem Sinne das Wort geredet wird, daß das Gesetz „einfach" jede „Mitwirkung" zu einer Tatbestandsverwirklichung durch einheitlichen Strafrahmen mit Strafe bedrohen und damit mit der Unterscheidung zwischen Haupttätern, Anstiftern und Gehilfen aufräumen solle[2]). Die Reichsgesetzgebung ist in dieser Richtung schon im Sklavenraubgesetz vom 28. Juli 1895 § 1 und im Auswanderungsgesetz vom 9. Juni 1897 § 48² vorgegangen. Mehrfach ist auch schon auf die alle „Mitwirkung" gleichbehandelnde Vorschrift in § 830 BGB. hingewiesen worden.

1. Nun ist ohne weiteres zuzugeben, daß die Sätze über Kausalität keine Differenzierung zwischen den verschiedenen Beteiligungsformen heischen. Der Teilnehmer bei Material-

---

[1]) S. oben S. 319.

[2]) Vgl. H. Seuffert, Ein neues Strafgesetzbuch für Deutschland (1902), 54; v. Liszt § 49 I.

delikten hat eben auch eine Bedingung zum Erfolge gesetzt, und qualitativ ist also auch er „Urheber"[1]. Auch das Dogma von der Unterbrechung des Kausalzusammenhangs durch das freie Handeln eines anderen Menschen vermag de lege ferenda die heutige Teilnahme nicht zu retten. Im Gegenteil wird der Gesetzgeber, um zu einer vollsachgemäßen Behandlung der Teilnahme zu gelangen, künftig dieses Dogma selber aufzugeben haben. Dieses Dogma, die Motivation des Menschen durch Motivsetzung von seiten anderer Menschen leugnend und damit die Willensfreiheit übertreibend, muß als überwundener Standpunkt fallen. Es ist klipp und klar anzuerkennen, daß auch derjenige eine Bedingung zum Erfolge setzt — soweit es sich überhaupt um einen tatbestandsmäßigen Erfolg handelt —, der durch Motivation eines anderen die Tat hervorruft. Bricht doch auch schon die heutige Behandlung der Mittäterschaft diesem Dogma die Krone aus[2].

2. Ebenso ist zuzugeben, daß die „Akzessorietät" der Anstiftung und der Beihilfe im heutigen Gesetz in doppelter Hinsicht überspannt erscheint: Zunächst insofern, als a) eine wirklich begangene Haupttat vorausgesetzt wird; sodann insofern, als b) diese Haupttat — wie für das geltende Recht §§ 48, 49 StGB. verbis „strafbare Handlung" ausweisen — vollen Verbrechenscharakter haben muß. Die Überspannung zu a bleibe hier zunächst auf sich beruhen[3]. Zu b drängen sich folgende Beobachtungen auf: Einmal, daß Logik und praktisches Bedürfnis gewiß nicht fordern, daß Teilnahme nur da in Frage kommen kann, wo bei der Haupttat alle Strafdrohungsbedingungen erfüllt sind[4]. Weshalb derjenige straflos ausgehen soll, der einen Auslandsübertreter (§ 6 StGB.) im Inlande angestiftet hat, oder derjenige, der, selber nicht im Notstand befindlich, einen anderen zu einer Notstandsverletzung, die rechtswidrig und nur nach § 54 StGB. straflos ist, angestiftet hat, ist nicht einzusehen. Sodann aber ist es doktrinär, wenn das geltende Recht eine Teilnahme nur an schuldhafter Haupttat anerkennt. Es leuchtet nicht

---

[1]) Vgl. oben S. 250.
[2]) Vgl. oben S. 415 Anm. 1.
[3]) Vgl. unten VI.
[4]) Eine Ausnahme s. unten II 2.

ein, weshalb nicht der Teilnehmer der von einem Jugendlichen, dem die Einsicht fehlte, oder von einem Kinde oder Geisteskranken oder sonst Schuldlosen begangenen Tatbestandsverwirklichung eben als Teilnehmer soll bestraft werden können, sondern man hier zur Figur der mittelbaren Täterschaft seine Zuflucht soll nehmen müssen. Bei Annahme von Teilnahme an schuldloser Tatbestandsverwirklichung würde sich auch die Abgrenzung des Begriffs der „Ausführung" gegenüber der Außenzone bedeutend vereinfachen. Für das geltende Recht sind oben[1]) diffizile Untersuchungen hierüber angestellt worden, die auf das Ergänzungsbedürfnis der Handlungen der Außenzone durch schuldhafte Tatbestandsverwirklichung hinauslaufen. Würde man anerkennen, daß auch an schuldloser Tat Teilnahme möglich ist, so würde „Ausführung" einfach jede Handlung sein, die als Verwirklichung des Tatbestandskerns ohne Zuhilfenahme von Tatbestandsverwirklichungen anderer erscheint; „Vorbereitungs-" (oder Neben-)Handlung jede Handlung, die selber nicht Verwirklichung des Tatbestands ist, sondern diese Verwirklichung in die Hand anderer (bei Schuld oder ohne Schuld dieser anderen) legt.

II. In dieser Weise ist also eine Vereinfachung der Teilnahmelehre dringend zu wünschen. Wobei es aber unbedingt bleiben muß, das ist

1. die Festhaltung des tatbestandlichen Unterschiedes zwischen Täterschaft und akzessorischer Teilnahme. Denn dieser Unterschied ist in dem logischen Unterschied zwischen Tatbestandskern und Außenzone begründet. Es läßt sich nun einmal beim besten Willen vom Anstifter und vom Gehilfen nicht sagen, daß sie selber den Tatbestandskern erfüllt haben, ihr Handeln ist, wie oben gezeigt, sachlich identisch mit den Handlungen des Täters selber, die nur in die Außenzone des Typus fallen. Der Gehilfe, der dem Mörder das Messer gegeben hat, hat damit ebensowenig „einen Menschen getötet", wie der Haupttäter dadurch, daß er das Messer genommen hat, „einen Menschen getötet" hat[2]). Die Teilnahmehandlungen sind also im Sinne des Tatbestandskerns atypisch.

[1]) S. 250 ff.

[2]) Vgl. oben S. 246.

Die Streichung der Teilnahmeparagraphen würde somit — bei Beibehaltung der bisherigen Umreißung der Typen — zur vollen Straflosigkeit der Teilnahme führen.

Nun könnte man ja den Verzicht auf die Denkform der „Teilnahme" dadurch unschädlich machen wollen, daß man die Typen selber so faßte, daß sie jede Mitwirkung, wie immer sie geartet sei, in sich begreifen; und dies ist ja in der Tat der Sinn der Forderung auf „Abschaffung der Teilnahme". Allein solche Umformung der Typen würde gleichzeitig auch die Bestrafung des Haupttäters in einer gewiß nicht beabsichtigten Weise beeinflussen.

Denn lautet ein Typus z. B. auf „Mitwirkung an einer Tötung", so ist, wenn damit wirklich auch der Teilnehmer getroffen sein soll, der Sinn dieser Wendung der, daß zwischen Tatbestandskern und Außenzone kein Unterschied mehr bestehen soll; sind doch die Teilnahmehandlungen eben nur Handlungen der Außenzone. Mit anderen Worten: es werden dann auch bloße Eigenvorbereitungs- und Nebenhandlungen zur Tatbestandsverwirklichung erhoben. Die Schranke zwischen Ausführung und Vorbereitung fällt: also auch der Haupttäter ist für bloße Vorbereitung strafbar!

Es würde dann die feste Abgrenzung des Typus in Nebel verschwimmen — er wäre entwertet. Und mit ihm wäre auch der Versuchsbegriff nach unten und nach oben preisgegeben; nach unten: denn wo das „Mitwirken" anfinge, wüßte dann niemand zu sagen; die Linie, die bisher die Außenzone vom Tatbestandskern trennt, wäre eben verwischt, jedes Hinwirken auf den Erfolg wäre schon Tatbestandserfüllung; nach oben: denn „Mitwirken an . . ." hieße doch soviel wie: ohne Rücksicht darauf, ob es zum Erfolg gekommen ist[1]). Und sollte hier jemand einwenden: „Mitwirkung an . . ." erfordere den Eintritt des Erfolgs, dann — gäbe es überhaupt keinen Versuch mehr, es würde dem Typus eben dann nur das vollendete Delikt entsprechen.

So ist also dieser Weg ungangbar.

Daß das bürgerliche Recht — BGB. § 830 — keine Teil-

---

[1]) So daß nebenbei bemerkt die Akzessorietät der Teilnahme im bisherigen Sinne schwände.

nahmeunterscheidungen kennt, ist erklärlich und zu billigen: bei ihm handelt es sich eben nicht um fest ausgeprägte Delikts-typen!

Wollte man aber das Ergriffensein der Vorbereitungshandlung von der Wendung „Mitwirkung an . . .“ leugnen, so beschränkte sich eben die Tatbestandsverwirklichung auf die wirkliche „Ausführung“ und dann — bliebe eben auch die Teilnahme durch die neue Formulierung ungedeckt [1]) und der Zweck der Neuformulierung wäre vereitelt. Denn bei einer auf die Ausführung gemünzten Strafdrohung ergibt sich ohne weiteres, daß sie den bloßen Teilnehmer gar nicht ergreift.

Wenn somit daran nichts geändert werden soll, daß zwar Eigenvorbereitung als solche straflos, Teilnahme an fremder Ausführung aber strafbar sein soll, so wäre bei Fallenlassen der Erscheinungsform der Teilnahme eine Doppelgestaltung des Typus unerläßlich: man müßte den Tatbestand einerseits so fassen, daß schon die Vorbereitung in ihm ausgedrückt wäre, andererseits aber so, daß die Strafdrohung doch nur dann für die Vorbereitung mitgälte, wenn es zur Ausführung gekommen ist. Wie das geschehen sollte, wüßte ich nicht anzugeben.

Der sachliche Unterschied zwischen Täterschaft und bloßer Teilnahme ist also gegeben. Ihn zu übertünchen, kann nicht Aufgabe der Gesetzgebung sein. Der gleißende Schein der „Vereinfachung des Strafrechts“ durch Streichung des Teilnahmebegriffs würde sich bitter rächen, denn ein ganzer Rattenkönig von Streitfragen würde aus der vom Gesetzgeber beliebten Unklarheit geboren werden und gleichermaßen Theorie wie Praxis peinigen!

2. Im Punkte der Strafdrohungsbedingungen macht sich der Unterschied der Teilnahme von der Täterschaft in dem Sinne geltend, daß die einem speziellen Typus im Gesetz beigefügten Strafdrohungsbedingungen (die „relativen“ Strafdrohungsbedingungen im engsten Sinne) innerlich nur Beziehung zum Täter haben können. Knüpft z. B. das Gesetz die Strafbarkeit des Bankerutts an die Bedingung der Konkurseröffnung,

---

[1]) Mir scheint, daß die §§ 1 des Sklavenraubgesetzes, 48² des Auswanderungsgesetzes in diesem Sinne auszulegen sind.

so liegt auf der Hand, daß es widersinnig wäre, den Teilnehmer zu strafen, wenn über ihn, aber nicht über den Haupttäter Konkurs eröffnet worden ist.

Auch hier zeigt sich evident, daß man die begriffliche Scheidung der Teilnahme von der Haupttäterschaft nicht fallen lassen kann. Denn wollte man etwa den Typus des § 239[1] KO. dahin fassen:

„Wer an der Beiseiteschaffung von Vermögensstücken mitwirkt . . .,"

so könnte die Strafdrohung bei Fehlen des Begriffs „Teilnehmer" nur lauten:

„wird, wenn über ihn der Konkurs eröffnet worden ist, . . . bestraft."

Rettung aus dem daraus entstehenden Widersinn ist nur möglich, wenn man denjenigen, über den der Konkurs eröffnet sein muß, näher bezeichnete, und damit wäre man eben wieder beim „Täter"-begriff im Gegensatz zum Teilnehmerbegriff angelangt.

III. Demnach ist es nur die Aufgabe der Gesetzgebung, den Teilnahmebegriff von den Requisiten der Schuld beim Haupttäter und des Zutreffens der generellen Strafdrohungsbedingungen bei ihm zu reinigen, die Akzessorietät in dieser Beziehung aufzugeben. Teilnehmer muß fortan auch derjenige sein können, der an einer Haupttat ohne vollen Verbrechenscharakter teilgenommen hat.

Die Erfordernisse des Teilnahmebegriffs würden dann folgende sein:

1. Eine Haupttat als

a) tatbestandsmäßige Handlung eines anderen, es sei Tatbestandsvollverwirklichung, es sei fragmentarische Tatbestandsverwirklichung (Versuch).

Entbehrte die „Haupttat" der Typizität gänzlich, wäre sie z. B. nur Vorbereitungshandlung, so könnte sich auch keine Teilnahme an sie anschließen.

Ebenso aber wäre, wer selber der Ausführende ist, sei es durch die von ihm irrig nur für bloße Teilnahme gehaltene Handlung selber[1]), sei es so, daß er selber die anfänglich dem anderen

[1]) Also Ausführung mit bloßem animus socii; z. B. jemand bereitet ein

zugedachte Ausführung vornimmt, so fiele die Denkform der Teilnahme aus; der Handelnde wäre im ersten Falle als Ausführender mit bloßem Vorbereitungsvorsatz straflos [1]); im letzteren Falle einfach als Haupttäter strafbar [2]).

b) Die Haupttat müßte rechtswidrig sein. Zu rechtmäßigem oder rechtlich gleichgültigem Handeln kann es keine strafbare Teilnahme geben.

c) Die Haupttat müßte denjenigen Strafdrohungsbedingungen genügen, die für den betreffenden Typus speziell aufgestellt sind [3]).

Mehr wäre in Ansehung der Haupttat nicht zu fordern, insonderheit nicht die Schuld des Haupttäters mit ihren besonderen Ausgestaltungen. Insonderheit würde bei Absichtsdelikten gleichgültig sein, ob der Haupttäter die betreffende Absicht hatte. An einer vom Haupttäter verübten rechtswidrigen „Wegnahme einer fremden beweglichen Sache" wäre Teilnahme auch möglich, wenn der Haupttäter ohne die Absicht rechtswidriger Zueignung handelte.

2. Die Teilnahmehandlung selber hätte tatbestandlich als Vorbereitungs- oder Nebenhandlung = Vorbereitung oder Unterstützung der Haupttat definiert zu werden, so daß sich von selbst als Bezeichnungen die Vortäterschaft und die Nebentäterschaft ergeben würden. Erstere würde die Anstiftung und die vorlaufende Beihilfe in sich begreifen, letztere die begleitende Beihilfe.

Wer selber eine Ausführungshandlung vornähme [4]), wäre (objektiv) nicht bloßer Teilnehmer, sondern Täter [5]).

3. Erforderlich wäre natürlich Rechtswidrigkeit der Teilnahmehandlung nach Maßgabe des oben S. 424 Entwickelten.

4. Teilnahme läge nur vor, wenn der Teilnehmer in Schuld wäre, und zwar, wenn anders die bisherige Straflosigkeit fahrlässiger Teilnahme fortgelten sollte, in dolo.

---

vergiftetes Hundefutter, das der X dem Hunde des Y vorwerfen soll; der Hund kommt selber über das Futter und vergiftet sich.

[1]) Oben S 398, 253.

[2]) Oben S. 253.

[3]) Oben S. 54.

[4]) In dem oben S. 455 dargelegten Sinne.

[5]) Über die Bedeutung eines bloßen animus socii hierbei s. oben S. 398.

Doch wären diesem dolus als — bisher nicht geltendes — Requisit anzufügen, daß, wo für die Grundstrafdrohung eine besondere Ausgestaltung der Schuld des Haupttäters erforderlich ist (Absicht u. s. w.), in allen Fällen, in denen der Haupttäter dieser besonderen Schuldausgestaltung ermangle, oder der Teilnehmer sie nicht als beim Haupttäter vorliegend kenne, der Teilnehmer selber einen so besonders ausgestalteten Vorsatz haben müsse.

Hat z. B. A eine fremde bewegliche Sache weggenommen, so muß Diebstahlsbeihilfe des B sowohl dann anzunehmen ermöglicht sein, wenn A die Absicht rechtswidriger Zueignung hatte und B dies wußte, mag auch B selber keine solche Absicht gehabt haben; wie auch dann, wenn B selber die Absicht hatte, mag A sie gehabt haben oder nicht gehabt haben. Hatte dagegen keiner die Absicht oder glaubte B, der sie selber nicht hatte, irrig, daß auch A sie nicht habe, so wäre Diebstahlsbeihilfe abzulehnen. In entsprechender Weise wäre das Überlegungsmoment für § 211 StGB. zu behandeln.

Abgesehen hiervon hätte der Teilnehmervorsatz — animus socii — lediglich zu umspannen die Vorstellung, daß der Haupttäter eine tatbestandsmäßige rechtswidrige Handlung begehen werde bezw. begehe, und daß man selbst rechtswidrig einen Tatbestandszusatz leiste.

Irrte der Handelnde in der Weise, daß er die von einem anderen begangene Haupttat für eine von einem Dritten begangene hielte (error in persona auctoris), so wäre dieser Irrtum belanglos[1]). Irrte er in der Weise, daß ihm die in Wahrheit von einem anderen auszuführende Haupttat verborgen geblieben wäre, er dazu nur eine Vor- oder Nebenhandlung beigesteuert hätte, aber er seine bloße Teilnahmehandlung für Ausführung hielte (Teilnahme mit animus auctoris)[2]), so wäre er objektiv nur Teilnehmer, subjektiv wäre mehr als bloßer animus socii gegeben,

---

[1]) Oben § 19.

[2]) Beispiel: Er stellt ein vergiftetes Hundefutter in dem Gedanken auf, daß der Hund selber über das Futter kommen werde, demnächst aber wirft, bevor das geschehen, X das Futter dem Hunde vor.

er also — quoad summam concurrentem — als Teilnehmer strafbar.

Wie der Irrtum über die Persönlichkeit des haupttäterischen Dritten, so wäre natürlich auch jeder andere Irrtum über die bloß konkreten Züge der Haupttat gleichgültig.

Irrtum über die Tatumstände der Haupttat wäre natürlich wie beim Haupttäter selber vorsatzausschließend. Anstiftung zum Diebstahl und Mord als Haupttat würden nicht zusammenstimmen; der Handelnde könnte, wenn er nur die Tatbestandsmerkmale des Diebstahls im Auge hatte, nicht als Mordteilnehmer gestraft werden [1]).

5. Das Teilnahmeverbrechen wäre schließlich dadurch bedingt, daß die absoluten Strafdrohungsbedingungen sowie diejenigen gruppenweise relativen, bei denen der einzelne Typus keine Rolle spielte (oben S. 53—54), bei dem Teilnehmer vorlägen; z. B. inländische Begehung im Falle des § 6 StGB.; Nichtgegebensein eines Notstands.

6. Daß die Strafbarkeit des Teilnehmers trotz vorliegenden Teilnahmeverbrechens bei Eingreifen persönlicher Strafausschließungsgründe entfallen müßte wie bisher, ist selbstverständlich.

IV. Wo die Requisite ad II 2—3 gegeben wären, da wäre das Handeln des Teilnehmers ohne weiteres dem Haupttäter zuzurechnen [2]), unangesehen ob die Requisite ad II 4—6 gegeben wären, vorausgesetzt nur, daß er das Vorliegen der Requisite zu II 2 und 3 kannte. Umgekehrt wäre, wenn er, trotzdem er „ausgeführt" hat, dennoch nicht als Haupttäter strafbar wäre, weil es ihm z. B. an der besonderen Schuldausgestaltung fehlte, an sich möglich, dieses Handeln, wofern der Teilnehmer diese besondere Schuldausgestaltung hatte, als Teilnahme an Teilnahme zu konstruieren (der Wegnehmende beim Diebstahl hat z. B. keine Zueignungsabsicht, weiß aber, daß sein Gehilfe diese Absicht hat). Indessen würde Teilnahmeteilnahme logisch richtiger gewiß — entgegen dem heutigen Recht — abgelehnt und lediglich unter dem

---

[1]) Nur würden hier die Sätze über Teilnahmeversuch eingreifen, unten VI.

[2]) Vgl. oben S. 439—440.

Gesichtspunkt der indirekten Teilnahme an der Haupttat betrachtet. Damit entfiele aber natürlich die Strafbarkeit angesichts der Straflosigkeit der Ausführung als solchen.

Daß sich mit Rücksicht auf das Fallenlassen des Erfordernisses der Schuld beim Haupttäter (oben II 1) eine Reihe von heutigen mittelbaren Tätern in Teilnehmer verwandeln würde, ist schon oben gezeigt. Damit würden sich auch die mancherlei Vorsatzschwierigkeiten glatt erledigen. Wer die „Ausführung" durch einen anderen bewirken läßt, wäre eben Teilnehmer, gleichviel ob der „andere" geistig gesund war oder nicht u. s. w., und es käme nichts darauf an, ob er über den Geisteszustand des anderen richtig informiert war.

V. Wo Teilnahme gegeben wäre, da hätte ein streng relativer Strafrahmen einzugreifen, und zwar ein durchaus an die Grundstrafdrohung (bezw. abgeleitete Strafdrohung — MStGB. § 53 u. s. w.) der Haupttat angelehnter Strafrahmen.

Dieser Strafrahmen hätte nach oben hin jedenfalls hinter dem Maximum der Grundstrafdrohung (bezw. abgeleiteten Strafdrohung) um einiges zurückzubleiben.

Für den Anstifter, der ja auch nur ein Vorschuldiger ist, wird am besten eine Sonderregelung nicht getroffen. Der herabgesetzte Strafrahmen erscheint für ihn durchaus nicht zu milde. Eine Tat nur in der Seele eines anderen erzeugen, ist eben ein Tun von geringerer Intensität: es fehlt ihm eben noch das Charakteristische der „Ausführung" und muß mithin milder gewertet werden.

Soll dabei stehen geblieben werden, daß Vorbereitung (abzüglich der Anstiftung) und Unterstützung von Übertretungen straflos sein sollen, so wäre dies dadurch zum Ausdruck zu bringen, daß insoweit der Übertretungscharakter der Haupttat als bloßer objektiver Strafausschließungsgrund aufgestellt würde. Damit wäre erreicht, daß der Vorsatz des Teilnehmers durch Irrungen über die objektive Sachlage nicht berührt würde, die dem Handelnden die Haupttat so erscheinen ließen, daß bei Richtigkeit dieser faktischen Annahme Übertretung vorgelegen hätte. Und das ist erwünscht. Wenn Übertretungsbeihilfe straflos sein soll, so rechtfertigt sich das durchaus nur mit Rücksicht auf ihre objektive

Harmlosigkeit. Und wenn nach heutigem Recht derjenige nicht unter § 49 StGB. fällt, der bei einem Diebstahl in dem Glauben geholfen hat, es handle sich nur um Entwendung von Nahrungsmitteln in geringer Menge u. s. w., wohl aber derjenige darunter fällt, der den geringfügigen Kohlendiebstahl, um den es sich handelt, für eine bloße Übertretung hielt, so ist dies, so sehr es im Sinne des positiven Rechts liegt, doch von einem höheren Standpunkt aus betrachtet Haarspalterei. Strafwürdig ist ja die Übertretungsbeihilfe durchaus, es ist lediglich Relaxation der Strafdrohung aus praktischen Gründen, wenn sie nicht gestraft wird. Deshalb möge diese Straflosigkeit lediglich an die Voraussetzung geknüpft werden, daß die Haupttat wirklich eine Übertretung ist; ist sie ein Verbrechen oder ein Vergehen, so möge der Teilnehmer auch dann strafbar sein, wenn er sich die Sachlage so gedacht hat, daß der Schluß auf eine Übertretung zu ziehen gewesen wäre, wie auch, wenn er selber die Haupttat unter die Übertretungen subsumiert hat.

Die Durchbrechung der Korrespektivität zwischen Hauptstrafdrohung und Teilnahmestrafdrohung, wie § 50 StGB. sie bringt, wäre zu vermeiden.

1. Wo tatbestandliche Persönlichkeitserfordernisse straferhöhend oder -vermindernd wirken, da hätte es unbedingt dabei zu verbleiben, daß sich die Bestrafung nur danach richtet, ob dies Erfordernis beim Täter vorlag. Die Teilnahme ist eben ihrem innersten Wesen nach ein bloßer Zusatz zum Tatbestandskern, dieser drückt ihr derart sein Gepräge auf, daß es logisch nicht zu rechtfertigen ist, wenn das höchstpersönliche Requisit im Tatbestande auf einmal auf die Außenzone übertragen wird. Was das Gesetz für tatbestandliche Persönlichkeitsrequisite, die „rein konstitutiv" wirken, anordnet, das muß es auch für die straferhöhenden tatbestandlichen Persönlichkeitsrequisite gelten lassen. Ist derjenige, der an einem reinen Militär- oder Amtsdelikt teilnimmt, ohne selber Militär oder Beamter zu sein, eben Teilnehmer nach Maßgabe der für den Haupttäter geltenden Grundstrafdrohung, so ist nicht einzusehen, weshalb es bei Teilnahme an einem „militärisch qualifizierten" Delikt oder einem die Beamteneigenschaft des Täters als bloßen Straferhöhungsgrund voraussetzenden Delikt anders sein soll. Und

umgekehrt: Ist der Beamte oder Militär, der zu einem „gemeinen Delikt" Teilnahme leistet, eben nur als Teilnehmer nach Maßgabe der einfachen Grundstrafdrohung zu strafen, so ist nicht einzusehen, wieso er bei Teilnahme an einem gemeinen Delikt als Teilnehmer unter Zugrundelegung der für ein militärisch oder durch Beamteneigenschaft qualifizierten Tat geltenden Strafdrohung strafbar sein soll.

2. Besondere Ausgestaltungen der Schuld, die als Qualifikations- bezw. Privilegierungsmomente wirken (Absicht, Überlegung), wären in dem Sinne zu behandeln, daß dieses Moment elektiv genügen müßte, ganz wie solche Schuldausgestaltungen, die für Strafbarkeit oder Nichtstrafbarkeit entscheidend wären [1]).

Es wäre also

a) wenn der Haupttäter das Qualifikationsmoment (Überlegung bei § 211, qualifizierende Absicht nach § 1 des Elektrizitätsgesetzes) in seiner Person aufwies und der Teilnehmer dies wußte, dieser unter Zugrundelegung des erhöhten Strafrahmens zu strafen.

b) Ermangelte der Haupttäter des Qualifikationsmoments oder wußte der Teilnehmer nicht, daß es bei dem Haupttäter vorhanden war, hatte letzterer es aber in eigener Person, so wäre wiederum der erhöhte Strafrahmen zu Grunde zu legen (dies eine berechtigte Durchbrechung der Korrespektivität).

c) Ermangelten beide des Qualifikationsmoments, oder glaubte der selbst seiner ermangelnde Teilnehmer, daß es auch beim Haupttäter fehle: Bestrafung auf der Grundlage des einfachen Strafrahmens.

Entsprechend wären mut. mut. die schuldlichen Privilegierungsmomente zu behandeln.

Gesetzgebungstechnisch wäre, um dieses Ergebnis zu erzielen, ohne daß dem mit Fiktionen arbeitenden § 50 das Leben gefristet würde, so zu verfahren, daß das besondere Schuldausgestaltungsmoment nicht sowohl den für den gemeinschaftlichen Typus geltenden Grundstrafdrohungen als bedingend beigefügt würde wie heute — denn dann muß eben die Korrektur durch eine Spezial-

---

[1]) Oben II 4.

bestimmung wie § 50 erfolgen —; sondern daß dem gemeinsamen Typus eine einzige Grundstrafdrohung zu teil würde, und das schuldliche Sondermoment nur eine relative Strafdrohung nach sich zöge, die sich als auch an die für die Erscheinungsform der Teilnahme geltende abgeleitete Strafdrohung anknüpfbar aufwiese [1]).

3. Für die als Straferhöhungs- oder -minderungsgründe aufgestellten persönlichen Strafdrohungsbedingungen wäre die oben [2]) für die rein konstitutiven Strafdrohungsbedingungen geforderte Regel auch hier zur Geltung zu bringen: Ganz spezielle Strafdrohungsbedingungen lediglich ex persona auctoris zu beurteilen, andere je nach der Person des einen oder anderen Beteiligten. Das würde sich mit Rücksicht auf die Neugestaltung der Teilnahme nach I, II auch bei Streichung des § 50 StGB. von selbst verstehen.

Dabei gälte es aber, das Gesetz daraufhin durchzurevidieren, ob nicht gelegentlich eine Strafdrohungsbedingung einem Einzeltypus zu Unrecht in der Weise angegliedert ist, daß nach Fassung des Gesetzes der Teilnehmer an ihr nicht partizipiert. Wo der Sache nach ein qualifizierendes oder privilegierendes Moment je nach der Persönlichkeit des einzelnen Beteiligten ohne Rücksicht auf seine Täter- oder Teilnehmerschaft wirken soll, das Gesetz es aber doch nur dem Täterparagraphen einverleibt hat, da bringt heute der § 50 StGB. eine wohltätige und notwendige Korrektur. Dies gilt z. B. für § 244 StGB. Es ist gewiß gerecht, wenn infolge des § 50 der nicht rückfällige Teilnehmer eines Rückfalldiebes nur nach §§ 242, 48 (49), und umgekehrt der rückfällige Teilnehmer eines nicht rückfälligen Diebes nach §§ 244, 48 (49) StGB. gestraft wird. Nur schlägt, um dieses im Endeffekt richtige Ergebnis zu erzielen, das Gesetz einen grundverkehrten Weg

[1]) Beispiel: § x. Wer vorsätzlich einen Menschen tötet, wird wegen Totschlages mit Zuchthaus nicht unter 5 Jahren bestraft.

§ y. Wer eine Tötung mit Überlegung ausführt oder an einer Tötung mit Überlegung teilnimmt, oder an einer mit Überlegung ausgeführten Tötung in Wissen hiervon teilnimmt, wird, sofern sonst die Strafdrohung des § x Platz greifen würde, mit dem Tode; sofern sonst eine andere Strafdrohung Platz greifen würde, mit ꝛc. bestraft.

[2]) III 1c.

ein, indem es den ersteren fiktiv zum Teilnehmer eines einfachen Diebstahls macht, und umgekehrt den letzteren zum Teilnehmer eines Rückfalldiebstahls, was beides direkt unwahr ist. Der Fehler liegt eben in § 244. Der Rückfall hätte nicht dem Typus Diebstahl angegliedert werden sollen, sondern es wäre die Rückfälligkeit als Straferhöhungsgrund mit relativer Strafdrohung für Typus und Teilnahmebegehung aufzustellen gewesen. Dann würde das heute nur auf dem Umwege über § 50 und nur mittels Fiktion zu gewinnende Ergebnis sich von selbst herausstellen [1]).

VI. Die Teilnahmelehre wäre auch der Ort, wo die erfolglose Aufforderung zu strafbaren Handlungen in prinzipieller, in sich geschlossener Regelung, die der im heutigen Recht hervortretenden Willkürlichkeit bar wäre, unterzubringen wäre.

Solche erfolglosen Aufforderungen sind ihrem innersten Wesen nach ein „Anfang der Anstiftung", also ein Fragment der Erscheinungsform der Teilnahme. Wenn sie nicht als Teilnahmeversuch gestraft werden, so hat dies positivrechtlich zwei Gründe: Einmal den Grund, daß § 43 StGB. nur den Anfang der „Ausführung" als „Versuch" gelten läßt, nicht den Anfang von Handlungen der Vor- oder Seitenzone, wohinein die Teilnahmehandlungen fallen [2]). Sodann den Grund, daß die Teilnahme in dem Sinne akzessorisch ist, daß die Haupttat wirklich begangen sein muß. So hat das geltende Recht seine Zuflucht dazu genommen,

---

[1]) Man darf nicht zur Rettung des § 244 behaupten wollen, daß der hier mit Strafe bedrohte „Diebstahl" (gerade so, wie die Vorbestrafung „als Dieb" 2c. — oben S. 288 —) auch die Erscheinungsformen des Diebstahls Anstiftung und Beihilfe decken wolle; denn diese Auslegung scheitert an der einheitlichen Grundstrafdrohung; es wäre wunderbar, wenn das Gesetz beim einfachen Diebstahl Täter und Gehilfen verschieden strafte — § 242, § 49 —, beim Rückfalldiebstahl dagegen unter Außerkraftsetzung des § 49 einheitlich. Die Auslegungsregel, daß im allgemeinen unter „Diebstahl" auch Diebstahlsteilnahme zu verstehen sei, wird hier also durch deutliche Gegenerwägungen zurückgedrängt.

[2]) So daß niemals die relative Strafdrohuug in § 44 StGB. an die Strafdrohungen in §§ 48, 49 StGB., sondern nur diese an jene angeknüpft werden können.

die erfolglosen Aufforderungen selbständig zu vertypen — mit welchem Ungeschick [1]), ist bekannt.

Und doch leuchtet auf der Stelle ein, daß die Haupttat, zu der aufgefordert wurde, der Aufforderung genau so ihr Gepräge aufdrückt, wie der Anstiftung nach § 48 StGB. Ist es doch überaus bezeichnend, daß man den § 49a trotz seiner geschlossenen Grundstrafdrohung mit eigenem Typus in den Allgemeinen Teil des StGB. gestellt hat; es schwebte eben das richtige dunkle Gefühl vor, daß sein „Tatbestand" eigentlich nur ein durch den Typus des jeweils in Frage stehenden Verbrechens regulierter Tatbestandszusatz ist. Ist dem aber so, so ist es ganz verfehlt, besondere Grundstrafdrohungen aufzustellen, es bedarf vielmehr relativer Strafdrohungen, die die Aufforderungsstrafe in strenge Abhängigkeit von der Grundstrafdrohung bringen, die dem Delikt gilt, zu dem aufgefordert worden ist; wird solche Proportionalität befolgt, dann schwindet von selbst der in Anm. 1 bezeichnete Widersinn der heutigen Vorschriften, es wird die unsachgemäße Zerschneidung des Bandes vermieden, das die „Aufforderung" mit den Typen, zu deren Verwirklichung aufgefordert worden ist, verbindet.

Dieses Ziel ist auf einfache Weise zu erreichen. Es ist 1. die „Akzessorietät" der Teilnahme lediglich dahin zu postulieren, daß die Teilnahmehandlung auf eine tatbestandsmäßige rechtswidrige Handlung eines anderen abzielen muß, nicht eine solche wirklich begangen zu sein braucht; und 2. in Verbindung damit die Denkform der fragmentarischen Verwirklichung (des Versuchs) auf die Teilnahme zu übertragen; neben den Ausführungsversuch ist der „Anfang der Teilnahme" (in Beschränkung auf die Aufforderungen) zu stellen.

Zu 1 ist klar, daß der Akzessorietätsbegriff als solcher keinen Schaden leidet, wenn man die Abhängigkeit lediglich als Beziehung nur zu einer gedanklich ins Auge gefaßten Vortat faßt; alle oben S. 458 ff. entwickelten Konsequenzen lassen sich auch dann ziehen.

[1]) Z. B. Aufforderung zum Morde nur verklausuliert (§ 49a III StGB.) und nur mit Gefängnis bis 5 Jahr; Aufforderung zum Meineid unverklausuliert und mit Zuchthaus bis 5 Jahr strafbar (§ 159 StGB.).

Und zu 2 bedarf es nur der Erwägung, daß, wie durch die Denkfigur des Versuchs derjenige „Mangel am Tatbestande", der bloß im Fehlen des Tatbestands**endes** besteht, unschädlich gemacht wird [1]), genau ebenso der „Mangel an der Teilnahme", der bloß im Fehlen der Haupttat wurzelt, umgeleitet werden kann in die Denkfigur der fragmentarischen Verwirklichung der Teilnahme. Rechnet man beim Versuch dem Täter ein gar nicht vorhandenes Tatbestandsende zu, bloß um deswillen, weil die Vorstellung des Täters dies Ende mitumspannte, so ist nicht einzusehen, weshalb man dem Teilnehmer nicht eine von ihm vorgestellte, nicht eingetretene Haupttat nicht soll zurechnen können.

Nun wird man sich freilich nicht entschließen können, **jeden** Teilnahmeversuch = jede Vorbereitungs- oder Nebenhandlung für andere bei fehlender Haupttat für strafbar zu erklären. Aber auch wenn man das nicht will, sondern nur die „Aufforderungen" im Umfang ihrer bisherigen Strafbarkeit treffen will, ist im vorstehenden der Weg gewiesen. Es ist neben das die Erscheinungsform der Teilnahme mit Haupttat bedrohende Gesetz ein solches mit reduziertem [2]) Strafrahmen in relativer Strafdrohung zu setzen, das diejenige versuchte Teilnahme bedroht, die in einer „Aufforderung" der näher zu umreißenden Art besteht.

Soll — wie ja wohl sicher — die Aufforderung zu Vergehen und Übertretungen straflos bleiben, so wäre dies in der Weise zum Ausdruck zu bringen, daß der Verbrechenscharakter der Haupttat für die Teilnahmeversuchsstrafdrohung zur Strafdrohungsbedingung, der Vergehens- oder Übertretungscharakter zum „objektiven Strafausschließungsgrunde" gemacht würde. Damit wäre der Gewinn erzielt, daß es, was ja auch gerecht ist, auf die subtilen Unterscheidungen über die für den Vorsatz erforderlichen Vorstellungen des Auffordernden über den Charakter der Haupttat nicht ankäme.

---

[1]) Oben S. 329.

[2]) Wenigstens, wenn, wie bisher, der Versuch geringer strafbar sein soll als die vollendete Tat. Wird dies Prinzip zu Gunsten des entgegengesetzten französischrechtlichen Prinzips aufgegeben, so würde folgerichtig die erfolglose Aufforderung der Anstiftung gleichzustellen, also der oben im Text bezeichnete relative Strafrahmen wie 1:1 gegenüber dem Teilnahmestrafrahmen anzusetzen sein.

Die Eingliederung der erfolglosen Aufforderungen in die Kategorie „Teilnahmeversuch“ würde natürlich nicht zur Folge haben, daß absolut untaugliche Aufforderungen strafbar wären. Der absolut untaugliche Versuch ist eben durch einen „Mangel am Tatbestande“ unheilbar vitiiert, und das gleiche müßte auch für den „Mangel an der Erscheinungsform“ gelten, der nicht bloß im Fehlen der Haupttat, sondern in der begrifflichen Unmöglichkeit besteht, die Handlung als der Erscheinungsform der Teilnahme unterfallend zu charakterisieren [1]).

Für den nur relativ untauglichen Teilnahmeversuch wären dagegen die Sätze in § 46 StGB. analog aufzustellen. Es ist schlechterdings unbegreiflich, weshalb heute der Rücktritt von einer zum delictum sui generis gemachten Aufforderung eines anderen nicht die gleiche Behandlung genießt wie der Rücktritt von der sogar schon einen Anfang der Ausführung enthaltenden Eigenbegehungstätigkeit.

Von selber verstünde sich schließlich, daß, wo der Typus mit einer speziellen Strafdrohungsbedingung ausgestattet ist (Konkurseröffnung bei Bankerutt u. s. w.) [2]), die Strafbarkeit des bloßen Teilnahmeversuchs von dem Vorliegen dieser Bedingung gerade so abhinge, wie die Strafbarkeit der Teilnahme selber, wie ja auch der eigentliche (tatbestandliche) Versuch bei diesen besonders bedingten Verbrechen nur bei Gegebensein der Bedingung strafbar ist [3]).

Alles, was für die erfolglose Aufforderung gilt, wäre in gleicher Weise auch auf die Annahme eines haupttäterischen Erbietens zur Haupttat (§ 49a StGB.) zu erstrecken; solche Annahme ist eben auch eine Hilfshandlung zur Haupttat, also, wenn diese ausgeführt wurde, Teilnahme an ihr; anderenfalls Teilnahmeversuch. Aus dem Rahmen des Teilnahmeversuchs herausfallen würde natürlich das in § 49a StGB. mitgenannte Sicherbieten zu einer strafbaren Handlung und die Annahme der

---

[1]) Beispiele: Aufforderung eines vom Auffordernden für einen Menschen gehaltenen Baumstumpfs; Aufforderung zu einem absolut untauglichen Versuch.

[2]) Oben S. 54.

[3]) Vgl. v. Liszt, § 44 III 2.

Aufforderung zu einer solchen. Solches Handeln ist natürlich einfach Eigenvorbereitungshandlung. Sie wird, wenn es zur Haupttat gekommen ist, mit dieser abgegolten; anderenfalls wäre sie an sich straflos. Soll sie strafbar werden, so ist es jedenfalls völlig verfehlt, ein delictum sui generis mit Grundstrafdrohung aus dem Sicherbieten u. s. w. zu machen. Wie der Versuch, so muß vielmehr auch die Vorbereitung als bloße Erscheinungsform mit relativer Strafdrohung dem Haupttattypus angegliedert sein. Daß der Erhebung der Vorbereitungssphäre zur tatbestandlichen Erscheinungsform (zweiten Grades) nichts im Wege stünde, ist klar. Es wäre also ein Strafgesetz am Platze, das — hinter den Bestimmungen über den Versuch — diejenigen Vorbereitungshandlungen, die in Sicherbieten u. s. w. bestehen, dem Versuchsstrafrahmen mit nochmaliger Reduktion (etwa abermals mittels gleicher Herabsetzung wie in § 44 StGB.) unterstellt.

Selbstverständlich müßte weiter bestimmt werden, daß solche Eigenvorbereitung dem „Rücktritt" zugänglich ist = willentlichem Aufgeben der „Ausführung". Sonst würde Vorbereitung strenger behandelt als fragmentarische Ausführung.

VII. Nach alledem wäre

1. unter Streichung der §§ 48, 49, 50, 111 I StGB. in den Allgemeinen Teil folgendes Strafgesetz für Teilnahme einzustellen:

§ x. „Als Teilnehmer (Vor- oder Nebentäter) wird bestraft, wer eine von einem anderen begangene tatbestandsmäßige rechtswidrige Handlung vorsätzlich und, sofern diese Handlung für den Haupttäter nur bei bestimmt geartetem Vorsatz strafbar ist und der Haupttäter diesen bestimmt gearteten Vorsatz nicht hat oder der Vor- bezw. Nebentäter hiervon keine Kenntnis hat, mit diesem bestimmt gearteten Vorsatz vorbereitet oder unterstützt.

Die Strafe ist unter Zugrundelegung der Strafdrohung zu bemessen, die den Vor- oder Nebentäter treffen würde, wenn er Haupttäter wäre, jedoch in der Weise zu ermäßigen, daß . . ." [1]).

---

[1]) Hier würde eventuell der relative Strafrahmen des § 44 (49) StGB. einzusetzen sein.

Nicht strafbar ist der Vor- oder Nebentäter, der nur eine Übertretung unterstützt oder in anderer Weise als durch Herbeiführung des Entschlusses des Haupttäters zur Haupttat vorbereitet hat.

2. In den Abschnitt über den Versuch wäre unter Streichung aller heutigen Bestimmungen über erfolglose „Aufforderungen" (§§ 49a, 159, 111 II, 112 StGB. u. s. w.) eine Bestimmung folgenden Inhalts einzustellen:

§ y. „Wer einen Anfang der Vortäterschaft (§ x) in der Weise verübt hat, daß er den Haupttäter zur Begehung der Haupttat aufforderte oder das Erbieten des Haupttäters zur Begehung der Haupttat annahm, wird, wenn die Haupttat nicht begangen ist, wegen Teilnahmeversuchs bestraft.

Der Teilnahmeversuch ist, wenn die zu begehende Haupttat ein Vergehen oder eine Übertretung darstellt, straflos; auch wird das lediglich mündlich ausgedrückte Auffordern sowie die Annahme eines lediglich mündlich ausgedrückten Erbietens nur dann bestraft, wenn die Aufforderung oder das Erbieten an die Gewährung von Vorteilen irgendwelcher Art geknüpft ist.

Die Bestrafung richtet sich nach den Grundsätzen über die Teilnahme, so jedoch, daß sich der hiernach ergebende Strafrahmen nach den Grundsätzen über die Strafe des Versuchs ermäßigt[1]).

Im übrigen finden auf den Teilnahmeversuch die Bestimmungen über den Tatversuch entsprechende Anwendung."

Der § 110 StGB. würde, weil nicht auf bestimmte Haupttattypen zugeschnitten, daneben bestehen bleiben.

3. Da mit dieser Bestimmung der ganze Inhalt des bisherigen § 49a StGB. noch nicht ausgeschöpft wäre, insofern das Sicherbieten des Haupttäters und die Aufforderungsannahme durch ihn natürlich ungedeckt bliebe, so wäre, wenn anders es

---

[1]) Sollte ein Bedürfnis dafür vorliegen, die „öffentlich vor einer Menschenmenge u. s. w." begangene Aufforderung besonders zu pönalisieren, so wäre zu dem obigen Paragraphen ein weiterer Absatz hinzuzufügen, der mittels einer weiteren (relativen, erhöhten) Strafdrohung den Teilnahmeversuch in diesem Sinne qualifiziert.

sachlich bei der Strafbarkeit solchen Tuns bleiben soll, hinter dem Abschnitt über den Versuch ein Abschnitt „Vorbereitung" einzuschieben, und in diesen (außer etwaigen sonstigen Vorschriften über strafbare Vorbereitung) auch folgende Anordnung einzusetzen:

§ 3. „Wer sich einem anderen zur Begehung einer strafbaren Handlung erbietet oder eine an ihn gerichtete Aufforderung zur Begehung einer solchen annimmt, wird, wenn es nicht zur Ausführung der Tat gekommen ist, auf Grundlage der Strafdrohung, die für die strafbare Handlung selber Anwendung gefunden haben würde, in der Weise bestraft, daß diese Strafdrohung nach den Grundsätzen über die Bestrafung des Versuchs ermäßigt und der so gefundene Strafrahmen abermals nach den gleichen Grundsätzen ermäßigt wird.

Das Erbieten oder die Annahme einer Aufforderung ist straflos, wenn die zu begehende Haupttat nur ein Vergehen oder eine Übertretung darstellt; auch wird das lediglich mündlich ausgedrückte Sicherbieten sowie die Annahme einer lediglich mündlich ausgedrückten Aufforderung nur dann bestraft, wenn das Erbieten oder die Aufforderung an die Gewährung von Vorteilen irgendwelcher Art geknüpft ist. Die Strafbarkeit wird dadurch aufgehoben, daß der Schuldige die Ausführung der Tat aufgibt, ohne an ihr durch Umstände gehindert zu sein, die von seinem Willen unabhängig sind."

E. Die Nachtäterschaft.

§ 55.

I. Grundlegung der Theorie der Nachtäterschaft. Der Gegensatz gegen das geltende Recht. Das praktische Bedürfnis.

I. Andere Fälle der Täterzusammengehörigkeit als Mittäterschaft, Anstiftung und Beihilfe kennt das geltende Recht nicht. Und doch heischen ebensosehr die Folgerichtigkeit des juristischen Denkens wie das praktische Bedürfnis eine Erstreckung der Denkform der Täterzusammengehörigkeit über Mittäterschaft und akzessorische Teilnahme hinaus. Denn weshalb faßt denn das heutige Recht die Anstiftung und die Beihilfe nicht als Sondertypen, sondern eben nur als Akzessorien der Typen? Weshalb droht es dem Anstifter und dem Gehilfen nicht wie dem Mörder, dem Diebe u. s. w. eine in sich geschlossene Strafe an, sondern gestaltet die Strafdrohung beweglich, so daß sich ihr Umfang erst im Zusammenhalt mit einer Grundstrafdrohung ergibt? Doch eben deshalb, weil der Haupttattypus ihnen sein Gepräge aufdrückt, und sich die Strafe des akzessorischen Teilnehmers mit innerer Notwendigkeit danach bestimmen muß, welchem Typus die Teilnahmehandlung galt. Genau in dem gleichen Abhängigkeitsverhältnis zu den jeweiligen Verbrechenstypen stehen aber auch die Handlungen, die sich darin erschöpfen, daß sie nach einer Tatbestandsverwirklichung den dadurch geschaffenen rechtswidrigen Zustand festhalten oder verlängern: die Nachhandlungen. Auch sie stehen unter dem Banne des „Tatbestands" derart, daß sie in besondere Typen gießen ihr ganzes Wesen verleugnen heißt. Was vom Vortäter selber begangen nur ein in den weiteren Tatbestand tateinheitlich hineinfallendes Tatanhängsel ist, das kann diese seine Natur unmöglich dadurch verändern, daß ein Dritter es ist, der dieses Anhängsel hinzufügt. Erhebt man die Nachhandlung, wenn von einem anderen als dem Vortäter begangen, zum Range einer Handlung mit besonderem Typus, dann bleibt unerklärlich, warum dieser Sondertypus nicht auch vom Vortäter selber soll erfüllt werden können; zerschneidet doch eben die Aufstellung des Sondertypus das Band, das die Vortat mit dem Nachhandeln verknüpft. Oder umgekehrt: Entbehrt die Nachhandlung, wenn vom Vortäter selbst herrührend, eines eigenen typischen Gepräges, wie will man es dann rechtfertigen, daß sie bei Begehung durch einen Dritten (sei es bei völliger Wesensgleichheit des Handelns, sei es auch nur bei „Komplementärhandeln" des Dritten)[1] etwas Selbständiges bedeutet? Entbehrt z. B. das Veräußern der gestohlenen Sache durch den Dieb der eigenen Typizität, wie will man es rechtfertigen, daß das Erwerben der gestohlenen Sache einen eigenen Typus bildet?

---

[1]) Oben S. 404.

Hier drängt sich doch die Analogie der Beihilfe förmlich auf: Der Veräußerer der Mordwaffe verwirklicht eben auch keinen besonderen Typus, so wenig wie der Mörder durch Erwerb der Mordwaffe einen solchen verwirklicht. Daß die Handlungen der Nachzone mit der eigentlichen Tatbestandsverwirklichung zusammen den „weiteren Tatbestand" ausfüllen, kann doch nicht gut verkannt werden.

Die sachliche Identität speziell der Begünstigung mit haupttäterischen Nachhandlungen ist schon von Merkel [1]) richtig erkannt worden. Merkel negiert (und zahlreiche andere mit ihm) das Vorliegen von Realkonkurrenz zwischen Teilnahme am Vordelikt und Begünstigung, weil die Begünstigungshandlung nur „eine Fortsetzung des schuldhaften Verhaltens" (also eine Nachhandlung in unserem Sinne) sei. Nun kann die Richtigkeit dieser Auffassung zwar nicht de lege lata zugegeben werden; sie wird durch die selbständige Vertypung der Begünstigung vereitelt. Aber Merkel fühlt ganz richtig, daß im Grunde die Begünstigung bloßer Tatannex ist, und das ist es, worauf es ankommt.

II. Unser heutiges Recht ist von solcher prinzipiellen Erfassung des Problems des Nachhandelns so weit wie möglich entfernt. Nicht nur, daß es das Nachhandeln Dritter statt als bloße Erscheinungsform als delictum sui generis mit starrem Strafrahmen faßt: es zerschlägt obenein die dahin gehörigen Fälle in eine ganze Reihe von Typen und müht sich kasuistisch ab, durch tunlichste Annäherung der für diese Gebilde aufgestellten Strafrahmen an die Strafrahmen der Vortattypen den selbstgeschaffenen Riß zu flicken. Die Folge ist die, daß man nicht nur um eine ganze Reihe von besonderen Verbrechensarten, die unter sich zusammenhanglos sind, reicher ist, sondern auch diese Typen gar nicht den ganzen Raum der strafwürdigen Nachhandlungen ausfüllen, sondern Nachhandlungen übrig bleiben, für die es an der Strafmöglichkeit fehlt.

1. In besondere Tatbestände übergeführt findet sich das Nachhandeln nach fremder Tatbestandsverwirklichung im StGB. namentlich in folgenden Fällen:

---

[1]) Merkel, Holtzendorffs Handb. 4 425.

a) Das Sichern der aus der Vortat hervorgegangenen Vorteile für den Täter ist zur „Begünstigung" gemacht, § 257 StGB., noch dazu in der Auseinanderzerrung, daß tatbestandlich bloß „Beistand leisten" und nur schuldlich die „Absicht" der Vorteilssicherung gefordert wird;

b) das Verheimlichen, Ankaufen u. s. w. von Sachen, die mittels einer strafbaren Handlung erlangt sind, figuriert als Sachhehlerei, § 259 StGB.; zu vergleichen auch § 370 ³ StGB.;

c) der abtretungsweise Erwerb einer durch Begaunerung eines Minderjährigen im Sinne des § 302 StGB. entstandenen Forderung bildet den Tatbestand des § 302 III StGB.;

d) Erwerb mit Veräußerung oder Geltendmachung einer wucherlichen Forderung ist zum „Nachwucher" vertypt, § 302c StGB.;

e) Gebrauchmachen von Münzfalsifikaten ist besonderes Münzdelikt, StGB. § 148;

f) Gebrauchen von Urkundenfalsifikaten und dergl. besonderes Urkundendelikt, StGB. §§ 270, 273, 275, 279, 363;

g) Feilhalten und dergl. von unzüchtigen Schriften u. s. w. ist mit einer eigenen Wendung im Tatbestande des § 184 StGB. (neben dem „Herstellen") bedacht;

h) Verkaufen von vergifteten u. s. w. Sachen spielt eine besondere Rolle in § 324 StGB.; ähnlich StGB. § 367 ³.

Bei Zuhilfenahme der Nebengesetze ergäbe sich noch eine Verlängerung dieser Liste.

Daß alle diese Fälle insofern Verwandtschaft miteinander aufweisen, als der Täter stets nur die vom Vortäter geschaffene Sachlage fortführt; daß die Art und Weise, wie er das tut — ob durch Ankauf der gestohlenen Sache, durch Erwerb der wucherlichen Forderung, durch Gebrauchmachen gefälschter Urkunden u. s. w. —, nur rein konkrete Tatmomente sind, die auf einer Stufe stehen mit dem Öffnen einer Tür für den Dieb, dem Kaufen eines Revolvers für den Mörder u. s. w., das scheint doch mit Händen zu greifen. Aber das geltende Recht ist von dieser Erkenntnis weit entfernt!

2. Ungedeckt bleiben durch die Typen des StGB. z. B. Fälle des Nachhandelns wie der, daß jemand Singvögel, die verbotswidrig (RGes. zum Schutz der Singvögel vom 22. März 1888)

gefangen worden sind, an sich bringt[1]. Und dabei beruht doch das Verbot des Fangens auf dem Gedanken, daß die Unfreiheit des Vogels ein unzulässiger Zustand ist, und dem Recht erst wieder Genüge geschieht, wenn der Vogel in Freiheit gesetzt wird, so daß das Festhalten des Vogels in Unfreiheit rechtswidrig ist. Oder der andere Fall, daß jemand „nur" aus Schabernack gegen die Eltern eines weggeführten Kindes dessen Aufenthalt verheimlicht; § 257 StGB. greift hier nicht ein, weil dem Täter die dort erforderte Absicht, dem Vortäter die Vorteile des Verbrechens zu sichern, abgeht. Auch wer eine durch Betrug oder Erpressung erworbene Forderung erwirbt oder veräußert oder geltend macht, geht heute frei aus; dem „Nachwucher" des § 302c korrespondiert kein „Nachbetrug", keine „Nacherpressung". Ganz unmotiviert greift § 302c aus der Reihe der vitiösen Forderungen lediglich die wucherliche Forderung heraus. Warum Manipulationen, die sich als Ausbeuten vitiöser Forderungen anderer Art darstellen, nicht ebenso behandelt werden, ist unerfindlich. Wer die durch einen Betrug u. s. w. erzeugte Forderung erwirbt u. s. w., handelt sicher gerade so strafwürdig wie der Nachwucherer!

Übrigens verdient auch angemerkt zu werden, daß gewisse Nachhandlungen bald unter selbständige Typen fallen, bald einem der gewöhnlichen Typen unterworfen sind: Zueignung einer gestohlenen Sache kann je nachdem, ob der „Diebstahl" vollen Verbrechenscharakter trug, oder ob an diesem etwas fehlte, dem Partiereitypus oder dem Unterschlagungstypus unterfallen — auch ein Beweis dafür, daß es mit der Aufstellung des Sondertypus kaum seine Richtigkeit haben kann!

III. Es ist besonders lehrreich, auf die Wirrsal einen Blick zu werfen, als die sich die Dogmengeschichte und die positivrechtliche Interpretation der *sachlichen Begünstigung*[2] und der *Partiererei* darstellt.

Bei den Italienern und im gemeinen deutschen Strafrecht

---

[1] E. 37 232.

[2] Die *persönliche* Begünstigung soll hier zunächst ausgeschaltet werden. Über sie vgl. unten § 63.

figurierten Begünstigung und Hehlerei als nachfolgende Teilnahme am Vordelikt, als concursus post delictum[1]), eine Auffassung, die hinsichtlich der Begünstigung auch noch im Preußischen StGB. von 1851 § 37 festgehalten war.

Die heutige Doktrin steht mit wenigen Ausnahmen (Waldthausen, v. Buri, Kohler) auf dem Standpunkte, daß Begünstigung und Hehlerei im geltenden Recht mit Fug als delicta sui generis behandelt seien. Der Beweis wird damit geführt, daß es eine Teilnahme post delictum commissum logisch nicht geben könne.

Die Prämisse ist zweifellos richtig. Wer post festum kommt, nimmt eben am Feste nicht mehr teil. Ist eine Tat zu ihrem Ende durchgeführt, so ist der Lauf der Dinge derart in ein neues Stadium eingetreten, daß eine kausale Mittätigkeit = Teilnahme unmöglich ist. Es kann nunmehr nur eine neue Kausalreihe einsetzen. Subsequente Teilnahme ist in der Tat ein Unding.

Aber dennoch ist der Schluß: folglich kann das post delictum Begangene nur einen neuen Verbrechenstypus ausmachen[2]), voreilig. Die Alten, die einen concursus post delictum annahmen, waren im Unrecht, wenn sie das dem Verbrechen nachfolgende Handeln noch als Teilnahme auffaßten; aber sie hatten sehr richtig das Gefühl von dem Kontakt zwischen der Teilnahme und gewissen nachträglichen Handlungen als einem „concursus improprius“.

Dieses richtige Gefühl ist auch unserer Zeit keineswegs abhanden gekommen[3]).

Auch Autoren, die mit der größten Entschiedenheit dem Charakter von Begünstigung und Hehlerei als delicta sui generis das

---

[1]) Vgl. Heimberger, Teilnahme am Verbrechen 32 ff., 250 ff.; Gretener, Begünstigung und Hehlerei 22; Binding, Lehrb. 2 2 632.

[2]) Diesem Fehlschluß ist auch Binding, Lehrb. 2 2 640, anheimgefallen. Sein Satz, daß die Fortführung des durch die Vortat erzeugten rechtswidrigen Zustands — denn mit diesem Begriff rechnet Binding auch — notwendig ein delictum sui generis ausmachen müsse, steht beweislos da. Daß solche Fortführung nicht „Teilnahme“ ist, ist eben kein positiver Beweis dafür, daß sie einen Sondertypus bilden müsse.

[3]) Vgl. zum folgenden Waldthausen, Goltd. Arch. 29 388; Villnow, Raub und Erpressung 68 ff. (der die Erhebung der Begünstigung zum del. sui gen. für „begriffswidrig“ erklärt).

Wort reden, tragen kein Bedenken, die „innere Verwandtschaft", den „inneren Zusammenhang", das „komplementäre Verhältnis" mit der Teilnahme zu betonen[1]), diese Delikte in ein Akzessorietätsverhältnis zu der Vortat zu setzen[2]), also die Abhängigkeit einzugestehen, nur fehlt es leider — aber begreiflicherweise — dabei an einer scharfen Grenzziehung zwischen dem Wesen dieser Akzessorietät und dem Wesen der Teilnahmeakzessorietät; denn wenn, wie oft geschieht, die Akzessorietät lediglich in einem Anschlußverhältnis, in dem post hoc gesucht wird, so ist damit natürlich nichts gesagt; ebensowenig aber weiß man um das Wesen dieser Akzessorietät Bescheid, wenn umgekehrt versichert wird, daß sie sich nicht bloß in solchem Anschlußverhältnis erschöpfe. Indem man die Begünstigung als ein besonderes Delikt mit akzessorischem Charakter bezeichnete, hat man, um mit John[3]) zu reden, „nichts weiter getan, als zur Erläuterung eines kriminalistischen Begriffs ein Wort benützt, welches der Erklärung vielleicht bedürftiger ist als der zu erklärende Begriff selbst".

Charakteristisch ist z. B. die Darstellung bei Hälschner[4]). Er scheidet aus der Begünstigung eine Reihe von Handlungen post delictum perpetratum, also echte Nachhandlungen (Handlungen nach Hochverrat, Brandstiftung u. s. w.) aus und erklärt sie für Teilnahmehandlungen (offenbar in dem richtigen Gefühl, daß es sich nicht um neutypische Handlungen handelt, sondern um Täterzusammengehörigkeit). Dann wieder kennt er Begünstigungsfälle, die „als Teilnahme an dem Vordelikt erscheinen"[5]). Und

---

[1]) So Merkel, Lehrb. 154, v. Holtzend. Handb. 4 420. Vgl. auch Schütze, Lehrbuch 161 Anm. 2 (Begünstigung eine „Nach-Mitschuld [sic!] zu Gunsten des Übeltäters, zu Ungunsten der Strafordnung"), 162 Anm. 4 (in dem Worte „Beistand" bei der Begünstigung sei der Zusammenhang der Begünstigung mit dem Begriffe der Hilfe festgehalten).

[2]) So schon die Motive 77 zum StGB. Vgl. ferner Frank III zu § 257, III zu § 259, Köhler GS. 61 44 ff., A. Frank, Subjekt. Tatbest. der Sachhehlerei 5, sowie die Übersicht bei Waldthausen, Goltd. Arch. 29 384 (John, Merkel, Geyer, Geib, Schwarze, Berner — letzterer spricht von einem delictum sui generis, das durch den Charakter desjenigen Verbrechens, an das es sich anschließt, gefärbt wird). Dagegen freilich Binding, Der Entwurf 109. — Vgl. weiter Süßheim, Begünstigung 39.

[3]) Entwurf mit Motiven (1868), 260.

[4]) 2 865 ff.

[5]) 2 865 Anm. 1.

als Grundsatz stellt er hin, daß, so wenig es gelingen könne, Begünstigung und Hehlerei als Teilnahme zu behandeln, sie doch ebensowenig aus dem Abhängigkeitsverhältnisse, in dem sie zu dem Vordelikt stünden, völlig losgelöst werden könnten — einer Abhängigkeit, die sich keineswegs darin erschöpfe, daß sie nur im Anschlusse an das von einem anderen verübte Delikt vorkommen könnten[1]).

Wie viel Mühe hat man sich auch gegeben, das spezifische „Schutzobjekt" bei der Begünstigung ausfindig zu machen! Bald soll dieses besondere Schutzobjekt „die Rechtsordnung" oder „der Wille des Staates" (Waldthausen) sein — als ob diese nicht überall bei allen Typen gleichmäßig „verletzt" wären[2]). Bald soll es „die staatliche Rechtspflege" oder die „Justizgewalt" sein — als ob derjenige, der dem Diebe die gestohlene Sache nach Hause tragen hilft, in anderem Sinne die Rechtspflege störte oder die Justizgewalt beeinträchtigte als der Dieb selber und jeder andere Verbrecher[3]).

Findet man aber — wie Merkel[4]) — das eigentümliche Objekt der Begünstigung in dem Interesse an der Wiederherstellung des gestörten Rechtszustands, an der „Wiederausgleichung der Folgen des Delikts", so ist mit Händen zu greifen, daß man dann ein wirklich eigentümliches Objekt der Begünstigung negiert, denn dann ist das vom Begünstiger verletzte Interesse schlechtweg identisch mit dem Interesse, das der Vortäter verletzte: dieser durch Schaffung, jener durch Festhaltung der jenem Interesse widersprechenden Sachlage[5]).

---

[1]) 2 868, 869.

[2]) Zutreffend gegen Waldthausen: Hälschner 2 862 Anm. 2.

[3]) Vgl. gegen die Auffassung, als sei die staatliche Rechtspflege das vom Begünstiger angegriffene Objekt, Merkel, v. Holtzend. Hdb. 4 420.

[4]) v. Holtzend. Hdb. 4 420.

[5]) So auch Merkel selber a. a. O.: Dieses Interesse an der, wie er sich ausdrückt, „Tilgung des Verbrechens" stelle sich zur Seite dem Interesse an seiner Nichtbegehung, auf die Täterschaft und Teilnahme Bezug hätten; es sei mit diesem dem Wesen nach identisch. Er fährt dann fort: es äußere sich jedoch einer besonderen Sachlage gegenüber in besonderer Weise. Aber damit ist doch eben die Identität nicht aufgehoben! Sehr beachtenswert auch Merkel, Lehrb. 153: „Im Grunde haben wir es nur mit verschiedenen Äußerungsformen eines sachlich identischen Interesses zu tun.

Wenn ferner andere — so Binding[1]) und Gretener[2]) — das Vermögen als das Schutzobjekt der sachlichen Begünstigung und der Partiererei aufgefaßt wissen wollen, so ist hiergegen einmal einzuwenden, daß damit das gewiß gleichwertige Nachhandeln nach Nichtvermögensdelikten (Vorenthaltung eines geraubten Kindes u. s. w.) nicht zu seinem Recht kommt; sodann aber, daß bei Begünstigung und Partiererei nach Vermögensdelikten eben deutlich die Identität des durch die Vortat angegriffenen Rechtsguts mit dem Objekt der Begünstigung und der Partiererei besonders scharf hervortritt.

So ist also ein wirklich eigentümliches Schutzobjekt bei der sachlichen Begünstigung nicht zu entdecken[3]).

Und wenn es gilt, die Folgerungen aus der selbständigen Vertypung zu ziehen, so wird oft genug nicht recht Ernst gemacht, sondern mit Konstruktionen operiert, die die Begünstigung und Hehlerei nach Analogie der Teilnahme behandeln, also ihren Charakter als selbständige Typen verleugnen; es wird beispielsweise gelehrt, daß es zwischen der Teilnahme an der Vortat einerseits

---

Die Aufrechterhaltung eines schädlichen Zustands berührt gleiche Interessen, wie die Begründung desselben. Wer nach Vollendung eines Diebstahls dem Diebe behilflich ist, das gestohlene Gut in Sicherheit zu bringen, der verletzt das Interesse des Eigentümers ebenso wie derjenige, der dem Diebe bei Ausführung des Delikts, z. B. durch Wachestehen, behilflich war. Der erstere ist kein Teilnehmer am Diebstahl, wohl aber ein Teilnehmer an der Verletzung der Interessen des Eigentümers und der mit diesen verknüpften allgemeinen Interessen. Wie wenig hier ein sachlicher Gegensatz besteht, das kann man sich deutlich machen, wenn man sich den Moment der Vollendung des Diebstahls anders als im geltenden Recht bestimmt denkt. Würde man dieses Delikt erst dann als vollendet betrachten, wenn es dem Diebe gelungen ist, die Sache wenigstens vorläufig in Sicherheit zu bringen, so würde in dem oben gegebenen Beispiel der Begünstiger sich in einen Teilnehmer verwandeln, und doch ließe sich nicht behaupten, daß hinsichtlich des Gegenstands der Verletzung irgend etwas geändert sei."

[1]) Normen 2 468, 570.

[2]) Begünstigung und Hehlerei 112.

[3]) So richtig John, v. Holtzend. Hdb. 3 151: Die Begünstigung habe gar kein speziell bestimmtes Angriffsobjekt, und soweit von einem solchen gesprochen werden könne, würde es in dem jedesmaligen Angriffsobjekt des begünstigten Verbrechens zu finden sein.

und Begünstigung oder Hehlerei andererseits keine Realkonkurrenz geben könne[1]), daß der Vortäter nicht wegen Teilnahme an der Begünstigung oder Hehlerei gestraft werden könne[2]); es wird die Antragsnatur der Begünstigung von Antragsdelikten gebilligt[3]) — wiewohl doch die selbständige Vertypung der Begünstigung die Erstreckung des für die Vortat geltenden Antragsrequisits auf die Nachtat logischerweise verbietet und dergl.

Sehr mit Recht hat Gretener[4]) gegen die Inkonsequenz in der Theorie polemisiert[5]). Wenn er freilich meint, jede Doktrin, die die Abhängigkeit der Begünstigung und Hehlerei von dem Vordelikt anerkenne, treibe der Auffassung als nachfolgender Teilnahme zu, so wird sich aus den nachstehenden Darlegungen ein anderes ergeben. Und daß wirklich nicht die Annahme eines Abhängigkeitsverhältnisses, sondern gerade umgekehrt die selbständige Vertypung von Begünstigung und Hehlerei der Fehler war, dafür gibt es vielleicht keinen sprechenderen Beleg als den, daß Gretener selber schließlich auch mit einer gewissen Abhängigkeit der Nachtat von der Vortat operiert[6]).

Insonderheit ist auch zu betonen, daß fast alle Bearbeiter der Lehre die Relativität der Strafwürdigkeit des Begünstigers, ihre Abhängigkeit von der Strafbarkeit der Vortat anerkennen[7]).

---

[1]) So Hälschner 2 882; Herzog, Goltd. Arch. 29 129; Schwarze 11 zu § 257, GS. 1872, 376; Merkel, v. Holtz. Hdb. 4 425; Köhler, Grenzlinien 77 u. s. w.

[2]) So Geyer, Zeitschr. f. StrRW. 2 318: Es wäre ein offenbares bis in idem, wenn man den Vortäter auch noch für Teilnahme an der Nachtat strafe — ein nicht durchschlagendes Argument, da zwei nach ganz disparaten Typen hinstrebende Handlungen vorliegen. Das hat besonders v. Buri zutreffend betont.

[3]) So Meves, StrRZeitg. 13 512, Hälschner 2 874, Süßheim 96 ff. (Es komme hierin nur die gebührende Berücksichtigung der akzessorischen Seite der Begünstigung zum Ausdruck, ohne daß damit der Anerkennung der Auffassung der Begünstigung als selbständigen Delikts im mindesten Abbruch geschähe!). Dagegen zutreffend Villnow 70.

[4]) Begünstigung und Hehlerei 89.

[5]) Gegen ihn nicht glücklich Hälschner 2 869 Anm. 2.

[6]) A. a. O. 187.

[7]) Man vergleiche z. B. Binding, Der Entwurf eines StGB. f. d. Norddeutsch. Bund 107, 111: „Die Begünstigung des schwereren Verbrechens ist strafbarer wie die des geringeren. Hierin — nach Binding hierin allein — ähnelt sie der Gehilfschaft. ... Das Richtige wäre also,

Dem Postulat der Korrespektivität läßt sich aber schlechterdings nicht genügen, wenn die Begünstigung als delictum sui generis mit absolutem Strafrahmen behandelt wird! „In ein bestimmtes Verhältnis“ zum Strafrahmen der Vortat kann der der Begünstigung nur gesetzt werden, wenn diese zur Erscheinungsform der Vortat hinabgedrückt wird. Wenn Binding[1]) einen absoluten Strafrahmen verlangt, der elastisch genug ist, damit die verschiedene Strafbarkeit der begünstigten Verbrecher als Strafzumessungsgrund zur genügenden Berücksichtigung kommen kann, so heißt das im Grunde, den Strafrahmen so weit fassen, daß er einer absolut unbestimmten Strafdrohung verzweifelt ähnlich wird: denn er muß dann eben in Korrespektivität nach oben mit der Todesstrafe, nach unten mit der Geldstrafe stehen. Jedenfalls ginge so die Individualität des Begünstigungsdelikts ganz verloren — und diese ist doch unerläßlich für ein Delikt, das ein solches sui generis sein soll.

Auch das Gesetz selber bleibt sich nicht getreu. Hat es gleich die Begünstigung und Hehlerei in den besonderen Teil eingestellt, so stellt es diese Delikte doch in anderem Zusammenhange wieder ganz auf eine Stufe mit der Teilnahme; man vergleiche StGB. §§ 63, 247 III, 257 I Satz 2, 257 III, 263 IV, 289 V, StPO. §§ 3, 56[3] u. s. w. — und sogar die Definition der Begünstigung als einer „Beistandleistung“ klingt sehr vernehmlich an die Auffassung als Teilnahmeakt an[2]).

Überaus charakteristisch ist auch, daß trotz der erschöpfenden Regelung der Begünstigung und der Hehlerei durch RStGB.

---

die Strafe der Begünstigung wie die der Gehilfschaft in ein bestimmtes Verhältnis zur Strafe der begünstigten Verbrechen zu setzen.“ Binding formuliert seinen Gesetzesvorschlag dahin: „Die Strafe des Begünstigers steigt und fällt mit der Strafe des Schuldigen, den er begünstigen wollte.“ In Anm. 1 auf S. 107 gibt er sogar ziffermäßig die Proportion an: Der Strafrahmen der Begünstigung soll zwischen 1/3 des Minimums und 1/3 des Maximums des Vortatstrafrahmens liegen.

Freilich verlangt Binding solche „Akzessorietät“ für das Delikt der Strafvereitelung, nicht für sachliche Begünstigung und Hehlerei. Gerade für die Strafvereitelung aber muß umgekehrt eine absolute Strafdrohung gefordert werden, vgl. unten § 63.

[1]) Der Entwurf 2c. 107.

[2]) Vgl. Binding, Lehrb. 2 2, 634.

§§ 257 ff. ein Teil der Landesgesetzgebung sich immer noch nicht zu einem Verzicht auf partikularrechtliche Sonderregelung der Forstbegünstigung und Forsthehlerei hat bekehren mögen. Solche Sonderregelung ist mit dem Wesen der Begünstigung und der Hehlerei als eines delictum sui generis unvereinbar — so wenig wie etwa „Forstbetrug" aus § 263, so wenig kann die Forstbegünstigung und Forsthehlerei aus §§ 257 ff. zwecks landesrechtlicher Regelung herausgenommen werden. Und doch ruht die landesrechtliche Gesetzgebung auf der nicht de lege lata, wohl aber de lege ferenda ganz richtigen Auffassung, daß Begünstigung und Hehlerei der selbständigen Vertypung widerstreben und vielmehr nach dem Typus der Vortat derart hinstreben, daß sie mit diesem zusammengehören, daß sie somit der Partikulargesetzgebung überlassen sein müßten, soweit der Typus der Vortat ihr überlassen ist — nicht anders als Anstiftung und Beihilfe.

Überall Halbheit und keine Konsequenz!

IV. Genug, zu einer wirklichen und folgerichtigen Loslösung der Begünstigung und Hehlerei aus ihrem Zusammenhang mit dem Vordelikt ist weder die heutige Theorie noch die heutige Gesetzgebung gelangt, man ist bei Halbheiten stehen geblieben. Und dieses Schwanken ist nur gar zu erklärlich!

Denn ein Kardinalfehler ist es, wenn man die Teilnahme als die *einzige* Form der Täterzusammengehörigkeit auffaßt. Man hat unbehoben gelassen, *weshalb* denn Teilnehmer als zusammengehörige Täter behandelt werden. Erkennt man, daß es der identische Tatbestand ist, der der Teilnahme den Stempel aufdrückt, erkennt man weiter, daß zum Tatbestand auch noch die Nachzone in Tateinheit zusammengehört, so ist der Schluß unausweichlich: zusammengehörige, d. i. von demselben Tatbestand beherrschte Täter sind auch die in der Nachzone Handelnden. Über dem Begriff der Teilnahme steht der höhere Begriff der Täterzusammengehörigkeit als der auf verschiedene Personen verteilten Tateinheit; und neben die Teilnahme tritt als ein Schwesterbegriff die Nachhandlung. Besteht, wie oben gezeigt, das Wesen der Teilnahme darin, daß mehrere Personen um deswillen als strafrechtlich zusammengehörig behandelt werden, weil ihre Handlungen, wenn sie von einem einzigen Täter vorgenommen wären, nur einen einzigen Verbrechensfall, eine Tateinheit, darstellen würden, — so erfordert die Konsequenz, daß jede auf mehrere Personen verteilte Tateinheit als Fall der Täterzusammengehörigkeit behandelt werde. Nun besteht eine Tateinheit nicht bloß im Verhältnis der Vorbereitungs- und der Nebenhandlungen zur Ausführungshandlung, sondern auch im Verhältnis der Nachhandlungen zur Ausführungshandlung. Aus dieser Zusammengehörigkeit zieht aber das geltende Recht einen Schluß lediglich bei Identität des Nachhandelnden mit dem Ausführenden; und statt bei Personenverschiedenheit des sachlichen Zusammenhangs eingedenk den Nachhandelnden lediglich als einen den Tatbestand der Ausführungshandlung in einer bloßen Erscheinungsform Realisierenden zu behandeln, glaubt es sich nicht anders helfen zu können, als so, daß aus dem Kreise der Nachhandlungen etliche in selbständiger Vertypung herausgehoben werden, so, daß der tatbestandliche Zusammenhang formell verloren geht, und daß, was außerhalb dieser neugeprägten Typen fällt, straflos bleibt. So wird, wer eine Nachhandlung begeht, entweder zum Täter eines ganz anderen Verbrechens, oder aber er entschlüpft unmotiviert der Bestrafung.

V. Zwei Fehler sind es namentlich, die in der heutigen Behandlung der Fälle des Nachhandelns in die Augen springen.

1. Auf der einen Seite der Umstand, daß aus dem innerlich bestehenden Akzessorietätsverhältnis zwischen Haupttattypus und Nachhandlung ein bloßes post-hoc-Verhältnis geworden ist. Es fehlt an der Erkenntnis, daß die Nachhandlung das Produkt der Vortat festhält, daß sie aus ihr hervorgeht. Statt dessen figuriert die Verwirklichung des Typus 1 bei Typus 2 lediglich als ein begrifflich notwendiges Vorereignis in dem oben[1]) behandelten Sinne. Man begnügt sich mit bloßer Aufeinanderfolge, statt der inneren Verknüpfung zu gedenken[2]).

---

[1]) S. 259.

[2]) Sehr charakteristisch, daß dann die Rechtswissenschaft versucht hat, wieder gut zu machen, was die Tatbestandsformulierung versäumt hat: daß man für die Partiererei das Erfordernis der „Perpetuierung einer rechtswidrigen Vermögenslage“ aufgestellt hat (daher Herausnahme z. B. der

2. Und auf der anderen Seite stellt sich als fehlerhaft dar das gesetzlich aufgestellte Erfordernis des wirklichen Vorangegangenseins einer Vortat mit allen Verbrechensmerkmalen mit der unliebsamen Folge, daß, wo der Typus der Vortat verwirklicht ist, gleichwohl Partiererei u. s. w.[1]) entfallen müssen, wenn es bei dem Vortäter an der Schuld oder an einer Strafdrohungsbedingung fehlt, daß z. B. von Partiererei hinsichtlich der von einem Kinde gestohlenen Sache nicht gesprochen werden kann[2]).

VI. Vor allem leuchtet aber überhaupt nicht ein, warum die Nachschuld bloß bei bestimmten Vortattypen erheblich sein soll. Es war eben ein Irrtum, wenn die neuere Theorie aus der Unhaltbarkeit der Lehre vom concursus post delictum sogleich den Schluß zog, daß alles Nachhandeln aus dem allgemeinen Teil des Strafrechts zu streichen sei.

Wie wenig diese Behandlung der Sache innerlich gerechtfertigt ist, das zeigt am besten der Umstand, daß fast überall, wo sich das wirkliche Verhältnis der Nachhandlung als einer bloßen Zutat zur Vortat mit elementarer Kraft geltend macht, diesem praktischen Bedürfnis einfach dadurch Rechnung getragen wird, daß das Nachhandeln (Begünstigung u. s. w.) trotz seiner positivrechtlichen Natur als delictum sui generis der Teilnahme gleichgestellt wird (vgl. z. B. StGB. § 63, StPO. § 56³ u. s. w.). Daß das prinziplos ist, liegt auf der Hand. Und doch schlummert in dieser „Gleichstellung" die Ahnung, daß eben die „Typen" Begünstigung u. s. w. innerlich gar keine Berechtigung haben, sich selbständig zu machen und von der Ausführungshandlung loszulösen. Und auch die Interpretation dieser Gesetzesbestimmungen zeigt ganz deutlich das Bestreben, den vom Gesetz preisgegebenen

---

durch Betteln erlangten Sachen aus § 259 StGB.), wovon doch im Gesetz schlechterdings nichts zu lesen ist.

[1]) Allerdings wird dies nicht für alle oben II 1 aufgeführten Fälle des Nachhandelns zu behaupten sein.

[2]) Wenn das Reichsgericht dies, wie bekannt, wegen der von ihm behaupteten bloß prozessualen Bedeutung des § 55 StGB. leugnet, so liegt dem — bei aller Unannehmbarkeit dieser Auffassung für die lex lata — doch offenbar das richtige Gefühl zu Grunde, daß der volle Verbrechenscharakter der Vortat keine Vorbedingung für die Behandlung des Nachhandelns sein sollte.

Zusammenhang in das Gesetz hineinzutragen. So wird z. B. bei StPO. § 56³ von der herrschenden Lehre angenommen, daß im Verfahren gegen den Hehler der Dieb unvereidigt zu vernehmen sei[1]). Sehr begreiflich! Hehler und Dieb erscheinen einer Auffassung, die den Wunsch den Vater des Gedankens sein läßt, als derart zusammengehörig, daß sie als bei dem Tatbestand des Diebstahls zusammen „beteiligt" erscheinen, und es ganz naturgemäß deucht, den Dieb im Prozeß gegen den Hehler gerade so zu behandeln, wie den Hehler im Prozeß gegen den Dieb. Und doch ist es beim besten Willen nicht möglich, de lege lata zu behaupten, daß der Dieb „hinsichtlich der den Gegenstand der Untersuchung bildenden Hehlerei als Teilnehmer verdächtig u. s. w." sei. Wer eine strafbare Handlung mit selbständigem Typus begeht, ist eben Einzelverbrecher, aber nicht bloßer Teilnehmer. Wenn sich unter den Händen des Reichsgerichts der Begriff des „Teilnehmers" im Sinne des § 56³ StPO. bis zur Unkenntlichkeit verflüchtigt hat, so ist dies nicht zum geringsten Teil dem Bestreben zuzuschreiben, materiellrechtliche Gesetzesfehler im Sinne des vernünftigen Bedürfnisses wieder gut zu machen. Nur ist dieses Bestreben leider de lege lata unangebracht, weil es den Strafprozeß aus dem Zusammenhange mit dem Strafrecht in unnatürlicher Weise herausreißt.

Hier kann Hilfe nur geschaffen werden durch grundsätzliche Bestrafung jedes rechtswidrigen Festhaltens tatbestandsmäßiger rechtswidriger Zustände unter der Denkform des nicht selbständig vertypten Nachhandelns (vorbehaltlich natürlich etwaiger Einschränkungen auf vorsätzliches Nachhandeln, Nachhandeln nach Verbrechen im engeren Sinne und Vergehen u. s. w.). So erst kommt der Akzessorietätsgedanke zu seinem Recht, und so erst entrinnen wir dem widerspruchsvollen Begriff des „selbständigen Delikts mit akzessorischem Charakter", der heute als ein noch von niemandem befriedigend ausgedeutetes Notlügewort spukt. Terminologisch wird sich für solches Nachhandeln nach fremder Tat nicht eine Bezeichnung wie „Teilhaberei" (Berner) oder ähnlich, wohl aber die Bezeichnung „Nachtäterschaft" empfehlen. Sie

---

[1]) Vgl. Bennecke-Beling, Lehrbuch des Reichsstrafprozeßrechts S. 356.

knüpft an die schon jetzt übliche Bezeichnung „Nachwucher“ für das Vergehen des § 302 c StGB., ebenso an die bei Begünstigung und Hehlerei übliche Bezeichnung des Begünstigten u. s. w. als „Vortäters“ an. Ihrem Wesen nach ist die Nachtäterschaft eine Erscheinungsform nach Analogie der Teilnahme.

Nicht als sollten nun doch die Begünstigung u. s. w. im Sinne des alten concursus post delictum wieder als „Teilnahme“ konstruiert werden. Jene alte Lehre darf keine fröhliche Auferstehung feiern[1]). Auch Kohlers Konstruktion der Begünstigung als „indirekter Teilnahme“[2]) vermag ich nicht zu billigen. Mit „direkt“ und „indirekt“ hat die Scheidung der Teilnahme von der Nachtäterschaft gar nichts zu tun, jene ist nicht „direkter“ als diese. Unter „indirekter Teilnahme“ könnte man nur die „Teilnahmeteilnahme“[3]) verstehen. Auch die Auffassung, als bestehe die Begünstigung in einem „auf Fortbestehen der Schuld“ des Vortäters abzielenden Verhalten, in einer „Teilnahme an der Schuld aus dem vorangegangenen Verbrechen“[4]), soll, mystisch wie sie ist[5]), hier nicht wieder aufgegriffen werden[6]). Noch viel weniger soll etwa behauptet sein, daß die Begünstigung in einer „Billigung der Schuld“ des Vortäters bestehe[7]). Mit allen den üblen Vorstellungen von einer „Fortdauer des Ver-

[1]) Deshalb trotz richtigen Grundgedankens abzulehnen die Ausführungen von Waldthausen, Goltd. Arch. 29 375. Gegen subsequente Teilnahme mit Recht Hälschner, StrR. 2 862 Anm. 2, Süßheim, Begünstigung 35 ff., Gretener, Begünstigung u. Hehlerei 70. Wenn Schütze, Notw. Teiln. 383, Lehrb. 162, Villnow, Raub u. Erpressung u. s. w. 55 ff. (ebenso vor ihnen Bauer, Abhandlungen 411 ff., 464 ff.) von „Teilnahme im weiteren Sinne“ sprechen, so ist Hälschner 2 861 Recht zu geben, wenn er betont, daß dieser Begriff inhaltleer, ein Name ohne Bedeutung ist, und mit ihm für die Begriffsbestimmung der Begünstigung u. s. w. nichts gewonnen ist.

[2]) Strafrechtl. Studien 1 118, 154 ff.

[3]) Oben S. 447.

[4]) Villnow, Raub und Erpressung 55 ff.

[5]) So richtig Binding, Lehrb. 2 2 637.

[6]) Gegen Villnow Merkel in Holtzendorffs Handbuch 4 419; Süßheim, Begünstigung 45, 70; v. Buri, GS. 29 17; Gretener, Begünstigung und Hehlerei 74 Anm. 6.

[7]) Wie Villnow a. a. O. 84 konstruiert. Also Ratihabitio mandato aequiparatur!

brechens" ist gänzlich aufzuräumen. Das Verbrechen als Handlung dauert an, so lange gehandelt wird, nicht darüber hinaus. Sondern es ist einzig und allein der tatbestandliche Zusammenhang zwischen der Nachtäterschaft und der Vortat, kraft dessen sich an den Tatbestandskern so gut wie Vorbereitungs- und Nebenhandlungen (Teilnahme) als ein Seitenstück die Nachhandlungen als ein teilnahmeähnliches Gebilde angliedern[1]). Der Nachtäter wandelt in den Spuren der Vortat, indem er einen Ausführungsannex liefert. Das ist es, was die Akzessorietät der Nachtäterschaft ausmacht. Übrigens erleidet diese Teilnahmeähnlichkeit, wie sich aus § 56 ergeben soll, eine Reihe von Einschränkungen.

Die Einführung des Begriffs der Nachtäterschaft in die Gesetzgebung würde zur Ausscheidung aller oben aufgezeigten Zufälligkeiten, zur gerechten und gleichmäßigen Behandlung aller gleichwertigen Sachverhalte führen.

Ängstliche Gemüter könnten vielleicht in dem Gedanken daran, daß fortan eine Reihe wohlumgrenzter Verbrechenstypen wegfallen solle, und statt dessen die Nachtäterschaft in Bausch und Bogen bei allen Vortattypen als Erscheinungsform strafbar sein soll, erschrecken. Aber ob nicht seinerzeit manchem Juristen ähnlich zu Mute gewesen ist, als man es aufgab, die Fälle aufzuzählen, in denen der consilium dans und der auxilium praestans strafbar sein

---

[1]) Nahe an das Richtige heran kommt Hrehorowicz, Das Verbrechen (1880) 83, der von „Beförderungshandlungen, durch die der Eintritt des verbrecherischen Haupterfolgs befördert und gesichert wird", spricht und dies dahin erläutert, daß durch solche Handlungen „die Wirkung des ins Werk gesetzten Mittels befördert, die etwa entgegenstehenden oder zu befürchtenden Hindernisse weggeschafft werden und diesen Hindernissen entgegengewirkt wird". — Die Auffassung von Sander, Arch. d. KrimR. Neue Folge 1838, 446, die Begünstigung sei wegen ihres „nahen Zusammenhangs" mit der Vortat nicht geeignet, ein selbständiges Verbrechen zu sein, ist zu unbestimmt, als daß sie hierher gestellt werden könnte. „Was die Begünstigung denn sein soll, wenn sie weder Teilnahme, noch ein selbständiges Verbrechen ist, hat Sander nicht angegeben" (Rethwisch, Begünstigung 41). Sanders Widerspruch gegen die Begünstigung als „selbständiges Delikt" beruht überdies auf einer quaternio terminorum: Sander deduziert aus der Notwendigkeit einer Vortat, daß die Begünstigung kein „selbständiges Verbrechen" sei = ein Delikt nicht ohne Vortat, und glaubt damit bewiesen zu haben, daß sie kein „selbständiges Verbrechen" im Sinne von Verbrechen mit individuellem Deliktsbegriff sei (ganz richtig Rethwisch 42). — Über v. Buri s. unten.

sollten, und reinen Tisch machte mit der Bestimmung, jeder Gehilfe solle mit einer aus der Grundstrafdrohung des Vortattypus abgeleiteten Strafdrohung strafbar sein? Und wenn es seinerzeit ein Fortschritt war, die Mordbeihilfe u. s. w. aus dem Besonderen Teil des Strafrechts zu streichen und statt dessen die allgemeine Erscheinungsform der Beihilfe in den Allgemeinen Teil des Strafrechts einzusetzen — sollte es dann nicht auch ein Fortschritt sein, wenn man statt der buntscheckigen Menge vieler einzelner Nachtäterschafts**tatbestände** „die Nachtäterschaft" als allgemeine Denkfigur anerkennt?

Wie sich bei Anerkennung des Nachhandelns als einer Erscheinungsform der Tatbestände die Rechtslage gestalten würde, soll im folgenden skizziert werden. Im allgemeinen ist zunächst hervorzuheben, daß sämtliche Paragraphen, die Fälle der Nachtäterschaft selbständig vertypen (§§ 259, 302 c u. s. w.), wegzufallen hätten, dagegen im Allgemeinen Teil des Gesetzbuchs ein Paragraph einzuschieben wäre, der — an die Paragraphen über Teilnahme anschließend — eine grundsätzliche Bestimmung über die Strafbarkeit von Nachtätern mit relativer Strafdrohung enthielte.

Es möchte scheinen, als bedeute die Aufnahme der „neuen Lehre" eine wesentliche Komplikation. Daß dem nicht so ist, vielmehr in Wahrheit eine Vereinfachung erzielt wäre, ergibt die Erwägung, daß allgemeine Sätze gegenüber einer bloß kasuistischen Regelung stets eine Vereinfachung darstellen; ergibt weiter der Hinweis auf die vielen Zweifelsfragen und Gesetzeslücken, die sich aus dem Zwitterbegriff der akzessorischen und doch selbsttypischen Handlungen Partiererei u. s. w. ergeben. Wohl würden sich zahlreiche Teilnahmelehrekontroversen wohl auch auf die Nachtäterschaftslehre forterben, aber — diese Kontroversen (z. B. ob der Dieb Teilnehmer an der Tat des Hehlers sein kann) quälen die Theorie jetzt ebenso. Ganz naturgemäß: die unnatürliche Zerreißung, die das heutige Recht zwischen Vortat und Nachtat eintreten läßt, wollte den Gesetzesanwendern nicht in den Sinn, und so wird schon jetzt die Teilnahmelehre in weitem Umfange auf die Hehlerei u. s. w. angewandt und ohne rechte Klarheit! Vor allem würden fortan die zahlreichen Zweifel und Unebenheiten, die aus § 257 I Satz 2 und III sich ergeben, entfallen. Speziell würden auch die Klippen, die die heutige kasuistische Formulierung des Tatbestands der Partiererei schafft, fortan verschwinden.

§ 56.

II. Die Begriffsmerkmale der Nachtäterschaft.

I. Das erste Postulat, das für die Nachtäterschaft als akzessorisches Gebilde aufzustellen ist, ist das Gegebensein einer Haupttat (Vortat), die eine tatbestandsmäßige rechtswidrige, mit einer passenden Strafdrohung ausgestattete Handlung, nicht notwendig dagegen schuldhaft, mit den erforderlichen Strafdrohungsbedingungen oder gar den persönlichen Strafbarkeitserfordernissen ausgerüstet sein muß. Es muß in dieser Hinsicht alles das gelten, was oben S. 458 ff. über die akzessorische Teilnahme de lege ferenda gesagt ist.

1. Vor allem müßte Nachtäterschaft nach schuldloser Vortat oder einer solchen Vortat, die der für die Haupttat erforderten besonderen Ausgestaltung des Schuldmoments (Absicht, Überlegung u. s. w.) ermangelt, möglich sein, desgleichen nach einer mangels einer bloßen Strafdrohungsbedingung oder gar eines bloßen persönlichen Strafbarkeitserfordernisses straflosen Vortat. Hätte A dem X eine Sache ohne Diebstahlsvorsatz und ohne Diebstahlsabsicht weggenommen, so müßte B, der die Sache an sich bringt, gerade so behandelt werden, wie wenn A wirklicher „Dieb" gewesen wäre. Ebenso, wenn A als Dieb oder als Wucherer deshalb straflos ausginge, weil er im Auslande gehandelt hat und er nach der lex loci actus straflos ist (§ 4³ StGB.); hier würde der Diebsnachtäter bezw. Nachwucherer um solcher Straflosigkeit der Haupttat willen seiner Strafe nicht entrinnen. Desgleichen würde Monarchenqualität des Vortäters dem Nachtäter nicht zu gute kommen u. s. w.

2. Dagegen müßte natürlich die Haupttat einen Typus des geltenden Rechts verwirklicht haben, der eine passende Strafdrohung zur Seite hat. Ohne Zuhilfenahme eines solchen Typus würde eben der ganze Begriff der Nachtäterschaft in der Luft

schweben. Erscheinungsformen ohne Typus, auf den sie bezogen werden, kann es nicht geben.

Mängel am Tatbestande auf seiten des Vortäters stehen also ohne weiteres der Annahme einer Nachtäterschaft entgegen (so bei Angriff des Vortäters gegen ein absolut untaugliches Objekt u. s. w.).

Insbesondere ist auch eine Nachtäterschaft ausgeschlossen, wenn der Vortäter derjenigen persönlichen Eigenschaften ermangelte, die das Gesetz als höchstpersönliche Tatbestandselemente ausgeprägt hat. Dies wiederum findet besondere Anwendung bei den tatbestandlichen Sonderverbrechen: gehörte der Vortäter nicht der tatbestandlich bezeichneten Personenklasse an, so entfällt auch die auf den betreffenden Tatbestand bezügliche Nachtäterschaft[1]).

Auf seiten des Vortäters müßte weiter auch rechtswidriges Handeln vorliegen. Hätte der Vortäter durch nicht rechtswidriges Handeln einen rechtswidrigen Zustand erzeugt, so könnte dessen Aufrechterhaltung nur als Verwirklichung eines besonderen Verbrechenstypus strafbar sein, nicht in der Form der Nachtäterschaft.

In zwei Punkten wäre jedoch die Akzessorietät der Nachtäterschaft anders zu gestalten als die der Teilnahme.

a) Für die Teilnahme darf nur begriffliche, nicht faktische Akzessorietät gefordert werden[2]); für die Nachtäterschaft bedarf es dagegen einer wirklich vorausgegangenen tatbestanderfüllenden Handlung. Denn wenn auch oben betont wurde, daß zwischen Vortat und nachtäterschaftlicher Handlung kein bloßes post-hoc-Verhältnis obwaltet[3]), so muß ein solches doch jedenfalls dasein, sonst fehlte es an der Anschließbarkeit der nachtäterischen Handlung an eine Vortat: es läge nur absolut untauglicher Versuch vor, nicht anders wie bei den Tatbeständen mit begrifflich notwendigem Vorereignis da, wo dieses fehlt[4]). Wenn demgegen-

[1]) Wohl aber kann natürlich Nachtäterschaft im Hinblick auf einen anderen Verbrechenstypus gegeben sein, z. B. würde, wenn der Vortäter kein Beamter war, keine Amtsunterschlagungs-, wohl aber Unterschlagungsnachtäterschaft denkbar sein.

[2]) Oben S. 467.

[3]) Oben S. 484.

[4]) Oben S. 258.

über für die der Tatbestandsverwirklichung vorangehenden Handlungen (= Teilnahme) auf nachfolgende Tatbestandsverwirklichung verzichtet werden kann (so für die „Aufforderung“ zur Verbrechensbegehung), so ist dies erklärlich: solche auf die Ausführung hinzielenden Handlungen repräsentieren eben schon ein strafrechtliches „Etwas“, während eine Nachtat ohne wirklich vorhandene Vortat ins Leere fällt.

b) Für die akzessorische Teilnahme bedurfte es einer Personenverschiedenheit zwischen Täter und Teilnehmer. Eigenvorbereitung soll nun einmal nach dem Willen des heutigen Rechts als solche nicht strafbar sein, sondern nur entweder durch die Ausführungsstrafe mitgedeckt, oder aber, sofern es an der Ausführung fehlt, straflos sein; nur einzelne Fälle der Eigenvorbereitung (Sich-erbieten u. s. w.) werden von Strafe getroffen[1]). Dagegen wird für Nachhandlungen grundsätzlich gleichgültig bleiben müssen, ob der sie Vornehmende der Vortäter selber oder ein Dritter ist. Trifft freilich den Vortäter wegen der „Ausführung“ Strafe, so muß diese auch die Nachhandlungen decken, nicht anders als im geltenden Recht; es wird dann eben die Erscheinungsform der Nachtäterschaft durch die Vortatausführung konsumiert (Subsidiarität der Strafdrohung gegen Nachtäterschaft im Verhältnis zu der Strafdrohung gegen Täterschaft). Ist dagegen die Ausführungshandlung nicht strafbar, weil es dem Täter an der Schuld oder an einer Strafdrohungsbedingung fehlte (oben I 1), so muß sicher der Vortäter, wenn er die so entstandene Situation in verbrecherisch-nachtäterischer Weise ausbeutet, gerade so strafbar sein, wie ein Dritter, der dies tut.

Die Definition der Nachtäterschaft wird also so zu lauten haben, daß nur die Vortat schlechthin, nicht eine „von einem anderen begangene“ Vortat erfordert würde. Damit würde auch eine Reihe von besonderen Tatbeständen des heutigen Rechts, die ihrem Wesen nach bloßes Eigennachhandeln sind, überflüssig werden, vornehmlich § 147 StGB., insofern er das „In-Verkehr-Bringen“ von Münzfalsifikaten, die der in Verkehr Bringende selber hergestellt hat, zum delictum sui generis macht.

---

[1]) Oben S. 470.

II. Um welche Tatbestände es sich bei der Vortat handelt, müßte prinzipiell gleichgültig sein. Die Nachtäterschaft ist eben eine allgemeine Erscheinungsform des Verbrechens.

Doch wäre natürlich Vorbedingung der Nachtäterschaft, daß die Verwirklichung des Tatbestands der Vortat einen rechtswidrigen Zustand erzeugt hat; besteht doch das Nachhandeln gerade in dessen Festhaltung oder Verlängerung[1]). Und zwar muß wirklich ein solcher aus der Vortat erwachsen sein; anderenfalls läge nur — gerade so, wie wenn es an der Tatbestandsverwirklichung selber fehlte (oben S. 491) — absolut untauglicher Versuch vor.

Um zur Nachtäterschaft zu gelangen, hat man also vorab festzustellen, ob die vorangegangene Tatbestandsverwirklichung einen rechtswidrigen Zustand erzeugt hat.

1. Hinterließ sie keinen solchen, ist also ein „Zustand" durch sie überhaupt nicht erzeugt worden, oder nur ein solcher Zustand, dessen Abstellung die Rechtsordnung nicht will, so gibt es keine Nachtäterschaft. Nur rechtlich ihrer Aufhebung zustrebende Zustände geben der Nachtäterschaft Raum, nicht die kraft Rechtens endgültigen, unabänderlichen Zustände.

Deshalb gibt es keine Nachtäterschaft, insbesondere keine Partiererei nach Betteln oder mala fide vollzogener Spezifikation. Denn das Erbettelte oder Spezifizierte ist vollgültiges Eigentum des Erwerbers geworden.

Ob Nachwucherer im Sinne des § 302 c StGB. derjenige ist, der einen (zu Unrecht) rechtskräftig festgestellten wucherlichen Anspruch an sich bringt, ist nach dem oben S. 256 Gesagten zu entscheiden.

2. Hinterließ die Vortat einen rechtswidrigen Zustand, aber einen solchen, der seinem Wesen nach faktisch irreparabel, also dauernd ist[2]), so gibt es in Ansehung seiner deshalb keine Nachtäterschaft, weil eine besondere „Festhaltung" eines solchen Zustandes nicht denkbar ist. Faktisch endgültige Zustände kommen so wenig wie die rechtlich endgültigen für die Nachtäterschaft in

[1]) Oben S. 254 ff.

[2]) War die Vortat also ein sog. „Zustandsdelikt".

Frage. So gibt es keine Nachtäterschaft nach Tötung oder völliger Sachzerstörung.

Reparabilität oder Irreparabilität des Zustands dürfen aber nicht mit Reparabilität oder Irreparabilität eines durch die Tat bewirkten Schadens verwechselt werden. Es ist möglich, daß ein entstandener Schaden endgültig ist, aber der sich an die Schadenszufügung anreihende Zustand gleichwohl repariert werden kann. Deshalb ist Hälschner[1]) im Irrtum, wenn er mit der Zufügung einer Körperverletzung oder Freiheitsberaubung ein definitivum erzielt glaubt; der körperlich Verletzte kann und soll gesunden, der Eingesperrte die Freiheit wiedererlangen; wer die Heilung inhibiert oder den Eingesperrten am Entkommen hindert, ist Nachtäter.

Ist der durch die Vortat erzeugte Zustand von Hause aus faktisch und rechtlich reparabel, aber demnächst faktisch oder rechtlich irreparabel geworden, so ist Nachtäterschaft bis zu dem Zeitpunkt der Irreparabilität möglich, von da ab nicht mehr. So kann an einer gestohlenen Sache hehlende Nachtäterschaft begangen werden, so lange sie nicht in die Hände eines unanfechtbar geschützten Eigentümers gelangt ist, von da ab nicht mehr. Ebenso nicht mehr, wenn der durch die Tat Verletzte wiederum in den status quo ante gelangt ist, wenn z. B. die gestohlene Sache zu dem Bestohlenen zurückgekehrt ist[2]).

III. Die nachtäterschaftliche Handlung selber wäre umfassend zu definieren als die Festhaltung oder Fortführung dieses rechtswidrigen Zustands.

1. Es wäre damit deutlich zum Ausdruck gebracht, daß eine den Charakter einer Ausführungshandlung tragende Handlung nicht bloße Nachtäterschaft ist. Nachhandeln ist nicht direkte, sondern nur modifizierte Tatbestandsverwirklichung. Wer „ausführt", ist dem Typus als Täter (eventuell Mittäter) zu unterstellen[3]).

---

[1]) 2 864.

[2]) Vgl. Hold v. Ferneck, Rechtswidrigkeit 276 ff., 281 ff.

[3]) Als legislatorisches Postulat ergäbe sich hieraus die Notwendigkeit wohlüberlegter exakter Fassung der Typen in Bezug auf die Endtatsache. Ist diese im derzeitigen Recht nur von Belang für die Scheidung von Vollendung und Versuch (perfectum und imperfectum), so soll sie künftig eben

Nachfolgende Mittäterschaft und bloße Nachtäterschaft würden also deutlich geschieden auseinanderfallen. Nicht jedes einem anderen folgende Verbrechen ist „Nachtäterschaft“ [1]. Ein „Zweithandelnder“ kann dem einen oder dem anderen Begriff unterstellbar sein, es kommt eben darauf an, ob man bei ihm noch von „Ausführungshandlung“ sprechen kann. Daß z. B., wer eine gestohlene Sache kauft, nicht unter dem Tatbestand des „Wegnehmens u. s. w.“ nach § 242 StGB., wer eine wucherliche Forderung erwirbt, nicht unter dem Tatbestand des „sich ... Vorteile Versprechenlassens“ nach § 302a StGB. untergebracht werden kann, ist klar. Dagegen wäre, wer ein von einem anderen in Brand gesetztes Gebäude an einer anderen Ecke anzündet oder ihm einen Luftstrom zuführt, so daß der Rest des Gebäudes vom Feuer ergriffen wird, nicht bloßer Nachtäter, denn er begeht eine Ausführungshandlung = er bewirkt ein Ergriffenwerden von Gebäudeteilen durch das Feuer. Desgleichen wäre Zweikampfsmittäter [2], nicht bloßer Nachtäter, wer als Stellvertreter des etwa erkrankten A einen von diesem mit B begonnenen, aber suspendierten Zweikampf zu Ende führte.

Desgleichen schiede sich Alleintäterschaft deutlich von der Nachtäterschaft. Insbesondere wäre „Täter“, wer einen „von selbst“, d. h. nicht durch tatbestandsmäßige Handlung eines Menschen entstandenen Zustand rechtspflichtwidrig aufzuheben unterläßt, soweit man dabei nach den allgemeinen Regeln von „Ausführung“ durch Unterlassung reden kann [3]. Beispiel: A befreit den in eine Grube gefallenen X nicht, während ihm dazu die Pflicht oblag. Aber auch wenn ein Vortäter da ist, kann der Zweithandelnde natürlich „Alleintäter“ sein, dann nämlich, wenn er „ausführt“, ohne daß doch der mittäterschaftliche Zusammenhang vorhanden ist [4]. Bestiehlt z. B. A den schon von B bestohlenen X, ohne daß ein Zu-

---

auch für die Grenzziehung zwischen Ausführung und Nachtäterschaft (perfectum und plusquamperfectum) von Bedeutung sein.

[1]) Vgl. dazu Binding, Lehrb. 2 2 638, α, β.

[2]) Nicht Alleintäter, da das Handeln bloße Fortsetzung der Ausführung ist, also bei Täteridentität ein tateinheitlicher Zweikampf vorläge, oben S. 373.

[3]) Oben S. 223 ff.

[4]) Oben S. 410.

sammenhang mittäterschaftlicher Art gegeben wäre, so begeht er nicht einmal Mittäterschaft, geschweige denn Nachtäterschaft, sondern einen neuen Diebstahl[1].

Da die Nachtäterschaft nicht direkte „Tatbestandserfüllung" ist, so wäre natürlich — wie bei der akzessorischen Teilnahme[2]) — belanglos, ob auf den Nachtäter die höchstpersönlichen Tatbestandsmerkmale zuträfen. Wo der Typus einen „Gewerbetreibenden", eine „Militärperson", einen „Beamten", einen „Ausländer" u. s. w. fordert, da wäre als Nachtäter auch strafbar, wer diesen Persönlichkeitsrequisiten nicht entspräche: als Amtsdeliktsnachtäter auch der Nichtbeamte, als Militärdeliktsnachtäter auch der Nichtmilitär u. s. w. Es käme nur darauf an, ob diese Erfordernisse bei dem Vortäter erfüllt waren.

2. Ebenso deutlich höbe sich die Nachtäterschaft von der Teilnahme ab. Sie setzt erst ein, wenn aus der Ausführung ein rechtswidriger Zustand hervorgegangen ist, während sich die Teilnahme vor die Ausführung oder seitlich neben diese legt.

3. Dagegen würde jedes Festhalten oder Weiterführen des reparablen rechtswidrigen Zustands, welchen Namen immer es im heutigen Recht hätte, in der einheitlichen Figur der Nachtäterschaft inbegriffen sein.

Die Zurückführung der „Begünstigung" auf die Festhaltung einer Rechtsverletzung ist bereits von v. Buri in verdienstlicher Weise unternommen worden[3]). Daß der richtige Kern dieser Theorie von den Späteren nicht erkannt, diese vielmehr so gut wie einmütig abgelehnt wurde, ist nur verschuldet durch die Unbestimmtheit der Burischen „Rechtsverletzung". Man hatte nicht so unrecht, wenn man an Buri die Frage richtete, was für eine Rechtsverletzung denn den Ausgangspunkt der Konstruktion bilden solle, und ihm zur Last legte, daß er darauf die Antwort schuldig geblieben sei[4]). Überzeugt man sich demgegenüber davon,

---

[1]) Fälle der „Reproduktion" der Vortat, vgl. v. Buri, GS. 1877 25 f., Hälschner 2 865 Anm. 1.

[2]) Oben S. 463.

[3]) Zur Lehre von der Teilnahme am Verbrechen und der Begünstigung (1860), 85 ff., 95, GS. 29 14 ff.

[4]) Vgl. Gretener, Begünstigung und Hehlerei 76.

daß sich bei Radizierung des Verbrechensbegriffs auf den Tatbestand der durch dessen Verwirklichung geschaffene rechtswidrige Zustand als einerseits jenseit der „Ausführung" liegend, andererseits aber als das vermittelnde Glied zwischen Vortat und Begünstigung deutlich und scharf herausstellt, so erkennt man, daß v. Buri immerhin auf dem richtigen Wege war[1]). Nur bedarf

[1]) Ganz unhaltbar ist der Einwand, den Süßheim, Begünstigung 44, gegen v. Buri macht: die praktische Verwertung seiner Theorie würde zu dem Ergebnisse führen, daß der Dieb, der die gestohlene Sache zurückgebe, der Verleumder, der seine beleidigende Äußerung widerrufe, der Körperverletzer, der die von ihm geschlagene Wunde heile, mit Notwendigkeit straflos werden müsse, weil er ja die Fortdauer des rechtswidrigen Zustandes beseitige. Süßheim unterstellt hier, daß im Sinne v. Buris nur Schaffung + Festhaltung des rechtswidrigen Zustands zusammen rechtswidrig seien. Das ist irrig. Wenn man behauptet, daß die Festhaltung eines rechtswidrigen Zustandes eine sich an die Vortat angliedernde rechtswidrige Handlung ist, so behauptet man natürlich nicht, daß die Vortat nur bei nachfolgender Festhaltung des durch sie geschaffenen Zustandes rechtswidrig sei. Rechtswidrig ist sowohl die Urhandlung, wie auch die Festhaltungshandlung, jede für sich. Übrigens ist es kriminalpolitischer Erwägung wert, ob nicht dem Täter, der selber den durch ihn erzeugten rechtswidrigen Zustand beseitigt, grundsätzlich (nach dem Vorbilde des § 163 II StGB.) Straflosigkeit verheißen werden soll (Strafaufhebungsgrund).

Gegen die Begünstigungstheorieen von John, Entwurf eines StGB. 260 ff., und Schwarze, GS. N. F. 1 381, gilt Ähnliches, wie gegen v. Buri. Sie erblicken das Wesen der Begünstigung in einer „Fortführung der Verletzung der Rechtsordnung". Diese Formel wird erst durch Zuhilfenahme des Verbrechenstypus brauchbar. Solange man lediglich mit dem in der Begünstigung, wie natürlich in jeder strafbaren Handlung liegenden formalen Element, dem Widerspruch gegen die Rechtsordnung, operiert, ist man eben nicht befähigt, von Verbrechensindividualitäten zu sprechen, und kann man nicht bestimmen, ob nun eigentlich ein eigenes Verbrechensindividuum, ein delictum sui generis, vorliegt oder nicht. Die Rechtswidrigkeit haftet eben unterschiedslos Verbrechenstypen wie Erscheinungsformen an.

Wohl am meisten verkennt Meves den tatbestandlichen Zusammenhang zwischen der Vortat und der sachlichen Begünstigung. Er führt aus — Strafrechtszeitung 13 487 —: Nur die Tat des anderen habe der Begünstiger im Auge, und unter Hintansetzung seines eigenen Interesses richte er seine Absicht nur auf die Wahrung des Interesses des Begünstigten; seine Handlung greife nicht verletzend in die Rechtssphäre Dritter ein und enthalte eine materielle Rechtsverletzung nicht, werde vielmehr nur aus kriminalpolitischen Gründen als eine Störung der formellen Rechtsordnung strafbar. Es ist zuzugeben, daß im Sinne des § 257 StGB. Meves nicht ganz unrecht hat, weil in der Tat das geltende Recht die Begünstigung statt als nachtäterische Schädigung des Verletzten der Ausdruck „Rechtsverletzung" noch insofern der Berichtigung, als der in Frage kommende rechtswidrige Zustand natürlich auch ein bloßer Gefahrzustand sein kann, nicht notwendig das Resultat schon eingetretener „Verletzung" sein muß: auch nach Gefährdungsdelikten ist Nachhandeln denkbar.

Nicht erforderlich wäre, daß es sich um rechtswidrige Zustände auf vermögensrechtlichem Gebiete handelte. Weshalb soll derjenige, der etwa ein seinen Eltern widerrechtlich entzogenes Kind „an sich bringt", oder derjenige, der etwa ein abgegriffenes Münzfalsifikat erneuert[1]), anders behandelt werden als derjenige, der eine gestohlene Sache an sich bringt? Dieser wie jener fügt der Vortat ein Handeln an, das zu ihr im ganz analogen Verhältnis steht, wie wenn es sich um Vortaten gegen das Vermögen handelt.

Nicht erforderlich wäre ferner, daß der aufrechterhaltene Zustand genau in dem tatbestandsmäßigen Erfolge bestände. Es kann ein rechtswidriger Zustand aus der Tatbestandsverwirklichung schon vor dem „Erfolge" im technischen Sinne erwachsen, so daß insbesondere Nachtäterschaft nach Versuch möglich wäre[2])

---

als eine Art Liebesdienst für den Vortäter formuliert. Aber Meves will offenbar diesen Standpunkt auch de lege ferende verfechten. Aber es liegt auf der Hand, daß sich § 257 auf eine schiefe Ebene begeben hat. Daß dem Verbrecher die Vorteile der Tat gesichert werden, erscheint eben doch nicht deswegen strafwürdig, weil damit einem Verbrecher Gutes angetan wird, sondern weil und insofern dies auf Kosten des Verletzten geschieht. Und insoweit dies der Fall ist, ist eben die tatbestandlich eng zusammenhängende „materielle Rechtsverletzung", der „verletzende Eingriff in die Rechte Dritter" gegeben.

Dunkel die Einwendungen Hälschners 2 862 gegen das Operieren mit dem Begriff der „Bewirkung der Fortdauer der Rechtsverletzung": es könne dann von Verjährung keine Rede sein, vielmehr müßten Schuld und Bestrafung steigen, je später die Bestrafung erfolge (?); daß die Bewirkung der Fortdauer der Rechtsverletzung etwas Strafbares sei, sei willkürlich und habe der Strafgesetzgebung aller Zeiten fern gelegen, wie die Straflosigkeit der Selbstbegünstigung beweise (?). Über die angebliche Straflosigkeit der Selbstbegünstigung vgl. oben S. 347.

[1]) Nach geltendem Recht straflos, weil der Handelnde weder „nachmacht", d. h. die Münze fälschlich anfertigt, noch „verfälscht", d. h. einer von Hause aus echten Münze falschen Anschein verleiht!

[2]) Die Abgrenzung der Nachtäterschaft nach Versuch von der Teilnahme würde damit gegeben sein, daß letztere auf die noch ausstehende

(z. B. der Zustand des Verwundetseins bei Tötungsversuch), wie umgekehrt erst aus dem Erfolge der rechtswidrige Zustand erwachsen kann (z. B. ist bei Diebstahl „Erfolg“ nur die Erlangung der Sache, das Behalten und Verwerten liegt jenseit des Tatbestandes und insbesondere des Erfolges, es schließt sich ihm erst an). Erheblich wäre nur, daß es sich um Zustände handelt, die in der Projektion der Tatbestandsverwirklichung liegen im Gegensatz zu Zuständen, die sich nur zufällig eingestellt haben.

Als solche Festhaltung rechtswidriger Zustände, die einer Tatbestandsverwirklichung ihre Entstehung verdanken, kämen namentlich in Betracht

a) Handlungen, durch die eine durch die Vortat einem Berechtigten entfremdete Sache diesem ferngehalten oder ihm noch weiter entfernt oder gar das Entfremdetsein zu einem unheilbar definitiven gemacht wird. So wäre Nachtäter, wer gestohlene Sachen oder wer Forderungen, die dem Gläubiger vitiös (durch Betrug, Erpressung u. s. w.) entfremdet worden sind, verheimlicht, ankauft, zum Pfande nimmt oder sonst an sich bringt oder zu ihrem Absatze bei Dritten mitwirkt[1]) oder sonst ihre wirtschaftliche Verwertung zum Schaden des Berechtigten vornimmt (Geltendmachung solcher Forderungen u. s. w.).

Gleichgültig wäre dabei, ob der Vortäter durch das Handeln des Nachtäters „begünstigt“ würde, ihm „Beistand geleistet“ würde, ihm „die Vorteile der Tat gesichert“ würden. Es kann auch Nachtäterschaft geben, die dem Vortäter nicht zu gute kommt. Freundlichkeiten, die einem Verbrecher erwiesen werden, sind doch eben als solche gar nicht strafwürdig; das Strafwürdige ist auch an der heutigen — so unglücklich gefaßten — Begünstigung die Richtung der Tat gegen den durch die Vortat Betroffenen.

---

tatbestandliche Endtatsache hinwirkt, während erstere lediglich die Aufrechterhaltung des (als Zwischenerfolg zu denkenden) schon vorhandenen Zustandes bewirkt. Wer z. B. dem X, nachdem dieser den Y mit Tötungsvorsatz verwundet hat, ein Messer zur Endausführung leiht, kommt natürlich nur als Teilnehmer, nicht als Nachtäter des X in Betracht. Stellt sich eine und dieselbe Handlung gleichzeitig als Teilnahme und Nachtäterschaft dar, so kommen die unten § 60 zu entwickelnden Sätze zur Anwendung.

[1]) Die kasuistische Aufzählung der Nachhandelnsmöglichkeiten, wie sie der heutige § 259 beliebt, hätte natürlich im Gesetz wegzufallen.

b) Wo durch die Tatbestandsverwirklichung ein Objekt erzeugt worden ist, dessen Existenz dem Recht anstößig ist, so, daß es Rechtsbehelfe zu seiner Beseitigung oder Unschädlichmachung gibt (seien sie öffentlichrechtlicher Natur, wie Einziehung, Unbrauchbarmachung oder sonstige polizeiliche Maßregeln, seien sie bürgerlichrechtlicher Natur), da ist Nachtäter, wer diese Objekte ausnutzt, verwertet oder ihre Fortexistenz sichert: also z. B., wer falsche Münzen oder Urkunden gebraucht, unzüchtige Schriften oder vergiftete Sachen verkauft u. s. w., wucherliche, durch Betrug oder Erpressung begründete oder sonst vitiös begründete Forderungen an sich bringt oder veräußert oder geltend macht u. s. w.[1]). Wo das heutige Recht solches Tun neben der Erzeugung des rechtswidrigen Zustands vertatbestandlicht (wie in §§ 267, 147, 184, 324, 367 [3]), da wäre in Zukunft der Tatbestand auf die Herstellung zu beschränken; die weiteren Manipulationen mit der hergestellten Sache wären wegzulassen[2]).

c) Wo die Tatbestandsverwirklichung dazu geführt hätte, daß an einem Objekt eine aufhebbare Beeinträchtigung entstanden ist, wäre Nachtäter, wer deren Aufhebung hintertriebe. So derjenige, der die Heilung eines Körperschadens, die Reparatur eines Sachschadens, die durch Körperverletzung oder Tötungsversuch bezw. Sachbeschädigung entstanden waren, hintanhielte.

Selbstverständlich könnte Nachtäterschaft auch durch Unterlassung begangen werden, d. h. dadurch, daß der Täter es unterläßt, den rechtswidrigen Zustand, der aus der Vortat erwachsen ist, abzustellen. Die Strafbarkeit wäre hier wie immer durch

---

[1]) Dem § 302c StGB. gegenüber würde die schon oft mit Recht bemängelte — vgl. L. Kitzinger, Der Nachwucher (1905), 36 f. — Straflosigkeit desjenigen wegfallen, der nur entweder eine wucherliche Forderung erworben hat oder sie veräußert oder geltend macht (der § 302c fordert beides kumulativ). Überdies würde fortan aber auch der „Nachbetrug", die „Nacherpressung" u. s. w. dem Nachwucher zur Seite treten. Vgl. oben S. 476.

[2]) Soweit es erforderlich erscheint, wäre die Herstellung nur bei Absicht der Verwertung u. s. w. für strafbar zu erklären (also z. B. das heutige zusammengesetzte Verbrechen des § 267 überzuführen in den Typus des einfachen Tatbestands des Fälschens unter Beifügung des Requisits der Gebrauchsabsicht).

Rechtswidrigkeit der Unterlassung bedingt, d. h. sie könnte nur eintreten, wenn der Unterlassende verpflichtet war, den rechtswidrigen Zustand zu beseitigen. Die Herleitung einer solchen Verpflichtung aus den allgemein für Handlungspflichten geltenden Gesichtspunkten [1]) würde keine Schwierigkeiten bereiten.

Nur würde die durch Unterlassung begangene Nachtäterschaft hinsichtlich ihrer Strafbarkeit prinzipiell mit der durch Unterlassung begangenen Teilnahme nach übereinstimmenden Grundsätzen zu behandeln sein. Würde die durch Unterlassung verübte Beihilfe nicht unter Strafe gestellt werden, so würde es nicht zu rechtfertigen sein, daß die unterlassende Nachtäterschaft strafbar wäre.

Zu verschwinden hätten demnach aus dem StGB. fortan die bisherigen Typen „Begünstigung", „Partiererei", „Nachwucher" u. s. w. [2]). Es gäbe fortan keine solchen einheitlich geschlossenen Tatbestände mehr, so wenig wie es einen geschlossenen „Tatbestand" der „Anstiftung" gibt. So viele Anstiftungserscheinungen, wie Deliktstypen — so viele Nachtäterschafts-(Begünstigungs- u. s. w.)Erscheinungen, wie Deliktstypen.

Daß bei Aufstellung des generellen Begriffs der Nachtäterschaft die Schranken fallen würden, die heute Begünstigung und Partiererei trennen, wäre wahrlich kein Schade. Die Sonderausgestaltung der Begünstigung und der Partiererei hat, zumal im Hinblick auf das Zwitterwesen der Personenhehlerei, ein ganzes Heer von Kontroversen über die Zuweisung der Verbrechensvorkommnisse an die eine oder die andere Kategorie, über Tateinheits- und Konkurrenzfragen u. s. w. hervorgerufen, die mit einem Schlage verschwinden würden. Zudem ist die Scheidewand, die der Sache nach jene beiden „Typen" trennt, sehr dünn: sie besteht in letzter Linie lediglich darin, daß die Partiererei es mit Wahrung von vermögensrechtswidrigen Zuständen zu

---

[1]) Oben S. 164.

[2]) Für die Verschmelzung von sachlicher Begünstigung und Sachhehlerei sind bereits mit vollem Rechte Binding, Lehrb. 1² 382, Der Entwurf u. s. w. 110, Gretener, Begünstigung und Hehlerei 170 eingetreten. Nur gehen sie noch nicht weit genug, indem sie noch immer einen besonderen, beide umspannenden Typus festhalten wollen und die Zusammengehörigkeit dieser Nachhandlungen mit Nachwucher u. s. w. verkennen.

tun hat, daß sie also, von den positivrechtlichen Zutaten abgesehen, nur Spezialcharakter hat, und das ist kein einschneidender begrifflicher Unterschied.

Wie die Mordanstiftung, die Wucheranstiftung, die Diebstahlsanstiftung nur formell einander gleichen, insofern die gleiche Erscheinungsform vorliegt, materiell aber einander so unähnlich wie möglich sind, so sind eben auch Begünstigung und Hehlerei u. s. w. formell, als Nachtäterschaft, einheitlich, materiell aber je nach dem Typus der Vortat verschieden.

Demnach fehlt es für die Nachtäterschaft natürlich auch durchaus an einem ihr eigentümlichen besonderen Angriffsobjekt. Die so oft für die Begünstigung als solches behauptete[1]) Justizgewalt des Staates in ihrer auf „Ausgleichung der zivilrechtlichen Unrechtsfolge" gerichteten Funktion, die Zivilrechtspflege, bildet dieses Angriffsobjekt nicht mehr und nicht minder, als bei den eigenen Nachhandlungen des Vortäters; und wenn man eben dessen eigene Nachhandlungen nicht zu einem Delikt gegen die Justizgewalt stempelt, sondern sie als in der Nachsphäre der Vortat selber liegend erkennt, so kann man auch Dritte, die gleichartige Handlungen vornehmen, nicht in besonderem Sinne als Brecher der Justizgewalt ansehen.

Aber auch die Auffassung von Binding[2]) und Gretener[3]), daß das Vermögen das spezifische Angriffsobjekt der sachlichen Begünstigung bilde, verdient keine Nachfolge. Sie zerreißt den inneren Zusammenhang zwischen der Nachtäterschaft nach Vermögensdelikten und derjenigen nach anderen Delikten[4]). Und sie widerlegt sich schon dadurch, daß man mit gleichem Rechte, wie hinsichtlich des „sachlichen Begünstigers", so auch hinsichtlich des Anstifters und des Gehilfen zu Vermögensdelikten behaupten kann, daß sie sich „gegen das Vermögen" verfehlen. Die Konsequenz würde also verlangen, daß man aus der Teilnahme an einem

---

[1]) Vgl. z. B. Berner, Teilnahme 6; Rethwisch, 40; Geyer in v. Holtzend. Handb. 2 420; Süßheim, 40.

[2]) Der Entwurf u. s. w. 106; Normen 2 680, 570.

[3]) Begünstigung u. Hehlerei 107.

[4]) Vgl. oben S. 476, 480.

Vermögensdelikt ein eigenes delictum sui generis schüfe, was sich natürlich verbietet.

Der Akzessorietätsbegriff ist hier ganz der gleiche, wie bei der Teilnahme. Der Teilnahme wie der Nachtäterschaft fehlt jede Basis, wenn es an der Haupttat fehlt, sie sind nur durch diese als ihrem Durchgangspunkt gewinnbar. Und weil sie das sind, erscheinen sie beide nur als tatbestandliche Ausgestaltungen, nicht selber als Deliktsbegriffe oder -Typen. Wie sich die Mordbeihilfe eng an den Mordsbegriff anschließt und sachlich total verschieden ist von der mit ihr nur im Formale der Erscheinungsform übereinkommenden Diebstahlsbeihilfe, so schließt sich die Mordbegünstigung eng an den Mordbegriff, nicht aber an die Diebstahlsbegünstigung an, mit der sie wiederum nur ein formales Element teilt[1]). Wie der Diebsanstifter und der Diebsgehilfe eine Art Diebe sind, so sind auch die Diebstahlsnachtäter eine Art Diebe. Das Suchen nach dem Schutzobjekt der sachlichen Begünstigung und der Hehlerei, auf das man viel Mühe verwendet hat, fällt bei Anerkennung des Akzessorietätsverhältnisses natürlich fort: diese „Delikte" haben eben gar kein einheitliches ihnen eigentümliches Schutzobjekt, sondern dieses variiert je nach dem Schutzobjekt der Vortat: die sachliche Begünstigung einer Körperverletzung richtet sich gegen den menschlichen Organismus, diejenige eines Diebstahls gegen Eigentum und Gewahrsam u. s. w.

Alle Handlungen dagegen, die nicht unter den Begriff der Festhaltung des durch die Vortat erzeugten rechtswidrigen Zustandes zu bringen wären, hätten gänzlich auszuscheiden. So das Gegenarbeiten gegen die aus der Vortat entsprungenen R e c h t s f o l g e n als solche. Diese, die Ansprüche auf „Ausgleichung" des entstandenen Schadens, die auf Herbeiführung eines dem ursprünglichen rechtlichen Zustande äquivalenten neuen Zustandes abzielen[2]), tragen den Charakter eines novum. Wer diesen Rechtsfolgen entgegenarbeitet, etwa hintertreibt, daß der Sachbeschädiger Schadensersatz leistet, begeht keine bloße Nachhandlung. Zum Nachhandeln gehört eben strenge Identität des festzuhaltenden mit dem geschaffe-

[1]) Ganz richtig J o h n, Entwurf mit Motiven 261.
[2]) H ä l s c h n e r 2 864.

nen Zustande, die Hinderung der „Tilgung von Deliktsfolgen" als solche gehört nicht hierher. Hieran scheitern alle die Theorieen, die die Konstruktion der Begünstigung als bloßer akzessorischer Tat auf den Begriff der „Rechtsfolgenausgleichung" gründen[1]). Delikte, die wirklich die „Rechtsfolgen" der Tat zum Angriffsobjekt hätten, bedürften unbedingt der Gestaltung als delicta sui generis. Dabei ist übrigens ein Bedürfnis für einen besonderen Typus in Ansehung der zivilrechtlichen Folgen der Tat durchaus zu leugnen; es ist kein Grund dafür einzusehen, weshalb Schadensersatzansprüche als solche als Sonderdeliktsbegriffsobjekte eine Rolle spielen sollen. Schadensersatzansprüche sind gewiß nicht in höherem Grade schutzbedürftig, als Vertragsansprüche. Bildet die Hintertreibung einer vertragsmäßig bedungenen Leistung keinen Deliktstypus, so ist nicht erfindlich, weshalb die Hintertreibung einer ex delicto geschuldeten Leistung anders behandelt werden soll.

Auch Handlungen, die die Vereitelung der dem Vortäter gebührenden Strafe bewirken oder bewirken sollen, wie sie § 257 StGB. als „persönliche Begünstigung" mit der „sachlichen Begünstigung" zusammenstellt, würden keine Nachtäterschaft darstellen. Denn wenn auch das Straflosbleiben eines Schuldigen als ein rechtswidriger Zustand anzusehen ist, da er ja dem staatlichen Strafanspruche widerstrebt, so ist es doch nicht ein durch die Vortat erzeugter rechtswidriger Zustand. Die Vortat erzeugt vielmehr erst den Strafanspruch; wenn diesem nicht genügt wird, so ist dies ein neuer selbständiger Zustand, dessen Festhaltung mit der Tatbestandsverwirklichung nichts mehr zu tun hat. Wer einen Mörder oder Dieb der Strafe entzieht, hat mit dem Morde oder Diebstahl nichts mehr zu tun, sondern richtet seinen Angriff auf die staatliche Strafrechtspflege als solche. Die Strafvereitelung ist also selbständig zu vertypen[2]).

Deshalb hat die hier entwickelte Theorie der Nachtäterschaft nichts gemein mit der Theorie, durch die seinerzeit v. Buri[3])

---

[1]) So vor allem Waldthausen, Goltd. Arch. 29 376 ff. Gegen ihn zutreffend Binding, Lehrb. 2 2 637; vgl. auch 644.

[2]) Vgl. unten § 63.

[3]) Zur Lehre von der Teilnahme am Verbrechen u. der Begünstigung (1860).

die in Strafvereitelungsabsicht verübte Begünstigung als bloße Erscheinungsform der Vortat zu erweisen unternahm. Die Prämisse, mit der v. Buri operiert, daß nämlich die durch die Vortat begangene Rechtsverletzung bis zur Bestrafung des Täters fortdaure, und daß somit die Festhaltung der Straflosigkeit bloße Festhaltung der in der Vortat liegenden Rechtsverletzung sei, ist nicht als richtig zuzugeben, übrigens auch allseitig abgelehnt.

Aus dem Kreise der nachtäterschaftlichen Handlungen wären natürlich auch alle Handlungen auszuscheiden, deren Beziehung zu der Vortat nur darin besteht, daß dem Vortäter eine irgendwie für ihn vorteilhafte Position gewährt, ihm Vorteile der Tat gesichert werden u. dergl., wofern dies nicht zum Nachteil des Geschädigten oder sonst in Aufrechterhaltung des rechtswidrigen Zustandes besteht [1]). So würde die Reparatur einer gestohlenen Uhr, die Heilung eines gestohlenen Pferdes, das Übersetzen eines gestohlenen Buches [2]) natürlich keine Nachttäterschaft enthalten; ebensowenig ein Handeln, das einem Mörder den Lohn, den er sich für die Tat bedungen hatte, sichert [3]).

---

[1]) Wenn Binding, Lehrb. 1² 382 betont, daß es keinen Unterschied ausmachen dürfe, ob jemand sich oder dem Täter der Vortat die Beute sichert, so daß die Auseinanderreißung von sachlicher Begünstigung und Sachhehlerei keinen Titel für sich habe, so ist dies ganz richtig; nur ist noch einen Schritt weiter zu gehen: Die Sicherung der Beute als solche ist ganz gleichgültig; der springende Punkt ist die Kehrseite: die Beeinträchtigung des Erstverletzten.

[2]) Häufig gebrachte Beispiele. Vgl. Gretener 69, Kohler, Studien 1, 159. Gretener, Kohler u. a. leugnen schon für das geltende Recht die Anwendbarkeit des § 257 StGB., was angesichts des Wortlauts des Gesetzes („Beistand leisten", „Vorteile sichern") nicht überzeugend ist.

[3]) Süßheim, Begünstigung 38, benützt diesen Fall, um damit die Theorie, daß die Begünstigung bloßen Fortsetzungs-, und nicht Neudeliktscharakter trägt, speziell die Auffassung Waldthausens, zu widerlegen. Es ist nun ganz richtig, daß einerseits solches Handeln als Begünstigung im Sinne des geltenden Rechts erscheint, und daß es andererseits keine Nachtäterschaft enthält. Aber derartige Fälle sollten doch gewiß de lege ferenda keine Strafe auslösen! Gerade darin liegt ein starker Fehler des § 257 StGB., daß er jede Tatvorteilssicherung hereinzieht, statt daß lediglich das Aufrechterhalten des durch die Tat begründeten rechtswidrigen Zustandes der Strafe unterstellt wird. Wenn Kohler (vgl. vorige Anmerkung) diese Fälle aus § 257 ausscheidet, so nimmt er eine Korrektur vor, die nur das Gesetz vornehmen kann. § 257 steht offenbar auf dem entgegengesetzten — verfehlten — Standpunkte, einem Standpunkte, der

Ganz außerhalb der Sphäre des Nachhandelns muß natürlich auch das bloße Herbeiführen einer noch nach der Tat ausstehenden Strafdrohungsbedingung (Bewirkung einer Konkurseröffnung bei Bankerutt u. s. w.) bleiben. Läge in solchem Tun freilich zugleich ein Festhalten des rechtswidrigen Zustandes, so wäre es insofern ein Nachhandeln [1]).

IV. Um Verbrechen zu sein, müßte die Nachtäterschaft aber natürlich außer ihrer tatbestandlichen Beschaffenheit (III) auch noch die weiteren Verbrechensmerkmale Rechtswidrigkeit, Schuld, Erfülltsein der Strafdrohungsbedingungen an sich tragen.

1. Die Norm gegen Nachtäterschaft wäre freilich als eine generelle zu denken wie bei akzessorischer Teilnahme [2]). Wer einen aus Tatbestandsverwirklichung geborenen rechtswidrigen Zustand festhält u. s. w., handelt eben im allgemeinen rechtswidrig. Die Rechtswidrigkeit der Nachtat liegt grundsätzlich beschlossen in ihrem Charakter als Aufrechterhaltung eines rechtswidrigen Zustandes [3]). Es wäre also in das Strafgesetz das Requisit der „Rechtswidrigkeit" nicht expressis verbis einzustellen [4]). Unberührt blieben aber die gewöhnlichen Unrechtsausschließungsgründe. Der z. B. in Notwehr handelnde Nachtäter wäre natürlich — mangels Rechtswidrigkeit — ebensowenig strafbar, wie ein sonst in Notwehr Befindlicher.

2. Im Punkte der Schuld wären Nachtäterschaft und akzessorische Teilnahme in Parallelismus zu setzen [5]).

Ein Strafgesetzbuch, das die akzessorische Teilnahme nur bei vorsätzlicher Begehung straft, wird auch fahrlässige Nachtäterschaft straflos lassen, ein Strafgesetzbuch, das auch fahrlässige Teilnahme kennt, wird auch fahrlässige Nachtäterschaft strafen müssen. Denn

---

eigentlich dazu führen müßte, daß jeder strafbar wäre, der einem Verbrecher eine Guttat erweist; „Begünstigung" heißt „Gunsterweisung"!

[1]) Vgl. oben S. 393.

[2]) Oben S. 424.

[3]) Abgesehen von der Rechtswidrigkeit der Unterlassung, oben S. 501.

[4]) Vgl. oben S. 162 ff.

[5]) Von dem Schuldhaftungsprinzip ist natürlich für die Nachtäterschaft keine Ausnahme zu machen. Der Nachtäter ist nur bei Schuld strafbar. Grundverkehrt die altenglische Auffassung, daß der Begünstiger für fremde Schuld haftbar sei.

warum sollte fahrlässige Festhaltung eines rechtswidrigen Zustandes schwerer in der Wage der Gerechtigkeit wiegen, als fahrlässige Setzung von Vorbedingungen für die Entstehung eines solchen Zustandes?

Anlangend den nachtäterschaftlichen dolus, so erfordert die Annahme einer Nachtäterschaft genau so, wie die Teilnahme, eine psychische Verknüpfung der nachtäterischen Handlung mit der des Vortäters, d. h. der Nachtäter muß mit dem Vorsatz handeln, einen durch Vortat geschaffenen rechtswidrigen Zustand fortzupflanzen. Dies Requisit gilt ja auch heute für die aus der Nachtäterschaft herausgehobenen Typen der Partiererei, des Nachwuchers u. s. w. In Übereinstimmung mit der akzessorischen Teilnahme kommt das psychische Anknüpfungsmoment natürlich lediglich auf seiten des Nachtäters in Frage. Für den Vortäter genügt ja das Verwirklichen des Tatbestandskerns; ob er sein eigenes Nachhandeln schon zur Zeit der Tat ins Auge gefaßt hatte, gilt gleich. Folglich braucht er auch fremdes Nachhandeln nicht gewollt zu haben. Und hat er die Tat begangen, so ist sein Einverständnis mit dem Handeln des Nachtäters natürlich als solches völlig gleichgültig, weil eine nuda cogitatio darstellend[1].

Wohl aber muß der Nachtäter den Willen haben, den durch die Vortat geschaffenen Zustand fortzuführen, also an jene anzuknüpfen, gleichviel ob mit Billigung des Vortäters oder ohne solche[2]. Wußte der Vortäter von der Nachtäterschaft nichts, so steht der Nachtäter gerade so da, wie der zweithandelnde Mittäter, dessen Partner nicht selber Mittäter ist[3]; wie die Mittäterschaft, so kann auch die Nachtäterschaft mit einseitigem Anschlußvorsatz begangen werden.

Im einzelnen müßte der Vorsatz des Nachtäters umfassen: die Vorstellung, daß eine Vortat vorliegt, nebst der Vorstellung, daß der Nachtäter zu dem betreffenden Tatbestande nachhandelt, also

---

[1]) Über die Bedeutung seiner Mitwirkung am Nachhandeln des anderen s. unten § 59 II 2.

[2]) Für die Bestrafung des Wippers nach § 150 StGB. hätte also das Requisit des „Einverständnisses mit dem Kipper" fortzufallen und im Sinne des Textes durch den einfachen Anschlußvorsatz abgelöst zu werden.

[3]) Oben S. 414.

einen dadurch erzeugten rechtswidrigen Zustand billigt und aufrecht erhält — einen animus conservandi oder conservatoris im Gegensatz zum animus auctoris (und zum animus socii). (Bewußtsein der Rechtswidrigkeit selbstverständlich.)

Es würde also

a) ein Irrtum über die nur konkreten Umstände für den Vorsatz gleichgültig und nur eventuell für dessen Intensität und demgemäß für die Strafzumessung von Belang sein.

b) Ein Irrtum, kraft dessen der Nachtäter seine Nachtat als zu einem minder schweren Spezialtypus geleistet ansah, würde ihn nur wegen einer Nachtäterschaft zu diesem Typus strafbar machen (z. B. Hehlerei nach schwerem Diebstahl, wenn der Nachtäter den beim Vortäter vorliegenden Erschwerungsgrund nicht kannte).

c) Ein Irrtum, kraft dessen der Nachtäter außerhalb des Falles b einen auf seiten des Vortäters gegebenen Tatumstand nicht kannte, müßte auf Grund des § 59 StGB. zur Verneinung der Nachtäterschaft führen (z. B. Nachtäterschaft nach Sachbeschädigung, wenn der Nachtäter annahm, daß er einem Jagdvergehen nachhandle).

d) Bei Irrtum über die Nachtäterschaft selber würde, wenn der Nachtäter in der Annahme, daß er erst den Tatbestand verwirklichte, die Nachhandlung vornahm, während dieser in Wahrheit schon verwirklicht war und er den geschaffenen Zustand nur festhielt, zur Bestrafung wegen Nachtäterschaft führen. Es liegt dann objektiv Nachtäterschaft vor, da die Tat des „Ausführungs"charakters ermangelt. Subjektiv liegt zwar nicht Nachtäterschaftsvorsatz, sondern Ausführungsvorsatz vor, dieser aber steht zu jenem im Verhältnis des plus zum minus, so daß der Bestrafung als Nachtäter nichts im Wege steht.

Würde umgekehrt der Täter mit bloßem Nachtäterschaftsvorsatz eine Ausführungshandlung vornehmen, so fehlte es an der Möglichkeit der Bestrafung: der Handelnde könnte nicht als Täter gestraft werden, weil ihm der animus auctoris fehlte; als Nachtäter nicht, weil es an einer Vortat fehlte [1]).

e) Irrtum des Nachtäters über die Subsumtion der in der

---

[1]) Vgl. oben S. 398.

Vortat gegebenen Tatumstände unter die Rechtsbegriffe wäre bedeutungslos. Bedeutungslos also auch die Subsumtion der Vortat unter die Kategorie der „Verbrechen“ oder „Vergehen“ [1]).

Irgendwelche besondere Ausgestaltungen des dolus würden grundsätzlich bei dem Nachtäter nicht zu fordern sein (anders als bei der akzessorischen Teilnahme [2]). Denn ist einmal aus einer Tatbestandsverwirklichung ein rechtswidriger Zustand erwachsen, so erscheint dessen vorsätzliche rechtswidrige Festhaltung offenbar in vollem Umfang strafwürdig, unangesehen die etwa vom Nachhandelnden verfolgten „Absichten“ (gesteigerter Vorsatz) u. dergl. Wo es sich um die Teilnahme handelt, erscheint es billig, für die Bestrafung der Teilnehmer nicht von einem Schuldrequisit zu abstrahieren, bei dessen Fehlen nicht einmal der Haupttäter gestraft wird. Das fait accompli des rechtswidrigen Zustandes dagegen, mit dem für die Nachtäterschaft zu rechnen ist, verändert die Sachlage. Hat A dem X eine diesem gehörige Sache ohne diebische Absicht weggenommen, so strebt eben die Sache gerade so zu ihrem Eigentümer zurück, wie wenn diebische Absicht vorgelegen hätte; und wer den der Rechtsordnung widerstreitenden Zustand vorsätzlich festhält, und wäre es auch ohne diebische Absicht zu haben, muß somit gerade so strafwürdig sein, wie der Nachtäter eines wirklichen Diebes [3]). Ganz selbstverständlich sollte sein, daß die Strafbarkeit der Nachtäterschaft nicht generell von einer für sie spezifisch aufgestellten „Absicht“ abhängig gemacht werden darf. Ist doch auch für den Anstifter und den Gehilfen eine spezifische Absicht ihres Handelns nicht erforderlich zur Bestrafung. Wie dort, so muß auch hier der schlichte Vorsatz genügen.

Dies hätte namentlich gegenüber dem Requisit der Vorteilssucht bei der heutigen Partiererei zu gelten. Weshalb derjenige nicht auch strafbar sein soll, der z. B. aus Schabernack gestohlene Sachen kauft oder verheimlicht, ist nicht einzusehen [4]). So gut

---

[1]) Vgl. unten IV.

[2]) Oben S. 460.

[3]) Vgl. auch oben I 1.

[4]) Im heutigen Recht wird bei Fehlen der Eigensucht bisweilen § 257 eingreifen; dies aber doch nur dann, wenn durch die Nachhandlung dem Diebe „Beistand“ geleistet wurde, was nicht immer zutreffen wird.

wie derjenige, der ohne Vorteilssucht dem Unterschlagungstäter Beihilfe leistet oder ihn anstiftet, strafbar ist, ebenso muß auch gestraft werden, wer ohne Vorteilssucht jenem nachhandelnd dem Eigentümer der Sache in den Weg tritt.

Aber auch die sonstigen von dem Nachtäter verfolgten Zwecke müßten — der allgemeinen Regel gemäß — gleichgültig sein, insbesondere ob er „zu Gunsten des Vortäters" handelte, so, daß diesem ein „Beistand" geleistet würde und er von der Nachtat profitierte — ist doch auch bei der Teilnahme solche Tendenz des Handelnden ohne Erheblichkeit.

Desgleichen wüßte ich keinen Grund anzugeben, weshalb für die Bestrafung des Wippers Gewohnheitsmäßigkeit erforderlich sein soll[1]. Der Sinn dieses Requisits in § 150 StGB. ist ja der, daß der Staat ein Auge zudrücken will, wenn jemand nur gelegentlich einmal der Versuchung erliegt, gekippte Münzen, die ihm in die Hand gekommen sind, zu verausgaben. Aber es ist zu bedenken, daß sich das Wippen zum Kippen gar nicht anders verhält, als das Ausgeben von Münzfalsifikaten (§ 148 StGB.) zur Münzfälschung (§ 146 StGB.); wenn also § 148 das Ausgeben von Münzfalsifikaten auch ohne Gewohnheitsmäßigkeit straft — warum soll es beim Wippen anders sein[2]? Wollte aber schließlich der Gesetzgeber von dem Requisit der Gewohnheitsmäßigkeit bei dem Wippen durchaus nicht lassen, so ließe sich auch bei der Überführung dieser Handlungsweise in die Denkform der Nachtäterschaft diesem Erfordernis Rechnung tragen, indem für die Nachtäterschaft nach Münzverringerung speziell bestimmt würde, daß sie nur bei Gewohnheitsmäßigkeit strafbar sein solle.

3. Als Strafdrohungsbedingungen würden für den Nachtäter die allgemeinen Bedingungen, die für Verbrechen überhaupt oder gruppenweise gelten, selbständig in Betracht kommen. Hätte er im Notstand gehandelt oder im Auslande eine nur bei

---

[1] Über das heute alternierende Moment des „Einverständnisses mit dem Kipper" vgl. oben S. 507 Anm. 2.

[2] Nur wäre dafür Sorge zu tragen, daß der Strafrahmen für Nachtäterschaft so weit heruntergesetzt würde, daß für den nicht gewohnheitsmäßigen Wipper bloße Geldstrafe statthaft wäre. Vgl. unten § 58.

Inlandsbegehung strafbare Handlung begangen, so stünde ihm der betreffende Strafausschließungsgrund schützend zur Seite.

Im besonderen wären aber die für die akzessorische Teilnahme geltenden Strafausschließungsgründe hierher zu übertragen: der Kreis der Delikte, zu denen strafbare Nachtäterschaft geleistet werden könnte, wäre kongruent zu halten mit dem Kreise der Delikte, zu denen strafbare Beihilfe geleistet werden kann. Beschränkt sich die strafbare Beihilfe auf Beihilfe an Verbrechen und Vergehen, so darf auch die Nachtäterschaft nach Übertretungen nicht strafbar sein. Es ist prinzipwidrig, wenn das geltende Recht diesem Gesichtspunkt bei der Partiererei keine Beachtung schenkt, so daß z. B. die Beihilfe zu einem Mundraub straflos, derjenige dagegen, der die durch Mundraub entwendeten Früchte veräußern hilft, strafbar ist.

Liegt doch auch schon dem heutigen Begünstigungsparagraphen 257 der richtige Gedanke zu Grunde, daß man nicht Begünstigung nach Übertretungen strafen kann, wenn Beihilfe zu solchen unsträflich ist.

V. Fehlen persönlicher Strafbarkeitsbedingungen (Vorliegen persönlicher Strafausschließungsgründe) würde dem Nachtäter Straflosigkeit verschaffen; so z. B. Monarchenqualität.

VI. In ihrer Eigenschaft als bloße Erscheinungsform würden Begünstigung, Partiererei, Nachwucher u. s. w. fortan in allen Gesetzesstellen, die von bestimmten Deliktstypen sprechen, mitgemeint sein, wofern in der betreffenden Stelle nicht bloß an die direkte Tatbestandsverwirklichung gedacht wäre[1]). Wo in diesem umfassenden Sinne von „Mord", „Wucher", „Diebstahl" u. s. w. gesprochen wäre, würden gerade so gut wie die Mordanstiftung und Mordbeihilfe, Wucheranstiftung und Wucherbeihilfe u. s. w. auch Mordnachtäterschaft, Wuchernachtäterschaft u. s. w. von der Typenbezeichnung miterfaßt sein.

Das würde z. B. für die strafbare Unterlassung der Anzeige nach § 139 StGB. zu gelten haben. Wenn dort gestraft wird,

---

[1]) Vgl. oben S. 269.

wer einen bevorstehenden „Hochverrat, Landesverrat" u. s. w. nicht anzeigt, so kann natürlich möglicherweise lediglich der täterschaftliche Hochverrat u. s. w., also die „Ausführung" gemeint sein, und dann fällt die Nichtanzeige einer bevorstehenden Hochverrats-u. s. w.- Nachtäterschaft natürlich ebensowenig unter § 139, wie die Nichtanzeige einer bevorstehenden Hochverrats-u. s. w.-Beihilfe u. s. w. Ist aber die gegenteilige Auslegung richtig[1]), ist also mit dem Typus „Hochverrat" u. s. w. auch die modifizierte Verwirklichung gemeint, dann ist auch die Nichtanzeige einer bevorstehenden Hochverratsbegünstigung, korrekter einer Hochverratsnachtäterschaft mit strafbar, gerade so gut wie die Nichtanzeige einer bevorstehenden Hochverratsbeihilfe. Im Sinne des geltenden Rechts wäre dies natürlich unrichtig, weil hier die Begünstigung als ein mit dem Typus „Hochverrat" u. s. w. auf gleicher Stufe stehender Typus ausgeprägt ist. Aber das kann eben nur als prinziplos bezeichnet werden. Man darf auch nicht einwenden, die Verhütung des Hochverrats selber und der zu ihm hinleitenden Teilnahmehandlungen sei für den Staat wichtiger als die Verhütung des „bloßen" Bestehenbleibens von rechtswidrigen Hochverratsfolgen. Das Fortbestehen rechtswidriger Zustände muß sicher dem Staate nicht minder ein Dorn im Auge sein als die Teilnahme an der Herbeiführung von solchen! Ein Beispiel für Hochverratsnachtäterschaft wird vielleicht schwer zu finden sein. Dagegen läßt sich das Gesagte an dem in § 139 ja ebenfalls genannten Landesverrat gut exemplifizieren. Hat z. B. A dem Feinde Mannschaften zugeführt (StGB. § 90³) oder Operationspläne dem Feinde mitgeteilt (StGB. § 90⁴), so ist das Verbleiben der Mannschaften bei dem Feinde oder das Verbleiben der Operationspläne in seinen Händen ein rechtswidriger Zustand, und wer etwa die Mannschaften von der Rückkehr abhält oder die Operationspläne dem Feinde erhält, begeht — nicht selber einen Landesverrat, wohl aber — Nachtäterschaft dazu. Es ist nun für das Reich gewiß eben so wichtig, die Mannschaften zurückkehren zu sehen oder die Operationspläne wieder zu erlangen (vorausgesetzt, daß überhaupt mit der einmaligen Einsicht in die Ope-

[1]) Ob das der Fall ist, ist hier nicht zu untersuchen.

rationspläne noch nicht alles verloren ist, also noch ein reparabler rechtswidriger Zustand vorliegt)[1], wie seinerzeit das Verbleiben der Mannschaften bezw. der Operationspläne beim Reiche es war. Wenn nun B es unterläßt, rechtzeitig davon Anzeige zu machen, daß C jene nachtäterschaftliche Handlung begehen wolle, während im Falle der Anzeige die Mannschaften zurückgekehrt, die Operationspläne dem Reiche wieder zugegangen wären, so ist er gewiß ebenso strafwürdig, wie derjenige, der seinerzeit unterlassen hat, davon Anzeige zu machen, daß A damit umgehe, den B zur Zuführung von Mannschaften an den Feind oder Übermittelung von Operationsplänen an diesen anzustiften oder ihm Beihilfe zu leisten!

Vor allem aber würde sich die Definition des Rückfalls wesentlich vereinfachen, und die Rückfalllehre innerlich geschlossener werden, als in der geltenden Gesetzgebung. Heute läßt § 244 StGB. außer den Vorbestrafungen wegen Diebstahls auch Vorbestrafungen wegen Hehlerei als Diebstahlsrückfall begründend gelten. Es bedurfte dazu natürlich einer Bestimmung expressis verbis. Nun ist diese Bestimmung aber, so lange die Hehlerei ein delictum sui generis ist, schlechthin unverständlich und unwahr. Wie kann derjenige rückfälliger Dieb sein, der noch niemals in seinem Leben gestohlen hat! Mit demselben Rechte, wie man den zweimaligen Hehler bei nachfolgendem Diebstahl als Rückfalldieb straft, könnte man zweimalige Betrüger, Erpresser und Wucherer u. s. w. ad libitum bei nunmehrigem Diebstahl als rückfällige Diebe fingieren! Und doch liegt der Bestimmung in § 244 ein materiell richtiger Gedanke zu Grunde, der eben nur gegenüber der formalen Behandlung der Hehlerei als eines selbständigen Typus nicht zum Durchbruch hätte gelangen sollen — der Gedanke, daß die Hehlerei, soweit sie sich auf einen Diebstahl bezieht, nur eine Erscheinungsform des Diebstahls ist. Wird den Postulaten der Nachtäterschaftstheorie Rechnung getragen, so fügt sich alles von selbst, es braucht dann nur von Vorbestrafungen wegen „Diebstahls" gesprochen zu werden, und es fallen die Vorbestrafungen wegen Diebstahlsnachtäterschaft ebensogut unter den Begriff, wie dies

[1] Oben S. 493.

schon jetzt für Vorbestrafungen wegen Diebstahlsanstiftung und Diebstahlsbeihilfe gilt.

Zudem würde so eine gewisse unmotivierte Inkonzinnität vermieden sein, die sich nach der heutigen Fassung des § 244 einstellt. Heute genügt Vorbestrafung wegen jeder wie immer gearteten Hehlerei zur Begründung eines Rückfalldiebstahls, also z. B. auch die an eine Unterschlagung anschließende (ja sogar die an Nichtvermögensdelikte anschließende). Wenn nun aber die Vorbestrafung wegen Unterschlagung zur Begründung eines Rückfalldiebstahls nicht genügt, so ist nicht einzusehen, weshalb die Unterschlagungshehlerei dazu genügen soll. Mit der Streichung der Hehlerei als eines besonderen Typus und Einstellung der Nachtäterschaft unter die Erscheinungsformen würde diese Ungereimtheit von selbst verschwinden.

VII. Daß bei Umbildung der Begünstigung und Hehlerei zur Nachtäterschaft das Landesrecht freie Hand bekäme zur eigenen Regelung dieser Nachtäterschaft hinsichtlich der ihm überlassenen Typen (Forstdiebstahl u. s. w.)[1]), ist selbstverständlich.

§ 57.

III. Konkrete Täterzusammengehörigkeit von Vortäter und Nachtäter. Juristische Bedeutung der Zusammengehörigkeit.

I. Wie bei der Teilnahme, so ist auch bei der Nachtäterschaft im einzelnen Falle neben dem begrifflichen Zusammenstimmen auch noch das tatsächliche Zusammenstimmen der Nachhandlung mit der Vortat der Feststellung bedürftig. Ob nun solche tatsächliche Zusammengehörigkeit vorliegt, ist nach den über die konkrete Tateinheit entwickelten Sätzen[2]) in Verbindung mit dem, was oben über die konkrete Zusammengehörigkeit von Tat- und Teilnahmehandlungen ausgeführt wurde[3]), zu bestimmen. Man hat also, sofern überhaupt Nachtäterpersönlichkeit und Vortäterpersön-

[1]) Vgl. oben S. 483.
[2]) Oben S. 362 ff.
[3]) Oben S. 403 ff.

lichkeit nicht identisch sind[1]), fiktiv zu unterstellen, sie seien identisch. Wenn sich dann die nachtäterische Handlung als bloße Aufrechterhaltung des durch die Ausführung geschaffenen rechtswidrigen Zustandes, als bloßer Annex der Tatbestandsverwirklichung darstellt, so verliert sie diesen ihren Charakter auch nicht durch die Personenverschiedenheit. Die Nachtäterschaft besteht also darin, daß jemand eine Handlung vornimmt, die, wenn sie der Vortäter selber vorgenommen hat oder hätte, durch die Bestrafung wegen der Tatbestandsverwirklichung mitgedeckt erschiene, so, daß dann zwischen ihr und der Tatbestandsverwirklichung nicht das Verhältnis der Realkonkurrenz obwalten, sondern Tateinheit im weiteren Sinne gegeben sein würde. Nur ist natürlich die vorbereitende Fiktion, es habe der Vortäter selber das vom Nachtäter vorgenommene Tun entfaltet, cum grano salis zu verstehen, d. h. es ist dem Umstande Rechnung zu tragen, daß sich der Vortäter regelmäßig sozusagen in dem rechtswidrigen Zustande befindet, während ein Dritter erst in ihn hineintritt. Deshalb wird sich das Nachhandeln des Vortäters selber oft in Gestalt einer Übertragung des rechtswidrigen Zustandes auf den Dritten, bei diesem dagegen in Gestalt einer Übernahme äußern; z. B. handelt der Dieb seinem Tun nach in Gestalt des Gebens, der Hehler in Gestalt des Nehmens der gestohlenen Sache. Die oben erwähnte Fiktion bedeutet also nur sinngemäße Ersetzung der Person des einen durch die des anderen. Es muß sich also um einen in concreto identischen rechtswidrigen Zustand handeln. Er bildet das kausale Band zwischen Vortat und Nachtäterhandlung. Darin gerade liegt der innerliche ursächliche Zusammenhang[2]).

II. Daß bei unserer Auffassung die Nachtäterschaft nach fremder Vortat nicht etwa mit der Vortat als zu einer einzigen strafbaren Handlung verschmolzen erscheint, nicht zu einer wirklichen Tateinheit zusammenwächst, als ob Vortat und Nachtat nur je ein Bruchstück einer „einzigen" strafbaren Handlung wären, und jeder sozusagen nur Teilverbrecher wäre, wird nach dem oben hinsichtlich der Teilnahme Gesagten keiner weiteren Ausführung

---

[1]) Oben S. 492.

[2]) Vgl. schon v. Buri, GS. 1877, 14 f., und oben S. 484.

bedürfen. Es gilt hier vielmehr grundsätzlich dasselbe wie hinsichtlich der Anstiftung und der Beihilfe[1]: Die „Einheit" ist eine wirkliche nur in begrifflicher Hinsicht, insofern alle Täter demselben Typus teils direkt, teils indirekt unterstellt werden; dagegen ist die Tateinheit nur das fiktive Substrat für die Ermöglichung der Zusammenschließung der Verbrechensfälle. Durch die Mehrheit der Verbrecher ist die Tateinheit natürlich zerbrochen — wie jeder ein ganzer Mensch ist, so ist auch sein Handeln ein ganzes Handeln. Selbstverständlich erwächst also gegen jeden ein besonderer Strafanspruch[2]. Deshalb gerade bedeutete die Feststellung, daß die Vortat ein Verbrechen war, noch keineswegs, daß der ihr Nachhandelnde durch die Nachtat ein Verbrechen begangen habe, sondern letztere war eben noch auf ihre eigenen verbrecherischen Eigenschaften hin zu untersuchen[3].

Daß die Nachtäterschaft den Charakter einer besonderen Handlung des Nachtäters behält, wirkt natürlich hinüber auf die Frage nach Zeit und Ort ihrer Begehung: die Nachtat ist nicht da und zu der Zeit begangen, wo der Vortäter gehandelt hat, sondern eben da und zu der Zeit, wo er selber die Nachhandlung vornahm. Ebenso scheiden sich die Strafansprüche im Punkte ihres Untergangs. Eine dem Vortäter widerfahrende Strafaufhebung würde die Nachtat und ihre Strafbarkeit grundsätzlich unberührt lassen, wie auch umgekehrt[4].

III. Sind Nachtäter und Vortäter identisch, so liegt allerdings eine wirkliche Tateinheit vor. Ihre einzelnen Elemente, also auch das Nachhandeln, behalten jedoch auch hier, wie immer[5], ihre relative Eigenbedeutung.

---

[1] Oben S. 405.
[2] Vgl. oben S. 406.
[3] Oben S. 506 ff.
[4] Abwegig v. Buri, Teilnahme 89 ff., der eine einheitliche Verjährung annimmt.
[5] Oben S. 383 ff.

§ 58.

IV. Die Strafdrohung für Nachtäterschaft und ihre Relativität.

I. Der für die Nachtäterschaft aufzustellende Strafrahmen dürfte natürlich nicht in einer Grundstrafdrohung ausgedrückt sein — das hieße den Begriff der Nachtäterschaft als einer sich an die Einzeltypen anschmiegenden Erscheinungsform preisgeben. Die Strafdrohung wäre vielmehr streng relativ, unselbständig zu fassen [1]. In Anbetracht des Umstandes, daß bloße Festhaltung eines schon bestehenden rechtswidrigen Zustandes sicher minder schwer wiegt als die Urhandlung, eben weil hier der Handelnde bereits den fertigen Zustand vorfindet, hätte der Strafrahmen nach oben um einiges hinter den Grundstrafdrohungen zurückzubleiben [2]. Ebenso würde auch das Minimum des relativen Strafrahmens weit hinunterzugehen haben unter das Minimum der Grundstrafdrohung. Ein Übel in die Welt setzen ist sicher eine Tat von größerer Energie, bei der mehr Hemmungsvorstellungen zu überwinden sind, als das bloße Festhalten eines Übels, das man vorgefunden hat. Ist doch auch umgekehrt das Verdienst des Bahnbrechers größer als das der Epigonen, die in seinen Spuren wandeln!

---

[1]) Ganz richtig bemerkt Hälschner 2 869: Für die Strafzumessung werde immer die größere oder geringere Schwere der Vortat von Bedeutung sein. Aber dieser Gedanke kommt doch nur verkümmert zur Geltung, wenn man bloß die Strafzumessung von der größeren oder geringeren Schwere der konkreten Vortat beeinflußt sein läßt. Innerhalb eines absoluten, also starren Strafrahmens kann man ihm nicht genügend Rechnung tragen. Es muß vielmehr schon der Strafrahmen selber, der der Nachtat gilt, derart beweglich sein, daß er sich je nach dem Typus der Vortat verschieden darstellt. Wenn John, Entwurf mit Motiven 261, ungeachtet er im Grunde eine relative Strafdrohung für angezeigt erachtet, dennoch schließlich eine absolute Straffatzung vorschlägt, so rechtfertigt er dies selbst damit, daß das im Effekt auf dasselbe hinauslaufe. Aber er warnt selber davor, daraus zu folgern, „als ob die Begünstigung ein einziges Delikt wäre". Diese Warnung verrät aber, daß eben die absolute Strafdrohung in Wahrheit notwendig zur Sonderdeliktsnatur der Begünstigung hinleitet. Volle Klarheit wird nur geschaffen durch Fallenlassen jeder absoluten Strafposition.

[2]) Vgl. Waldthausen, GA. 29 379; Gretener, Begünstigung und Hehlerei 187.

Es wäre namentlich zu brechen mit der Auffassung, daß der Hehler so viel wert sei wie der Stehler, daß Hehler und Stehler an einen Galgen gehören, oder gar, daß der Hehler ein viel ärgerer Kumpan sei, als der Dieb. Man hat sich hier den Blick trüben lassen durch die soziale Gefährlichkeit gerade des Hehlertums. Aber man hat doch noch niemals gehört, daß Leute, die die Leichen Gemordeter bergen, dem Mörder gleichgestellt werden sollten, und auch das geltende Recht gibt zu gleicher Bestrafung keine Handhabe. In der Behauptung der gleichen sozialen Gefährlichkeit liegt ein Irrtum. Sozial gefährlicher ist zweifellos der, der selber den ersten Streich führt! Daß die Zunft der Diebe gerade deshalb floriert, weil sie weiß, daß sie an Hehlern ihren Rückhalt findet, sagt gar nichts. Denn erstens würde der einzelne Hehler nur allenfalls dann als schwerer schuldig erscheinen, wenn er zuvor die Hehlerei zugesagt hätte; und dann läge seine schwerere Schuld nicht sowohl in der Nachtäterschaft, sondern in der vorherigen Gewährung von Rückhalt, mit anderen Worten, in einer Beihilfehandlung. Wer mit jenem Argument Ernst machen wollte, müßte also dahin gelangen, jeden Gehilfen als dem Täter an Schuld ebenbürtig oder gar als „noch gefährlicher" anzusehen. Man sieht, in welche Irrgänge man hineingerät. Und schließlich hat die größere oder geringere soziale Gefährlichkeit mit dem Strafrecht überhaupt nichts zu tun. Gegen sie ist nicht mit Strafen anzukämpfen, sondern durch schneidige Präventivtätigkeit!

Es muß also dabei bleiben, daß die Nachtäterschaft gelinder als die Täterschaft bestraft wird. Damit ist aber natürlich nicht gesagt, daß im konkreten Falle die vom Nachtäter verwirkte Strafe nicht größer als die des Vortäters sein könnte; nur die Strafrahmen sind so abzustufen, daß der dem Vortäter geltende strenger ist als der dem Nachtäter geltende.

Dagegen wird sich schwerlich behaupten lassen, daß die Nachtäterschaft grundsätzlich weniger schwer wiege als die Beihilfe, so daß ein auch hinter dem Strafrahmen gegen letztere zurückbleibender Strafrahmen für sie am Platze wäre[1]). Man wird viel-

[1]) Dies ist die Auffassung von Hälschner hinsichtlich der Begünstigung (2 869); auch die gemeinrechtliche Doktrin sah den concursus post delictum

mehr im allgemeinen die Nachhandlungen mit den Vorbereitungs- und Nebenhandlungen auf eine Stufe zu stellen haben.

II. Danach ergäbe sich folgendes — in den Allgemeinen Teil des StGB. einzustellende — abgeleitete Strafgesetz:

§ x: Wer vorsätzlich einen rechtswidrigen Zustand, der durch eine tatbestandsmäßige rechtswidrige Handlung jemandes herbeigeführt worden ist, aufrechthält oder fortführt, wird als Nachtäter nach den für die Beihilfe geltenden Bestimmungen bestraft. Nachtäterschaft nach Übertretungen ist straflos.

III. Die Korrespektivität der auf den Nachtäter anzuwendenden Strafdrohung mit der Hauptstrafdrohung wäre, wie bei der Teilnahme, streng durchzuführen[1]. Nur würde mit Rücksicht darauf, daß die Vortat in ihrer Eigenschaft als bloße tatbestandsmäßige rechtswidrige Handlung[2] möglicherweise mehrere Grundstrafdrohungen je nach Schuldmomentsverschiedenheit oder differenzierenden Strafdrohungsbedingungen neben sich hat, zu bestimmen sein, *welche* von diesen zu Grunde gelegt werden soll. Nun ist der tatbestandsmäßig erzeugte rechtswidrige Zustand offenbar der gleiche bei aller Verschiedenheit der auf die Haupttat anwendbaren schuldlich oder im Punkte der Strafdrohungsbedingungen Grundstrafdrohungen, z. B. der von einem Jugendlichen herbeigeführte Zustand der gleiche, wie der von einem Vollstrafmündigen herbeigeführte. Demnach wäre lediglich die *Normal*strafdrohung ohne Rücksicht darauf zu Grunde zu legen, wie der Haupttäter behandelt wird.

---

für minder strafwürdig an als die „wirkliche" Beihilfe, vgl. *Hälschner*, 2 860.

[1] Bei Qualifizierungs- und Privilegierungsmomenten *tatbestandlicher* Natur käme es also darauf an, ob diese beim Vortäter vorlagen, für den Nachtäter eines *Einbruchsdiebs* wäre also der Strafrahmen unter Zugrundelegung der Strafdrohung des § 243 StGB. zu berechnen; für den Nachtäter eines Beamten, der im Amte unterschlagen hat, unter Zugrundelegung der Strafdrohung des § 350 StGB. u. s. w. (vorausgesetzt, daß ihm das Qualifikationsmoment beim Haupttäter bekannt war, oben S. 508).

[2] Oben S. 490. Bliebe der § 50 StGB. im künftigen Strafgesetzbuch stehen, so müßte er freilich auf die Nachtäterschaft folgerichtigerweise ausgedehnt werden.

Andererseits aber würde der Nachtäter natürlich aller derjenigen Qualifikationen und Privilegierungen außertatbestandlicher Art, die absolut für Strafdrohungen jeder Art oder gruppenweise relativ aufgestellt wären, teilhaftig sein. Er wäre, wenn zwischen 12 und 18 Jahren alt, nach § 57 StGB. zu strafen.

Eine andere Frage wäre, ob es das Gesetz für die Nachtäterschaft selber bei einem einzigen Strafrahmen bewenden lassen soll oder mit Rücksicht auf erschwerende oder mindernde Umstände spezifische Qualifizierungen oder Privilegierungen für die Nachtäterschaft eintreten lassen soll. Geschähe ersteres, so wäre damit entgegen den §§ 260, 261 StGB. der gewerbsmäßige u. s. w. Hehler als solcher nicht mehr mit Zuchthaus strafbar.

Nun wird sich ein Bedürfnis für härtere Bestrafung des gewerbsmäßigen, des gewohnheitsmäßigen und des Rückfallhehlers schwerlich in Abrede stellen lassen. Und solche härtere Bestrafung würde auch unter der Herrschaft der Nachtäterschaftstheorie, also bei Fallenlassen des selbständigen Hehlereitypus, zu ermöglichen sein[1]). Denn wenn vorstehend ausgeführt wurde, daß grundsätzlich der Strafrahmen für Nachtäterschaft hinter dem Strafrahmen für die Vortat zurückzubleiben hat, so ist doch selbstverständlich möglich, daß mit Rücksicht auf besondere Umstände die Erscheinungsformverwirklichung schwerer strafwürdig erscheint als die Tatbestandsverwirklichung[2]).

---

[1]) Dabei soll die — nach meiner Auffassung unbedingt zu bejahende — Frage unerhoben bleiben, ob nicht Gewerbs- und Gewohnheitsmäßigkeit als „absolute Qualifikationsmomente" nach Art des § 55 MStGB. auszugestalten wären, so, daß ihr Vorliegen eine „Erscheinungsform" jedes — direkt oder in der Erscheinungsform der Teilnahme oder Nachtäterschaft verwirklichten — Tatbestandes wäre.

[2]) Unbedingt zu mißbilligen wäre dabei die Aufstellung einer Grundstrafdrohung für die qualifizierten Fälle. Wird die Hehlerei selber zur bloßen Erscheinungsform der Verbrechenstypen gemacht, so kann korrekterweise die Gewerbshehlerei nicht mit Sondertypizität bekleidet werden. Sonst würden sich endlose Neukomplikationen ergeben. Es müßte vielmehr für die qualifizierte Nachtäterschaft ein sich an die Strafdrohung der einfachen Nachtäterschaft eng anschmiegender relativer Strafrahmen zweiter Ordnung aufgestellt werden.

Ob die Qualifizierung der Nachtäterschaft ganz allgemein ausgesprochen oder auf die Nachtäterschaft mit Bezug auf bestimmte Deliktstypen beschränkt würde (z. B. auf gewerbsmäßige u. s. w. Nachtäterschaft nach Dieb-

Aber eine andere Erwägung wird zur Verwerfung einer Sonderqualifikation oder -privilegierung der Nachtäterschaft als solchen führen müssen[1]). Es dürfte nämlich nicht bestreitbar sein, daß ein Umstand, der beim Nachtäter qualifizierend oder privilegierend wirkt, auch wert ist, bei der Haupttat als Qualifikations- oder Privilegierungsmoment verwendet zu werden; es müßte der Erhöhung oder Verminderung des Strafrahmens für Nachtäterschaft bei einem Typus die Erhöhung oder Verminderung des Strafrahmens für die direkte Verwirklichung dieses Typus korrespondieren. Wird z. B. die Diebstahlsnachtäterschaft bei Gewerbsmäßigkeit u. s. w. härter gestraft als gewöhnliche Diebstahlsnachtäterschaft (§ 260 StGB.), so muß notwendig auch für den Diebstahl selber die Gewerbsmäßigkeit qualifizierend wirken. Das heutige Recht verfährt nicht sachgemäß, wenn es den gewerbs- und gewohnheitsmäßigen Dieb als einfachen Dieb, den gewerbs- und gewohnheitsmäßigen Hehler als schweren Hehler abstraft.

Das beliebte Argument von der besonderen Gefährlichkeit der gewerbs- und der gewohnheitsmäßigen Hehler verzerrt den wahren Sachverhalt. Es beweist — seine Richtigkeit vorausgesetzt — doch nur, daß ein besonderes Bedürfnis für strengere Bestrafung jener Leute besteht, es beweist aber *nicht*, daß nicht auch der gewerbs- und der gewohnheitsmäßige *Dieb* strenger gestraft werden müßten; mit anderen Worten, die „besondere" Gefährlichkeit ist nicht zu verstehen als Gegensatz zu der Zunft der gewerbsmäßigen u. s. w. Diebe — als ob letztere viel harmloser wären!

Statt daß also ein besonderer Strafrahmen für gewerbs- u. s. w. -mäßige Nachtäterschaft aufgestellt würde, sollte vielmehr der ganze Diebstahl mit allen seinen Erscheinungsformen durch relative Strafdrohung für den Fall der Gewerbsmäßigkeit qualifiziert werden. Es wäre also eine relative Strafdrohung zu schaffen, die sich gerade so, wie an die Diebstahlsgrundstrafung, auch an die aus ihr abgeleiteten Strafdrohungen anschlösse.

In entsprechender Weise wäre die „*Mundhehlerei*" zu

---

stahl, *Raub* und anderen, namentlich aufzuzählenden Delikten), wäre Sache besonderer Erwägungen.

[1]) Vgl. dazu oben S. 465.

regeln. Es ist für das heutige Recht streitig, ob, wer gestohlene u. s. w. Sachen zu alsbaldigem Genusse überkommt, der Partiererei oder des Mundraubs schuldig oder aber ganz straflos ist. Nachtäterschaft behufs alsbaldigen Verbrauchs ist nun an sich begrifflich eben Nachtäterschaft, und soll sie gelinder gestraft werden als die Nachtäterschaft ohne Absicht alsbaldigen Verbrauchs, so hilft es natürlich nichts, wenn nur die direkte Tatbestandsverwirklichung des Diebstahls u. s. w. bei Absicht alsbaldigen Verbrauchs privilegiert wird[1]). Privilegierung der Nachtäterschaft bei Genußabsicht ist aber der Billigkeit entsprechend. Nur wäre wiederum Aufstellung eines spezifischen privilegierten Strafrahmens für die Nachtäterschaft als solche nicht erforderlich. Es wäre vielmehr das Privilegierungsmoment als ein sämtlichen Erscheinungsformen des Diebstahls und der Unterschlagung zugängliches kenntlich zu machen mittels einer (entgegen dem § 370⁵ StGB.) nur relativen Strafdrohung.

Was den Rückfall angeht, so würde sich bei Beibehaltung des Grundsatzes, daß der dritte „Diebstahl" bei Vorliegen der Voraussetzungen des § 244 ein Rückfallsdiebstahl sei, die Sache sehr einfach gestalten. So wie im Sinne dieses Paragraphen die Vorbestrafung wegen Diebstahlsnachtäterschaft rückfallbegründend wirken würde[2]), würde natürlich auch der Diebstahlsnachtäter schon nach diesem Paragraphen der Rückfallstrafe verfallen, wenn er einen dritten „Diebstahl" begeht, d. i. wenn die Vorbestrafungen solche wegen Diebstahlstäterschaft, Diebstahlsteilnahme oder Diebstahlsnachtäterschaft gewesen wären. Eine Sonderbestimmung für die nach zweimaliger Vorbestrafung wegen Hehlerei begangene Hehlerei (wie § 261 StGB.) wäre nicht erforderlich, es müßte denn sein, daß es sich um Nachtäterschaft nach anderem Typus als Diebstahl handelt. Selbstverständlich ist die Frage, ob Nachtäterschaft nach Unterschlagung u. s. w. nicht auch bei Rückfall schwerer strafbar sein soll, diskutabel; nur wäre, wenn ja, dann der Rückfall eben bei der Unterschlagung u. s. w. selber als sämtlichen Unterschlagungsstrafdrohungen (den

---

[1]) Oben S. 430.
[2]) Oben S. 513.

abgeleiteten wie der Grundstrafdrohung) geltendes Qualifikationsmoment einzustellen. Würde der „Diebstahl" im Sinne des § 244 auf die Diebstahlsnachtäterschaft erstreckt, so ergäbe sich übrigens der Gewinn, daß der Diebshehler der Rückfallstrafe auch verfallen wäre, wenn er zwei Vorbestrafungen als Diebstahlstäter erlitten hätte. Und das wäre nicht mehr als recht und billig. Ist der auf zweimalige Hehlerei folgende Diebstahl Rückfallsdiebstahl, so muß auch die auf zweimaligen Diebstahl folgende Hehlerei Rückfallstat sein, was sie im geltenden Recht nicht ist.

IV. Daß Nachtäterschaft und Vortäterschaft nur auf der Grundlage eines und desselben Strafrechts gebildet werden könnten, ergibt sich aus dem oben S. 96, 433 Ausgeführten. Es wäre nicht möglich, Nachtäterschaft auf Grund generellen Reichsrechts zu einer aus dem älteren Recht oder dem Kolonialstrafrecht konstruierten Haupttat zu bilden. Dagegen würde nichts im Wege stehen, die Haupttat, auch wenn sie, wo es sich um ihre Abstrafung handelt, also praktisch dem alten oder dem Kolonialrecht unterfallen würde, doch für die Zwecke der Abstrafung des Nachtäters an den Bestimmungen des neuen bezw. des generellen Strafrechts zu messen, und, wenn sie sich hiernach als eine tatbestandsmäßige rechtswidrige Handlung erweist, danach die strafrechtliche Behandlung des Nachtäters einzurichten.

§ 59.

V. Behandlung des Versuchs bei Nachtäterschaft. Ideal- und Gesetzeskonkurrenz.

I. Daß der fragmentarische Charakter der Haupttat die Konstruktion einer Nachtäterschaft nach ihr nicht ausschließt, wofern nur eben schon die Versuchshandlung einen rechtswidrigen Zustand hinterlassen hat, erhellt aus dem oben S. 498 Ausgeführten.

Besonderer Regelung bedürfte aber die Frage, ob es auch bei der Nachtäterschaft selber strafbaren Versuch geben soll. Ein solcher ist natürlich durchaus denkbar, namentlich so, daß der

Nachhandelnde seine Mühe vergeblich aufwendet, es ihm nicht gelingt, den rechtswidrigen Zustand festzuhalten. Andererseits würde § 43 StGB. hier nicht anwendbar sein (so wenig er auf die Teilnahmehandlungen anwendbar ist[1]), da er nur den Ausführungsversuch im technischen Sinne trifft.

Im geltenden Recht sind die hier einschlagenden Fälle in völlig prinziploser Weise ganz verschieden behandelt. Die Begünstigung nach § 257 StGB. ist so formuliert, daß sie geradezu auf den bloßen Versuch zugeschnitten ist: es genügt eine Beistandleistung in der Absicht der Vorteilssicherung; daß dem Täter der Vorteil wirklich gesichert oder der rechtswidrige Zustand wirklich festgehalten würde, ist nicht gefordert. Umgekehrt ist bei Partiererei nach § 259 der Versuch nicht strafbar, es wäre denn, daß es sich um die geschärften Fälle der §§ 260, 261 handelt. Versuch der Münzunredlichkeit nach § 148 und des Wippens nach § 150 sind strafbar; Nachwucherversuch nach § 302c StGB. ist es nicht (außer bei Gewerbs- und Gewohnheitsmäßigkeit § 302d); ebenso nicht Versuch des Gebrauchens gefälschter u. s. w. Urkunden nach § 270 u. s. w.

In dieses Chaos muß Ordnung hineingebracht werden.

Dabei ist so viel sicher, daß § 257 StGB. nicht vorbildlich sein darf. Es darf nicht die Definition der Nachtäterschaft[2]) ersetzt werden durch eine Definition, die ein Handeln zum Zwecke der Festhaltung des rechtswidrigen Zustandes genügen läßt. Denn damit würde der Schwerpunkt des Begriffs durchaus verschoben.

Wohl aber ließe sich eine Pönalisierung auch des Versuchs der Nachtäterschaft und zwar eine Pönalisierung im Prinzip, befürworten. Soweit die bisherige Straflosigkeit des Partiererei- u. s. w. Versuchs bestehen bleiben soll — wofür aber wohl kaum Gründe geltend zu machen sind —, ließe sich insoweit durch Ausnahmebestimmungen ein Strafausschließungsgrund aufstellen.

II. Konkurrenzfragen würden nach den allgemeinen Regeln zu erledigen sein.

1. So wäre zunächst möglich, daß die Nachtäterhandlung zu-

---

[1]) Oben S. 466.

[2]) Oben S. 519 II.

gleich unter einen ideell konkurrierenden Gesichtspunkt fiele. Beispiel: A hat den B bestohlen, C stiehlt dem A die gestohlene Sache; er ist — den nachtäterschaftlichen Vorsatz vorausgesetzt —, Nachtäter nach dem Diebstahl des A und zugleich selber Dieb. Oder: A hat sich wucherlich von B eine Leistung versprechen lassen, C bringt die Wucherforderung durch Betrug gegen A an sich; C ist Wuchernachtäter und zugleich Betrüger. Oder: A hat dem B ein Pferd gestohlen und bringt dieses mittels betrüglicher Veräußerung bei C an; er ist Nachtäter seines eigenen Diebstahls und zugleich Betrüger[1].

2. Subsidiär würde durchgängig die Strafdrohung gegen Nachtäterschaft im Verhältnis zu der Strafdrohung gegen Vortäterschaft sein. Der die gestohlene Sache veräußernde Dieb, der die wucherliche Forderung veräußernde Wucherer, der die von ihm angefertigten Münzfalsifikate in Verkehr bringende Münzfälscher würden nicht noch wegen Nachtäterschaft zu strafen sein[2].

Immer aber wäre auch hier, wie sonst, die Subsidiarität nur dahin zu verstehen, daß die Strafe wegen Nachtäterschaft nur da entfällt, wo die Strafdrohung wegen der Vortat wirklich eingreift[3].

§ 60.

VI. Nachtäterschaft zu Nachtäterschaft; Kreuzungen von Nachtäterschaft, Täterschaft und Teilnahme.

I. Wie hinsichtlich der akzessorischen Teilnahme das Problem auftauchte[4], ob es eine „Teilnahmeteilnahme" gibt oder nicht, so will auch hier die Frage beantwortet sein, ob eine Nachtäterschaft

---

[1]) Doch würde in letzterem Falle die Subsidiarität der Strafdrohung gegen Nachtäterschaft gegenüber der Strafdrohung gegen die Vortäterschaft — nachstehend 2 — zur Folge haben, daß nur wegen Diebstahls und Betruges (Realkonkurrenz, oben S. 378 ff.) gestraft würde.

[2]) Damit träte auch eine Korrektur des so unglücklich gefaßten § 147 StGB. („auch"!) ein.

[3]) So würde bei Straflosigkeit der Vortat z. B. wegen ausländischer Begehung Strafe wegen der Nachhandlung einzutreten haben. — Oben S. 308.

[4]) Oben S. 447 ff.

auch mit Bezug auf eine Nachtäterschaft konstruierbar ist. Fälle, in denen diese Frage akut wird, können recht wohl vorkommen. Beispiel: Zweite Hehlerei nach vorangegangener Hehlerei; sachliche Begünstigung einer Hehlerei. Nun ist die Nachtäterschaft ihrem Wesen nach Aufrechterhaltung eines durch Tatbestandsverwirklichung geschaffenen Zustandes; sie ist aber selber nicht Tatbestandsverwirklichung, sondern Handlung der Nachzone. Folglich kann die zweite Nachtat nur zu der Vortat selber, nicht zu der ersten Nachtat in Beziehung gesetzt werden. Die indirekte Nachtäterschaft erscheint vermittelst des Zwischengliedes der ersten Nachtat als Nachtäterschaft zu der Vortat selber. Der Zustand, mit dem es die zweite Nachtat zu tun hat, ist ja eben identisch mit dem durch die Vortat geschaffenen; seine Fortführung ist also eben auch Vortatausspinnung. Es hätte also nicht eine doppelte Reduktion des Strafrahmens Platz zu greifen.

Wenn oben für die „Teilnahmeteilnahme" abweichende Grundsätze entwickelt worden sind, so beruhte das, wie oben gezeigt, auf der positivrechtlichen Zerspaltung des einheitlichen Begriffs der akzessorischen Teilnahme in die verschieden schweren Formen der Anstiftung und der Beihilfe. Für die Nachtäterschaft würde dieses Argument aber wegfallen, da sie sich nicht spaltet. Es hätte daher bei der Deduktion zu verbleiben: der zweite Nachtäter nimmt eine Nachhandlung vor zu der Tatbestandsverwirklichung, ist also selber nicht bloßer „Nachtäternachtäter", sondern er ist Vortatnachtäter; die größere Entfernung seiner Tat von der Vortat hat nur quantitative, nicht qualitative Bedeutung.

Für den Vorsatz des entfernteren Nachtäters wäre natürlich nach dem oben S. 507 ff. Entwickelten gleichgültig, ob er über die konkrete Gestaltung des Falles unterrichtet war oder nicht; es genügt, daß er weiß, daß er einer vorangegangenen Vortat nachhandelt, indem er den durch die geschaffenen rechtswidrigen Zustand fortführt. Ein Irrtum z. B., kraft dessen er den ersten Nachtäter für den Vortäter hält, wäre irrelevant.

II. Nachtäterschaft nach bloßen Teilnahmehandlungen als solchen kann es nicht geben, weil die Nachtäterschaft einen durch „Ausführung" erzeugten rechtswidrigen Zustand voraussetzt, Teilnahmehandlungen aber ihrem Wesen nach bloßes Handeln in der Vor- oder Seitenzone sind. So wenig es Nachtäterschaft nach Eigenvorbereitung des Vortäters gibt, so wenig gibt es solche nach Anstiftung oder Beihilfe.

Nur ist nicht zu übersehen, daß das, was wie Nachtäterschaft „nach Vorbereitungs- oder Nebenhandeln" aussieht, dann, wenn der Vortäter es nicht bei diesen hat bewenden lassen, sondern auch die Ausführungshandlung vorgenommen hat, oft gleichzeitig ein wirkliches Nachhandeln im Sinne des Aufrechterhaltens des durch die Ausführung erzeugten Zustandes enthalten und dann unter diesem Gesichtspunkt echte Nachtäterschaft und als solche strafbar sein wird.

Und sodann wird mitunter das scheinbare Nachhandeln nach Vorbereitungs- oder Nebenhandlungen selber den Charakter von Vorbereitungs- oder Nebenhandlungen, also von Teilnahmeakten, tragen (z. B. Aufbewahrung einer Mordwaffe durch C, die A von B zum Morde gekauft hat).

III. Akzessorische Teilnahme eines Dritten an der nachtäterschaftlichen Handlung ist dagegen denkbar. Beispiel: A stiftet den B an, eine Sache, die B gestohlen hat, zu veräußern, oder ist ihm bei der Veräußerung behilflich; oder er stiftet den B an, eine Sache dem Diebe C abzukaufen, oder ist ihm bei dem Kaufe behilflich. Daß dies nicht Teilnahme am Diebstahl ist, liegt auf der Hand. Die Erscheinungsform der Teilnahme kann offenbar recht wohl auch auf die Erscheinungsform der Nachtäterschaft und nicht bloß auf die „Ausführung" bezogen werden; sie tritt dann eben als Erscheinungsform zweiten Grades auf und führt zu doppelter Reduktion des Strafrahmens[1]). Es greifen hier

[1]) In diesem Sinne würde sich also die Teilnahme an Begünstigung und Hehlerei umformen. Wenn Hälschner 2 868 die Erforderlichkeit der Bestrafung des Begünstigungs- und Hehlereiteilnehmers zu Gunsten der Meinung verwerten will, daß Begünstigung und Hehlerei ihrer Natur nach selbständige Delikte sein müßten, so verkennt er einerseits, daß Teilnahme auch an der Nachtäterschaft als Erscheinungsform denkbar ist, und daß man andererseits Teilnahme an jedem noch so willkürlich vom Gesetzgeber aufgestellten Typus konstruieren kann, daß damit aber noch nicht die innere Sachgemäßheit der Vertypung bewiesen ist. Hat z. B. das Gesetz die Anstiftung zu Verbrechen zum selbständigen Delikt erhoben (vgl. dazu den § 111

ähnliche Erwägungen Platz, wie für die Kreuzungen von Anstiftung und Beihilfe im geltenden Recht[1]).

IV. Daß mehrere Nachtäter nicht als eigentliche Mittäter im Sinne des § 47 StGB. zusammengefaßt werden können, ist ohne weiteres klar; sie „führen" eben nicht „aus". Ebenso klar aber ist, daß eine Quasimittäterschaft wie bei der akzessorischen Teilnahme konstruierbar ist[2]).

§ 61.

VII. Nachtäterschaft und Tateinheit.

I. Die vortäterische Ausführung kann möglicherweise aus einer tateinheitlich verbundenen Kette von Handlungen bestehen. Wie wirkt diese Tateinheit hinüber auf die Behandlung des Nachtäters?

1. Bezieht sich die Nachtäterschaft auf den durch die Vortat erzeugten rechtswidrigen Zustand in seinem ganzen Umfange (z. B. Hehlerei hinsichtlich der durch fortgesetzten Diebstahl erlangten Habe), so ist dem Nachtäter — was für die Strafzumessung bedeutsam — die ganze Vortathandlungsreihe zuzurechnen.

2. Bezieht sich die Nachtäterschaft nur auf ein Stück des der Vortat entsprungenen Zustandes (so bei Partiererei hinsichtlich einer der durch fortgesetzten Diebstahl erlangten Sachen), so schränkt sich die quantitative Bedeutung der Nachhandlung dementsprechend ein; die Stücke der Vortat, zu denen sie nicht in Beziehung getreten ist, sind für die Nachtäterschaftskonstruktion zu ignorieren.

II. Bei Identität des Vortäters mit dem Nachtäter liegt eine das vortäterische und das nachtäterische Handeln verbindende Tateinheit vor. Für die Teilnahme an solcher Tateinheit gilt Entsprechendes wie zu I.

1. Wer an Vortat und Nachhandlung teilgenommen hat, ist als Vollteilnehmer in der gewöhnlichen Weise zu strafen; die Teil-

---

StGB.), so ist Teilnahme daran denkbar, aber noch nicht bewiesen, daß jene Erhebung zum delictum sui generis wohlgetan war.

[1]) Oben S. 449.

[2]) Oben S. 450.

nahme an den Nachhandlungen (z. B. Anstiftung zur Verwertung der veräußerten Sache) tritt infolge Subsidiarität der Strafdrohung gegen Teilnahme an Nachtäterschaft gegenüber der Strafdrohung gegen Tatteilnahme zurück.

2. Wer dagegen lediglich an der Nachhandlung teilgenommen (z. B. den Dieb zur Veräußerung der res furtiva bestimmt) hat, ist nur als Nachtäterschaftsteilnehmer zu bestrafen[1]) — aber doch auch zu bestrafen (entgegen dem geltenden Recht!).

III. Alle nachtäterschaftlichen Handlungen, die der Festhaltung eines identischen rechtswidrigen Zustandes gelten, gehören in Tateinheit zusammen. Realkonkurrenz liegt nicht vor.

IV. Ein tateinheitliches Band umschlingt ferner

1. die Haupttat und ihre Nachhandlungen[2]). Sind also Vortäter und Nachtäter identisch, so liegt nicht Realkonkurrenz vor. Für die Bestrafung macht sich die Subsidiarität der Strafdrohung gegen Nachtäterschaft geltend, d. h. wenn wegen der Vortat Strafe eintritt, so verschwindet die Nachtäterschaft als besonderes Moment und wird mit der Haupttat zusammen abgegolten (Konsumtion). Dagegen tritt die Strafdrohung gegen Nachtäterschaft da hervor, wo es zur Strafe wegen der Vortat nicht kommt (z. B. weil die Vortat als Auslandstat straflos bleiben muß).

Nur einen besonderen Anwendungsfall hiervon stellt der Fall dar, daß der Haupttäter irgendwie an der Nachhandlung eines anderen mitgewirkt hat (z. B. der Dieb stiftet den X zur Hehlerei oder Begünstigung an). Denn solche Mitwirkung trägt alle Züge eigenen Nachhandelns an sich[3]).

---

[1]) Oben § 60.

[2]) Oben S. 344 ff.

[3]) Damit erledigt sich die für das geltende Recht bestehende Streitfrage, ob der Dieb als Partierereianstifter oder Partierereigehilfe zu strafen ist. Für das geltende Recht ist hier Annahme von Realkonkurrenz ohne Subsidiaritätsverhältnis unausweichlich. Die Hehlerei u. s. w. sind hier eben nicht als bloße Erscheinungsformen des Vortatbestandes, sondern als delicta sui generis strafbar. Das innere Band zwischen Vortat und Nachtat ist damit zerrissen, es ist lediglich das Verhältnis zeitlicher Aufeinanderfolge geblieben. An der eigentypischen zweiten Tat kann daher der Vortäter wiederum „Teilnehmer" sein. Wenn in der heutigen Literatur häufig das Gegenteil gelehrt wird, vgl. z. B. Waldthausen, GA. 29 386, so beruht das unbewußt

Dies ist auch die Erklärung für die sog. „Straflosigkeit" der in Form der Beteiligung an der von einem anderen verübten Begünstigung begangenen „Selbstbegünstigung": sie ist in Wahrheit gar nicht straflos, sondern nur (wo die Vortat gestraft wird) nicht selbständig strafbar[1]); und sie muß gestraft werden, wenn es nicht zur Anwendung der Vortatstrafdrohung kommt.

2. Aber auch Teilnahme und Nachtäterschaft zu derselben Haupttat gehören tateinheitlich zusammen. Es ist ein Verbrechensfall, wenn der Diebsanstifter oder -gehilfe hinterher Partiererei oder sachliche Begünstigung mit Bezug auf die gestohlene Sache begeht. Dabei ist für das Zusammentreffen der beiden Erscheinungsformen (Teilnahme und Nachtäterschaft) ein Verhältnis der Konsumtion der einen durch die andere ebensowenig wie im Verhältnis der Anstiftung zur Beihilfe[2]) anzunehmen — denn welche der Erscheinungsformen soll denn die prävalierende sein? —; vielmehr hat man es mit einem Falle von Quasiidealkonkurrenz zu tun.

Den Hauptfall für solches Zusammentreffen von Teilnahme und Nachtäterschaft wird der Fall des heutigen § 257 III StGB. (vor der Vortat zugesagte Begünstigung) bilden, ein Fall, der heute arge Schwierigkeiten bereitet!

§ 62.

VIII. Prozessuales.

Wird durch das materielle Strafrecht die Nachtäterschaft als bloße Erscheinungsform der Deliktstypen anerkannt, so ergeben sich auch für den Strafprozeß zahlreiche Konsequenzen. In summa ist zu sagen, daß dann überall die prozeßrechtliche Behandlung

---

auf der im Text entwickelten, im positiven Recht aber eben nicht anerkannten Theorie des Nachhandelns.

[1]) Vgl. Waldthausen, GA. 29 382, 386. Unbefriedigend ist freilich bei Waldthausen die Herleitung dieses Resultats aus der angeblichen Teilnahmenatur der Begünstigung und der Unterstellung, daß die Begünstigung gegen den Willen des Staates und deshalb gegen dasselbe Angriffsobjekt, wie die Vortat, anlaufe. Gegen ihn Hälschner 2 862 Anm. 2.

[2]) Oben S. 317.

der Nachtäterschaft sich konform zu halten hat mit der Behandlung der Teilnahme. Einige der in Betracht kommenden Konsequenzen mögen hier angedeutet werden.

1. Wird an dem Inhalt der §§ 63, 247 III, 289 V StGB. festgehalten, so kann im Text dieser Paragraphen die Erwähnung des Begünstigers hinwegfallen. Das Requisit des Strafantrags, seine Unteilbarkeit u. s. w. würden auf alle Täter im weiteren Sinne (Haupttäter, Teilnehmer, Nachtäter) zu beziehen sein, so, daß auch ohne besondere Erwähnung der (sachliche) Begünstiger, überdies aber auch der Hehler und jeder sonstige Nachtäter mitgetroffen wären. Solcher Satzung ließe sich Folgerichtigkeit nicht absprechen, während nach geltendem Recht die Einbeziehung des selbständigen Delikts der Begünstigung schlechthin willkürlich ist.

2. Ein Zusammenhang nach § 3 StPO. wäre ohne weiteres gegeben zwischen Strafsachen gegen den Nachtäter, gegen den Teilnehmer und gegen den Täter hinsichtlich derselben Tatbestandsverwirklichung. Die heutige Hereinziehung von Begünstigern und Hehlern in den Strafprozeß gegen den Täter des Vordelikts ist formell irrationell; auf der anderen Seite ist § 3 StPO. mangelhaft, insofern er z. B. die Annahme eines Zusammenhangs zwischen dem Prozeß gegen den Wucherer und dem Prozeß gegen den Nachwucherer verneint.

3. StPO. § 56 [3] würde dahin zu fassen sein: „Unvereidigt sind zu vernehmen Personen, die hinsichtlich der den Gegenstand der Untersuchung bildenden Tat als Täter, Teilnehmer oder Nachtäter verdächtig u. s. w. sind.“ Es wäre damit das nach heutigem Recht nur auf Kosten der Logik zu gewinnende [1]), aber dem praktischen Bedürfnis entsprechende Ergebnis erzielt, daß aus dem Personenkreise jeder, der sich im Herrschaftsbereiche der betreffenden Tatbestandsverwirklichung befindet, für suspekt erklärt würde, also namentlich der Dieb im Prozeß gegen den Hehler u. s. w.; ferner aber auch Wucherer und Nachwucherer im Prozeß gegen den einen oder den anderen. Der Hervorhebung der Begünstiger und Hehler bedürfte es nicht; irrationell, wenn Begünstigung und

---

[1]) Vgl. oben S. 486.

Hehlerei besondere Typen darstellen, wäre ihre Einbeziehung fortan selbstverständlich.

4. In §§ 3, 4, 5, 11 MStGO. würde allenthalben die Nachtäterschaft die gleiche prozessuale Bedeutung haben, wie die direkte Tatbestandserfüllung bei Amtsverbrechen und -vergehen (§ 3), Beleidigungen und Körperverletzungen (§ 4) u. s. w.; in § 4 würde die umständliche und de lege lata nicht rationelle Aufzählung von „Tätern, Teilnehmern, Begünstigern und Hehlern" als „bei einer Zuwiderhandlung Beteiligter" wegzufallen haben und durch die Formel „Täter, Teilnehmer, Nachtäter" zu ersetzen sein.

§ 63.

Anhang: Das Delikt der Strafvereitelung.

Hinter der Endtatsache der Ausführung eines Verbrechens liegt eine Zone, in der das Handeln noch als mit der Ausführung zusammengehörig erscheint, insofern es lediglich der Festhaltung des durch die Ausführung geschaffenen rechtswidrigen Zustands gilt. Dies war der Grundgedanke, auf dem sich unsere Theorie der Nachtäterschaft aufbaute. Eine Einzelanwendung fand diese Theorie auf die sog. sachliche Begünstigung, die also, wenn anders unsere Theorie als richtig anzuerkennen ist, aus der Reihe der Deliktstypen zu verschwinden hätte, um in dem allgemeinen Begriff der Erscheinungsform der Nachtäterschaft aufzugehen.

Aber ein Mißverständnis wäre es, wollte man dem Begriffe der Nachtäterschaft alles auf ein Verbrechen folgende Handeln unterstellen. In ihrer Sondertypizität bleiben vielmehr alle diejenigen Tatbestände ungeschmälert, die nicht den aus der Vortat erzeugten rechtswidrigen Zustand zum Ausgangspunkte nehmen.

Dahin gehört vor allem die sog. persönliche (auf Strafvereitelung gerichtete) Begünstigung, die in § 257 StGB. mit der sog. sachlichen (auf Vorteilssicherung gerichteten) Begünstigung eng verkoppelt auftritt.

Man hat sich viel Mühe gegeben, die Einheitlichkeit des „Begünstigungsdelikts" zu erweisen: beide „Arten der Begünstigung", die persönliche und die sachliche, kämen darin überein, daß sie „der Ausgleichung der durch die Vortat erzeugten rechtlichen Folgen entgegenwirkten" [1]).

Und doch handelt es sich um grundverschiedene Dinge [2]). Der „sachliche Begünstiger" ist, wie oben gezeigt, in Wahrheit nicht typischer Verbrecher, sondern Nachtäter, seine Tat ist vollständig uneinheitlich und empfängt ihr Gepräge aus der Vortat; um deswillen hat das „Delikt" der sachlichen Begünstigung keine Existenzberechtigung, sondern sein Inhalt findet den ihm adäquaten Ausdruck in der Erscheinungsform der Nachtäterschaft. Eine ganz andere Rolle spielen die Manipulationen, die darauf abzielen, „den Vortäter der Bestrafung zu entziehen". Der aus der Tat wirklich oder behaupteterweise entstandene Strafanspruch, sein Befriedigtsein oder Unbefriedigtsein, hat schlechterdings nichts zu schaffen mit der rechtlichen Situation, die sozusagen im Dunstkreis des Tatbestandes der Vortat liegt; wer der Bestrafung des Täters entgegentritt, tritt damit in keine sachliche Beziehung zu der Vortat in ihrer charakteristischen Gestalt [3]). Sein Handeln

[1]) Vgl. z. B. Merkel in Holtzend. Hdb. 3 735, 4 420; Geyer, das. 2 418; Schütze, Lehrb. § 48; Herzog, Goltd. Arch. 29, 115.

[2]) Eine Zerlegung der Begünstigung in eine „echte", gegen die Strafrechtspflege gerichtete, und eine „unechte", die mit der Hehlerei zusammengehöre, haben schon Binding, Der Entwurf u. s. w. 109, Lehrb. 1² 382, 2 2 642, Gretener a. a. O. 92, proponiert, aber doch nicht in dem Sinne, daß jene delictum sui generis, diese bloße Erscheinungsform sei. Wohl aber findet sich die richtige Auffassung, daß nur die persönliche Begünstigung einen eigenen Deliktsbegriff ausmache, bei einem älteren Schriftsteller: Schröter, Handb. des peinl. Rechts 1818, § 144, freilich ohne Losreißung der sachlichen Begünstigung aus dem Banne der Theorie vom concursus subsequens; ähnlich bei Sander, Neues Arch. d. KrimR. 1838, 446.

[3]) Hieran scheitert namentlich die Theorie Waldthausens, GA. 29 376 ff., der die strafabwehrenden Handlungen als bloße Festhaltung der durch die Vortat erzeugten Rechtsverletzung ansieht; desgleichen die verwandte Auffassung von Villnow Raub und Erpressung 62. Beider Theorieen fußen eben noch nicht auf dem Begriff des Verbrechenstypus. Die Unhaltbarkeit der Waldthausenschen Auffassung zeigt sich namentlich darin, daß er — a. a. O. 379 — die Angriffe auf etwaige aus einer Tat entstandene staatsrechtliche, kirchenrechtliche, völkerrechtliche Ansprüche als bloße Beteiligung an der Tat hinstellt, während doch die durch die Tat erzeugten Ansprüche vollständig jenseits der Tatbestandsverwirklichung liegen. — Vgl. auch Gretener a. a. O. 88.

trägt nichts an sich von den Zügen des Mordes, des Diebstahls u. s. w., den der Vortäter begangen hat. Der durch die Vortat begründete rechtswidrige Zustand wird dadurch, daß der Vortäter der Bestrafung entzogen wird, nicht größer und nicht kleiner [1]. Auf den Strafvereitler paßt ganz und gar nicht der für den Nachtäter geltende Satz [2], daß er eine Art Mörder, Dieb u. s. w. sei, je nachdem, ob die Vortat ein Mord, Diebstahl u. s. w. ist. Wer einem Mörder zur Flucht verhilft, ist gewiß keine „Art Mörder". Der Strafvereitler geht seine eigenen Wege, er wandelt nicht, wie der Nachtäter, in den Spuren der Vortat. Mag der Vortäter eine wie immer geartete Tat begangen haben, Strafvereitelung bleibt Strafvereitelung, und lediglich ihre Schwere ist verschieden, aber auch sie nicht je nach den Typen der Vortat [3], sondern nach der konkreten Höhe der Strafbarkeit: Strafvereitelung mit Bezug auf eine verwirkte dreijährige Zuchthausstrafe wegen Falschmünzerei ist quantitativ verschieden von einer Strafvereitelung mit Bezug auf eine wegen Diebstahls verwirkte einjährige Gefängnisstrafe, aber nicht weil es sich hier um Diebstahls-, dort um Falschmünzerei„begünstigung" handelt, sondern weil hier die Vortat leichter wiegt als dort; denn selbstverständlich wiegt umgekehrt die Strafvereitelung mit Bezug auf eine wegen Diebstahls verwirkte dreijährige Zuchthausstrafe schwerer als die Strafvereitelung mit Bezug auf eine wegen Falschmünzerei verwirkte einjährige Zuchthausstrafe.

Ist somit der Vortattypus für das Wesen der „persönlichen Begünstigung" nicht bestimmend, fällt letztere aus der Sphäre des bloßen Nachhandelns ganz heraus, so ist es selbstverständlich ganz in der Ordnung, daß diese einen selbständigen Typus ausmacht. Und hier ist denn auch das selbständige Schutzobjekt [4] ganz unverkennbar: es ist, was für eine „Vortat" immer in Frage stehen mag, immer ein und dasselbe: das staatliche Strafjustizinteresse.

---

[1] Ganz richtig bemerkt von Rethwisch 39, der freilich das gleiche auch — unzutreffend — für die sachliche Begünstigung behauptet.

[2] S. oben S. 503.

[3] Hierin geht fehl Süßheim, Begünstigung 53.

[4] Vgl. oben S. 479.

Ein selbständiger Typus erheischt aber natürlich eine selbständige, also absolute, Strafdrohung. Sie ist so zu fassen, daß der Gesetzgeber die schwersten Verfehlungen gegen die Strafrechtspflege und die geringsten ins Auge faßt, und danach den Strafrahmen bemißt[1].

Dieser selbständige Typus kann nun natürlich der Bezugnahme auf eine Vortat nicht entbehren. Aber diese Bezugnahme darf unter keinen Umständen in ein Akzessorietätsverhältnis auslaufen, sondern kann nur den Sinn eines bloßen post-hoc-Verhältnisses haben[2], sei es, daß ein wirklich begangenes Verbrechen, sei es, daß eine anhängige Strafverfolgung wegen eines präsumtiven Verbrechens vorausgesetzt wird. Das über die Nachtäterschaft Ausgeführte darf hier keine Anwendung finden, sonst würde die selbständige Vertypung geopfert werden. Näheres Eingehen auf die Tatbestandsmerkmale der Strafvereitelung gehört nicht hierher.

§ 64.

Schlußwort.

Die Untersuchungen über den Tatbestand dürften gezeigt haben, daß eine Gesetzgebung, die nur feste Typen als Kernpunkt der Verbrechensarten anerkannt, die Aufgabe hat, die Tatbestände mit tunlichster Präzision zu bestimmen.

1. Zunächst tut es not, in intensiver Beziehung jeden Typus im Gesetz so auszumeißeln, daß seine Endtatsache klar erhellt. Solange das nicht geschieht, bleibt die Grenze zwischen Versuch und Vollendung im dunklen.

Zwar könnte die Frage auftauchen, ob sich nicht die Gesetzgebung der Erscheinungsform des Versuchs überhaupt entledigen

---

[1]) Es kann Binding — Der Entwurf u. s. w. 109, 111 — nicht zugegeben werden, daß die Strafe der Strafvereitelung mit der Strafe der Vortat steige und falle. Die Schwere der Vortat ist nur einer der Strafzumessungsgründe, mehr als sie fällt ins Gewicht, inwiefern und wie intensiv die Strafrechtspflege beeinträchtigt wurde.

[2]) Vgl. auch Gretener a. a. O. 102.

sollte; ja es ist solches schon proponiert worden[1]. Das würde also bedeuten: jeder einzelne Tatbestand wäre so zu formulieren, daß schon die im Sinne des bisherigen Rechts nur „versuchte" Tat volltatbestandsmäßig wäre. Der Umfang des Tatbestandes (oben § 24) wäre entweder durch ein „oder", das den Tatbestandsverwirklichungsanfang mit der Endverwirklichung gleichstellte, elastisch zu gestalten (alternatives Mischgesetz), oder es wäre der Tatbestand überhaupt nur auf einen einzigen Punkt, den des Verwirklichungsanfangs, zusammenzudrängen, so daß die Endtatsache, insbesondere der tatbestandliche Erfolg, außerhalb des Tatbestands fiele und, ähnlich wie heute bei den Absichtsdelikten[2], nur noch für die Bestimmung des Inhalts, den der Vorsatz haben muß, also mit rein psychischer Relation, in Betracht käme.

Aber es fragt sich doch sehr, ob damit wirklich eine Vereinfachung erzielt wäre, und nicht der größere Wortreichtum, den die Tatbestände bei solchem Vorgehen aufweisen würden, und demgemäß die größere Umständlichkeit der typischen Formeln die Ersparnis an einigen Paragraphen des Allgemeinen Teils aufwiegen würden. Und was sollte ferner aus der Lehre vom Versuchsrücktritt werden? Sie müßte dann konsequent allenfalls den

[1]) Vgl. Herm. Seuffert, Mitt. d. JKV. 10 464—465: „Schließlich möchte ich die Bemerkung nicht unterlassen, daß ich mir sehr wohl auch unter den heutigen Verhältnissen eine Strafgesetzgebung vorstellen könnte, welche die ganze Versuchslehre als Ballast über Bord geworfen hat und zu derjenigen Behandlung zurückgekehrt ist, die sich im römischen Rechte findet. Bei einer Anzahl von Verbrechen habe ich die Probe gemacht und es ist gegangen. Ich habe die Bestimmungen über die Verbrechen der Tötung, der Mißhandlung und der Gesundheitsbeschädigung so entworfen, daß der Versuchsbegriff dabei entbehrlich wäre (vgl. die Anlage a. a. O. S. 481—485). Allerdings würden wir bei Ausmerzung des Versuchsbegriffs um einige Dutzend Kontroversen und um ebenso viele schöne Themata für Doktordissertationen kommen, aber ich habe die ketzerische Meinung, daß das kein Unglück wäre, und daß das Strafrecht und seine Lehre einfacher würden. Daß man auskommen kann, ohne im Allgemeinen Teile des Gesetzbuchs Bestimmungen über den Versuch zu treffen, das beweist das Beispiel Schwedens, dessen heute noch geltendes Strafgesetzbuch von 1864 keine allgemeinen Bestimmungen über den Versuch enthält. Doch das sind Zukunftsgedanken, auf die man vielleicht bei der übernächsten Revision des Strafgesetzbuchs zurückkommen wird . . ."

[2]) Vgl. oben S. 196.

Einzeltatbeständen einverleibt werden! Und geschähe das nicht, bliebe eine dem jetzigen § 46 StGB. entsprechende Bestimmung im Allgemeinen Teil — nun dann müßte doch auch zu ihrem Verständnis im Allgemeinen Teil der Versuch selber vorab behandelt sein. Auch wüßte ich kaum anzugeben, wie bei Fallenlassen der Erscheinungsform des Versuchs die Fahrlässigkeit in das Gesetzbuch eingearbeitet werden sollte. Fahrlässigkeit kommt ja bekanntlich nur bei Vollverwirklichung des Tatbestands, bei Eintritt der Endtatsache, in Betracht. Wird der Versuch in den Typus als gleichwertig hineingewoben, oder wird gar der Typus nur auf den Tatbestandsverwirklichungsanfang zugeschnitten, so könnte die fahrlässige Verbrechensverübung doch nur so in das Gesetz eingeführt werden, daß für sie speziell Volltatbestände fixiert würden, was zu unheilvoller Verwirrung führen müßte. Und im Grunde wäre man so auf einem unnötigen Umwege doch wieder bei dem alten Rechtszustande angelangt: man hätte der Erscheinungsform der fragmentarischen Tatbestandsverwirklichung nicht, wie man wähnte, den Garaus gemacht, sondern nur für vorsätzliche Begehung deren Gleichstellung mit der Vollverwirklichung erzielt.

Und das ist es denn auch allein, was man anstrebt. Aber um dieses Ziel zu erreichen, bedarf es gewiß nicht einer Verwischung des nun einmal innerlich bestehenden Unterschieds, einer Abschaffung des Versuchsbegriffs. Sondern, wenn anders man die Vollbestrafung des Versuchs nach französisch-preußischrechtlichem Muster nun einmal haben will, so kann dies einfach und klar so bewirkt werden, daß die dem Versuch geltende relative Strafdrohung zu der Grundstrafdrohung in das Verhältnis von 1 : 1 gesetzt wird (wie heute ja die relative Strafdrohung gegen Anstiftung, § 48 StGB., eben auch diese Proportion aufweist).

2. Die größte Sorgfalt muß ferner obwalten bei der Wahl zwischen Einsetzung einer Grundstrafdrohung oder einer relativen Strafdrohung in das Strafgesetz.

a) Was seiner Natur nach bloße Erscheinungsform ist, so, daß ein jeweilig in Rede stehender Verbrechenstypus die Strafbarkeit nicht nur des einzelnen Falles in ihrer Höhe bedingt, sondern schlechthin dem Tun das charakteristische Gepräge gibt, das sollte niemals zum selbständigen Typus, zum „delictum sui generis“, erhoben werden. Hier ist eine bloße relative Strafdrohung am Platze, und selbständige Vertypung ein Mißgriff.

Die Gesetzgebung früherer Zeiten war freilich schnell bei der Hand mit der Prägung besonderer selbständiger Tatbestände — ahnte man doch eben noch nichts von der Wichtigkeit allgemeiner, die Tatbestände gleichmäßig ergreifender Lehren. Aber der Fortschritt in der Erkenntnis muß heute technisch ausgenützt werden. Tatbestände, die nur im Bannkreise anderer Typen liegen, sollten heute unmöglich sein. Sie müssen als bloße, mit relativer Strafdrohung versehene Tatbestandszusätze figurieren, wie es ihrem inneren Wesen entspricht.

Schon oben ist gezeigt, daß mit allen den zu delicta sui generis erhobenen Fällen von Teilnahme und Nachtäterschaft aufzuräumen ist, daß insbesondere auch § 49a StGB. in diesem Sinne der Korrektur bedarf. Aber auch sonst gibt es im heutigen Recht noch zahlreiche Deliktstypen, die keine Existenzberechtigung haben. Zwei besonders charakteristische seien hier angeführt:

Zunächst die Bedrohung mit einem Verbrechen nach § 241 StGB. Sie verdient eine eigene Grundstrafdrohung nicht. Es ist prinziplos, wenn das Drohen mit dem leichtesten Verbrechen derart mit dem Drohen mit dem schwersten Verbrechen über einen Kamm geschoren wird, daß ihnen ein gleiches Maximum und ein gleiches Minimum zu teil wird. Die Begehung eines Verbrechens steht mit dessen Androhung in einem so innigen Zusammenhang, daß der Strafrahmen für letztere zu dem Strafrahmen für erstere korrespektiv gestaltet werden muß. Mit anderen Worten: die Bedrohung ist, statt selbständig vertypt zu werden, als bloße Erscheinungsform auszuprägen. Damit würden auch eine Reihe von Kontroversen abgeschnitten, die sich daraus entwickelt haben, daß das vom Täter angedrohte Verbrechen ein Tatbestandsmerkmal bildet. Entsprechendes gilt für alle anderen „Tatbestände“, deren Kernpunkt das „Drohen mit Verbrechen“ ist, StGB. § 126 u. s. w.[1]).

---

[1]) Dagegen natürlich nicht z. B. für § 240 StGB., weil für die Nötigung der Typus des angedrohten Verbrechens nicht charakteristisch ist.

Zweitens gehört hierher die **Anpreisung** (Glorifikation) von Verbrechen, die heute jeder prinzipiellen Behandlung ermangelt. Die ihrer gedenkende Bestimmung im Sprengstoffgesetz (§ 10 II) mutet wie ein erratischer Block an. Denn welche Besonderheit soll denn gerade die Anpreisung eines Sprengstoffverbrechens haben? Es muß erwogen werden, ob nicht für zahlreiche andere Verbrechen die Anpreisung zu strafen ist; und jedenfalls muß sie dann für diese Verbrechen (z. B. für die mit Zuchthaus bis zu 15 Jahren oder mit schwererer Strafe bedrohten Verbrechen) zur Erscheinungsform mit relativer Strafdrohung gemacht werden. Denn auch für die Anpreisung ist sehr maßgebend, welches Verbrechen denn angepriesen worden ist.

Jedenfalls ist der Wunsch nicht unbescheiden, es möge die Gesetzgebung bei Aufstellung der Typen und ihrer Erscheinungsformen **planmäßig** verfahren und es nicht dem Zufall überlassen, ob im Gesetz eine Handlungsweise zum selbständigen Typus ausgestaltet erscheint oder nur in der Gefolgschaft eines anderen Typus auftritt!

3. Wo selbständige Typen in Frage kommen, da ist mit Sorgfalt zu erwägen, wie viele ihrer aufzustellen sind.

a) In verdienstlicher Weise hat **Freudenthal** die „Begegnungsdelikte" des heutigen Strafrechts ins Licht gestellt. Seine Ergebnisse waren freilich de lege lata abzulehnen, da er sich über die Typenverschiedenheit hinwegsetzt, die nun einmal heute vorhanden ist. Aber de lege ferenda ist zu fordern, daß diese Typen auf einen einzigen, die mehreren Beteiligten gleichmäßig umspannenden Tatbestand zurückgeführt (aus ihnen also „Konvergenzdeliktstatbestände" geschaffen) werden, so daß dann auch die Mittäterschafts- und Teilnahmelehre bei ihnen ohne Schwierigkeiten durchzuführen wäre.

b) Ein umsichtiger Gesetzgeber wird ferner in der Wortfassung der Tatbestände ihr gegenseitiges Verhältnis — ob Neutralität, Exklusivität oder Spezialität — zum Ausdruck zu bringen haben. Sonst wird stets die von **Binding** in seinem Lehrbuch mit Recht beklagte Unsauberbeit der Abgrenzung der Tatbestände gegeneinander die Arbeit des Juristen erschweren.

Am besten wäre es dabei, wenn das Verhältnis der Spezialität zwischen Tatbeständen ganz verschwände. Es wäre besser, wenn konzentrische Typen vermieden wären und Straferhöhungs- oder -minderungsgründe stets nur, wie in § 55 MStGB., als Erscheinungsformen mit bloß relativer Strafdrohung aufträten.

4. Erwünscht wäre weiter ein Aufgeben der sprachlichen Einmaligkeit der Grundstrafdrohung für verschiedene Typen: Beseitigung der „kumulativen Mischgesetze“ [1].

Die Forderung, daß immer ein Typus nur mit einer Grundstrafdrohung ausgestattet werde, läßt sich deshalb nicht erheben, weil trotz Typenidentität verschiedene Verbrechensarten mit Rücksicht auf die Schuldform u. s. w. in Betracht kommen. Aber ein Schritt zur Klärung wäre doch möglich: Vereinigung aller auf denselben Typus bezüglichen Grundstrafdrohungen in einen Paragraphen, etwa nach dem Muster:

„Wer einen anderen Menschen tötet, wird

1. wenn er die Tat vorsätzlich und mit Überlegung ausgeführt hat, mit . . .
2. wenn er die Tat vorsätzlich ohne Überlegung ausgeführt hat, mit . . .
3. wenn er die Tat fahrlässig ausgeführt hat, mit . . . u. s. w. bestraft.“

Was aber, so lange die Typizität das moderne Strafrecht beherrscht, unweigerlich in den Kauf genommen werden muß, das ist der von Binding [2]) hart getadelte „fragmentarische Charakter der Strafgesetze“. Es streiten eben zwei Interessen miteinander: das Interesse, alles strafwürdig Erscheinende der Strafe zu überliefern, auf der einen, das Interesse, alle beunruhigenden Velleitäten subjektiver Auffassung auszuschließen, auf der anderen Seite. Und in diesem Widerstreit erscheint in unseren politisch, sozial, konfessionell u. s. w. aufgeregten Zeiten das letztere Interesse als das überwiegende und die Gebundenheit des Strafrichters an

---

[1]) Zutreffend Wertheimer, Mischgesetze des Deutschen Strafgesetzbuchs (1903), 68 ff.

[2]) Lehrbuch 1² § 6.

starre Typen als das kleinere Übel. Und dann kann es eben nicht anders sein, als daß die Tatbestände Lücken zwischen sich offen lassen mit der Folge der Straflosigkeit. Nur eins ist hier zu fordern: daß der Gesetzgeber den Blick für die Wahrnehmung dieser Lücken schärft und sie, soweit ihm Straflosigkeit unangezeigt erscheint, durch sorgfältige Formulierung vermeidet. Nur der ungewollt sich einschleichende fragmentarische Charakter der Tatbestände ist ein Übel: der gewollt fragmentarische Charakter als solcher ist es nicht!

Sachregister.

(Die Zahlen bezeichnen die Seiten.)

Quellenregister.

(Die Zahlen bezeichnen die Seiten.)

St.G.B.

E.St.G.B.

M.St.G.B.

Druck der Union Deutsche Verlagsgesellschaft in Stuttgart.

Printed in Dunstable, United Kingdom

91224055R00317